U0921956

中国企业并购年鉴2012

(CHINA MERGERS & ACQUISITIONS YEARBOOK 2012)

北京交通大学中国企业兼并重组研究中心

CENTER FOR CHINA MERGERS & ACQUISITIONS RESEARCH, BEIJING JIAOTONG UNIVERSITY

北京交通大学科技基金资助项目

国家自然科学基金资助项目

CEPH

中国经济出版社

CHINA ECONOMIC PUBLISHING HOUSE

北京

图书在版编目（CIP）数据

中国企业并购年鉴．2012/张金鑫主编

北京：中国经济出版社，2012.9

ISBN 978－7－5136－1685－0

Ⅰ.①中… Ⅱ.①张… Ⅲ.①企业兼并—中国—2012—年鉴 Ⅳ.①F279.21－54

中国版本图书馆 CIP 数据核字（2012）第 150623 号

责任编辑 崔清北 于 宇

责任审读 张 薇

责任印制 石星岳

封面设计 巢新强

出版发行 中国经济出版社

印 刷 者 三河市佳星印装有限公司

经 销 者 各地新华书店

开 本 889mm×1194mm 1/16

印 张 26

字 数 600 千字

版 次 2012 年 9 月第 1 版

印 次 2012 年 9 月第 1 次

书 号 ISBN 978－7－5136－1685－0/C·275

定 价 260.00 元

中国经济出版社 **网址** www.economyph.com **社址** 北京市西城区百万庄北街 3 号 **邮编** 100037

本版图书如存在印装质量问题，请与本社发行中心联系调换（联系电话：010－68319116）

《中国企业并购年鉴》
（2012）

协办单位

品天投资有限责任公司
河北玉源控股股份有限公司
中信建投证券有限责任公司

《中国企业并购年鉴(2012)》编写说明

《中国企业并购年鉴2012》是由北京交通大学中国企业兼并重组研究中心继2004年、2005年、2006年、2007年、2008年、2009年、2010年、2011年的年鉴后编辑的第九本反映中国并购市场的年鉴。本年鉴对在中国境内发生的上市公司并购进行了全面统计,连同前八册年鉴,可以动态地反映中国并购市场2002～2011年的市场变化。

一、本年鉴的数据来源

本年鉴的数据来源于北京交通大学中国企业兼并重组研究中心开发的"中国企业并购数据库",该数据库的收录范围为信息披露义务人依据《上市公司信息披露管理办法》,在上市公司定期公告和临时公告中披露的股权和经营性资产交易。具体而言,该数据库收录下述交易:

第一,上市公司为买方,对外收购股权或经营性资产的交易;

第二,上市公司为卖方,对外出售所持有的股权或经营性资产的交易;

第三,上市公司股份为标的,直接或间接导致上市公司股份的所有权发生转移的交易。

其中,直接方式即通过协议转让、要约收购、集中竞价和大宗交易等方式导致上市公司股份的直接持有人发生变化;间接方式是指尽管上市公司股份的直接持有人没有发生变化,但是根据《上市公司收购管理办法》通过间接收购的方式取得上市公司股份或者成为上市公司股份的实际控制人。

二、本年鉴的统计对象

本年鉴的统计对象是中国境内上市公司在2011年所发生的并购事件。这些并购事件按交易标的区分为股权交易和资产交易。其中,股权交易进一步区分为上市公司扩张性交易(即上市公司为股权收购方的并购交易)、上市公司收缩性交易(即上市公司为股权出让方的交易)和上市公司股权交易(即上市公司股权为交易标的的交易)三类。按《上市公司收购管理办法》这类交易被称为上市公司收购,并按照转让比例从5%到100%分解为五个区间分别统计。资产交易区分为上市公司扩张性资产交易和上市公司收缩性资产交易两类。涉及资产置换的交易,以上市公司为基准来确定该交易是扩张性还是收缩性资产交易。

三、本年鉴的结构

第一部分首先回顾了中国并购市场的经济环境、资本市场环境及法律政策环境,然后总结了中国并购市场2011年的市场特征及市场亮点,从总体上展示了市场的全貌。

第二部分分别列明股权交易统计、资产交易统计和专项统计的结果。股权交易和资产交易是基本的统计分类,专项统计则是对于并购市场的热点所进行的分项统计。

对于股权交易,先从时间、区域、行业、企业性质、交易类型、标的股份性态、支付方式、是否一致行动人、交易规模等9个角度考察全部股权交易的总体情况,然后分上市公司扩张性交易、上市公司收缩性交易和上市公司股权交易三个类别分别列明统计结果。股权交易涉及公司控制权转移的交易,还在相应的统计表专门设一列归类统计。

对于资产交易,先从时间、区域、行业、企业性质、支付方式、交易规模等6个角度考察全部资产交易的总体情况,然后分上市公司扩张性资产交易和上市公司收缩性资产交易两个类别分别列明统计结果。

本年鉴提供了国民经济结构调整、外资并购和中介机构排名三类专项统计。国民经济结构调整是对国有股股东向非国有股股东转让股权或资产的交易的统计,它反映了经济结构调整中国有与民营股权转让的情况。外资并购反映了买方为外资(即企业性质为外商经济或其经营地在海外)的收购情况。海外收购反映了买方为国内企业,而卖方或标的股权为外资的收购情况。中介机构排名则是指对财务顾问、律师事务所、会计师事务所、资产评估事务所按照所参与的并购交易数量和并购交易金额分别进行统计的排名。

第三部分对2011年中国并购市场上发生的上市公司并购事件按协议收购上市公司股权交易、要约收购上市公司股权交易、上市公司合并和上市公司资产交易等4类而分类逐项进行概括描述。其中,协议收购上市公司股权交易事件列出以上市公司股权为标的且控制权发生转移的全部交易,当年未发生要约收购案例,上市公司合并事件列出涉及上市公司吸收合并的全部交易,而上市公司资产交易事件列出当年交易金额前100位的交易。各类交易的并购事件均按标的所属行业描述,其中制造业细分到二级行业,其他行业取一级行业。全部并购事件均首先列明事件所涉及的上市公司证券代码及首次公告日。部分并购事件因披露信息不全而仅据实描述所披露的信息内容。

第四部分收录了2011年中国颁布的与并购相关的国家法律和部门法规。

第五部分收录了2011年中国主要学术期刊发表的与并购相关的学术论文。所有进入备选范围的论文均为2011年度发表的中文学术论文,这些论文来自CSSCI来源期刊(2012—2013)确定的管理学和经济学两个学科分类所涉及的全部期刊。经北京交通大学中国企业兼并重组研究中心的研究人员从上述期刊中选择与并购相关的全部论文作为备选论文;备选论文经北京交通大学经济管理学院10位专家协商评审,筛选出26篇作为"中国企业并购年度优秀论文"推荐论文;推荐论文经来自北京交通大学中国企业兼并重组研究中心的6位专家独立评选,根据评分确定10篇"中国企业并购年度优秀论文"。

本年鉴在第六部分回顾了2011年与中国企业并购相关的重大事件。该大事记按时间顺序评述了2011年发生的规模较大或影响较大的并购交易、国家或相关部门颁布的并购法规以及其他与并购相关的重要活动。

本年鉴涉及交易金额的,均以人民币万元为货币单位。

目　录

第一部分

中国企业并购综述

一、中国企业并购市场环境

(一)中国企业并购的宏观环境

1. 不平衡复苏的世界经济

2011年,世界经济总体仍处在2009年以来的复苏进程中,但世界各地的复苏步伐明显放缓。2011年世界经济的关键词是债务危机,同时也受到了日本“311”大地震带来的供应链断裂等突发因素的影响。

(1)美国经济在衰退阴影下开始复苏

2011年初,美国经济笼罩在衰退阴影之中,1季度GDP增速仅达到0.4%。在衰退威胁下,美联储2012年首次货币政策会议的决议,在2014年以前,美联储都有望保持0－0.25%的超低联邦基金利率安排。同时,在汇率方面,2011年的美元实际有效汇率总体表现为贬值,以达到支持美国出口扩张和实体经济复苏的效果。

2011年中,美国经济的最大威胁是美国国债危机。经济衰退和多年的赤字财政政策使得美国的公共债务总额不断累积,美国国债总额在年中已经接近国会批准的上限,为维持美国政府的正常运作和国债的正常偿还,美国国会必须在2011年8月2日之前就提高国债上限达成一致。但由于2012年美国将迎来大选年,美国国会两党为取得政治上的优势,利用国债上限问题展开政治博弈。直到7月底,两党仍在为批准提高国债上限讨价还价。而一旦8月2日国会不能正式批准提高国债上限,最具信用的美国国债将出现违约,那么国际金融市场将大乱,美国乃至全球经济都将遭受比2008年金融危机更为严重的冲击。

2011年7月31日晚奥巴马宣布国会两党就债务上限达成协议,在临近最后期限的时候避免了债务违约。在成功度过2011年8月2日的国债危机后,美国国债余额又逼近15.2万亿美元的新上限,国家债务率达到100%。但总体上看,美国债务风险不大,基本处于安全可控的范围。

但在国债危机后,国际评级机构标准普尔在8月5日晚间宣布将美国信用3A主权信用评级下调至AA+,这是近一个世纪以来美国首次失去AAA评级。但由于美国独特的金融地位,美国国债收益率并未如市场所担心的提高,反而出现一定程度下降,美国平稳度过信用降级风险。

尽管受到日本地震带来的供应链问题和国债危机问题,以及欧债危机带来的拖累,美国经济总体表现出逐季回升态势,从第4季度开始,美国经济的复苏信号明显增强,关键经济指标普遍趋于好转,GDP增速超过3%。

在本轮美国经济复苏过程中,一个突出的现象是制造业开始回流。美国波士顿咨询集团的一份报告显示,由于近年来中国劳动力成本快速上升,而美国的劳动生产率达到中国的4倍,美国制造的成本优势目前正在日益显现。在国内失业率高企的背景下,美国国内主张发展制造业、改变经济过分依赖服务业特别是金融业的呼声不断高涨,美国政府已经重新将制造业视为解决就业和经济问题的措施。2011年前9个月,工业生产同比增长均在3.2%之上,是2001年至2008年从未出现过的现象;从制造业新增订单来看,同比增长都在10%以上,这也远远超过危机爆发前的水平。

从引发2008年金融危机的源头来看,美国房地产市场逐步企稳,但形势依旧复杂。2011年第4季度,美国新房销售量为92.2万幢,与市场的预期基本持平,房屋的价格保持在2006年的70%左右,房贷风险处于可控区间。但另一方面,美国房地产市场拥有巨量的“影子库存”,止赎房产已超过170万套,乐观化解期限为44个月,仍是美国经济的重大风险源之一。但客观来看,美国房地产价格已回落至相对合理区间,泡沫挤压殆尽,具备重新进入资产市场的条件。

(2)欧洲经济

2011年,欧洲经济最令人关注的还是欧债危机。

欧元区主权债务危机自2009年末爆发,经过短暂的平静之后并没有切实解决问题根源,并再度爆发成为世界经济动荡的根源。2011 年下半年,欧债危机愈发深入,一方面由希腊这一问题国家蔓延至整个欧元区的“边缘国家”,并有蔓延至意大利、法国等中心国家的趋势;另一方面,欧债危机已经从单纯的财政危机延伸到金融市场,并影响到实体经济。欧债危机也暴露出欧元区这个货币联盟的制度缺陷:缺少一个统一的财政联盟的支持。

欧债危机带来的直接后果是债务成本的大幅提升,希腊政府已经远离金融市场,而西班牙、意大利等国由于国债收益率大幅提高一度被认为将步希腊后尘,失去持续融资能力。由于欧洲商业银行普遍大量持有欧猪国家国债,欧债危机的爆发重创了欧洲银行业的资产负债表。根据2011 年 10 月底欧洲银行局(EuropeanBankingAuthority,EBA)第二轮压力测试的结果,欧洲银行业的资本金缺口约为 1080 亿欧元。这一数字甚至仍被市场认为是低估了,IMF 的估算表明当时欧洲银行业至少存在2000 亿欧元的资本金缺口,而摩根斯丹利的测算是2750 亿欧元。三大评级机构在希腊债务危机升级过程中也起到了推波助澜的作用——评级机构每次调低欧元区国家主权信用评级都会在金融市场上掀起风波,对市场信心构成沉重打击,同时也使得欧元区国家本已脆弱不堪的债务状况一步步恶化。

在多轮斡旋之下,2011 年 12 月初,欧盟峰会达成重要成果,其中两项重要成果是:一是迅速展开EFSF 的杠杆化工作,欧元区政府将在 2012 年 3 月重新考虑 EFSF 的放贷能力是否需要上调;二是ESM 作为欧元区的永久性危机救助机制将在 2012年 7 月生效。同时,国际货币基金组织也在积极研究欧债危机的解决方案,并寻求包括金砖国家在内的国际社会进一步为欧债危机提供救助资金。

在上述强有力措施之下,欧债危机暂时得到缓和,但危机已经开始伤害到实体经济。2011 年 1~4 季度,欧元区经济环比增长分别为 0.8%、0.2%、0.1%和-0.3%,呈逐季下滑态势,并在四季度陷入轻度衰退。而在此之前,欧元区 GDP 增速在2009 年跌至-4.3%的谷底,2010 年曾反弹至1.8%。

欧债危机对实体经济的伤害一个重要体现就是高企的失业率。据欧洲统计局公布的数据,2011年 12 月欧元区 17 国失业率高达 10.4%,创下欧元区 1999 年成立以来历史新高。欧猪五国失业率状况更是糟糕,尤其是青年失业率。希腊、西班牙青年失业率已逼近 50%。在经济持续低迷的情况下,欧洲国家没有足够的工作岗位吸纳青年,年轻人失业使整个欧洲面临严峻挑战,会给个人、社区,乃至整个国家造成压力,进一步拉大社会差距,破坏整个欧元区的凝聚力。

欧元的债务问题也远未解决。截至 2011 年 12月 19 日,欧猪五国主权债务余额合计为 2.76 万亿欧元,其中意大利为 1.60 万亿欧元、西班牙为 6589亿欧元、希腊为 2773 亿欧元、葡萄牙为 1310 亿欧元、爱尔兰为 860 亿欧元。2012 年将是欧猪五国的还债高峰期,全年到期债务约为 5715 亿欧元,其中意大利、西班牙与希腊的到期债务约为 4800 亿欧元。

2. 中国宏观经济形势

2011 年是“十二五”的开局之年,也是国际国内经济形势最为复杂多变的一年。在国际经济持续动荡、国内物价上涨压力加大的情况下,我国将稳定物价总水平作为宏观调控的首要任务,实施了积极的财政政策和稳健的货币政策,国民经济呈现出增长较快、物价回落、结构调整取得进展的良好态势。

(1)宏观经济平稳减速

2011 年,我国经济平稳减速,没有出现大的起落,四个季度同比增速分别为 9.7%、9.5%、9.1%和 8.9%;GDP 环比增速基本稳定,四个季度环比增速分别为 2.1%、2.3%、2.3%和 2.0%。全年GDP 实现 471564 亿元,同比增长 9.2%,增幅较上年减缓 1.2 个百分点,略高于 9%左右的潜在增长水平。我国经济增长的回落,既是政府为控制通胀主动调整宏观经济政策的结果,也反映了全球经济复苏步伐放缓对我国的影响。

2011 年城镇居民人均可支配收入与农村居民

人均纯收入之比为3.13∶1，较2010年有明显改善。2011年全年平均失业率为4.1%，保持在较低水平。工农业生产保持稳定，企业利润继续增长。第一产业增加值47712亿元，比上年增长4.5%；第二产业增加值220592亿元，增长10.6%；第三产业增加值203260亿元，增长8.9%。1—11月份，全国规模以上工业企业实现利润46638亿元，同比增长24.4%。

作为宏观调控的主要目标，CPI和PPI涨幅在7月份分别达到6.5%和7.5%的此轮上涨峰值后，出现逐月回落态势。至12月份，CPI和PPI涨幅分别回落至4.1%和1.7%。全年CPI同比上涨5.4%，PPI同比上涨6.0%，虽超出年初4%的预期目标，但仍然处于温和可控状态。

2011年，在宏观政策主动调控和世界经济增长放缓影响下，我国三大需求出现了不同程度的下降。全年经济增长动力主要来自于国内需求，内外需平衡有所改善，资本形成总额、最终消费以及货物和服务净出口对GDP增长的贡献率分别为54.2%、51.6%和－5.8%；对经济增长的拉动分别为4.99、4.75和－0.53个百分点。与上年相比，投资仍为拉动经济增长的重要力量，但对GDP增速的拉动减少0.6个百分点；消费的拉动作用显著增强，提高0.9个百分点；而净出口的拉动作用明显减弱，减少1.3个百分点。

固定资产投资保持较快增长，投资结构继续改善。在"十二五"规划项目落实和保障房建设的带动下，全年固定资产投资（不含农户）301933亿元，比上年名义增长23.8%（扣除价格因素实际增长16.1%）。其中，国有及国有控股投资107486亿元，增长11.1%。第一产业投资6792亿元，比上年增长25.0%；第二产业投资132263亿元，增长27.3%；第三产业投资162877亿元，增长21.1%。固定资产投资下降主要受到中央政府房地产调控政策影响。2011年全国房地产开发投资61740亿元，比上年名义增长27.9%（扣除价格因素实际增长20.0%），增速明显回落。

受刺激政策退出、物价上涨较快、限购措施等因素影响，我国2011年消费市场呈现平稳运行态势，全年社会消费品零售总额181226亿元，名义增长17.1%，比上年回落1.3个百分点，其中各月增幅基本平稳，12月份达到全年最高值18.1%（除1月份外）；扣除价格因素全年实际增长11.6%，比上年回落3.2个百分点。其中，城镇消费品零售额增长17.2%，比上年回落1.6个百分点；乡村消费品零售额增长16.7%，比上年加快0.6个百分点。从产品类别看，汽车类增长14.6%，增速比上年回落20.2个百分点，增速下降明显；房地产相关产业增速也有所下降；家具类增长32.8%，回落4.4个百分点；家用电器和音像器材类增长21.6%，回落6.1个百分点。

2011年，国内外经济保持增长态势，带动我国进出口规模再创历史新高，全年进出口总值36420.6亿美元，同比增长22.5%。但随着欧美债务危机深化蔓延、国际大宗商品高位波动、通胀压力维持高位、国内经济增速放缓、人民币升值压力增加等影响因素影增多，进出口增速呈现逐渐回落态势。全年出口达到18986亿美元，同比增长20.3%，增幅同比回落11个百分点，比前三季度、上半年、一季度分别回落2.4、3.7、6.1个百分点；进口达到17434.6亿美元，同比增长24.9%，增幅同比回落13.8个百分点，比前三季度、上半年、一季度分别回落1.8、2.7、7.7个百分点。

在国内需求明显优于外部需求、"扩大进口"政策的作用下，进口增速高出同期出口增速4.6个百分点，导致全年累计实现贸易顺差1551.4亿美元，比上年净减少263.7亿美元，占GDP比重从上年的3.1%回落到2.1%，占进出口总值比重从上年的5.1%回落到4.3%，明显处在国际公认的贸易平衡标准的合理区间。外贸顺差已连续三年维持收窄格局，表明我国贸易发展更趋平衡。

（2）逐步走向民生财政、公共财政

2011年，全国财政预算执行情况良好，与国民经济发展相适应，财政收入较快增长，各项重点支出得到较好保障，宏观调控得到严格落实。

2011年1—12月累计，全国财政收入103740亿元，比上年增加20639亿元，增长24.8%。其中，中央本级收入51306亿元，比上年增加8818亿元，增长20.8%;地方本级收入52434亿元,比上年增加11821亿元,增长29.1%。财政收入中的税收收入89720亿元,增长22.6%;非税收入14020亿元,增长41.7%。

从财政支出来看,全国公共财政支出中民生支出重点突出。2011年1—12月累计,全国财政支出108930亿元,比上年增加19056亿元,增长21.2%。分中央地方看,中央财政支出56414亿元,其中,中央本级支出16514亿元;对地方税收返还和转移支付39900亿元。地方财政用地方本级收入以及中央税收返还和转移支付资金安排支出92416亿元。2011年财政支出结构得到进一步优化,加大了对"三农"、教育、医疗卫生、社会保障和就业、保障性安居工程、文化等的支持力度,切实保障和改善民生。

财政方面值得关注的是地方政府的债务问题。中国有些地方政府债台高筑,堪称国内"小希腊"。从长远来看,不排除地方债务对整个宏观经济产生更大系统性影响的可能性,这一"隐雷"也得到了高层和业界的重视。

据2011年6月国家审计署发布的第104号公告中的数据,截至2010年底,我国地方政府债务余额为10.7万亿元,其中政府负有偿还责任的占62.62%,负有担保责任的或有债务占21.8%,可能承担救助责任的占15.58%。10.7万亿元的债务占当年GDP的27%,高于中央政府债务的占比。如此庞大的债务引起社会各界担忧。但从国际比较来看,中国政府的债务仍保持在国际较低水平,即使将政策性银行和铁道部等政府隐性债务也算上,政府债务的系统性风险依然可控。

(3)"逆调控"框架下的稳健货币政策

2011年,面对复杂多变的国内外经济环境,货币政策面临更加严峻的挑战。

2011年前三季度,面对通货膨胀压力不断加大的形势,货币政策的主要任务是保持物价总水平基本稳定,央行先后6次上调存款准备金率共3个百分点,使存款准备金率达到了历史的高点,并3次上调存贷款基准利率共0.75个百分点。同时央行还灵活开展公开市场操作,实施差别准备金动态调整,引导货币信贷增长平稳回调,保持合理的社会融资规模。

进入10月份以后,针对欧洲主权债务危机继续蔓延、国内经济增速放缓、价格涨幅逐步回落等形势变化,着力提高政策的针对性、灵活性和有效性,适时适度进行预调微调。央行在年内下调了存款准备金率0.5个百分点,向市场明确表示,货币政策重点已经从控通胀正式转向稳增长。同时,央行还针对性暂停发行三年期央票,调整优化差别准备金动态调整机制有关参数,引导金融机构加大对小型微型企业、"三农"和国家重点在建续建项目的信贷支持。针对个别月份外汇占款开始出现下降、离岸市场人民币NDF也表明人民币面临越来越多的市场看空力量等新现象,央行扩大了人民币汇率的弹性。

截至2011年年末,广义货币供应量M2余额为85.2万亿元,同比增长13.6%,增速比上年低6.1个百分点。人民币贷款余额同比增长15.8%,增速比上年低4.1个百分点,比年初增加7.47万亿元。2011年社会融资规模为12.83万亿元,其中债券融资明显增多。金融机构贷款利率总体稳步上行,12月份非金融企业及其他部门贷款加权平均利率为8.01%,比年初上升1.82个百分点。2011年年末,人民币对美元汇率中间价为6.3009元,比上年末升值5.11%。

(二)中国企业并购的资本市场环境

纵观2011年全年,资本市场有如下特点:

1.股票市场继续发展完善

2011年,中国资本市场继续快速扩张,全年共有282家企业在A股市场首发上市,220家企业实施股权再融资,全年融资总额5073亿元,年度融资规模仅次于2010年和2007年。其中,282家公司进行了IPO上市,上市公司数量增加到2342家,主板、中小板、创业板分别有39家、115家、128家首次公开发行,筹资额分别为1014亿元、1019亿元和791亿元。沪深两市总市值为21.48万亿元,流通市场16.49万亿元,总市值占当年国内生产总值的

45.55%，位居全球第三，仅次于美国和日本。

在监管方面，证监会全面落实新股发行体制改革措施，督促市场主体归位尽责，新股发行的市场约束有所增强。证监会对券商保荐项目实施问核制度，加强对保荐机构执业行为监管。

2. 着力提高上市公司质量

上市公司质量是股票市场的核心，2011 年，提高上市公司质量的监管政策进一步完善。

退市制度是证券市场的重要基础性制度之一，A 股退市制度建立多年，但因其标准过于宽松、退市效率太低备受批评。2011 年 11 月 28 日，深交所发布《关于完善创业板退市制度的方案（征求意见稿）》，该稿降低了退市了门槛，致力于提高退市效率，完善市场淘汰机制，以优化市场资源配置，提高创业板上市公司整体质量。

在规范并购重组方面，证监会推动修改上市公司重大资产重组与配套融资相关规定。推动部分改制上市公司整体上市，全年 136 家重点公司中有 92 家完成整改。规范并购重组行政审批工作，公开审核标准，完善审核流程，提高审核质量。全年核准上市公司资产重组 69 项，交易金额 2369 亿元。

此外，证监会继续坚持督促上市公司完善公司治理和决策机制，明确回报规划和分红政策，增强红利分配透明度。

3. 债券市场积极发展

2011 年，证监会将债券融资审核与股权融资审核相分离，优化债券审核机制与流程，同时启动了创业板公司非公开发行公司债券，扩宽了创业板公司的融资渠道。全年上市公司债券融资 1707.4 亿元，创历史最高记录。截至 2011 年底，我国全部公司类信用债余额约 4.9 万亿元，在世界上排名估计居第三位。

值得注意的是，证监会、发改委、人民银行等相关部门之间在债券市场准入、信息披露、投资者适当性安排和风险防范等多个方面形成广泛共识，为我国债券市场的统一打下了坚实的基础，也必将推动我国统一债券市场形成和发展。

4. 期货市场改革积极推进

2011 年，我国成功推出铅、焦炭和甲醇 3 个商品期货新品种，同时对天然橡胶、燃料油、棕榈油等已上市期货合约和交割规则进行了完善，试点铅、黄金等期货品种套保制度改革。证监会还推动建立了期货品种功能发挥评估指标体系，年内进行了首次评估。

在投资者方面，证监会推动合格境外机构投资者（QFII）、信托公司参与股指期货市场，并启动期货市场历史账户清理和规范工作。

5. 进一步加强市场法治和诚信建设

2011 年，证监会进一步加强了对市场违法行为的查处力度，全年集中力量调查内幕交易案件 118 起，推动司法机关审判中山公用、天山纺织等大要案，有力震慑了内幕交易违法犯罪行为。在上市公司和证券期货监管系统，全面实施内幕信息知情人登记管理制度。严厉查处市场操纵、“老鼠仓”、虚假披露等违法违规行为，全年共调查各类案件 209 起，作出行政处罚决定与市场禁入决定 68 项，罚没款 3.48 亿元。推动最高法院出台关于内幕交易等刑事案件、期货纠纷、证券行政处罚证据等的司法解释。

此外，证监会还大力推进市场诚信建设，推进资本市场诚信档案数据库升级，查询诚信记录已成为行政许可工作的必经程序。

6. 对外开放和国际合作取得新的突破

2011 年，我国启动离岸人民币投资境内资本市场（RQFII）试点，批准 9 家基金公司、12 家证券公司的业务资格。完成了境内投资港股交易所交易基金（港股 ETF）的各项准备工作。新批 29 家机构合格境外机构投资者（QFII）资格，研究修订合格境内机构投资者（QDII）办法及配套规则，新批基金 22 只。积极支持企业境外上市融资，11 家公司境外筹资 113.2 亿美元。

(三)中国企业并购的法律政策环境

1. 证监会关于推进资本市场并购重组的整体规划

2011年5月,为贯彻落实国务院2010年8月发布《关于促进企业兼并重组的意见》,中国证监会确定了推进资本市场并购重组的庞大工作计划,包括市场非常敏感的推动整体上市、防止内幕交易、完善停复牌制度和信息披露制度等十项工作安排。根据中国证监会整体部署,十项具体操作方案将逐项制订,统筹配套相关规则,成熟一项推出一项。

十项工作安排具体为:一是进一步加大资本市场支持并购重组的力度,拓宽并购重组融资渠道,规范、引导市场机构参与上市公司并购重组;二是进一步支持上市公司创新并购重组方式;三是进一步推动部分改制上市公司整体上市,解决同业竞争、关联交易等历史遗留问题;四是进一步规范、引导借壳上市活动;五是进一步完善相关规章及配套政策,健全市场化定价机制;六是进一步推动建立内幕交易综合防治体系,有效防范和打击内幕交易;七是进一步完善停复牌制度和信息披露工作,强化股价异动对应监管措施;八是进一步加大中介机构在并购重组中的作用和责任,提高中介执业的效率和质量;九是进一步规范和改进并购重组行政审批工作,进一步完善并购重组审核委员会和专家咨询委员会制度;十是进一步优化上市公司并购重组外部环境。

十项工作安排围绕推进市场化并购重组改革主线,涉及上市公司监管工作各个层面的基础制度建设:既有规范内部制度,也有完善外部环境;既有自我行为规范,也有相关市场主体行为规范;既涉及近期的工作目标,也涉及远期的工作目标;既涉及治标的措施,也涉及治本的措施,充分体现了远近结合、标本兼治的总体要求。

2. 证监会发布《关于修改上市公司重大资产重组与配套融资相关规定的决定》

8月5日,证监会正式发布《关于修改上市公司重大资产重组与配套融资相关规定的决定》(以下简称《决定》)及配套发布的《<上市公司重大资产重组管理办法>第十三条、第四十三条的适用意见——证券期货法律适用意见12号》。主要内容包括:

• 《决定》明确了"借壳上市"的定义:自控制权发生变更之日起,上市公司向收购人购买的资产总额,占上市公司控制权发生变更的前一个会计年度经审计的合并财务会计报告期末资产总额的比例达到100%以上的。

• 对借壳企业注入资产提出类似IPO的要求:注入资产对应的经营实体持续经营时间应当在3年以上,最近两个会计年度净利润均为正数且累计超过人民币2000万元(上市公司购买的资产属于金融、创业投资等特定行业的,由中国证监会另行规定);注入资产的独立性、关联交易方面与IPO要求趋同。

• 在重大资产重组配套融资方面,证监会首次提出"上市公司发行股份购买资产的,可以同时募集部分配套资金"。

• 《决定》还强化了中介机构的持续督导义务,对于借壳上市企业的持续督导期限不少于3年。

• 《决定》还完善发行股份购买资产的制度规定,此外,证监会还正在研究论证推行并购重组审核分道制,符合国家产业政策、有利行业整合、结构优化的并购重组活动将得到证监会的优先和快速审核。

《决定》及正在研究的相关制度体现了证监会积极鼓励上市公司通过并购重组促进加快转变经济发展方式和调整经济结构的政策导向,同时也体现了证监会在对待"借壳上市"活动的两个政策导向:

• "借壳上市"审核标准与IPO趋同:《决定》提高拟借壳企业的要求必然减少大量的企业的借壳需求,这有利于避免部分企业利用"借壳上市"审核的低标准规避部分监管,有利于遏制市场绩差股投机炒作和内幕交易等问题。

• 完善重大资产配套融资制度:允许重大资产重组的同时通过发行股票募集部分资金有利于

提高并购重组的效率也有利于推动上市公司利用并购重组加速产业整合，未来可能会进一步允许上市公司通过发债等方式募集并购资金。

• 从《决定》的影响来看，未来上市公司重大资产重组方面可能出现如下变化：

• “借壳上市”案例将逐渐减少，优质的企业更倾向于IPO上市，“壳资源”价值将进一步降低，一旦退市制度进一步完善，这种趋势将更加明显。

• 未来的上市公司重大资产重组将朝着产业整合的方向发展，通过并购重组实现行业的集中以及产业链的完善。短期来看，国资委推动的央企整体上市和产业整合将成为主流；中长期来看，随着国家产业结构调整的推进，市场化的产业整合将逐渐兴起。

二、中国企业并购市场特征

据经合组织统计数据显示，2011年全球企业海外并购总额则有望突破1万亿美元，而中国成为去年全球并购资本第四大来源地，占全球并购总额的7%。在全球经济缓慢复苏的过程中，一些国家和企业已将海外并购作为扩展的机会，显示中国在并购市场的重要性与日俱增。

在中国国内并购交易方面，2011年在金融危机状况逐渐舒缓，但是宏观调控带来的资金紧缩现象也影响国内并购市场局势，满手现金的公司开始出手投资，而受影响公司陆续寻求外来资金援助，为因应紧缩的资金现象并充实手上现金，投资较多的企业积极处分投资，形成许多并购交易机会；股市表现也在资金动能不足的影响下表现不佳，使得过去透过上市渠道来出脱持股的VC/PE退出机制受影响，因此转向以并购方式出售持股的渠道来退出，种种因素造成交易笔数大幅增加，但受到宏观调控的剧烈影响，投资者出手时也相对保守，也造成2011年，中国上市公司并购活动与2010年相比依然增加，但平均成交金额较2010年减少的现象。2011年并购交易特征：总量持续攀升且续创新高、总金额下滑、股权交易依旧担当主力、期间分布差异明显、并购交易类型以协议收购为主、小规模并购交易快速增加等特征。从整体活动分析，并购标的主要集中在国内市场，显示国内产业重组的态势持续，产业并购重组特征依然鲜明；在跨境并购方面，则出现外资入华并购数量上升但平均金额减少以及企业朝海外并购步伐加快但投资保守的现象。

并购交易的活跃程度依旧与区域的经济发展程度密切相关。2011年并购交易地域特征仍是经济发展驱动区域并购，而非同属管辖并购仍然持续增加，此乃地方保护主义减少现象。制造业、房地产、金融保险业依旧是并购活动最为热络的行业。

2011年股权并购特征中，标的企业性质是转变为私有经济成为主要标的企业性质，而并购交易类型以协议收购为主，标的股份性态集中于非上市股份公司，并购支付方式以现金为主，关联型并购同比则下滑。

(一)并购交易规模特征

1. 总量持续攀升且续创新高，但总金额下滑

2011年，在后金融危机时期全球经济仍然持续震荡及中国经济宏观调控紧缩资金的背景下，中国并购市场在并购交易数量与2010年相比呈现明显增长态势，但交易金额则萎缩。具体为，2011年共发生并购交易2504宗，较2010年上升了14.9%，总交易金额下滑至5195亿元人民币，与2010年相比减少了28.1%，如表1-1。

表 1-1　2002～2011 年中国企业并购规模一览

年份	交易数量(宗)	交易金额(万元)
2002	951	7777672
2003	934	9230755
2004	1541	21168660
2005	1219	13231970
2006	1788	30745709
2007	1773	44097368
2008	1441	48881190
2009	1527	59812118
2010	2179	72222049
2011	2504	51948026

数据来源:中国企业并购数据库

从 2002～2011 年我国企业并购交易数量及金额变动趋势图可以看出,2011 年我国的并购活动较 2010 年显著增加,并再创下历史新高,如图 1-1 所示。

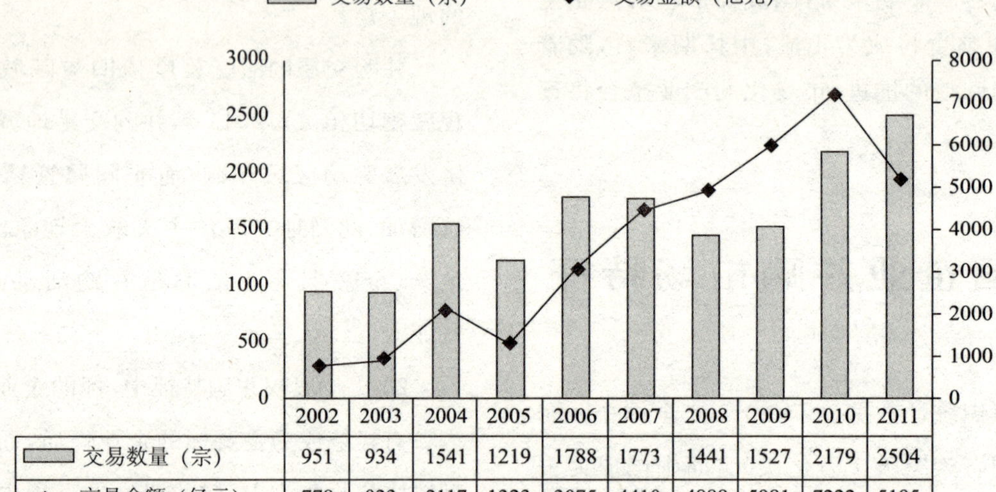

	2002	2003	2004	2005	2006	2007	2008	2009	2010	2011
交易数量（宗）	951	934	1541	1219	1788	1773	1441	1527	2179	2504
交易金额（亿元）	778	923	2117	1323	3075	4410	4888	5981	7222	5195

数据来源:中国企业并购数据库

图 1-1　2002—2011 年中国企业并购规模走势

2. 股权交易依旧担当主力

2011 年,股权交易和资产交易在交易总量中的比重仍延续前几年的趋势,即资产交易在并购总量中占比较少,而股权交易则依然担当并购市场的主力。

2011 年,中国并购市场发生 2504 宗并购交易,金额达 5195 亿元,其中,股权交易共 2337 宗,占总交易量的 93%,交易金额超 4560 亿元,占总交易金额的 88%;2011 年资产交易较 2010 年减少,成交仅为 167 宗,占总交易量的 7%,金额大约为 635 亿元,占总交易金额的 12%,详见表 1-2 及图 1-2 所示。

表 1-2　2011 年并购交易分类统计

交易类别	交易数量(宗)	数量占比(%)	交易金额(万元)	金额占比(%)
股权交易	2337	93.33	45601902	87.78
其中:发生控制权转移	748	29.87	14628543	28.16
资产交易	167	6.67	6346124	12.22
并购交易总量	2504	100.00	51948026	100.00

数据来源:中国企业并购数据库

资产收购平均每笔交易金额依然占据优势。相比之下,资产收购交易尽管数量较少,但从每宗成交金额影响来看绝不示弱,其平均规模水平相当于股权交易平均规模的 1.9 倍,较 2010 年的 1.6 倍上升。

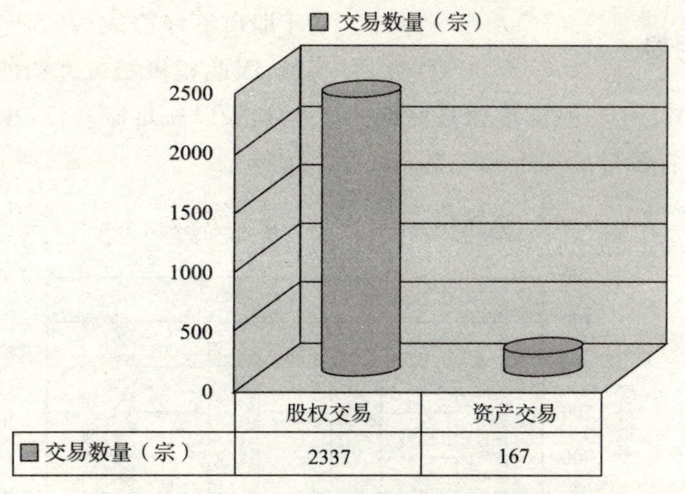

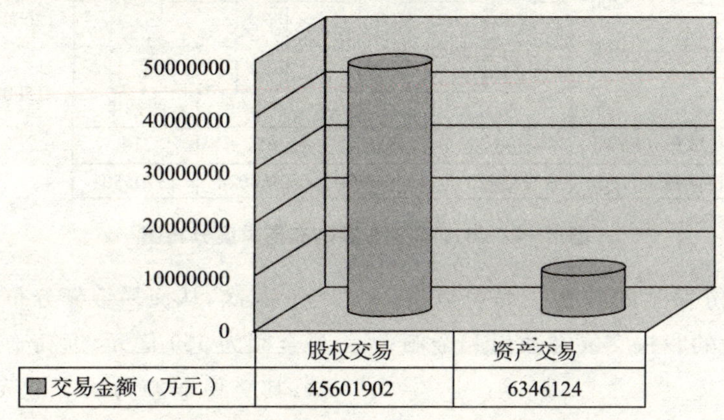

数据来源：中国企业并购数据库

图 1－2　2011 年股权交易和资产交易对比图

控制权转移交易金额占比仍然相对较小。在股权交易中，发生控制权转移的并购交易有 748 宗，占全部股权交易的 32.01%，交易金额达 1463 亿元，占股权交易总金额的 32.08%，如图 1－3 所示。

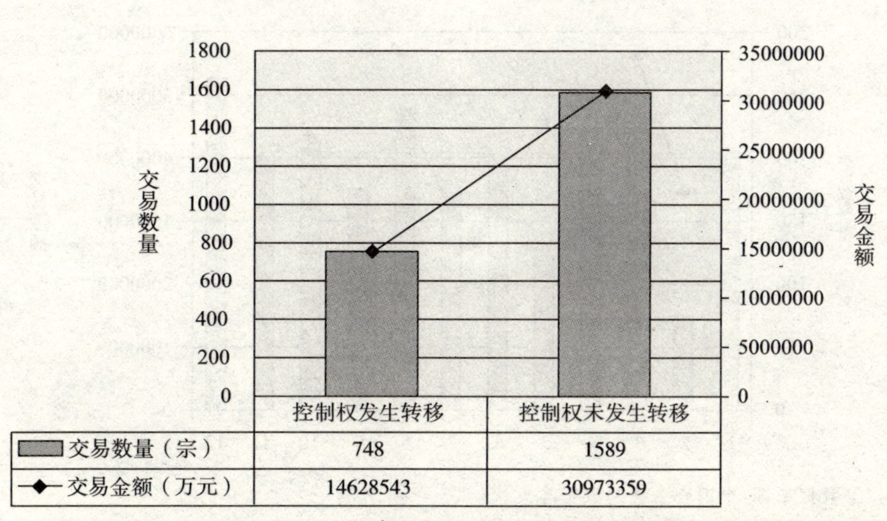

图 1－3　企业控制权发生转移交易占比情况

3. 期间分布差异明显

如下图 1－4 所示，2011 年一季度依然是并购交易最为清淡的时期，其后数量呈现上升趋势，由于股市不好造成 VC/PE 透过 IPO 出场的机会减低，因此积极透过并购的方式退出，加上投资人出售持股以充足流动性，也造成 2011 年交易活跃的情形。

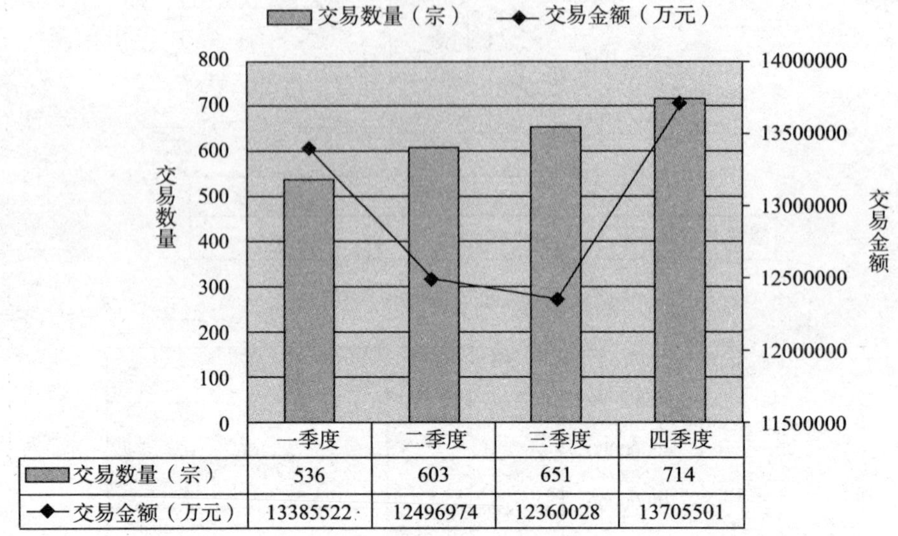

	一季度	二季度	三季度	四季度
交易数量（宗）	536	603	651	714
交易金额（万元）	13385522	12496974	12360028	13705501

图 1－4　2011 年企业并购交易季度分布图

进一步分析各个月份发生的并购交易可以发现，2011 年不同月份发生的股权交易在数量和金额上都存在显著差异。

首先，从交易数量分布情况看，12 月份依然为全年之最，共发生股权交易 264 宗；其次是 8 月份和 4 月份，分别发生股权交易 240 宗和 226 宗。而 2 月份仅有 76 宗交易，为全年股权并购活动最不活跃的月份。

其次，从交易金额分布情况看，3 月份的并购交易金额为 559 亿元，远高于其他月份，第二名是 8 月份，其交易金额为 471 亿元，排在第三位的是 5 月份，其交易金额为 464 亿元。由此可见，与以前年度规律相同，2011 年的股权并购在数量上仍然存在明显的年末效应，而数量大不表示金额高，显见其中有金额较大的交易分布于各期。具体如图 1－5 所示。

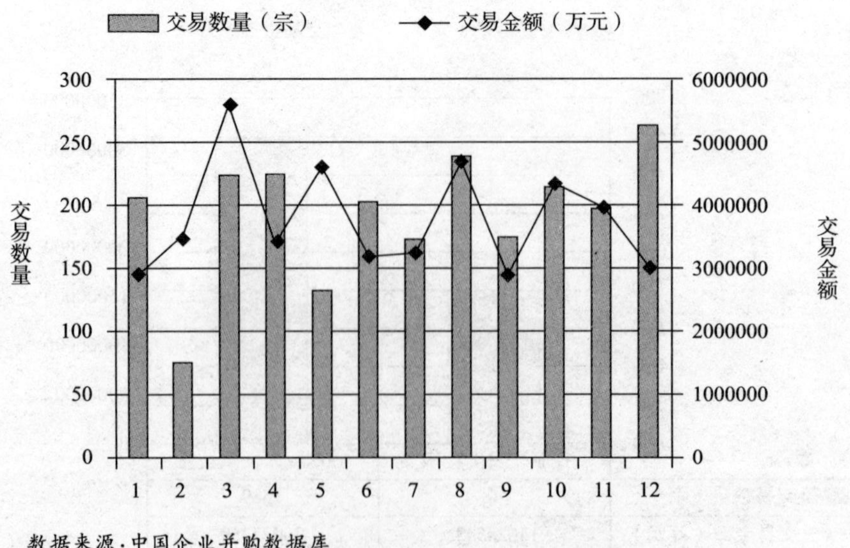

图 1－5　2011 年股权交易月份分布图

4. 小规模并购交易快速增加

2011 年并购交易的规模分布情况与 2009 年及 2010 年基本一致，从交易宗数看，小型交易仍为主流，所不同的是金额超过 5 亿元的大型交易在全部交易总量中所占比重则下滑到 10%以下，而交易金额也由过去占全部交易总额的 79%的水准下滑至 70%。可见，2011 年的大型并购活动虽是支撑我国并购市场的重要力量之一，但小型交易却成为 VC/PE 退场手段，也加速推动并购交易的发展。

表 1－3　2011 年并购交易规模分布情况统计

交易规模	交易数量（宗）	数量占比（%）	交易金额（万元）	金额占比（%）
大型[5 亿元，+∞)	215	8.59	36504140	70.27
中型[1 亿元，5 亿元)	504	20.13	11347454	21.84
小型[0，1 亿元)	1785	71.29	4096434	7.89

数据来源：中国企业并购数据库

（二）并购交易地域特征

投资环境是吸引投资、促进经济增长的决定性因素，相应地，也将对企业的并购行为产生影响。我国土地面积广阔，不同地区由于区域位置的差别、历史条件的不同以及经济发展的不平衡性等原因，投资环境的质量呈现出明显的差异性。相比之下，华东、中南、华北等经济发达地区以及北京、上海、广东、江苏、浙江等经济发达省份（市）随着经济的快速发展，投资环境不断优化，并且已逐步实现与国际接轨。因而，在这些地区资源流动速度较快，并购交易也更为活跃。

1. 经济发展驱动区域并购

2011 年，我国企业的并购活动在区域分布上继续呈现明显的地域集聚性，在各地区的分布比例上与以前年度基本相同。六大经济区划中，仍以华东、中南和华北的并购交易活动最为活跃，其股权交易数量和交易金额合计分别占 2011 年我国股权交易总量及总金额的 74%和 70%，而大型并购交易（即单笔交易金额在 5 亿元以上的交易）则并非集中于这三个区域，使得这三个区域占总体的交易金额相较 2010 年 84%则下滑至 70%。并购交易经济区划分布如图 1－6 所示。

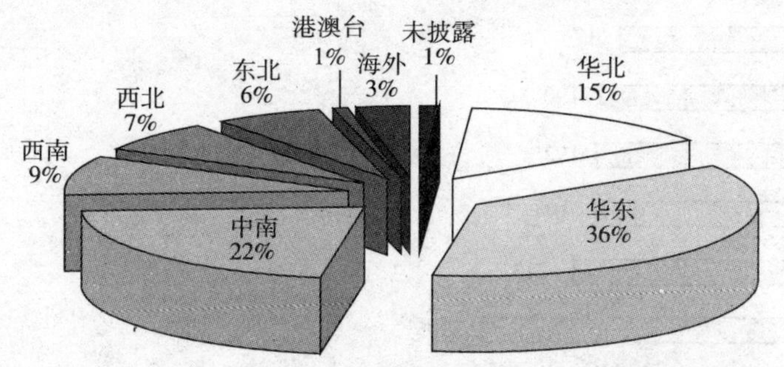

并购交易经济区域分布（按交易数量）

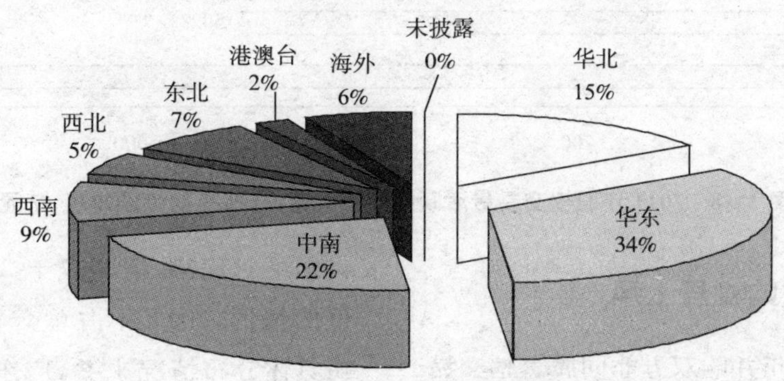

并购交易经济区域划分（按交易金额）

图 1－6　股权交易经济区划分布

从并购交易在各省份(市)的分布情况来看,集聚特征更为明显,具体见图 1-7 和图 1-8。2011 年并购交易数量最多的前六个省份(市)仍然是上海、广东、江苏、北京、浙江、山东六省。该六个省(市)的股权交易数量、金额合计分别占 2011 年我国股权交易总量及总金额的 47%和 44%,相对于 2010 年的交易金额有逐步分散的趋势。值得注意的是,并购交易平均金额前二名则是中国香港和海外。

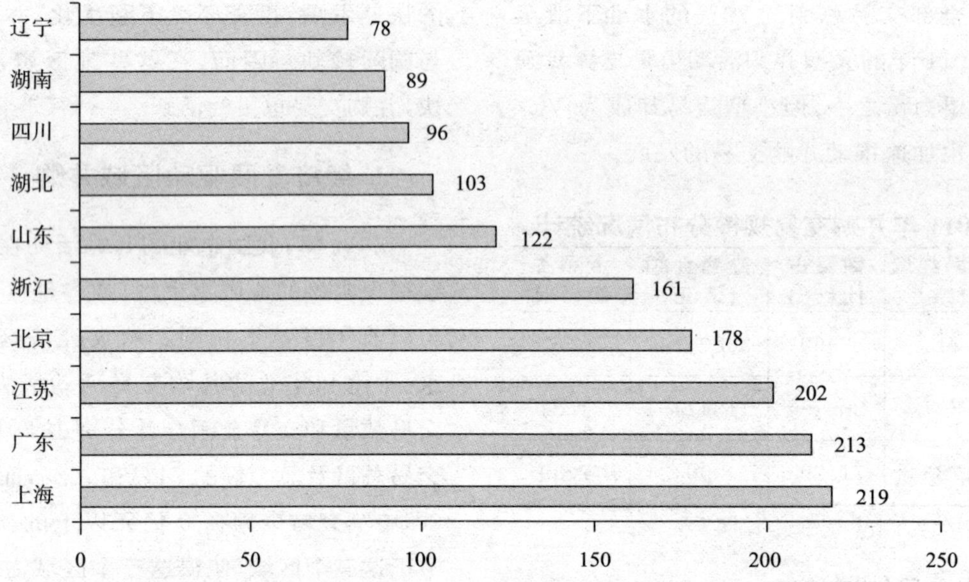

图 1-7　2011 年股权交易最活跃的前十大省份(按交易数量排名,宗)

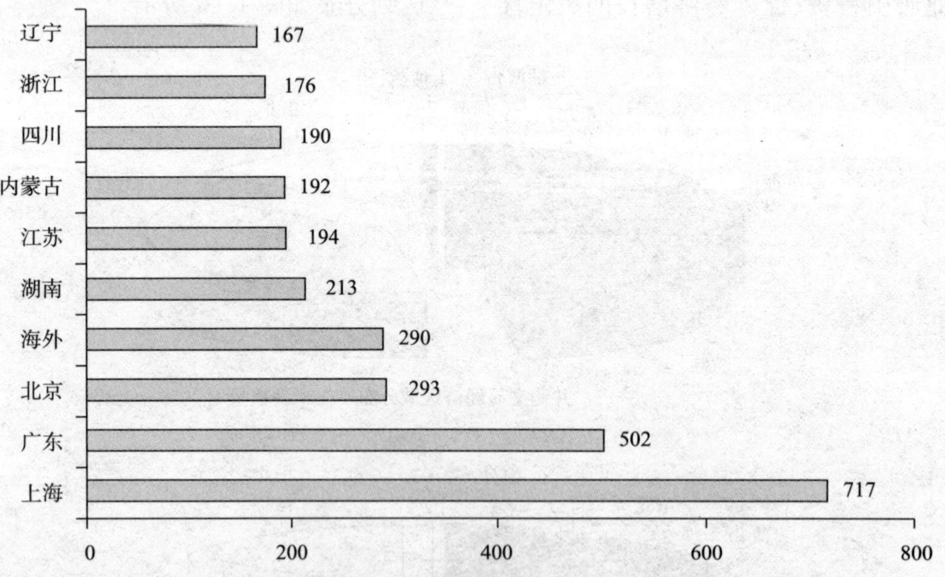

图 1-8　2011 年股权交易最活跃的前十大省份(按交易金额排名,亿元)

2. 非同属管辖并购稳居上风

与 2009 年及 2010 年并购双方非同属管辖交易占多数相同,2011 年我国非同属管辖的并购交易在数量上依然多于同属管辖,而且其交易金额也持续占据绝对优势,但相较于 2009 年的 80%有逐年降低的情形,2011 年占总交易金额的 67%。从各省份具体分布情况来看,广东、北京、上海、辽宁是跨省份并购的主要地区。2011 年非同属管辖并购渐占下风说明,制约并购活动的地方保护主义现象较之以前年度再度出现了明显的现象。

具体来看，全年同属管辖并购交易共 860 笔，约占交易总量的 37%，交易金额达 1855 亿元人民币，约占总交易金额的 33%；非同属管辖并购交易有 1477 笔，约占交易总量的 63%，交易金额达 3763 亿元人民币，约占总交易金额的 67%。具体见表 1－4 所示。

表 1－4　2011 年股权交易地域跨度情况统计

地域跨度	交易数量（宗）	数量占比（%）	交易金额（万元）	金额占比（%）
同属管辖	860	36.80	18551910	33.02
非同属管辖	1477	63.20	37628862	66.98
合计	2337	100.00	51948026	100.00

注：个别交易因交易参与一方的企业信息无法获取而未纳入统计范围，所以合计数与其他统计有一定出入。

(三)并购交易行业特征

1. 并购交易行业分布差异依然集中在制造业

与以前年度的情况类似，2011 年，不同行业发生的并购交易在数量和金额上仍存在明显的差异。就交易数量而言，2011 年制造业(C)、批发和零售业(H)仍是并购活动最为活跃的行业，明显高于其它行业的平均水平。如图 1－9 所示。

就交易金额而言，制造业(C)仍高居榜首，其次是金融保险业(I)和房地产业(J)，尽管金融保险业的并购数量较少，但其平均交易金额领先其它行业，而制造业(C)尽管发生了 1012 笔并购交易，但其平均交易金额却远小于排在后两位的金融保险业和房地产业，具体如图 1－10 所示，由此可见，不同行业之间的并购交易规模差异还是非常显著的。

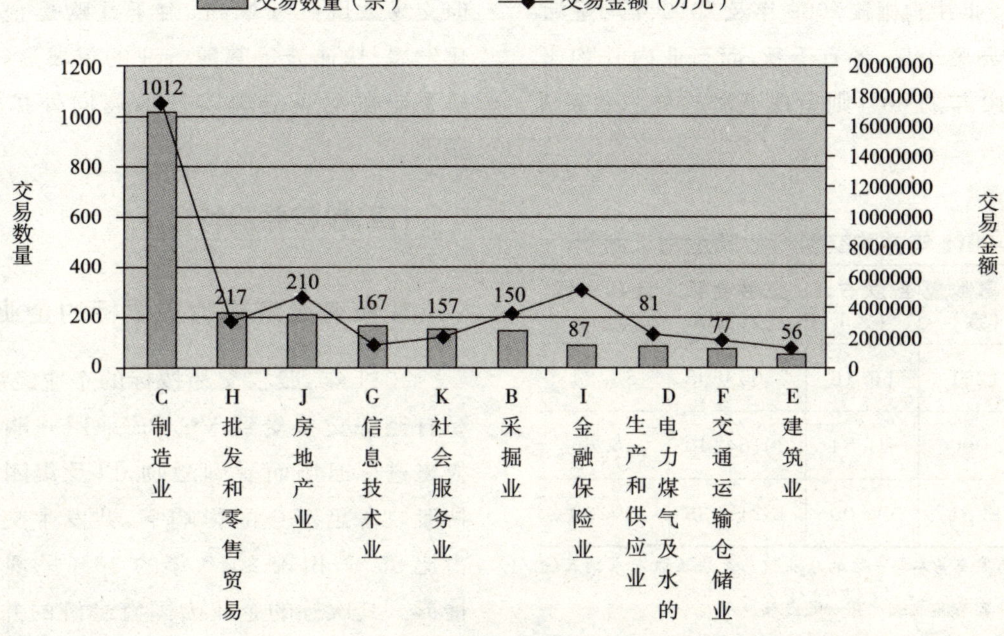

图 1－9　2011 年股权交易最活跃的前十大行业(按交易数量排名，宗)

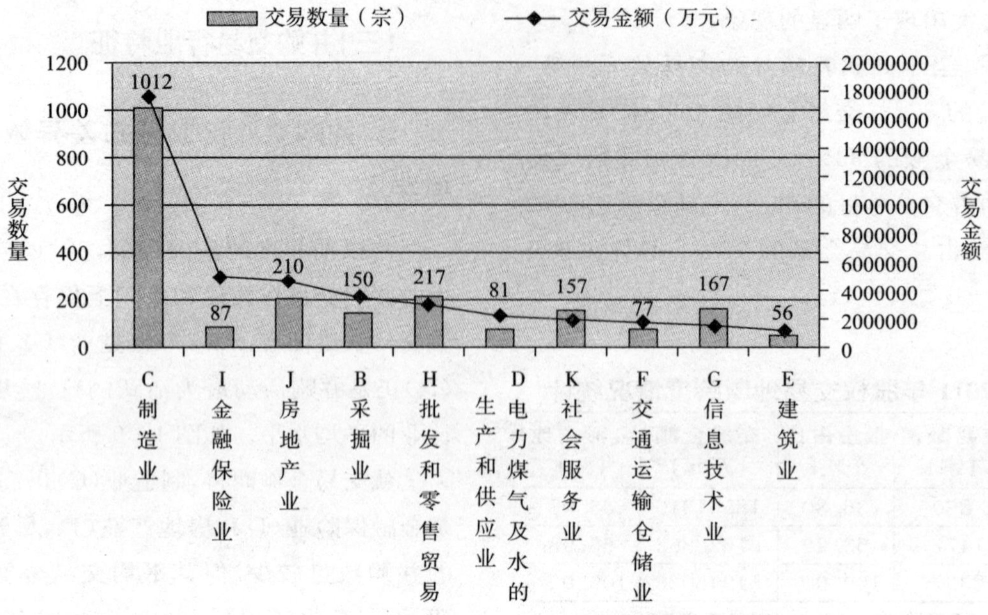

图 1-10 2011 年股权交易最活跃的前十大行业(按交易金额排名,万元)

2. 产业并购重组特征依然鲜明

从并购交易的行业跨度情况来看,2011 年行业内并购和跨行业并购相较 2009 年及 2010 年均呈活跃态势,可谓异彩纷呈,各有千秋,而行业内并购比重相较于 2010 年的 60%则呈现下滑趋势。如表 1-5 所示。

表 1-5 2011 年并购交易行业跨度情况统计

行业跨度	交易数量(宗)	数量占比(%)	交易金额(万元)	金额占比(%)
行业内并购	1281	56.16	23053898	53.34
跨行业并购	1000	43.84	20164440	46.66
合计	2281	100.00	43218338	100.00

注:个别交易因交易参与一方的企业信息无法获取而未纳入统计范围,所以合计数与其他统计有一定出入。

并购交易的行业跨度现状也进一步证实,我国产业并购重组在 2011 年呈现出两个鲜明的特征。

首先,产业整合步伐持续推动行业内并购发展。从交易宗数观察,2011 年整体行业内并购活动趋势相较 2009 年及 2010 年依然上扬,显示行业整合趋势也持续进行,这将促进产业结构的优化和升级,为我国国民经济的持续增长提供动力。

其次,跨行业并购活动相较 2009 年及 2010 年更为热络,虽然占整体并购活动的比重是下滑,但交易数量持续攀高,由于并购是企业实现多元化发展、快速涉足其他行业的重要途径,因此可理解企业在本业范畴以外加速向外扩张以求做强做大。

(四)股权并购特征

1. 私有经济成为主要标的企业性质

2011 年,股权交易按标的企业经济性质统计,私有经济交易受到 VC/PE 采用并购交易出售股权来进行退场而受到激励,以及集团出脱转投资持股以备足资金的影响下,共发生交易 1280 宗,占比 55%,相较 2010 年的 38%呈现大幅攀升的情形。其次标的企业为国有经济的并购交易共有 857 宗,占比 37%,虽交易笔数与 2010 年的 1007 宗差异不大,但受到私有经济交易大幅攀升的影响,占比相较于 2009 年及 2010 年则呈现下滑趋势;而标的企业性质为外商经济、集体经济及港澳台经济的并购交易则占比依然较少。具体如图 1-11 所示。

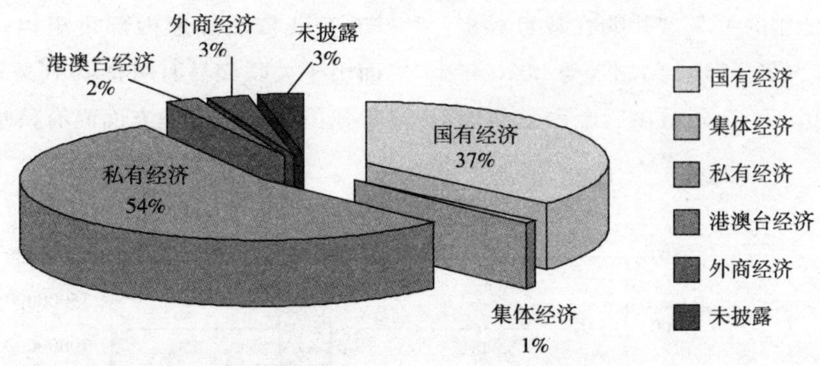

数据来源：中国企业并购数据库

图 1-11　股权交易按标的企业经济性质统计图（按交易数量）

2. 并购交易类型以协议收购为主

股权并购交易的完成主要通过四种渠道予以实现，即要约收购、协议收购、大宗交易和集中竞价。其中，协议收购是股权收购的主要形式，这也是我国并购交易的特色。2011 年有 2276 宗交易是通过协议收购方式来完成的，其次是通过集中竞价方式完成 36 宗，第三类是大宗交易 25 宗，而要约收购在 2011 年并未收集到案例。集中竞价相较于 2009 年，不论在交易笔数或是金额，趋势是持续下滑的，也反映我国的主要交易偏好不倾向在公开市场上集中竞价，值得注意的是大宗交易虽然比例未增加，但交易笔数是上升的，其中最大的交易是平安信托出售安徽海螺水泥的交易。由于大宗交易的好处是避免在公开市场直接交易影响盘价，因此在股市不好时也成为投资人出脱大额持股的渠道，具体如表 1-6 所示。

表 1-6　2011 年股权并购交易按交易类型统计

交易类型	交易数量（宗）	交易金额（万元）	平均交易金额（万元）
要约收购	0	0	0
协议收购（含间接收购）	2276	42631159	18731
大宗交易	25	999443	39978
集中竞价	36	1971300	54758

数据来源：中国企业并购数据库

3. 标的股份性态集中于非上市股份公司

2011 年，股权交易按标的股份性态统计主要分为四种类型，其中仍然以非上市公司股份为主，共发生交易 2151 宗，其次是流通股，共发生交易 175 宗；标的股份为非流通股的交易有 11 宗。具体如图 1-12 所示。由于上市公司间的收购相对难度大，加上以上市公司为主的大企业兼并非上市公司的小企业相对容易，也造成标的股份性态集中于非上市股份公司的现象。

4. 并购支付方式以现金为主

2011 年，股权并购交易的支付方式依然呈现多样化，但仍以现金支付为主，受到宏观调控带来的资金紧缩影响，现金交易占全部交易笔数由前两年的 7 成的水准向上攀升，达到 81%的水平。具体如图 1-13 所示。

5. 关联型并购同比下滑

上市公司的关联并购多数集中于上市公司与其控股股东之间，或者上市公司与其控股股东下属的其他子公司、联营公司或合营公司之间，并通过资产、股权的置换、收购和转让等过程来完成。其中，大部分关联并购旨在解决股东占用上市公司资金、上市公司与控股股东之间的同业竞争等问题，或者实现控股股东相关资产的整体上市。如表 1-7 所示，2011 年共发生关联交易 828 宗，占交易总量的 35.45%，交易金额为 2345 亿元，占总交易金额的 51.44%；而非关联交易有 1508 宗，占交易总量的 64.55%，其交易金额为 2214 亿元，占总交易金额的 48.56%。由于我国证券市场建立的特殊历史背景造成了关联并购仍将占据并购交易的相当比重，但与前几年相比,2011 年的关联型并购在数量和金额占比方面分别在 35%及 51%的水准,与 2010 年相比依然维持在相当水平,除显示在后金融危机时期,企业依然加速内部重组以提升竞争力,另一方面由于关联交易有可能与利益输送有关,因此也反映我国在公司治理方面尚有待加强。

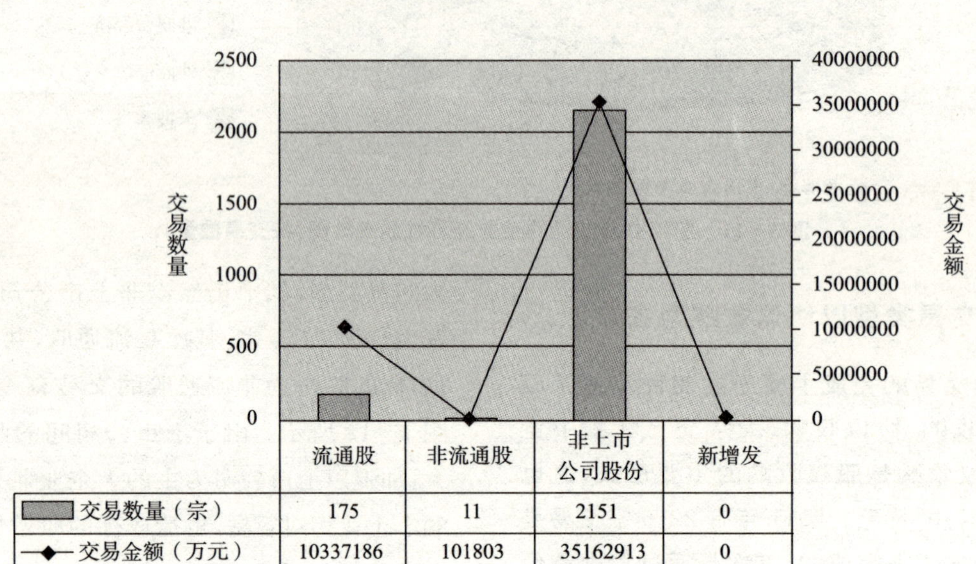

	流通股	非流通股	非上市公司股份	新增发
交易数量(宗)	175	11	2151	0
交易金额(万元)	10337186	101803	35162913	0

数据来源:中国企业并购数据库

图 1-12　股权交易按标的股份性态统计图

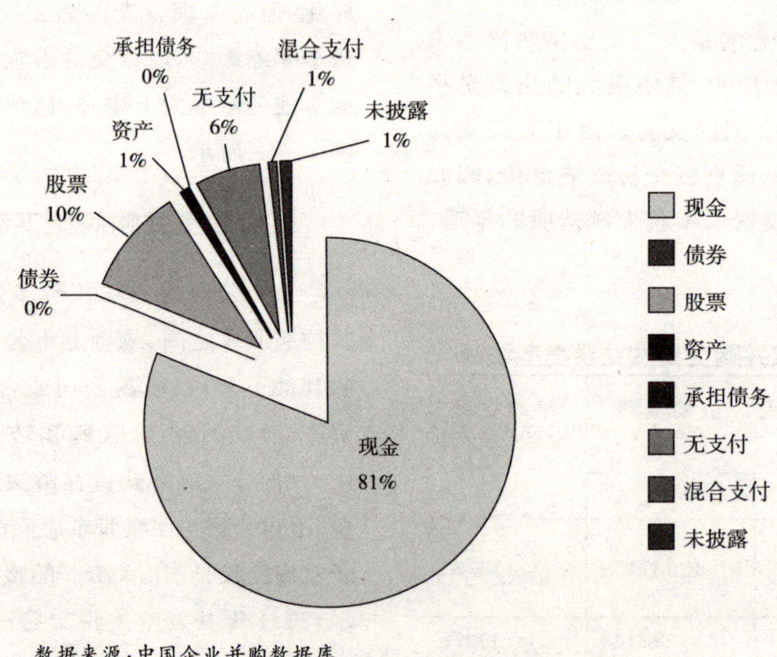

数据来源:中国企业并购数据库

图 1-13　股权交易支付方式

表 1－7　2011 年关联并购交易统计

是否关联交易	交易数量（宗）	所占比重（%）	交易金额（万元）	所占比重（%）
关联交易	828	35.45	23451118	51.44
非关联交易	1508	64.55	22140921	48.56

（五）跨境并购

1. 外资并购数量上升但平均金额减少

一反 2010 年的下跌走势，2011 年，我国外资并购的数量有所上升。交易数量与交易金额同比分别大幅上涨 130.0%及 10.4%，但平均交易金额则下滑了 52%。在 2011 年 9 月 1 日起正式实施的外资并购领域新规《商务部实施外国投资者并购境内企业安全审查制度的规定》（以下简称“规定”），对于外资于国内并购是否会有影响则有待观察。规定明确，外国投资者并购境内企业，属并购安全审查范围的，外国投资者应向商务部提出并购安全审查申请。具体包括：外国投资者并购境内军工及军工配套企业，重点、敏感军事设施周边企业，以及关系国防安全的其他单位；外国投资者并购境内关系国家安全的重要农产品、重要能源和资源、重要基础设施、重要运输服务、关键技术、重大装备制造等企业，且实际控制权可能被外国投资者取得。由于扩大利用外资为政策既定方向，此由国务院在 2010 年 4 月 6 日发布的《国务院关于进一步做好利用外资工作的若干意见》可以知晓，但是新规定对于外资准入的领域及持股限制，因此会不会造成单笔成交金额下降则是未来持续观察的重点。在外资并购中，金额最大的德国安联保险集团在香港收购中国太平洋保险（集团）的股份；若排除港股，则金额最大也是最重要的交易是 TF－EPI CO.，LIMITED（以下简称 TF－EPI）收购重庆国信投资控股的项目。TF－EPI 是同方股份的全资境外子公司，因此严格说起来不能属于根正苗红的外资公司，重庆国信是个金融平台，间接控制重庆近千亿金融资产，南光（香港）投资管理公司原是重庆国信的相对控股股东，持股 38.41%。由于此前重庆国信其他股东与南光香港就担保纠纷事项提起了仲裁，南光香港败诉，重庆市第五中级人民法院立案执行，拟将南光香港质押至其他股东的重庆国信 38.41%股权进行变卖。重庆国信其他股东遂向同方股份发出了参与上述股权执行的邀请，并购由此引发。

表 1－8　2011 年外资并购及其变动趋势统计

年份/指标	2007 年	2008 年	2009 年	2010 年	2011 年	增长率（%）
交易数量（宗）	68	24	46	30	69	130.0
交易金额（万元）	1046793	429005	1906064	1784831	1969682	10.4
平均交易金额（万元）	15394	17875	41436	59494	28546	－52.0

2. 海外并购步伐加快但投资保守

在美国的次贷危机引发了世界范围内的金融危机逐步平缓后，欧美等发达经济体仍然处于后金融危机的复甦震荡期，也为拥有实力的国内企业制造机会。2011 年企业一反 2010 年企业海外并购保守的情形，积极朝海外并购，交易量也创新高，但在资金投入上则受到国内宏观调控影响而依然保守。如表 1－9 所示，2011 年交易数量较 2010 年上扬，但交易金额则呈现下滑态势，显示海外并购的步伐依然快速但态度谨慎，平均交易金额比 2010 年下滑了 73.9%。其中交易金额最大的是烟台万华收购匈牙利宝思德化学（BorsodChem）公司的海外投资，烟台万华的主营产品 MDI，宝思德是中东欧最大的 MDI 和 TDI 制造商，业务范围扩展至欧洲、中东及非洲地区，由于宝思德化学公司身处困境，债台高筑，也给了烟台万华收购的机会，对于烟台万华这是属于中国藉由金融危机的余波进行海外扩张性并购的一个案例，显示中资企业海外并购不仅帮助当地濒临破产的企业“起死回生”，同时为当地就业和经济发展输入了新鲜血液。

表 1-9 2011 年海外并购及其变动趋势统计

指标＼年份	2007 年	2008 年	2009 年	2010 年	2011 年	增长率(%)
交易数量(宗)	28	33	34	25	67	168.0
交易金额(万元)	5848809	11333285	7094057	5484317	3831058	—30.1
平均交易金额(万元)	208886	343433	208649	219373	57180	—73.9

三、中国企业并购市场亮点

(一)2011 年中国并购市场回顾

2011 年中国并购呈现如下几个特点，一是并购交易总体规模未能维持升势，较上一年略有下降；二是中国企业的海外收购持续升温，而外资在中国的收购则显著下滑；三是并购主体更趋多元化，中央企业之外的其他类型企业参与并购的热度显著增加；四是产业整合政策初显成效；五是并购方式更为灵活。

1. 并购市场走势由升转降

从并购交易数量来看，除 2005 年交易数量有所下滑外，自 2002 年至 2011 年，交易数量总体呈上升趋势(参见表 1—10)，这反映了并购的活跃度持续上升。但另一方面，就交易金额而言，同期的整体趋势则呈“三三两两”变化的特点，即交易金额上升的势头或者维持三年，或者维持两年，就会有一次向下的调整，在 2005 年和 2007 年均出现向下的拐点。在上一轮三年的上升期后，2011 年中国并购市场的交易金额又由升转降，由上一年的 7171 亿元降为 5677 亿元。不仅交易金额有所减少，2011 年并购平均交易规模也由 2010 年的每宗交易 3.39 亿元降为每宗交易 1.82 亿元。这反映了中小型交易占有更大的比例，以及企业对收购持有更谨慎的心态。

表 1-10 2002-2011 年并购规模一览表

年份	交易数量(宗)	交易金额(亿元)
2002	951	778
2003	934	923
2004	1541	2117
2005	1219	1323
2006	1788	3075
2007	1773	4410
2008	1441	4888
2009	1527	5981
2010	2115	7171
2011	3125	5677

数据来源：中国企业并购数据库

2. 投资流向出现结构分化

从对外直接投资(FDI)的角度看，外资并购对应着内向投资，而海外并购对应着外向投资。就 2011 年的实际情况看，外资并购与海外收购的规模呈现冰火两重天的分化。

无论从中国企业并购数据库还是彭博社提供的数据看，中国企业海外并购热度不减，并购交易规模仍保持上升势头，但外国企业在中国的外资并购则规模锐减。这反映了中外企业在本轮全球金融危机整体实力上的相对差异：欧美等国企业自顾不暇，从新兴经济体撤资以及出售企业的消息不断，而中国企业热情高涨，抓住时机主动出击。

3. 并购主体更趋多元化

自金融危机于 2008 年全面爆发以来，中央企业一直是境内与境外并购的主力军。但 2011 年出现一个变化，非中央企业实施的并购影响力显著上升，特别是在海外并购中表现更为突出。这主要体现在一些大型民营企业以及地方国有企业成为积极的收购者，完成了一些较有影响力的交易，比如吉利整体收购沃尔沃，海航收购 NH 酒店连锁集团 20%股权，复星收购 FolliFollie 集团 9.6%股权等交易，均彰显了中央企业国家队之外的并购生力军的崛起。这是一个可喜的变化，不仅反映了越来越多的中国企业将并购作为企业发展的一种重要举措，也反映了中国企业收购主体结构的优化，将有利于缓和海外收购中对中国企业的不友善氛围。此外，不同的性质的投资主体所实施的并购提供了更为丰富的案例，为其他企业的并购间接减少了学习成本。

4. 产业整合政策初见成效

从 2011 年各行业的并购活跃度来看，机械设备仪表行业（涉及机械业及汽车业）、金属非金属业（涉及钢铁、水泥、电解铝、稀土）医药生物制品业（涉及医药业）、电子业等行业的并购数量均处在并购活跃的前二分之一行业中（如图 1－14）。若以并购金额来看，除医药业处于平均水平外，其他重点监控的七大行业均处于前三分之一行业中。这反映了对八大行业重点推进兼并重组的政策效果已经显现。

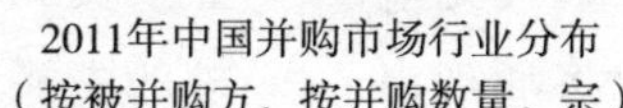

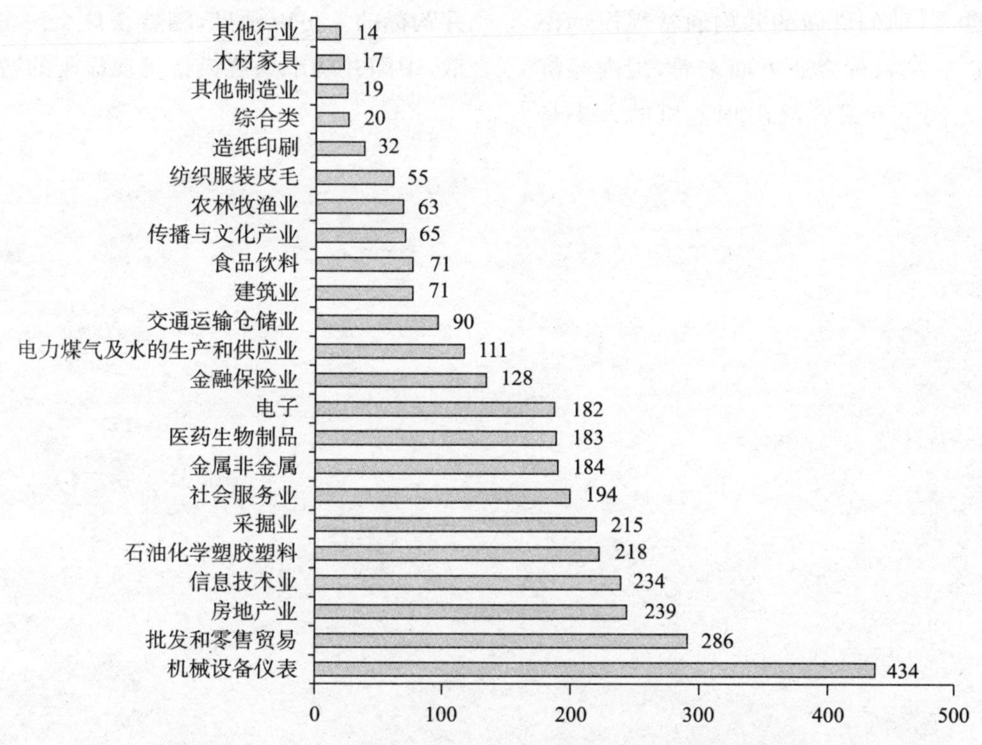

图 1－14　2011 年中国并购市场行业分布（按交易数量排序）

5. 并购方式更为灵活

在前些年的海外并购中，中国企业更愿意强调整体或控股收购，以确保在收购后的话语权。但在敏感行业的海外并购多次铩羽而归后，中国企业已开始调整收购策略，参股而非控股型收购日渐增多，比如中海油和中石化在能源领域的收购已显现这样的特点，这种策略的调整促成了更多交易的达成。

在国内的收购中，不少企业的收购条款中引入股权投资界（PE）常用的“对赌协议”来控制收购风险，在并购交易中也越来越多地引入专业机构的服务，这些变化反映了中国企业在并购方面的正在逐渐成熟。

（二）中国并购市场未来展望

鉴于 2012 年全球经济仍难以走出金融危机的阴影，以及中国经济增长速度减缓，预计 2012 年中国并购市场规模仍将延续跌势，趋势重新上扬的转折点应在全球经济复苏出现确定性信号之后。

但中国各行业的并购并非均呈缩量态势，而是存在结构性差异。鉴于宏观调控的影响、产业景气的压力和产业政策的推动，部分产业的产业整合将进一步加深，如房地产业、食品饮料业、水泥业、汽车业、稀土业等行业，并购规模均可能呈上升走势。

从更远一些的趋势看，在未来三年，中小型并购占比将显著上升。这主要缘于以下几点原因：首先，近年新上市公司持有大量超募资金，并购将成为资金的一个重要流向，这从调查显示创业板 80% 的上市公司均有对上下游企业并购的计划可见端倪；其二，大中型民营企业、地方国有企业将涌现出更多的积极收购者，他们所做的并购通常规模远小于中央企业；其三，从目标企业方面来看，国内经济结构调整中最先倒下和最容易出现危机的大多是中小型的企业，这些企业提供了并购标的中的大多数；其四，经过前些年并购失败的洗礼和失败经验在新媒体时代的广泛和迅速传播，以及投资机构与中介机构对经验的普及性推动，越来越多的企业认识到并购中的风险并积极采取措施防范并购风险，而由小及大、少吃多餐等并购风险控制方式将被广泛采用。

此外，未来三年内，并购基金规模将显著增长，高收益债券的发行也可能成为现实，这将为并购市场提供更大规模的资金支持。中国的经济转型的阵痛将使比以往更多的企业从旧轨道中甩出来，创业投资和股权投资机构也会将股权转让作为除 IPO 外的主要退出渠道之一，这些变化均将提供更多的并购标的。可以预见，随着全球金融危机的阴霾消散，中国并购市场规模将呈现显著的增长。

第二部分

中国企业并购统计

一、股权交易统计

(一)总体情况

1. 按时间统计

表 2-1　　股权交易按年度统计

转让比率\指标	交易数量(笔)			交易金额(万元)			平均单笔交易金额(万元)		
	上一年 2010	当年 2011	增长率 (%)	上一年 2010	当年 2011	增长率 (%)	上一年 2010	当年 2011	增长率 (%)
[5%,20%)	613	675	10.11	13205148	7929462	−39.95	21542	11747	−45.47
[20%,30%)	190	294	54.74	6323980	3273810	−48.23	33284	11135	−66.55
[30%,50%)	287	372	29.62	6532063	6337550	−2.98	22760	17036	−25.15
[50%,75%)	290	374	28.97	7456551	8801620	18.04	25712	23534	−8.47
[75%,90%)	106	97	−8.49	4065835	1731188	−57.24	38357	17847	−53.47
90%,100%	440	505	14.77	22508126	17469361	−22.39	51155	34593	−32.38
未披露	10	20	100.00	44361	58911	32.80	4436	2946	−33.59
合　计	1936	2337	20.71	60136064	45601902	−24.17	31062	19513	−37.18
其中:发生控制权转移	567	748	31.92	17205519	14628543	−14.98	30345	19557	−35.55

表 2-2　　股权交易按月份统计

月份	转让比率	[5%,20%)	[20%,30%)	[30%,50%)	[50%,75%)	[75%,90%)	[90%,100%]	未披露	合　计	控制权发生转移
1月份	交易数量(笔)	80	29	32	22	7	36	1	207	55
	交易金额(万元)	587499	299998	431252	614509	79526	925296	200	2938281	743304
	平均交易金额(万元)	7344	10345	13477	27932	11361	25703	200	14195	13515
2月份	交易数量(笔)	22	6	22	10	2	14	0	76	20
	交易金额(万元)	704938	124024	602068	475571	57725	1570107	0	3534434	1458440
	平均交易金额(万元)	32043	20671	27367	47557	28863	112151		46506	72922
3月份	交易数量(笔)	61	16	32	33	10	71	2	225	67
	交易金额(万元)	495780	198757	677290	1700782	180529	2331421	3200	5587760	1232408
	平均交易金额(万元)	8128	12422	21165	51539	18053	32837	1600	24834	18394
4月份	交易数量(笔)	70	31	31	33	9	52	0	226	68
	交易金额(万元)	1439824	65033	266308	563686	133225	932969	0	3401045	877145
	平均交易金额(万元)	20569	2098	8591	17081	14803	17942		15049	12899
5月份	交易数量(笔)	41	17	20	19	6	30	0	133	39
	交易金额(万元)	595694	279735	342936	1770242	250419	1400489	0	4639514	1013425
	平均交易金额(万元)	14529	16455	17147	93171	41737	46683		34884	25985
6月份	交易数量(笔)	46	33	26	40	13	45	0	203	62
	交易金额(万元)	519191	193181	184062	439996	192301	1664767	0	3193498	1329699
	平均交易金额(万元)	11287	5854	7079	11000	14792	36995		15732	21447

续表

月份	转让比率	[5%,20%)	[20%,30%)	[30%,50%)	[50%,75%)	[75%,90%)	[90%,100%]	未披露	合计	控制权发生转移
7月份	交易数量(笔)	62	19	24	31	4	33	1	174	64
	交易金额(万元)	660285	349415	448307	590008	16920	1228919	7350	3301204	762394
	平均交易金额(万元)	10650	18390	18679	19033	4230	37240	7350	18972	11912
8月份	交易数量(笔)	68	25	51	41	9	45	1	240	80
	交易金额(万元)	924359	149263	821072	942462	26524	1847955	34	4711669	2521726
	平均交易金额(万元)	13594	5971	16099	22987	2947	41066	34	19632	31522
9月份	交易数量(笔)	45	30	23	31	10	34	3	176	53
	交易金额(万元)	583824	399537	230101	325512	343834	1013474	23850	2920132	1037952
	平均交易金额(万元)	12974	13318	10004	10500	34383	29808	7950	16592	19584
10月份	交易数量(笔)	60	26	37	37	6	41	8	215	69
	交易金额(万元)	727125	625363	528639	607358	180905	1699582	8977	4377949	1224492
	平均交易金额(万元)	12119	24052	14288	16415	30151	41453	1122	20363	17746
11月份	交易数量(笔)	49	29	33	30	7	48	2	198	61
	交易金额(万元)	283058	418731	1199585	262001	137457	1668064	9628	3978524	899502
	平均交易金额(万元)	5777	14439	36351	8733	19637	34751	4814	20094	14746
12月份	交易数量(笔)	71	33	41	47	14	56	2	264	110
	交易金额(万元)	407884	170772	605929	509492	131822	1186319	5672	3017890	1528055
	平均交易金额(万元)	5745	5175	14779	10840	9416	21184	2836	11431	13891
合计	交易数量(笔)	675	294	372	374	97	505	20	2337	748
	交易金额(万元)	7929462	3273810	6337550	8801620	1731188	17469361	58911	45601902	14628543
	平均交易金额(万元)	11747	11135	17036	23534	17847	34593	2946	19513	19557

2. 按区域统计

表 2-3　股权交易按标的企业所属省份统计

省份	转让比率	[5%,20%)	[20%,30%)	[30%,50%)	[50%,75%)	[75%,90%)	[90%,100%]	未披露	合计	控制权发生转移
北京	交易数量(笔)	56	25	32	23	7	32	3	178	61
	交易金额(万元)	742943	197201	336200	533045	180190	932904	9217	2931700	1126713
	平均交易金额(万元)	13267	7888	10506	23176	25741	29153	3072	16470	18471
上海	交易数量(笔)	48	19	46	29	9	67	1	219	63
	交易金额(万元)	698527	355131	740022	2137292	75328	3160468	34	7166803	1384550
	平均交易金额(万元)	14553	18691	16087	73700	8370	47171	34	32725	21977
天津	交易数量(笔)	9	4	6	9	2	6	0	36	7
	交易金额(万元)	195064	72613	42845	82552	9404	71008	0	473487	30466
	平均交易金额(万元)	21674	18153	7141	9172	4702	11835		13152	4352
重庆	交易数量(笔)	16	7	9	6	2	11	0	51	15
	交易金额(万元)	221095	35592	372610	63786	28540	539672	0	1261296	929447
	平均交易金额(万元)	13818	5085	41401	10631	14270	49061		24731	61963
安徽	交易数量(笔)	15	5	9	10	2	15	0	56	25
	交易金额(万元)	594554	36285	71296	164710	38241	445783	0	1350870	507528
	平均交易金额(万元)	39637	7257	7922	16471	19121	29719		24123	20301

续表

省份	转让比率	[5%，20%)	[20%，30%)	[30%，50%)	[50%，75%)	[75%，90%)	[90%，100%]	未披露	合 计	控制权发生转移
福建	交易数量(笔)	28	5	11	6	1	7	0	58	12
	交易金额(万元)	440323	222385	243660	203275	37495	62319	0	1209457	425409
	平均交易金额(万元)	15726	44477	22151	33879	37495	8903		20853	35451
甘肃	交易数量(笔)	15	4	6	4	2	12	0	43	5
	交易金额(万元)	54983	6985	129013	60002	4784	794299	0	1050066	40090
	平均交易金额(万元)	3666	1746	21502	15000	2392	66192		24420	8018
广东	交易数量(笔)	63	25	30	34	9	50	2	213	79
	交易金额(万元)	655002	447402	1108997	206754	82610	2510006	6500	5017271	1812772
	平均交易金额(万元)	10397	17896	36967	6081	9179	50200	3250	23555	22946
广西	交易数量(笔)	16	2	6	5	0	7	0	36	13
	交易金额(万元)	80195	8250	38646	33035	0	341821	0	501946	279210
	平均交易金额(万元)	5012	4125	6441	6607		48832		13943	21478
贵州	交易数量(笔)	7	5	4	4	4	4	0	28	13
	交易金额(万元)	36563	33814	2775	12233	10452	8700	0	104538	65282
	平均交易金额(万元)	5223	6763	694	3058	2613	2175		3733	5022
海南	交易数量(笔)	9	1	8	2	0	8	0	28	7
	交易金额(万元)	177744	0	408340	122729	0	296072	0	1004885	276014
	平均交易金额(万元)	19749	0	51043	61364		37009		35889	39431
河北	交易数量(笔)	10	7	4	4	0	10	0	35	7
	交易金额(万元)	165540	364828	16126	64518	0	41495	0	652507	65875
	平均交易金额(万元)	16554	52118	4032	16129		4150		18643	9411
河南	交易数量(笔)	9	2	8	10	0	10	0	39	14
	交易金额(万元)	76390	5432	145070	274657	0	53265	0	554814	184055
	平均交易金额(万元)	8488	2716	18134	27466		5326		14226	13147
黑龙江	交易数量(笔)	15	3	6	1	0	9	1	35	7
	交易金额(万元)	133703	3200	483816	20800	0	269770	200	911489	77046
	平均交易金额(万元)	8914	1067	80636	20800		29974	200	26043	11007
湖北	交易数量(笔)	37	7	14	15	4	26	0	103	28
	交易金额(万元)	178540	48415	68325	99646	51293	605689	0	1051908	186919
	平均交易金额(万元)	4825	6916	4880	6643	12823	23296		10213	6676
湖南	交易数量(笔)	26	15	9	13	5	19	2	89	25
	交易金额(万元)	143162	31509	114668	1177769	88870	568900	2960	2127838	81374
	平均交易金额(万元)	5506	2101	12741	90598	17774	29942	1480	23908	3255
吉林	交易数量(笔)	3	8	4	7	1	3	0	26	9
	交易金额(万元)	116117	32622	266572	14766	6288	26648	0	463013	164354
	平均交易金额(万元)	38706	4078	66643	2109	6288	8883		17808	18262
江苏	交易数量(笔)	54	32	29	33	12	38	4	202	72
	交易金额(万元)	316803	304487	188777	420880	179796	524896	1000	1936638	774330
	平均交易金额(万元)	5867	9515	6510	12754	14983	13813	250	9587	10755
江西	交易数量(笔)	12	7	6	14	1	7	0	47	17
	交易金额(万元)	68301	22859	69547	47188	150	202024	0	410068	235606
	平均交易金额(万元)	5692	3266	11591	3371	150	28861		8725	13859

续表

省份	转让比率	[5%,20%)	[20%,30%)	[30%,50%)	[50%,75%)	[75%,90%)	[90%,100%]	未披露	合 计	控制权发生转移
辽宁	交易数量(笔)	23	8	10	17	5	15	0	78	25
	交易金额(万元)	265098	92124	62099	491701	171431	592546	0	1674999	588874
	平均交易金额(万元)	11526	11516	6210	28924	34286	39503		21474	23555
内蒙古	交易数量(笔)	15	11	8	9	2	10	1	56	18
	交易金额(万元)	169750	178452	74910	808965	81985	590524	11650	1916236	518891
	平均交易金额(万元)	11317	16223	9364	89885	40993	59052	11650	34218	28827
宁夏	交易数量(笔)	5	2	1	1	1	2	0	12	4
	交易金额(万元)	149828	40547	9779	182	0	83814	0	284150	50946
	平均交易金额(万元)	29966	20274	9779	182	0	41907		23679	12737
青海	交易数量(笔)	3	1	2	3	0	2	0	11	4
	交易金额(万元)	30481	1280	800	19900	0	12524	0	64986	22607
	平均交易金额(万元)	10160	1280	400	6633		6262		5908	5652
山东	交易数量(笔)	35	13	25	19	4	24	2	122	36
	交易金额(万元)	237674	192513	138705	390479	99640	122980	7388	1189379	549738
	平均交易金额(万元)	6791	14809	5548	20552	24910	5124	3694	9749	15271
山西	交易数量(笔)	9	5	5	10	4	7	0	40	7
	交易金额(万元)	72162	6957	73985	186225	228304	262105	0	829737	94752
	平均交易金额(万元)	8018	1391	14797	18622	57076	37444		20743	13536
陕西	交易数量(笔)	9	8	4	4	1	10	0	36	12
	交易金额(万元)	158538	10644	242401	34763	0	127778	0	574123	321928
	平均交易金额(万元)	17615	1330	60600	8691	0	12778		15948	26827
四川	交易数量(笔)	39	8	11	18	2	17	1	96	34
	交易金额(万元)	554007	154080	171960	89620	79661	844905	7350	1901582	766825
	平均交易金额(万元)	14205	19260	15633	4979	39830	49700	7350	19808	22554
西藏	交易数量(笔)	2	0	2	2	0	1	0	7	3
	交易金额(万元)	88430	0	1725	67140	0	1913	0	159208	69053
	平均交易金额(万元)	44215		863	33570		1913		22744	23018
新疆	交易数量(笔)	17	6	11	12	2	4	2	54	22
	交易金额(万元)	88518	57580	49823	205073	15885	96655	3912	517446	322240
	平均交易金额(万元)	5207	9597	4529	17089	7943	24164	1956	9582	14647
云南	交易数量(笔)	12	4	4	4	4	6	0	34	10
	交易金额(万元)	124368	64336	75575	26641	54923	139718	0	485561	239716
	平均交易金额(万元)	10364	16084	18894	6660	13731	23286		14281	23972
浙江	交易数量(笔)	41	33	24	25	8	29	1	161	52
	交易金额(万元)	761059	143120	161990	273013	159402	250374	8700	1757659	511311
	平均交易金额(万元)	18562	4337	6750	10921	19925	8634	8700	10917	9833
中国香港	交易数量(笔)	4	1	5	2	0	11	0	23	6
	交易金额(万元)	564	22752	215076	33886	0	708215	0	980493	59177
	平均交易金额(万元)	141	22752	43015	16943		64383		42630	9863
中国澳门	交易数量(笔)	0	0	0	0	0	0	0	0	0
	交易金额(万元)	0	0	0	0	0	0	0	0	0
	平均交易金额(万元)									

续表

省份	转让比率	[5%，20%)	[20%，30%)	[30%，50%)	[50%，75%)	[75%，90%)	[90%，100%]	未披露	合　计	控制权发生转移
中国台湾	交易数量(笔)	0	0	0	0	0	0	0	0	0
	交易金额(万元)	0	0	0	0	0	0	0	0	0
	平均交易金额(万元)									
海外	交易数量(笔)	8	9	9	15	2	26	0	69	32
	交易金额(万元)	118416	57043	116941	379419	46515	2179570	0	2897904	1782223
	平均交易金额(万元)	14802	6338	12993	25295	23257	83830		41999	55694
未披露	交易数量(笔)	5	2	4	4	1	0	0	16	4
	交易金额(万元)	15020	23373	94476	54978	0	0	0	187846	83221
	平均交易金额(万元)	3004	11687	23619	13744	0			11740	20805
合计	交易数量(笔)	675	294	372	374	97	505	20	2337	748
	交易金额(万元)	7929462	3273810	6337550	8801620	1731188	17469361	58911	45601902	14628543
	平均交易金额(万元)	11747	11135	17036	23534	17847	34593	2946	19513	19557

表 2-4　股权交易按标的所属经济区划统计

经济区划	转让比率	[5%，20%)	[20%，30%)	[30%，50%)	[50%，75%)	[75%，90%)	[90%，100%]	未披露	合　计	控制权发生转移
华北	交易数量(笔)	99	52	55	55	15	65	4	345	100
	交易金额(万元)	1345459	820051	544067	1675304	499883	1898036	20867	6803667	1836697
	平均交易金额(万元)	13590	15770	9892	30460	33326	29201	5217	19721	18367
华东	交易数量(笔)	233	114	150	136	37	187	8	865	277
	交易金额(万元)	3117241	1276780	1613998	3636838	590052	4768844	17122	15020874	4388472
	平均交易金额(万元)	13379	11200	10760	26741	15947	25502	2140	17365	15843
中南	交易数量(笔)	160	52	75	79	18	120	4	508	166
	交易金额(万元)	1311033	541008	1884045	1914589	222773	4375753	9460	10258662	2820343
	平均交易金额(万元)	8194	10404	25121	24235	12376	36465	2365	20194	16990
西南	交易数量(笔)	76	24	30	34	12	39	1	216	75
	交易金额(万元)	1024463	287821	624645	259420	173576	1534909	7350	3912184	2070324
	平均交易金额(万元)	13480	11993	20822	7630	14465	39357	7350	18112	27604
西北	交易数量(笔)	49	21	24	24	6	30	2	156	47
	交易金额(万元)	482348	117036	431815	319919	20669	1115071	3912	2490771	757811
	平均交易金额(万元)	9844	5573	17992	13330	3445	37169	1956	15966	16124
东北	交易数量(笔)	41	19	20	25	6	27	1	139	41
	交易金额(万元)	514917	127946	812487	527267	177719	888964	200	3049501	830273
	平均交易金额(万元)	12559	6734	40624	21091	29620	32925	200	21939	20251
港澳台	交易数量(笔)	4	1	5	2	0	11	0	23	6
	交易金额(万元)	564	22752	215076	33886	0	708215	0	980493	59177
	平均交易金额(万元)	141	22752	43015	16943		64383		42630	9863
海外	交易数量(笔)	8	9	9	15	2	26	0	69	32
	交易金额(万元)	118416	57043	116941	379419	46515	2179570	0	2897904	1782223
	平均交易金额(万元)	14802	6338	12993	25295	23257	83830		41999	55694
未披露	交易数量(笔)	5	2	4	4	1	0	0	16	4
	交易金额(万元)	15020	23373	94476	54978	0	0	0	187846	83221
	平均交易金额(万元)	3004	11687	23619	13744	0			11740	20805
合计	交易数量(笔)	675	294	372	374	97	505	20	2337	748
	交易金额(万元)	7929462	3273810	6337550	8801620	1731188	17469361	58911	45601902	14628543
	平均交易金额(万元)	11747	11135	17036	23534	17847	34593	2946	19513	19557

表 2-5　股权交易按买卖方是否同属管辖统计

标的所属省份\是否同属管辖	买卖方同属管辖			买卖方非同属管辖		
	交易数量(笔)	交易金额(万元)	平均交易金额(万元)	交易数量(笔)	交易金额(万元)	平均交易金额(万元)
北京	42	332743	7922	101	1403928	13900
上海	121	4932086	40761	78	1715330	21991
天津	21	179513	8548	8	149189	18649
重庆	25	988612	39544	15	133856	8924
安徽	18	278349	15464	30	358981	11966
福建	24	161565	6732	26	829584	31907
甘肃	20	917261	45863	18	113746	6319
广东	84	2520110	30001	92	989981	10761
广西	7	123204	17601	20	125439	6272
贵州	2	28648	14324	20	32920	1646
海南	13	560256	43097	11	219171	19925
河北	13	105346	8104	17	231944	13644
河南	21	310938	14807	13	188760	14520
黑龙江	14	743316	53094	16	130324	8145
湖北	30	111423	3714	55	498194	9058
湖南	37	652368	17632	35	156335	4467
吉林	6	24426	4071	17	419816	24695
江苏	83	1119122	13483	87	512227	5888
江西	18	82796	4600	24	283205	11800
辽宁	25	325951	13038	44	1174527	26694
内蒙古	17	1167164	68657	31	649969	20967
宁夏	2	44037	22018	8	107082	13385
青海	2	10247	5124	6	21480	3580
山东	49	557173	11371	59	556635	9434
山西	20	652101	32605	16	124300	7769
陕西	17	96416	5672	17	468514	27560
四川	30	632578	21086	51	978597	19188
西藏	0	0		6	70928	11821
新疆	9	112508	12501	38	369584	9726
云南	17	196616	11566	13	173168	13321
浙江	54	406557	7529	75	992556	13234
中国香港	6	68668	11445	15	809607	53974
中国澳门	0	0		0	0	
中国台湾	0	0		0	0	
海外	13	109813	8447	48	2539326	52903
未披露	0	0		367	20099657	54767
合 计	860	18551910	21572	1477	37628862	25477

表 2-6　各省份股权交易按买方与标的的行业关系统计

标的所属省份\买方与标的的行业关系	同行业并购			跨行业并购		
	交易数量(笔)	交易金额(万元)	平均交易金额(万元)	交易数量(笔)	交易金额(万元)	平均交易金额(万元)
北京	89	1248014	14023	84	1583699	18854
上海	106	3308603	31213	107	3649544	34108

续表

标的所属省份\买方与标的行业关系	同行业并购			跨行业并购		
	交易数量（笔）	交易金额（万元）	平均交易金额（万元）	交易数量（笔）	交易金额（万元）	平均交易金额（万元）
天津	19	220843	11623	14	155845	11132
重庆	25	1058984	42359	25	184395	7376
安徽	47	775336	16497	8	20167	2521
福建	33	829616	25140	23	332724	14466
甘肃	27	558419	20682	15	474219	31615
广东	115	3000665	26093	91	1937130	21287
广西	19	101741	5355	15	373250	24883
贵州	18	48297	2683	9	22518	2502
海南	8	194801	24350	17	776054	45650
河北	18	144464	8026	16	492176	30761
河南	21	211711	10081	16	289907	18119
黑龙江	22	695001	31591	12	183361	15280
湖北	58	605109	10433	42	351006	8357
湖南	64	2061402	32209	24	60888	2537
吉林	11	53351	4850	15	409662	27311
江苏	122	1266677	10383	71	600482	8457
江西	28	130464	4659	17	235686	13864
辽宁	43	562561	13083	33	981561	29744
内蒙古	32	763053	23845	23	1150903	50039
宁夏	8	107082	13385	2	44037	22018
青海	8	34504	4313	1	2000	2000
山东	70	502101	7173	48	625507	13031
山西	16	449816	28114	23	353227	15358
陕西	22	128192	5827	14	445932	31852
四川	61	1079754	17701	33	668629	20261
西藏	0	0		6	70928	11821
新疆	25	219051	8762	28	280774	10028
云南	19	263503	13869	14	148496	10607
浙江	76	414890	5459	76	1141110	15015
中国香港	5	72565	14513	17	907929	53408
中国澳门	0	0		0	0	
中国台湾	0	0		0	0	
海外	37	1827738	49398	27	1019381	37755
未披露	9	115591	12843	34	191310	5627
合计	1281	23053898	17997	1000	20164440	20164

3. 按行业统计

表 2-7　股权交易按标的所属行业统计

标的所属行业\转让比率		[5%,20%)	[20%,30%)	[30%,50%)	[50%,75%)	[75%,90%)	[90%,100%]	未披露	合　计	控制权发生转移
A农林牧渔业	交易数量(笔)	27	6	3	3	2	5	1	47	17
	交易金额(万元)	168411	10633	8496	6890	1960	5240	720	202351	49207
	平均交易金额(万元)	6237	1772	2832	2297	980	1048	720	4305	2895
B采掘业	交易数量(笔)	53	22	17	29	5	23	1	150	52
	交易金额(万元)	442894	161902	242033	711398	187264	1794292	11650	3551433	898435
	平均交易金额(万元)	8356	7359	14237	24531	37453	78013	11650	23676	17278
C制造业	交易数量(笔)	298	146	153	155	53	200	7	1012	334
	交易金额(万元)	3974671	1543636	2021619	4256177	1147359	4683006	24500	17650968	5497050
	平均交易金额(万元)	13338	10573	13213	27459	21648	23415	3500	17442	16458
D电力煤气及水的生产和供应业	交易数量(笔)	18	12	13	14	1	23	0	81	17
	交易金额(万元)	138701	268203	383656	290335	44090	1104797	0	2229781	329328
	平均交易金额(万元)	7706	22350	29512	20738	44090	48035		27528	19372
E建筑业	交易数量(笔)	19	4	9	6	1	16	1	56	9
	交易金额(万元)	86640	4314	412234	222850	4700	524883	3200	1258821	56323
	平均交易金额(万元)	4560	1078	45804	37142	4700	32805	3200	22479	6258
F交通运输仓储业	交易数量(笔)	18	6	20	13	2	17	1	77	13
	交易金额(万元)	130860	93719	261380	166013	11759	1206530	34	1870295	94979
	平均交易金额(万元)	7270	15620	13069	12770	5880	70972	34	24290	7306
G信息技术业	交易数量(笔)	68	20	23	26	6	24	0	167	57
	交易金额(万元)	417250	36394	81465	722814	79684	251969	0	1589576	423768
	平均交易金额(万元)	6136	1820	3542	27801	13281	10499		9518	7435
H批发和零售贸易	交易数量(笔)	46	21	43	37	12	58	0	217	73
	交易金额(万元)	373061	90521	904572	633643	38403	1058304	0	3098504	498391
	平均交易金额(万元)	8110	4311	21037	17125	3200	18247		14279	6827
I金融保险业	交易数量(笔)	26	11	14	14	1	15	6	87	34
	交易金额(万元)	575389	429087	598301	767663	5426	2697198	18807	5091870	3399601
	平均交易金额(万元)	22130	39008	42736	54833	5426	179813	3134	58527	99988
J房地产业	交易数量(笔)	43	21	44	35	10	57	0	210	76
	交易金额(万元)	738495	420889	635458	691746	189172	2145020	0	4820780	2494938
	平均交易金额(万元)	17174	20042	14442	19764	18917	37632		22956	32828

续表

标的所属行业\转让比率		[5%，20%)	[20%，30%)	[30%，50%)	[50%，75%)	[75%，90%)	[90%，100%]	未披露	合　计	控制权发生转移
K社会服务业	交易数量(笔)	36	14	27	35	4	38	3	157	51
	交易金额(万元)	609618	155700	567950	166211	21372	449767	0	1970619	527408
	平均交易金额(万元)	16934	11121	21035	4749	5343	11836	0	12552	10341
L传播与文化产业	交易数量(笔)	16	8	5	5	0	20	0	54	8
	交易金额(万元)	237809	8197	219428	124860	0	269313	0	859606	262339
	平均交易金额(万元)	14863	1025	43886	24972		13466		15919	32792
M综合类	交易数量(笔)	4	1	0	0	0	6	0	11	2
	交易金额(万元)	31481	50000	0	0	0	272700	0	354181	50000
	平均交易金额(万元)	7870	50000				45450		32198	25000
N国家机关、政党机关、社会团体	交易数量(笔)	0	0	0	0	0	0	0	0	0
	交易金额(万元)	0	0	0	0	0	0	0	0	0
	平均交易金额(万元)									
O其他行业	交易数量(笔)	3	2	1	2	0	3	0	11	5
	交易金额(万元)	4182	615	958	41020	0	1006342	0	1053117	46777
	平均交易金额(万元)	1394	307	958	20510		335447		95738	9355
W未披露	交易数量(笔)	0	0	0	0	0	0	0	0	0
	交易金额(万元)	0	0	0	0	0	0	0	0	0
	平均交易金额(万元)									
合计	交易数量(笔)	675	294	372	374	97	505	20	2337	748
	交易金额(万元)	7929462	3273810	6337550	8801620	1731188	17469361	58911	45601902	14628543
	平均交易金额(万元)	11747	11135	17036	23534	17847	34593	2946	19513	19557

表 2-8　制造业股权交易按标的所属二级行业统计

标的所属制造业二级行业\转让比率		[5%，20%)	[20%，30%)	[30%，50%)	[50%，75%)	[75%，90%)	[90%，100%]	未披露	合　计	控制权发生转移
C0食品饮料	交易数量(笔)	19	3	4	6	2	17	1	52	15
	交易金额(万元)	257229	54606	12886	33263	29010	269324	3500	659817	91848
	平均交易金额(万元)	13538	18202	3222	5544	14505	15843	3500	12689	6123
C1纺织服装皮毛	交易数量(笔)	9	16	5	5	3	10	0	48	9
	交易金额(万元)	227022	121826	7178	14819	105705	32973	0	509522	141098
	平均交易金额(万元)	25225	7614	1436	2964	35235	3297		10615	15678

续表

标的所属制造业二级行业\转让比率		[5%，20%)	[20%，30%)	[30%，50%)	[50%，75%)	[75%，90%)	[90%，100%]	未披露	合　计	控制权发生转移
C2木材家具	交易数量(笔)	5	1	4	0	0	2	1	13	3
	交易金额(万元)	23679	102	6914	0	0	6112	200	37006	4072
	平均交易金额(万元)	4736	102	1728			3056	200	2847	1357
C3造纸印刷	交易数量(笔)	7	7	2	3	1	4	1	25	9
	交易金额(万元)	54034	33731	12428	25470	5588	28113	7388	166752	62975
	平均交易金额(万元)	7719	4819	6214	8490	5588	7028	7388	6670	6997
C4石油化学塑胶塑料	交易数量(笔)	42	18	17	27	11	35	0	150	54
	交易金额(万元)	500317	232483	213732	378885	352146	2068699	0	3746261	2577118
	平均交易金额(万元)	11912	12916	12572	14033	32013	59106		24975	47724
C5电子	交易数量(笔)	31	24	17	14	3	16	2	107	36
	交易金额(万元)	695339	285210	222937	243392	133539	94704	11700	1686820	497643
	平均交易金额(万元)	22430	11884	13114	17385	44513	5919	5850	15765	13823
C6金属非金属	交易数量(笔)	32	22	23	23	12	29	1	142	46
	交易金额(万元)	1311272	79106	511747	219866	313352	682552	712	3118607	490615
	平均交易金额(万元)	40977	3596	22250	9559	26113	23536	712	21962	10666
C7机械设备仪表	交易数量(笔)	107	40	52	57	17	51	1	325	103
	交易金额(万元)	738704	362215	911121	3025559	161062	1070474	1000	6270135	1159209
	平均交易金额(万元)	6904	9055	17522	53080	9474	20990	1000	19293	11254
C8医药生物制品	交易数量(笔)	43	13	23	19	4	31	0	133	53
	交易金额(万元)	163256	373141	107841	302423	46958	409780	0	1403399	438998
	平均交易金额(万元)	3797	28703	4689	15917	11739	13219		10552	8283
C9其它制造业	交易数量(笔)	3	2	6	1	0	5	0	17	6
	交易金额(万元)	3820	1218	14835	12500	0	20276	0	52648	33473
	平均交易金额(万元)	1273	609	2472	12500		4055		3097	5579
合计	交易数量(笔)	298	146	153	155	53	200	7	1012	334
	交易金额(万元)	3974671	1543636	2021619	4256177	1147359	4683006	24500	17650968	5497050
	平均交易金额(万元)	13338	10573	13213	27459	21648	23415	3500	17442	16458

表2-9　股权交易按买方与标的行业关系统计

行业关系\转让比率		[5%，20%)	[20%，30%)	[30%，50%)	[50%，75%)	[75%，90%)	[90%，100%]	未披露	合　计	控制权发生转移
同行业并购	交易数量(笔)	350	167	212	202	56	285	9	1281	397
	交易金额(万元)	1879737	1629795	3360878	6001069	1201252	8945252	35915	23053898	7833669
	平均交易金额(万元)	5371	9759	15853	29708	21451	31387	3991	17997	19732

续表

行业关系＼转让比率		[5%，20%)	[20%，30%)	[30%，50%)	[50%，75%)	[75%，90%)	[90%，100%]	未披露	合　计	控制权发生转移
跨行业并购	交易数量(笔)	262	123	157	164	41	215	11	973	334
	交易金额(万元)	3708886	1572288	2970632	2732489	529936	8508159	22996	20045386	6635129
	平均交易金额(万元)	14156	12783	18921	16662	12925	39573	2091	20602	19866
行业未披露	交易数量(笔)	11	3	3	5	0	5	0	27	13
	交易金额(万元)	37567	3601	6040	55896	0	15950	0		77226
	平均交易金额(万元)	3415	1200	2013	11179		3190			5940
合计	交易数量(笔)	623	293	372	371	97	505	20	2281	744
	交易金额(万元)	5626190	3205684	6337550	8789454	1731188	17469361	58911	43218338	14546024
	平均交易金额(万元)	9031	10941	17036	23691	17847	34593	2946	18947	19551

表 2-10　各行业股权交易按买方与标的的行业关系统计

标的所属行业＼买方与标的行业关系	同行业并购			跨行业并购		
	交易数量(笔)	交易金额(万元)	平均交易金额(万元)	交易数量(笔)	交易金额(万元)	平均交易金额(万元)
A 农林牧渔业	35	42424	1212	10	117167	11717
B 采掘业	58	829968	14310	88	2658844	30214
C 制造业	674	11392549	16903	292	4502792	15421
D 电力煤气及水的生产和供应业	46	1401595	30469	34	825787	24288
E 建筑业	32	1020123	31879	22	203641	9256
F 交通运输仓储业	52	1335989	25692	23	534306	23231
G 信息技术业	97	853261	8797	65	669885	10306
H 批发和零售贸易	75	753706	10049	134	2282143	17031
I 金融保险业	34	2695549	79281	51	2317212	45436
J 房地产业	105	2114936	20142	99	2345394	23691
K 社会服务业	44	210176	4777	110	1758333	15985
L 传播与文化产业	27	401141	14857	27	458465	16980
M 综合类	2	2480	1240	8	323443	40430
O 其他行业	0	0		10	1047975	104798
未披露	0	0		27	119054	4409
合　计	1281	23053897	17997	1000	20164441	20164

表 2-11　制造业股权交易按买方与标的的行业关系统计

标的所属制造业二级行业＼买方与标的的行业关系	同行业并购			跨行业并购		
	交易数量(笔)	交易金额(万元)	平均交易金额(万元)	交易数量(笔)	交易金额(万元)	平均交易金额(万元)
C0 食品饮料	34	384513	11309	16	137131	8571
C1 纺织服装皮毛	14	12577	898	30	315046	10502
C2 木材家具	6	11105	1851	6	23673	3945
C3 造纸印刷	16	82517	5157	8	51108	6388

续表

标的所属制造业二级行业\买方与标的行业关系	同行业并购			跨行业并购		
	交易数量（笔）	交易金额（万元）	平均交易金额（万元）	交易数量（笔）	交易金额（万元）	平均交易金额（万元）
C4 石油化学塑胶塑料	103	2306557	22394	39	1241397	31831
C5 电子	70	1239094	17701	32	284552	8892
C6 金属非金属	101	1837773	18196	37	537287	14521
C7 机械设备仪表	218	4585678	21035	93	1468429	15790
C8 医药生物制品	100	904664	9047	26	419590	16138
C9 其他制造业	12	28069	2339	5	24579	4916
合 计	674	11392549	16903	292	4502792	15421

4. 按企业性质统计

表 2－12　股权交易按标的企业经济成分统计

标的企业经济性质\转让比率		[5%，20%)	[20%，30%)	[30%，50%)	[50%，75%)	[75%，90%)	[90%，100%]	未披露	合 计	控制权发生转移
国有经济	交易数量(笔)	217	82	133	126	32	256	11	857	172
	交易金额(万元)	3932314	1268448	3535500	5867733	796041	11765386	17993	27183414	5857507
	平均交易金额(万元)	18121	15469	26583	46569	24876	45959	1636	31719	34055
集体经济	交易数量(笔)	0	3	2	3	3	6	0	17	3
	交易金额(万元)	0	32036	20936	10377	96108	43403	0	202859	14858
	平均交易金额(万元)		10679	10468	3459	32036	7234		11933	4953
私有经济	交易数量(笔)	422	186	209	215	53	187	8	1280	489
	交易金额(万元)	3431596	1802941	2385514	2255893	597349	3162932	37918	13674142	6439992
	平均交易金额(万元)	8132	9693	11414	10493	11271	16914	4740	10683	13170
港澳台经济	交易数量(笔)	11	5	7	4	2	16	0	45	19
	交易金额(万元)	88632	43751	232040	97386	9364	643539	0	1114712	219685
	平均交易金额(万元)	8057	8750	33149	24346	4682	40221		24771	11562
外商经济	交易数量(笔)	18	10	12	12	5	17	1	75	35
	交易金额(万元)	394481	74791	46619	265389	185812	92626	3000	1062718	390722
	平均交易金额(万元)	21916	7479	3885	22116	37162	5449	3000	14170	11163
未披露	交易数量(笔)	7	8	9	14	2	23	0	63	30
	交易金额(万元)	82440	51844	116941	304842	46515	1761475	0	2364058	1705779
	平均交易金额(万元)	11777	6480	12993	21774	23257	76586		37525	56859
合计	交易数量(笔)	675	294	372	374	97	505	20	2337	748
	交易金额(万元)	7929462	3273810	6337550	8801620	1731188	17469361	58911	45601902	14628543
	平均交易金额(万元)	11747	11135	17036	23534	17847	34593	2946	19513	19557

表 2－13　　股权交易按标的企业注册类型统计

标的企业注册类型\转让比率		[5%，20%)	[20%，30%)	[30%，50%)	[50%，75%)	[75%，90%)	[90%，100%]	未披露	合　计	控制权发生转移
有限责任公司	交易数量(笔)	515	253	334	344	95	488	10	2039	688
	交易金额(万元)	3009442	1801961	4079754	5646090	1671351	15709801	40952	31959351	12222989
	平均交易金额(万元)	5844	7122	12215	16413	17593	32192	4095	15674	17766
股份有限公司	交易数量(笔)	154	40	38	28	2	7	10	279	57
	交易金额(万元)	4888543	1471205	2257796	3155087	59836	1306441	17959	13156867	2402640
	平均交易金额(万元)	31744	36780	59416	112682	29918	186634	1796	47157	42152
独资企业	交易数量(笔)	0	0	0	0	0	9	0	9	2
	交易金额(万元)	0	0	0	0	0	453119	0	453119	2537
	平均交易金额(万元)						50347		50347	1269
合伙企业	交易数量(笔)	0	0	0	0	0	0	0	0	0
	交易金额(万元)	0	0	0	0	0	0	0	0	0
	平均交易金额(万元)									
合资合作经营企业	交易数量(笔)	4	1	0	1	0	1	0	7	0
	交易金额(万元)	30850	644	0	66	0	0	0	31560	0
	平均交易金额(万元)	7712	644		66		0		4509	
未披露	交易数量(笔)	2	0	0	1	0	0	0	3	1
	交易金额(万元)	628	0	0	377	0	0	0	1005	377
	平均交易金额(万元)	314			377				335	377
合计	交易数量(笔)	675	294	372	374	97	505	20	2337	748
	交易金额(万元)	7929462	3273810	6337550	8801620	1731188	17469361	58911	45601902	14628543
	平均交易金额(万元)	11747	11135	17036	23534	17847	34593	2946	19513	19557

5. 按交易类型统计

表 2－14　　股权交易按交易类型统计

交易类型\转让比率		[5%，20%)	[20%，30%)	[30%，50%)	[50%，75%)	[75%，90%)	[90%，100%]	未披露	合　计	控制权发生转移
要约收购	交易数量(笔)	0	0	0	0	0	0	0	0	0
	交易金额(万元)	0	0	0	0	0	0	0	0	0
	平均交易金额(万元)									
协议收购(含间接收购)	交易数量(笔)	619	293	372	374	97	504	17	2276	743
	交易金额(万元)	5054715	3205684	6337550	8801620	1731188	17446461	53942	42631159	14491905
	平均交易金额(万元)	8166	10941	17036	23534	17847	34616	3173	18731	19505

续表

交易类型\转让比率		[5%,20%)	[20%,30%)	[30%,50%)	[50%,75%)	[75%,90%)	[90%,100%]	未披露	合 计	控制权发生转移
大宗交易	交易数量(笔)	24	1	0	0	0	0	0	25	2
	交易金额(万元)	931317	68126	0	0	0	0	0	999443	53251
	平均交易金额(万元)	38805	68126						39978	26625
集中竞价	交易数量(笔)	32	0	0	0	0	1	3	36	3
	交易金额(万元)	1943431	0	0	0	0	22900	4969	1971300	83387
	平均交易金额(万元)	60732					22900	1656	54758	27796
合计	交易数量(笔)	675	294	372	374	97	505	20	2337	748
	交易金额(万元)	7929462	3273810	6337550	8801620	1731188	17469361	58911	45601902	14628543
	平均交易金额(万元)	11747	11135	17036	23534	17847	34593	2946	19513	19557

表 2-15　按股权变动特殊交易方式统计

交易类型\转让比率		[5%,20%)	[20%,30%)	[30%,50%)	[50%,75%)	[75%,90%)	[90%,100%]	未披露	合 计	控制权发生转移
信托或资产管理	交易数量(笔)	0	0	0	0	0	0	0	0	0
	交易金额(万元)	0	0	0	0	0	0	0	0	0
	平均交易金额(万元)									
控制关系	交易数量(笔)	0	0	0	0	0	0	0	0	0
	交易金额(万元)	0	0	0	0	0	0	0	0	0
	平均交易金额(万元)									
行政划转	交易数量(笔)	14	7	11	9	1	20	0	62	8
	交易金额(万元)	0	0	0	0	0	0	0	0	0
	平均交易金额(万元)	0	0	0	0	0	0		0	0
控股股东变更	交易数量(笔)	0	0	0	0	0	0	0	0	0
	交易金额(万元)	0	0	0	0	0	0	0	0	0
	平均交易金额(万元)									
股东合并	交易数量(笔)	0	0	0	0	0	1	0	1	0
	交易金额(万元)	0	0	0	0	0	0	0	0	0
	平均交易金额(万元)						0		0	
发行的新股	交易数量(笔)	1	0	1	1	0	0	0	3	1
	交易金额(万元)	50400	0	15896	16544	0	0	0	82840	16544
	平均交易金额(万元)	50400		15896	16544				27613	16544
公开拍卖	交易数量(笔)	1	1	1	1	0	1	0	5	4
	交易金额(万元)	0	29450	988	13200	0	10	0	43648	43648
	平均交易金额(万元)	0	29450	988	13200		10		8730	10912

续表

交易类型\转让比率		[5%，20%)	[20%，30%)	[30%，50%)	[50%，75%)	[75%，90%)	[90%，100%]	未披露	合　计	控制权发生转移
继承	交易数量(笔)	2	0	2	0	0	0	1	5	1
	交易金额(万元)	0	0	0	0	0	0	0	0	0
	平均交易金额(万元)	0		0				0	0	0
赠与	交易数量(笔)	1	1	0	0	0	1	0	3	1
	交易金额(万元)	0	0	0	0	0	0	0	0	0
	平均交易金额(万元)	0	0				0		0	0
管理层持股	交易数量(笔)	0	0	0	0	0	0	0	0	0
	交易金额(万元)	0	0	0	0	0	0	0	0	0
	平均交易金额(万元)									
未披露	交易数量(笔)	656	285	357	363	96	482	19	2258	733
	交易金额(万元)	7879062	3244360	6320667	8771876	1731188	17469351	58911	0	14568350
	平均交易金额(万元)	12011	11384	17705	24165	18033	36243	3101	20140	19875
合计	交易数量(笔)	675	294	372	374	97	505	20	2337	748
	交易金额(万元)	7929462	3273810	6337550	8801620	1731188	17469361	58911	45601902	14628543
	平均交易金额(万元)	11747	11135	17036	23534	17847	34593	2946	19513	19557

6. 按标的股份性态统计

表 2－16　　股权交易按标的股份性态统计

标的股份性态\转让比率		[5%，20%)	[20%，30%)	[30%，50%)	[50%，75%)	[75%，90%)	[90%，100%]	未披露	合　计	控制权发生转移
流通股	交易数量(笔)	150	17	11	7	0	4	1	190	30
	交易金额(万元)	5884501	4330878	833906	1289207	0	1595212	120	13933823	4796956
	平均交易金额(万元)	39230	254758	75810	184172		398803	120	73336	159899
流通股	交易数量(笔)	118	21	15	11	2	3	5	175	27
	交易金额(万元)	4353174	994533	1726272	2808247	46538	404453	3969	10337186	980594
	平均交易金额(万元)	36891	47359	115085	255295	23269	134818	794	59070	36318
非流通股	交易数量(笔)	2	0	2	3	2	1	1	11	5
	交易金额(万元)	42176	0	0	0	59427	0	200	101803	101603
	平均交易金额(万元)	21088		0	0	29714	0	200	9255	20321
已发行未上市社会公众股	交易数量(笔)	0	0	0	0	0	0	0	0	0
	交易金额(万元)	0	0	0	0	0	0	0	0	0
	平均交易金额(万元)									

续表

标的股份性态\转让比率		[5%,20%)	[20%,30%)	[30%,50%)	[50%,75%)	[75%,90%)	[90%,100%]	未披露	合 计	控制权发生转移
股份 非上市公司	交易数量(笔)	555	273	355	360	93	501	14	2151	716
	交易金额(万元)	3534112	2279277	4611278	5993373	1625223	17064908	54742	35162913	13546345
	平均交易金额(万元)	6368	8349	12990	16648	17476	34062	3910	16347	18919
新增发	交易数量(笔)	0	0	0	0	0	0	0	0	0
	交易金额(万元)	0	0	0	0	0	0	0	0	0
	平均交易金额(万元)									
拟注销	交易数量(笔)	0	0	0	0	0	0	0	0	0
	交易金额(万元)	0	0	0	0	0	0	0	0	0
	平均交易金额(万元)									
未披露	交易数量(笔)	0	0	0	0	0	0	0	0	0
	交易金额(万元)	0	0	0	0	0	0	0	0	0
	平均交易金额(万元)									
合计	交易数量(笔)	675	294	372	374	97	505	20	2337	748
	交易金额(万元)	7929462	3273810	6337550	8801620	1731188	17469361	58911	45601902	14628543
	平均交易金额(万元)	11747	11135	17036	23534	17847	34593	2946	19513	19557

7. 按支付方式统计

表 2-17　股权交易按支付方式统计

支付方式\转让比率		[5%,20%)	[20%,30%)	[30%,50%)	[50%,75%)	[75%,90%)	[90%,100%]	未披露	合 计	控制权发生转移
现金	交易数量(笔)	564	251	316	327	83	334	16	1891	692
	交易金额(万元)	6897024	2578344	4532471	4679032	1320351	8389355	58911	28455489	10161756
	平均交易金额(万元)	12229	10272	14343	14309	15908	25118	3682	15048	14685
债券	交易数量(笔)	0	0	0	0	0	0	0	0	0
	交易金额(万元)	0	0	0	0	0	0	0	0	0
	平均交易金额(万元)									
股票	交易数量(笔)	60	20	26	24	10	84	0	224	23
	交易金额(万元)	851018	405471	1407974	2684299	410837	6711347	0	12470946	3470191
	平均交易金额(万元)	14184	20274	54153	111846	41084	79897		55674	150878
资产	交易数量(笔)	4	2	4	2	0	5	0	17	3
	交易金额(万元)	36683	4680	239192	612	0	1064235	0	1345402	612
	平均交易金额(万元)	9171	2340	59798	306		212847		79141	204
承担债务	交易数量(笔)	1	0	0	0	0	3	0	4	1
	交易金额(万元)	298	0	0	0	0	43000	0	43298	13500
	平均交易金额(万元)	298					14333		10825	13500

续表

支付方式\转让比率		[5%,20%)	[20%,30%)	[30%,50%)	[50%,75%)	[75%,90%)	[90%,100%]	未披露	合　计	控制权发生转移
无支付	交易数量(笔)	34	12	17	12	2	63	4	144	11
	交易金额(万元)	0	0	0	0	0	0	0	0	0
	平均交易金额(万元)	0	0	0	0	0	0	0	0	0
混合支付	交易数量(笔)	5	6	5	6	0	12	0	34	12
	交易金额(万元)	144439	285315	157913	1437676	0	1261424	0	3286768	982484
	平均交易金额(万元)	28888	47553	31583	239613		105119		96670	81874
未披露	交易数量(笔)	7	3	4	3	2	4	0	23	6
	交易金额(万元)	0	0	0	0	0	0	0	0	0
	平均交易金额(万元)	0	0	0	0	0	0		0	0
合计	交易数量(笔)	675	294	372	374	97	505	20	2337	748
	交易金额(万元)	7929462	3273810	6337550	8801620	1731188	17469361	58911	45601902	14628543
	平均交易金额(万元)	11747	11135	17036	23534	17847	34593	2946	19513	19557

8. 是否关联交易/存在一致行动人

表 2－18　股权交易中关联交易统计

关联交易\转让比率		[5%,20%)	[20%,30%)	[30%,50%)	[50%,75%)	[75%,90%)	[90%,100%]	未披露	合　计	控制权发生转移
关联交易	交易数量(笔)	161	86	128	120	47	284	2	828	84
	交易金额(万元)	1169484	1213708	3178850	4838000	917412	12131390	2274	23451118	3098899
	平均交易金额(万元)	7264	14113	24835	40317	19519	42716	1137	28323	36892
非关联交易	交易数量(笔)	514	208	244	253	50	221	18	1508	663
	交易金额(万元)	6759978	2060101	3158700	3953757	813775	5337972	56637	22140921	11519780
	平均交易金额(万元)	6759978	9904	12945	15627	16276	24154	3146	14682	17375
合计	交易数量(笔)	675	294	372	373	97	505	20	2336	747
	交易金额(万元)	7929462	3273810	6337550	8791757	1731188	17469361	58911	45592039	14618680
	平均交易金额(万元)	11747	11135	17036	23570	17847	34593	2946	19517	19570

表 2－19　存在一致行动人的股权交易统计

一致行动人\转让比率		[5%,20%)	[20%,30%)	[30%,50%)	[50%,75%)	[75%,90%)	[90%,100%]	未披露	合　计	控制权发生转移
一致行动人	交易数量(笔)	5	3	0	1	0	0	0	9	5
	交易金额(万元)	185573	167405	0	900	0	0	0	353878	189345
	平均交易金额(万元)	37115	55802		900				39320	37869
非一致行动人	交易数量(笔)	670	290	372	372	97	505	20	2326	742
	交易金额(万元)	7743889	3104820	6337550	8799070	1731188	17469361	58911	45244789	14437548
	平均交易金额(万元)	11558	10706	17036	23653	17847	34593	2946	19452	19458
未披露	交易数量(笔)	0	1	0	1	0	0	0	2	1
	交易金额(万元)	0	1585	0	1650	0	0	0	3235	1650
	平均交易金额(万元)		1585		1650				1618	1650
合计	交易数量(笔)	675	294	372	374	97	505	20	2337	748
	交易金额(万元)	7929462	3273810	6337550	8801620	1731188	17469361	58911	45601902	14628543
	平均交易金额(万元)	11747	11135	17036	23534	17847	34593	2946	19513	19557

9. 按交易规模统计

表 2-20　股权交易按交易规模统计

交易规模\转让比率		[5%,20%)	[20%,30%)	[30%,50%)	[50%,75%)	[75%,90%)	[90%,100%]	未披露	合　计	控制权发生转移
大型[5亿元,+∞)	交易数量(笔)	34	18	26	38	10	69	0	195	61
	交易金额(万元)	3909292	1746692	4052913	6690720	877602	13889998	0	31167217	9918131
	平均交易金额(万元)	114979	97038	155881	176072	87760	201304		159832	162592
中型[1亿元,5亿元)	交易数量(笔)	146	48	73	65	26	117	1	476	149
	交易金额(万元)	3240038	1011399	1575122	1381885	693107	2764228	11650	10677429	3232718
	平均交易金额(万元)	22192	21071	21577	21260	26658	23626	11650	22432	21696
小型[0,1亿元)	交易数量(笔)	495	228	273	271	61	319	19	1666	538
	交易金额(万元)	780132	515719	709515	729015	160479	815136	47261	3757257	1477693
	平均交易金额(万元)	1576	2262	2599	2690	2631	2555	2487	2255	2747
合计	交易数量(笔)	675	294	372	374	97	505	20	2337	748
	交易金额(万元)	7929462	3273810	6337550	8801620	1731188	17469361	58911	45601902	14628543
	平均交易金额(万元)	11747	11135	17036	23534	17847	34593	2946	19513	19557

表 2-21　不同省份股权交易规模统计

标的所属省份\交易规模	大型[5亿元,+∞)		中型[1亿元,5亿元)		小型[0,1亿元)		合　计	
	交易数量(笔)	交易金额(万元)	交易数量(笔)	交易金额(万元)	交易数量(笔)	交易金额(万元)	交易数量(笔)	交易金额(万元)
北京	9	2005518	32	604516	137	321666	178	2931700
上海	29	5711906	47	1097502	143	357394	219	7166803
天津	1	69400	13	345470	22	58617	36	473487
重庆	4	917778	12	216805	35	126713	51	1261296
安徽	4	1009325	11	260960	41	80584	56	1350870
福建	5	645714	17	486525	36	77218	58	1209457
甘肃	7	823665	7	188177	29	38223	43	1050066
广东	16	3722485	46	915761	151	379025	213	5017271
广西	2	272500	10	178475	24	50971	36	501946
贵州	0	0	2	62369	26	42168	28	104538
海南	8	864174	5	109530	15	31181	28	1004885
河北	3	480372	7	118469	25	53665	35	652507

续表

标的所属省份\交易规模	大型[5亿元,+∞)		中型[1亿元,5亿元)		小型[0,1亿元)		合计	
	交易数量（笔）	交易金额（万元）	交易数量（笔）	交易金额（万元）	交易数量（笔）	交易金额（万元）	交易数量（笔）	交易金额（万元）
河南	3	266640	8	210631	28	77542	39	554814
黑龙江	4	730847	5	145907	26	34735	35	911489
湖北	3	470766	17	413918	83	167225	103	1051908
湖南	7	1748387	11	253546	71	125905	89	2127838
吉林	3	327668	4	82572	19	52773	26	463013
江苏	12	916825	32	651844	158	367969	202	1936638
江西	1	187000	5	133872	41	89197	47	410068
辽宁	8	1169673	20	431286	50	74040	78	1674999
内蒙古	9	1470518	19	376300	28	69418	56	1916236
宁夏	3	188923	3	84584	6	10643	12	284150
青海	0	0	3	41681	8	23304	11	64986
山东	5	409669	25	586156	92	193555	122	1189379
山西	4	406910	13	368942	23	53885	40	829737
陕西	2	284200	9	228897	25	61027	36	574123
四川	10	1365915	22	401806	64	133861	96	1901582
西藏	2	143180	1	12240	4	3788	7	159208
新疆	2	163200	12	252562	40	101685	54	517446
云南	4	263593	6	172235	24	49733	34	485561
浙江	10	944389	25	495215	126	318055	161	1757659
中国香港	5	754468	8	211020	10	15005	23	980493
中国澳门	0	0	0	0	0	0	0	0
中国台湾	0	0	0	0	0	0	0	0
海外	9	2379839	13	419806	47	98259	69	2897904
未披露	1	51769	6	117849	9	18229	16	187846
合计	195	31167217	476	10677429	1666	3757257	2337	45601902

表2-22　不同经济区划股权交易规模统计

标的所属经济区划\交易规模	大型[5亿元,+∞)		中型[1亿元,5亿元)		小型[0,1亿元)		合计	
	交易数量（笔）	交易金额（万元）	交易数量（笔）	交易金额（万元）	交易数量（笔）	交易金额（万元）	交易数量（笔）	交易金额（万元）
华北	26	4432718	84	1813698	235	557251	345	6803667
华东	66	9824828	162	3712074	637	1483972	865	15020874
中南	39	7344952	97	2081861	372	831848	508	10258662
西南	20	2690466	43	865455	153	356263	216	3912184
西北	14	1459989	34	795900	108	234882	156	2490771
东北	15	2228188	29	659765	95	161548	139	3049501
港澳台	5	754468	8	211020	10	15005	23	980493
海外	9	2379839	13	419806	47	98259	69	2897904
未披露	1	51769	6	117849	9	18229	16	187846
合计	195	31167217	476	10677429	1666	3757257	2337	45601902

表 2－23　不同行业股权交易规模统计

标的所属经济区划\交易规模	大型[5 亿元,+∞)		中型[1 亿元,5 亿元)		小型[0,1 亿元)		合　计	
	交易数量(笔)	交易金额(万元)	交易数量(笔)	交易金额(万元)	交易数量(笔)	交易金额(万元)	交易数量(笔)	交易金额(万元)
A 农林牧渔业	0		7	148252	40	54099	47	202351
B 采掘业	16	2506855	36	797037	98	247541	150	3551433
C 制造业	66	11929236	179	4014554	767	1707178	1012	17650968
D 电力煤气及水的生产和供应业	17	1468635	32	701216	32	59930	81	2229781
E 建筑业	6	900017	11	297485	39	61319	56	1258821
F 交通运输仓储业	10	1389425	16	342951	51	137919	77	1870295
G 信息技术业	5	706573	25	632778	137	250225	167	1589576
H 批发和零售贸易	14	2087905	30	629228	173	381370	217	3098504
I 金融保险业	20	4259456	27	682903	40	149511	87	5091870
J 房地产业	25	2969760	69	1509326	116	341694	210	4820780
K 社会服务业	6	1101060	29	594012	122	275546	157	1970619
L 传播与文化产业	4	524393	13	259428	37	75785	54	859606
M 综合类	4	322700	1	28258	6	3223	11	354181
N 国家机关、政党机关、社会团体	0	0	0	0	0	0	0	0
O 其他行业	2	1001200	1	40000	8	11917	11	1053117
W 未披露	0		0		0		0	0
合 计	195	31167217	476	10677429	1666	3757257	2337	45601902

表 2－24　制造业股权交易规模统计

标的所属经济区划\交易规模	大型[5 亿元,+∞)		中型[1 亿元,5 亿元)		小型[0,1 亿元)		合　计	
	交易数量(笔)	交易金额(万元)	交易数量(笔)	交易金额(万元)	交易数量(笔)	交易金额(万元)	交易数量(笔)	交易金额(万元)
C0 食品饮料	4	337042	10	257108	38	65668	52	659817
C1 纺织服装皮毛	3	181321	8	236108	37	92094	48	509522
C2 木材家具	0	0	1	18900	12	18106	13	37006
C3 造纸印刷	0	0	5	95586	20	71165	25	166752
C4 石油化学塑胶塑料	14	2730591	31	765461	105	250208	150	3746261
C5 电子	11	1182580	15	325821	81	178419	107	1686820
C6 金属非金属	10	2265851	28	663564	104	189191	142	3118607
C7 机械设备仪表	19	4447529	58	1229961	248	592645	325	6270135
C8 医药生物制品	5	784321	21	390925	107	228153	133	1403399
C9 其他制造业	0	0	2	31120	15	21528	17	52648
合计	66	11929236	179	4014554	767	1707178	1012	17650968

表 2-25　不同类型股权交易的交易规模统计

交易类型\交易规模	大型[5 亿元,+∞)		中型[1 亿元,5 亿元)		小型[0,1 亿元)		合计	
	交易数量(笔)	交易金额(万元)	交易数量(笔)	交易金额(万元)	交易数量(笔)	交易金额(万元)	交易数量(笔)	交易金额(万元)
要约收购	0	0	0	0	0	0	0	0
协议收购(含间接收购)	182	29236427	434	9666687	1660	3728045	2276	42631159
大宗交易	6	523501	19	475942	0		25	999443
集中竞价	7	1407288	23	534799	6	29212	36	1971300
合计	195	31167217	476	10677429	1666	3757257	2337	45601902

表 2-26　股权变动特殊交易方式按交易规模统计

特殊交易方式\交易规模	大型[5 亿元,+∞)		中型[1 亿元,5 亿元)		小型[0,1 亿元)		合　计	
	交易数量(笔)	交易金额(万元)	交易数量(笔)	交易金额(万元)	交易数量(笔)	交易金额(万元)	交易数量(笔)	交易金额(万元)
信托或资产管理	0	0	0	0	0	0	0	0
控制关系	0	0	0	0	0	0	0	0
行政划转	0	0	0	0	62	0	62	0
控制股东变更	0	0	0	0	0	0	0	0
股东合并	0	0	0	0	1	0	0	0
发行的新股	1	50400	2	32440	0	0	3	82840
公开拍卖	0	0	2	42650	3	998	5	43648
继承	0	0	0	0	5	0	5	0
赠与	0	0	0	0	3	0	3	0
管理层持股	0	0	0	0	0	0	0	0
未披露	194	31116817	472	10602339	1592	756259	2258	45475414
合　计	195	31167217	476	10677429	1666	3757257	2337	45601902

表 2-27　以不同股份性态的股权为标的的股权交易按交易规模统计

标的股份性态\交易规模	大型[5 亿元,+∞)		中型[1 亿元,5 亿元)		小型[0,1 亿元)		合　计	
	交易数量(笔)	交易金额(万元)	交易数量(笔)	交易金额(万元)	交易数量(笔)	交易金额(万元)	交易数量(笔)	交易金额(万元)
国家股	20	3709292	44	1145011	42	40086	106	4894389
国有法人股	19	4752009	26	633205	21	26565	66	5411779
社会法人股	0	0	1	27718	2	3301	3	31019
社会公众股	0	0	0	0	0	0	0	0
非上市公司股份	0	0	0	0	0	0	0	0
不详	156	22705915	405	8871496	1601	3687305	2162	35264716
合计	195	31167217	476	10677429	1666	3757257	2337	45601902

表 2-28　以不同经济成分企业的股权为标的的股权交易按交易规模统计

标的企业经济成分\交易规模	大型[5亿元,+∞)		中型[1亿元,5亿元)		小型[0,1亿元)		合计	
	交易数量(笔)	交易金额(万元)	交易数量(笔)	交易金额(万元)	交易数量(笔)	交易金额(万元)	交易数量(笔)	交易金额(万元)
国有经济	117	20987843	212	5070122	528	1125448	857	27183414
集体经济	0	0	7	150047	10	52812	17	202859
私有经济	60	6818758	224	4611340	996	2244044	1280	13674142
港澳台经济	5	729595	13	294246	27	90870	45	114712
外商经济	6	739747	8	167844	61	155127	75	1062718
未披露	7	1891273	12	383830	44	88954	63	2364058
合计	195	31167217	476	10677429	1666	3757257	2337	45601902

表 2-29　关联交易和非关联交易的交易规模对比

是否关联交易\交易规模	大型[5亿元,+∞)		中型[1亿元,5亿元)		小型[0,1亿元)		合计	
	交易数量(笔)	交易金额(万元)	交易数量(笔)	交易金额(万元)	交易数量(笔)	交易金额(万元)	交易数量(笔)	交易金额(万元)
关联交易	98	18184988	172	3957577	558	1308553	828	23451118
非关联交易	97	12982229	304	6719852	1107	2438841	1508	22140927
合计	195	31167217	476	10677429	1665	3747394	2336	45592039

(二)上市公司扩张性交易

1. 按时间统计

表 2-30　上市公司扩张性交易按年度统计

转让比率指标	交易数量(笔)			交易金额(万元)			平均单笔交易金额(万元)		
	上一年 2010	当年 2011	增长率(%)	上一年 2010	当年 2011	增长率(%)	上一年 2010	当年 2011	增长率(%)
[5%,20%)	310	388	25.16	4037653	2074489	—48.62	13025	5347	—58.95
[20%,30%)	106	159	50.00	1483465	1718875	15.87	13995	10811	—22.75
[30%,50%)	165	202	22.42	4540615	3988258	—12.16	27519	19744	—28.25
[50%,75%)	170	186	9.41	6506868	5226960	—19.67	38276	28102	—26.58
[75%,90%)	66	50.00	—24.24	3676190	1263647	—65.63	55700	25273	—54.63
90%,100%	261	284	8.81	19876669	12559784	—36.81	76156	44225	—41.93
未披露	4	10	150.00	25644	43192	68.43	6411	4319	—32.63
合计	1082	1279	18.21	40147103	26875201	—33.06	37105	21013	—43.37
其中:发生控制权转移	288	409	42.01	8874541	8122006	—8.48	30814	19858	—35.56

表 2-31 上市公司扩张性交易按月份统计

月份\转让比率		[5%，20%)	[20%，30%)	[30%，50%)	[50%，75%)	[75%，90%)	[90%，100%]	未披露	合 计	控制权发生转移
1月份	交易数量（笔）	60	24	19	15	4	24	0	146	36
	交易金额（万元）	252639	227829	148498	487280	74830	848876	0	2039952	460602
	平均交易金额（万元）	4211	9493	7816	32485	18708	35370		13972	12795
2月份	交易数量（笔）	10	5	12	6	2	10	0	45	13
	交易金额（万元）	142293	74024	485027	426925	57725	393800	0	1579795	188693
	平均交易金额（万元）	14229	14805	40419	71154	28863	39380		35107	14515
3月份	交易数量（笔）	35	12	20	16	5	53	0	141	39
	交易金额（万元）	140892	57140	509736	428489	90334	1895140	0	3121731	417743
	平均交易金额（万元）	4025	4762	25487	26781	18067	35757		22140	10711
4月份	交易数量（笔）	38	18	18	21	4	28	0	127	37
	交易金额（万元）	128439	44413	217329	462308	98405	710572	0	1661468	547346
	平均交易金额（万元）	3380	2467	12074	22015	24601	25378		13082	14793
5月份	交易数量（笔）	12	11	11	11	2	15	0	62	20
	交易金额（万元）	48410	75452	122573	1751031	155700	1178570	0	3331737	854245
	平均交易金额（万元）	4034	6859	11143	159185	77850	78571		53738	42712
6月份	交易数量（笔）	28	14	10	11	8	25	0	96	31
	交易金额（万元）	113781	53971	112905	301608	116594	1371478	0	2070337	996160
	平均交易金额（万元）	4064	3855	11291	27419	14574	54859		21566	32134
7月份	交易数量（笔）	34	11	14	20	3	19	0	101	38
	交易金额（万元）	195755	247931	273840	140888	2970	966121	0	1827505	456265
	平均交易金额（万元）	5758	22539	19560	7044	990	50848		18094	12007
8月份	交易数量（笔）	34	8	28	20	4	21	1	116	38
	交易金额（万元）	209889	50312	685489	523920	10625	1630298	34	3110567	1765096
	平均交易金额（万元）	6173	6289	24482	26196	2656	77633	34	26815	46450

续表

月份\转让比率		[5%，20%)	[20%，30%)	[30%，50%)	[50%，75%)	[75%，90%)	[90%，100%]	未披露	合　计	控制权发生转移
9月份	交易数量（笔）	26	19	10	16	6	22	3	102	37
	交易金额（万元）	224010	325002	60780	230034	327088	780632	23850	1971397	870609
	平均交易金额（万元）	8616	17105	6078	14377	54515	35483	7950	19327	23530
10月份	交易数量（笔）	36	15	19	19	3	22	3	117	34
	交易金额（万元）	408969	446764	438453	237506	126053	1484816	4720	3147280	732824
	平均交易金额（万元）	11360	29784	23076	12500	42018	67492	1573	26900	21554
11月份	交易数量（笔）	33	8	21	12	4	20	2	100	35
	交易金额（万元）	54637	33028	833529	131688	134872	496259	9628	1693640	253820
	平均交易金额（万元）	1656	4128	39692	10974	33718	24813	4814	16936	7252
12月份	交易数量（笔）	42	14	20	19	5	25	1	126	51
	交易金额（万元）	154775	83005	100099	105282	68450	803221	4960	1319792	578602
	平均交易金额（万元）	3685	5929	5005	5541	13690	32129	4960	10475	11345
合　计	交易数量（笔）	388	159	202	186	50	284	10	1279	409
	交易金额（万元）	2074489	1718872	3988258	5226960	1263647	12559784	43192	26875201	8122006
	平均交易金额（万元）	5347	10811	19744	28102	25273	44225	4319	21013	19858

2. 按区域统计

表 2－32　上市公司扩张性交易按省份统计

上市公司(买方)省份\转让比率		[5%，20%)	[20%，30%)	[30%，50%)	[50%，75%)	[75%，90%)	[90%，100%]	未披露	合　计	控制权发生转移
北京	交易数量（笔）	36	18	24	20	1	14	1	114	46
	交易金额（万元）	84735	283548	512118	422680	700	247636	4960	1556376	529199
	平均交易金额（万元）	2354	15753	21338	21134	700	17688	4960	13652	11504
上海	交易数量（笔）	20	9	17	12	5	57	1	121	18
	交易金额（万元）	229498	55406	247068	2109313	137354	2425458	34	5204131	324540
	平均交易金额（万元）	11475	6156	14533	175776	27471	42552	34	43009	18030

续表

上市公司（买方）省份\转让比率		[5%，20%)	[20%，30%)	[30%，50%)	[50%，75%)	[75%，90%)	[90%，100%]	未披露	合　计	控制权发生转移
天津	交易数量（笔）	0	4	3	3	1	4	0	15	4
	交易金额（万元）	0	23061	35952	88513	6000	30422	0	183949	47422
	平均交易金额（万元）		5765	11984	29504	6000	7606		12263	11856
重庆	交易数量（笔）	6	3	5	2	1	7	0	24	8
	交易金额（万元）	53314	118245	13234	44800	1534	1660715	0	1891841	1767615
	平均交易金额（万元）	8886	39415	2647	22400	1534	237245		78827	220952
安徽	交易数量（笔）	16	3	4	9	1	6	0	39	18
	交易金额（万元）	71600	4511	18865	166643	7834	47691	0	317144	228174
	平均交易金额（万元）	4475	1504	4716	18516	7834	7949		8132	12676
福建	交易数量（笔）	21	6	3	4	1	6	0	41	11
	交易金额（万元）	70074	95405	20969	24659	37495	81160	0	329763	121547
	平均交易金额（万元）	3337	15901	6990	6165	37495	13527		8043	11050
甘肃	交易数量（笔）	6	2	2	5	0	8	0	23	3
	交易金额（万元）	1700	6069	82862	53486	0	794299	0	938416	38570
	平均交易金额（万元）	283	3034	41431	10697		99287		40801	12857
广东	交易数量（笔）	49	24	31	32	4	33	4	177	74
	交易金额（万元）	245463	79557	1132386	191816	30841	1253196	22588	2955847	834551
	平均交易金额（万元）	5009	3315	36529	5994	7710	37976	5647	16700	11278
广西	交易数量（笔）	3	2	1	1	1	1	0	9	3
	交易金额（万元）	22782	6165	900	9777	5426	186641	0	231691	201844
	平均交易金额（万元）	7594	3083	900	9777	5426	186641		25743	67281
贵州	交易数量（笔）	4	3	1	3	3	4	0	18	10
	交易金额（万元）	2841	2648	2600	10633	10452	9500	0	38675	30585
	平均交易金额（万元）	710	883	2600	3544	3484	2375		2149	3059

续表

上市公司(买方)省份\转让比率		[5%,20%)	[20%,30%)	[30%,50%)	[50%,75%)	[75%,90%)	[90%,100%]	未披露	合 计	控制权发生转移
海南	交易数量(笔)	7	2	6	0	0	2	1	18	5
	交易金额(万元)	58032	76456	244725	0	0	17200	720	397134	26220
	平均交易金额(万元)	8290	38228	40788			8600	720	22063	5244
河北	交易数量(笔)	12	4	1	3	2	2	1	25	3
	交易金额(万元)	38342	28487	2100	107107	302717	63243	11650	553646	45250
	平均交易金额(万元)	3195	7122	2100	35702	151358	31621	11650	22146	15083
河南	交易数量(笔)	8	0	7	5	0	7	0	27	8
	交易金额(万元)	19987	0	84745	136629	0	13065	0	254426	39144
	平均交易金额(万元)	2498		12106	27326		1866		9423	4893
黑龙江	交易数量(笔)	2	1	2	0	0	7	0	12	5
	交易金额(万元)	130	2000	389848	0	0	804201	0	1196179	636187
	平均交易金额(万元)	65	2000	194924			114886		99682	127237
湖北	交易数量(笔)	17	7	8	8	2	6	0	48	12
	交易金额(万元)	141195	150422	161496	29020	38723	300694	0	821549	209299
	平均交易金额(万元)	8306	21489	20187	3627	19362	50116		17116	17442
湖南	交易数量(笔)	24	9	6	5	2	15	1	62	18
	交易金额(万元)	126405	4554	81790	137041	15400	833819	2240	1201249	507932
	平均交易金额(万元)	5267	506	13632	27408	7700	55588	2240	19375	28218
吉林	交易数量(笔)	4	4	3	4	2	2	0	19	6
	交易金额(万元)	7434	11160	71060	122138	45147	1220	0	258160	142866
	平均交易金额(万元)	1858	2790	23687	30535	22574	610		13587	23811
江苏	交易数量(笔)	29	14	15	12	3	29	1	103	39
	交易金额(万元)	189891	356912	202331	296573	9812	388532	1000	1445051	520455
	平均交易金额(万元)	6548	25494	13489	24714	3271	13398	1000	14030	13345

续表

上市公司(买方)省份\转让比率		[5%,20%)	[20%,30%)	[30%,50%)	[50%,75%)	[75%,90%)	[90%,100%]	未披露	合　计	控制权发生转移
江西	交易数量(笔)	6	3	4	10	0	2	0	25	10
	交易金额(万元)	8051	10258	46811	105451	0	0	0	170571	103372
	平均交易金额(万元)	1342	3419	11703	10545		0		6823	10337
辽宁	交易数量(笔)	7	3	4	3	1	6	0	24	6
	交易金额(万元)	34180	61264	61164	61674	155000	110665	0	483947	178034
	平均交易金额(万元)	4883	20421	15291	20558	155000	18444		20164	29672
内蒙古	交易数量(笔)	5	5	2	3	1	4	0	20	3
	交易金额(万元)	114675	46362	14773	410415	50000	521185	0	1157410	34606
	平均交易金额(万元)	22935	9272	7387	136805	50000	130296		57871	11535
宁夏	交易数量(笔)	0	0	0	1	0	0	0	1	1
	交易金额(万元)	0	0	0	13000	0	0	0	13000	13000
	平均交易金额(万元)				13000				13000	13000
青海	交易数量(笔)	3	0	2	0	0	3	0	8	3
	交易金额(万元)	4204	0	11243	0	0	31144	0	46592	29384
	平均交易金额(万元)	1401		5622			10381		5824	9795
山东	交易数量(笔)	20	8	13	10	4	14	0	69	16
	交易金额(万元)	107867	98145	59306	230833	129321	224163	0	849635	362642
	平均交易金额(万元)	5393	12268	4562	23083	32330	16012		12314	22665
山西	交易数量(笔)	5	1	2	2	1	4	0	15	2
	交易金额(万元)	129326	4656	219914	94108	44090	223351	0	715445	225680
	平均交易金额(万元)	25865	4656	109957	47054	44090	55838		47696	112840
陕西	交易数量(笔)	1	0	2	0	0	2	0	5	1
	交易金额(万元)	2097	0	7282	0	0	43403	0	52782	15800
	平均交易金额(万元)	2097		3641			21702		10556	15800

续表

上市公司(买方)省份\转让比率		[5%,20%)	[20%,30%)	[30%,50%)	[50%,75%)	[75%,90%)	[90%,100%]	未披露	合 计	控制权发生转移
四川	交易数量(笔)	17	9	2	5	4	7	0	44	12
	交易金额(万元)	121132	122575	40731	239410	110086	1279924	0	1913858	406030
	平均交易金额(万元)	7125	13619	20366	47882	27521	182846		43497	33836
西藏	交易数量(笔)	2	0	0	1	0	1	0	4	1
	交易金额(万元)	36275	0	0	12240	0	413989	0	462504	12240
	平均交易金额(万元)	18137			12240		413989		115626	12240
新疆	交易数量(笔)	8	2	5	4	0	5	0	24	6
	交易金额(万元)	9012	980	5889	7760	0	196674	0	220315	13602
	平均交易金额(万元)	1127	490	1178	1940		39335		9180	2267
云南	交易数量(笔)	6	5	3	2	2	5	0	23	7
	交易金额(万元)	64806	25918	22482	14688	26320	167960	0	322174	197886
	平均交易金额(万元)	10801	5184	7494	7344	13160	33592		14008	28269
浙江	交易数量(笔)	44	8	24	17	7	21	0	121	50
	交易金额(万元)	79440	44106	193615	86552	72913	188634	0	665260	278330
	平均交易金额(万元)	1805	5513	8067	5091	10416	8983		5498	5567
中国香港	交易数量(笔)	0	0	0	0	0	0	0	0	0
	交易金额(万元)	0	0	0	0	0	0	0	0	0
	平均交易金额(万元)									
浙江	交易数量(笔)	0	0	0	0	0	0	0	0	0
	交易金额(万元)	0	0	0	0	0	0	0	0	0
	平均交易金额(万元)									
中国台湾	交易数量(笔)	0	0	0	0	0	0	0	0	0
	交易金额(万元)	0	0	0	0	0	0	0	0	0
	平均交易金额(万元)									

续表

上市公司(买方)省份\转让比率		[5%,20%)	[20%,30%)	[30%,50%)	[50%,75%)	[75%,90%)	[90%,100%]	未披露	合　计	控制权发生转移
海外	交易数量(笔)	0	0	0	0	0	0	0	0	0
	交易金额(万元)	0	0	0	0	0	0	0	0	0
	平均交易金额(万元)									
未披露	交易数量(笔)	0	0	0	0	1	0	0	1	0
	交易金额(万元)	0	0	0	0	26483	0	0	26483	0
	平均交易金额(万元)					26483			26483	
合计	交易数量(笔)	388	159	202	186	50	284	10	1279	409
	交易金额(万元)	2074489	1718872	3988258	5226960	1263647	12559784	43192	26875201	8122006
	平均交易金额(万元)	5347	10811	19744	28102	25273	44225	4319	21013	19858

表2-33　上市公司扩张性交易按经济区划统计

上市公司(买方)经济区划\转让比率		[5%,20%)	[20%,30%)	[30%,50%)	[50%,75%)	[75%,90%)	[90%,100%]	未披露	合　计	控制权发生转移
华北	交易数量(笔)	58	32	32	31	6	28	2	189	58
	交易金额(万元)	367079	386114	784858	1122823	403506	1085837	16610	4166827	882157
	平均交易金额(万元)	6329	12066	24527	36220	67251	38780	8305	22047	15210
华东	交易数量(笔)	156	51	80	74	21	135	2	519	162
	交易金额(万元)	756421	664743	788963	3020025	394730	3355639	1034	8981555	1939060
	平均交易金额(万元)	4849	13034	9862	40811	18797	24857	517	17306	11970
中南	交易数量(笔)	108	44	59	51	9	64	6	341	120
	交易金额(万元)	613864	317155	1706042	504283	90390	2604614	25548	5861895	1818990
	平均交易金额(万元)	5684	7208	28916	9888	10043	40697	4258	17190	15158
西南	交易数量(笔)	35	20	11	13	10	24	0	113	38
	交易金额(万元)	278368	269386	79047	321771	148391	3532087	0	4629051	2414357
	平均交易金额(万元)	7953	13469	7186	24752	14839	147170		40965	63536

续表

上市公司(买方)经济区划\转让比率		[5%,20%)	[20%,30%)	[30%,50%)	[50%,75%)	[75%,90%)	[90%,100%]	未披露	合　计	控制权发生转移
西北	交易数量(笔)	18	4	11	10	0	18	0	61	14
	交易金额(万元)	17014	7049	107276	74246	0	1065520	0	1271105	110356
	平均交易金额(万元)	945	1762	9752	7425		59196		20838	7883
东北	交易数量(笔)	13	8	9	7	3	15	0	55	17
	交易金额(万元)	41743	74425	522072	183812	200147	916086	0	1938286	957086
	平均交易金额(万元)	3211	9303	58008	26259	66716	61072		35242	56299
港澳台	交易数量(笔)	0	0	0	0	0	0	0	0	0
	交易金额(万元)	0	0	0	0	0	0	0	0	0
	平均交易金额(万元)									
海外	交易数量(笔)	0	0	0	0	0	0	0	0	0
	交易金额(万元)	0	0	0	0	0	0	0	0	0
	平均交易金额(万元)									
未披露	交易数量(笔)	0	0	0	0	1	0	0	1	0
	交易金额(万元)	0	0	0	0	26483	0	0	26483	0
	平均交易金额(万元)					26483			26483	
合计	交易数量(笔)	388	159	202	186	50	284	10	1279	409
	交易金额(万元)	2074489	1718872	3988258	5226960	1263647	12559784	43192	26875201	8122006
	平均交易金额(万元)	5347	10811	19744	28102	25273	44225	4319	21013	19858

表 2-34　　上市公司扩张性交易按买卖方是否同属管辖统计

上市公司(买方)所属省份\是否同属管辖	买卖方同属管辖			买卖方非同属管辖		
	交易数量(笔)	交易金额(万元)	平均交易金额(万元)	交易数量(笔)	交易金额(万元)	平均交易金额(万元)
北京	21	416709	19843	78	2727303	34965
上海	72	3599916	49999	47	406271	8644
天津	8	115605	14451	11	93820	8529
重庆	9	589708	65523	11	53690	4881
安徽	11	69502	6318	11	53824	4893
福建	10	144210	14421	28	585350	20905

续表

上市公司(买方)所属省份\是否同属管辖	买卖方同属管辖			买卖方非同属管辖		
	交易数量(笔)	交易金额(万元)	平均交易金额(万元)	交易数量(笔)	交易金额(万元)	平均交易金额(万元)
甘肃	14	916961	65497	6	22072	3679
广东	48	1690726	35223	45	302214	6716
广西	2	19345	9672	7	54042	7720
贵州	0	0		0	0	
海南	8	212081	26510	8	47120	5890
河北	5	231787	46357	11	51055	4641
河南	14	225915	16137	12	47538	3961
黑龙江	7	575938	82277	8	27205	3401
湖北	20	37599	1880	29	309021	10656
湖南	27	470675	17432	25	221925	8877
吉林	3	8680	2893	21	300551	14312
江苏	32	856707	26772	37	443701	11992
江西	8	56034	7004	9	378222	42025
辽宁	9	243299	27033	19	1230381	64757
内蒙古	10	712289	71229	7	54712	7816
宁夏	0	0		4	4752	1188
青海	1	7747	7747	1	756	756
山东	29	477020	16449	29	140588	4848
山西	7	355784	50826	2	118370	59185
陕西	2	29700	14850	5	42415	8483
四川	8	289953	36244	33	808659	24505
西藏	0	0		2	57450	28725
新疆	4	5752	1438	17	469425	27613
云南	13	211347	16257	13	207086	15930
浙江	28	160628	5737	44	476829	10837
中国香港	0	0		36	419790	11661
中国澳门	0	0		0	0	
中国台湾	0	0		2	3965	1983
海外	0	0		49	839270	17128
未披露	0	0		191	6642942	34780
合　计	430	12731617	29608	858	17642316	20562

表 2－35　各省份上市公司扩张性交易按买方与标的的行业关系统计

上市公司(买方)所属省份\买方与标的的行业关系	同行业并购			跨行业并购		
	交易数量(笔)	交易金额(万元)	平均交易金额(万元)	交易数量(笔)	交易金额(万元)	平均交易金额(万元)
北京	53	1014079	19134	61	542297	8890
上海	54	2399386	44433	67	2804746	41862

续表

上市公司(买方)所属省份\买方与标的行业关系	同行业并购			跨行业并购		
	交易数量(笔)	交易金额(万元)	平均交易金额(万元)	交易数量(笔)	交易金额(万元)	平均交易金额(万元)
天津	12	158142	13178	3	25807	8602
重庆	17	1831959	107762	7	59882	8555
安徽	33	290573	8805	6	26571	4428
福建	28	289377	10335	13	40386	3107
甘肃	12	470801	39233	11	467615	42510
广东	120	1306319	10886	57	1649527	28939
广西	4	18923	4731	5	212768	42554
贵州	12	20275	1690	6	18400	3067
海南	11	318168	28924	7	78965	11281
河北	22	540359	24562	3	13287	4429
河南	17	171735	10102	10	82690	8269
黑龙江	5	557181	111436	7	638998	91285
湖北	40	796328	19908	8	25221	3153
湖南	49	691789	14118	13	509459	39189
吉林	11	131937	11994	8	126223	15778
江苏	74	1197470	16182	29	247580	8537
江西	16	73134	4571	9	97437	10826
辽宁	18	458626	25479	6	25321	4220
内蒙古	12	260355	21696	8	897055	112132
宁夏	0	0		1	13000	13000
青海	8	46592	5824	0	0	
山东	52	586488	11279	17	263147	15479
山西	7	250796	35828	8	464650	58081
陕西	2	7282	3641	3	45500	15167
四川	32	554428	17326	12	1359430	113286
西藏	1	298	298	3	462205	154068
新疆	12	171248	14271	12	49067	4089
云南	15	166606	11107	8	155568	19446
浙江	87	410959	4724	34	254301	7479
中国香港	0	0		0	0	
中国澳门	0	0		0	0	
中国台湾	0	0		0	0	
海外	0	0		0	0	
未披露	0	0		1		
合计	836	15191614	18172	443	11657104	26314

3. 按行业统计

表 2－36　上市公司扩张性交易按行业统计

上市公司(买方)所属行业\转让比率		[5%，20%)	[20%，30%)	[30%，50%)	[50%，75%)	[75%，90%)	[90%，100%]	未披露	合　计	控制权发生转移
A 农林牧渔业	交易数量(笔)	33	9	8	3	1	4	1	59	19
	交易金额(万元)	34877	16572	12648	9315	400	6450	720	80981	30021
	平均交易金额(万元)	1057	1841	1581	3105	400	1613	720	1373	1580
B 采掘业	交易数量(笔)	16	6	5	2	1	5	0	35	5
	交易金额(万元)	177580	164024	279312	90600	174462	167254	0	1053231	318297
	平均交易金额(万元)	11099	27337	55862	45300	174462	33451		30092	63659
C 制造业	交易数量(笔)	194	87	94	114	31	170	8	698	238
	交易金额(万元)	990717	775558	1280107	3397506	731940	5199360	40232	12415419	2731283
	平均交易金额(万元)	5107	8914	13618	29803	23611	30584	5029	17787	11476
D 电力煤气及水的生产和供应业	交易数量(笔)	12	7	7	5	2	14	0	47	6
	交易金额(万元)	182427	132158	236933	433591	49515	1686861	0	2721485	212346
	平均交易金额(万元)	15202	18880	33848	86718	24758	120490		57904	35391
E 建筑业	交易数量(笔)	16	5	10	4	1	15	0	51	8
	交易金额(万元)	62899	20578	364204	202358	20230	782381	0	1452650	34466
	平均交易金额(万元)	3931	4116	36420	50589	20230	52159		28483	4308
F 交通运输仓储业	交易数量(笔)	9	4	7	4	0	6	0	30	5
	交易金额(万元)	126782	84530	203352	100221	0	663326	0	1178211	17021
	平均交易金额(万元)	14087	21132	29050	25055		110554		39274	3404
G 信息技术业	交易数量(笔)	45	11	20	16	4	15	0	111	44
	交易金额(万元)	77303	22432	70725	160243	28174	588751	0	947627	723111
	平均交易金额(万元)	1718	2039	3536	10015	7044	39250		8537	16434

续表

上市公司(买方)所属行业\转让比率		[5%,20%)	[20%,30%)	[30%,50%)	[50%,75%)	[75%,90%)	[90%,100%]	未披露	合 计	控制权发生转移
H 批发和零售贸易	交易数量(笔)	17	4	19	10	3	18	1	72	24
	交易金额(万元)	158161	122552	351196	180779	84102	459474	2240	1358506	481393
	平均交易金额(万元)	9304	30638	18484	18078	28034	25526	2240	18868	20058
I 金融保险业	交易数量(笔)	3	3	3	5	0	1	0	15	7
	交易金额(万元)	43811	200688	148804	260802	0	1128100	0	1782205	1547905
	平均交易金额(万元)	14604	66896	49601	52160		1128100		118814	221129
J 房地产业	交易数量(笔)	10	10	17	12	6	15	0	70	24
	交易金额(万元)	32824	56084	331193	89403	173624	693708	0	1376836	872621
	平均交易金额(万元)	3282	5608	19482	7450	28937	46247		19669	36359
K 社会服务业	交易数量(笔)	14	1	5	5	0	8	0	33	12
	交易金额(万元)	34916	229	11578	23847	0	246563	0	317133	241919
	平均交易金额(万元)	2494	229	2316	4769		30820		9610	20160
L 传播与文化产业	交易数量(笔)	14	11	5	3	0	8	0	41	7
	交易金额(万元)	132180	112097	64497	168238	0	179673	0	656684	31110
	平均交易金额(万元)	9441	10191	12899	56079		22459		16017	4444
M 综合类	交易数量(笔)	5	1	1	2	1	5	0	15	9
	交易金额(万元)	20012	11373	632830	106765	1200	757883	0	1530063	877220
	平均交易金额(万元)	4002	11373	632830	53382	1200	151577		102004	97469
O 其他行业	交易数量(笔)	0	0	1	1	0	0	0	2	1
	交易金额(万元)	0	0	878	3293	0	0	0	4171	3293
	平均交易金额(万元)			878	3293				2086	3293

续表

上市公司（买方）所属行业\转让比率		[5%，20%)	[20%，30%)	[30%，50%)	[50%，75%)	[75%，90%)	[90%，100%]	未披露	合　计	控制权发生转移
W 未披露	交易数量（笔）	0	0	0	0	0	0	0	0	0
	交易金额（万元）	0	0	0	0	0	0	0	0	0
	平均交易金额（万元）									
合　计	交易数量（笔）	388	159	202	186	50	284	10	1279	409
	交易金额（万元）	2074489	1718872	3988258	5226960	1263647	12559784	43192	26875201	8122006
	平均交易金额（万元）	5347	10811	19744	28102	25273	44225	4319	21013	19858

表 2－37　制造业上市公司扩张性交易按二级行业统计

上市公司（买方）所属制造业二级行业\转让比率		[5%，20%)	[20%，30%)	[30%，50%)	[50%，75%)	[75%，90%)	[90%，100%]	未披露	合　计	控制权发生转移
C0 食品饮料	交易数量（笔）	3	2	2	3	0	13	1	24	9
	交易金额（万元）	29744	54594	1586	47090	0	216699	3500	353214	73272
	平均交易金额（万元）	9915	27297	793	15697		16669	3500	14717	8141
C1 纺织服装皮毛	交易数量（笔）	7	3	6	7	2	22	0	47	6
	交易金额（万元）	88367	95985	155077	21718	45147	269097	0	675392	161923
	平均交易金额（万元）	12624	31995	25846	3103	22574	12232		14370	26987
C2 木材家具	交易数量（笔）	0	0	0	0	0	4	0	4	2
	交易金额（万元）	0	0	0	0	0	3447	0	3447	3447
	平均交易金额（万元）						862		862	1724
C3 造纸印刷	交易数量（笔）	4	4	0	0	1	1	0	10	3
	交易金额（万元）	18500	19872	0	0	1964	1030	0	41365	12530
	平均交易金额（万元）	4625	4968			1964	1030		4137	4177
C4 石油化学塑胶塑料	交易数量（笔）	43	9	14	25	5	31	1	128	41
	交易金额（万元）	466325	240650	273247	889232	116274	701580	34	2687342	875546
	平均交易金额（万元）	10845	26739	19518	35569	23255	22632	34	20995	21355

续表

上市公司(买方)所属制造业二级行业\转让比率		[5%,20%)	[20%,30%)	[30%,50%)	[50%,75%)	[75%,90%)	[90%,100%]	未披露	合　计	控制权发生转移
C5 电子	交易数量(笔)	16	16	8	11	3	15	2	71	27
	交易金额(万元)	32561	85002	23468	26019	132039	64467	10388	373944	91930
	平均交易金额(万元)	2035	5313	2933	2365	44013	4298	5194	5267	3405
C6 金属非金属	交易数量(笔)	24	18	17	14	6	17	1	97	32
	交易金额(万元)	114748	81942	135710	290069	206776	2502830	4960	3337036	450434
	平均交易金额(万元)	4781	4552	7983	20719	34463	147225	4960	34402	14076
C7 机械设备仪表	交易数量(笔)	61	24	30	37	12	42	3	209	72
	交易金额(万元)	122824	88290	233032	1885533	196882	931592	21350	3479504	528842
	平均交易金额(万元)	2014	3679	7768	50960	16407	22181	7117	16648	7345
C8 医药生物制品	交易数量(笔)	34	7	14	14	2	25	0	96	40
	交易金额(万元)	114047	94232	456804	235512	32858	508618	0	1442072	530465
	平均交易金额(万元)	3354	13462	32629	16822	16429	20345		15022	13262
C9 其他制造业	交易数量(笔)	2	4	3	2	0	0	0	11	5
	交易金额(万元)	3600	14991	1182	1831	0	0	0	21603	2393
	平均交易金额(万元)	1800	3748	394	915				1964	479
合计	交易数量(笔)	194	87	94	114	31	170	8	698	238
	交易金额(万元)	990717	775558	1280107	3397506	731940	5199360	40232	12415419	2731283
	平均交易金额(万元)	5107	8914	13618	29803	23611	30584	5029	17787	11476

表 2－38　上市公司扩张性交易按行业关系统计

行业关系 转让比率		[5%,20%)	[20%,30%)	[30%,50%)	[50%,75%)	[75%,90%)	[90%,100%]	未披露	合　计	控制权发生转移
同行业并购	交易数量(笔)	264	112	129	114	37	175	6	837	260
	交易金额(万元)	1086367	1155904	2211627	3417172	1057104	6265616	24308	15218098	4375920
	平均交易金额(万元)	4115	10321	17144	29975	28570	35804	4051	18182	16830

续表

行业关系 转让比率		[5%，20%)	[20%，30%)	[30%，50%)	[50%，75%)	[75%，90%)	[90%，100%]	未披露	合　计	控制权发生转移
跨行业并购	交易数量（笔）	124	47	73	72	13	109	4	442	149
	交易金额（万元）	988122	562968	1776631	1809788	206543	6294168	18884	11657104	3746087
	平均交易金额（万元）	7969	11978	24337	25136	15888	57745	4721	26374	25142
行业未披露	交易数量（笔）	0	0	0	0	0	0	0	0	0
	交易金额（万元）	0	0	0	0	0	0	0	0	0
	平均交易金额（万元）									
合计	交易数量（笔）	388	159	202	186	50	284	10	1279	409
	交易金额（万元）	2074489	1718872	3988258	5226960	1263647	12559784	43192	26875202	8122007
	平均交易金额（万元）	5347	10811	19744	28102	25273	44225	4319	21013	19858

表 2－39　各行业上市公司扩张性交易按买方与标的行业关系统计

标的所属行业\行业关系	同行业并购			跨行业并购		
	交易数量（笔）	交易金额（万元）	平均交易金额（万元）	交易数量（笔）	交易金额（万元）	平均交易金额（万元）
A 农林牧渔业	35	42424	1212	3	38915	12972
B 采掘业	17	512084	30123	57	1982892	34788
C 制造业	490	7280794	14859	89	1270861	14279
D 电力煤气及水的生产和供应业	30	1230914	41030	15	621220	41415
E 建筑业	27	1015174	37599	14	129131	9224
F 交通运输仓储业	24	1167938	48664	13	240851	18527
G 信息技术业	75	376616	5022	35	401054	11459
H 批发和零售贸易	38	539146	14188	82	1874438	22859
I 金融保险业	13	1728536	132964	24	1895782	78991
J 房地产业	44	1060122	24094	22	1040093	47277
K 社会服务业	18	62208	3456	62	846581	13655
L 传播与文化产业	26	202141	7775	22	309289	14059
M 综合类	0	0		0	0	
O 其他行业	0	0		4	1005997	251499
未披露	0	0		0	0	
合计	837	15218097	18182	442	11657104	26374

表 2-40　制造业上市公司扩张性交易接买方与标的行业关系统计

标的所属制造业\行业关系	同行业并购			跨行业并购		
	交易数量(笔)	交易金额(万元)	平均交易金额(万元)	交易数量(笔)	交易金额(万元)	平均交易金额(万元)
C0 食品饮料	24	290433	12101	8	24351	3419
C1 纺织服装皮毛	12	9977	831	3	35214	11738
C2 木材家具	2	1539	770	4	4573	1143
C3 制造印刷	12	68397	5700	0	0	
C4 石油化学塑胶塑料	75	1119439	14926	8	366194	45774
C5 电子	53	928594	17521	14	87064	6219
C6 金属非金属	69	1527839	22143	9	138215	15357
C7 机械设备仪表	157	2721050	17332	33	582083	17639
C8 医疗生物制品	74	585456	7912	7	18088	2584
C 制造业	0	0		0	0	
C9 其他制造业	12	28069	2339	3	12079	4026
合　计	490	7280794	14859	89	1270861	14279

4. 按企业性质统计

表 2-41　上市公司扩张性交易按企业经济成分统计

上市公司(买方)经济成分\转出比率		[5%,20%)	[20%,30%)	[30%,50%)	[50%,75%)	[75%,90%)	[90%,100%]	未披露	合　计	控制权发生转移
国有经济	交易数量(笔)	164	722	94	73	21	171	1	596	144
	交易金额(万元)	976710	764872	2545618	3845996	887056	10440345	34	19460630	4521120
	平均交易金额(万元)	5956	10623	27081	52685	45241	61055	34	32652	31397
集体经济	交易数量(笔)	2	0	2	2	3	5	0	14	2
	交易金额(万元)	12159	0	11823	1050	96108	38203	0	159343	517
	平均交易金额(万元)	6079		5912	525	32036	7641		11382	258
私有经济	交易数量(笔)	218	84	102	108	23	104	9	648	255
	交易金额(万元)	1074337	906000	1426198	1332583	277514	2073104	43158	7132894	3532490
	平均交易金额(万元)	4928	10786	13982	12339	12066	19934	4795	11008	13853
港澳台经济	交易数量(笔)	3	1	2	1	0	0	0	7	3
	交易金额(万元)	10587	8000	2830	2800	0	0	0	24217	14543
	平均交易金额(万元)	3529	8000	1415	2800				3460	4848

续表

行业关系 转让比率		[5%， 20%)	[20%， 30%)	[30%， 50%)	[50%， 75%)	[75%， 90%)	[90%， 100%]	未披露	合　计	控制权 发生转移
外商经济	交易数量（笔）	1	2	1	1	2	3	0	10	2
	交易金额（万元）	697	40000	1069	34937	0	6475	0	83178	39117
	平均交易金额（万元）	697	20000	1069	34937	0	2158		8318	19558
未披露	交易数量（笔）	0	0	1	1	1	1	0	4	3
	交易金额（万元）	0	0	721	9594	2970	1656	0	14941	14220
	平均交易金额（万元）			721	9594	2970	1656		3735	4740
合计	交易数量（笔）	388	159	202	186	50	284	10	1279	409
	交易金额（万元）	2074489	1718872	3988258	5226960	1263647	12559784	43192	26875201	8122006
	平均交易金额（万元）	5347	10811	19744	28102	25273	44225	4319	20013	19858

5. 按交易类型统计

表 2－42　　上市公司扩张性交易按交易类型统计

交易类型 \转让比率		[5%， 20%)	[20%， 30%)	[30%， 50%)	[50%， 75%)	[75%， 90%)	[90%， 100%]	未披露	合　计	控制权 发生转移
要约收购	交易数量（笔）	0	0	0	0	0	0	0	0	0
	交易金额（万元）	0	0	0	0	0	0	0	0	0
	平均交易金额（万元）									
协议收购（含间接收购）	交易数量（笔）	388	159	202	186	50	284	10	1279	409
	交易金额（万元）	2074489	1718872	3988258	5226960	1263647	12559784	43192	26875201	8122006
	平均交易金额（万元）	5347	10811	19744	28102	25273	44225	4319	21013	19858
大宗交易	交易数量（笔）	0	0	0	0	0	0	0	0	0
	交易金额（万元）	0	0	0	0	0	0	0	0	0
	平均交易金额（万元）									
集中竞价	交易数量（笔）	0	0	0	0	0	0	0	0	0
	交易金额（万元）	0	0	0	0	0	0	0	0	0
	平均交易金额（万元）									
合计	交易数量（笔）	388	159	202	186	50	284	10	1279	409
	交易金额（万元）	2074489	1718872	3988258	5226960	1263647	12559784	43192	26875201	8122006
	平均交易金额（万元）	5347	10811	19744	28102	25273	44225	4319	21013	19858

表 2－43　上市公司扩张性交易按特殊交易方式统计

特殊交易方式\转让比率		[5%，20%)	[20%，30%)	[30%，50%)	[50%，75%)	[75%，90%)	[90%，100%]	未披露	合　计	控制权发生转移
信托或资产管理	交易数量(笔)	0	0	0	0	0	0	0	0	0
	交易金额(万元)	0	0	0	0	0	0	0	0	0
	平均交易金额(万元)									
控制关系	交易数量(笔)	0	0	0	0	0	0	0	0	0
	交易金额(万元)	0	0	0	0	0	0	0	0	0
	平均交易金额(万元)									
行政划转	交易数量(笔)	1	0	0	0	0	0	0	1	0
	交易金额(万元)	0	0	0	0	0	0	0	0	0
	平均交易金额(万元)	0							0	
控股股东变更	交易数量(笔)	0	0	0	0	0	0	0	0	0
	交易金额(万元)	0	0	0	0	0	0	0	0	0
	平均交易金额(万元)									
股东合并	交易数量(笔)	0	0	0	0	0	0	0	0	0
	交易金额(万元)	0	0	0	0	0	0	0	0	0
	平均交易金额(万元)									
发行的新股	交易数量(笔)	0	0	1	1	0	0	0	2	1
	交易金额(万元)	0	0	15896	16544	0	0	0	32440	16544
	平均交易金额(万元)			15896	16544				16220	16544
公开拍卖	交易数量(笔)	0	0	0	0	0	0	0	0	0
	交易金额(万元)	0	0	0	0	0	0	0	0	0
	平均交易金额(万元)									
继承	交易数量(笔)	0	0	0	0	0	0	0	0	0
	交易金额(万元)	0	0	0	0	0	0	0	0	0
	平均交易金额(万元)									
赠与	交易数量(笔)	0	1	0	0	0	1	0	2	1
	交易金额(万元)	0	0	0	0	0	0	0	0	0
	平均交易金额(万元)		0				0		0	0
管理层持股	交易数量(笔)	0	0	0	0	0	0	0	0	0
	交易金额(万元)	0	0	0	0	0	0	0	0	0
	平均交易金额(万元)									
未披露	交易数量(笔)	387	158	201	185	50	283	10	1274	407
	交易金额(万元)	2074489	1718872	3972363	5210416	1263647	12559784	43192	26842761	8105462
	平均交易金额(万元)	5360	10879	19763	28164	25273	44381	4319	21070	19915
合计	交易数量(笔)	388	159	202	186	50	284	10	1279	409
	交易金额(万元)	2074489	1718872	3988258	5226960	1263647	12559784	43192	26875201	8122006
	平均交易金额(万元)	5347	10811	19744	28102	25273	44225	4319	21013	19858

6. 按标的股份性态统计

表 2－44　上市公司扩张性交易按标的股份性态统计

标的股份性态\转让比率		[5%，20%)	[20%，30%)	[30%，50%)	[50%，75%)	[75%，90%)	[90%，100%]	未披露	合　计	控制权发生转移
流通股	交易数量(笔)	10	1	3	3	1	1	0	19	4
	交易金额(万元)	70570	200	1208593	1673143	800	289475	0	3242782	124800
	平均交易金额(万元)	7057	200	402864	557714	800	289475		170673	31200
非流通股	交易数量(笔)	0	0	0	0	1	0	0	1	1
	交易金额(万元)	0	0	0	0	6575	0	0	6575	6575
	平均交易金额(万元)					6575			6575	6575
已发行未上市社会公众股	交易数量(笔)	0	0	0	0	0	0	0	0	0
	交易金额(万元)	0	0	0	0	0	0	0	0	0
	平均交易金额(万元)									
非上市公司股份	交易数量(笔)	378	158	199	183	48	283	10	1259	404
	交易金额(万元)	2003919	1718672	2779665	3553817	1256272	12270308	43192	23625844	7990631
	平均交易金额(万元)	5301	10878	13968	19420	26172	43358	4319	18766	19779
新增发	交易数量(笔)	0	0	0	0	0	0	0	0	0
	交易金额(万元)	0	0	0	0	0	0	0	0	0
	平均交易金额(万元)									
拟注销	交易数量(笔)	0	0	0	0	0	0	0	0	0
	交易金额(万元)	0	0	0	0	0	0	0	0	0
	平均交易金额(万元)									
未披露	交易数量(笔)	0	0	0	0	0	0	0	0	0
	交易金额(万元)	0	0	0	0	0	0	0	0	0
	平均交易金额(万元)									
合计	交易数量(笔)	388	159	202	186	50	284	10	1279	409
	交易金额(万元)	2074489	1718872	3988258	5226960	1263647	12559784	43192	26875201	8122006
	平均交易金额(万元)	5347	10811	19744	28102	25273	44225	4319	21013	19858

7. 按支付方式统计

表 2－45　上市公司扩张性交易按支付方式统计

支付方式\转让比率		[5%，20%)	[20%，30%)	[30%，50%)	[50%，75%)	[75%，90%)	[90%，100%]	未披露	合　计	控制权发生转移
现金	交易数量(笔)	314	137	176	164	39	168	10	1008	375
	交易金额(万元)	1169209	1166541	2449768	2278025	854168	4047898	43192	12008800	3711186
	平均交易金额(万元)	3724	8515	13919	13890	21902	24095	4319	11913	9896

续表

支付方式\转让比率		[5%,20%)	[20%,30%)	[30%,50%)	[50%,75%)	[75%,90%)	[90%,100%]	未披露	合计	控制权发生转移
债券	交易数量(笔)	0	0	0	0	0	0	0	0	0
	交易金额(万元)	0	0	0	0	0	0	0	0	0
	平均交易金额(万元)									
股票	交易数量(笔)	57	13	19	17	9	77	0	192	22
	交易金额(万元)	723973	375470	1382305	2645795	409479	6510723	0	12047746	3470191
	平均交易金额(万元)	12701	28882	72753	155635	45498	84555		62749	157736
资产	交易数量(笔)	2	1	1	1	0	5	0	10	1
	交易金额(万元)	36683	4680	501	612	0	1064235	0	1106711	612
	平均交易金额(万元)	18341	4680	501	612		212847		110671	612
承担债务	交易数量(笔)	1	0	0	0	0	1	0	2	0
	交易金额(万元)	298	0	0	0	0	4500	0	4798	0
	平均交易金额(万元)	298					4500		2399	
无支付	交易数量(笔)	9	2	1	0	0	24	0	36	1
	交易金额(万元)	0	0	0	0	0	0	0	0	0
	平均交易金额(万元)	0	0	0			0		0	0
混合支付	交易数量(笔)	4	5	3	4	0	6	0	22	8
	交易金额(万元)	144325	172180	155684	302528	0	932428	0	1707146	940018
	平均交易金额(万元)	36081	34436	51895	75632		155405		77598	117502
未披露	交易数量(笔)	1	1	2	0	2	3	0	9	2
	交易金额(万元)	0	0	0	0	0	0	0	0	0
	平均交易金额(万元)	0	0	0		0	0		0	0
合计	交易数量(笔)	388	159	202	186	50	284	10	1279	409
	交易金额(万元)	2074489	1718872	3988258	5226960	1263647	12559784	43192	26875201	8122006
	平均交易金额(万元)	5347	10811	19744	28102	25273	44225	4319	21013	19858

8. 是否属于关联交易/存在一致行动人

表 2-46　上市公司扩张性交易中关联交易统计

关联交易\转让比率		[5%,20%)	[20%,30%)	[30%,50%)	[50%,75%)	[75%,90%)	[90%,100%]	未披露	合计	控制权发生转移
关联交易	交易数量(笔)	93	63	36	47	25	162	2	428	35
	交易金额(万元)	681541	566527	1981320	2903693	785964	10086052	2274		2468569
	平均交易金额(万元)	7328	8992	55037	61781	31439	62260	1137		70531

关联交易\转让比率		[5%，20%)	[20%，30%)	[30%，50%)	[50%，75%)	[75%，90%)	[90%，100%]	未披露	合　计	控制权发生转移
非关联交易	交易数量(笔)	295	123	139	138	25	122	8	850	373
	交易金额(万元)	1392948	1152345	2006938	2313404	477683	2473731	40918	9857967	5643574
	平均交易金额(万元)	1392948	9369	14438	16764	19107	20276	5115	11598	15130
合计	交易数量(笔)	388	186	175	185	50	284	10	1278	408
	交易金额(万元)	2074489	1718872	3988258	5217097	1263647	12559784	43192	26865338	8112143
	平均交易金额(万元)	5347	9241	22790	28201	25273	44225	4319	21021	19883

表 2-47　存在一致行动人的上市公司扩张性交易统计

是否一致行动人\转让比率		[5%，20%)	[20%，30%)	[30%，50%)	[50%，75%)	[75%，90%)	[90%，100%]	未披露	合　计	控制权发生转移
一致行动人	交易数量(笔)	0	0	0	0	0	0	0	0	0
	交易金额(万元)	0	0	0	0	0	0	0	0	0
	平均交易金额(万元)									
非一致行动人	交易数量(笔)	388	159	202	186	50	284	10	1279	409
	交易金额(万元)	2074489	1718872	3988258	5226960	1263647	12559784	43192	26875201	8122006
	平均交易金额(万元)	5347	10811	19744	28102	25273	44225	4319	21013	19858
未披露	交易数量(笔)	0	0	0	0	0	0	0	0	0
	交易金额(万元)	0	0	0	0	0	0	0	0	0
	平均交易金额(万元)									
合计	交易数量(笔)	388	159	202	186	50	284	10	1279	409
	交易金额(万元)	2074489	1718872	3988258	5226960	1263647	12559784	43192	26875201	8122006
	平均交易金额(万元)	5347	10811	19744	28102	25273	44225	4319	21013	19858

9. 按交易规模统计

表 2-48　上市公司扩张性交易按交易规模统计

交易规模\转让比率		[5%，20%)	[20%，30%)	[30%，50%)	[50%，75%)	[75%，90%)	[90%，100%]	未披露	合　计	控制权发生转移
大型[5亿元，+∞)	交易数量(笔)	6	12	17	25	7	51	0	118	36
	交易金额(万元)	464556	944080	2724863	4131285	716493	10474880	0	19456156	5847223
	平均交易金额(万元)	77426	78673	160286	165251	102356	205390		164883	162423
中型[1亿元，5亿元)	交易数量(笔)	52	25	39	33	15	71	1	236	70
	交易金额(万元)	1088732	493701	847700	687050	461717	1650266	11650	5240817	1398276
	平均交易金额(万元)	20937	19748	21736	20820	30781	23243	11650	22207	19975

续表

交易规模\转让比率		[5%,20%)	[20%,30%)	[30%,50%)	[50%,75%)	[75%,90%)	[90%,100%]	未披露	合计	控制权发生转移
小型[0,1亿元)	交易数量(笔)	330	122	146	128	28	162	9	925	303
	交易金额(万元)	521201	281091	415696	408624	85437	434638	31542	2178229	876507
	平均交易金额(万元)	1579	2304	2847	3192	3051	2683	3505	2355	2893
合计	交易数量(笔)	388	159	202	186	50	284	10	1279	409
	交易金额(万元)	2074489	1718872	3988258	5226960	1263647	12559784	43192	26875201	8122006
	平均交易金额(万元)	5347	10811	19744	28102	25273	44225	4319	21013	19858

表2-49 不同省份上市公司扩张性交易按交易规模统计

上市公司(买方)所属省份\交易规模	大型[5亿元,+∞)		中型[1亿元,5亿元)		小型[0,1亿元)		合计	
	交易数量(笔)	交易金额(万元)	交易数量(笔)	交易金额(万元)	交易数量(笔)	交易金额(万元)	交易数量(笔)	交易金额(万元)
北京	9	981228	16	329348	89	245800	114	1556376
上海	17	4152524	36	865568	68	186039	121	5204131
天津	0	0	6	145551	9	38398	15	183949
重庆	4	1767542	4	87701	16	36597	24	1891841
安徽	1	123400	5	119542	33	74202	39	317144
福建	0	0	9	254358	32	75406	41	329763
甘肃	7	823665	3	85283	13	29468	23	938416
广东	12	2215062	24	426210	141	314574	177	2955847
广西	1	186641	1	18872	7	26178	9	231691
贵州	0	0	0		18	38675	18	38675
海南	4	300825	3	55599	11	40709	18	397134
河北	4	421035	5	99200	16	33411	25	553646
河南	1	117245	4	86884	22	50296	27	254426
黑龙江	3	1176608	1	16000	8	3571	12	1196179
湖北	4	691960	3	59374	41	70215	48	821549
湖南	7	947620	9	184502	46	69127	62	1201249
吉林	1	112929	3	104990	15	40242	19	258160
江苏	10	852698	17	408048	76	184305	103	1445051
江西	1	54600	2	57152	22	58819	25	170571
辽宁	4	331809	4	123152	16	28986	24	483947
内蒙古	6	1042118	6	101001	8	14291	20	1157410
宁夏	0	0	1	13000	0	0	1	13000
青海	0	0	1	18620	7	27972	8	46592
山东	3	259032	24	486681	42	103923	69	849635
山西	5	516648	6	187901	4	10896	15	715445
陕西	0	0	2	43403	3	9379	5	52782
四川	8	1597821	13	254121	23	61916	44	1913858

续表

上市公司(买方)所属省份\交易规模	大型[5亿元,+∞)		中型[1亿元,5亿元)		小型[0,1亿元)		合　计	
	交易数量(笔)	交易金额(万元)	交易数量(笔)	交易金额(万元)	交易数量(笔)	交易金额(万元)	交易数量(笔)	交易金额(万元)
西藏	1	413989	2	48216	1	298	4	462504
新疆	1	109606	3	83621	20	27088	24	220315
云南	2	113551	7	176478	14	32145	23	322174
浙江	2	146000	15	273957	104	245303	121	665260
中国香港	0	0	0	0	0	0	0	0
中国澳门	0	0	0	0	0	0	0	0
中国台湾	0	0	0	0	0	0	0	0
海外	0	0	0	0	0	0	0	0
未披露	0	0	1	26483	0	0	1	26483
合　计	118	19456156	236	5240817	925	2178229	1279	26875201

表2-50　不同经济区划上市公司扩张性交易按交易规模统计

上市公司(买方)所属经济区划\交易规模	大型[5亿元,+∞)		中型[1亿元,5亿元)		小型[0,1亿元)		合　计	
	交易数量(笔)	交易金额(万元)	交易数量(笔)	交易金额(万元)	交易数量(笔)	交易金额(万元)	交易数量(笔)	交易金额(万元)
华北	24	2961029	39	863001	126	342796	189	4166827
华东	34	5588254	108	2465305	377	927996	519	8981555
中南	29	4459354	44	831442	268	571099	341	5861895
西南	15	3892903	26	566517	72	169631	113	4629051
西北	8	933271	10	243927	43	93907	61	1271105
东北	8	1621345	8	244142	39	72799	55	1938286
港澳台	0		0		0		0	0
海外	0		0		0		0	0
未披露	0		1	26483	0		1	26483
合　计	118	19456156	236	5240817	925	2178229	1279	26875201

表2-51　不同行业上市公司扩张性交易按交易规模统计

上市公司(买方)所属行业\交易规模	大型[5亿元,+∞)		中型[1亿元,5亿元)		小型[0,1亿元)		合　计	
	交易数量(笔)	交易金额(万元)	交易数量(笔)	交易金额(万元)	交易数量(笔)	交易金额(万元)	交易数量(笔)	交易金额(万元)
A农林牧渔业	0	0	2	32531	36	48808	38	81339
B采掘业	11	2006794	17	342393	46	145789	74	2494976
C制造业	34	5586246	88	1868747	457	1096662	579	8551655
D电力煤气及水的生产和供应业	16	1335151	22	490887	7	26097	45	1852134
E建筑业	6	900017	7	198117	28	46171	41	1144306
F交通运输仓储业	9	1146425	9	217012	19	45351	37	1408789
G信息技术业	2	222628	16	380871	92	174171	110	777670
H批发和零售贸易	10	1850754	15	316723	95	246107	120	2413584

续表

上市公司(买方)所属行业\交易规模	大型[5亿元,+∞)		中型[1亿元,5亿元)		小型[0,1亿元)		合 计	
	交易数量(笔)	交易金额(万元)	交易数量(笔)	交易金额(万元)	交易数量(笔)	交易金额(万元)	交易数量(笔)	交易金额(万元)
I 金融保险业	13	3,217967	12	354067	12	52285	37	3624318
J 房地产业	9	1492575	24	539312	33	68328	66	2100215
K 社会服务业	4	502552	12	251029	64	155208	80	908789
L 传播与文化产业	2	193847	12	249128	34	68454	48	511430
M 综合类	0	0	0	0	0	0	0	0
O 其他行业	2	1001200	0	0	2	4797	4	1005997
W 未披露	0	0	0	0	0	0	0	0
合 计	118	19456156	236	5240817	925	2178229	1279	26875201

表 2-52 制造业上市公司扩张性交易按交易规模统计

上市公司(买方)所属制造业二级子行业\交易规模	大型[5亿元,+∞)		中型[1亿元,5亿元)		小型[0,1亿元)		合 计	
	交易数量(笔)	交易金额(万元)	交易数量(笔)	交易金额(万元)	交易数量(笔)	交易金额(万元)	交易数量(笔)	交易金额(万元)
C0 食品饮料	2	162904	6	157282	16	33028	24	353214
C1 纺织服装皮毛	3	360571	9	221835	35	92986	47	675392
C2 木材家具	0	0	0	0	4	3447	4	3447
C3 造纸印刷	0	0	1	10000	9	31365	10	41365
C4 石油化学塑胶塑料	21	1971240	27	531424	80	184677	128	2687342
C5 电子	1	128255	5	107565	65	138124	71	373944
C6 金属非金属	10	2835675	15	318849	72	182512	97	3337036
C7 机械设备仪表	11	2339407	37	723245	161	416852	209	3479504
C8 医药生物制品	5	936687	18	341075	73	164310	96	1442072
C9 其他制造业	0	0	1	10209	10	11395	11	21603
合 计	53	8734740	119	2421483	526	1259195	698	12415419

表 2-53 不同类型的上市公司扩张性交易按交易规模统计

交易类型\交易规模	大型[5亿元,+∞)		中型[1亿元,5亿元)		小型[0,1亿元)		合 计	
	交易数量(笔)	交易金额(万元)	交易数量(笔)	交易金额(万元)	交易数量(笔)	交易金额(万元)	交易数量(笔)	交易金额(万元)
协议收购(含间接收购)	118	19,456,156	236	5,240,817	925	2,178,229	1279	26,875,201
要约收购	0	0	0	0	0	0	0	0
大宗交易收购	0	0	0	0	0	0	0	0
集中竞价收购	0	0	0	0	0	0	0	0
合 计	118	19456156	236	5240817	925	2178229	1279	26875201

表 2－54　特殊方式的上市公司扩张性交易按交易规模统计

特殊交易类型\交易规模	大型[5亿元，+∞)		中型[1亿元，5亿元)		小型[0，1亿元)		合　计	
	交易数量（笔）	交易金额（万元）	交易数量（笔）	交易金额（万元）	交易数量（笔）	交易金额（万元）	交易数量（笔）	交易金额（万元）
信托或资产管理	0	0	0	0	0	0	0	0
控制关系	0	0	0	0	0	0	0	0
行政划转	0	0	0	0	1	0	1	0
控股股东变更	0	0	0	0	0	0	0	0
股东合并	0	0	0	0	0	0	0	0
发行的新股	0	0	2	32440	0	0	2	32440
公开拍卖	0	0	0	0	0	0	0	0
继承	0	0	0	0	0	0	0	0
赠与	0	0	0	0	2	0	2	0
管理层持股	0	0	0	0	0	0	0	0
未披露	118	19456156	234	5208377	922	2178229	1274	26842761
合　计	118	19456156	236	5240817	925	2178229	1279	26875201

表 2－55　以不同股份性态的股权为标的的上市公司扩张性交易按交易规模统计

标的股份性态\交易规模	大型[5亿元，+∞)		中型[1亿元，5亿元)		小型[0，1亿元)		合　计	
	交易数量（笔）	交易金额（万元）	交易数量（笔）	交易金额（万元）	交易数量（笔）	交易金额（万元）	交易数量（笔）	交易金额（万元）
国家股	1	289475	3	48636	8	7784	12	345896
国有法人股	5	2881337	1	15550	1	0	7	2896886
社会法人股	0	0	0	0	0	0	0	0
社会公众股	0	0	0	0	0	0	0	0
非上市公司股份	0	0	0	0	0	0	0	0
不详	0	0	0	0	0	0	0	0
未披露	112	16285344	232	5176630	916	2170445	1260	23632419
合　计	118	19456156	236	5240817	925	2178229	1279	26875201

表 2－56　不同经济成分上市公司的扩张性交易按交易规模统计

上市公司（买方）经济成分\交易规模	大型[5亿元，+∞)		中型[1亿元，5亿元)		小型[0，1亿元)		合　计	
	交易数量（笔）	交易金额（万元）	交易数量（笔）	交易金额（万元）	交易数量（笔）	交易金额（万元）	交易数量（笔）	交易金额（万元）
国有经济	85	15398732	132	3167665	379	894233	596	19460630
集体经济	0	0	6	136385	8	22958	14	159343
私有经济	33	4057424	95	1851830	520	1223639	648	7132894
港澳台经济	0	0	1	10000	6	14217	7	24217
外商经济	0	0	2	74937	8	8241	10	83178
未披露	0	0	0	0	4	14941	4	14941
合　计	118	19456156	236	5240817	925	2178229	1279	26875201

表 2-57　上市公司扩张性交易中关联交易和非关联交易的交易规模对比

是否关联交易\交易规模	大型[5亿元,+∞)		中型[1亿元,5亿元)		小型[0,1亿元)		合　计	
	交易数量(笔)	交易金额(万元)	交易数量(笔)	交易金额(万元)	交易数量(笔)	交易金额(万元)	交易数量(笔)	交易金额(万元)
关联交易	73	13727089	112	2612155	243	668128	428	17007372
非关联交易	45	5729068	124	2628662	681	1500237	850	9857967
合　计	118	19456156	236	5240817	924	2168366	1278	26865338

(三)上市公司收缩性交易

1. 按时间统计

表 2-58　上市公司收缩性交易按年度统计

转让比率\指标	交易数量(笔)			交易金额(万元)			平均单笔交易金额(万元)		
	上一年 2009	当年 2010	增长率(%)	上一年 2009	当年 2010	增长率(%)	上一年 2009	当年 2010	增长率(%)
[5%,20%)	140	142	1.43	2529561	1043976	-58.73	18068	7352	-59.31
[20%,30%)	36	54	50.00	276195	286899	3.88	7672	5313	-30.75
[30%,50%)	68	88	29.41	1675859	764834	-54.36	24645	8691	-64.74
[50%,75%)	70	110	57.14	508239	881804	73.50	7261	8016	10.40
[75%,90%)	36	39	8.33	589577	487806	-17.26	16377	12508	-23.62
90%,100%	132	133	0.76	4242722	1683455	-60.32	32142	12658	-60.62
未披露	4	4	0.00	18597	12790	-31.25	4649	3198	-31.21
合　计	486	570	17.28	9840751	5161563	-47.55	20248	9055	-55.28
其中:发生控制权转移	173	201	16.18	2129356	1511349	-29.02	12308	7519	-38.91

表 2-59　上市公司收缩性交易按月份统计

月份	\转让比率	[5%,20%)	[20%,30%)	[30%,50%)	[50%,75%)	[75%,90%)	[90%,100%]	未披露	合　计	控制权发生转移
1月份	交易数量(笔)	20	4	7	5	2	8	0	46	10
	交易金额(万元)	76661	6822	19385	24529	27190	20003	0	169591	36558
	平均交易金额(万元)	3583	1706	2769	4906	13595	2500		3687	3656
2月份	交易数量(笔)	2	0	5	4	0	2	0	13	4
	交易金额(万元)	4109	0	57594	47572	0	22212	0	131486	39678
	平均交易金额(万元)	2054		11519	11893		11106		10114	9920
3月份	交易数量(笔)	9	2	11	9	7	10	2	50	19
	交易金额(万元)	20298	8381	132240	131191	122995	121649	3200	539954	295074
	平均交易金额(万元)	2255	4191	12022	14577	17571	12165	1600	10799	15530
4月份	交易数量(笔)	17	11	8	8	6	10	0	60	22
	交易金额(万元)	230819	20677	35649	26479	42654	145238	0	501515	216168
	平均交易金额(万元)	13578	1880	4456	3310	7109	14524		8359	9826

续表

月份\转让比率		[5%，20%)	[20%，30%)	[30%，50%)	[50%，75%)	[75%，90%)	[90%，100%]	未披露	合 计	控制权发生转移
5月份	交易数量(笔)	5	2	7	2	4	8	0	28	8
	交易金额(万元)	88085	17072	35197	4170	42567	126542	0	313633	69317
	平均交易金额(万元)	17617	8536	5028	2085	10642	15818		11201	8665
6月份	交易数量(笔)	10	7	4	20	3	16	0	60	22
	交易金额(万元)	63112	39028	12320	121667	14662	208094	0	458883	133350
	平均交易金额(万元)	6311	5575	3080	6083	4887	13006		7648	6061
7月份	交易数量(笔)	15	4	5	5	1	10	1	41	19
	交易金额(万元)	122204	58811	92811	14518	13950	61695	7350	371338	91490
	平均交易金额(万元)	8147	14703	18562	2904	13950	6169	7350	9057	4815
8月份	交易数量(笔)	18	8	15	9	2	15	0	67	20
	交易金额(万元)	94313	30657	80613	55779	6972	74732	0	343064	105540
	平均交易金额(万元)	5240	3832	5374	6198	3486	4982		5120	5277
9月份	交易数量(笔)	8	5	2	13	3	6	0	37	14
	交易金额(万元)	79081	40094	3637	144432	16746	22653	0	306642	119317
	平均交易金额(万元)	9885	8019	1818	11110	5582	3775		8288	8523
10月份	交易数量(笔)	12	3	9	11	3	12	0	50	19
	交易金额(万元)	75495	30680	43763	66777	54852	149352	0	420920	119343
	平均交易金额(万元)	6291	10227	4863	6071	18284	12446		8418	6281
11月份	交易数量(笔)	13	1	1	12	2	19	1	49	13
	交易金额(万元)	45620	132	160000	100833	128981	643692	2240	1081499	72474
	平均交易金额(万元)	3509	132	160000	8403	64491	33879	2240	22071	5575
12月份	交易数量(笔)	13	7	14	12	6	17	0	69	31
	交易金额(万元)	149180	34545	91625	143858	16237	87594	0	523038	213040
	平均交易金额(万元)	11475	4935	6545	11988	2706	5153		7580	6872
合计	交易数量(笔)	142	54	88	110	39	133	4	570	201
	交易金额(万元)	1043976	286899	764834	881804	487806	1683455	12790	5161563	1511349
	平均交易金额(万元)	7352	5313	8691	8016	12508	12658	3198	9055	7519

2. 按区域统计

表 2-60 上市公司收缩性交易按省份统计

上市公司(卖方)省份\转让比率		[5%，20%)	[20%，30%)	[30%，50%)	[50%，75%)	[75%，90%)	[90%，100%]	未披露	合 计	控制权发生转移
北京	交易数量(笔)	8	5	4	6	4	8	0	35	8
	交易金额(万元)	67325	47203	47888	41620	158715	200947	0	563698	162390
	平均交易金额(万元)	8416	9441	11972	6937	39679	25118		16106	20299
上海	交易数量(笔)	13	3	9	10	4	16	0	55	21
	交易金额(万元)	167925	27121	116826	139843	10480	117376	0	579572	268448
	平均交易金额(万元)	12917	9040	12981	13984	2620	7336		10538	12783
天津	交易数量(笔)	1	1	0	5	1	2	0	10	3
	交易金额(万元)	1899	0	0	36301	8821	32718	0	79739	11121
	平均交易金额(万元)	1899	0		7260	8821	16359		7974	3707
重庆	交易数量(笔)	2	2	1	3	1	2	0	11	3
	交易金额(万元)	7519	444	6017	14086	27006	5573	0	60645	23780
	平均交易金额(万元)	3760	222	6017	4695	27006	2787		5513	7927

续表

上市公司(卖方)省份\转让比率		[5%,20%)	[20%,30%)	[30%,50%)	[50%,75%)	[75%,90%)	[90%,100%]	未披露	合计	控制权发生转移
安徽	交易数量(笔)	2	1	0	2	0	3	0	8	6
	交易金额(万元)	10300	3836	0	4883	0	20875	0	39895	29162
	平均交易金额(万元)	5150	3836		2442		6958		4987	4860
福建	交易数量(笔)	4	6	9	2	2	6	0	29	12
	交易金额(万元)	10873	19907	46734	5120	13840	25271	0	121744	49906
	平均交易金额(万元)	2718	3318	5193	2560	6920	4212		4198	4159
甘肃	交易数量(笔)	1	0	0	2	1	4	0	8	2
	交易金额(万元)	4706	0	0	1649	300	0	0	6655	1649
	平均交易金额(万元)	4706			824	300	0		832	824
广东	交易数量(笔)	22	7	9	16	8	18	0	80	25
	交易金额(万元)	99392	12584	85101	148267	128782	247917	0	722044	258733
	平均交易金额(万元)	4518	1798	9456	9267	16098	13773		9026	10349
广西	交易数量(笔)	1	0	1	1	1	4	0	8	6
	交易金额(万元)	1945	0	957	10800	18400	18459	0	50561	47659
	平均交易金额(万元)	1945		957	10800	18400	4615		6320	7943
贵州	交易数量(笔)	0	0	1	0	0	0	0	1	0
	交易金额(万元)	0	0	1971	0	0	0	0	1971	0
	平均交易金额(万元)			1971					1971	
海南	交易数量(笔)	2	0	2	0	0	5	0	9	2
	交易金额(万元)	4211	0	164290	0	0	293851	0	462352	4900
	平均交易金额(万元)	2106		82145			58770		51372	2450
河北	交易数量(笔)	5	1	0	2	0	7	0	15	2
	交易金额(万元)	39720	12921	0	977	0	18092	0	71710	1403
	平均交易金额(万元)	7944	12921		489		2585		4781	702
河南	交易数量(笔)	2	1	0	1	0	2	0	6	1
	交易金额(万元)	2272	12	0	28122	0	3200	0	33606	3200
	平均交易金额(万元)	1136	12		28122		1600		5601	3200
黑龙江	交易数量(笔)	2	0	1	2	0	2	0	7	3
	交易金额(万元)	1581	0	1200	16831	0	57862	0	77474	29662
	平均交易金额(万元)	791		1200	8415		28931		11068	9887
湖北	交易数量(笔)	3	2	4	9	1	3	0	22	9
	交易金额(万元)	1950	44390	10426	94365	6945	50957	0	209035	57379
	平均交易金额(万元)	650	22195	2607	10485	6945	16986		9502	6375
湖南	交易数量(笔)	5	4	3	4	2	6	1	25	12
	交易金额(万元)	105840	38221	37308	28316	33185	27789	2240	272900	82404
	平均交易金额(万元)	21168	9555	12436	7079	16593	4632	2240	10916	6867
吉林	交易数量(笔)	10	2	3	2	3	1	0	21	7
	交易金额(万元)	33306	5630	88000	21480	23334	17000	0	188750	67128
	平均交易金额(万元)	3331	2815	29333	10740	7778	17000		8988	9590
江苏	交易数量(笔)	13	3	14	13	3	10	0	56	27
	交易金额(万元)	97407	1421	58583	95080	14358	198247	0	465096	156519
	平均交易金额(万元)	7493	474	4185	7314	4786	19825		8305	5797

续表

上市公司(卖方)省份\转让比率		[5%,20%)	[20%,30%)	[30%,50%)	[50%,75%)	[75%,90%)	[90%,100%]	未披露	合 计	控制权发生转移
江西	交易数量(笔)	3	1	2	4	0	0	0	10	4
	交易金额(万元)	5730	7983	25600	24779	0	0	0	64092	1718
	平均交易金额(万元)	1910	7983	12800	6195				6409	430
辽宁	交易数量(笔)	2	3	2	5	2	1	0	15	8
	交易金额(万元)	628	9277	5566	47550	12185	174	0	75381	60002
	平均交易金额(万元)	314	3092	2783	9510	6093	174		5025	7500
内蒙古	交易数量(笔)	2	1	1	1	0	2	0	7	1
	交易金额(万元)	57145	5776	640	2500	0	25074	0	91134	5776
	平均交易金额(万元)	28572	5776	640	2500		12537		13019	5776
宁夏	交易数量(笔)	2	0	3	0	0	1	0	6	1
	交易金额(万元)	2567	0	12767	0	0	27922	0	43255	9779
	平均交易金额(万元)	1283		4256			27922		7209	9779
青海	交易数量(笔)	0	0	2	0	0	0	0	2	0
	交易金额(万元)	0	0	4356	0	0	0	0	4356	0
	平均交易金额(万元)			2178					2178	
山东	交易数量(笔)	5	2	5	7	1	6	0	26	10
	交易金额(万元)	12693	6722	13012	26059	726	6060	0	65272	37714
	平均交易金额(万元)	2539	3361	2602	3723	726	1010		2510	3771
山西	交易数量(笔)	2	0	0	0	1	2	0	5	1
	交易金额(万元)	50573	0	0	0	838	38754	0	90165	838
	平均交易金额(万元)	25287				838	19377		18033	838
陕西	交易数量(笔)	1	1	0	2	0	1	0	5	3
	交易金额(万元)	363	2145	0	18147	0	2470	0	23125	20617
	平均交易金额(万元)	363	2145		9074		2470		4625	6872
四川	交易数量(笔)	6	3	1	2	0	7	2	21	6
	交易金额(万元)	114659	3333	1087	21205	0	143443	7350	291078	5441
	平均交易金额(万元)	19110	1111	1087	10603		20492	3675	13861	907
西藏	交易数量(笔)	0	0	0	1	0	0	0	1	1
	交易金额(万元)	0	0	0	2550	0	0	0	2550	2550
	平均交易金额(万元)				2550				2550	2550
新疆	交易数量(笔)	5	0	1	3	0	2	1	12	4
	交易金额(万元)	22050	0	8185	24346	0	51091	3200	108872	35946
	平均交易金额(万元)	4410		8185	8115		25545	3200	9073	8986
云南	交易数量(笔)	4	1	3	0	0	2	0	10	3
	交易金额(万元)	46475	100	18176	0	0	16283	0	81034	32934
	平均交易金额(万元)	11619	100	6059			8142		8103	10978
浙江	交易数量(笔)	14	4	7	5	4	10	0	44	10
	交易金额(万元)	72921	37872	10143	26927	29890	36049	0	213802	42593
	平均交易金额(万元)	5209	9468	1449	5385	7473	3605		4859	4259
中国香港	交易数量(笔)	0	0	0	0	0	0	0	0	0
	交易金额(万元)	0	0	0	0	0	0	0	0	0
	平均交易金额(万元)									

续表

上市公司(卖方)省份\转让比率		[5%,20%)	[20%,30%)	[30%,50%)	[50%,75%)	[75%,90%)	[90%,100%]	未披露	合计	控制权发生转移
中国澳门	交易数量(笔)	0	0	0	0	0	0	0	0	0
	交易金额(万元)	0	0	0	0	0	0	0	0	0
	平均交易金额(万元)									
中国台湾	交易数量(笔)	0	0	0	0	0	0	0	0	0
	交易金额(万元)	0	0	0	0	0	0	0	0	0
	平均交易金额(万元)									
海外	交易数量(笔)	0	0	0	0	0	0	0	0	0
	交易金额(万元)	0	0	0	0	0	0	0	0	0
	平均交易金额(万元)									
未披露	交易数量(笔)	0	0	0	0	0	0	0	0	0
	交易金额(万元)	0	0	0	0	0	0	0	0	0
	平均交易金额(万元)									
合计	交易数量(笔)	142	54	88	110	39	133	4	570	201
	交易金额(万元)	1043976	286899	764834	881804	487806	1683455	12790	5161563	1511349
	平均交易金额(万元)	7352	5313	8691	8016	12508	12658	3198	9055	7519

表2-61　上市公司收缩性交易按经济区划统计

上市公司(卖方)经济区划\转让比率		[5%,20%)	[20%,30%)	[30%,50%)	[50%,75%)	[75%,90%)	[90%,100%]	未披露	合计	控制权发生转移
华北	交易数量(笔)	18	8	5	14	6	21	0	72	15
	交易金额(万元)	216662	65900	48528	81398	168374	315585	0	896447	181528
	平均交易金额(万元)	12037	8237	9706	5814	28062	15028		12451	12102
华东	交易数量(笔)	54	20	46	43	14	51	0	228	90
	交易金额(万元)	377849	104863	270898	322691	69294	403878	0	1549473	586060
	平均交易金额(万元)	6997	5243	5889	7504	4950	7919		6796	6512
中南	交易数量(笔)	35	14	19	31	12	38	1	150	55
	交易金额(万元)	215611	95207	298082	309871	187313	642173	2240	1750498	454276
	平均交易金额(万元)	6160	6801	15689	9996	15609	16899	2240	11670	8260
西南	交易数量(笔)	12	6	6	6	1	11	2	44	13
	交易金额(万元)	168653	3877	27251	37842	27006	165300	7350	437279	64705
	平均交易金额(万元)	14054	646	4542	6307	27006	15027	3675	9938	4977
西北	交易数量(笔)	9	1	6	7	1	8	1	33	10
	交易金额(万元)	29685	2145	25308	44142	300	81483	3200	186263	67990
	平均交易金额(万元)	3298	2145	4218	6306	300	10185	3200	5644	6799
东北	交易数量(笔)	14	5	6	9	5	4	0	43	18
	交易金额(万元)	35516	14907	94766	85861	35519	75036	0	341604	156791
	平均交易金额(万元)	2537	2981	15794	9540	7104	18759		7944	8711
港澳台	交易数量(笔)	0	0	0	0	0	0	0	0	0
	交易金额(万元)	0	0	0	0	0	0	0	0	0
	平均交易金额(万元)									
海外	交易数量(笔)	0	0	0	0	0	0	0	0	0
	交易金额(万元)	0	0	0	0	0	0	0	0	0
	平均交易金额(万元)									

续表

上市公司(卖方)经济区划\转让比率		[5%，20%)	[20%，30%)	[30%，50%)	[50%，75%)	[75%，90%)	[90%，100%]	未披露	合　计	控制权发生转移
未披露	交易数量(笔)	0	0	0	0	0	0	0	0	0
	交易金额(万元)	0	0	0	0	0	0	0	0	0
	平均交易金额(万元)									
合计	交易数量(笔)	142	54	88	110	39	133	4	570	201
	交易金额(万元)	1043976	286899	764834	881804	487806	1683455	12790	5161563	1511349
	平均交易金额(万元)	7352	5313	8691	8016	12508	12658	3198	9055	7519

表2-62　上市公司收缩性交易按买卖方是否同属管辖统计

上市公司(卖方)省份\是否同属管辖	买卖方同属管辖			买卖方非同属管辖		
	交易数量(笔)	交易金额(万元)	平均交易金额(万元)	交易数量(笔)	交易金额(万元)	平均交易金额(万元)
北京	13	144273	11098	56	476279	8505
上海	17	232124	13654	14	92981	6642
天津	8	70918	8865	4	51987	12997
重庆	6	54166	9028	7	12558	1794
安徽	4	13705	3426	3	10854	3618
福建	9	38194	4244	11	35949	3268
甘肃	6	1767	294	3	976	325
广东	35	313078	8945	42	260646	6206
广西	0	0		2	31637	15819
贵州	0	0		4	9927	2482
海南	6	451901	75317	5	11751	2350
河北	9	31911	3546	6	146120	24353
河南	3	31322	10441	5	11009	2202
黑龙江	1	45031	45031	7	11035	1576
湖北	5	71233	14247	11	50950	4632
湖南	4	131491	32873	10	38242	3824
吉林	2	17000	8500	6	24306	4051
江苏	22	237052	10775	20	127640	6382
江西	2	7983	3992	11	74545	6777
辽宁	9	55753	6195	3	17731	5910
内蒙古	2	2500	1250	6	152276	25379
宁夏	2	28310	14155	2	182	91
青海	0	0		2	7267	3633
山东	13	33279	2560	16	94045	5878
山西	2	38754	19377	3	87819	29273
陕西	2	4615	2308	3	43002	14334
四川	10	277689	27769	12	204727	17061
西藏	0	0		1	12240	12240
新疆	3	60291	20097	7	23732	3390
云南	2	7225	3613	4	9024	2256
浙江	14	43373	3098	28	158910	5675
中国香港	0	0		12	63985	5332

续表

上市公司(卖方)省份\是否同属管辖	买卖方同属管辖			买卖方非同属管辖		
	交易数量(笔)	交易金额(万元)	平均交易金额(万元)	交易数量(笔)	交易金额(万元)	平均交易金额(万元)
中国澳门	0	0		0	0	
中国台湾	0	0		1	5082	5082
海外	0	0		12	132176	11015
未披露	0	0		23	615128	26745
合　计	211	2444937	11587	362	3106718	8582

表 2-63　各省份上市公司收缩性交易按买方与标的的行业关系统计

上市公司(卖方)省份\买方与标的行业关系	同行业并购			跨行业并购		
	交易数量(笔)	交易金额(万元)	平均交易金额(万元)	交易数量(笔)	交易金额(万元)	平均交易金额(万元)
北京	13	194321	14948	41	364916	8900
上海	18	245229	13624	29	241010	8311
天津	5	44837	8967	7	105123	15018
重庆	5	27159	5432	3	29968	9989
安徽	6	18642	3107	4	5449	1362
福建	4	9039	2260	9	35939	3993
甘肃	4	4484	1121	5	2982	596
广东	38	316248	8322	23	155329	6753
广西	2	7860	3930	1	1550	1550
贵州	2	6418	3209	3	32156	10719
海南	2	5321	2660	8	464151	58019
河北	4	16136	4034	8	42175	5272
河南	5	42546	8509	1	5599	5599
黑龙江	1	45031	45031	6	94196	15699
湖北	19	128581	6767	10	72759	7276
湖南	11	146547	13322	14	88278	6306
吉林	5	85549	17110	2	3000	1500
江苏	30	280480	9349	28	184751	6598
江西	8	38683	4835	8	49571	6196
辽宁	10	62451	6245	3	65336	21779
内蒙古	4	46580	11645	6	125758	20960
宁夏	2	9779	4889	2	28104	14052
青海	2	15700	7850	1	1280	1280
山东	19	59212	3116	14	33430	2388
山西	1	31628	31628	6	62921	10487
陕西	7	44321	6332	4	82215	20554
四川	9	35729	3970	18	323852	17992
西藏	1	12240	12240	0	0	
新疆	5	11440	2288	7	82836	11834
云南	5	37226	7445	3	3302	1101
浙江	13	105387	8107	18	75360	4187
中国香港	1	1200	1200	3	93091	31030
中国澳门	0	0		0	0	

续表

上市公司(卖方)省份\买方与标的行业关系	同行业并购			跨行业并购		
	交易数量(笔)	交易金额(万元)	平均交易金额(万元)	交易数量(笔)	交易金额(万元)	平均交易金额(万元)
中国台湾	0	0		0	0	
海外	5	3767	753	4	50445	12611
未披露	3	8591	2864	2		
合　计	269	2148361	7986	301	3006833	9989

3. 按行业统计

表 2－64　上市公司收缩性交易按行业统计

上市公司(卖方)所属行业\转让比率		[5%，20%)	[20%，30%)	[30%，50%)	[50%，75%)	[75%，90%)	[90%，100%]	未披露	合　计	控制权发生转移
A农林牧渔业	交易数量(笔)	2	1	3	2	1	5	0	14	4
	交易金额(万元)	1844	1524	48912	23530	300	27845	0	103954	40135
	平均交易金额(万元)	922	1524	16304	11765	300	5569		7425	10034
B采掘业	交易数量(笔)	1	2	1	8	1	4	0	17	5
	交易金额(万元)	31628	1615	640	50650	1200	53209	0	138942	17961
	平均交易金额(万元)	31628	807	640	6331	1200	13302		8173	3592
C制造业	交易数量(笔)	82	30	54	62	22	69	2	321	107
	交易金额(万元)	716560	126611	234763	468286	235176	626420	7350	2415166	677144
	平均交易金额(万元)	8739	4220	4347	7553	10690	9079	3675	7524	6328
D电力煤气及水的生产和供应业	交易数量(笔)	5	4	4	6	2	7	0	28	10
	交易金额(万元)	48025	40170	31832	101958	25124	116783	0	363892	74933
	平均交易金额(万元)	9605	10042	7958	16993	12562	16683		12996	7493
E建筑业	交易数量(笔)	3	2	3	2	0	3	1	14	3
	交易金额(万元)	2394	12836	2851	4819	0	25452	3200	51552	28901
	平均交易金额(万元)	798	6418	950	2409		8484	3200	3682	9634
F交通运输仓储业	交易数量(笔)	5	3	2	1	0	5	0	16	3
	交易金额(万元)	16042	24888	164290	27500	0	289753	0	522473	6354
	平均交易金额(万元)	3208	8296	82145	27500		57951		32655	2118
G信息技术业	交易数量(笔)	10	4	5	6	6	5	1	37	10
	交易金额(万元)	57269	2394	13421	13190	156497	88257	2240	333268	52702
	平均交易金额(万元)	5727	598	2684	2198	26083	17651	2240	9007	5270
H批发和零售贸易	交易数量(笔)	3	1	4	11	2	8	0	29	13
	交易金额(万元)	12438	10897	28570	131935	27209	123998	0	335046	140763
	平均交易金额(万元)	4146	10897	7142	11994	13604	15500		11553	10828

续表

上市公司(卖方)所属行业\转让比率		[5%,20%)	[20%,30%)	[30%,50%)	[50%,75%)	[75%,90%)	[90%,100%]	未披露	合计	控制权发生转移
I金融保险业	交易数量(笔)	1	0	0	0	0	0	0	1	0
	交易金额(万元)	323	0	0	0	0	0	0	323	0
	平均交易金额(万元)	323							323	
J房地产业	交易数量(笔)	10	2	8	4	2	18	0	44	21
	交易金额(万元)	81216	37566	233153	24499	29300	262790	0	668524	336433
	平均交易金额(万元)	8122	18783	29144	6125	14650	14599		15194	16021
K社会服务业	交易数量(笔)	7	2	0	5	0	4	0	18	9
	交易金额(万元)	20519	20758	0	11432	0	26394	0	79104	46930
	平均交易金额(万元)	2931	10379		2286		6599		4395	5214
L传播与文化产业	交易数量(笔)	0	0	0	0	0	0	0	0	0
	交易金额(万元)	0	0	0	0	0	0	0	0	0
	平均交易金额(万元)									
M综合类	交易数量(笔)	13	3	4	3	3	5	0	31	16
	交易金额(万元)	55719	7640	6401	24006	13000	42553	0	149319	89094
	平均交易金额(万元)	4286	2547	1600	8002	4333	8511		4817	5568
O其他行业	交易数量(笔)	0	0	0	0	0	0	0	0	0
	交易金额(万元)	0	0	0	0	0	0	0	0	0
	平均交易金额(万元)									
W未披露	交易数量(笔)	0	0	0	0	0	0	0	0	0
	交易金额(万元)	0	0	0	0	0	0	0	0	0
	平均交易金额(万元)									
合计	交易数量(笔)	142	54	88	110	39	133	4	570	201
	交易金额(万元)	1043976	286899	764834	881804	487806	1683455	12790	5161563	1511349
	平均交易金额(万元)	7352	5313	8691	8016	12508	12658	3198	9055	7519

表 2-65　上市公司收缩性交易按制造业二级行业统计

上市公司(卖方)所属制造业二级行业\转让比率		[5%,20%)	[20%,30%)	[30%,50%)	[50%,75%)	[75%,90%)	[90%,100%]	未披露	合计	控制权发生转移
C0食品饮料	交易数量(笔)	7	6	5	2	2	2	2	26	8
	交易金额(万元)	143628	24038	28215	3241	36034	7175	7350	249680	25505
	平均交易金额(万元)	20518	4006	5643	1621	18017	3587	3675	9603	3188

续表

上市公司(卖方)所属制造业二级行业\转让比率		[5%,20%)	[20%,30%)	[30%,50%)	[50%,75%)	[75%,90%)	[90%,100%]	未披露	合　计	控制权发生转移
C1纺织服装皮毛	交易数量(笔)	2	1	0	8	1	4	0	16	8
	交易金额(万元)	0	267	0	85688	0	5062	0	91017	79097
	平均交易金额(万元)	0	267		10711	0	1266		5689	9887
C2木材家具	交易数量(笔)	0	0	0	0	0	0	0	0	0
	交易金额(万元)	0	0	0	0	0	0	0	0	0
	平均交易金额(万元)									
C3造纸印刷	交易数量(笔)	2	2	1	2	2	4	0	13	4
	交易金额(万元)	4447	8090	2198	31800	6540	668	0	53742	38055
	平均交易金额(万元)	2223	4045	2198	15900	3270	167		4134	9514
C4石油化学塑胶塑料	交易数量(笔)	11	3	4	8	2	10	0	38	11
	交易金额(万元)	33867	14808	5264	39198	55404	74773	0	223314	65410
	平均交易金额(万元)	3079	4936	1316	4900	27702	7477		5877	5946
C5电子	交易数量(笔)	9	5	8	11	0	6	0	39	13
	交易金额(万元)	17717	17801	27175	94883	0	19048	0	176624	94555
	平均交易金额(万元)	1969	3560	3397	8626		3175		4529	7273
C6金属非金属	交易数量(笔)	10	0	5	4	1	16	0	36	11
	交易金额(万元)	192386	0	13603	18991	30225	218837	0	474042	63322
	平均交易金额(万元)	19239		2721	4748	30225	13677		13168	5757
C7机械设备仪表	交易数量(笔)	23	10	19	14	6	16	0	88	21
	交易金额(万元)	190543	35042	128286	86542	41581	279187	0	761181	142226
	平均交易金额(万元)	8284	3504	6752	6182	6930	17449		8650	6773
C8医药生物制品	交易数量(笔)	11	1	9	11	8	9	0	49	27
	交易金额(万元)	40921	24955	27849	90242	65392	18985	0	268345	148587
	平均交易金额(万元)	3720	24955	3094	8204	8174	2109		5476	5503
C9其他制造业	交易数量(笔)	5	0	2	2	0	2	0	11	4
	交易金额(万元)	60272	0	1873	17701	0	2686	0	82532	20387
	平均交易金额(万元)	12054		937	8851		1343		7503	5097
合计	交易数量(笔)	82	30	54	62	22	69	2	321	107
	交易金额(万元)	716560	126611	234763	468286	235176	626420	7350	2415166	677144
	平均交易金额(万元)	8739	4220	4347	7553	10690	9079	3675	7524	6328

表 2-66 上市公司收缩性交易按行业关系统计

行业关系\转让比率		[5%,20%)	[20%,30%)	[30%,50%)	[50%,75%)	[75%,90%)	[90%,100%]	未披露	合 计	控制权发生转移
同行业并购	交易数量(笔)	40	15	32	38	13	62	1	201	55
	交易金额(万元)	342581	58807	295503	268291	90336	1040813	0	2096331	393034
	平均交易金额(万元)	8565	3920	9234	7060	6949	16787	0	10430	7146
跨行业并购	交易数量(笔)	95	39	54	66	26	68	3	351	138
	交易金额(万元)	614956	228091	463511	593566	397470	635920	12790	2946304	1092682
	平均交易金额(万元)	6473	5848	8584	8993	15287	9352	4263	8394	7918
行业未披露	交易数量(笔)	4	0	2	3	0	3	0	12	6
	交易金额(万元)	15082	0	5820	7782	0	6722	0		16284
	平均交易金额(万元)	3770		2910	2594		2241			2714
合计	交易数量(笔)	139	54	88	107	39	133	4	564	199
	交易金额(万元)	972619	286899	764834	869638	487806	1683455	12790	5078040	1502000
	平均交易金额(万元)	6997	5313	8691	8127	12508	12658	3198	9004	7548

表 2-67 各行业上市公司收缩性交易按买方与标的行业关系统计

标的所属行业\行业关系	同行业并购			跨行业并购		
	交易数量(笔)	交易金额(万元)	平均交易金额(万元)	交易数量(笔)	交易金额(万元)	平均交易金额(万元)
A 农林牧渔业	8	5728	716	4	5291	1323
B 采掘业	13	108299	8331	19	300481	15815
C 制造业	147	1035763	7046	88	557656	6337
D 电力煤气及水的生产和供应业	13	202824	15602	5	37737	7547
E 建筑业	3	4656	1552	8	71218	8902
F 交通运输仓储业	16	110732	6921	4	43248	10812
G 信息技术业	23	160035	6958	15	81529	5435
H 批发和零售贸易	16	48129	3008	30	113001	3767
I 金融保险业	6	153386	25564	14	255857	18276
J 房地产业	28	494527	17662	42	528025	12572
K 社会服务业	13	54980	4229	29	385537	13294
L 传播与文化产业	1	9000	9000	2	662	331
M 综合类	0	0		3	272700	90900
O 其他行业	0	0		2	1635	817
未披露	0	0		12	35406	2950
合 计	287	2388059	8321	277	2689981	9711

表 2-68 制造业上市公司收缩性交易按买方与标的行业关系统计

标的所属制造业二级行业\行业关系	同行业并购			跨行业并购		
	交易数量(笔)	交易金额(万元)	平均交易金额(万元)	交易数量(笔)	交易金额(万元)	平均交易金额(万元)
C0 食品饮料	5	61829	12366	2	1300	650
C1 纺织服装皮毛	2	2719	1360	4	6548	1637
C2 木材家具	2	8376	4188	0		
C3 造纸印刷	2	3112	1556	5	38078	7616

续表

标的所属制造业二级行业\行业关系	同行业并购			跨行业并购		
	交易数量（笔）	交易金额（万元）	平均交易金额（万元）	交易数量（笔）	交易金额（万元）	平均交易金额（万元）
C4 石油化学塑胶塑料	21	91067	4337	9	19421	2158
C5 电子	19	175440	9234	12	41109	3426
C6 金属非金属	23	244624	10636	13	56724	4363
C7 机械设备仪表	47	338699	7206	32	298503	9328
C8 医药生物制品	25	109631	4385	9	81816	9091
C9 其他制造业	1	267	267	2	14156	7078
合　计	147	1035763	7046	88	557656	6337

4. 按企业性质统计

表 2－69　上市公司收缩性交易按企业经济成分统计

上市公司(卖方)经济成分\转让比率		[5%，20%)	[20%，30%)	[30%，50%)	[50%，75%)	[75%，90%)	[90%，100%]	未披露	合　计	控制权发生转移
国有经济	交易数量(笔)	89	31	54	66	19	73	2	334	104
	交易金额(万元)	708754	197007	482691	591666	277822	1224651	5440	3488031	824702
	平均交易金额(万元)	7964	6355	8939	8965	14622	16776	2720	10443	7930
集体经济	交易数量(笔)	1	0	1	0	0	0	0	2	1
	交易金额(万元)	1880	0	5987	0	0	0	0	7866	5987
	平均交易金额(万元)	1880		5987					3933	5987
私有经济	交易数量(笔)	44	21	28	42	18	50	2	205	82
	交易金额(万元)	271844	88101	235799	216238	161358	413776	7350	1394467	517981
	平均交易金额(万元)	6178	4195	8421	5149	8964	8276	3675	6802	6317
港澳台经济	交易数量(笔)	1	0	0	1	0	2	0	4	3
	交易金额(万元)	51022	0	0	5500	0	8885	0	65407	14385
	平均交易金额(万元)	51022			5500		4443		16352	4795
外商经济	交易数量(笔)	0	0	1	0	2	6	0	9	7
	交易金额(万元)	0	0	957	0	48625	30011	0	79593	73495
	平均交易金额(万元)			957		24313	5002		8844	10499
未披露	交易数量(笔)	7	2	4	1	0	2	0	16	4
	交易金额(万元)	10476	1791	39400	68400	0	6132	0	126199	74799
	平均交易金额(万元)	1497	895	9850	68400		3066		7887	18700
外国经济	交易数量(笔)	0	0	0	0	0	0	0	0	0
	交易金额(万元)	0	0	0	0	0	0	0	0	0
	平均交易金额(万元)									
合计	交易数量(笔)	142	54	88	110	39	133	4	570	201
	交易金额(万元)	1043976	286899	764834	881804	487806	1683455	12790	5161563	1511349
	平均交易金额(万元)	7352	5313	8691	8016	12508	12658	3198	9055	7519

5. 按交易类型统计

表 2－70　上市公司收缩性交易按交易类型统计

交易类型\转让比率		[5%，20%)	[20%，30%)	[30%，50%)	[50%，75%)	[75%，90%)	[90%，100%]	未披露	合　计	控制权发生转移
要约收购	交易数量(笔)	0	0	0	0	0	0	0	0	0
	交易金额(万元)	0	0	0	0	0	0	0	0	0
	平均交易金额(万元)									
协议收购(含间接收购)	交易数量(笔)	140	54	88	110	39	133	4	568	201
	交易金额(万元)	974009	286899	764834	881804	487806	1683455	12790	5091596	1511349
	平均交易金额(万元)	6957	5313	8691	8016	12508	12658	3198	8964	7519
大宗交易	交易数量(笔)	1	0	0	0	0	0	0	1	0
	交易金额(万元)	18945	0	0	0	0	0	0	18945	0
	平均交易金额(万元)	18945							18945	
集中竞价	交易数量(笔)	1	0	0	0	0	0	0	1	0
	交易金额(万元)	51022	0	0	0	0	0	0	51022	0
	平均交易金额(万元)	51022							51022	
合计	交易数量(笔)	142	54	88	110	39	133	4	570	201
	交易金额(万元)	1043976	286899	764834	881804	487806	1683455	12790	5161563	1511349
	平均交易金额(万元)	7352	5313	8691	8016	12508	12658	3198	9055	7519

表 2－71　上市公司收缩性交易按特殊交易方式统计

交易类型转让比率		[5%，20%)	[20%，30%)	[30%，50%)	[50%，75%)	[75%，90%)	[90%，100%]	未披露	合　计	控制权发生转移
信托或资产管理	交易数量(笔)	0	0	0	0	0	0	0	0	0
	交易金额(万元)	0	0	0	0	0	0	0	0	0
	平均交易金额(万元)									
控制关系	交易数量(笔)	0	0	0	0	0	0	0	0	0
	交易金额(万元)	0	0	0	0	0	0	0	0	0
	平均交易金额(万元)									
行政划转	交易数量(笔)	0	0	0	0	0	4	0	4	0
	交易金额(万元)	0	0	0	0	0	0	0	0	0
	平均交易金额(万元)						0		0	
控股股东变更	交易数量(笔)	0	0	0	0	0	0	0	0	0
	交易金额(万元)	0	0	0	0	0	0	0	0	0
	平均交易金额(万元)									

续表

交易类型 转让比率		[5%，20%)	[20%，30%)	[30%，50%)	[50%，75%)	[75%，90%)	[90%，100%]	未披露	合　计	控制权发生转移
股东合并	交易数量(笔)	0	0	0	0	0	0	0	0	0
	交易金额(万元)	0	0	0	0	0	0	0	0	0
	平均交易金额(万元)									
发行的新股	交易数量(笔)	0	0	0	0	0	0	0	0	0
	交易金额(万元)	0	0	0	0	0	0	0	0	0
	平均交易金额(万元)									
公开拍卖	交易数量(笔)	0	0	0	1	0	1	0	2	2
	交易金额(万元)	0	0	0	13200	0	10	0	13210	13210
	平均交易金额(万元)				13200		10		6605	6605
继承	交易数量(笔)	2	0	0	0	0	0	1	3	0
	交易金额(万元)	0	0	0	0	0	0	0	0	0
	平均交易金额(万元)	0						0	0	
赠与	交易数量(笔)	0	0	0	0	0	0	0	0	0
	交易金额(万元)	0	0	0	0	0	0	0	0	0
	平均交易金额(万元)									
管理层持股	交易数量(笔)	0	0	0	0	0	0	0	0	0
	交易金额(万元)	0	0	0	0	0	0	0	0	0
	平均交易金额(万元)									
未披露	交易数量(笔)	140	54	88	109	39	128	3	561	199
	交易金额(万元)	1043976	286899	764834	868604	487806	1683445	12790	5148353	1498139
	平均交易金额(万元)	7457	5313	8691	7969	12508	13152	4263	9177	7528
合计	交易数量(笔)	142	54	88	110	39	133	4	570	201
	交易金额(万元)	1043976	286899	764834	881804	487806	1683455	12790	5161563	1511349
	平均交易金额(万元)	7352	5313	8691	8016	12508	12658	3198	9055	7519

6. 按标的股份性态统计

表 2-72　上市公司收缩性交易按标的股份性态统计

标的股份性态\转让比率		[5%，20%)	[20%，30%)	[30%，50%)	[50%，75%)	[75%，90%)	[90%，100%]	未披露	合　计	控制权发生转移
流通股	交易数量(笔)	5	1	1	1	0	0	0	8	1
	交易金额(万元)	97685	200	0	3301	0	0	0	101186	200
	平均交易金额(万元)	19537	200	0	3301				12648	200

续表

标的股份性态\转让比率		[5%,20%)	[20%,30%)	[30%,50%)	[50%,75%)	[75%,90%)	[90%,100%]	未披露	合 计	控制权发生转移
非流通股	交易数量(笔)	0	0	0	0	0	0	0	0	0
	交易金额(万元)	0	0	0	0	0	0	0	0	0
	平均交易金额(万元)									
已发行未上市社会公众股	交易数量(笔)	0	0	0	0	0	0	0	0	0
	交易金额(万元)	0	0	0	0	0	0	0	0	0
	平均交易金额(万元)									
非上市公司股份	交易数量(笔)	137	53	87	109	39	133	4	562	200
	交易金额(万元)	946291	286699	764834	878503	487806	1683455	12790	5060378	1511149
	平均交易金额(万元)	6907	5409	8791	8060	12508	12658	3198	9004	7556
新增发	交易数量(笔)	0	0	0	0	0	0	0	0	0
	交易金额(万元)	0	0	0	0	0	0	0	0	0
	平均交易金额(万元)									
拟注销	交易数量(笔)	0	0	0	0	0	0	0	0	0
	交易金额(万元)	0	0	0	0	0	0	0	0	0
	平均交易金额(万元)									
未披露	交易数量(笔)	0	0	0	0	0	0	0	0	0
	交易金额(万元)	0	0	0	0	0	0	0	0	0
	平均交易金额(万元)									
合计	交易数量(笔)	142	54	88	110	39	133	4	570	201
	交易金额(万元)	1043976	286899	764834	881804	487806	1683455	12790	5161563	1511349
	平均交易金额(万元)	7352	5313	8691	8016	12508	12658	3198	9055	7519

7. 按支付方式统计

表 2-73　上市公司收缩性交易按支付方式统计

支付方式\转让比率		[5%,20%)	[20%,30%)	[30%,50%)	[50%,75%)	[75%,90%)	[90%,100%]	未披露	合 计	控制权发生转移
现金	交易数量(笔)	122	49	83	99	35	110	3	501	196
	交易金额(万元)	849867	230978	764333	792558	331710	1498466	12790	4480702	1451602
	平均交易金额(万元)	6966	4714	9209	8006	9477	13622	4263	8944	7406
债券	交易数量(笔)	0	0	0	0	0	0	0	0	0
	交易金额(万元)	0	0	0	0	0	0	0	0	0
	平均交易金额(万元)									
股票	交易数量(笔)	15	4	1	8	3	5	0	36	2
	交易金额(万元)	188285	45024	0	75101	156095	114766	0	579271	36597
	平均交易金额(万元)	12552	11256	0	9388	52032	22953		16091	18299

续表

支付方式\转让比率		[5%，20%)	[20%，30%)	[30%，50%)	[50%，75%)	[75%，90%)	[90%，100%]	未披露	合　计	控制权发生转移
资产	交易数量(笔)	0	0	1	0	0	0	0	1	0
	交易金额(万元)	0	0	501	0	0	0	0	501	0
	平均交易金额(万元)			501					501	
承担债务	交易数量(笔)	0	0	0	0	0	1	0	1	0
	交易金额(万元)	0	0	0	0	0	25000	0	25000	0
	平均交易金额(万元)						25000		25000	
无支付	交易数量(笔)	3	0	3	0	1	14	1	22	0
	交易金额(万元)	0	0	0	0	0	0	0	0	0
	平均交易金额(万元)	0		0		0	0	0	0	
混合支付	交易数量(笔)	1	1	0	2	0	3	0	7	3
	交易金额(万元)	5824	10897	0	14145	0	45223	0	76089	23150
	平均交易金额(万元)	5824	10897		7073		15074		10870	7717
未披露	交易数量(笔)	1	0	0	1	0	0	0	2	0
	交易金额(万元)	0	0	0	0	0	0	0	0	0
	平均交易金额(万元)	0			0				0	
合计	交易数量(笔)	142	54	88	110	39	133	4	570	201
	交易金额(万元)	1043976	286899	764834	881804	487806	1683455	12790	5161563	1511349
	平均交易金额(万元)	7352	5313	8691	8016	12508	12658	3198	9055	7519

8. 是否属于关联交易/存在一致行动人

表 2－74　上市公司收缩性交易中关联交易统计

关联交易\转让比率		[5%，20%)	[20%，30%)	[30%，50%)	[50%，75%)	[75%，90%)	[90%，100%]	未披露	合　计	控制权发生转移
关联交易	交易数量(笔)	31	10	25	43	19	70	1	199	29
	交易金额(万元)	346149	93951	257349	296065	139247	1230837	2240	2365839	118822
	平均交易金额(万元)	11166	9395	10294	6885	7329	17583	2240	11889	4097
非关联交易	交易数量(笔)	111	44	63	67	20	63	3	371	172
	交易金额(万元)	697827	192948	507485	585739	348558	452618	10550	2795724	1392527
	平均交易金额(万元)	697827	4385	8055	8742	17428	7184	3517	7536	8096
合计	交易数量(笔)	142	54	88	110	39	133	4	570	201
	交易金额(万元)	1043976	286899	764834	881804	487806	1683455	12790	5161563	1511349
	平均交易金额(万元)	7352	5313	8691	8016	12508	12658	3198	9055	7519

表 2－75　存在一致行动人的上市公司收缩性交易统计

一致行动人\转让比率		[5%，20%)	[20%，30%)	[30%，50%)	[50%，75%)	[75%，90%)	[90%，100%]	未披露	合　计	控制权发生转移
一致行动人	交易数量(笔)	0	0	0	0	0	0	0	0	0
	交易金额(万元)	0	0	0	0	0	0	0	0	0
	平均交易金额(万元)									
非一致行动人	交易数量(笔)	142	54	88	110	39	133	4	570	201
	交易金额(万元)	1043976	286899	764834	881804	487806	1683455	12790	5161563	1511349
	平均交易金额(万元)	7352	5313	8691	8016	12508	12658	3198	9055	7519

续表

一致行动人\转让比率		[5%,20%)	[20%,30%)	[30%,50%)	[50%,75%)	[75%,90%)	[90%,100%]	未披露	合计	控制权发生转移
未披露	交易数量(笔)	0	0	0	0	0	0	0	0	0
	交易金额(万元)	0	0	0	0	0	0	0	0	0
	平均交易金额(万元)									
合计	交易数量(笔)	142	54	88	110	39	133	4	570	201
	交易金额(万元)	1043976	286899	764834	881804	487806	1683455	12790	5161563	1511349
	平均交易金额(万元)	7352	5313	8691	8016	12508	12658	3198	9055	7519

9. 按交易规模统计

表 2-76　　上市公司收缩性交易按交易规模统计

交易规模\转让比率		[5%,20%)	[20%,30%)	[30%,50%)	[50%,75%)	[75%,90%)	[90%,100%]	未披露	合计	控制权发生转移
大型[5亿元,+∞)	交易数量(笔)	5	0	3	2	2	8	0	20	4
	交易金额(万元)	373035	0	326810	134433	183659	787518	0	1805456	295243
	平均交易金额(万元)	74607		108937	67217	91830	98440		90273	73811
中型[1亿元,5亿元)	交易数量(笔)	23	10	14	28	11	30	0	116	45
	交易金额(万元)	484104	187784	266696	523789	227107	641272	0	2330754	777645
	平均交易金额(万元)	21048	18778	19050	18707	20646	21376		20093	17281
小型[0,1亿元)	交易数量(笔)	114	44	71	80	26	95	4	434	152
	交易金额(万元)	186836	99115	171328	223582	77039	254665	12790	1025354	438462
	平均交易金额(万元)	1639	2253	2413	2795	2963	2681	3198	2363	2885
合计	交易数量(笔)	142	54	88	110	39	133	4	570	201
	交易金额(万元)	1043976	286899	764834	881804	487806	1683455	12790	5161563	1511349
	平均交易金额(万元)	7352	5313	8691	8016	12508	12658	3198	9055	7519

表 2－77　不同省份上市公司收缩性交易按交易规模统计

上市公司(卖方)所属省份\交易规模	大型[5亿元,+∞)		中型[1亿元,5亿元)		小型[0,1亿元)		合　计	
	交易数量(笔)	交易金额(万元)	交易数量(笔)	交易金额(万元)	交易数量(笔)	交易金额(万元)	交易数量(笔)	交易金额(万元)
北京	3	289721	10	208961	22	65016	35	563698
上海	3	216869	16	275798	36	86905	55	579572
天津	0	0	2	57073	8	22667	10	79739
重庆	0	0	2	39196	9	21449	11	60645
安徽	0	0	1	19465	7	20430	8	39895
福建	0	0	3	42834	26	78911	29	121744
甘肃	0	0	0	0	8	6655	8	6655
广东	2	120961	22	454821	56	146262	80	722044
广西	0	0	2	29200	6	21361	8	50561
贵州	0	0	0	0	1	1971	1	1971
海南	4	432700	1	15600	4	14052	9	462352
河北	0	0	4	49690	11	22020	15	71710
河南	0	0	1	28122	5	5484	6	33606
黑龙江	0	0	3	74228	4	3246	7	77474
湖北	0	0	7	168945	15	40090	22	209035
湖南	1	72886	6	147850	18	52163	25	272900
吉林	1	88000	5	72302	15	28448	21	188750
江苏	3	311500	5	62512	48	91084	56	465096
江西	0	0	2	48679	8	15413	10	64092
辽宁	0	0	2	43252	13	32129	15	75381
内蒙古	0	0	3	82219	4	8916	7	91134
宁夏	0	0	1	27922	5	15334	6	43255
青海	0	0	0	0	2	4356	2	4356
山东	0	0	1	13050	25	52222	26	65272
山西	0	0	3	84665	2	5499	5	90165
陕西	0	0	1	13200	4	9925	5	23125
四川	2	221795	2	46159	17	23123	21	291078
西藏	0	0	0	0	1	2550	1	2550
新疆	0	0	3	68691	9	40181	12	108872
云南	0	0	3	70613	7	10421	10	81034
浙江	1	51022	5	85707	38	77073	44	213802
中国香港	0	0	0	0	0	0	0	0
中国澳门	0	0	0	0	0	0	0	0
中国台湾	0	0	0	0	0	0	0	0
海外	0	0	0	0	0	0	0	0
未披露	0	0	0	0	0	0	0	0
合　计	20	1805456	116	2330754	434	1025354	570	5161563

表2-78　不同经济区划上市公司收缩性交易按交易规模统计

上市公司(卖方)所属经济区划\交易规模	大型[5亿元,+∞)		中型[1亿元,5亿元)		小型[0,1亿元)		合　计	
	交易数量(笔)	交易金额(万元)	交易数量(笔)	交易金额(万元)	交易数量(笔)	交易金额(万元)	交易数量(笔)	交易金额(万元)
华北	3	289721	22	482608	47	124118	72	896447
华东	7	579392	33	548044	188	422037	228	1549473
中南	7	626547	39	844538	104	279412	150	1750498
西南	2	221795	7	155968	35	59515	44	437279
西北	0	0	5	109813	28	76450	33	186263
东北	1	88000	10	189782	32	63823	43	341604
港澳台	0	0	0	0	0	0	0	0
海外	0	0	0	0	0	0	0	0
未披露	0	0	0	0	0	0	0	0
合　计	20	1805456	116	2330754	434	1025354	570	5161563

表2-79　不同行业上市公司收缩性交易按交易规模统计

上市公司(卖方)所属行业\交易规模	大型[5亿元,+∞)		中型[1亿元,5亿元)		小型[0,1亿元)		合　计	
	交易数量(笔)	交易金额(万元)	交易数量(笔)	交易金额(万元)	交易数量(笔)	交易金额(万元)	交易数量(笔)	交易金额(万元)
A农林牧渔业	0	0	0	0	12	11019	12	11019
B采掘业	2	147866	8	203880	23	59314	33	411060
C制造业	5	498690	39	738417	200	451149	244	1688256
D电力煤气及水的生产和供应业	0	0	11	220916	7	19644	18	240561
E建筑业	0	0	3	65646	9	11562	12	77208
F交通运输仓储业	0	0	6	95645	15	58335	21	153981
G信息技术业	1	65557	4	106090	34	74998	39	246646
H批发和零售贸易	0	0	4	85332	42	75798	46	161130
I金融保险业	2	196501	7	178474	12	39816	21	414790
J房地产业	5	395542	25	477919	41	151907	71	1025368
K社会服务业	2	228600	9	158434	33	55373	44	442407
L传播与文化产业	0	0	0	0	3	9662	3	9662
M综合类	3	272700	0	0	0	0	3	272700
O其他行业	0	0	0	0	3	6777	3	6777
W未披露	0	0	0	0	0	0	0	0
合　计	20	1805456	116	2330754	434	1025354	570	5161563

表 2－80　制造业上市公司收缩性交易按交易规模统计

上市公司(卖方)所属行业易规模	大型[5亿元,+∞)		中型[1亿元,5亿元)		小型[0,1亿元)		合　计	
	交易数量（笔）	交易金额（万元）	交易数量（笔）	交易金额（万元）	交易数量（笔）	交易金额（万元）	交易数量（笔）	交易金额（万元）
C0 食品饮料	0	0	3	53372	4	9757	7	63129
C1 纺织服装皮毛	0	0	0	0	6	9268	6	9268
C2 木材家具	0	0	0	0	2	8376	2	8376
C3 造纸印刷	0	0	1	22000	6	19189	7	41189
C4 石油化学塑胶塑料	0	0	2	53285	29	57203	31	110489
C5 电子	1	128255	2	32105	28	56188	31	216549
C6 金属非金属	1	72886	9	175940	26	52522	36	301348
C7 机械设备仪表	3	297549	13	254756	67	159304	83	711609
C8 医药生物制品	0	0	8	134459	30	77418	38	211877
C9 其他制造业	0	0	1	12500	2	1923	3	14423
合　计	5	498690	39	738417	200	451149	244	1688256

表 2－81　不同类型的上市公司收缩性交易按交易规模统计

交易类型\交易规模	大型[5亿元,+∞)		中型[1亿元,5亿元)		小型[0,1亿元)		合　计	
	交易数量（笔）	交易金额（万元）	交易数量（笔）	交易金额（万元）	交易数量（笔）	交易金额（万元）	交易数量（笔）	交易金额（万元）
协议收购（含间接收购）	20	1805456	116	2330754	434	1025354	570	5161563
要约收购	0	0	0	0	0	0	0	0
大宗交易收购	0	0	0	0	0	0	0	0
集中竞价收购	0	0	0	0	0	0	0	0
合　计	20	1805456	116	2330754	434	1025354	570	5161563

表 2－82　特殊方式的上市公司收缩性交易按交易规模统计

交易类型\交易规模	大型[5亿元,+∞)		中型[1亿元,5亿元)		小型[0,1亿元)		合　计	
	交易数量（笔）	交易金额（万元）	交易数量（笔）	交易金额（万元）	交易数量（笔）	交易金额（万元）	交易数量（笔）	交易金额（万元）
信托或资产管理	0	0	0	0	0	0	0	0
控制关系	0	0	0	0	0	0	0	0
行政划转	0	0	0	0	4	0	4	0
控股股东变更	0	0	0	0	0	0	0	0
股东合并	0	0	0	0	0	0	0	0
发行的新股	0	0	0	0	0	0	0	0
公开拍卖	0	0	1	13200	1	10	2	13210
继承	0	0	0	0	3	0	3	0
赠与	0	0	0	0	0	0	0	0
管理层持股	0	0	0	0	0	0	0	0
未披露	20	1805456	115	2317554	426	1025344	561	5148353
合　计	20	1805456	116	2330754	434	1025354	570	5161563

表 2-83　以不同股份性态的股权为标的的上市公司收缩性交易按交易规模统计

标的股份性态\交易规模	大型[5亿元,+∞)		中型[1亿元,5亿元)		小型[0,1亿元)		合　计	
	交易数量(笔)	交易金额(万元)	交易数量(笔)	交易金额(万元)	交易数量(笔)	交易金额(万元)	交易数量(笔)	交易金额(万元)
国家股	0	0	1	18945	4	200	5	19145
国有法人股	1	51022	0	0	0	0	1	51022
社会法人股	0	0	1	27718	1	3301	2	31019
社会公众股	0	0	0	0	0	0	0	0
非上市公司股份	0	0	0	0	0	0	0	0
不详	19	1754433	114	2284091	429	1021853	562	5060378
合　计	20	1805456	116	2330754	434	1025354	570	5161563

表 2-84　不同经济成分上市公司的收缩性交易按交易规模统计

上市公司(卖方)经济成分\交易规模	大型[5亿元,+∞)		中型[1亿元,5亿元)		小型[0,1亿元)		合　计	
	交易数量(笔)	交易金额(万元)	交易数量(笔)	交易金额(万元)	交易数量(笔)	交易金额(万元)	交易数量(笔)	交易金额(万元)
国有经济	14	1366498	78	1495947	242	625586	334	3488031
集体经济	0	0	0	0	2	7866	2	7866
私有经济	4	319535	35	751782	166	323150	205	1394467
港澳台经济	1	51022	0	0	3	14385	4	65407
外商经济	0	0	2	48625	7	30968	9	79593
未披露	1	68400	1	34400	14	23399	16	126199
合　计	20	1805456	116	2330754	434	1025354	570	5161563

表 2-85　上市公司收缩性交易中关联交易和非关联交易的交易规模对比

是否关联交易\交易规模	大型[5亿元,+∞)		中型[1亿元,5亿元)		小型[0,1亿元)		合　计	
	交易数量(笔)	交易金额(万元)	交易数量(笔)	交易金额(万元)	交易数量(笔)	交易金额(万元)	交易数量(笔)	交易金额(万元)
关联交易	11	1102309	41	902185	147	361346	199	2365839
非关联交易	9	778857	75	1428568	287	664009	371	2871434
合　计	20	1881166	116	2330754	434	1025354	570	5237273

(四)上市公司股权交易

1. 按时间统计

表 2-86　上市公司股权交易按年度统计

转让比率\指标	交易数量(笔)			交易金额(万元)			平均单笔交易金额(万元)		
	上一年 2010	当年 2011	增长率(%)	上一年 2010	当年 2011	增长率(%)	上一年 2010	当年 2011	增长率(%)
[5%,20%)	172	128	−25.58	6497599	4580606	−29.50	37777	35786	−5.27
[20%,30%)	23	21	−8.70	4432110	994333	−77.57	192700	47349	−75.43
[30%,50%)	13	20	53.85	349475	1744272	399.11	26883	87214	224.42
[50%,75%)	9	13	44.44	736303	2804546	280.90	81811	215734	163.70
[75%,90%)	0	1			45738			45738	

续表

转让比率\指标	交易数量(笔)			交易金额(万元)			平均单笔交易金额(万元)		
	上一年 2010	当年 2011	增长率 (%)	上一年 2010	当年 2011	增长率 (%)	上一年 2010	当年 2011	增长率 (%)
90%,100%	3	2	-33.33	2361256	800375	-66.10	787085	400188	-49.16
未披露	1	4	300.00	0	5169		0	1292	
合　计	221	189	-14.48	14376742	10975039	-23.66	65053	58069	-10.74
其中:发生控制权转移	39	31	-20.51	5026242	1470531	-70.74	128878	47436	-63.19

表 2-87　上市公司股权交易按月份统计

月份\转让比率		[5%,20%)	[20%,30%)	[30%,50%)	[50%,75%)	[75%,90%)	[90%,100%]	未披露	合　计	控制权发生转移
1月份	交易数量(笔)	12	2	2	1	0	0	1	18	3
	交易金额(万元)	335168	69997	199988	0	0	0	200	605353	70985
	平均交易金额(万元)	27931	34999	99994	0			200	33631	23662
2月份	交易数量(笔)	9	1	2	0	0	0	0	12	2
	交易金额(万元)	549069	50000	448484	0	0	0	0	1047553	92176
	平均交易金额(万元)	61008	50000	224242					87296	46088
3月份	交易数量(笔)	16	3	1	2	0	0	0	22	4
	交易金额(万元)	349639	139317	186067	1131803	0	0	0	1806825	270863
	平均交易金额(万元)	21852	46439	186067	565901				82128	67716
4月份	交易数量(笔)	16	0	2	1	0	0	0	19	5
	交易金额(万元)	950687	0	0	123400	0	0	0	1074087	137600
	平均交易金额(万元)	59418		0	123400				56531	27520
5月份	交易数量(笔)	21	2	4	2	0	0	0	29	3
	交易金额(万元)	502064	181261	197903	1549343	0	0	0	2430571	18000
	平均交易金额(万元)	23908	90630	49476	774672				83813	6000
6月份	交易数量(笔)	9	2	0	1	0	0	0	12	2
	交易金额(万元)	217583	46350	0	0	0	0	0	263933	74193
	平均交易金额(万元)	24176	23175		0				21994	37096
7月份	交易数量(笔)	10	1	1	1	0	0	0	13	1
	交易金额(万元)	385465	0	0	0	0	0	0	385465	19529
	平均交易金额(万元)	38546	0	0	0				29651	19529
8月份	交易数量(笔)	8	0	0	0	0	0	0	8	4
	交易金额(万元)	582607	0	0	0	0	0	0	582607	124695
	平均交易金额(万元)	72826							72826	31174
9月份	交易数量(笔)	9	2	4	2	0	1	0	18	1
	交易金额(万元)	248807	47286	79000	0	0	289475	0	664568	47286
	平均交易金额(万元)	27645	23643	19750	0		289475		36920	47286
10月份	交易数量(笔)	6	5	1	0	0	0	2	14	1
	交易金额(万元)	224619	133484	0	0	0	0	4257	362360	0
	平均交易金额(万元)	37437	26697	0				2128	25883	0
11月份	交易数量(笔)	6	2	3	3	0	1	0	15	2
	交易金额(万元)	190037	298550	632830	0	0	510900	0	1632318	538380
	平均交易金额(万元)	31673	149275	210943	0		510900		108821	269190

续表

月份\转让比率		[5%,20%)	[20%,30%)	[30%,50%)	[50%,75%)	[75%,90%)	[90%,100%]	未披露	合　计	控制权发生转移
12月份	交易数量(笔)	6	1	0	0	1	0	1	9	3
	交易金额(万元)	44862	28088	0	0	45738	0	712	119399	76825
	平均交易金额(万元)	7477	28088			45738		712	13267	25608
合计	交易数量(笔)	128	21	20	13	1	2	4	189	31
	交易金额(万元)	4580606	994333	1744272	2804546	45738	800375	5169	10975039	1470531
	平均交易金额(万元)	35786	47349	87214	215734	45738	400188	1292	58069	47436

2. 按区域统计

表 2-88　上市公司股权交易按省份统计

上市公司(标的)省份\转让比率		[5%,20%)	[20%,30%)	[30%,50%)	[50%,75%)	[75%,90%)	[90%,100%]	未披露	合　计	控制权发生转移
北京	交易数量(笔)	8	0	1	1	0	0	2	12	1
	交易金额(万元)	594200	0	186067	0	0	0	4257	784523	19529
	平均交易金额(万元)	74275		186067	0			2128	65377	19529
上海	交易数量(笔)	7	4	3	2	0	1	0	17	4
	交易金额(万元)	468101	257443	199988	1549343	0	510900	0	2985776	701205
	平均交易金额(万元)	66872	64361	66663	774672		510900		175634	175301
天津	交易数量(笔)	4	1	2	1	0	0	0	8	0
	交易金额(万元)	130755	0	0	0	0	0	0	130755	0
	平均交易金额(万元)	32689	0	0	0				16344	
重庆	交易数量(笔)	5	0	0	0	0	0	0	5	1
	交易金额(万元)	77116	0	0	0	0	0	0	77116	14200
	平均交易金额(万元)	15423							15423	14200
安徽	交易数量(笔)	2	0	0	1	0	0	0	3	1
	交易金额(万元)	571472	0	0	123400	0	0	0	694872	123400
	平均交易金额(万元)	285736			123400				231624	123400
福建	交易数量(笔)	7	0	0	0	0	0	0	7	0
	交易金额(万元)	183268	0	0	0	0	0	0	183268	0
	平均交易金额(万元)	26181							26181	
甘肃	交易数量(笔)	2	0	1	0	0	0	0	3	0
	交易金额(万元)	36831	0	0	0	0	0	0	36831	0
	平均交易金额(万元)	18416		0					12277	
广东	交易数量(笔)	15	2	2	2	0	0	0	21	2
	交易金额(万元)	240314	246619	812733	0	0	0	0	1299666	63215
	平均交易金额(万元)	16021	123309	406367	0				61889	31608
广西	交易数量(笔)	3	0	1	0	0	0	0	4	1
	交易金额(万元)	26955	0	18000	0	0	0	0	44955	18000
	平均交易金额(万元)	8985		18000					11239	18000
贵州	交易数量(笔)	1	0	1	0	0	0	0	2	2
	交易金额(万元)	33722	0	0	0	0	0	0	33722	33722
	平均交易金额(万元)	33722		0					16861	16861

续表

上市公司(标的)省份\转让比率		[5%,20%)	[20%,30%)	[30%,50%)	[50%,75%)	[75%,90%)	[90%,100%]	未披露	合　计	控制权发生转移
海南	交易数量(笔)	2	1	1	0	0	0	0	4	2
	交易金额(万元)	164375	0	79000	0	0	0	0	243375	131545
	平均交易金额(万元)	82188	0	79000					60844	65773
河北	交易数量(笔)	2	1	0	0	0	0	0	3	0
	交易金额(万元)	15867	298550	0	0	0	0	0	314417	0
	平均交易金额(万元)	7934	298550						104806	
河南	交易数量(笔)	1	0	0	0	0	0	0	1	0
	交易金额(万元)	49893	0	0	0	0	0	0	49893	0
	平均交易金额(万元)	49893							49893	
黑龙江	交易数量(笔)	1	1	1	0	0	0	1	4	0
	交易金额(万元)	33127	0	389696	0	0	0	200	423023	0
	平均交易金额(万元)	33127	0	389696				200	105756	
湖北	交易数量(笔)	5	0	2	1	0	1	0	9	1
	交易金额(万元)	148583	0	0	0	0	289475	0	438058	39447
	平均交易金额(万元)	29717		0	0		289475		48673	39447
湖南	交易数量(笔)	0	0	0	1	0	0	0	1	0
	交易金额(万元)	0	0	0	1131803	0	0	0	1131803	0
	平均交易金额(万元)				1131803				1131803	
吉林	交易数量(笔)	0	0	0	1	0	0	0	1	0
	交易金额(万元)	0	0	0	0	0	0	0	0	0
	平均交易金额(万元)				0				0	
江苏	交易数量(笔)	8	1	1	1	0	0	0	11	3
	交易金额(万元)	146508	0	0	0	0	0	0	146508	84079
	平均交易金额(万元)	18314	0	0	0				13319	28026
江西	交易数量(笔)	1	0	0	1	0	0	0	2	1
	交易金额(万元)	43017	0	0	0	0	0	0	43017	0
	平均交易金额(万元)	43017			0				21509	0
辽宁	交易数量(笔)	6	0	1	0	0	0	0	7	1
	交易金额(万元)	168230	0	0	0	0	0	0	168230	0
	平均交易金额(万元)	28038		0					24033	0
内蒙古	交易数量(笔)	0	0	0	0	0	0	0	0	0
	交易金额(万元)	0	0	0	0	0	0	0	0	0
	平均交易金额(万元)									
宁夏	交易数量(笔)	3	1	0	0	0	0	0	4	1
	交易金额(万元)	149146	40547	0	0	0	0	0	189693	40547
	平均交易金额(万元)	49715	40547						47423	40547
青海	交易数量(笔)	2	0	0	0	0	0	0	2	0
	交易金额(万元)	28481	0	0	0	0	0	0	28481	0
	平均交易金额(万元)	14241							14241	
山东	交易数量(笔)	14	5	3	0	0	0	0	22	5
	交易金额(万元)	182720	123086	58788	0	0	0	0	364594	97336
	平均交易金额(万元)	13051	24617	19596					16572	19467

续表

上市公司(标的)省份\转让比率		[5%,20%)	[20%,30%)	[30%,50%)	[50%,75%)	[75%,90%)	[90%,100%]	未披露	合 计	控制权发生转移
山西	交易数量(笔)	3	2	0	0	0	0	0	5	0
	交易金额(万元)	26693	0	0	0	0	0	0	26693	0
	平均交易金额(万元)	8898	0						5339	
陕西	交易数量(笔)	0	0	0	1	0	0	0	1	0
	交易金额(万元)	0	0	0	0	0	0	0	0	0
	平均交易金额(万元)				0				0	
四川	交易数量(笔)	9	1	0	0	0	0	0	10	2
	交易金额(万元)	230023	28088	0	0	0	0	0	258111	31088
	平均交易金额(万元)	25558	28088						25811	15544
西藏	交易数量(笔)	1	0	0	0	0	0	0	1	0
	交易金额(万元)	88280	0	0	0	0	0	0	88280	0
	平均交易金额(万元)	88280							88280	
新疆	交易数量(笔)	2	0	0	0	0	0	1	3	0
	交易金额(万元)	17621	0	0	0	0	0	712	18334	0
	平均交易金额(万元)	8811						712	6111	
云南	交易数量(笔)	2	0	0	0	0	0	0	2	1
	交易金额(万元)	101042	0	0	0	0	0	0	101042	27480
	平均交易金额(万元)	50521							50521	27480
浙江	交易数量(笔)	11	1	0	0	0	0	0	12	1
	交易金额(万元)	614561	0	0	0	0	0	0	614561	0
	平均交易金额(万元)	55869	0						51213	0
中国香港	交易数量(笔)	0	0	0	0	0	0	0	0	0
	交易金额(万元)	0	0	0	0	0	0	0	0	0
	平均交易金额(万元)									
中国澳门	交易数量(笔)	0	0	0	0	0	0	0	0	0
	交易金额(万元)	0	0	0	0	0	0	0	0	0
	平均交易金额(万元)									
中国台湾	交易数量(笔)	0	0	0	0	0	0	0	0	0
	交易金额(万元)	0	0	0	0	0	0	0	0	0
	平均交易金额(万元)									
海外	交易数量(笔)	1	0	0	0	1	0	0	2	1
	交易金额(万元)	9703	0	0	0	45738	0	0	55440	45738
	平均交易金额(万元)	9703				45738			27720	45738
未披露	交易数量(笔)	0	0	0	0	0	0	0	0	0
	交易金额(万元)	0	0	0	0	0	0	0	0	0
	平均交易金额(万元)									
合计	交易数量(笔)	128	21	20	13	1	2	4	189	31
	交易金额(万元)	4580606	994333	1744272	2804546	45738	800375	5169	10975039	1470531
	平均交易金额(万元)	35786	47349	87214	215734	45738	400188	1292	58069	47436

表 2-89　上市公司股权交易按经济区划统计

上市公司(标的)经济区划\转让比率		[5%，20%)	[20%，30%)	[30%，50%)	[50%，75%)	[75%，90%)	[90%，100%]	未披露	合　计	控制权发生转移
华北	交易数量(笔)	17	4	3	2	0	0	2	28	1
	交易金额(万元)	767516	298550	186067	0	0	0	4257	1256389	19529
	平均交易金额(万元)	45148	74638	62022	0			2128	44871	19529
华东	交易数量(笔)	50	11	7	5	0	1	0	74	15
	交易金额(万元)	2209648	380529	258776	1672743	0	510900	0	5032597	1006020
	平均交易金额(万元)	44193	34594	36968	334549		510900		68008	67068
中南	交易数量(笔)	26	3	6	4	0	1	0	40	6
	交易金额(万元)	630120	246619	909733	1131803	0	289475	0	3207750	252208
	平均交易金额(万元)	24235	82206	151622	282951		289475		80194	42035
西南	交易数量(笔)	18	1	1	0	0	0	0	20	6
	交易金额(万元)	530182	28088	0	0	0	0	0	558270	106490
	平均交易金额(万元)	29455	28088	0					27914	17748
西北	交易数量(笔)	9	1	1	1	0	0	1	13	1
	交易金额(万元)	232080	40547	0	0	0	0	712	273339	40547
	平均交易金额(万元)	25787	40547	0	0			712	21026	40547
东北	交易数量(笔)	7	1	2	1	0	0	1	12	1
	交易金额(万元)	201357	0	389696	0	0	0	200	591253	0
	平均交易金额(万元)	28765	0	194848	0			200	49271	0
未披露	交易数量(笔)	1	0	0	0	1	0	0	2	1
	交易金额(万元)	9703	0	0	0	45738	0	0	55440	45738
	平均交易金额(万元)	9703				45738			27720	45738
合计	交易数量(笔)	128	21	20	13	1	2	4	189	31
	交易金额(万元)	4580606	994333	1744272	2804546	45738	800375	5169	10975039	1470531
	平均交易金额(万元)	35786	47349	87214	215734	45738	400188	1292	58069	47436

表 2-90　上市公司股权交易按买卖方是否同属管辖统计

上市公司(标的)所属省份\是否同属管辖	买卖方同属管辖			买卖方非同属管辖		
	交易数量(笔)	交易金额(万元)	平均交易金额(万元)	交易数量(笔)	交易金额(万元)	平均交易金额(万元)
北京	7	126076	18011	6	191696	31949
上海	9	2332063	259118	2	988	494
天津	2	0	0	1	0	0
重庆	0	0		2	46396	23198
安徽	1	16106	16106	1	135700	135700
福建	2	0	0	0	0	
甘肃	1	0	0	0	0	
广东	5	812733	162547	7	141555	20222
广西	2	18000	9000	0	0	
贵州	1	0	0	0	0	
海南	1	0	0	0	0	
河北	0	0		1	0	0
河南	0	0		0	0	
黑龙江	2	389696	194848	0	0	
湖北	3	0	0	0	0	

续表

上市公司(标的)所属省份\是否同属管辖	买卖方同属管辖			买卖方非同属管辖		
	交易数量(笔)	交易金额(万元)	平均交易金额(万元)	交易数量(笔)	交易金额(万元)	平均交易金额(万元)
湖南	0	0		0	0	
吉林	2	0	0	1	0	0
江苏	3	53593	17864	2	51124	25562
江西	1	0	0	0	0	
辽宁	1	0	0	2	7500	3750
内蒙古	0	0		0	0	
宁夏	0	0		0	0	
青海	0	0		1	14200	14200
山东	2	29450	14725	9	214585	23843
山西	2	0	0	0	0	
陕西	1	0	0	0	0	
四川	1	0	0	1	0	0
西藏	0	0		0	0	
新疆	1	0	0	0	0	
云南	0	0		0	0	
浙江	4	33965	8491	4	383982	95996
中国香港	0	0		1	113135	113135
中国澳门	0	0		0	0	
中国台湾	0	0		0	0	
海外	1	9703	9703	0	0	
未披露	0	0		23	615128	26745
合　计	55	3821384	69480	64	1915989	29937

表 2-91　各省份上市公司股权交易按买方与标的的行业关系统计

上市公司(标的)所属省份\买方与标的的行业关系	同行业并购			跨行业并购		
	交易数量(笔)	交易金额(万元)	平均交易金额(万元)	交易数量(笔)	交易金额(万元)	平均交易金额(万元)
北京	4	190323	47581	5	504433	100887
上海	3	1887661	629220	12	906281	75523
天津	4	0	0	1	33957	33957
重庆	2	34200	17100	2	25000	12500
安徽	2	139506	69753	0	0	
福建	3	106450	35483	2	29700	14850
甘肃	0	0		2	19404	9702
广东	2	42176	21088	14	1185274	84662
广西	0	0		2	18000	9000
贵州	0	0		1	0	0
海南	1	0	0	2	210545	105273
河北	1	0	0	1	298550	298550
河南	0	0		0	0	
黑龙江	2	389696	194848	1	200	200
湖北	4	342265	85566	2	0	0
湖南	1	1131803	1131803	0	0	

续表

上市公司(标的)所属省份\买方与标的行业关系	同行业并购			跨行业并购		
	交易数量(笔)	交易金额(万元)	平均交易金额(万元)	交易数量(笔)	交易金额(万元)	平均交易金额(万元)
吉林	1	0	0	0	0	
江苏	3	0	0	4	84079	21020
江西	0	0		1	0	0
辽宁	2	0	0	3	37353	12451
内蒙古	0	0		0	0	
宁夏	1	40547	40547	1	16115	16115
青海	0	0		0	0	
山东	3	58788	19596	15	244035	16269
山西	0	0		4	0	0
陕西	0	0		1	0	0
四川	1	0	0	7	104912	14987
西藏	0	0		0	0	
新疆	0	0		2	712	356
云南	0	0		1	27480	27480
浙江	1	33965	33965	6	385543	64257
中国香港	0	0		0	0	
中国澳门	0	0		0	0	
中国台湾	0	0		0	0	
海外	0	0		2	55440	27720
未披露	0	0		2		
合　计	41	4397379	107253	96	4187013	43615

3. 按行业统计

表 2-92　　上市公司股权交易按行业统计

上市公司(标的)所属行业\转让比率		[5%,20%)	[20%,30%)	[30%,50%)	[50%,75%)	[75%,90%)	[90%,100%]	未披露	合　计	控制权发生转移
A农林牧渔业	交易数量(笔)	8	0	0	0	0	0	0	8	1
	交易金额(万元)	154636	0	0	0	0	0	0	154636	27480
	平均交易金额(万元)	19330							19330	27480
B采掘业	交易数量(笔)	1	0	0	0	0	0	0	1	0
	交易金额(万元)	17428	0	0	0	0	0	0	17428	0
	平均交易金额(万元)	17428							17428	
C制造业	交易数量(笔)	73	13	12	8	0	1	2	109	18
	交易金额(万元)	2690000	603406	647375	2804546	0	510900	912	7257139	934368
	平均交易金额(万元)	36849	46416	53948	350568		510900	456	66579	51909
D电力煤气及水的生产和供应业	交易数量(笔)	4	2	1	2	0	0	0	9	1
	交易金额(万元)	18041	133484	0	0	0	0	0	151525	0
	平均交易金额(万元)	4510	66742	0	0				16836	0

续表

上市公司(标的)所属行业\转让比率		[5%,20%)	[20%,30%)	[30%,50%)	[50%,75%)	[75%,90%)	[90%,100%]	未披露	合 计	控制权发生转移
E建筑业	交易数量(笔)	1	1	1	0	0	0	0	3	1
	交易金额(万元)	33722	0	186067	0	0	0	0	219788	33722
	平均交易金额(万元)	33722	0	186067					73263	33722
F交通运输仓储业	交易数量(笔)	0	1	1	0	0	0	0	2	1
	交易金额(万元)	0	0	0	0	0	0	0	0	0
	平均交易金额(万元)		0	0					0	0
G信息技术业	交易数量(笔)	12	0	1	1	1	0	0	15	2
	交易金额(万元)	237438	0	0	0	45738	0	0	283175	65266
	平均交易金额(万元)	19786		0	0	45738			18878	32633
H批发和零售贸易	交易数量(笔)	9	1	2	1	0	1	0	14	1
	交易金额(万元)	194792	0	711830	0	0	289475	0	1196098	53593
	平均交易金额(万元)	21644	0	355915	0		289475		85436	53593
I金融保险业	交易数量(笔)	5	0	0	0	0	0	2	7	2
	交易金额(万元)	87762	0	0	0	0	0	4257	92018	14200
	平均交易金额(万元)	17552						2128	13145	7100
J房地产业	交易数量(笔)	9	2	0	0	0	0	0	11	2
	交易金额(万元)	548476	207443	0	0	0	0	0	755919	160357
	平均交易金额(万元)	60942	103722						68720	80178
K社会服务业	交易数量(笔)	2	0	1	1	0	0	0	4	0
	交易金额(万元)	438508	0	0	0	0	0	0	438508	0
	平均交易金额(万元)	219254		0	0				109627	
L传播与文化产业	交易数量(笔)	2	0	1	0	0	0	0	3	1
	交易金额(万元)	131545	0	199000	0	0	0	0	330546	131545
	平均交易金额(万元)	65773		199000					110182	131545
M综合类	交易数量(笔)	2	1	0	0	0	0	0	3	1
	交易金额(万元)	28258	50000	0	0	0	0	0	78258	50000
	平均交易金额(万元)	14129	50000						26086	50000
O其他行业	交易数量(笔)	0	0	0	0	0	0	0	0	0
	交易金额(万元)	0	0	0	0	0	0	0	0	0
	平均交易金额(万元)									
W未披露	交易数量(笔)	0	0	0	0	0	0	0	0	0
	交易金额(万元)	0	0	0	0	0	0	0	0	0
	平均交易金额(万元)									

续表

上市公司(标的)所属行业\转让比率		[5%，20%)	[20%，30%)	[30%，50%)	[50%，75%)	[75%，90%)	[90%，100%]	未披露	合　计	控制权发生转移
合计	交易数量(笔)	128	21	20	13	1	2	4	189	31
	交易金额(万元)	4580606	994333	1744272	2804546	45738	800375	5169	10975039	1470531
	平均交易金额(万元)	35786	47349	87214	215734	45738	400188	1292	58069	47436

表 2－93　制造业上市公司股权交易按二级行业统计

上市公司(标的)所属制造业二级行业\转让比率		[5%，20%)	[20%，30%)	[30%，50%)	[50%，75%)	[75%，90%)	[90%，100%]	未披露	合　计	控制权发生转移
C0食品饮料	交易数量(笔)	4	0	0	0	0	0	0	4	1
	交易金额(万元)	199752	0	0	0	0	0	0	199752	42176
	平均交易金额(万元)	49938							49938	42176
C1纺织服装皮毛	交易数量(笔)	7	1	1	0	0	0	0	9	2
	交易金额(万元)	226717	46350	988	0	0	0	0	274055	21588
	平均交易金额(万元)	32388	46350	988					30451	10794
C2木材家具	交易数量(笔)	1	0	0	0	0	0	1	2	0
	交易金额(万元)	18900	0	0	0	0	0	200	19100	0
	平均交易金额(万元)	18900						200	9550	
C3造纸印刷	交易数量(笔)	1	0	0	0	0	0	0	1	0
	交易金额(万元)	33127	0	0	0	0	0	0	33127	0
	平均交易金额(万元)	33127							33127	
C4石油化学塑胶塑料	交易数量(笔)	18	3	3	0	0	1	0	25	7
	交易金额(万元)	369306	76736	0	0	0	510900	0	956942	657570
	平均交易金额(万元)	20517	25579	0			510900		38278	93939
C5电子	交易数量(笔)	8	1	0	0	0	0	0	9	0
	交易金额(万元)	273452	0	0	0	0	0	0	273452	0
	平均交易金额(万元)	34181	0						30384	
C6金属非金属	交易数量(笔)	8	1	2	3	0	0	1	15	3
	交易金额(万元)	1089947	0	389696	123400	0	0	712	1603756	123400
	平均交易金额(万元)	136243	0	194848	41133			712	106917	41133
C7机械设备仪表	交易数量(笔)	23	6	4	4	0	0	0	37	4
	交易金额(万元)	420205	181770	238691	2681146	0	0	0	3521811	71635
	平均交易金额(万元)	18270	30295	59673	670287				95184	17909

续表

上市公司(标的)所属制造业二级行业\转让比率		[5%,20%)	[20%,30%)	[30%,50%)	[50%,75%)	[75%,90%)	[90%,100%]	未披露	合计	控制权发生转移
C8医药生物制品	交易数量(笔)	2	1	2	1	0	0	0	6	1
	交易金额(万元)	58595	298550	18000	0	0	0	0	375145	18000
	平均交易金额(万元)	29298	298550	9000	0				62524	18000
C9其他制造业	交易数量(笔)	1	0	0	0	0	0	0	1	0
	交易金额(万元)	0	0	0	0	0	0	0	0	0
	平均交易金额(万元)	0							0	
合计	交易数量(笔)	73	13	12	8	0	1	2	109	18
	交易金额(万元)	2690000	603406	647375	2804546	0	510900	912	7257139	934368
	平均交易金额(万元)	36849	46416	53948	350568		510900	456	66579	51909

表 2-94　上市公司股权交易按行业关系统计

行业关系\转让比率		[5%,20%)	[20%,30%)	[30%,50%)	[50%,75%)	[75%,90%)	[90%,100%]	未披露	合计	控制权发生转移
同行业并购	交易数量(笔)	13	7	9	9	0	1	2	41	8
	交易金额(万元)	285686	179864	833551	2804546	0	289475	4257	4397379	359640
	平均交易金额(万元)	21976	25695	92617	311616		289475	2128	107253	44955
跨行业并购	交易数量(笔)	62	13	11	4	1	1	2	94	21
	交易金额(万元)	1972400	746343	910721	0	45738	510900	912	4187013	1037722
	平均交易金额(万元)	31813	57411	82793	0	45738	510900	456	44543	49415
行业未披露	交易数量(笔)	2	0	0	0	0	0	0	2	0
	交易金额(万元)	20637	0	0	0	0	0	0	20637	0
	平均交易金额(万元)	10319							10319	
合计	交易数量(笔)	77	20	20	13	1	2	4	137	29
	交易金额(万元)	2278723	926207	1744272	2804546	45738	800375	5169	8605030	1397362
	平均交易金额(万元)	29594	46310	87214	215734	45738	400188	1292	62810	48185

表 2-95　各行业上市公司股权交易按买方与标的行业关系统计

上市公司(标的)所属行业\行业关系	同行业并购			跨行业并购		
	交易数量(笔)	交易金额(万元)	平均交易金额(万元)	交易数量(笔)	交易金额(万元)	平均交易金额(万元)
A农林牧渔业	0	0		6	111876	18646
B采掘业	0	0		0	0	
C制造业	23	3447859	149907	51	2087538	40932
D电力煤气及水的生产和供应业	2	0	0	7	151525	21646
E建筑业	2	186067	93033	0	0	
F交通运输仓储业	1	0	0	1	0	0

续表

上市公司（标的）所属行业\行业关系	同行业并购			跨行业并购		
	交易数量（笔）	交易金额（万元）	平均交易金额（万元）	交易数量（笔）	交易金额（万元）	平均交易金额（万元）
G 信息技术业	3	30450	10150	9	191637	21293
H 批发和零售贸易	3	342265	114088	6	799380	133230
I 金融保险业	4	18457	4614	2	0	0
J 房地产业	2	173282	86641	4	225004	56251
K 社会服务业	0	0		4	438508	109627
L 传播与文化产业	1	199000	199000	2	131545	65773
M 综合类	0	0		2	50000	25000
O 其他行业	0	0		0	0	
未披露	0	0		2	20637	10319
合　计	41	4397379	107253	96	4207651	43830

表 2－96　制造业上市公司股权交易按买方与标的行业关系统计

上市公司（标的）所属制造业二级行业\行业关系	买卖方同属管辖			买卖方非同属管辖		
	交易数量（笔）	交易金额（万元）	平均交易金额（万元）	交易数量（笔）	交易金额（万元）	平均交易金额（万元）
C0 食品饮料	1	42176	42176	1	19404	19404
C1 纺织服装皮毛	0	0		5	92155	18431
C2 木材家具	0	0		2	19100	9550
C3 造纸印刷	0	0		0	0	
C4 石油化学塑胶塑料	3	16106	5369	14	742529	53038
C5 电子	2	76000	38000	3	34878	11626
C6 金属非金属	2	513096	256548	9	347112	38568
C7 机械设备仪表	13	2800481	215422	14	515809	36844
C8 医药生物制品	2	0	0	2	316550	158275
C 制造业	0	0		0	0	
C9 其他制造业	0	0		1	0	0
合　计	23	3447859	149907	51	2087538	40932

4. 按企业性质统计

表 2－97　上市公司股权交易按企业经济成分统计

上市公司(标的)经济成分\转让比率		[5%，20%)	[20%，30%)	[30%，50%)	[50%，75%)	[75%，90%)	[90%，100%]	未披露	合　计	控制权发生转移
国有经济	交易数量(笔)	60	17	17	13	0	2	4	113	19
	交易金额(万元)	2282735	625318	1665272	2804546	0	800375	5169	8183415	1035932
	平均交易金额(万元)	38046	36783	97957	215734		400188	1292	72420	54523
集体经济	交易数量(笔)	0	0	0	0	0	0	0	0	0
	交易金额(万元)	0	0	0	0	0	0	0	0	0
	平均交易金额(万元)									

续表

上市公司(标的)经济成分\转让比率		[5%,20%)	[20%,30%)	[30%,50%)	[50%,75%)	[75%,90%)	[90%,100%]	未披露	合 计	控制权发生转移
私有经济	交易数量(笔)	64	4	3	0	0	0	0	71	11
	交易金额(万元)	1890746	369015	79000	0	0	0	0	2338761	388862
	平均交易金额(万元)	29543	92254	26333					32940	35351
港澳台经济	交易数量(笔)	1	0	0	0	0	0	0	1	0
	交易金额(万元)	51022	0	0	0	0	0	0	51022	0
	平均交易金额(万元)	51022							51022	
外商经济	交易数量(笔)	2	0	0	0	0	0	0	2	0
	交易金额(万元)	346400	0	0	0	0	0	0	346400	0
	平均交易金额(万元)	173200							173200	
未披露	交易数量(笔)	1	0	0	0	1	0	0	2	1
	交易金额(万元)	9703	0	0	0	45738	0	0	55440	45738
	平均交易金额(万元)	9703				45738			27720	45738
合计	交易数量(笔)	128	21	20	13	1	2	4	189	31
	交易金额(万元)	4580606	994333	1744272	2804546	45738	800375	5169	10975039	1470531
	平均交易金额(万元)	35786	47349	87214	215734	45738	400188	1292	58069	47436

5. 按交易类型统计

表 2-98　上市公司股权交易按交易类型统计

交易规模\转让比率		[5%,20%)	[20%,30%)	[30%,50%)	[50%,75%)	[75%,90%)	[90%,100%]	未披露	合 计	控制权发生转移
要约收购	交易数量(笔)	0	0	0	0	0	0	0	0	0
	交易金额(万元)	0	0	0	0	0	0	0	0	0
	平均交易金额(万元)									
协议收购(含间接收购)	交易数量(笔)	73	20	20	13	1	2	1	130	27
	交易金额(万元)	1721871	926207	1744272	2804546	45738	800375	200	8043209	1356794
	平均交易金额(万元)	23587	46310	87214	215734	45738	400188	200	61871	50252
大宗交易	交易数量(笔)	24	1	0	0	0	0	0	25	2
	交易金额(万元)	931317	68126	0	0	0	0	0	999443	53251
	平均交易金额(万元)	38805	68126						39978	26625
集中竞价	交易数量(笔)	31	0	0	0	0	0	3	34	2
	交易金额(万元)	1927417	0	0	0	0	0	4969	1932386	60487
	平均交易金额(万元)	62175						1656	56835	30243
合计	交易数量(笔)	128	21	20	13	1	2	4	189	31
	交易金额(万元)	4580606	994333	1744272	2804546	45738	800375	5169	10975039	1470531
	平均交易金额(万元)	35786	47349	87214	215734	45738	400188	1292	58069	47436

表 2－99　上市公司股权交易按特殊交易类型统计

交易类型\转让比率		[5%，20%)	[20%，30%)	[30%，50%)	[50%，75%)	[75%，90%)	[90%，100%]	未披露	合　计	控制权发生转移
信托或资产管理	交易数量(笔)	0	0	0	0	0	0	0	0	0
	交易金额(万元)	0	0	0	0	0	0	0	0	0
	平均交易金额(万元)									
控制关系	交易数量(笔)	0	0	0	0	0	0	0	0	0
	交易金额(万元)	0	0	0	0	0	0	0	0	0
	平均交易金额(万元)									
行政划转	交易数量(笔)	12	6	7	7	0	0	0	32	5
	交易金额(万元)	0	0	0	0	0	0	0	0	0
	平均交易金额(万元)	0	0	0	0				0	0
控股股东变更	交易数量(笔)	0	0	0	0	0	0	0	0	0
	交易金额(万元)	0	0	0	0	0	0	0	0	0
	平均交易金额(万元)									
股东合并	交易数量(笔)	0	0	0	0	0	0	0	0	0
	交易金额(万元)	0	0	0	0	0	0	0	0	0
	平均交易金额(万元)									
发行的新股	交易数量(笔)	1	0	0	0	0	0	0	1	0
	交易金额(万元)	50400	0	0	0	0	0	0	50400	0
	平均交易金额(万元)	50400							50400	
公开拍卖	交易数量(笔)	0	1	1	0	0	0	0	2	2
	交易金额(万元)	0	29450	988	0	0	0	0	30438	30438
	平均交易金额(万元)		29450	988					15219	15219
继承	交易数量(笔)	1	0	1	0	0	0	0	2	1
	交易金额(万元)	0	0	0	0	0	0	0	0	0
	平均交易金额(万元)	0		0					0	0
赠与	交易数量(笔)	1	0	0	0	0	0	0	1	0
	交易金额(万元)	0	0	0	0	0	0	0	0	0
	平均交易金额(万元)	0							0	
管理层持股	交易数量(笔)	0	0	0	0	0	0	0	0	0
	交易金额(万元)	0	0	0	0	0	0	0	0	0
	平均交易金额(万元)									
未披露	交易数量(笔)	113	14	11	6	1	2	4	151	23
	交易金额(万元)	4530206	964883	1743284	2804546	45738	800375	5169	10894201	1440094
	平均交易金额(万元)	40090	68920	158480	467424	45738	400188	1292	72147	62613

续表

交易类型\转让比率		[5%,20%)	[20%,30%)	[30%,50%)	[50%,75%)	[75%,90%)	[90%,100%]	未披露	合　计	控制权发生转移
合计	交易数量(笔)	128	21	20	13	1	2	4	189	31
	交易金额(万元)	4580606	994333	1744272	2804546	45738	800375	5169	10975039	1470531
	平均交易金额(万元)	35786	47349	87214	215734	45738	400188	1292	58069	47436

6. 按标的股份性态统计

表 2-100　上市公司股权交易按标的股份性态统计

标的股份性态\转让比率		[5%,20%)	[20%,30%)	[30%,50%)	[50%,75%)	[75%,90%)	[90%,100%]	未披露	合　计	控制权发生转移
流通股	交易数量(笔)	117	20	15	9	1	1	2	165	22
	交易金额(万元)	4325457	994333	1726272	2804546	45738	289475	3969	10189789	864216
	平均交易金额(万元)	36970	49717	115085	311616	45738	289475	1984	61756	39283
非流通股	交易数量(笔)	1	0	2	3	0	0	1	7	3
	交易金额(万元)	42176	0	0	0	0	0	200	42376	42176
	平均交易金额(万元)	42176		0	0			200	6054	14059
已发行未上市社会公众股	交易数量(笔)	0	0	0	0	0	0	0	0	0
	交易金额(万元)	0	0	0	0	0	0	0	0	0
	平均交易金额(万元)									
非上市公司股份	交易数量(笔)	10	1	3	1	0	1	1	17	6
	交易金额(万元)	212973	0	18000	0	0	510900	1000	742873	564139
	平均交易金额(万元)	21297	0	6000	0		510900	1000	43698	94023
新增发	交易数量(笔)	0	0	0	0	0	0	0	0	0
	交易金额(万元)	0	0	0	0	0	0	0	0	0
	平均交易金额(万元)									
拟注销	交易数量(笔)	0	0	0	0	0	0	0	0	0
	交易金额(万元)	0	0	0	0	0	0	0	0	0
	平均交易金额(万元)									
未披露	交易数量(笔)	0	0	0	0	0	0	0	0	0
	交易金额(万元)	0	0	0	0	0	0	0	0	0
	平均交易金额(万元)									
合计	交易数量(笔)	128	21	20	13	1	2	4	189	31
	交易金额(万元)	4580606	994333	1744272	2804546	45738	800375	5169	10975039	1470531
	平均交易金额(万元)	35786	47349	87214	215734	45738	400188	1292	58069	47436

7. 按支付方式统计

表 2-101　上市公司股权交易按支付方式统计

支付方式\转让比率		[5%，20%)	[20%，30%)	[30%，50%)	[50%，75%)	[75%，90%)	[90%，100%]	未披露	合计	控制权发生转移
现金	交易数量(笔)	100	10	5	1	1	1	4	122	23
	交易金额(万元)	4580606	881198	929818	123400	45738	510900	5169	7076829	1470531
	平均交易金额(万元)	45806	88120	185964	123400	45738	510900	1292	58007	63936
债券	交易数量(笔)	0	0	0	0	0	0	0	0	0
	交易金额(万元)	0	0	0	0	0	0	0	0	0
	平均交易金额(万元)									
股票	交易数量(笔)	0	1	2	1	0	1	0	5	0
	交易金额(万元)	0	0	575763	1549343	0	289475	0	2414582	0
	平均交易金额(万元)		0	287881	1549343		289475		482916	
资产	交易数量(笔)	0	1	2	0	0	0	0	3	1
	交易金额(万元)	0	0	238691	0	0	0	0	238691	0
	平均交易金额(万元)		0	119345					79564	0
承担债务	交易数量(笔)	0	0	0	0	0	0	0	0	0
	交易金额(万元)	0	0	0	0	0	0	0	0	0
	平均交易金额(万元)									
无支付	交易数量(笔)	28	8	11	10	0	0	0	57	7
	交易金额(万元)	0	0	0	0	0	0	0	0	0
	平均交易金额(万元)	0	0	0	0				0	0
混合支付	交易数量(笔)	0	1	0	1	0	0	0	2	0
	交易金额(万元)	0	113135	0	1131803	0	0	0	1244938	0
	平均交易金额(万元)		113135		1131803				622469	
未披露	交易数量(笔)	0	0	0	0	0	0	0	0	0
	交易金额(万元)	0	0	0	0	0	0	0	0	0
	平均交易金额(万元)									
合计	交易数量(笔)	128	21	20	13	1	2	4	189	31
	交易金额(万元)	4580606	994333	1744272	2804546	45738	800375	5169	10975039	1470531
	平均交易金额(万元)	35786	47349	87214	215734	45738	400188	1292	58069	47436

8. 是否属于关联交易/存在一致行动人

表 2-102　上市公司股权交易中关联交易统计

关联交易\转让比率		[5%，20%)	[20%，30%)	[30%，50%)	[50%，75%)	[75%，90%)	[90%，100%]	未披露	合计	控制权发生转移
关联交易	交易数量(笔)	19	8	14	10	0	1	0	52	4
	交易金额(万元)	200617	411685	1539217	2681146	0	289475	0	5122141	0
	平均交易金额(万元)	10559	51461	109944	268115		289475		98503	0
非关联交易	交易数量(笔)	109	13	6	3	1	1	4	137	27
	交易金额(万元)	4379989	582648	205054	123400	45738	510900	5169	5852898	1470531
	平均交易金额(万元)	4379989	44819	34176	41133	45738	510900	1292	42722	54464

续表

关联交易\转让比率		[5%,20%)	[20%,30%)	[30%,50%)	[50%,75%)	[75%,90%)	[90%,100%]	未披露	合计	控制权发生转移
合计	交易数量(笔)	128	21	20	13	1	2	4	189	31
	交易金额(万元)	4580606	994333	1744272	2804546	45738	800375	5169	10975039	1470531
	平均交易金额(万元)	35786	47349	87214	215734	45738	400188	1292	58069	47436

表 2-103　存在一致行动人的上市公司股权交易统计

一致行动人\转让比率		[5%,20%)	[20%,30%)	[30%,50%)	[50%,75%)	[75%,90%)	[90%,100%]	未披露	合计	控制权发生转移
一致行动人	交易数量(笔)	5	3	0	0	0	0	0	8	4
	交易金额(万元)	185573	167405	0	0	0	0	0	352978	188445
	平均交易金额(万元)	37115	55802						44122	47111
非一致行动人	交易数量(笔)	123	18	20	13	1	2	4	181	27
	交易金额(万元)	4395033	826928	1744272	2804546	45738	800375	5169	10622061	1282087
	平均交易金额(万元)	35732	45940	87214	215734	45738	400188	1292	58685	47485
未披露	交易数量(笔)	0	0	0	0	0	0	0	0	0
	交易金额(万元)	0	0	0	0	0	0	0	0	0
	平均交易金额(万元)									
合计	交易数量(笔)	128	21	20	13	1	2	4	189	31
	交易金额(万元)	4580606	994333	1744272	2804546	45738	800375	5169	10975039	1470531
	平均交易金额(万元)	35786	47349	87214	215734	45738	400188	1292	58069	47436

9. 按交易规模统计

表 2-104　上市公司股权交易按交易规模统计

交易规模\转让比率		[5%,20%)	[20%,30%)	[30%,50%)	[50%,75%)	[75%,90%)	[90%,100%]	未披露	合计	控制权发生转移
大型[5亿元,+∞)	交易数量(笔)	22	6	7	3	0	2	0	40	6
	交易金额(万元)	2814594	802612	1725284	2804546	0	800375	0	8947412	1008755
	平均交易金额(万元)	127936	133769	246469	934849		400188		223685	168126
中型[1亿元,5亿元)	交易数量(笔)	70	5	1	0	1	0	0	77	15
	交易金额(万元)	1705718	191721	18000	0	45738	0	0	1961176	457788
	平均交易金额(万元)	24367	38344	18000		45738			25470	30519

续表

交易规模\转让比率		[5%,20%)	[20%,30%)	[30%,50%)	[50%,75%)	[75%,90%)	[90%,100%]	未披露	合　计	控制权发生转移
小型[0,1亿元)	交易数量(笔)	36	10	12	10	0	0	4	72	10
	交易金额(万元)	60294	0	988	0	0	0	5169	66451	3988
	平均交易金额(万元)	1675	0	82	0			1292	923	399
合计	交易数量(笔)	128	21	20	13	1	2	4	189	31
	交易金额(万元)	4580606	994333	1744272	2804546	45738	800375	5169	10975039	1470531
	平均交易金额(万元)	35786	47349	87214	215734	45738	400188	1292	58069	47436

表 2-105　不同省份上市公司股权交易按交易规模统计

上市公司(标的)所属省份\交易规模	大型[5亿元,+∞)		中型[1亿元,5亿元)		小型[0,1亿元)		合　计	
	交易数量(笔)	交易金额(万元)	交易数量(笔)	交易金额(万元)	交易数量(笔)	交易金额(万元)	交易数量(笔)	交易金额(万元)
北京	2	624575	6	155691	4	4257	12	784523
上海	12	2984789	0	0	5	988	17	2985776
天津	0	0	4	130755	4	0	8	130755
重庆	0	0	4	77116	1	0	5	77116
安徽	2	678767	1	16106	0	0	3	694872
福建	1	76000	4	107268	2	0	7	183268
甘肃	0	0	2	36831	1	0	3	36831
广东	4	1059352	11	230582	6	9731	21	1299666
广西	0	0	3	44955	1	0	4	44955
贵州	0	0	1	33722	1	0	2	33722
海南	2	210545	1	32830	1	0	4	243375
河北	1	298550	1	15867	1	0	3	314417
河南	0	0	1	49893	0	0	1	49893
黑龙江	1	389696	1	33127	2	200	4	423023
湖北	2	342265	3	95793	4	0	9	438058
湖南	1	1131803	0	0	0	0	1	1131803
吉林	0	0	0	0	1	0	1	0
江苏	1	53593	3	92916	7	0	11	146508
江西	0	0	1	43017	1	0	2	43017
辽宁	1	90199	2	70532	4	7500	7	168230
内蒙古	0	0	0	0	0	0	0	0
宁夏	2	133031	2	56662	0	0	4	189693
青海	0	0	2	28481	0	0	2	28481
山东	1	58788	11	289958	10	15848	22	364594
山西	0	0	1	26693	4	0	5	26693
陕西	0	0	0	0	1	0	1	0
四川	1	143866	5	101912	4	12334	10	258111

续表

上市公司(标的)所属省份\交易规模	大型[5亿元,+∞)		中型[1亿元,5亿元)		小型[0,1亿元)		合计	
	交易数量(笔)	交易金额(万元)	交易数量(笔)	交易金额(万元)	交易数量(笔)	交易金额(万元)	交易数量(笔)	交易金额(万元)
西藏	1	88280	0		0	0	1	88280
新疆	0	0	1	17621	2	712	3	18334
云南	1	73562	1	27480	0	0	2	101042
浙江	4	509753	4	99629	4	5178	12	614561
中国香港	0	0	0		0	0	0	0
中国澳门	0	0	0		0	0	0	0
中国台湾	0	0	0		0	0	0	0
海外	0	0	1	45738	1	9703	2	55440
未披露	0	0	0		0	0	0	0
合　计	40	8947412	77	1961176	72	66451	189	10975039

表 2-106　不同经济区划上市公司股权交易按交易规模统计

上市公司(标的)所属经济区划\交易规模	大型[5亿元,+∞)		中型[1亿元,5亿元)		小型[0,1亿元)		合计	
	交易数量(笔)	交易金额(万元)	交易数量(笔)	交易金额(万元)	交易数量(笔)	交易金额(万元)	交易数量(笔)	交易金额(万元)
华北	3	923125	12	329007	13	4257	28	1256389
华东	21	4361689	24	648894	29	22014	74	5032597
中南	9	2743965	19	454054	12	9731	40	3207750
西南	3	305707	11	240230	6	12334	20	558270
西北	2	133031	7	139596	4	712	13	273339
东北	2	479895	3	103658	7	7700	12	591253
港澳台	0	0	0	0	0	0	0	0
海外	0	0	1	45738	1	9703	2	55440
未披露	0	0	0	0	0	0	0	0
合　计	40	8947412	77	1961176	72	66451	189	10975039

表 2-107　不同行业上市公司股权交易按交易规模统计

上市公司(标的)所属行业\交易规模	大型[5亿元,+∞)		中型[1亿元,5亿元)		小型[0,1亿元)		合计	
	交易数量(笔)	交易金额(万元)	交易数量(笔)	交易金额(万元)	交易数量(笔)	交易金额(万元)	交易数量(笔)	交易金额(万元)
A 农林牧渔业	0	0	7	148252	1	6384	8	154636
B 采掘业	0	0	1	17428	0	0	1	17428
C 制造业	21	5946786	48	1273579	40	36774	109	7257139
D 电力煤气及水的生产和供应业	1	133484	1	18041	7	0	9	151525
E 建筑业	1	186067	1	33722	1	0	3	219788
F 交通运输仓储业	0	0	0		2	0	2	0
G 信息技术业	1	67288	8	206184	6	9703	15	283175
H 批发和零售贸易	5	1107688	4	79076	5	9334	14	1196098
I 金融保险业	1	73562	1	14200	5	4257	7	92018
J 房地产业	6	613483	5	142436	0	0	11	755919
K 社会服务业	1	438508	0	0	3	0	4	438508
L 传播与文化产业	2	330546	0	0	1	0	3	330546

续表

上市公司(标的)所属行业\交易规模	大型[5亿元,+∞)		中型[1亿元,5亿元)		小型[0,1亿元)		合计	
	交易数量(笔)	交易金额(万元)	交易数量(笔)	交易金额(万元)	交易数量(笔)	交易金额(万元)	交易数量(笔)	交易金额(万元)
M 综合类	1	50000	1	28258	1	0	3	78258
O 其他行业	0	0	0	0	0	0	0	0
W 未披露	0	0	0	0	0	0	0	0
合　计	40	8947412	77	1961176	72	66451	189	10975039

表 2-108　制造业上市公司股权交易按交易规模统计

制造业二级子行业\交易规模	大型[5亿元,+∞)		中型[1亿元,5亿元)		小型[0,1亿元)		合计	
	交易数量(笔)	交易金额(万元)	交易数量(笔)	交易金额(万元)	交易数量(笔)	交易金额(万元)	交易数量(笔)	交易金额(万元)
C0 食品饮料	1	88280	3	111473	0	0	4	199752
C1 纺织服装皮毛	1	75616	6	197451	2	988	9	274055
C2 木材家具	0	0	1	18900	1	200	2	19100
C3 造纸印刷	0	0	1	33127	0	0	1	33127
C4 石油化学塑胶塑料	3	618715	11	319031	11	19195	25	956942
C5 电子	2	166199	4	102075	3	5178	9	273452
C6 金属非金属	6	1558729	2	44315	7	712	15	1603756
C7 机械设备仪表	7	3140698	17	370613	13	10500	37	3521811
C8 医药生物制品	1	298550	3	76595	2	0	6	375145
C9 其他制造业	0	0	0	0	1	0	1	0
合　计	21	5946786	48	1273579	40	36774	109	7257139

表 2-109　不同类型的上市公司股权交易按交易规模统计

交易类型\交易规模	大型[5亿元,+∞)		中型[1亿元,5亿元)		小型[0,1亿元)		合计	
	交易数量(笔)	交易金额(万元)	交易数量(笔)	交易金额(万元)	交易数量(笔)	交易金额(万元)	交易数量(笔)	交易金额(万元)
要约收购	0	0	0	0	0	0	0	0
协议收购(含间接收购)	27	7016622	37	989348	66	37239	130	8043209
大宗交易	6	523501	19	475942	0	0	25	999443
集中竞价	7	1407288	21	495886	6	29212	34	1932386
合　计	40	8947412	77	1961176	72	66451	189	10975039

表 2-110　特殊类型的上市公司股权交易按交易规模统计

交易类型\交易规模	大型[5亿元,+∞)		中型[1亿元,5亿元)		小型[0,1亿元)		合计	
	交易数量(笔)	交易金额(万元)	交易数量(笔)	交易金额(万元)	交易数量(笔)	交易金额(万元)	交易数量(笔)	交易金额(万元)
信托或资产管理	0	0	0	0	0	0	0	0
控制关系	0	0	0	0	0	0	0	0
行政划转	0	0	0	0	32	0	32	0
控股股东变更	0	0	0	0	0	0	0	0

续表

交易类型\交易规模	大型[5亿元,+∞)		中型[1亿元,5亿元)		小型[0,1亿元)		合 计	
	交易数量(笔)	交易金额(万元)	交易数量(笔)	交易金额(万元)	交易数量(笔)	交易金额(万元)	交易数量(笔)	交易金额(万元)
股东合并	0	0	0	0	0	0	0	0
发行的新股	1	50400	0	0	0	0	1	50400
公开拍卖	0	0	1	29450	1	988	2	30438
继承	0	0	0	0	2	0	2	0
赠与	0	0	0	0	1	0	1	0
管理层持股	0	0	0	0	0	0	0	0
未披露	39	8897012	76	1931726	36	65463	151	10894201
合 计	40	8947412	77	1961176	72	66451	189	10975039

表2-111 以不同股份性态的股权为标的的上市公司股权交易按交易规模统计

标的股份性态\交易规模	大型[5亿元,+∞)		中型[1亿元,5亿元)		小型[0,1亿元)		合 计	
	交易数量(笔)	交易金额(万元)	交易数量(笔)	交易金额(万元)	交易数量(笔)	交易金额(万元)	交易数量(笔)	交易金额(万元)
国家股	19	3617214	43	1122111	39	38686	101	4778011
国有法人股	19	4752009	26	633205	18	26565	63	5411779
社会法人股	0	0	0	0	1	0	1	0
社会公众股	0	0	0	0	0	0	0	0
非上市公司股份	0	0	0	0	0	0	0	0
不详	2	578188	8	205861	14	1200	24	785249
合 计	40	8947412	77	1961176	72	66451	189	10975039

表2-112 以不同经济成分上市公司的股权为标的的交易按交易规模统计

上市公司(标的企业)经济成分\交易规模	大型[5亿元,+∞)		中型[1亿元,5亿元)		小型[0,1亿元)		合 计	
	交易数量(笔)	交易金额(万元)	交易数量(笔)	交易金额(万元)	交易数量(笔)	交易金额(万元)	交易数量(笔)	交易金额(万元)
国有经济	22	7218588	36	942823	55	22005	113	8183415
集体经济	0	0	0	0	0	0	0	0
私有经济	15	1331402	40	972616	16	34743	71	2338761
港澳台经济	1	51022	0	0	0	0	1	51022
外商经济	2	346400	0	0	0	0	2	346400
未披露	0	0	1	45738	1	9703	2	55440
合 计	40	8947412	77	1961176	72	66451	189	10975039

表2-113 上市公司股权交易中关联交易和非关联交易的交易规模对比

是否关联交易\交易规模	大型[5亿元,+∞)		中型[1亿元,5亿元)		小型[0,1亿元)		合 计	
	交易数量(笔)	交易金额(万元)	交易数量(笔)	交易金额(万元)	交易数量(笔)	交易金额(万元)	交易数量(笔)	交易金额(万元)
关联交易	11	4921524	8	200617	33	0	52	5122141
非关联交易	29	4025888	69	1760559	39	66451	137	5852898
合 计	40	8947412	77	1961176	72	66451	189	10975039

二、资产交易统计

(一)总体情况

1. 按时间统计

表 2－114　　资产交易按月份统计

月份\指标	交易数量(笔)	交易金额(万元)	平均单笔交易金额(万元)
1 月份	14	402323	28737
2 月份	3	7701	2567
3 月份	11	915023	83184
4 月份	27	1071015	39667
5 月份	5	103476	20695
6 月份	9	88426	9825
7 月份	34	113842	3348
8 月份	10	181369	18137
9 月份	17	1131812	66577
10 月份	11	535586	48690
11 月份	12	1407874	117323
12 月份	14	387678	27691
合　计	167	6346124	38001

2. 按区域统计

表 2－115　　资产交易按买卖方是否同属管辖统计

是否同属管辖\指标	交易数量(笔)	交易金额(万元)	平均单笔交易金额(万元)
同属管辖	121	5470953	45214
非同属管辖	41	780202	19029
未披露	4	8087	2022
合　计	166	6259241	37706

3. 按行业统计

表 2－116　　资产交易按买卖方行业关系统计

行业关系\指标	交易数量(笔)	交易金额(万元)	平均单笔交易金额(万元)
同行业并购	98	2373105	24215
跨行业并购	62	3719430	59991
未披露	6	166706	27784
合　计	166	6259241	37706

4. 按支付方式统计

表 2－117　资产交易按支付方式统计

支付方式\指标	交易数量(笔)	交易金额(万元)	平均单笔交易金额(万元)
现　金	148	3130751	21154
债　券	0	0	
股　票	7	1483998	212000
资　产	0	0	
承担债务	0	0	
无支付	5	0	0
混　合	7	1731376	247339
未披露	0	0	
合　计	167	6346124	38001

5. 是否属于关联交易

表 2－118　资产交易中关联交易统计

是否关联交易\指标	交易数量(笔)	交易金额(万元)	平均单笔交易金额(万元)
非关联交易	59	1270727	21538
关联交易	108	5075397	46994
合　计	167	6346124	38001

6. 按交易规模统计

表 2－119　资产交易按交易规模统计

交易规模\指标	交易数量(笔)	交易金额(万元)	平均单笔交易金额(万元)
大型[5 亿元，+∞)	20	5336923	266846
中型[1 亿，5 亿)	28	670025	23929
小型[0，1 亿元)	119	339177	2850
合　计	167	6346124	38001

(二)上市公司扩张性资产交易

1. 按时间统计

表 2－120　上市公司扩张性资产交易按月份统计

月份\指标	交易数量(笔)	交易金额(万元)	平均单笔交易金额(万元)
1 月份	4	61712	15428
2 月份	3	7701	2567
3 月份	8	650866	81358
4 月份	17	917722	53984
5 月份	2	101623	50811
6 月份	4	54882	13721
7 月份	2	9715	4858

续表

月份\指标	交易数量(笔)	交易金额(万元)	平均单笔交易金额(万元)
8 月份	1	2400	2400
9 月份	7	816342	116620
10 月份	3	128793	42931
11 月份	7	1315266	187895
12 月份	5	304198	60840
合　计	63	4371220	69384

2. 按区域统计

表 2－121　上市公司扩张性资产交易按省份统计

上市公司(买方)所属省份\指标	交易数量(笔)	交易金额(万元)	平均单笔交易金额(万元)
北京	10	2186870	218687
上海	3	66326	22109
天津	2	27589	13795
重庆	0	0	
安徽	2	6285	3142
福建	1	16212	16212
甘肃	1	298	298
广东	4	51181	12795
广西	0	0	
贵州	0	0	
海南	0	0	
河北	1	38867	38867
河南	4	274710	68678
黑龙江	0	0	
湖北	1	3936	3936
湖南	1	111	111
吉林	1	2000	2000
江苏	7	28291	4042
江西	2	11610	5805
辽宁	4	1263874	315968
内蒙古	2	75323	37661
宁夏	0	0	
青海	0	0	
山东	6	244193	40699
山西	0		
陕西	2	7677	3838
四川	1	2620	2620
西藏	0	0	
新疆	0	0	
云南	0	0	
浙江	5	42229	8446
中国香港	0	0	
中国澳门	0	0	

续表

上市公司(买方)所属省份\指标	交易数量(笔)	交易金额(万元)	平均单笔交易金额(万元)
中国台湾	0	0	
海外	3	21018	7006
未披露	0	0	
合　计	63	4371220	69384

表 2-122　上市公司扩张性资产交易按经济区划统计

上市公司(买方)所属区域\指标	交易数量(笔)	交易金额(万元)	平均单笔交易金额(万元)
华北	15	2328648	155243
华东	26	415147	15967
中南	10	329938	32994
西南	1	2620	2620
西北	3	7975	2658
东北	5	1265874	253175
未披露	3	21018	7006
合　计	63	4371220	69384

表 2-123　各省份上市公司扩张性资产交易按买卖方是否同属管辖统计

上市公司(买方)所属省份\是否同属管辖	买卖方同属管辖			买卖方非同属管辖		
	交易数量(笔)	交易金额(万元)	平均交易金额(万元)	交易数量(笔)	交易金额(万元)	平均交易金额(万元)
北京	6	2041107	340184	4	145763	36441
上海	2	65966	32983	1	360	360
天津	2	27589	13795	0	0	
重庆	0	0		0	0	
安徽	2	6285	3142	0	0	
福建	1	16212	16212	0	0	
甘肃	0	0		1	298	298
广东	4	51181	12795	0	0	
广西	0	0		0	0	
贵州	0	0		0	0	
海南	0	0		0	0	
河北	1	38867	38867	0	0	
河南	1	6529	6529	3	268182	89394
黑龙江	0	0		0	0	
湖北	0	0		1	3936	3936
湖南	1	111	111	0	0	
吉林	0	0		1	2000	2000
江苏	5	17751	3550	2	10540	5270
江西	2	11610	5805	0	0	

续表

上市公司(买方)所属省份\是否同属管辖	买卖方同属管辖			买卖方非同属管辖		
	交易数量(笔)	交易金额(万元)	平均交易金额(万元)	交易数量(笔)	交易金额(万元)	平均交易金额(万元)
辽宁	3	1260242	420081	1	3631	3631
内蒙古	2	75323	37661	0	0	
宁夏	0	0		0	0	
青海	0	0		0	0	
山东	5	241793	48359	1	2400	2400
山西	0	0		0	0	
陕西	2	7677	3838	0	0	
四川	0	0		1	2620	2620
西藏	0	0		0	0	
新疆	0	0		0	0	
云南	0	0		0	0	
浙江	3	37169	12390	2	5060	2530
中国香港	0	0		0	0	
中国澳门	0	0		0	0	
中国台湾	0	0		0	0	
海外	0	0		3	21018	7006
未披露	0	0		0	0	
合　计	42	3905411	92986	21	465809	22181

表 2-124　　各省份上市公司扩张性资产交易按买卖方行业关系统计

上市公司(买方)所属省份\买卖方行业关系	同行业并购			跨行业并购		
	交易数量(笔)	交易金额(万元)	平均交易金额(万元)	交易数量(笔)	交易金额(万元)	平均交易金额(万元)
北京	5	867797	173559	5	1319073	263815
上海	2	56703	28352	1	9623	9623
天津	1	16411	16411	1	11179	11179
重庆	0	0		0	0	
安徽	1	5952	5952	1	332	332
福建	1	16212	16212	0	0	
甘肃	1	298	298	0	0	
广东	4	51181	12795	0	0	
广西	0	0		0	0	
贵州	0	0		0	0	
海南	0	0		0	0	
河北	1	38867	38867	0	0	
河南	2	8913	4456	2	265798	132899
黑龙江	0	0		0	0	
湖北	0	0		1	3936	3936
湖南	1	111	111	0	0	
吉林	1	2000	2000	0	0	

续表

上市公司(买方)所属省份\买卖方行业关系	同行业并购			跨行业并购		
	交易数量(笔)	交易金额(万元)	平均交易金额(万元)	交易数量(笔)	交易金额(万元)	平均交易金额(万元)
江苏	5	18289	3658	2	10002	5001
江西	1	2610	2610	1	9000	9000
辽宁	1	111768	111768	3	1152106	384035
内蒙古	2	75323	37661	0	0	
宁夏	0	0		0	0	
青海	0	0		0	0	
山东	2	14617	7309	4	229576	57394
山西	0	0		0	0	
陕西	2	7677	3838	0	0	
四川	0	0		1	2620	2620
西藏	0	0		0	0	
新疆	0	0		0	0	
云南	0	0		0	0	
浙江	3	15269	5090	2	26960	13480
中国香港	0	0		0	0	
中国澳门	0	0		0	0	
中国台湾	0	0		0	0	
海外	2	16500	8250	1	4518	4518
未披露	0	0		0	0	
合　计	38	1326497	34908	25	3044723	121789

3. 按行业统计

表 2－125　　上市公司扩张性资产交易按行业统计

上市公司(买方)所属行业\指标	交易数量(笔)	交易金额(万元)	平均单笔交易金额(万元)
A 农林牧渔业	1	543	543
B 采掘业	2	224498	112249
C 制造业	31	1146169	36973
D 电力煤气及水的生产和供应业	4	767062	191765
E 建筑业	1	8463	8463
F 交通运输仓储业	5	299028	59806
G 信息技术业	0	0	
H 批发和零售贸易	6	21660	3610
I 金融保险业	3	13175	4392
J 房地产业	1	2433	2433
K 社会服务业	4	60073	15018
L 传播与文化产业	2	13559	6779
M 综合类	3	1814556	604852
N 国家机关、政党机关、社会团体	0	0	
O 其他行业	0	0	
W 未披露	0	0	
合　计	63	4371220	69384

表 2－126　制造业上市公司扩张性资产交易按二级行业统计

上市公司(买方)所属行业\指标	交易数量(笔)	交易金额(万元)	平均单笔交易金额(万元)
C0 食品饮料	1	99023	99023
C1 纺织服装皮毛	3	23058	7686
C2 木材家具	1	4596	4596
C3 造纸印刷	1	12084	12084
C4 石油化学塑胶塑料	5	166109	33222
C5 电子	2	2002	1001
C6 金属非金属	2	39651	19826
C7 机械设备仪表	13	772139	59395
C8 医药生物制品	3	27508	9169
C9 其他制造业	0	0	
合　计	31	1146169	36973

表 2－127　上市公司扩张性资产交易按买卖方行业关系统计

行业关系\指标	交易数量(笔)	交易金额(万元)	平均单笔交易金额(万元)
同行业并购	38	1326497	34908
跨行业并购	25	3044723	121789
未披露	0	0	
合　计	63	4371220	69384

表 2－128　各行业上市公司扩张性资产交易按买卖方行业关系统计

上市公司(买方)所属行业\行业关系	同行业并购			跨行业并购		
	交易数量(笔)	交易金额(万元)	平均交易金额(万元)	交易数量(笔)	交易金额(万元)	平均交易金额(万元)
A 农林牧渔业	0	0		1	543	543
B 采掘业	1	298	298	1	224200	224200
C 制造业	27	515016	19075	4	631153	157788
D 电力煤气及水的生产和供应业	4	767062	191765	0	0	
E 建筑业	0	0		1	8463	8463
F 交通运输仓储业	2	30610	15305	3	268418	89473
G 信息技术业	0	0		0	0	
H 批发和零售贸易	4	13511	3378	2	8149	4075
I 金融保险业	0	0		3	13175	4392
J 房地产业	0	0		1	2433	2433
K 社会服务业	0	0		4	60073	15018
L 传播与文化产业	0	0		2	13559	6779
M 综合类	0	0		3	1814556	604852
O 其他行业	0	0		0	0	
未披露	0	0		0	0	
合　计	38	1326497	34908	25	3044723	121789

表 2-129　制造业上市公司扩张性资产交易按买卖方行业关系统计

上市公司(买方)所属制造业二级行业\买卖方行业关系	同行业并购			跨行业并购		
	交易数量(笔)	交易金额(万元)	平均交易金额(万元)	交易数量(笔)	交易金额(万元)	平均交易金额(万元)
C0 食品饮料	1	99023	99023	0	0	
C1 纺织服装皮毛	3	23058	7686	0	0	
C2 木材家具	1	4596	4596	0	0	
C3 造纸印刷	1	12084	12084	0	0	
C4 石油化学塑胶塑料	4	163709	40927	1	2400	2400
C5 电子	1	2000	2000	1	2	2
C6 金属非金属	2	39651	19826	0	0	
C7 机械设备仪表	11	143388	13035	2	628751	314375
C8 医药生物制品	3	27508	9169	0	0	
C9 其它制造业	0	0		0	0	
合　计	27	515016	19075	4	631153	157788

4. 按企业性质统计

表 2-130　上市公司扩张性资产交易按企业性质统计

上市公司(买方)经济性质\指标	交易数量(笔)	交易金额(万元)	平均单笔交易金额(万元)
国有经济	33	3709102	112397
集体经济	0	0	
私有经济	24	640198	26675
港澳台经济	0	0	
外商经济	3	902	301
其他	3	21018	7006
合　计	63	4371220	69384

5. 按支付方式统计

表 2-131　上市公司扩张性资产交易按支付方式统计

支付方式\指标	交易数量(笔)	交易金额(万元)	平均单笔交易金额(万元)
现　金	53	1388950	26207
债　券	0	0	
股　票	5	1474552	294910
资　产	0	0	
承担债务	0	0	
无支付	1	0	0
混　合	4	1507718	376930
未披露	0	0	
合　计	63	4371220	69384

6. 是否属于关联交易

表 2－132　　上市公司扩张性资产交易中关联交易统计

是否关联交易\指标	交易数量（笔）	交易金额（万元）	平均单笔交易金额（万元）
非关联交易	22	346794	15763
关联交易	41	4024426	98157
合　计	63	4371220	69384

7. 按交易规模统计

表 2－133　　上市公司扩张性资产交易按交易规模统计

交易规模\指标	交易数量（笔）	交易金额（万元）	平均单笔交易金额（万元）
大型[5 亿元，+∞）	9	3939203	437689
中型[1 亿，5 亿）	13	297524	22886
小型[0 ，1 亿元）	41	134493	3280
合　计	63	4371220	69384

（三）上市公司收缩性资产交易

1. 按时间统计

表 2－134　　上市公司收缩性资产交易按月份统计

月份\指标	交易数量（笔）	交易金额（万元）	平均单笔交易金额（万元）
1 月份	10	350024	35002
2 月份	0	0	
3 月份	2	55858	27929
4 月份	5	109874	21975
5 月份	0	0	
6 月份	2	1225	613
7 月份	1	1841	1841
8 月份	3	19696	6565
9 月份	5	118178	23636
10 月份	4	404900	101225
11 月份	4	76889	19222
12 月份	2	12198	6099
合　计	38	1150683	30281

2. 按区域统计

表 2-135　上市公司收缩性资产交易按省份统计

上市公司(卖方)所属省份\指标	交易数量(笔)	交易金额(万元)	平均单笔交易金额(万元)
北京	2	372495	186247
上海	5	312185	62437
天津	0	0	
重庆	1	47000	47000
安徽	1	1841	1841
福建	1	9380	9380
甘肃	0	0	
广东	4	6168	1542
广西	3	5525	1842
贵州	0	0	
海南	1	58758	58758
河北	0	0	
河南	0	0	
黑龙江	0	0	
湖北	4	64731	16183
湖南	3	17296	5765
吉林	0	0	
江苏	3	68131	22710
江西	0	0	
辽宁	0	0	
内蒙古	1	313	313
宁夏	1	21867	21867
青海	0	0	
山东	1	2400	2400
山西	1	136	136
陕西	0	0	
四川	3	67420	22473
西藏	0	0	
新疆	0	0	
云南	0	0	
浙江	3	95038	31679
中国香港	0	0	
中国澳门	0	0	
中国台湾	0	0	
海外	0	0	
未披露	0	0	
合　计	38	1150683	30281

表 2-136　上市公司收缩性资产交易按经济区划统计

上市公司(买方)所属区域\指标	交易数量(笔)	交易金额(万元)	平均单笔交易金额(万元)
华北	4	372944	93236
华东	14	488975	34927
中南	15	152478	10165
西南	4	114420	28605
西北	1	21867	21867
东北	0	0	
合　计	38	1150683	30281

表 2-137　各省份上市公司收缩性资产交易按买卖方是否同属管辖统计

上市公司(卖方)所属省份\是否同属管辖	买卖方同属管辖			买卖方非同属管辖		
	交易数量(笔)	交易金额(万元)	平均交易金额(万元)	交易数量(笔)	交易金额(万元)	平均交易金额(万元)
北京	2	372495	186247	1	58758	58758
上海	4	225302	56326	1	5546	5546
天津	0	0		0	0	
重庆	1	47000	47000	0	0	
安徽	0	0		0	0	
福建	1	9380	9380	0	0	
甘肃	0	0		0	0	
广东	3	382	127	0	0	
广西	2	4815	2408	0	0	
贵州	0	0		0	0	
海南	0	0		1	710	710
河北	0	0		0	0	
河南	0	0		1	1841	1841
黑龙江	0	0		0	0	
湖北	2	50900	25450	0	0	
湖南	2	17296	8648	1	2620	2620
吉林	0	0		0	0	
江苏	3	68131	22710	0	0	
江西	0	0		1	5786	5786
辽宁	0	0		0	0	
内蒙古	1	313	313	0	0	
宁夏	1	21867	21867	0	0	
青海	0	0		0	0	
山东	0	0		0	0	
山西	1	136	136	0	0	
陕西	0	0		1	2400	2400
四川	2	64800	32400	3	13831	4610
西藏	0	0		0	0	
新疆	0	0		0	0	
云南	0	0		0	0	
浙江	2	89492	44746	0	0	
中国香港	0	0		0	0	
中国澳门	0	0		0	0	

续表

上市公司(卖方)所属省份\是否同属管辖	买卖方同属管辖			买卖方非同属管辖		
	交易数量(笔)	交易金额(万元)	平均交易金额(万元)	交易数量(笔)	交易金额(万元)	平均交易金额(万元)
中国台湾	0	0		0	0	
海外	0	0		0	0	
未披露	0	0		0	0	
合　计	27	972308	36011	10	91492	9149

表 2－138　　各省份上市公司收缩性资产交易按买卖方行业关系统计

上市公司(卖方)所属省份\买卖方行业关系	同行业并购			跨行业并购		
	交易数量(笔)	交易金额(万元)	平均交易金额(万元)	交易数量(笔)	交易金额(万元)	平均交易金额(万元)
北京	2	372495	186247	0	0	
上海	0	0		4	225302	56326
天津	0	0		0	0	
重庆	0	0		1	47000	47000
安徽	0	0		1	1841	1841
福建	0	0		1	9380	9380
甘肃	0	0		0	0	
广东	1	382	382	3	5786	1929
广西	2	1225	613	1	4300	4300
贵州	0	0		0	0	
海南	0	0		1	58758	58758
河北	0	0		0	0	
河南	0	0		0	0	
黑龙江	0	0		0	0	
湖北	3	58731	19577	1	6000	6000
湖南	2	1296	648	1	16000	16000
吉林	0	0		0	0	
江苏	3	68131	22710	0	0	
江西	0	0		0	0	
辽宁	0	0		0	0	
内蒙古	0	0		1	313	313
宁夏	1	21867	21867	0	0	
青海	0	0		0	0	
山东	0	0		1	2400	2400
山西	0	0		1	136	136
陕西	0	0		0	0	
四川	0	0		3	67420	22473
西藏	0	0		0	0	
新疆	0	0		0	0	
云南	0	0		0	0	
浙江	2	89492	44746	1	5546	5546
中国香港	0	0		0	0	
中国澳门	0	0		0	0	
中国台湾	0	0		0	0	

续表

上市公司(卖方)所属省份\买卖方行业关系	同行业并购			跨行业并购		
	交易数量(笔)	交易金额(万元)	平均交易金额(万元)	交易数量(笔)	交易金额(万元)	平均交易金额(万元)
海外	0	0		0	0	
未披露	0	0		0	0	
合　计	16	613618	38351	21	450182	21437

3. 按行业统计

表 2－139　上市公司收缩性资产交易按行业统计

上市公司(卖方)所属行业\指标	交易数量(笔)	交易金额(万元)	平均单笔交易金额(万元)
A 农林牧渔业	1	1296	1296
B 采掘业	1	313	313
C 制造业	18	550112	30562
D 电力煤气及水的生产和供应业	3	60831	20277
E 建筑业	1	1841	1841
F 交通运输仓储业	3	97067	32356
G 信息技术业	2	0	0
H 批发和零售贸易	0	0	
I 金融保险业	1	12495	12495
J 房地产业	2	108758	54379
K 社会服务业	1	5786	5786
L 传播与文化产业	5	312185	62437
M 综合类	0	0	
O 其他行业	0	0	
W 未披露	0	0	
合　计	38	1150683	30281

表 2－140　制造业上市公司收缩性资产交易按二级行业统计

上市公司(卖方)所属制造业二级行业\指标	交易数量(笔)	交易金额(万元)	平均单笔交易金额(万元)
C0 食品饮料	0	0	
C1 纺织服装皮毛	0	0	
C2 木材家具	1	592	592
C3 造纸印刷	1	9380	9380
C4 石油化学塑胶塑料	5	47566	9513
C5 电子	1	6198	6198
C6 金属非金属	3	55994	18665
C7 机械设备仪表	5	411282	82256
C8 医药生物制品	2	19100	9550
C9 其他制造业	0	0	
合　计	18	550112	30562

表 2-141　上市公司收缩性资产交易按买卖方行业关系统计

行业关系\指标	交易数量(笔)	交易金额(万元)	平均单笔交易金额(万元)
同行业并购	16	613618	38351
跨行业并购	21	450182	21437
未披露	0	0	
合 计	37	1063800	28751

表 2-142　各行业上市公司收缩性资产交易按买卖方行业关系统计

上市公司(卖方)所属行业\行业关系	同行业并购			跨行业并购		
	交易数量(笔)	交易金额(万元)	平均交易金额(万元)	交易数量(笔)	交易金额(万元)	平均交易金额(万元)
A 农林牧渔业	1	1296	1296	0	0	
B 采掘业	0	0		1	313	313
C 制造业	11	497096	45191	7	53016	7574
D 电力煤气及水的生产和供应业	2	13831	6916	1	47000	47000
E 建筑业	0	0		1	1841	1841
F 交通运输仓储业	1	88900	88900	2	8167	4083
G 信息技术业	0	0		2	0	0
H 批发和零售贸易	0	0		0	0	
I 金融保险业	1	12495	12495	0	0	
J 房地产业	0	0		2	108758	54379
K 社会服务业	0	0		1	5786	5786
L 传播与文化产业	0	0		4	225302	56326
M 综合类	0	0		0	0	
O 其他行业	0	0		0	0	
未披露	0	0		0	0	
合 计	16	613618	38351	21	450182	21437

表 2-143　制造业上市公司收缩性资产交易按买卖方行业关系统计

上市公司(卖方)所属制造业二级行业\买卖方行业关系	同行业并购			跨行业并购		
	交易数量(笔)	交易金额(万元)	平均交易金额(万元)	交易数量(笔)	交易金额(万元)	平均交易金额(万元)
C0 食品饮料	0	0		0	0	
C1 纺织服装皮毛	0	0		0	0	
C2 木材家具	1	592	592	0	0	
C3 造纸印刷	0	0		1	9,380	9380
C4 石油化学塑胶塑料	3	29166	9722	2	18400	9200
C5 电子	1	6198	6198	0	0	
C6 金属非金属	2	55858	27929	1	136	136
C7 机械设备仪表	4	405282	101320	1	6000	6000
C8 医药生物制品	0	0		2	19100	9550
C9 其它制造业	0	0		0	0	
合 计	11	497096	45191	7	53016	7574

4. 按企业性质统计

上市公司(卖方)经济性质\指标	交易数量(笔)	交易金额(万元)	平均单笔交易金额(万元)
国有经济	23	927118	40309
集体经济	0	0	
私有经济	14	178665	12762
港澳台经济	0	0	
外商经济	1	44900	44900
未披露	0	0	
合 计	38	1150683	30281

5. 按支付方式统计

表 2－145　　上市公司收缩性资产交易按支付方式统计

支付方式\指标	交易数量(笔)	交易金额(万元)	平均单笔交易金额(万元)
现金	34	1091926	32115
债券	0	0	
股票	0	0	
资产	0	0	
承担债务	0	0	
无支付	3	0	0
混合	1	58758	58758
未披露	0	0	
合 计	38	1150683	30281

6. 是否属于关联交易

表 2－146　　上市公司收缩性资产交易中关联交易统计

是否关联交易\指标	交易数量(笔)	交易金额(万元)	平均单笔交易金额(万元)
非关联交易	13	240112	18470
关联交易	25	910571	36423
合 计	38	1150683	30281

7. 按交易规模统计

表 2－147　　上市公司收缩性资产交易按交易规模统计

交易规模份\指标	交易数量(笔)	交易金额(万元)	平均单笔交易金额(万元)
大型[5 亿元，+∞)	8	860220	107527
中型[1 亿，5 亿)	9	230821	25647
小型[0 ，1 亿元)	21	59643	2840
合 计	38	1150683	30281

三、专项统计

(一)国民经济结构调整

1. 总体情况

表 2-148　国民经济结构调整交易总体情况

指标\年份	2009 年	2010 年	增长率(%)
交易数量	22	25	0.14
交易金额(万元)	1469088	1645639	0.12
平均交易金额(万元)	66777	65826	-0.01

2. 按区域统计

表 2-149　国民经济结构调整交易按区域统计

标的企业所属区域\指标	交易数量(笔)		交易金额(万元)		平均单笔交易金额(万元)	
	总体情况	其中控制权发生转移	总体情况	其中控制权发生转移	总体情况	其中控制权发生转移
华北	1	1	36262	36262	36262	36262
华东	15	8	769448	634620	51297	79327
中南	2	2	44199	44199	22100	22100
西南	3	2	625994	609950	208665	304975
西北	2	0	40836		20418	
东北	2	2	128900	128900	64450	64450
未披露	0	0	0	0		
合 计	25	15	1645639	1453931	65826	96929

3. 按行业统计

表 2-150　国民经济结构调整交易按标的所属行业统计

标的行业\指标	交易数量(笔)		交易金额(万元)		平均单笔交易金额(万元)	
	总体情况	其中控制权发生转移	总体情况	其中控制权发生转移	总体情况	其中控制权发生转移
A 农林牧渔业	0	0	0	0		
B 采掘业	0	0	0	0		
C 制造业	17	10	878623	713044	51684	71304
D 电力煤气及水的生产和供应业	0	0	0	0		
E 建筑业	0	0	0	0		

续表

标的行业\指标	交易数量(笔)		交易金额(万元)		平均单笔交易金额(万元)	
	总体情况	其中控制权发生转移	总体情况	其中控制权发生转移	总体情况	其中控制权发生转移
F 交通运输仓储业	0	0	0	0		
G 信息技术业	1	1	20231	20231	20231	20231
H 批发和零售贸易	2	1	5323	2023	2662	2023
I 金融保险业	1	1	128900	128900	128900	128900
J 房地产业	1	1	470602	470602	470602	470602
K 社会服务业	0	0	0	0		
L 传播与文化产业	3	1	141960	119131	47320	119131
M 综合类	0	0	0	0		
O 其他行业	0	0	0	0		
W 未披露	0	0	0	0		
合　计	25	15	1645639	1453931	65826	96929

表 2－151　制造业国民经济结构调整交易按二级分类统计

制造业二级行业\指标	交易数量(笔)		交易金额(万元)		平均单笔交易金额(万元)	
	总体情况	其中控制权发生转移	总体情况	其中控制权发生转移	总体情况	其中控制权发生转移
C 制造业	0	0	0	0		
C0 食品饮料	2	1	61580	42176	30790	42176
C1 纺织服装皮毛	4	2	144020	73452	36005	36726
C2 木材家具	0	0	0	0		
C3 造纸印刷	0	0	0	0		
C4 石油化学塑胶塑料	6	3	275647	216084	45941	72028
C5 电子	2	2	130182	130182	65091	65091
C6 金属非金属	0	0	0	0		
C7 机械设备仪表	3	2	267193	251149	89064	125575
C8 医药生物制品	0	0	0	0		
C9 其他制造业	0	0	0	0		
合　计	17	10	878623	713044	51684	71304

4. 按交易规模统计

表 2－152　国民经济结构调整交易按交易规模统计

交易规模\指标	交易数量(笔)		交易金额(万元)		平均单笔交易金额(万元)	
	总体情况	其中控制权发生转移	总体情况	其中控制权发生转移	总体情况	其中控制权发生转移
大型［5 亿元，+∞)	7	7	1,255903	1255903	179415	179415
中型［1 亿元，5 亿元)	14	6	374948	196005	26782	32667

续表

交易规模\指标	交易数量(笔)		交易金额(万元)		平均单笔交易金额(万元)	
	总体情况	其中控制权发生转移	总体情况	其中控制权发生转移	总体情况	其中控制权发生转移
小型［0，1亿元)	4	2	14787	2023	3697	1012
合计	25	15	1645639	1453931	65826	96929

(二)外资收购

1. 总体情况

表 2-153　外资收购总体情况

指标\年份	2009年	2010年	增长率(%)
交易数量	30	69	1.30
交易金额(万元)	1784831	1969682	0.10
平均交易金额(万元)	59494	28546	—0.52

2. 按区域统计

表 2-154　外资收购按区域统计

标的企业所属区域\指标	交易数量(笔)		交易金额(万元)		平均单笔交易金额(万元)	
	总体情况	其中控制权发生转移	总体情况	其中控制权发生转移	总体情况	其中控制权发生转移
华北	8	1	471712	385	58964	385
华东	45	9	740208	200897	16449	22322
中南	13	3	345455	57264	26573	19088
西南	2	1	345707	340700	172854	340700
西北	0	0	0	0		
东北	1	1	66600	66600	66600	66600
未披露	0	0	0	0		
合 计	69	15	1969682	665845	28546	44390

3. 按行业统计

表 2-155　外资收购按标的所属行业统计

标的行业\指标	交易数量(笔)		交易金额(万元)		平均单笔交易金额(万元)	
	总体情况	其中控制权发生转移	总体情况	其中控制权发生转移	总体情况	其中控制权发生转移
A 农林牧渔业	0	0	0	0		
B 采掘业	1	0	2100		2100	
C 制造业	51	10	915913	139287	17959	13929
D 电力煤气及水的生产和供应业	1	1	2399	2399	2399	2399

续表

标的行业\指标	交易数量(笔)		交易金额(万元)		平均单笔交易金额(万元)	
	总体情况	其中控制权发生转移	总体情况	其中控制权发生转移	总体情况	其中控制权发生转移
E 建筑业	3	1	2022	1334	674	1334
F 交通运输仓储业	0	0	0	0		
G 信息技术业	3	0	72563		24188	
H 批发和零售贸易	2	0	5307		2654	
I 金融保险业	2	1	341866	340700	170933	340700
J 房地产业	5	2	189003	182125	37801	91062
K 社会服务业	1	0	438508		438508	
L 传播与文化产业	0	0	0	0		
M 综合类	0	0	0	0		
O 其他行业	0	0	0	0		
W 未披露	0	0	0	0		
合 计	69	15	1969682	665845	28546	44390

表 2-156　制造业外资收购按二级分类统计

制造业二级行业\指标	交易数量(笔)		交易金额(万元)		平均单笔交易金额(万元)	
	总体情况	其中控制权发生转移	总体情况	其中控制权发生转移	总体情况	其中控制权发生转移
C0 食品饮料	0	0	0	0		
C1 纺织服装皮毛	15	1	75,761	385	5051	385
C2 木材家具	0	0	0	0		
C3 造纸印刷	2	1	8569	2800	4285	2800
C4 石油化学塑胶塑料	5	0	25054		5011	
C5 电子	6	2	216530	32150	36088	16075
C6 金属非金属	8	1	389380	442	48672	442
C7 机械设备仪表	9	3	71505	11638	7945	3879
C8 医药生物制品	6	2	129115	91872	21519	45936
C9 其他制造业	0	0	0	0		
合 计	51	10	915913	139287	17959	13929

4. 按交易规模统计

表 2-157　外资收购按交易规模统计

交易规模\指标	交易数量(笔)		交易金额(万元)		平均单笔交易金额(万元)	
	总体情况	其中控制权发生转移	总体情况	其中控制权发生转移	总体情况	其中控制权发生转移
大型[5 亿元，+∞)	9	4	1589891	589425	176655	147356

续表

交易规模\指标	交易数量(笔)		交易金额(万元)		平均单笔交易金额(万元)	
	总体情况	其中控制权发生转移	总体情况	其中控制权发生转移	总体情况	其中控制权发生转移
中型[1亿元,5亿元)	11	2	214433	56822	19494	28411
小型[0,1亿元)	49	9	165359	19599	3375	2178
合计	69	15	1969682	665845	28546	44390

(三)海外收购

1. 总体情况

表 2－158　海外收购总体情况

指标\年份	2009 年	2010 年	增长率(%)
交易数量	25	67	
交易金额(万元)	5484317	3831058	
平均交易金额(万元)	219373	57180	

2. 按区域统计

表 2－159　海外收购按区域统计

买方企业所属区域\指标	交易数量(笔)		交易金额(万元)		平均单笔交易金额(万元)	
	总体情况	其中控制权发生转移	总体情况	其中控制权发生转移	总体情况	其中控制权发生转移
华北	10	6	665379	285559	66538	47593
华东	21	8	1597148	1265038	76055	158130
中南	11	5	27853	15820	2532	3164
西南	6	1	1032385	39080	172064	39080
西北	2	0	142701		71351	
东北	0	0	0	0		
港澳台	0	0	0	0		
海外	0	0	0	0		
未披露	2	1	0	0		
合计	52	21	3465466	1605496	66644	76452

3. 按行业统计

表 2－160　海外收购按标的所属行业统计

标的行业\指标	交易数量(笔)		交易金额(万元)		平均单笔交易金额(万元)	
	总体情况	其中控制权发生转移	总体情况	其中控制权发生转移	总体情况	其中控制权发生转移
A 农林牧渔业	0	0	0	0		
B 采掘业	7	2	575502	43380	82215	21690

续表

标的行业\指标	交易数量(笔)		交易金额(万元)		平均单笔交易金额(万元)	
	总体情况	其中控制权发生转移	总体情况	其中控制权发生转移	总体情况	其中控制权发生转移
C 制造业	22	12	1853593	1308010	84254	109001
D 电力煤气及水的生产和供应业	0	0	0	0		
E 建筑业	0	0	0	0		
F 交通运输仓储业	1	0	243000		243000	
G 信息技术业	1	0	2460		2460	
H 批发和零售贸易	12	2	141864	12938	11822	6469
I 金融保险业	15	4	977392	271096	65159	67774
J 房地产业	4	1	27407	12286	6852	12286
K 社会服务业	1	0	0	0	0	
L 传播与文化产业	0	0	0	0		
M 综合类	1	0	2460		2460	
O 其他行业	2	0	4920		2460	
W 未披露	0	0	0	0		
合 计	66	21	3828598	1647710	58009	78462

表 2-161 制造业海外收购按二级分类统计

制造业二级行业\指标	交易数量(笔)		交易金额(万元)		平均单笔交易金额(万元)	
	总体情况	其中控制权发生转移	总体情况	其中控制权发生转移	总体情况	其中控制权发生转移
C0 食品饮料	1	0	109606		109606	
C1 纺织服装皮毛	0	0	0	0		
C2 木材家具	0	0	0	0		
C3 造纸印刷	0	0	0	0		
C4 石油化学塑胶塑料	3	3	1136194	1136194	378731	378731
C5 电子	4	1	421460	2400	105365	2400
C6 金属非金属	1	1	39080	39080	39080	39080
C7 机械设备仪表	12	6	137498	120580	11458	20097
C8 医药生物制品	1	1	9756	9756	9756	9756
C9 其他制造业	0	0	0	0		
合 计	22	12	1853593	1308010	84254	109001

4. 按交易规模统计

表 2-162　海外收购按交易规模统计

交易规模\指标	交易数量(笔)		交易金额(万元)		平均单笔交易金额(万元)	
	总体情况	其中控制权发生转移	总体情况	其中控制权发生转移	总体情况	其中控制权发生转移
大型[5 亿元，+∞)	14	5	3,332481	1472616	238034	294523
中型[1 亿元,5 亿元)	14	6	389833	144392	27845	24065
小型[0 ，1 亿元)	39	10	108744	30702	2788	3070
合计	67	21	3831058	1647710	57180	78462

(四)中介机构排名

表 2-163　财务顾问排名

排名\指标	按交易数量排名			按交易金额排名		
	财务顾问名称	交易数量(笔)	交易金额(万元)	财务顾问名称	交易数量(笔)	交易金额(万元)
1	西南证券股份有限公司	60	901024	中信证券股份有限公司	12	2666177
2	华泰联合证券有限责任公司	40	635280	国泰君安证券股份有限公司	26	2326783
3	中国国际金融有限公司	37	2085350	中国国际金融有限公司	37	2085350
4	国泰君安证券股份有限公司	26	2326783	中信建投证券有限责任公司	22	1591614
5	中信建投证券有限责任公司	22	1591614	招商证券股份有限公司	2	1236601

表 2-164　律师事务所排名

排名\指标	按交易数量排名			按交易金额排名		
	律师事务所名称	交易数量(笔)	交易金额(万元)	律师事务所名称	交易数量(笔)	交易金额(万元)
1	北京市万商天勤律师事务所	42	426904	北京市嘉源律师事务所	26	2500313
2	国浩律师集团(上海)事务所	36	973115	北京市天元律师事务所	14	1744213
3	北京市嘉源律师事务所	26	2500313	北京市天银律师事务所	13	1727027
4	北京市中伦律师事务所	26	805666	北京市国枫律师事务所	1	1270000
5	北京市康达律师事务所	22	204771	北京市海问律师事务所	1	1131803

表 2－165　会计师事务所排名

排名\指标	按交易数量排名			按交易金额排名		
	会计师事务所名称	交易数量（笔）	交易金额（万元）	会计师事务所名称	交易数量（笔）	交易金额（万元）
1	立信会计师事务所有限公司	78	997866	天健正信会计师事务所有限公司	57	2433924
2	天健会计师事务所有限公司	72	2100842	德勤华永会计师事务所有限公司	23	2312625
3	天健正信会计师事务所有限公司	57	2433924	天健会计师事务所有限公司	72	2100842
4	天职国际会计师事务所有限公司	56	758732	立信羊城会计师事务所有限公司	25	1948542
5	江苏天衡会计师事务所有限公司	53	424052	信永中和会计师事务所有限责任公司	13	1463754

表 2－166　资产评估事务所排名

排名\指标	按交易数量排名			按交易金额排名		
	资产评估事务所名称	交易数量（笔）	交易金额（万元）	资产评估事务所名称	交易数量（笔）	交易金额（万元）
1	北京天健兴业资产评估有限公司	151	4556508	北京天健兴业资产评估有限公司	151	4556508
2	北京中企华资产评估有限责任公司	80	3665455	北京中企华资产评估有限责任公司	80	3665455
3	开元资产评估有限公司	72	347656	上海东洲评估资产有限公司	23	2312625
4	上海东洲资产评估有限公司	51	1126398	上海东洲资产评估有限公司	51	1126398
5	坤元资产评估有限公司	50	355465	北京中企华评估有限责任公司	1	885500

第三部分

中国上市公司并购事件

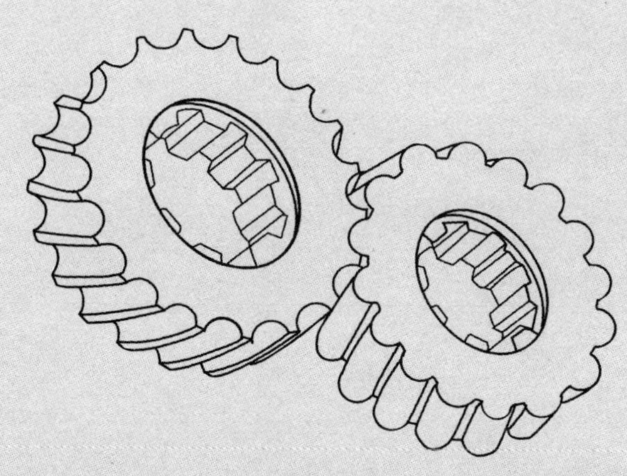

一、协议收购上市公司案例

农林牧渔业

【＊ST大地(002200.SZ)】 首次公告日:2011－11－18

本次收购的出让方为自然人何学葵。

本次收购的收购方为云南省投资控股集团有限公司,为国有经济。其主营业务为经营和管理省级基本建设资金和省级专项建设资金,对云南省安排的基础产业、基础设施、优势产业项目以及国务院各部门在云南省的重要投资项目,采取参股和根据国家批准的融资业务等方式进行投资和经营管理。依据中国证监会行业分类标准其为金融信托业。

本次收购的标的是云南绿大地生物科技股份有限公司(简称绿大地,002200.SZ)。标的公司的经济性质为私有经济。主营业务为植物种苗工厂化生产、观赏植物盆景、植物科研、培训、示范推广、技术咨询服务、绿化园艺工程设计及施工、园林机械、工艺美术品、花木制品、塑料制品、陶瓷制品的生产及本公司产品的销售(经营范围中涉及需专项审批的须批准后方可经营)。依据中国证监会行业分类标准其为林业。

本次交易前,云南省投资控股集团有限公司不再持有绿大地的股份,自然人何学葵持有绿大地28.63%的股份,为第一大股东。

本次交易中,自然人何学葵向云南省投资控股集团有限公司转让了绿大地的30000000股,双方最终达成的交易价格为27480.00万元,收购方以现金方式支付对价,其中以现金方式支付27480.00万元,该部分资金来源为自有资金。

本次交易后,云南省投资控股集团有限公司持有绿大地19.86%的股份,为第一大股东,自然人何学葵持有绿大地8.77%的股份,为第二大股东。

在本次交易中,收购方聘请了齐鲁证券有限公司作为其财务顾问。

制造业——食品饮料

【ST甘化(000576.SZ)】 首次公告日:2011－2－1

本次收购的出让方为江门市资产管理局为国有经济。其主营业务为代表政府履行出资人职责,依法行使对江门市市属国有资产和集体资产监督管理的职权,承担国有资产保值增值的责任。依据中国证监会行业分类标准其为国家机关、政党机关、社会团体。

本次收购的收购方为德力西集团有限公司,为私有经济。其主营业务为低压电器、高压电器、高低压成套电气(设备)、建筑电器、交通电器、防爆电器、仪器仪表、电线电缆、通信电器及设备、母线槽、电缆桥架、高速公路护栏、服装、制造、加工、销售;化工材料(不含危险品)销售;建筑装璜、房地产投资、旅游业投资、国内贸易(除专项审批项目外)(涉及许可生产的凭有效证件生产经营),货物进出口、技术进出口(法律、行政法规禁止的项目除外)(法律、行政法规限制的项目取得许可后方可经营)依据中国证监会行业分类标准其为机械设备仪表。

本次收购的标的是江门甘蔗化工厂(集团)股份有限公司(简称广东甘化,000576.SZ)。标的公司的经济性质为国有经济。主营业务为经营本企业和本企业成员企业自产产品及相关技术的出口业务;经营本企业和本企业成员企业生产、科研所需的原辅材料、机械设备、仪器仪表、零配件及相关技术的进口业务(国家限定公司经营或禁止进出口的商品除外;不单列贸易方式);对外经济技术合作业务。生产、销售:食糖、纸浆、纸、酵母、酒精、建筑材料、生化医药产品(由属下企业凭许可证生产经营)、化工产品、金属材料(不含金,银)。电机及化工机械的制造加工;仪器仪表试验及修理;技术开发。依据中国证监会行业分类标准其为食品饮料。

本次交易前,德力西集团有限公司不再持有广东甘化的股份,江门市资产管理局持有广东甘化19.82%的股份,为第一大股东。

本次交易中,江门市资产管理局向德力西集团有限公司转让了广东甘化的64000000股,双方最终达成的交易价格为42176.00万元,收购方以现金方式支付对价,其中以现金方式支付42176.00万元,该部分资金来源为自有资金。

本次交易后,德力西集团有限公司持有广东甘化19.82%的股份,为第一大股东,江门市资产管理局不再持有广东甘化的股份。

【西藏发展(000752.SZ)】　首次公告日:2011-1-20

本次收购的出让方为西藏自治区国有资产经营公司为国有经济。其主营业务为政府批准划转的产(股)权管理及运营等依据中国证监会行业分类标准其为金融保险业。

本次收购的标的是西藏银河科技发展股份有限公司(简称西藏发展,000752.SH)。标的公司的经济性质为私有经济。主营业务为生产销售啤酒、饮料;饲料、养殖业;娱乐服务;藏红花系列产品开发;计算机软硬件系统集成产品,网络及信息技术产品的研制、开发、生产、销售。依据中国证监会行业分类标准其为食品饮料。

本次交易前,西藏自治区国有资产经营公司持有西藏发展14.70%的股份,为第一大股东。

本次交易中,西藏自治区国有资产经营公司转让了西藏发展的9190570股,双方最终达成的交易价格为23917.69万元,收购方以现金方式支付对价,其中以现金方式支付23917.69万元,该部分资金来源为自有资金。

本次交易后,西藏自治区国有资产经营公司持有西藏发展11.22%的股份,为第二大股东。

制造业——纺织服装皮毛

【华纺股份(600448.SH)】　首次公告日:2011-9-20

本次收购的出让方为华诚投资管理有限公司破产管理人为国有经济。其主营业务为1.接管债务人的财产、印章和账簿、文书等资料;2.调查债务人财产状况,制作财产状况报告;3.决定债务人的内部管理事务;4.决定债务人的日常开支和其他必要开支;5.在第一次债权人会议召开之前,决定继续或者停止债务人的营业;6.管理和处分债务人的财产;7.代表债务人参加诉讼、仲裁或者其他法律程序;8.提议召开债权人会议;9.人民法院认为管理人应当履行的其他职责。依据中国证监会行业分类标准其为金融保险业。

本次收购的收购方为山东滨州印染集团有限责任公司,为国有经济。其主营业务为纺织、印染、服装、装饰品加工销售、进出口贸易、科技开发、商贸、化工产品(不含危险品)、染料、涂料、建筑材料、运输、服装业、办公耗材、包装材料(纸箱包装、塑料包装、木材包装)、纺织机械。依据中国证监会行业分类标准其为纺织业。

本次收购的标的是华纺股份有限公司(简称华纺股份,600448.SH)。标的公司的经济性质为国有经济。主营业务为棉、毛纺织、针织、服装的生产、加工、销售;新产品的技术开发、技术咨询服务及技术转让;机电设备的销售。依据中国证监会行业分类标准其为纺织业。

本次交易前,山东滨州印染集团有限责任公司持有华纺股份20.23%的股份,为第二大股东,华诚投资管理有限公司破产管理人不再持有华纺股份的股份。

本次交易中,华诚投资管理有限公司破产管理人向山东滨州印染集团有限责任公司转让了华纺股份的1458895股,双方最终达成的交易价格未公告。

本次交易后,山东滨州印染集团有限责任公司持有华纺股份20.68%的股份,为第一大股东,华诚投资管理有限公司破产管理人不再持有华纺股份的股份。

在本次交易中,收购方聘请了信达证券股份有限公司作为其财务顾问,聘请了北京市通商律师事务所作为其法律顾问。

【ST德棉(002072.SZ)】　首次公告日:2011-6-29

本次收购的出让方为山东德棉集团有限公司为国有经济。其主营业务为纱、线、坯布、针织品、印染布的生产、经营及进出口业务,纺织原料(含棉花)、物料收购、销售;纺织设备、配件、纺织专用器材加工、销售;纺织技术咨询服务(不含中介);五金交电、化工产品(不含危险、监控、食用及易制毒化学品)生产、销售;日用百货、自行车、摩托车、机械电子设备(不含锅炉)、装饰材料销售;花卉销售。

依据中国证监会行业分类标准其为纺织服装皮毛。

本次收购的收购方为上海森福投资有限公司，为私有经济。其主营业务为实业投资，资产管理，投资管理，商务咨询，会务服务，珠宝首饰、工艺品、服装服饰、化妆品、文化用品的销售。依据中国证监会行业分类标准其为金融保险业。

本次收购的标的是山东德棉股份有限公司（简称 ST 德棉，002072.SZ）。标的公司的经济性质为国有经济。主营业务为纺纱、织布；纺织原料、纺织品、服装、纺织设备及器材、配件、测试仪器的批发、零售；纺织技术服务及咨询服务（不含中介）；批准范围内的自营进出口业务。依据中国证监会行业分类标准其为纺织服装皮毛。

本次交易前，上海森福投资有限公司不再持有 ST 德棉的股份，山东德棉集团有限公司持有 ST 德棉 28.90%的股份，为第一大股东。

本次交易中，山东德棉集团有限公司向上海森福投资有限公司转让了 ST 德棉的 20000000 股，双方最终达成的交易价格为 20600.00 万元，收购方以现金方式支付对价，其中以现金方式支付 20600.00 万元，该部分资金来源为自有资金。

本次交易后，上海森福投资有限公司持有 ST 德棉 11.36%的股份，为第三大股东，山东德棉集团有限公司持有 ST 德棉 17.54%的股份，为第二大股东。

【浙江富润(600070.SH)】　首次公告日:2011-5-10

本次收购的出让方为浙江省诸暨市人民政府为国有经济。依据中国证监会行业分类标准其为国家机关、政党机关、社会团体。

本次收购的收购方为浙江诸暨惠风投资有限公司，为私有经济。其主营业务为许可经营项目：无。一般经营项目：实业投资及咨询服务（上述经营范围不含国家法律法规规定禁止、限制和许可经营的项目）。依据中国证监会行业分类标准其为金融保险业。

本次收购的标的是富润控股集团有限公司。标的公司的经济性质为国有经济。主营业务为经营范围有：毛纺、绢纺、纺织面料；绢丝、紬丝；针织和梭织服装，拥有纺、织、染、印、制衣全套生产线；百货、定点屠宰、盐业、医药药材、水产蔬菜、果蔬储配、肉类制品加工、五金交电、糖业烟酒、饮食服务、建材机械等。依据中国证监会行业分类标准其为纺织服装皮毛。

本次交易前，浙江诸暨惠风投资有限公司不再持有非上市公司的股份，浙江省诸暨市人民政府持有非上市公司 100.00%的股份，为第一大股东。

本次交易后，浙江诸暨惠风投资有限公司持有非上市公司 81.00%的股份，为第一大股东，浙江省诸暨市人民政府持有非上市公司 19.00%的股份，为第二大股东。

【*ST 源发(600757.SH)】　首次公告日:2011-1-29

本次收购的出让方为上海华源投资发展（集团）有限公司为国有经济。其主营业务为房地产开发经营，房地产相关的项目投资开发，金属材料及制品，机电产品，五金交电，建筑材料，装潢材料，房屋设备，房地产咨询，汽车配件，针纺织品，印染产品，通信设备及相关产品，计算机及配件，医用高分子夹板，自营和代理各类商品和技术的进出口，但国家限定公司经营或禁止进出口的商品和技术除外（涉及许可经营的凭许可证经营）。依据中国证监会行业分类标准其为房地产业。

本次收购的出让方为中国华源集团有限公司为国有经济。其主营业务为国内贸易（除专项规定）；房地产开发经营，仓储，原油，对外经济合作业务；自营和代理除国家统一联合经营的出口商品和国家实行核定公司经营的进出口商品以外的其它商品及技术的进出口业务；对销贸易和转口贸易，医疗器械，汽车（含小轿车）（上述经营范围涉及许可经营的凭许可证经营）。依据中国证监会行业分类标准其为批发和零售贸易。

本次收购的收购方为湖北长江出版传媒集团有限公司，为国有经济。其主营业务为经营国家授权范围内的国有资产并开展相关的投资业务；公开发行的国内版图书、报刊、电子出版物（有效期至 2012 年 7 月 17 日）；出版物印刷、包装装潢印刷品印刷、其他印刷品印刷（有效期至 2012 年 6 月 3 日）；出版物版权及物资贸易；新介质媒体开发与运营（不含其他许可经营项目）依据中国证监会行业分类标准其为出版业。

本次收购的标的是上海华源企业发展股份有限公司(简称＊ST源发,600757.SH)。标的公司的经济性质为国有经济。主营业务为棉纱、羊绒纱、毛纱、线,坯布、印染布、呢绒等纺织原料性产品,同时也生产经营部分休闲服、毛衫、西裤、职业装、系列室内装饰用品等纺织品,以及从事以纺织品为主的出口贸易。依据中国证监会行业分类标准其为纺织业。

本次交易前,湖北长江出版传媒集团有限公司不再持有＊ST源发的股份,上海华源投资发展(集团)有限公司、中国华源集团有限公司持有＊ST源发35.72%的股份,为第一大股东。

本次交易中,上海华源投资发展(集团)有限公司、中国华源集团有限公司向湖北长江出版传媒集团有限公司转让了＊ST源发的193687200股,双方最终达成的交易价格为987.80万元,收购方以现金方式支付对价,其中以现金方式支付987.80万元,该部分资金来源为自有资金。

本次交易后,湖北长江出版传媒集团有限公司持有＊ST源发35.08%的股份,为第一大股东,上海华源投资发展(集团)有限公司、中国华源集团有限公司持有＊ST源发0.64%的股份。

制造业——石油化学塑胶塑料

【上海家化(600315.SH)】 首次公告日:2011-11-18

本次收购的出让方为上海市国有资产监督管理委员会为国有经济。依据中国证监会行业分类标准其为国家机关。

本次收购的收购方为上海平浦投资有限公司,为国有经济。其主营业务为实业投资,投资管理,投资咨询及相关服务。企业经营涉及行政许可的,凭许可证件经营。依据中国证监会行业分类标准其为金融信托业。

本次收购的标的是上海家化联合股份有限公司(简称上海家化,600315.SH)。标的公司的经济性质为国有经济。主营业务为开发和生产化妆品,化妆用品及饰品,日用化学制品原辅材料,包装容器,香料香精、清凉油、清洁制品,卫生制品,消毒制品,洗涤用品,口腔卫生用品,纸制品及湿纸巾,腊制品,驱杀昆虫制品和驱杀昆虫用电器装置,美容美发用品及服务,日用化学品及化妆品技术服务;药品研究开发和技术转让;销售公司自产产品,从事货物及技术进出口业务(涉及行政许可的凭许可证经营)。依据中国证监会行业分类标准其为日用化学产品制造业。

本次交易前,上海平浦投资有限公司不再持有上海家化的股份,上海市国有资产监督管理委员会持有上海家化100.00%的股份,为第一大股东。

本次交易后,上海平浦投资有限公司持有上海家化100.00%的股份,为第一大股东,上海市国有资产监督管理委员会不再持有上海家化的股份。

在本次交易中,收购方聘请了东海证券有限责任公司作为其财务顾问。

【＊ST远东(000681.SZ)】 首次公告日:2011-10-18

本次收购的出让方为通威集团有限公司为私有经济。其主营业务为商品批发与零售;水产养殖;畜牧业;科技交流和推广服务业;电子工业专用设备制造;计算机服务业、软件业;进出口业;房地产开发;物业管理;租赁业。(以上项目不含前置许可项目,后置许可项目凭许可证或审批文件经营)。依据中国证监会行业分类标准其为综合类。

本次收购的出让方为自然人禚玉娇、自然人陈星宇。

本次收购的收购方为远东实业股份有限公司(简称＊ST远东,000681.SZ),为私有经济。其主营业务为开发、生产计算机软、硬件,销售自产产品并提供相关技术和工程咨询、服务、培训,转让本企业所开发的技术;生产服装、床上用品、装饰品、鞋帽、纺织品、服装辅料、包装材料,并销售公司自产产品;从事非配额许可证管理商品、非专营商品的收购出口。依据中国证监会行业分类标准其为纺织服装皮毛。

本次收购的标的是四川永祥股份有限公司。标的公司的经济性质为私有经济。主营业务为生产、销售聚氯乙烯及其系列产品、烧碱及副产品、电石渣水泥;销售单晶硅、多晶硅、三氯氢硅;办公用计算机系统的设计和服务;对外项目投资;化工新产品研发；生产工艺中的废气、废渣、废水治理；经营本企业自产产品的出口业务及经营本企业生产所需的原辅材料、仪器仪表、机械设备及技术的进出口业务(国家限定企业经营和出口的商品技术除外)依据中国证监会行业分类标准其为石油化学塑胶塑料。

本次交易前，通威集团有限公司、自然人禚玉娇、自然人陈星宇持有非上市公司 35.25%的股份，为第一大股东。

本次交易中，通威集团有限公司、自然人禚玉娇、自然人陈星宇向远东实业股份有限公司转让了非上市公司的 324615076 股，双方最终达成的交易价格为 139347.80 万元，以上市公司股权方式支付139347.7996 万元。

本次交易后，通威集团有限公司、自然人禚玉娇、自然人陈星宇不再持有标的所属公司的股份。

在本次交易中，收购方聘请了西南证券股份有限公司作为其财务顾问，聘请了北京市万商天勤律师事务所作为其法律顾问，聘请了江苏天衡会计师事务所有限公司担任本次交易的会计师，聘请了北京天健兴业资产评估有限公司担任本次交易的资产评估师。

【ST 黄海(600579.SH)】　　首次公告日:2011-9-9

本次收购的出让方为青岛黄海橡胶集团有限责任公司为国有经济。其主营业务为受托范围内的国有资产运营；轮胎、橡胶制品制造；橡胶用原辅材料、橡胶机械、技术服务；自营进出口业务(按核准许可证经营)；对外经济技术合作业务。(以上范围需经许可经营的，须凭许可证经营)。依据中国证监会行业分类标准其为橡胶制造业。

本次收购的收购方为江苏凯威化工有限公司，为私有经济。其主营业务为许可经营项目:危险化学品批发(按危险化学品经营许可证所列项目经营，限外购外销批发，不设储存)。一般经营项目:化工产品、化纤产品及原料、化纤纺织加工设备及配件、化工设备及配件、建材销售，投资咨询，企业管理咨询服务，自营和代理各类商品和技术的进出口服务(国家限定企业经营或禁止进出口的商品和技术除外)。依据中国证监会行业分类标准其为五金交电化工批发业。

本次收购的标的是青岛黄海橡胶股份有限公司(简称 ST 黄海，600579.SH)。标的公司的经济性质为国有经济。主营业务为橡胶轮胎制造、销售；橡胶化工产品开发、生产及销售；进出口业务(按外经贸部核准范围经营)；高新技术开发、咨询及服务；工艺开发；修旧利废。分支经营机构：二类汽车维修(小型车维修)；货物进出口；汽车装饰；汽车清洗服务；销售汽车配件、润滑油、润滑脂、橡胶制品、化工产品(不含化学危险品)、机械设备、电子产品。依据中国证监会行业分类标准其为橡胶制造业。

本次交易前，江苏凯威化工有限公司不再持有ST 黄海的股份，青岛黄海橡胶集团有限责任公司持有 ST 黄海 45.16%的股份，为第一大股东。

本次交易中，青岛黄海橡胶集团有限责任公司向江苏凯威化工有限公司转让了 ST 黄海的63900000 股，双方最终达成的交易价格为 47286.00 万元，收购方以现金方式支付对价，其中以现金方式支付 47286.00 万元，该部分资金来源为自有资金。

本次交易后，江苏凯威化工有限公司持有 ST 黄海 25.00%的股份，为第一大股东，青岛黄海橡胶集团有限责任公司持有 ST 黄海 20.16%的股份，为第二大股东。

在本次交易中，收购方聘请了华林证券有限责任公司作为其财务顾问，聘请了北京天元律师事务所作为其法律顾问，聘请了中喜会计师事务所担任本次交易的会计师。

【回天胶业(300041.SZ)】　　首次公告日:2011-8-31

本次收购的出让方为大鹏创业投资有限责任公司为私有经济。其主营业务为投资科技型的高成长性创业企业。依据中国证监会行业分类标准其为金融信托业。

本次收购的标的是湖北回天胶业股份有限公司(简称回天胶业，300041.SZ)。标的公司的经济性质为私有经济。主营业务为胶粘剂、汽车制动液、原子灰、液压油、润滑油、润滑脂的生产与销售(危险化学品的生产有效期至 2011 年 2 月 29 日)；

润滑剂、制冷剂、清洗剂等专项化学制品及相关使用设备、精细化工产品的研究与开发、生产、销售(不含危险化学品和国家禁止经营的化学品);商品及技术进出口业务(不含国家限制或禁止的商品和技术进出口)。依据中国证监会行业分类标准其为化学原料及化学制品制造业。

本次交易前,大鹏创业投资有限责任公司持有回天胶业19.02%的股份,为第二大股东。

本次交易中,大鹏创业投资有限责任公司转让了回天胶业的1000000股,双方最终达成的交易价格为39447.45万元,收购方以现金方式支付对价,其中以现金方式支付39447.45万元,该部分资金来源为自有资金。

本次交易后,大鹏创业投资有限责任公司持有回天胶业8.06%的股份,为第一大股东。

【ST琼花(002002.SZ)】　　首次公告日:2011-8-1

本次收购的出让方为江苏琼花集团有限公司为私有经济。其主营业务为生产销售镭射防伪材料、烯烃片板材;出口本企业生产的塑料制品;进口本企业生产、科研所需的原辅材料、机械设备、仪器仪表及零配件。依据中国证监会行业分类标准其为塑料制造业。

本次收购的收购方为广东鸿达兴业集团有限公司,为私有经济。其主营业务为项目投资,企业管理、策划咨询、国内贸易(法律、行政法规禁止不得经营,国家专营专控商品持有效的批准文件经营)。依据中国证监会行业分类标准其为社会服务业。

本次收购的标的是江苏琼花高科技股份有限公司(简称ST琼花,002002.SZ)。标的公司的经济性质为私有经济。主营业务为一般经营项目:PVC片材、板材、PE薄膜、复合包装材料及其他新型包装材料、塑料彩印、塑料制品、高真空新型电子薄膜的研究、生产、销售,化工原料(危险品除外)的销售。经营本企业和本企业成员企业自产包装材料、化工产品(危险品除外)及相关技术的出口业务(国家限定公司经营或禁止出口的商品除外);经营本企业和本企业成员企业生产、科研所需的原辅材料、机械设备、仪器仪表、零配件及相关技术的进口业务(国家限定公司经营或禁止进口的商品除外);经营本企业进料加工和"三来一补"业务。依据中国证监会行业分类标准其为塑料制造业。

本次交易前,广东鸿达兴业集团有限公司不再持有ST琼花的股份,江苏琼花集团有限公司持有ST琼花18.27%的股份,为第一大股东。

本次交易中,江苏琼花集团有限公司向广东鸿达兴业集团有限公司转让了ST琼花的30486422股,双方最终达成的交易价格为30486.42万元,收购方以现金方式支付对价,其中以现金方式支付30486.42万元,该部分资金来源为自有资金。

本次交易后,广东鸿达兴业集团有限公司持有ST琼花18.27%的股份,为第一大股东,江苏琼花集团有限公司不再持有ST琼花的股份。

在本次交易中,收购方聘请了英大证券有限责任公司作为其财务顾问。

【黔轮胎A(000589.SZ)】　　首次公告日:2011-5-10

本次收购的出让方为贵阳市国有资产投资管理公司为国有经济。其主营业务为经济建设项目投资,市政基础设施项目投资。依据中国证监会行业分类标准其为金融信托业。

本次收购的收购方为贵阳市工业投资(集团)有限公司,为国有经济。其主营业务为投资、融资、担保、资产经营、管理和资本运营、工业土地收储和地产开发、工业园区和产业基础设施开发建设、招商、投资咨询服务和物业管理等。依据中国证监会行业分类标准其为金融信托业。

本次收购的标的是贵州轮胎股份有限公司(简称黔轮胎A,000589.SZ)。标的公司的经济性质为国有经济。主营业务为轮胎制造和销售、轮胎翻修、橡胶制品、化工产品(不含化学危险品)、机械设备、仪器仪表及技术进出口、机电产品、对外合作生产及"三来一补"业务。依据中国证监会行业分类标准其为轮胎制造业。

本次交易前,贵阳市工业投资(集团)有限公司不再持有黔轮胎A的股份,贵阳市国有资产投资管理公司持有黔轮胎A33.84%的股份,为第一大股东。

本次交易中,贵阳市国有资产投资管理公司向贵阳市工业投资(集团)有限公司转让了黔轮胎A的110296601股,双方最终达成的交易价格为交易价格不明。

本次交易后,贵阳市工业投资(集团)有限公司持有黔轮胎A33.84%的股份,为第一大股东,贵阳市国有资产投资管理公司不再持有黔轮胎A的股份。

在本次交易中,收购方聘请了贵州君跃律师事务所作为其法律顾问。

【华阳科技(600532.SH)】　首次公告日:2011-1-19

本次收购的出让方为山东华阳农药化工集团有限公司为国有经济。其主营业务为化学农药、化学肥料、化学原料、有机化学产品、化工机械、氨基甲酸、脂类有机磷系列农药及农药中间体(限已领取准产证的产品)的制造、批发、出口。工业氧气、工业氮气销售(有效期至2007年3月3日止)。依据中国证监会行业分类标准其为化学原料及化学制品制造业。

本次收购的收购方为淄博宏达矿业有限公司,为私有经济。其主营业务为前置许可经营项目:铁矿地下开采(有效期至2013年5月19日)。一般经营项目:选矿,机械加工,销售,货物进出口(法律、行政法规禁止经营的除外,法律行政法规限制经营的项目要取得许可证后经营)。依据中国证监会行业分类标准其为采掘业。

本次收购的标的是山东华阳科技股份有限公司(简称华阳科技,600532.SH)。标的公司的经济性质为国有经济。主营业务为精胺、三氯化磷、灭多威乳剂、毒死蜱乳剂、灭多威粉剂、乙酰甲胺磷、2,4-DJ酯、氯氰菊酯原药、硫双灭多威、乙草胺、二甲戊乐灵、毒死蜱、戊唑醇、克百威、涕灭威颗粒、灭多威、多菌灵、甲基托布津、甲氨基甲酰氯、氯甲酸乙酯、仲丁威原药、仲丁威乳油、异丙威原药、异丙威乳油、速灭威原药、速灭威乳油、氯乙酸、液氯、氢氧化钠、氮气、氢气、盐酸、甲氰菊酯乳油、氧气的生产、销售;农药科技研究、开发及技术咨询服务;备案范围进出口业务。依据中国证监会行业分类标准其为化学原料及化学制品制造业。

本次交易前,淄博宏达矿业有限公司不再持有华阳科技的股份,山东华阳农药化工集团有限公司持有华阳科技33.33%的股份,为第一大股东。

本次交易中,山东华阳农药化工集团有限公司向淄博宏达矿业有限公司转让了华阳科技的31000000股,双方最终达成的交易价格为29450.00万元,收购方以现金方式支付对价,其中以现金方式支付29450.00万元,该部分资金来源为自有资金。

本次交易后,淄博宏达矿业有限公司持有华阳科技20.38%的股份,为第一大股东,山东华阳农药化工集团有限公司持有华阳科技12.95%的股份,为第二大股东。

在本次交易中,收购方聘请了中瑞岳华会计师事务所有限公司担任本次交易的会计师。

制造业——电子

【海通集团(600537.SH)】　首次公告日:2011-11-30

本次收购的出让方为自然人陈龙海、自然人罗镇江、自然人毛培成、自然人周乐群。

本次收购的收购方为建银国际光电(控股)有限公司,为港澳台经济。其主营业务为管理对亿晶光电的投资事宜而设立的特殊目的公司,自身未从事具体业务。依据中国证监会行业分类标准其为其他行业。

本次收购的收购方为常州博华投资咨询有限公司,为私有经济。其主营业务为投资咨询服务依据中国证监会行业分类标准其为社会服务业。

本次收购的收购方自然人荀建华、自然人荀建平、自然人姚志中。

本次收购的标的是海通食品集团股份有限公司(简称海通集团,600537.SH)。标的公司的经济性质为私有经济。主营业务为单晶硅(单晶硅棒、单晶硅片)、多晶硅、石英制品、太阳能电池片及组件的研发生产;单晶炉、电控设备的生产,销售自产产品;太阳能光伏发电系统,太阳能、风能、柴油发电互补发电系统工程的设计、安装、施工、承包、转包项目;相关设备的研发和国内批发业务及其配套服务;国内采购光伏材料的出口业务。(涉及生产的经营项目仅限于下属子公司;不涉及国营贸易管理商品,涉及配额、许可证管理商品的,按国家有关规定办理申请)。依据中国证监会行业分类标准其为电子。

本次交易前,建银国际光电(控股)有限公司、常州博华投资咨询有限公司、自然人荀建华、自然人荀建平、自然人姚志中为第一大股东,自然人陈龙海、自然人罗镇江、自然人毛培成、自然人周乐群持有海通集团 16.71%的股份,为第二大股东。

本次交易中,自然人陈龙海、自然人罗镇江、自然人毛培成、自然人周乐群向建银国际光电(控股)有限公司、常州博华投资咨询有限公司、自然人荀建华、自然人荀建平、自然人姚志中转让了海通集团的 17000000 股,双方最终达成的交易价格为 13549.00 万元,收购方以现金方式支付对价,其中以现金方式支付 13549.00 万元,该部分资金来源为自有资金。

本次交易后,建银国际光电(控股)有限公司、常州博华投资咨询有限公司、自然人荀建华、自然人荀建平、自然人姚志中仍为第一大股东,自然人陈龙海、自然人罗镇江、自然人毛培成、自然人周乐群持有海通集团 13.21%的股份,为第二大股东。

【新嘉联(002188.SZ)】　　首次公告日:2011-8-16

本次收购的出让方为嘉兴市大盛投资有限公司为私有经济。其主营业务为资本经营,投资开发依据中国证监会行业分类标准其为金融信托业。

本次收购的收购方为浙江国大集团有限责任公司为国有经济。其主营业务为酒店管理服务,百货、针织纺品、服装服饰、五金交电、计算机、家用电器、化工原料(不含危险品)、金属材料、装饰材料、机电设备(不含汽车)、汽车配件、工艺美术品的销售,物业管理,室内美术装饰,经济技术信息咨询服务(不含证券、期货咨询),计算机软件开发,实业及项目投资开发,洗车服务,汽车装潢等。依据中国证监会行业分类标准其为社会服务业。

本次收购的标的是浙江新嘉联电子股份有限公司(简称新嘉联,002188.SZ)。标的公司的经济性质为私有经济。主营业务为通讯电声器材的生产、销售,经营进出口业务(国家法律法规限止或禁止的除外)。依据中国证监会行业分类标准其为电子。

本次交易前,浙江国大集团有限责任公司持有新嘉联 4.94%的股份,为第四大股东,嘉兴市大盛投资有限公司持有新嘉联 6.90%的股份,为第二大股东。

本次交易中,嘉兴市大盛投资有限公司向浙江国大集团有限责任公司转让了新嘉联的 6570000 股,双方最终达成的交易价格为 7743.81 万元,收购方以现金方式支付对价,其中以现金方式支付 7743.81 万元,该部分资金来源为自有资金。

本次交易后,浙江国大集团有限责任公司持有新嘉联 9.15%的股份,为第一大股东,嘉兴市大盛投资有限公司持有新嘉联 2.69%的股份,为第四大股东。

【大连控股(600747.SH)】　　首次公告日:2011-3-17

本次收购的出让方为大连市人民政府国有资产监督管理委员会为国有经济。其主营业务为(一)根据市政府授权,依照《中华人民共和国公司法》等法律和行政法规履行出资人职责,指导推进国有企业改革和重组;推进国有企业的现代企业制度建设;完善公司治理结构;推动国有经济结构和布局的战略性调整。(二)代表市政府向部门大型企业派出监事会;负责监事会的日常管理工作。(三)按照法定程序对企业负责人进行任免、考核并根据其经营业绩进行奖惩;建立符合社会主义市场经济体制和现代企业制度要求的选人、用人机制;完善经营者激励和约束机制。(四)通过统计、稽核对所管国有资产的保值增值情况进行监管;建立和完善国有资产保值增值指标体系,拟订考核标准;维护国有资产出资人的权益。(五)起草企业国有资产管理的行政法规(草案),制定有关规章制度;依法对企业的国有资产进行指导和监督。(六)承担市委、市政府交办的其他工作任务。依据中国证监会行业分类标准其为国家机关。

本次收购的收购方为北京新纪元投资发展有限公司,为私有经济。其主营业务为对工业、农业、商业、房地产、文化信息产业、高科技、医药工程、运输工程项目的投资管理;信息咨询;接受委托,提供劳务服务;购销金属材料、建筑材料、机械电器设备、通讯设备(无线电发射设备除外)、木材、矿产品、化工轻工材料、工艺美术品、百货。依据中国证监会行业分类标准其为社会服务业。

本次收购的标的是大连大显集团有限公司。标的公司的经济性质为国有经济。主营业务为电子产品(含电话机、网络设备、VCD 机、DVD 机、电视机)及零部件开发、生产、销售;医疗器械、化工产品生产、销售依据中国证监会行业分类标准其为电子。

本次交易前,北京新纪元投资发展有限公司持有非上市公司 20.00%的股份,为第二大股东,大连市人民政府国有资产监督管理委员会持有非上市公司 50.00%的股份,为第一大股东。

本次交易后,北京新纪元投资发展有限公司持有非上市公司 70.00%的股份,为第一大股东,大连市人民政府国有资产监督管理委员会不再持有标的所属公司的股份。

【＊ST 申龙(600401.SH)】　首次公告日:2011-1-15

本次收购的出让方为江苏紫金电子集团有限公司为私有经济。其主营业务为通信设备、计算机软硬件系统、税控收款机、家用电器、低压电器产品、电子产品开发、生产、销售及售后服务。机电产品、模具、保安设备的研制、生产、销售;塑料制品的成型加工;金属制品的加工;机械设备制造。影视器材的研制、生产、销售及售后服务。实业投资和投资管理;资产租赁。依据中国证监会行业分类标准其为电子。

本次收购的出让方为自然人吴艇艇、自然人杨怀进。

本次收购的收购方为江苏申龙高科集团股份有限公司(简称＊ST 申龙,600401.SH),为私有经济。其主营业务为许可经营项目:包装印刷;一般经营项目:新型包装材料、塑料制品、精密模具、印花印刷辊筒的研制、销售;纸制品、通信设备、计算机及外部设备、机械设备、化工产品及原料的销售,计算机软件开发、销售,自营和代理各类商品及技术的进出口业务,实业投资。依据中国证监会行业分类标准其为石油化学塑胶塑料。

本次收购的标的是海润光伏科技股份有限公司。标的公司的经济性质为私有经济。主营业务为研究、开发、生产、加工单晶硅片、单晶硅棒;多晶硅锭,多晶硅片。依据中国证监会行业分类标准其为电子。

本次交易前,江苏申龙高科集团股份有限公司不再持有非上市公司的股份,江苏紫金电子集团有限公司、自然人吴艇艇、自然人杨怀进持有非上市公司 55.75%的股份,为第一大股东。

本次交易中,江苏紫金电子集团有限公司、自然人吴艇艇、自然人杨怀进向江苏申龙高科集团股份有限公司转让了非上市公司的 691330000 股,双方最终达成的交易价格为 130182.40 万元,以上市公司股权方式支付 130182.4400 万元。

本次交易后,江苏申龙高科集团股份有限公司持有非上市公司 55.75%的股份,为第一大股东,江苏紫金电子集团有限公司、自然人吴艇艇、自然人杨怀进不再持有标的所属公司的股份。

在本次交易中,收购方聘请了宏源证券股份有限公司作为其财务顾问,聘请了江苏世纪同仁律师事务所作为其法律顾问,聘请了南京立信永华会计师事务所有限公司担任本次交易的会计师,聘请了江苏公证天业天业会计师事务所有限公司担任本次交易的资产评估师。

制造业——金属非金属

【＊ST 国创(600145.SH)】　首次公告日:2011-8-17

本次收购的出让方为深圳市益峰源实业有限公司为私有经济。其主营业务为计算机产品开发及相关技术服务:投资兴办实业(具体项目另行申报)、国内商业、物资供销业(不含专营、专控、专卖商品)依据中国证监会行业分类标准其为电子。

本次收购的标的是贵州国创能源控股(集团)股份有限公司(简称＊ST 国创,600145.SH)。标的公司的经济性质为私有经济。主营业务为从事投资业务(不得从事金融业务),自产自销陶瓷制品,复合材料浴缸,销售普通机械,仪器仪表,装饰材料(不含危险化学品),五金配件,厨房设备,包装装潢印刷品、货物进出口等。依据中国证监会行业分类标准其为装修装饰业。

本次交易前,不再持有＊ST国创的股份,深圳市益峰源实业有限公司持有＊ST国创18.94%的股份,为第一大股东。

本次交易中,深圳市益峰源实业有限公司向转让了＊ST国创的37720177股,双方最终达成的交易价格为33721.84万元,收购方以现金方式支付对价,其中以现金方式支付33721.84万元,该部分资金来源为自有资金。

本次交易后,不再持有＊ST国创的股份,深圳市益峰源实业有限公司持有＊ST国创8.95%的股份,为第三大股东。

【新钢股份(600782.SH)】 首次公告日:2011-5-18

本次收购的出让方为江西省冶金集团公司为国有经济。其主营业务为国有资产经营管理及相关投资,国内贸易及生产加工,产权交易代理。依据中国证监会行业分类标准其为金属非金属。

本次收购的收购方为江西省省属国有企业资产经营(控股)有限公司,为国有经济。其主营业务为国有资产及国有股权的管理和运营;资本运营;企业改制重组顾问,投资咨询和财务咨询;省国资委授权的其他业务。依据中国证监会行业分类标准其为社会服务业。

本次收购的标的是新余钢铁集团有限公司(简称新钢股份,600782.SH)。标的公司的经济性质为国有经济。主营业务为生产经营各类锰铁,生铁,矽铁,钢材;钢丝,钢绞线,铝包钢线,电线,电缆,CATV有线电视传输线,OPGW光纤复合电缆及其延伸产品;化工产品、设备制造与销售,与本企业相关的进出口业务及三来一补业务、本企业附属产品易燃液体、压缩气体、液化气体销售(凭许可证经营)、技术咨询及服务。依据中国证监会行业分类标准其为黑色金属冶炼及压延加工业。

本次交易前,江西省省属国有企业资产经营(控股)有限公司不再持有新钢股份的股份,江西省冶金集团公司持有新钢股份72.91%的股份,为第一大股东。

本次交易后,江西省省属国有企业资产经营(控股)有限公司持有新钢股份72.91%的股份,为第一大股东,江西省冶金集团公司不再持有新钢股份的股份。

【兴民钢圈(002355.SZ)】 首次公告日:2011-4-30

本次收购的收购方为太极集团有限公司,为国有经济。其主营业务为零售中成药、西药、生物药、保健用品、保健食品。依据中国证监会行业分类标准其为药品及医疗器械零售业。

本次收购的标的是山东兴民钢圈股份有限公司(简称兴民钢圈,002355.SZ)。标的公司的经济性质为私有经济。其主营业务为加工制造车轮、钢管、橡塑制品、钢化玻璃、五金配件;销售农用运输车及钢材,经营本企业自产产品及技术的出口业务,经营本企业生产、科研所需的原辅材料、仪表仪器、机械设备、零配件及技术的进口业务(国家限定公司经营和国家禁止进出口的商品及技术除外),经营进料加工和"三来一补"业务。依据中国证监会行业分类标准其为金属非金属。

本次交易前,太极集团有限公司不再持有兴民钢圈的股份,持有兴民钢圈43.50%的股份,为第一大股东。

本次交易后,太极集团有限公司持有兴民钢圈41.31%的股份,为第一大股东,持有兴民钢圈2.19%的股份。

制造业——机械设备仪表

【＊ST方向(000757.SZ)】 首次公告日:2011-12-9

本次收购的出让方为四川方向光电股份有限公司管理人为国有经济。依据中国证监会行业分类标准其为金融保险业。

本次收购的收购方为天津渤海国投股权投资基金有限公司,为国有经济。其主营业务为股权投资。依据中国证监会行业分类标准其为金融信托业。

本次收购的收购方为天津浩物机电汽车贸易有限公司,为国有经济。其主营业务为汽车、机械、电子设备、摩托车、汽车配件、金属材料、化工轻工材料、汽车装具、农用机械、机电产品、五金矿产、木材批发兼零售、代购代销;商品信息咨询、机械设备租赁、为企业及家庭提供劳务服务;自营和代理各类商品和技术的进出口;煤炭、焦碳、纺织原材料批发兼零售;仓储;装卸搬运;分支机构经营;汽车维修等。依据中国证监会行业分类标准其为汽车摩托车及零配件批发业。

本次收购的标的是四川方向光电股份有限公司(简称*ST方向,000757.SZ)。标的公司的经济性质为私有经济。主营业务为制造、销售:柴油机、柴油机发电机组、柴油机配件、农用三轮车、农用四轮车、汽车配件、摩托车、筑路机械及以柴油机为动力的农用机械、柴油机零配件的加工生产、批发、零售及代购代销;制造、销售:计算机显示器、计算机网络产品、计算机外部设备;制造、销售:集成电路、晶元、电脑及附属设备、电脑软件技术开发及晶元研发、检测;出口本企业自产的计算机显示器、计算机网络产品、计算机外部设备、机械成套设备及相关技术等;制造和销售塑料制品;建筑工程施工及建筑装饰施工、批发与零售建筑材料、五金(不含消防器材);经营本企业生产、科研所需的机械设备、仪器仪表、备品备件、零配件及技术进口业务(国家规定的一类进口商品除外);普通营运、运输服务等。依据中国证监会行业分类标准其为普通机械制造业。

本次交易前,天津渤海国投股权投资基金有限公司、天津浩物机电汽车贸易有限公司不再持有*ST方向的股份,四川方向光电股份有限公司管理人持有*ST方向31.53%的股份,为第一大股东。

本次交易中,四川方向光电股份有限公司管理人向天津渤海国投股权投资基金有限公司、天津浩物机电汽车贸易有限公司转让了*ST方向的73528100股,双方最终达成的交易价格为28087.73万元,收购方以现金方式支付对价,其中以现金方式支付28087.73万元,该部分资金来源为自有资金。

本次交易后,天津渤海国投股权投资基金有限公司、天津浩物机电汽车贸易有限公司持有*ST方向20.07%的股份,为第一大股东,四川方向光电股份有限公司管理人持有*ST方向11.46%的股份,为第二大股东。

在本次交易中,收购方聘请了上海迈步投资管理有限公司作为其财务顾问。

【*ST方向(000757.SZ)】 首次公告日:2011-12-2

本次收购的出让方为沈阳北泰方向集团有限公司为私有经济。其主营业务为电脑、电脑板卡、显示器及电脑周边设备、电子产品制造、软件开发、网络服务;硬件开发、研制、信息咨询等。依据中国证监会行业分类标准其为计算机及相关设备制造业。

本次收购的收购方为四川方向光电股份有限公司破产企业财产处置专用账户,为国有经济。依据中国证监会行业分类标准其为金融保险业。

本次收购的标的是四川方向光电股份有限公司(简称*ST方向,000757.SZ)。标的公司的经济性质为私有经济。主营业务为制造、销售:柴油机、柴油机发电机组、柴油机配件、农用三轮车、农用四轮车、汽车配件、摩托车、筑路机械及以柴油机为动力的农用机械、柴油机零配件的加工生产、批发、零售及代购代销;制造、销售:计算机显示器、计算机网络产品、计算机外部设备;制造、销售:集成电路、晶元、电脑及附属设备、电脑软件技术开发及晶元研发、检测;出口本企业自产的计算机显示器、计算机网络产品、计算机外部设备、机械成套设备及相关技术等;制造和销售塑料制品;建筑工程施工及建筑装饰施工、批发与零售建筑材料、五金(不含消防器材);经营本企业生产、科研所需的机械设备、仪器仪表、备品备件、零配件及技术进口业务(国家规定的一类进口商品除外);普通营运、运输服务等。依据中国证监会行业分类标准其为普通机械制造业。

本次交易前,四川方向光电股份有限公司破产企业财产处置专用账户不再持有*ST方向的股份,沈阳北泰方向集团有限公司持有*ST方向12.28%的股份,为第一大股东。

本次交易中,沈阳北泰方向集团有限公司向四川方向光电股份有限公司破产企业财产处置专用账户转让了*ST方向的30000000股,双方最终达成的交易价格为3000.00万元,收购方以现金方式支付对价,其中以现金方式支付3000.00万元,该部分资金来源为自有资金。

本次交易后,四川方向光电股份有限公司破产企业财产处置专用账户不再持有 * ST 方向的股份,沈阳北泰方向集团有限公司不再持有 * ST 方向的股份。

【博盈投资(000760.SZ)】　首次公告日:2011-11-4

本次收购的出让方为中道矿业有限公司为私有经济。依据中国证监会行业分类标准其为采掘业。

本次收购的收购方为荆州市恒丰制动系统有限公司,为私有经济。其主营业务为制动系统研发、制造、销售;其他汽车配件制造、铸造、加工、销售。依据中国证监会行业分类标准其为机械设备仪表。

本次收购的标的是湖北博盈投资股份有限公司(简称博盈投资,000760.SZ)。标的公司的经济性质为私有经济。主营业务为汽车配件制造、销售;经营本企业自产机电产品,成套设备及相关技术的出口业务;经营本企业生产、科研所需的原辅材料、机械设备、仪器仪表、备品备件及技术的进口业务;对交通、房地产、环保、高新科技企业投资。依据中国证监会行业分类标准其为交通运输设备制造业。

本次交易前,荆州市恒丰制动系统有限公司持有博盈投资 4.22%的股份,为第三大股东,中道矿业有限公司持有博盈投资 4.64%的股份,为第二大股东。

本次交易中,中道矿业有限公司向荆州市恒丰制动系统有限公司转让了博盈投资的 7000000 股,双方最终达成的交易价格为 5600.00 万元,收购方以现金方式支付对价,其中以现金方式支付 5600.00 万元,该部分资金来源为自有资金。

本次交易后,荆州市恒丰制动系统有限公司持有博盈投资 7.18%的股份,为第一大股东,中道矿业有限公司持有博盈投资 1.69%的股份,为第四大股东。

【宝石 A(000413.SZ)】　首次公告日:2011-7-27

本次收购的出让方为石家庄市人民政府国有资产监督管理委员会为国有经济。其主营业务为 1. 根据市政府授权,按照《中华人民共和国公司法》、《企业国有资产监督管理暂行条例》等法律和行政法规,代表市政府履行国有资产出资人职责,指导、推进国有企业的改革和重组;对所监管企业国有资产的保值增值进行监督,负责监缴所监管企业国有资本金收益,加强国有资产的管理工作;推进国有企业的现代企业制度建设,完善公司治理结构;推动国有经济结构和布局的战略性调整。2. 代表市政府向部分所监管企业派出监事会;负责监事会的日常管理工作。3. 通过法定程序对企业负责人进行任免、考核,并根据其经营业绩进行奖惩;建立符合社会主义市场经济体制和现代企业制度要求的选人、用人机制,完善经营者激励和约束制度。4. 履行市委规定的企业党的建设方面的职责。5. 通过统计、稽核等方式对所监管国有资产的保值增值情况进行监管;建立和完善国有资产保值增值指标体系,拟定考核标准;维护国有资产出资人的权益。6. 监管地方金融企业和企业化管理事业单位的国有资产。7. 起草企业(含地方金融企业)和企业化管理事业单位国有资产管理的地方性法规和政府规章,制定有关制度;依法对市、县(区)国有资产管理进行指导和监督。8. 承办市政府交办的其他事项。依据中国证监会行业分类标准其为国家机关。

本次收购的收购方为东旭集团有限公司,为私有经济。其主营业务为以自有资金对项目投资;机械设备及电子产品的研发;各类非标设备及零部件产品的生产及工艺制定;研磨材料机电产品零部件加工销售;自营和代理各类商品及技术的进出口业务;计算机系统集成,软件开发,技术咨询;机电设备的安装等。依据中国证监会行业分类标准其为电子。

本次收购的标的是石家庄宝石电子集团有限责任公司。标的公司的经济性质为私有经济。主营业务为生产、销售彩色显像管玻壳及其配套元器件系列产品、高效节能荧光灯管、无极灯;工模具制造、机械设备安装、维修、工程监理(凭资质经营);一般旅馆、正餐服务(仅限分支机构经营);房屋及设备的租赁;自营或代理各类商品和技术的进出口服务,法律法规限制和禁止的商品和技术除外依据中国证监会行业分类标准其为机械设备仪表。

本次交易前，东旭集团有限公司持有非上市公司47.06%的股份，为第二大股东，石家庄市人民政府国有资产监督管理委员会持有非上市公司52.64%的股份，为第一大股东。

本次交易后，东旭集团有限公司持有非上市公司70.00%的股份，为第一大股东，石家庄市人民政府国有资产监督管理委员会持有非上市公司30.00%的股份，为第二大股东。

在本次交易中，收购方聘请了山西证券股份有限公司作为其财务顾问，聘请了北京市大成律师事务所作为其法律顾问，聘请了中兴财光华会计师事务所有限责任担任本次交易的会计师。

【全柴动力(600218.SH)】　首次公告日:2011-3-16

本次收购的出让方为全椒县人民政府为国有经济。依据中国证监会行业分类标准其为国家机关、政党机关、社会团体。

本次收购的收购方为江苏熔盛重工有限公司，为私有经济。其主营业务为生产船舶、海洋工程及建筑用钢结构，销售自产产品；从事船舶、海洋工程技术服务、总包、和委托加工及进出口贸易业务(不含进口商品分销业务)依据中国证监会行业分类标准其为机械设备仪表。

本次收购的标的是安徽全柴集团有限公司。标的公司的经济性质为国有经济。主营业务为生产销售柴油发动机、塑料和套汽车内饰件。依据中国证监会行业分类标准其为机械设备仪表。

本次交易前，江苏熔盛重工有限公司不再持有非上市公司的股份，全椒县人民政府持有非上市公司100.00%的股份，为第一大股东。

本次交易后，江苏熔盛重工有限公司持有非上市公司100.00%的股份，为第一大股东，全椒县人民政府不再持有标的所属公司的股份。

【亚星客车(600213.SH)】　首次公告日:2011-3-8

本次收购的出让方为江苏亚星汽车集团有限公司为国有经济。其主营业务为汽车(不含小轿车)及汽车零部件研究开发、制造、销售及售后服务；经营本企业和本企业成员企业自产产品及相关技术的出口业务；经营本企业和本企业成员企业生产、科研所需的原辅材料、机械设备、仪器仪表、零配件及相关技术的进口业务(国家限定企业经营或禁止进口的商品和技术除外)；经营汽车服务业务(经营范围不含汽车维修等前置许可项目，国家有专项规定的依专项规定执行)。依据中国证监会行业分类标准其为汽车制造业。

本次收购的收购方为潍柴(扬州)亚星汽车有限公司，为国有经济。其主营业务为汽车零部件研究开发、制造、销售及服务；汽车(不含小轿车)研究开发、销售及服务；汽车及汽车零部件产业实业投资。依据中国证监会行业分类标准其为汽车制造业。

本次收购的标的是扬州亚星客车股份有限公司(简称亚星客车，600213.SH)。标的公司的经济性质为国有经济。主营业务为客车、特种车、农用车、汽车零部件的开发、制造、销售、进出口及维修服务。机动车辆安全技术检验(依法取得行政许可后在许可范围内经营)。依据中国证监会行业分类标准其为汽车制造业。

本次交易前，潍柴(扬州)亚星汽车有限公司不再持有亚星客车的股份，江苏亚星汽车集团有限公司持有亚星客车53.71%的股份，为第一大股东。

本次交易中，江苏亚星汽车集团有限公司向潍柴(扬州)亚星汽车有限公司转让了亚星客车的112200000股，双方最终达成的交易价格为交易价格不明。

本次交易后，潍柴(扬州)亚星汽车有限公司持有亚星客车51.00%的股份，为第一大股东，江苏亚星汽车集团有限公司持有亚星客车2.71%的股份，为第四大股东。

在本次交易中，收购方聘请了中航证券有限公司作为其财务顾问，聘请了北京市金洋律师事务所作为其法律顾问。

【三佳科技(600520.SH)】　首次公告日:2011-2-15

本次收购的出让方为江苏常开电气有限公司为港澳台经济。其主营业务为生产一流的电气产品。依据中国证监会行业分类标准其为机械设备仪表。

本次收购的收购方为中发控股集团有限公司，为私有经济。其主营业务为国内贸易(除专项规定),货物及技术进出口,实业投资,投资管理(上述经营范围涉及许可经营的凭许可证经营)。依据中国证监会行业分类标准其为批发和零售贸易。

本次收购的标的是铜陵市三佳电子(集团)有限责任公司。标的公司的经济性质为国有经济。主营业务为汽车零部件和其他机电产品的研发、生产、销售和技术咨询、技术服务与技术转让,出口本企业自产的交通电子产品、工装模具、塑料封装模具等各类模具、各类铸件,进口本公司所需的原辅材料、机械设备、仪器仪表及零部件,投资与资产管理。依据中国证监会行业分类标准其为机械设备仪表。

本次交易前,中发控股集团有限公司不再持有非上市公司的股份,江苏常开电气有限公司持有非上市公司10.00%的股份,为第三大股东。

本次交易后,中发控股集团有限公司持有非上市公司10.00%的股份,为第三大股东,江苏常开电气有限公司不再持有标的所属公司的股份。

制造业——医药生物制品

【四环生物(000518.SZ)】　首次公告日:2011-9-7

本次收购的出让方为江阴市振新毛纺织厂为国有经济。其主营业务为许可经营项目:对自征土地的房地产开发。(凭有效资质经营)。一般经营项目:精纺、粗纺毛织品、纺线,自营和代理各类商品及技术的进出口业务,但国家限定企业经营或禁止进出口的商品和技术除外;纺织品、针织品、服装及服装辅料、纺织原料(不含籽棉)、建材、化工产品(不含危险品)、日用杂品(不含烟花爆竹)、水暖配件、文具用品、体育用品、金属材料、机械设备、五金交电、电子产品的销售。依据中国证监会行业分类标准其为纺织服装皮毛。

本次收购的收购方为广州盛景投资有限公司,为私有经济。其主营业务为利用自有资金投资,投资咨询、策划、可行性分析、市场调研,企业管理咨询。批发和零售贸易(国家专营专控项目除外)。依据中国证监会行业分类标准其为金融信托业。

本次收购的标的是江苏四环生物股份有限公司(简称四环生物,000518.SZ)。标的公司的经济性质为私有经济。主营业务为大容量注射剂、小容量注射剂片剂、硬胶囊剂、糖浆剂、口服溶液剂、酒剂、原料药、中药提取、二类精神药品的制造、医药信息咨询;技术转让服务;医药中间体制造(化学危险品除外)的制造,雪域骨宝、博尔腾牌乃可菲胶囊;毛纺织品、羊绒产品、针织品、化学纤维、化工产品(危险品除外)的制造、销售;电子产品、通讯及广播电视设备(不含卫星电视广播地面接收设施及发射装置)的销售;房地产开发与经营,产业投资;经营本企业自产产品及技术的出口业务,经营本企业生产、科研所需的原辅材料、仪器仪表、机械设备、零配件及技术的进口业务(国家限定公司经营和国家禁止进出口的商品及技术除外),经营进料加工和“三来一补”业务;园林绿化工程。依据中国证监会行业分类标准其为医药生物制品。

本次交易前,广州盛景投资有限公司不再持有四环生物的股份,江阴市振新毛纺织厂持有四环生物5.83%的股份,为第一大股东。

本次交易中,江阴市振新毛纺织厂向广州盛景投资有限公司转让了四环生物的40000000股,双方最终达成的交易价格为20000.00万元,收购方以现金方式支付对价,其中以现金方式支付20000.00万元,该部分资金来源为自有资金。

本次交易后,广州盛景投资有限公司持有四环生物3.89%的股份,为第一大股东,江阴市振新毛纺织厂持有四环生物1.94%的股份。

在本次交易中,收购方聘请了中山证券有限责任公司作为其财务顾问,聘请了北京市中喆律师事务所作为其法律顾问。

【*ST泰复(000409.SZ)】　首次公告日:2011-8-9

本次收购的出让方为新华信托股份有限公司为私有经济。其主营业务为资金信托;动产信托;不动产信托;有价证券信托;其他财产或财产权信托;作为投资基金或者基金管理公司的发起人从事投资基金业务;经营企业资产的重组、购并及项目融资、公司理财、财务顾问等业务;受托经营国务院有关部门批准的证券承销业务;办理居间、咨询、资信调查等业务;代保管及保管箱业务;以存放同业、拆放同业、贷款、租赁、投资方式运用固有财产;以固有财产为他人提供担保；从事同业拆借；法律法规规定或中国银行业监督管理委员会批准的其他业务。以上经营范围包括本外币业务。依据中国证监会行业分类标准其为金融信托业。

本次收购的收购方为蚌埠银河生物科技股份有限公司，为私有经济。其主营业务为资产租赁经营；生物工程科研开发；货物或技术的进出口业务（国家禁止或限制进出口的货物、技术除外）；生物化工产品（不含危险品、危禁品、易燃易爆品、剧毒物质）的生产经营；对工业、商业、房地产业行业、煤炭行业、高新技术行业的投资。（以上除前置许可项目）。依据中国证监会行业分类标准其为生物制品业。

本次收购的标的是安徽丰原集团有限公司。标的公司的经济性质为国有经济。主营业务为资产租赁、经营；机械设备制造，生物工程科研开发和进出口业务，商务信息咨询（不含投资咨询），企业策划，生物化工产品（不含危险化学品、危禁品、易燃易爆品、剧毒物质）的生产、经营。依据中国证监会行业分类标准其为生物制品业。

本次交易前，蚌埠银河生物科技股份有限公司持有非上市公司25.00%的股份，为第二大股东，新华信托股份有限公司持有非上市公司24.00%的股份，为第三大股东。

本次交易中，新华信托股份有限公司向蚌埠银河生物科技股份有限公司转让了非上市公司的180000000股，双方最终达成的交易价格为24800.00万元，收购方以现金方式支付对价，其中以现金方式支付24800.00万元，该部分资金来源为贷款。

本次交易后，蚌埠银河生物科技股份有限公司持有非上市公司49.00%的股份，为第一大股东，新华信托股份有限公司不再持有标的所属公司的股份。

在本次交易中，收购方聘请了安信证券股份有限公司作为其财务顾问，聘请了安徽承义律师事务所作为其法律顾问。

【双鹭药业(002038. SZ)】　首次公告日:2011-5-17

本次收购的收购方为自然人徐明波。

本次收购的标的是北京双鹭药业股份有限公司（简称双鹭药业，002038. SZ）。标的公司的经济性质为国有经济。主营业务为片剂、胶囊剂、颗粒剂、软胶囊剂、冻干粉针剂（含抗肿瘤类）、粉针类（头孢菌素类）、小容量注射剂（含抗肿瘤药）、生物工程产品（外用重组人碱性成纤维生长因子、重组人粒细胞集落刺激因子、重组人白细胞介素－2、重组人白细胞介素－11）、原料药（鲑鱼降钙素、萘哌地尔、胸腺五肽、生长抑素、葛根素、万乃洛韦、更昔洛韦、盐酸尼莫司汀、门冬酰胺酶、硫普罗宁、尼麦角林、奥扎格雷、异环磷酰胺、利塞膦酸钠、丁二磺酸腺苷蛋氨酸、盐酸托烷司琼、替米沙坦、三磷酸胞苷二钠、依诺肝素钠、盐酸纳洛酮、甘氨酰－L－酪氨酸、甘氨酰－L－谷氨酰胺、依据中国证监会行业分类标准其为医药生物制品。

本次交易前，自然人徐明波持有双鹭药业22.26%的股份，为第二大股东。

本次交易中，自然人徐明波受让了双鹭药业的1230000股，交易价格为204.18万元，收购方以现金方式支付对价，其中以现金方式支付204.18万元，该部分资金来源为自有资金。

本次交易后，自然人徐明波持有双鹭药业22.51%的股份，为第一大股东。

制造业——其他制造业

【S＊ST光明(000587. SZ)】　首次公告日:2011-6-4

本次收购的出让方为深圳九五投资有限公司为私有经济。其主营业务为投资兴办实业（具体项目另行申报）；房地产开发；国内贸易（不含专营、专控、专卖商品）；从事货物及技术的进出口业务（国家明令禁止及特种许可的除外）；投资咨询（不含人才中介服务、证券及限制项目）。依据中国证监会行业分类标准其为房地产业。

本次收购的收购方为光明集团家具股份有限公司（简称S＊ST光明，000587. SZ），为国有经济。其主营业务为经营家具制造及技术开发，木制品、半成品、装饰材料加工，销售家具、木制品、装饰材料、信息咨询，包装装潢业务。依据中国证监会行业分类标准其为木材家具。

本次收购的标的是东莞市金叶珠宝有限公司。

标的公司的经济性质为私有经济。主营业务为黄金首饰开发设计、生产加工、批发零售依据中国证监会行业分类标准其为其他制造业。

本次交易前,光明集团家具股份有限公司不再持有非上市公司的股份,深圳九五投资有限公司持有非上市公司100.00%的股份,为第一大股东。

本次交易后,光明集团家具股份有限公司持有非上市公司100.00%的股份,为第一大股东,深圳九五投资有限公司不再持有标的所属公司的股份。

在本次交易中,收购方聘请了江海证券有限公司作为其财务顾问。

电力煤气及水的生产和供应业

【大连热电(600719.SH)】 首次公告日:2011-4-16

本次收购的出让方为大连市人民政府国有资产监督管理委员会为国有经济。依据中国证监会行业分类标准其为国家机关。

本次收购的收购方为大连市热电集团有限公司,为国有经济。其主营业务为热电联产集中供热;供热工程设计及安装维修;工业品生产资料购销(限成员单位在许可证范围内经营)。依据中国证监会行业分类标准其为电力煤气及水的生产和供应业。

本次收购的标的是大连热电股份有限公司(简称大连热电,600719.SH)。标的公司的经济性质为国有经济。主营业务为集中供热、热电联产、供热工程设计及安装检修。依据中国证监会行业分类标准其为电力蒸汽热水的生产和供应业。

本次交易前,大连市热电集团有限公司不再持有大连热电的股份,大连市人民政府国有资产监督管理委员会持有大连热电32.91%的股份,为第一大股东。

本次交易后,大连市热电集团有限公司持有大连热电32.91%的股份,为第一大股东,大连市人民政府国有资产监督管理委员会不再持有大连热电的股份。

交通运输仓储业

【海南高速(000886.SZ)】 首次公告日:2011-10-13

本次收购的出让方为海南金城国有资产经营管理有限责任公司,为国有经济。其主营业务为国有资产的产权经营,国有股权的运作和管理、国有资产的产权重组、国有资产的收益管理及再投资;房地产投资;酒店投资;农业开发;信息咨询服务;财务顾问(凡需行政许可的项目凭许可证经营)。依据中国证监会行业分类标准其为金融保险业。

本次收购的收购方为海南省交通投资控股有限公司,为国有经济。其主营业务为公路、桥梁、隧道等基础设施的投资、建设、养护、管理、技术咨询及配套服务,与公路配套的汽车加油站建设及资产管理、汽车拯救维修、清洗、仓储、租赁、广告位建设及资产管理,土地开发、旅游开发和房地产开发,交通及相关产业、高新技术、金融项目投资(以上经营范围中涉及国家法律、行政法规规定的专项审批,按审批的项目和时限开展经营活动)。依据中国证监会行业分类标准其为交通运输辅助业。

本次收购的标的是海南高速公路股份有限公司(简称海南高速,000886.SZ)。标的公司的经济性质为国有经济。主营业务为高等级公路勘测、设计、施工、建设、收费、养护、管理服务;房地产开发经营;建材、普通机械、电子产品、农副产品、日用百货、饮食业、金属材料、化工原料及产品(专营外)、矿产品、纺织品、文体用品、汽车配件、摩托车配件、饮料、酒、副食品、家具、橡胶制品的经营;旅游业开发、汽车客货运输、拯救及维修、租赁;高科技产品、农业产品的生产、销售;计算机工程与信息服务。依据中国证监会行业分类标准其为交通运输辅助业。

本次交易前,海南省交通投资控股有限公司不再持有海南高速的股份,海南金城国有资产经营管理有限责任公司持有海南高速20.05%的股份,为第一大股东。

本次交易中,海南金城国有资产经营管理有限责任公司向海南省交通投资控股有限公司转让了海南高速的198270655股,双方最终达成的交易价格为交易价格不明。

本次交易后,海南省交通投资控股有限公司持有海南高速20.05%的股份,为第一大股东,海南金城国有资产经营管理有限责任公司不再持有海南高速的股份。

信息技术业

【高新兴(300098.SZ)】　　首次公告日:2011－9－20

本次收购的出让方自然人王云兰。

本次收购的收购方为广东高新兴通信股份有限公司(简称高新兴,300098.SH),为私有经济。其主营业务为通信网络运维信息系统、动力环境监控系统、数字图像监控系统、物联网技术开发及系统建设、计算机软件开发,系统集成及相关技术服务;研发、生产、销售:通信产品、无线通讯电子产品(手持终端、车载终端、行业手机、无线传输设备)、通信设备(不含卫星电视广播地面接收设备、发射设施)、监控设备、节能设备、低压配电设备、仪器仪表、电子产品及传感器;通信工程、网络工程、安防工程的设计、安装、维护;通信技术服务、节能服务(以上不含电信增值业务等许可经营项目);货物进出口、技术进出口(法律、行政法规禁止的项目除外;法律、行政法规限制的项目须取得许可后方可经营)。依据中国证监会行业分类标准其为通信及相关设备制造业。

本次收购的标的是杭州创联电子技术有限公司。标的公司的经济性质为私有经济。主营业务为许可经营项目:制造:通信网络设备,计算机软件及配套设备,无线通信设备,自动化控制设备,矿用电子设备,电子仪器仪表。一般经营项目:技术开发、技术服务、成果转让:通信网络设备,计算机软件及配套设备,无线通信设备,自动化控制设备,矿用电子设备,电子仪器仪表;批发、零售:通信设备,计算机及配件,自动化控制设备,矿用电子设备,仪器仪表;含下属分支机构经营范围(上述经营范围不含国家法律法规规定禁止、限制和许可经营的项目)。依据中国证监会行业分类标准其为通信及相关设备制造业。

本次交易前,广东高新兴通信股份有限公司不再持有非上市公司的股份,自然人王云兰持有非上市公司57.27%的股份,为第一大股东。

本次交易后,广东高新兴通信股份有限公司持有非上市公司57.27%的股份,为第一大股东,自然人王云兰不再持有标的所属公司的股份。

在本次交易中,收购方聘请了恒泰证券股份有限公司作为其财务顾问,聘请了广东广信律师事务所作为其法律顾问,聘请了广州正中珠江会计师事务所有限公司担任本次交易的会计师,聘请了广东中广信资产评估有限公司担任本次交易的资产评估师。

【中创信测(600485.SH)】　　首次公告日:2011－7－21

本次收购的收购方为北京普旭天成资产管理有限公司,为私有经济。其主营业务为投资与资产管理;设计、制作、代理、发布广告;经济信息咨询;组织文化艺术交流活动(演出除外)。依据中国证监会行业分类标准其为社会服务业。

本次收购的标的是北京中创信测科技股份有限公司(简称中创信测,600485.SH)。标的公司的经济性质为私有经济。主营业务为主要从事通信网集中监测维护系统、通信网测试仪器仪表硬件、软件的开发、生产及销售。依据中国证监会行业分类标准其为信息技术业。

本次交易前,北京普旭天成资产管理有限公司不再持有中创信测的股份。

本次交易中,北京普旭天成资产管理有限公司受让了中创信测的13100439股,双方最终达成的交易价格为19528.77万元,收购方以现金方式支付对价,其中以现金方式支付19528.77万元,该部分资金来源为自有资金。

本次交易后,北京普旭天成资产管理有限公司持有中创信测9.45%的股份,为第一大股东。

【＊ST沪科(600608.SH)】　　首次公告日:2011－4－9

本次收购的出让方为昆明天和斗特实业(集团)有限公司为私有经济。其主营业务为国内贸易、特资供销、电子计算机及网络开发利用、生物资源开发利用、包装装璜、服装设计。依据中国证监会行业分类标准其为批发和零售贸易。

本次收购的收购方为昆明市交通投资有限责任公司,为国有经济。其主营业务为对交通产业、公路、铁路建设项目、市政公用设施的投融资、经营管理及相关配套开发;投资开发形成的国有资产的经营和管理;政府授权的土地开发、整理(以上经营范围中涉及国家法律、行政法规规定的专项审批，按审批的项目和时限开展经营活动)。依据中国证监会行业分类标准其为金融信托业。

本次收购的标的是无锡万方通信技术有限公司。标的公司的经济性质为私有经济。主营业务为通信技术。依据中国证监会行业分类标准其为信息技术业。

本次交易前，昆明市交通投资有限责任公司不再持有非上市公司的股份，昆明天和斗特实业(集团)有限公司持有非上市公司100.00%的股份，为第一大股东。

本次交易后，昆明市交通投资有限责任公司持有非上市公司100.00%的股份，为第一大股东，昆明天和斗特实业(集团)有限公司不再持有标的所属公司的股份。

批发和零售贸易

【三峡新材(600293.SH)】　首次公告日:2011-11-4

本次收购的出让方为自然人刘飞。

本次收购的收购方为海南宗宣达实业投资有限公司，为私有经济。其主营业务为房地产开发经营;农业综合开发;水产品养殖;高科技开发;装璜装修工程;农付产品，办公设备，电子产品，五金家电;投资咨询、代理理财服务，资产重组、资本营运、咨询服务;企业投资服务，科技开发;网络开发;建筑电子计算机及易耗品，办公用品，通讯设备，文化机械设备，五金交电;计算机软件制作及技术咨询服务化工产品，机电产品，建材，五金交电，矿产品，木材，金属材料，农产品。依据中国证监会行业分类标准其为房地产开发与经营业。

本次收购的标的是武汉广利源商贸有限公司。标的公司的经济性质为私有经济。依据中国证监会行业分类标准其为批发和零售贸易。

本次交易前，海南宗宣达实业投资有限公司不再持有非上市公司的股份，自然人刘飞持有非上市公司100.00%的股份，为第一大股东。

本次交易后，海南宗宣达实业投资有限公司持有非上市公司100.00%的股份，为第一大股东，自然人刘飞不再持有标的所属公司的股份。

在本次交易中，收购方聘请了湖北维思德律师事务所作为其法律顾问。

【新都酒店(000033.SZ)】　首次公告日:2011-10-26

本次收购的出让方为润旺矿产品贸易(深圳)有限公司为私有经济。其主营业务为经济信息咨询(不含限制性项目);矿产品(不含铁矿石、氧化铝、铝土矿)、电子产品的批发、佣金代理(不含拍卖)、进出口及相关配套业务。依据中国证监会行业分类标准其为能源材料和机械电子设备批发业。

本次收购的收购方为深圳市光耀地产集团有限公司，为私有经济。其主营业务为兴办实业(具体项目另行申报);在合法取得土地使用权范围内从事房地产开发;国内商业、物资供销业(不含专营、专控、专卖商品);进出口业务(领取进出口经营许可证后方可经营);投资策划、信息咨询、房地产经纪(不含限制项目)。依据中国证监会行业分类标准其为房地产开发与经营业。

本次收购的标的是深圳市瀚明投资有限公司。标的公司的经济性质为私有经济。主营业务为投资兴办实业、国内商业、物资供销业等。依据中国证监会行业分类标准其为批发和零售贸易。

本次交易前，深圳市光耀地产集团有限公司不再持有非上市公司的股份，润旺矿产品贸易(深圳)有限公司持有非上市公司100.00%的股份，为第一大股东。

本次交易后，深圳市光耀地产集团有限公司持有非上市公司100.00%的股份，为第一大股东，润旺矿产品贸易(深圳)有限公司不再持有标的所属公司的股份。

【大商股份(600694.SH)】　首次公告日:2011-7-14

本次收购的出让方为大连国商资产经营管理有限公司为国有经济。其主营业务为政府授权的国有资产经营管理、国内一般贸易依据中国证监会行业分类标准其为金融保险业。

本次收购的标的是大商股份有限公司(简称大商股份，600694.SH)。标的公司的经济性质为私有经济。主营业务为食品、副食品、劳保用品、商业物资经销(专项商品按规定);书刊音像制品、金银饰品、中西药、粮油零售;金饰品、服装裁剪加工;农副产品收购；仓储；电子计算机技术服务；经销本系统商品技术的进出口业务；木屑收购加工；出租柜台；展览策划；互联网上网服务；移动电话机销售；婚庆礼仪服务；房屋出租、场地出租、物业管理；电子游戏、餐饮；钟表维修；汽车销售；广告业务经营（限分公司经营）；国际民用航空旅客和货物运输销售代理（含港、澳、台航线，危险品除外）、铁艺加工、普通货运（限分公司经营）、信息服务业务、废旧家电回收与销售。依据中国证监会行业分类标准其为批发和零售贸易。

本次交易前，大连国商资产经营管理有限公司持有大商股份8.81％的股份，为第一大股东。

本次交易中，大连国商资产经营管理有限公司转让了大商股份的575031股，双方最终达成的交易价格为2521.51万元，收购方以现金方式支付对价，其中以现金方式支付2521.51万元，该部分资金来源为自有资金。

本次交易后，大连国商资产经营管理有限公司持有大商股份8.62％的股份，为第二大股东。

【万东医疗(600055.SH)】　首次公告日:2011－6－28

本次收购的出让方为北京国有资本经营管理中心为国有经济。其主营业务为一是实现市委市政府战略意图的产业投资平台，二是以市场方式进行资本运作的融资平台，三是推动国企改革重组、实现国有资本有序进退的产业整合平台，四是促进先导性产业发展和企业科技创新的创业投资平台，五是持有整体上市或主业上市企业的股权管理平台，六是企业实施债务重组以及解决历史遗留问题的服务平台。依据中国证监会行业分类标准其为金融保险业。

本次收购的收购方为中国华润总公司，为国有经济。其主营业务为主营：经国家批准的二类计划商品、三类计划商品、其他三类商品及橡胶制品的出口；经国家批准的一类、二类、三类商品的进口；接受委托代理上述进出口业务；技术进出口；承办中外合资经营、合作生产；承办来料加工，来样加工、来件装配；补偿贸易；易货贸易；对销贸易、转口贸易；对外经济贸易咨询服务、展览及技术交流。兼营：自行进口商品、易货换回商品、国内生产的替代进口商品及经营范围内所含商品的国内销售（国家有专项专营规定的除外）。设计和制作影视、广播、印刷品、灯箱、路牌、礼品广告。依据中国证监会行业分类标准其为批发和零售贸易。

本次收购的标的是北京医药集团有限责任公司。标的公司的经济性质为国有经济。主营业务为销售中成药、化学原料药、化学药制剂、抗生素、生化药品、医疗器械（含Ⅱ、Ⅲ类）；货物进出口、技术进出口、代理进出口；法律、行政法规、国务院决定禁止的，不得经营；法律、行政法规、国务院决定规定应经许可的，经审批机关批准并经工商行政管理机关登记注册后方可经营；法律、行政法规、国务院决定未规定许可的，自主选择经营项目开展经营活动。依据中国证监会行业分类标准其为药品及医疗器械零售业。

本次交易前，中国华润总公司持有非上市公司50.00％的股份，为第一大股东，北京国有资本经营管理中心持有非上市公司1.00％的股份，为第三大股东。

本次交易后，中国华润总公司持有非上市公司51.00％的股份，为第一大股东，北京国有资本经营管理中心不再持有标的所属公司的股份。

【SST华新(000010.SZ)】　首次公告日:2011－6－23

本次收购的出让方为自然人宋廉。

本次收购的收购方为自然人刘德明。

本次收购的标的是成都金博宏科贸有限公司。标的公司的经济性质为私有经济。依据中国证监会行业分类标准其为批发和零售贸易。

本次交易前，自然人刘德明不再持有非上市公司的股份，自然人宋廉持有非上市公司56.00％的股份，为第一大股东。

本次交易后，自然人刘德明持有非上市公司56.00％的股份，为第一大股东，自然人宋廉不再持有标的所属公司的股份。

【南京新百(600682.SH)】　首次公告日:2011－6－2

本次收购的出让方为南京新百投资控股集团有限公司为私有经济。其主营业务为产权管理、经营；资本运作、资产管理；实业投资。依据中国证监会行业分类标准其为金融保险业。

本次收购的收购方为三胞集团有限公司，为私有经济。其主营业务为电子计算机网络工程设计、施工、安装；电子计算机及配件、通信设备(不含卫星地面接收设施)开发、研制、生产、销售及售后服务与咨询；摄影器材、金属材料、建筑装饰材料、五金交电(不含助力车)、水暖器材、陶瓷制品、电器机械、汽配、百货、针纺织品、电子辞典(非出版物)、计算器、文教办公用品销售；家电维修；实业投资；投资管理；房地产开发经营；自营和代理各类商品和技术的进出口(但国家限定公司经营和禁止进出口的商品和技术除外)。依据中国证监会行业分类标准其为信息技术业。

本次收购的标的是南京新街口百货商店股份有限公司(简称南京新百，600682.SH)。标的公司的经济性质为私有经济。主营业务为预包装食品、散装食品(炒货、蜜饯、糕点、茶叶)、保健食品、冷热饮品销售；中餐制售；音像制品、卷烟、雪茄烟、烟丝、罚没国外烟草制品零售。一般经营项目：百货、化妆品、纺织品、针织品、服装、鞋帽、眼睛(不含角膜接触镜及护理液)、钟表、玉器、珠宝、金银制品等。依据中国证监会行业分类标准其为批发和零售贸易。

本次交易前，三胞集团有限公司不再持有南京新百的股份，南京新百投资控股集团有限公司持有南京新百 15.15%的股份，为第二大股东。

本次交易中，南京新百投资控股集团有限公司向三胞集团有限公司转让了南京新百的 54298556 股，双方最终达成的交易价格为 53592.67 万元，收购方以现金方式支付对价，其中以现金方式支付 53592.67 万元，该部分资金来源为自有资金。

本次交易后，三胞集团有限公司持有南京新百 15.15%的股份，为第二大股东，南京新百投资控股集团有限公司不再持有南京新百的股份。

【南京新百(600682.SH)】　首次公告日:2011-6-2

本次收购的出让方为南京金鹰国际集团有限公司为港澳台经济。其主营业务为许可经营项目：无。一般经营项目：在批准受让的编号为 050010020037 号地块上从事房地产开发建设、销售、租赁；在已开发建设的编号为 050010020074 号、050010020041 号地块上从事房地产销售、租赁；商业设施、物业管理及配套服务；投资咨询管理及电子、通信、生物、医药等软硬件开发。依据中国证监会行业分类标准其为房地产业。

本次收购的收购方为三胞集团有限公司，为私有经济。其主营业务为电子计算机网络工程设计、施工、安装；电子计算机及配件、通信设备(不含卫星地面接收设施)开发、研制、生产、销售及售后服务与咨询；摄影器材、金属材料、建筑装饰材料、五金交电(不含助力车)、水暖器材、陶瓷制品、电器机械、汽配、百货、针纺织品、电子辞典(非出版物)、计算器、文教办公用品销售；家电维修；实业投资；投资管理；房地产开发经营；自营和代理各类商品和技术的进出口(但国家限定公司经营和禁止进出口的商品和技术除外)。依据中国证监会行业分类标准其为信息技术业。

本次收购的标的是南京新街口百货商店股份有限公司(简称南京新百，600682.SH)。标的公司的经济性质为私有经济。主营业务为预包装食品、散装食品(炒货、蜜饯、糕点、茶叶)、保健食品、冷热饮品销售；中餐制售；音像制品、卷烟、雪茄烟、烟丝、罚没国外烟草制品零售。一般经营项目：百货、化妆品、纺织品、针织品、服装、鞋帽、眼睛(不含角膜接触镜及护理液)、钟表、玉器、珠宝、金银制品等。依据中国证监会行业分类标准其为批发和零售贸易。

本次交易前，三胞集团有限公司持有南京新百 15.15%的股份，为第二大股东，南京金鹰国际集团有限公司持有南京新百 1.14%的股份。

本次交易中，南京金鹰国际集团有限公司向三胞集团有限公司转让了南京新百的 4075252 股，双方最终达成的交易价格为 4022.27 万元，收购方以现金方式支付对价，其中以现金方式支付 4022.27 万元，该部分资金来源为自有资金。

本次交易后，三胞集团有限公司持有南京新百 16.29%的股份，为第一大股东，南京金鹰国际集团有限公司不再持有南京新百的股份。

【*ST 中华 A(000017.SZ)】首次公告日:2011-4-12

本次收购的出让方为深圳市国民投资发展有

限公司为私有经济。其主营业务为兴办实业（具体项目另行申报）；国内商业、物资供销业（不含专营、专控、专卖商品）；汽车（不含小轿车）的购销；开办管理新亚洲电子商城。依据中国证监会行业分类标准其为批发和零售贸易。

本次收购的收购方为自然人纪汉飞。

本次收购的标的是深圳市国晟能源投资发展有限公司。标的公司的经济性质为私有经济。主营业务为兴办实业（具体项目另行申报）；国内商业、物资供销业（不含专营、专控、专卖产品）。依据中国证监会行业分类标准其为批发和零售贸易。

本次交易前，自然人纪汉飞不再持有非上市公司的股份，深圳市国民投资发展有限公司持有非上市公司100.00%的股份，为第一大股东。

本次交易后，自然人纪汉飞持有非上市公司100.00%的股份，为第一大股东，深圳市国民投资发展有限公司不再持有标的所属公司的股份。

【宁波热电（600982.SH）】　首次公告日：2011－1－12

本次收购的出让方为宁波市发展和改革委员会为国有经济。其主营业务为组织编制和实施全市国民经济和社会发展战略、中长期规划和年度计划；负责规划体制改革，建立发展规划体系；负责规划、计划的制定和组织审核、评估调整等综合管理工作；等等。依据中国证监会行业分类标准其为国家机关、政党机关、社会团体。

本次收购的收购方为宁波开发投资集团有限公司，为国有经济。其主营业务为项目投资、资产经营、房地产开发、物业管理；本公司房屋租赁；建筑装潢材料、机电设备的批发、零售依据中国证监会行业分类标准其为金融保险业。

本次收购的标的是宁波华源实业发展公司。标的公司的经济性质为国有经济。主营业务为能源、原材料、节能工业项目投资、设备租赁依据中国证监会行业分类标准其为能源材料和机械电子设备批发业。

本次交易前，宁波开发投资集团有限公司不再持有非上市公司的股份，宁波市发展和改革委员会持有非上市公司100.00%的股份，为第一大股东。

本次交易后，宁波开发投资集团有限公司持有非上市公司100.00%的股份，为第一大股东，宁波市发展和改革委员会不再持有标的所属公司的股份。

在本次交易中，收购方聘请了国浩律师集团（杭州）事务所作为其法律顾问。

【＊ST白猫（600633.SH）】　首次公告日：2011－1－4

本次收购的出让方为自然人傅建中。

本次收购的收购方为自然人林海文。

本次收购的标的是浙江新洲集团有限公司。标的公司的经济性质为私有经济。主营业务为许可经营项目：煤炭批发经营（凭《煤炭经营许可证》经营，有效期至2013年12月27日）。一般经营项目：实业投资开发，建筑材料、金属材料、化工原料及产品（不含危险品）、办公自动化设备、办公用品、汽车、燃料油（不含成品油）的销售，经济信息咨询（不含证券、期货咨询），新材料开发，房屋中介代理服务，企业形象策划，经营进出口业务（上述经营范围不含国家法律法规禁止、限制和许可经营的项目）。依据中国证监会行业分类标准其为批发和零售贸易。

本次交易前，自然人林海文持有非上市公司35.00%的股份，为第二大股东，自然人傅建中持有非上市公司45.00%的股份，为第一大股东。

本次交易中，自然人傅建中向自然人林海文转让了非上市公司的14850股，双方最终达成的交易价格为14850.00万元，收购方以现金方式支付对价，其中以现金方式支付14850.00万元，该部分资金来源为自有资金。

本次交易后，自然人林海文持有非上市公司80.00%的股份，为第一大股东，自然人傅建中不再持有标的所属公司的股份。

金融保险业

【ST金叶（000587.SZ）】　首次公告日：2011－12－31

本次收购的出让方为深圳市利明泰股权投资基金有限公司为私有经济。其主营业务为对未上市企业进行股权投资；开展股权投资和企业上市咨询业务。依据中国证监会行业分类标准其为金融信托业。

本次收购的收购方为宝钢集团有限公司，为国有经济。其主营业务为经营国务院授权管理范围内的国有资产，并开展有关投资业务；钢铁冶炼、冶金矿产、化工(除危险品)，电力、码头、仓储、运输与钢铁相关的业务以及技术开发、技术转让、技术服务和技术管理咨询业务，外经贸部批准的进出口业务，国内贸易(除专项规定)，商品及技术的进出口业务。依据中国证监会行业分类标准其为炼钢业。

本次收购的标的是深圳九五投资有限公司。标的公司的经济性质为私有经济。主营业务为投资兴办实业(具体项目另行申报)、房地产开发、国内贸易(不含专营、专控、专卖商品)、从事货物及技术的进出口贸易(国家明令禁止及特种许可的除外)、投资咨询(不含人才中介服务、证券及限制项目)。依据中国证监会行业分类标准其为金融信托业。

本次交易前，宝钢集团有限公司持有非上市公司20.18%的股份，为第三大股东，深圳市利明泰股权投资基金有限公司持有非上市公司44.09%的股份，为第一大股东。

本次交易后，宝钢集团有限公司持有非上市公司40.16%的股份，为第一大股东，深圳市利明泰股权投资基金有限公司持有非上市公司24.11%的股份，为第三大股东。

在本次交易中，收购方聘请了国盛证券有限责任公司作为其财务顾问，聘请了中磊会计师事务所担任本次交易的会计师。

【多伦股份(600696.SH)】　首次公告日:2011－12－6

本次收购的出让方为东诚国际企业有限公司为港澳台经济。其主营业务为贸易、投资管理。依据中国证监会行业分类标准其为批发和零售贸易。

本次收购的收购方为自然人李勇鸿。

本次收购的标的是多伦投资(香港)有限公司。标的公司的经济性质为港澳台经济。主营业务为贸易、投资管理。依据中国证监会行业分类标准其为金融信托业。

本次交易前，自然人李勇鸿不再持有非上市公司的股份，东诚国际企业有限公司持有非上市公司60.00%的股份，为第一大股东。

本次交易后，自然人李勇鸿持有非上市公司60.00%的股份，为第一大股东，东诚国际企业有限公司不再持有标的所属公司的股份。

【中汇医药(000809.SZ)】　首次公告日:2011－9－8

本次收购的出让方为铁岭财政资产经营有限公司为国有经济。其主营业务为政府授权范围内的国有资产经营；城镇基础设施建设；房地产开发。依据中国证监会行业分类标准其为金融信托业。

本次收购的收购方为四川中汇医药(集团)股份有限公司(简称中汇医药，000809.SZ)，为私有经济。其主营业务为药品、保健品、食品、化妆品、医疗器械的投资及开发，相关技术研发、转让、服务，医药及其他项目的投资。(以上项目需要行政许可或审批的，取得相关许可或审批后经营，国家禁止或限制的不得经营)。依据中国证监会行业分类标准其为医药生物制品。

本次收购的标的是铁岭财京投资有限公司。标的公司的经济性质为国有经济。主营业务为对新城区土地的征用、市政基础设施建设、土地开发、房地产开发、工业项目开发的投资。依据中国证监会行业分类标准其为金融信托业。

本次交易前，四川中汇医药(集团)股份有限公司不再持有非上市公司的股份，为第十大股东，铁岭财政资产经营有限公司持有非上市公司50.00%的股份，为第一大股东。

本次交易后，四川中汇医药(集团)股份有限公司持有非上市公司50.00%的股份，为第一大股东，铁岭财政资产经营有限公司不再持有标的所属公司的股份。

在本次交易中，收购方聘请了信达证券股份有限公司作为其财务顾问，聘请了北京市中伦律师事务所作为其法律顾问，聘请了中磊会计师事务所有限责任公司担任本次交易的会计师，聘请了北京国融兴华资产评估有限责任公司担任本次交易的资产评估师。

【＊ST铜城(000672.SZ)】　首次公告日:2011－8－27

本次收购的出让方为北京锦绣大地农产品有限责任公司为私有经济。其主营业务为销售果蔬、调料、粮油、干果、水产品、蛋、茶叶、定型包装食品（含乳冷食品）、饮料、酒；货物运输；法律、行政法规、国务院决定禁止的，不得经营的；法律、行政法规、国务院决定规定应经许可的，经审批机关批准并经工商行政管理机关登记注册后方可经营；法律、行政法规、国务院决定未规定许可的，自主选择经营项目开展经营活动。依据中国证监会行业分类标准其为食品饮料烟草零售业。

本次收购的收购方为浙江金昌投资管理有限公司，为私有经济。其主营业务为投资管理，实业投资，投资咨询服务，企业财务管理咨询。依据中国证监会行业分类标准其为金融信托业。

本次收购的标的是北京兴业玉海投资有限公司。标的公司的经济性质为私有经济。主营业务为项目投资；投资管理；投资咨询；商务信息咨询；技术开发、技术转让、技术服务；装饰设计；企业形象策划；组织文化艺术交流活动（不含演出）；承办展览展示；销售建筑材料、装设材料。依据中国证监会行业分类标准其为金融信托业。

本次交易前，浙江金昌投资管理有限公司持有非上市公司25.00%的股份，为第三大股东，北京锦绣大地农产品有限责任公司持有非上市公司38.00%的股份，为第一大股东。

本次交易后，浙江金昌投资管理有限公司持有非上市公司63.00%的股份，为第一大股东，北京锦绣大地农产品有限责任公司不再持有标的所属公司的股份。

【北亚集团(600705.SH)】　　首次公告日:2011－6－7

本次收购的出让方为中国航空工业集团公司为国有经济。其主营业务为许可经营项目：军用航空器及发动机、制导武器、军用燃气轮机、武器装备配套系统与产品的研究、设计、研制、试验、生产、销售、维修、保障及服务等业务。一般经营项目：金融、租赁、通用航空服务、交通运输、医疗、工程勘察设计、工程承包与施工、房地产开发等产业的投资与管理；民用航空器及发动机、机载设备与系统、燃气轮机、汽车和摩托车及发动机（含零部件）、制冷设备、电子产品、环保设备、新能源设备的设计、研制、开发、试验、生产、销售、维修服务；设备租赁；工程勘察设计；工程承包与施工；房地产开发与经营；与以上业务相关的技术转让、技术服务；进出口业务。依据中国证监会行业分类标准其为航空航天器制造业。

本次收购的收购方为北亚实业（集团）股份有限公司（简称S＊ST北亚，600705.SH），为国有经济。其主营业务为机电化工领域技术服务、技术咨询。销售易货商品、粮油、木材及制品、化工原料及产品（不含危险品）、有色金属。铁路客运。电子及计算机产品开发、生产、销售、网络设计，经销无线电发射设备，通信咨询业务。自有房屋租赁。铁路自备车运输。自营和代理进出口业务（按进出口企业资格证书核定的范围经营）。金属制品制造及销售，钢压延加工及销售。依据中国证监会行业分类标准其为综合类。

本次收购的标的是中航投资控股有限公司。标的公司的经济性质为国有经济。主营业务为实业投资、股权投资、投资咨询。依据中国证监会行业分类标准其为金融信托业。

本次交易前，北亚实业（集团）股份有限公司不再持有非上市公司的股份，中国航空工业集团公司持有非上市公司100.00%的股份，为第一大股东。

本次交易后，北亚实业（集团）股份有限公司持有非上市公司100.00%的股份，为第一大股东，中国航空工业集团公司不再持有标的所属公司的股份。

在本次交易中，收购方聘请了中信建投证券有限责任公司作为其财务顾问，聘请了北京尚公律师事务所作为其法律顾问，聘请了京都天华会计师事务所有限公司、天健正信会计师事务所有限公司担任本次交易的会计师，聘请了北京中企华资产评估有限责任公司、北京天健兴业资产评估有限公司担任本次交易的资产评估师。

【宁波银行(002142.SZ)】　　首次公告日:2011－4－28

本次收购的出让方为宁波市财政局为国有经济。依据中国证监会行业分类标准其为国家机关、政党机关、社会团体。

本次收购的收购方为宁波开发投资集团有限公司，为国有经济。其主营业务为项目投资、资产经营、房地产开发、物业管理；本公司房屋租赁；建筑装潢材料、机电设备的批发、零售依据中国证监会行业分类标准其为金融保险业。

本次收购的标的是宁波银行股份有限公司(简称宁波银行,002142.SZ)。标的公司的经济性质为国有经济。主营业务为经中国人民银行和中国银行业监督管理委员会批准的下列业务：吸收公众存款；发放短期、中期和长期贷款；办理国内结算；办理票据贴现；发放金融债券；代理发行、代理兑付、承销政府债券；买卖政府债券；从事同业拆借；提供担保；代理收付款项及代理保险业务；提供保险箱服务；办理地方财政信用周转使用资金的委托贷款业务；外汇存款、贷款、汇款；外币兑换；国际结算，结汇、售汇；同业外汇拆借；外币票据的承兑和贴现；外汇担保。依据中国证监会行业分类标准其为金融保险业。

本次交易前,宁波开发投资集团有限公司不再持有宁波银行的股份,宁波市财政局持有宁波银行9.36%的股份,为第二大股东。

本次交易中,宁波市财政局向宁波开发投资集团有限公司转让了宁波银行的27000股,双方最终达成的交易价格为交易价格不明。

本次交易后,宁波开发投资集团有限公司持有宁波银行9.36%的股份,为第二大股东,宁波市财政局不再持有宁波银行的股份。

房地产业

【＊ST创智(000787.SZ)】 首次公告日:2011-12-31

本次收购的出让方为成都泰维投资管理有限公司为私有经济。其主营业务为项目投资与资产管理、市场调查咨询(以上经营范围不含法律法规、国务院决定禁止或限制的项目,涉及许可的按许可内容及时效经营,后置许可项目凭许可证或审批文件经营)依据中国证监会行业分类标准其为金融保险业。

本次收购的出让方为四川大地实业集团有限公司为私有经济。其主营业务为房地产开发经营；商品批发与零售；职业技能培训；商务服务业；计算机服务业；软件业(以上项目不含前置许可项目,后置许可项目凭许可证或审批文件经营)依据中国证监会行业分类标准其为房地产开发与经营业。

本次收购的收购方为创智信息科技股份有限公司(简称＊ST创智,000787.SZ),为私有经济。其主营业务为研制、开发、生产、销售计算机软件及配套系统、提供软件制作及软件售后服务。依据中国证监会行业分类标准其为信息技术业。

本次收购的标的是成都国地置业有限公司。标的公司的经济性质为私有经济。主营业务为基础设施建设项目的开发、建设；土地整理；建筑材料销售；物业管理；其他与房地产开发、基础设施相关的咨询、服务、培训业务(非学历培训)依据中国证监会行业分类标准其为房地产业。

本次交易前,创智信息科技股份有限公司不再持有非上市公司的股份,成都泰维投资管理有限公司、四川大地实业集团有限公司持有非上市公司100.00%的股份,为第一大股东。

本次交易后,创智信息科技股份有限公司持有非上市公司95.31%的股份,为第一大股东,成都泰维投资管理有限公司、四川大地实业集团有限公司持有非上市公司4.69%的股份,为第二大股东。

在本次交易中,收购方聘请了信达证券股份有限公司作为其财务顾问,聘请了华信会计师事务所担任本次交易的会计师,聘请了北京中企华资产评估有限责任公司担任本次交易的资产评估师。

【＊ST商务(000863.SZ)】 首次公告日:2011-10-12

本次收购的出让方为上海三湘投资控股有限公司为私有经济。其主营业务为实业投资,资产管理,国内贸易,从事货物及技术的进出口业务,房地产开发、经营,上述范围内的业务咨询(除经纪)。(涉及行政许可的,凭许可证经营)；依据中国证监会行业分类标准其为房地产开发与经营业。

本次收购的出让方为自然人陈劲松、自然人黄建、自然人黄卫枝、自然人李晓红、自然人厉农帆、自然人王庆华、自然人徐玉、自然人许文智。

本次收购的收购方为深圳和光现代商务股份有限公司(简称＊ST商务,000863.SZ),为国有经济。其主营业务为实业投资,资产管理,国内贸易(除专项规定外),房地产开发、经营,科技开发以及上述范围的业务咨询(上述经营范围涉及许可和审批项目的凭许可证或批准件经营)。依据中国证监会行业分类标准其为信息技术业。

本次收购的标的是上海三湘股份有限公司。标的公司的经济性质为私有经济。主营业务为实业投资,资产管理,国内贸易(除专项规定外),房地产开发、经营,科技开发以及上述范围的业务咨询(上述经营范围涉及许可和审批项目的凭许可证或批准件经营)依据中国证监会行业分类标准其为房地产开发与经营业。

本次交易前,深圳和光现代商务股份有限公司不再持有非上市公司的股份,上海三湘投资控股有限公司、自然人陈劲松、自然人黄建、自然人黄卫枝、自然人李晓红、自然人厉农帆、自然人王庆华、自然人徐玉、自然人许文智持有非上市公司 100.00%的股份,为第一大股东。

本次交易后,深圳和光现代商务股份有限公司持有非上市公司 100.00%的股份,为第一大股东,上海三湘投资控股有限公司、自然人陈劲松、自然人黄建、自然人黄卫枝、自然人李晓红、自然人厉农帆、自然人王庆华、自然人徐玉、自然人许文智不再持有标的所属公司的股份。

在本次交易中,收购方聘请了国金证券股份有限公司作为其财务顾问,聘请了北京德恒律师事务所作为其法律顾问,聘请了众环会计师事务所有限公司担任本次交易的会计师,聘请了湖北众联资产评估有限公司担任本次交易的资产评估师;出让方聘请了湘财证券有限责任公司作为其财务顾问,聘请了北京市天同律师事务所所作为其法律顾问,聘请了天健会计师事务所有限公司担任本次交易的会计师,聘请了北京天健兴业资产评估有限公司担任本次交易的资产评估师。

【深长城 A(000042.SZ)】　首次公告日:2011-8-29

本次收购的收购方为深圳市瑞昌捷投资发展有限公司,为私有经济。其主营业务为投资兴办实业(具体项目另行申报);国内贸易(不含专营、专控、专卖商品);信息咨询(不含人才中介、证券、保险、金融业务及其它限制项目)。依据中国证监会行业分类标准其为批发和零售贸易。

本次收购的收购方为自然人黄将南、自然人黄将忠。

本次收购的标的是深圳市长城投资控股股份有限公司(简称深长城 A,000042.SZ)。标的公司的经济性质为国有经济。主营业务为房地产开发及商品房的销售、管理;承接建筑安装工程;自有物业租赁。依据中国证监会行业分类标准其为房地产业。

本次交易前,深圳市瑞昌捷投资发展有限公司、新华人寿保险股份有限公司、太极集团重庆桐君阁药厂有限公司不再持有深长城 A 的股份,不再持有深长城 A 的股份。

本次交易中,深圳市瑞昌捷投资发展有限公司、自然人黄将南、自然人黄将忠受让了深长城 A 的 11973238 股,交易价格为 21039.37 万元,收购方以现金方式支付对价,其中以现金方式支付 21039.37 万元,该部分资金来源为自有资金。

本次交易后,深圳市瑞昌捷投资发展有限公司、自然人黄将南、自然人黄将忠持有深长城 A5.00%的股份,为第一大股东,不再持有深长城 A 的股份。

【香梨股份(600506.SH)】　首次公告日:2011-7-27

本次收购的出让方为新疆维吾尔自治区新业国有资产经营有限责任公司为国有经济。其主营业务为一般经营项目(国家法律、行政法规有专项审批规定的项目除外);项目投资;资产管理服务;与企业改制相关的咨询服务。依据中国证监会行业分类标准其为金融保险业。

本次收购的收购方为新疆昌源水务集团有限公司,为国有经济。其主营业务为水资源及土地资源的开发;水务业投资及资产管理;引水工程建设投资;苦咸水淡化;水利水电物资、建材、金属材料、水泥、化工产品、橡胶制品的销售;房屋租赁依据中国证监会行业分类标准其为自来水的生产和供应业。

本次收购的标的是新疆融盛投资有限公司。标的公司的经济性质为国有经济。主营业务为房地产投资、矿业投资、农业投资、工业的投资,投资咨询,矿业技术咨询,房屋租赁、计算机硬件及软件、办公自动化设备、消防器材、家用电器、汽车配件、建筑材料、钢材、石油机械及设备、机电产品、化工产品、劳保用品、办公用品、五金交电、碳素制品、非金属矿产品、焦碳、兰碳的销售;农产品收购,自营和代理各类商品和技术的进出口业务,房地产经纪服务。依据中国证监会行业分类标准其为房地产业。

本次交易前,新疆昌源水务集团有限公司不再持有非上市公司的股份,新疆维吾尔自治区新业国有资产经营有限责任公司持有非上市公司100.00%的股份,为第一大股东。

本次交易后,新疆昌源水务集团有限公司持有非上市公司100.00%的股份,为第一大股东,新疆维吾尔自治区新业国有资产经营有限责任公司不再持有标的所属公司的股份,为第十大股东。

【*ST华源(600094.SH)】 首次公告日:2011-6-15

本次收购的出让方为福州东福实业发展有限公司为私有经济。其主营业务为建造、销售商品房,生产销售建筑材料及相关五金件。(涉及审批许可项目的,只允许在审批许可的范围和有效期限内从事生产经营)。依据中国证监会行业分类标准其为房地产业。

本次收购的收购方为上海华源股份有限公司(简称*ST华源,600094.SH),为国有经济。其主营业务为生产、加工聚酯产品、化纤、棉毛丝麻纺织品、印染及后整理制品、服装服饰、生物制品、农药及中间体、药品原料及制剂、保健品、新型建材、包装材料、现代通讯信息新材料及相关器件,上述产品的研究开发、技术咨询、销售自产产品;投资举办符合国家产业政策的项目(具体项目另行报批);经营进出口业务(涉及许可经营的凭许可证经营)。依据中国证监会行业分类标准其为化学纤维制造业。

本次收购的标的是名城地产(福建)有限公司。标的公司的经济性质为私有经济。主营业务为综合房地产开发(以上经营范围涉及许可经营项目的,应在取得有关部门的许可后方可经营)。依据中国证监会行业分类标准其为房地产业。

本次交易前,上海华源股份有限公司不再持有非上市公司的股份,福州东福实业发展有限公司持有非上市公司50.50%的股份,为第一大股东。

本次交易后,上海华源股份有限公司持有非上市公司50.50%的股份,为第一大股东,福州东福实业发展有限公司不再持有标的所属公司的股份。

在本次交易中,收购方聘请了国金证券股份有限公司作为其财务顾问,聘请了北京市尚公律师事务所作为其法律顾问,聘请了天职国际会计师事务所有限公司担任本次交易的会计师,聘请了福建中兴资产评估房地产土地估价有限责任公司担任本次交易的资产评估师。

【旭飞投资(000526.SZ)】 首次公告日:2011-6-14

本次收购的出让方为自然人黄怡。

本次收购的收购方为自然人廖春荣。

本次收购的标的是远基有限公司(香港)。标的公司的经济性质为港澳台经济。依据中国证监会行业分类标准其为房地产业。

本次交易前,自然人廖春荣不再持有非上市公司的股份,自然人黄怡持有非上市公司61.00%的股份,为第一大股东。

本次交易后,自然人廖春荣持有非上市公司61.00%的股份,为第一大股东,自然人黄怡不再持有标的所属公司的股份。

【ST东源(000656.SZ)】 首次公告日:2011-5-28

本次收购的出让方为重庆市金科投资有限公司为私有经济。其主营业务为从事投资业务及投资管理咨询服务(不得从事金融业务)。依据中国证监会行业分类标准其为社会服务业。

本次收购的出让方为自然人黄红云、自然人黄净、自然人黄晴、自然人黄斯诗、自然人黄星顺、自然人黄一峰、自然人陶虹遐、自然人陶建、自然人王天碧、自然人王小琴。

本次收购的收购方为重庆东源产业发展股份有限公司(简称ST东源,000656.SZ),为私有经济。其主营业务为房地产开发(按资质证书核定项目承接业务),物业管理;房屋租赁;企业营销策划及企业管理咨询服务;高新技术项目的研制、开发等。依据中国证监会行业分类标准其为房地产业。

本次收购的标的是重庆市金科实业(集团)有

限公司。标的公司的经济性质为私有经济。主营业务为房地产开发(按资质等级证书核定项目承接业务),物业管理,销售建筑材料,装饰材料,化工产品(以上不含危险化学品),金属材料(不含稀贵金属),五金,交电,计算机及配件,机电设备安装,企业管理咨询服务。依据中国证监会行业分类标准其为房地产业。

本次交易前,重庆东源产业发展股份有限公司不再持有非上市公司的股份,重庆市金科投资有限公司、自然人黄红云、自然人黄净、自然人黄晴、自然人黄斯诗、自然人黄星顺、自然人黄一峰、自然人陶虹遐、自然人陶建、自然人王天碧、自然人王小琴持有非上市公司100.00%的股份,为第一大股东。

本次交易后,重庆东源产业发展股份有限公司持有非上市公司100.00%的股份,重庆市金科投资有限公司、自然人黄红云、自然人黄净、自然人黄晴、自然人黄斯诗、自然人黄星顺、自然人黄一峰、自然人陶虹遐、自然人陶建、自然人王天碧、自然人王小琴不再持有标的所属公司的股份。

在本次交易中,收购方聘请了安信证券股份有限公司作为其财务顾问,聘请了广东晟典律师事务所作为其法律顾问,聘请了重庆华康资产评估有限责任公司担任本次交易的资产评估师。

【九龙山(600555.SH)】　　首次公告日:2011-3-17

本次收购的出让方为平湖九龙山海湾度假城休闲城服务有限公司为私有经济。其主营业务为户外休闲健身活动及翻译服务。依据中国证监会行业分类标准其为社会服务业。

本次收购的收购方为上海海航大新华置业有限公司,为国有经济。其主营业务为房地产开发经营,物业管理,停车场收费,室内装潢,建材、普通机电设备的销售。(企业经营涉及行政许可的,凭许可证件经营)。依据中国证监会行业分类标准其为房地产业。

本次收购的收购方为海航置业控股(集团)有限公司,为国有经济。其主营业务为承担各类型工业与民用建设项目的策划、管理,室内外装饰装修工程,房地产项目投资开发,酒店项目开发、赛事组织和策划,高尔夫旅游业服务及咨询服务,高尔夫球场建设,建筑材料、家用电器、电子产品、通讯设备的销售,物业管理服务。依据中国证监会行业分类标准其为房地产业。

本次收购的标的是上海九龙山股份有限公司(简称九龙山,600555.SH)。标的公司的经济性质为私有经济。主营业务为房地产、商业房产综合开发、印刷、造纸、进出口业务(涉及许可经营的凭许可证经营)。依据中国证监会行业分类标准其为房地产开发与经营业。

本次交易前,上海海航大新华置业有限公司、海航置业控股(集团)有限公司不再持有九龙山的股份,平湖九龙山海湾度假城休闲城服务有限公司持有九龙山27.63%的股份,为第一大股东。

本次交易中,平湖九龙山海湾度假城休闲城服务有限公司向上海海航大新华置业有限公司、海航置业控股(集团)有限公司转让了九龙山的296420000股,双方最终达成的交易价格为139317.40万元,收购方以现金方式支付对价,其中以现金方式支付139317.40万元,该部分资金来源为自有资金。

本次交易后,上海海航大新华置业有限公司、海航置业控股(集团)有限公司持有九龙山22.74%的股份,为第一大股东,平湖九龙山海湾度假城休闲城服务有限公司持有九龙山4.89%的股份,为第六大股东。

社会服务业

【海虹控股(000503.SZ)】　　首次公告日:2011-9-21

本次收购的出让方为自然人林宗岐。

本次收购的收购方为自然人康乔。

本次收购的标的是海南柏景咨询服务有限公司。标的公司的经济性质为私有经济。主营业务为财务网络服务、财务管理咨询、财务信息咨询、计算机网络设计及安装、房地产信息咨询、税务代理、海关报关服务(凡需行政许可的项目凭许可证经营)依据中国证监会行业分类标准其为社会服务业。

本次交易前,自然人康乔持有非上市公司33.00%的股份,为第二大股东,自然人林宗岐持有非上市公司66.00%的股份,为第一大股东。

本次交易后,自然人康乔持有非上市公司99.00%的股份,为第一大股东,自然人林宗岐不再持有标的所属公司的股份。

传播与文化产业

【*ST嘉瑞(000156.SZ)】 首次公告日:2011-8-19

本次收购的出让方为华数数字电视传媒集团有限公司为国有经济。其主营业务为第二类增值电信业务中的信息服务业务;国家数字电视试验平台营运,有线广播电视网络服务,有线广播电视网络建设与维护管理,网络出租、广播电视节目传输、信息服务;数字电视业务、互联网业务、相关工程业务、相关增值业务,我国自主研发数字电视各项技术方案的国家级验证和认证;安装、批发、零售:计算机、广播电视网络设备,电子产品,办公自动化设备,与数字电视相关配套产品;含下属分支机构的经营范围;其他无需报经审批的一切合法项目。依据中国证监会行业分类标准其为社会服务业。

本次收购的收购方为湖南嘉瑞新材料集团股份有限公司(简称*ST嘉瑞,000156.SZ),为私有经济。其主营业务为PVC、PU人造革、塑料制品、铝合金型材及其相关产品的生产、销售;实业投资,金属与非金属材料及制品业投资;房屋及设备租赁;人造革技术开发及技术转让;国家法律、法规允许范围内的其它国内贸易业务;经营本企业《中华人民共和国企业资格证书》核定范围内的进出口业务。依据中国证监会行业分类标准其为金属制品业。

本次收购的标的是华数传媒网络有限公司。标的公司的经济性质为国有经济。主营业务为一般经营项目:经营广播、数字电视的信息服务及相关技术服务,有线广播、电视网络工程建设、维护管理服务,计算机、广播电视网络设备、数字音频、视频产品、电子产品、办公自动化设备的安装、销售,设计、制作、代理、发布国内各类广告。依据中国证监会行业分类标准其为传播与文化产业。

本次交易前,湖南嘉瑞新材料集团股份有限公司不再持有非上市公司的股份,华数数字电视传媒集团有限公司持有非上市公司60.90%的股份,为第一大股东。

本次交易后,湖南嘉瑞新材料集团股份有限公司持有非上市公司60.90%的股份,为第一大股东,华数数字电视传媒集团有限公司不再持有标的所属公司的股份。

在本次交易中,收购方聘请了中银国际证券有限责任公司作为其财务顾问,聘请了浙江天册律师事务所作为其法律顾问,聘请了天健会计师事务所有限公司担任本次交易的会计师,聘请了中和资产评估有限公司担任本次交易的资产评估师。

【华闻传媒(000793.SZ)】 首次公告日:2011-3-2

本次收购的出让方为首都机场集团公司为国有经济。其主营业务为机场管理、机场建设、投资融资、酒店旅业、服务保障依据中国证监会行业分类标准其为机场及航空运输辅助业。

本次收购的收购方为上海渝富资产管理有限公司,为国有经济。其主营业务为资产管理,投资管理,商务信息咨询,企业管理咨询。依据中国证监会行业分类标准其为社会服务业。

本次收购的标的是华闻传媒投资集团股份有限公司(简称华闻传媒,000793.SZ)。标的公司的经济性质为国有经济。主营业务为传播与文化产业的投资、开发、管理及咨询服务;信息集成、多媒体内容制作与经营;广告策划、制作和经营;多媒体技术开发与投资;电子商务;燃气开发、经营、管理及燃气设备销售;房地产的综合开发、销售;高科技风险投资;贸易及贸易代理(凡需行政许可的项目凭许可证经营)。依据中国证监会行业分类标准其为传播与文化产业。

本次交易前,上海渝富资产管理有限公司不再持有华闻传媒的股份,首都机场集团公司持有华闻传媒20.31%的股份,为第一大股东。

本次交易中,首都机场集团公司向上海渝富资产管理有限公司转让了华闻传媒的267205570股,双方最终达成的交易价格为131545.30万元,收购方以现金方式支付对价,其中以现金方式支付131545.30万元,该部分资金来源为自有资金。

本次交易后,上海渝富资产管理有限公司持有华闻传媒19.65%的股份,为第一大股东,首都机场集团公司持有华闻传媒0.66%的股份。

综合类

【中国高科(600730.SH)】　首次公告日:2011-2-26

本次收购的出让方为深圳市康隆科技发展有限公司(简称非上市公司,999999.SH),为国有经济。其主营业务为无线电通讯设备的销售及其他国内商业、物资供销业;兴办实业。经营进出口业务;电脑配件、手提电脑电池及充电器的技术开发和销售。依据中国证监会行业分类标准其为机械设备仪表。

本次收购的收购方为北大方正集团有限公司,为国有经济。其主营业务为IT行业,医药医疗依据中国证监会行业分类标准其为信息技术业。

本次收购的标的是中国高科集团股份有限公司(简称中国高科,600730.SH)。标的公司的经济性质为国有经济。主营业务为实业投资,创业投资,人才交流及培训;技术及商品展示,投资及经济技术咨询服务;电子通讯产品的生产销售,国内贸易,自营和代理各类商品及技术的进出口业务,经营进料加工和"三来一补"等依据中国证监会行业分类标准其为综合类。

本次交易前,北大方正集团有限公司不再持有中国高科的股份,深圳市康隆科技发展有限公司持有中国高科24.37%的股份,为第一大股东。

本次交易中,深圳市康隆科技发展有限公司向北大方正集团有限公司转让了中国高科的71493681股,双方最终达成的交易价格为50000.00万元,收购方以现金方式支付对价,其中以现金方式支付50000.00万元,该部分资金来源为自有资金。

本次交易后,北大方正集团有限公司持有中国高科24.37%的股份,为第一大股东,深圳市康隆科技发展有限公司不再持有中国高科的股份。

二、合并案例:吸收合并

采掘业

【恒源煤电(600971.SH)】　首次公告日:2011-6-24

本次合并的主并方为安徽恒源煤电股份有限公司(简称恒源煤电,600971.SH),为国有经济,其主营业务为:煤炭开采、洗选、销售,铁路运输、公路运输(限分公司经营),进出口业务等。依据中国证监会行业分类标准其为煤炭采选业。

本次合并的被并方为安徽卧龙湖煤矿有限责任公司,为国有经济,其主营业务为:煤炭开采、洗选、加工及销售,煤矸石开发、销售。依据中国证监会行业分类标准其为煤炭采选业。

本次合并为吸收合并,合并采用主并方协议收购被并方股权的方式,合并双方确定的合并基准日为2011-6-30。

在本次合并中,主并方聘请了安徽天禾律师事务所作为其法律顾问。

制造业——食品饮料

【上海梅林(600073.SH)】　首次公告日:2011-12-17

本次合并的主并方为上海梅林罐头食品厂有限公司,为国有经济,其主营业务为:经营食品、贸易。依据中国证监会行业分类标准其为罐头食品制造业。

本次合并的被并方为上海梅林食品有限公司,为国有经济,其主营业务为:生产罐头食品、调味品等。依据中国证监会行业分类标准其为食品制造业。

本次合并为吸收合并,合并采用主并方协议收购被并方股权的方式,合并双方确定的合并基准日为2011-12-31。

【恒顺醋业(600305.SH)】　首次公告日:2011-10-25

本次合并的主并方为江苏恒顺醋业股份有限公司(简称恒顺醋业,600305.SH),为国有经济,其主营业务为:生产销售食醋、酱油、酱菜、复合调味料、调味剂等系列调味品;副食品;粮油制品;饮料;色酒;恒顺牌恒顺胶囊及相关保健食品的生产、销售;粮食收储;技术咨询服务,食品机械加工销售。依据中国证监会行业分类标准其为食品制造业。

本次合并的被并方为恒丰食品镇江有限公司,为国有经济,其主营业务为:生产调味品(食醋、酱油、酱菜、花生酱),销售自产产品。依据中国证监会行业分类标准其为食品饮料。

本次合并为吸收合并,合并采用主并方协议收购被并方股权的方式。

【恒顺醋业(600305.SH)】 首次公告日:2011-10-25

本次合并的主并方为江苏恒顺醋业股份有限公司(简称恒顺醋业,600305.SH),为国有经济,其主营业务为:生产销售食醋、酱油、酱菜、复合调味料、调味剂等系列调味品;副食品;粮油制品;饮料;色酒;恒顺牌恒顺胶囊及相关保健食品的生产、销售;粮食收储;技术咨询服务,食品机械加工销售。依据中国证监会行业分类标准其为食品制造业。

本次合并的被并方为镇江恒丰酱醋有限公司,为国有经济,其主营业务为:生产食醋、调味品(酱油)、酱制品(酱菜、花生酱、鸡精)。依据中国证监会行业分类标准其为食品饮料。

本次合并为吸收合并,合并采用主并方协议收购被并方股权的方式。

【恒顺醋业(600305.SH)】 首次公告日:2011-8-16

本次合并的主并方为江苏恒顺醋业股份有限公司(简称恒顺醋业,600305.SH),为国有经济,其主营业务为:生产销售食醋、酱油、酱菜、复合调味料、调味剂等系列调味品;副食品;粮油制品;饮料;色酒;恒顺牌恒顺胶囊及相关保健食品的生产、销售;粮食收储;技术咨询服务,食品机械加工销售。依据中国证监会行业分类标准其为食品制造业。

本次合并的被并方为镇江恒大调味品有限责任公司,为国有经济,其主营业务为:食醋、酱油的生产、销售。依据中国证监会行业分类标准其为调味品制造业。

本次合并为吸收合并,合并采用主并方协议收购被并方股权的方式。

【青岛啤酒(600600.SH)】 首次公告日:2011-4-29

本次合并的主并方为青岛啤酒股份有限公司(简称青岛啤酒,600600.SH),为国有经济,其主营业务为:啤酒制造,技术研究、开发、转让、咨询,国内商业,自营进出口。依据中国证监会行业分类标准其为酒精及饮料酒制造业。

本次合并的被并方为青岛啤酒第三有限公司,为国有经济,其主营业务为:生产啤酒。依据中国证监会行业分类标准其为食品饮料。

本次合并为吸收合并,合并采用主并方协议收购被并方股权的方式。

【青岛啤酒(600600.SH)】 首次公告日:2011-4-29

本次合并的主并方为青岛啤酒股份有限公司(简称青岛啤酒,600600.SH),为国有经济,其主营业务为:啤酒制造,技术研究、开发、转让、咨询,国内商业,自营进出口。依据中国证监会行业分类标准其为酒精及饮料酒制造业。

本次合并的被并方为青岛啤酒第五有限公司,为国有经济,其主营业务为:生产啤酒。依据中国证监会行业分类标准其为食品饮料。

本次合并为吸收合并,合并采用主并方协议收购被并方股权的方式。

制造业——纺织服装皮毛

【江苏旷达(002516.SZ)】 首次公告日:2011-9-28

本次合并的主并方为江苏旷达汽车织物集团股份有限公司(简称江苏旷达,002516.SZ),为私有经济,其主营业务为:化纤复合面料、化纤布、化纤丝、汽车座椅套、座椅、汽车内饰件、纺织机械、玻璃钢制品制造、加工,布料涂层、涤纶丝网络加工。自营和代理各类商品及技术的进出口业务(国家限定企业经营或禁止进出口的商品及技术除外);车辆用装饰面料的相关技术开发;相关技术信息咨询;计算机软件开发;设备租赁;工业生产资料、汽车(除小轿车)及配件、针纺织品、服装销售;[以下限分支机构经营:化纤丝、汽车内饰面料制造、纺织品后整理、筒子染色、织布]。依据中国证监会行业分类标准其为纺织服装皮毛。

本次合并的被并方为上海旷达汽车织物有限公司,为私有经济,其主营业务为:化纤复合面料、汽车内饰件、针纺织品等。依据中国证监会行业分类标准其为纺织服装皮毛。

本次合并为吸收合并,合并采用主并方协议收购被并方股权的方式。

【雅戈尔(600177.SH)】 首次公告日:2011-5-5

本次合并的主并方为宁波雅戈尔控股有限公司,为私有经济,其主营业务为:投资及与投资相关业务(不含国家法律法规禁止、限制和许可经营的项目)。依据中国证监会行业分类标准其为其他行业。

本次合并的被并方为宁波富盛投资有限公司，为私有经济，依据中国证监会行业分类标准其为纺织服装皮毛。

本次合并为吸收合并，合并采用主并方协议收购被并方股权的方式，合并双方确定的合并基准日为2011－4－30。

在本次合并中，主并方聘请了中信证券股份有限公司作为其财务顾问，聘请了浙江和义律师事务所作为其法律顾问。

【宜科科技(002036.SZ)】　首次公告日:2011－4－16

本次合并的主并方为宁波牦牛服装衬料有限公司，为外商经济，其主营业务为：服装辅料、服饰、家纺用品的制造、加工。依据中国证监会行业分类标准其为纺织服装皮毛。

本次合并的被并方为宁波宜科服饰辅料有限公司，为外商经济，其主营业务为：服饰、服饰辅料、箱包的制造、加工。依据中国证监会行业分类标准其为纺织服装皮毛。

本次合并为吸收合并，合并采用主并方协议收购被并方股权的方式。

【保定天鹅(000687.SZ)】　首次公告日:2011－3－22

本次合并的主并方为保定天鹅股份有限公司(简称保定天鹅，000687.SZ)，为国有经济，其主营业务为：粘胶纤维制造销售；粘胶纤维的原辅材料的加工、销售；合作生产、来料加工、来样加工；粘胶纤维的深加工、开发服务、咨询转让；自产产品和技术出口业务和原辅材料、机械设备、零配件及技术进口业务。依据中国证监会行业分类标准其为服装及其他纤维制品制造业。

本次合并的被并方为保定天鹅氨纶有限公司，为国有经济，其主营业务为：生产销售熔融纺氨纶长丝等货物及技术出口业务。依据中国证监会行业分类标准其为丝绢纺织业。

本次合并为吸收合并，合并采用主并方协议收购被并方股权的方式。

制造业——石油化学塑胶塑料

【新安股份(600596.SH)】　首次公告日:2011－12－28

本次合并的主并方为宁夏新安科技有限公司，为私有经济依据中国证监会行业分类标准其为石油化学塑胶塑料。

本次合并的被并方的股东之一为徐建平。

本次合并的被并方为宁夏三喜科技有限公司，为私有经济，其主营业务为：高精多菌灵、敌草隆生产销售。依据中国证监会行业分类标准其为化学原料及化学制品制造业。

本次合并为吸收合并，合并采用主并方协议收购被并方股权的方式。

【新安股份(600596.SH)】　首次公告日:2011－12－28

本次合并的主并方为宁夏新安科技有限公司，为私有经济依据中国证监会行业分类标准其为石油化学塑胶塑料。

本次合并的被并方的股东之一为浙江新安化工集团股份有限公司(简称新安股份，600596.SH)，为私有经济，其主营业务为：化工原料及产品、化工机械、农药、化肥、包装物的制造和经营，本企业自产的化工原料及化工产品、农药及其中间体的出口业务，生产科研所需原辅材料、机械设备、仪器仪表、零配件等商品及相关技术的进口业务，开展“三来一补”业务，与上述业务相关的咨询、修理服务，汽车运输业务；化工石油工程施工；压力容器、压力管道设计；低压成套配电柜制造；设备及机组的修理、保养。依据中国证监会行业分类标准其为石油化学塑胶塑料。

本次合并的被并方为宁夏三喜科技有限公司，为私有经济，其主营业务为：高精多菌灵、敌草隆生产销售。依据中国证监会行业分类标准其为化学原料及化学制品制造业。

本次合并为吸收合并，合并采用主并方协议收购被并方股权的方式。

【宏达新材(002211.SZ)】　首次公告日:2011－12－14

本次合并的主并方为东莞新东方科技有限公司，为私有经济，其主营业务为：从事高温硅橡胶系列产品的研究、生产和销售。依据中国证监会行业分类标准其为石油化学塑胶塑料。

本次合并的被并方的股东为江苏宏达新材料股份有限公司(简称宏达新材，002211.SZ)，为私有经济，其主营业务为：有机硅单体及副产品的生产加工，生产销售硅油、硅橡胶及其制品、高分子材料和石油化工配件，自营和代理各类商品及技术的进出口业务。依据中国证监会行业分类标准其为石油化学塑胶塑料。

本次合并的被并方为东莞市宏达新材料有限公司，为私有经济，其主营业务为：研发、产销：硅橡胶及其制品、硅油、高分子材料；货物进出口、技术进出口(法律、法规规定禁止的项目除外，法律、法规规定限制的项目须取得许可证后方可经营)。依据中国证监会行业分类标准其为石油化学塑胶塑料。

本次合并为吸收合并，合并采用主并方协议收购被并方股权的方式。

【宏达新材(002211.SZ)】 首次公告日：2011-12-14

本次合并的主并方为东莞新东方科技有限公司，为私有经济，其主营业务为：从事高温硅橡胶系列产品的研究、生产和销售。依据中国证监会行业分类标准其为石油化学塑胶塑料。

本次合并的被并方的股东为江苏宏达新材料股份有限公司(简称宏达新材，002211.SZ)，为私有经济，其主营业务为：有机硅单体及副产品的生产加工，生产销售硅油、硅橡胶及其制品、高分子材料和石油化工配件，自营和代理各类商品及技术的进出口业务。依据中国证监会行业分类标准其为石油化学塑胶塑料。

本次合并的被并方为东莞市信和高分子材料有限公司，为私有经济，其主营业务为：研发、产销：高分子材料、硅橡胶、色胶、硅油、硅橡胶助剂(以上项目不含危险化学品)；货物进出口、技术进出口(法律、行政法规、国务院决定禁止的项目除外；法律、行政法规、国务院决定限制的项目需取得许可后方可经营)。依据中国证监会行业分类标准其为石油化学塑胶塑料。

本次合并为吸收合并，合并采用主并方协议收购被并方股权的方式。

【西陇化工(002584.SZ)】 首次公告日：2011-10-27

本次合并的主并方为西陇化工股份有限公司(简称西陇化工，002584.SZ)，为私有经济，其主营业务为：化工产品及化学试剂【涉及危险化学品按安全生产许可证(粤)WH安许证字[2009]D0543号许可项目生产，有效期至2012年8月12日)、原料药及药用辅料(具体项目按编号为粤20110277号的药品生产许可证许可项目生产，有效期至2015年12月31日)、化学肥料、塑料制品的生产；食品添加剂(具体按编号粤卫食证字[2003]第0000A00017号的食品卫生许可证许可项目，有效期至2012年5月31日)的生产、销售；化工原料与化工产品(危险化学品经营许可证粤汕安监(乙)字[2010]000004号核准项目经营，期限至2012年8月30日)、日用化学品、玻璃器皿、五金、交电的销售。货物的进出口，技术的进出口(法律、行政法规禁止的项目除外，法律、行政法规限制的项目须取得许可证后方可经营)。依据中国证监会行业分类标准其为化学原料及化学制品制造业。

本次合并的被并方为汕头市西陇化工厂有限公司，为私有经济，其主营业务为：化工产品(危险化学品除外)；化学肥料、塑料制品的生产；货物的进出口，技术的进出口。依据中国证监会行业分类标准其为石油化学塑胶塑料。

本次合并为吸收合并，合并采用主并方协议收购被并方股权的方式。

【*ST远东(000681.SZ)】 首次公告日：2011-10-18

本次合并的主并方为远东实业股份有限公司(简称*ST远东，000681.SZ)，为私有经济，其主营业务为：开发、生产计算机软、硬件，销售自产产品并提供相关技术和工程咨询、服务、培训，转让本企业所开发的技术；生产服装、床上用品、装饰品、鞋帽、纺织品、服装辅料、包装材料，并销售公司自产产品；从事非配额许可证管理商品、非专营商品的收购出口。依据中国证监会行业分类标准其为纺织服装皮毛。

本次合并的被并方的股东之一为四川巨星企业集团有限公司。

本次合并的被并方为四川永祥股份有限公司，为私有经济，其主营业务为：生产、销售聚氯乙烯及其系列产品、烧碱及副产品、电石渣水泥；销售单晶硅、多晶硅、三氯氢硅；办公用计算机系统的设计和服务；对外项目投资；化工新产品研发；生产工艺中的废气、废渣、废水治理；经营本企业自产产品的出口业务及经营本企业生产所需的原辅材料、仪器仪表、机械设备及技术的进出口业务（国家限定企业经营和出口的商品技术除外）。依据中国证监会行业分类标准其为石油化学塑胶塑料。

本次合并为吸收合并，合并采用主并方协议收购被并方股权的方式，主并方以上市公司股权（定价为3.33元/股）换取被并方的股票。

在本次合并中，主并方聘请了西南证券股份有限公司作为其财务顾问，聘请了北京市万商天勤律师事务所作为其法律顾问，聘请了江苏天衡会计师事务所有限公司担任本次交易的会计师，聘请了北京天健兴业资产评估有限公司担任本次交易的资产评估师。

【＊ST远东（000681.SZ）】 首次公告日：2011－10－18

本次合并的主并方为远东实业股份有限公司（简称＊ST远东，000681.SZ），为私有经济，其主营业务为：开发、生产计算机软、硬件，销售自产产品并提供相关技术和工程咨询、服务、培训，转让本企业所开发的技术；生产服装、床上用品、装饰品、鞋帽、纺织品、服装辅料、包装材料，并销售公司自产产品；从事非配额许可证管理商品、非专营商品的收购出口。依据中国证监会行业分类标准其为纺织服装皮毛。

本次合并的被并方的股东之一为自然人唐光跃。

本次合并的被并方为四川永祥股份有限公司，为私有经济，其主营业务为：生产、销售聚氯乙烯及其系列产品、烧碱及副产品、电石渣水泥；销售单晶硅、多晶硅、三氯氢硅；办公用计算机系统的设计和服务；对外项目投资；化工新产品研发；生产工艺中的废气、废渣、废水治理；经营本企业自产产品的出口业务及经营本企业生产所需的原辅材料、仪器仪表、机械设备及技术的进出口业务（国家限定企业经营和出口的商品技术除外）。依据中国证监会行业分类标准其为石油化学塑胶塑料。

本次合并为吸收合并，合并采用主并方协议收购被并方股权的方式，主并方以上市公司股权（定价为3.33元/股）换取被并方的股票。

在本次合并中，主并方聘请了西南证券股份有限公司作为其财务顾问，聘请了北京市万商天勤律师事务所作为其法律顾问，聘请了江苏天衡会计师事务所有限公司担任本次交易的会计师，聘请了北京天健兴业资产评估有限公司担任本次交易的资产评估师。

【＊ST远东（000681.SZ）】 首次公告日：2011－10－18

本次合并的主并方为远东实业股份有限公司（简称＊ST远东，000681.SZ），为私有经济，其主营业务为：开发、生产计算机软、硬件，销售自产产品并提供相关技术和工程咨询、服务、培训，转让本企业所开发的技术；生产服装、床上用品、装饰品、鞋帽、纺织品、服装辅料、包装材料，并销售公司自产产品；从事非配额许可证管理商品、非专营商品的收购出口。依据中国证监会行业分类标准其为纺织服装皮毛。

本次合并的被并方的股东之一为自然人冯德志。

本次合并的被并方为四川永祥股份有限公司，为私有经济，其主营业务为：生产、销售聚氯乙烯及其系列产品、烧碱及副产品、电石渣水泥；销售单晶硅、多晶硅、三氯氢硅；办公用计算机系统的设计和服务；对外项目投资；化工新产品研发；生产工艺中的废气、废渣、废水治理；经营本企业自产产品的出口业务及经营本企业生产所需的原辅材料、仪器仪表、机械设备及技术的进出口业务（国家限定企业经营和出口的商品技术除外）。依据中国证监会行业分类标准其为石油化学塑胶塑料。

本次合并为吸收合并，合并采用主并方协议收购被并方股权的方式，主并方以上市公司股权（定价为3.33元/股）换取被并方的股票。

在本次合并中，主并方聘请了西南证券股份有限公司作为其财务顾问，聘请了北京市万商天勤律师事务所作为其法律顾问，聘请了江苏天衡会计师事务所有限公司担任本次交易的会计师，聘请了北京天健兴业资产评估有限公司担任本次交易的资产评估师。

【＊ST远东（000681.SZ）】 首次公告日：2011－10－18

本次合并的主并方为远东实业股份有限公司

(简称＊ST远东,000681.SZ),为私有经济,其主营业务为:开发、生产计算机软、硬件,销售自产产品并提供相关技术和工程咨询、服务、培训,转让本企业所开发的技术;生产服装、床上用品、装饰品、鞋帽、纺织品、服装辅料、包装材料,并销售公司自产产品;从事非配额许可证管理商品、非专营商品的收购出口。依据中国证监会行业分类标准其为纺织服装皮毛。

本次合并的被并方的股东之一为自然人王晋宏。

本次合并的被并方为四川永祥股份有限公司,为私有经济,其主营业务为:生产、销售聚氯乙烯及其系列产品、烧碱及副产品、电石渣水泥;销售单晶硅、多晶硅、三氯氢硅;办公用计算机系统的设计和服务;对外项目投资;化工新产品研发;生产工艺中的废气、废渣、废水治理;经营本企业自产产品的出口业务及经营本企业生产所需的原辅材料、仪器仪表、机械设备及技术的进出口业务(国家限定企业经营和出口的商品技术除外)。依据中国证监会行业分类标准其为石油化学塑胶塑料。

本次合并为吸收合并,合并采用主并方协议收购被并方股权的方式,主并方以上市公司股权(定价为3.33元/股)换取被并方的股票。

在本次合并中,主并方聘请了西南证券股份有限公司作为其财务顾问,聘请了北京市万商天勤律师事务所作为其法律顾问,聘请了江苏天衡会计师事务所有限公司担任本次交易的会计师,聘请了北京天健兴业资产评估有限公司担任本次交易的资产评估师。

【＊ST远东(000681.SZ)】 首次公告日:2011-10-18

本次合并的主并方为远东实业股份有限公司(简称＊ST远东,000681.SZ),为私有经济,其主营业务为:开发、生产计算机软、硬件,销售自产产品并提供相关技术和工程咨询、服务、培训,转让本企业所开发的技术;生产服装、床上用品、装饰品、鞋帽、纺织品、服装辅料、包装材料,并销售公司自产产品;从事非配额许可证管理商品、非专营商品的收购出口。依据中国证监会行业分类标准其为纺织服装皮毛。

本次合并的被并方的股东之一为自然人廖岚。

本次合并的被并方为四川永祥股份有限公司,为私有经济,其主营业务为:生产、销售聚氯乙烯及其系列产品、烧碱及副产品、电石渣水泥;销售单晶硅、多晶硅、三氯氢硅;办公用计算机系统的设计和服务;对外项目投资;化工新产品研发;生产工艺中的废气、废渣、废水治理;经营本企业自产产品的出口业务及经营本企业生产所需的原辅材料、仪器仪表、机械设备及技术的进出口业务(国家限定企业经营和出口的商品技术除外)。依据中国证监会行业分类标准其为石油化学塑胶塑料。

本次合并为吸收合并,合并采用主并方协议收购被并方股权的方式,主并方以上市公司股权(定价为3.33元/股)换取被并方的股票。

在本次合并中,主并方聘请了西南证券股份有限公司作为其财务顾问,聘请了北京市万商天勤律师事务所作为其法律顾问,聘请了江苏天衡会计师事务所有限公司担任本次交易的会计师,聘请了北京天健兴业资产评估有限公司担任本次交易的资产评估师。

【＊ST远东(000681.SZ)】 首次公告日:2011-10-18

本次合并的主并方为远东实业股份有限公司(简称＊ST远东,000681.SZ),为私有经济,其主营业务为:开发、生产计算机软、硬件,销售自产产品并提供相关技术和工程咨询、服务、培训,转让本企业所开发的技术;生产服装、床上用品、装饰品、鞋帽、纺织品、服装辅料、包装材料,并销售公司自产产品;从事非配额许可证管理商品、非专营商品的收购出口。依据中国证监会行业分类标准其为纺织服装皮毛。

本次合并的被并方的股东之一为上海洪鑫源实业有限公司,为私有经济,其主营业务为:实业投资、企业投资、房地产开发,市政公用工程,房屋建筑工程,投资管理,能源、生物、环保科技领域内的技术开发、技术咨询,商务信息咨询服务,货物运输代理服务,仓储(除危险品),配合饲料生产,金属矿、饲料、机电设备、化工产品及原料(除危险品)批发零售(上述经营范围涉及行政许可的,凭许可证经营)。依据中国证监会行业分类标准其为综合类。

本次合并的被并方为四川永祥股份有限公司，为私有经济，其主营业务为：生产、销售聚氯乙烯及其系列产品、烧碱及副产品、电石渣水泥；销售单晶硅、多晶硅、三氯氢硅；办公用计算机系统的设计和服务；对外项目投资；化工新产品研发；生产工艺中的废气、废渣、废水治理；经营本企业自产产品的出口业务及经营本企业生产所需的原辅材料、仪器仪表、机械设备及技术的进出口业务（国家限定企业经营和出口的商品技术除外）。依据中国证监会行业分类标准其为石油化学塑胶塑料。

本次合并为吸收合并，合并采用主并方协议收购被并方股权的方式，主并方以上市公司股权（定价为3.33元/股）换取被并方的股票。

在本次合并中，主并方聘请了西南证券股份有限公司作为其财务顾问，聘请了北京市万商天勤律师事务所作为其法律顾问，聘请了江苏天衡会计师事务所有限公司担任本次交易的会计师，聘请了北京天健兴业资产评估有限公司担任本次交易的资产评估师。

【＊ST远东（000681.SZ）】首次公告日：2011－10－18

本次合并的主并方为远东实业股份有限公司（简称＊ST远东，000681.SZ），为私有经济，其主营业务为：开发、生产计算机软、硬件，销售自产产品并提供相关技术和工程咨询、服务、培训，转让本企业所开发的技术；生产服装、床上用品、装饰品、鞋帽、纺织品、服装辅料、包装材料，并销售公司自产产品；从事非配额许可证管理商品、非专营商品的收购出口。依据中国证监会行业分类标准其为纺织服装皮毛。

本次合并的被并方的股东之一为自然人周宗华。

本次合并的被并方为四川永祥股份有限公司，为私有经济，其主营业务为：生产、销售聚氯乙烯及其系列产品、烧碱及副产品、电石渣水泥；销售单晶硅、多晶硅、三氯氢硅；办公用计算机系统的设计和服务；对外项目投资；化工新产品研发；生产工艺中的废气、废渣、废水治理；经营本企业自产产品的出口业务及经营本企业生产所需的原辅材料、仪器仪表、机械设备及技术的进出口业务（国家限定企业经营和出口的商品技术除外）。依据中国证监会行业分类标准其为石油化学塑胶塑料。

本次合并为吸收合并，合并采用主并方协议收购被并方股权的方式，主并方以上市公司股权（定价为3.33元/股）换取被并方的股票。

在本次合并中，主并方聘请了西南证券股份有限公司作为其财务顾问，聘请了北京市万商天勤律师事务所作为其法律顾问，聘请了江苏天衡会计师事务所有限公司担任本次交易的会计师，聘请了北京天健兴业资产评估有限公司担任本次交易的资产评估师。

【＊ST远东（000681.SZ）】首次公告日：2011－10－18

本次合并的主并方为远东实业股份有限公司（简称＊ST远东，000681.SZ），为私有经济，其主营业务为：开发、生产计算机软、硬件，销售自产产品并提供相关技术和工程咨询、服务、培训，转让本企业所开发的技术；生产服装、床上用品、装饰品、鞋帽、纺织品、服装辅料、包装材料，并销售公司自产产品；从事非配额许可证管理商品、非专营商品的收购出口。依据中国证监会行业分类标准其为纺织服装皮毛。

本次合并的被并方的股东之一为自然人刘学。

本次合并的被并方为四川永祥股份有限公司，为私有经济，其主营业务为：生产、销售聚氯乙烯及其系列产品、烧碱及副产品、电石渣水泥；销售单晶硅、多晶硅、三氯氢硅；办公用计算机系统的设计和服务；对外项目投资；化工新产品研发；生产工艺中的废气、废渣、废水治理；经营本企业自产产品的出口业务及经营本企业生产所需的原辅材料、仪器仪表、机械设备及技术的进出口业务（国家限定企业经营和出口的商品技术除外）。依据中国证监会行业分类标准其为石油化学塑胶塑料。

本次合并为吸收合并，合并采用主并方协议收购被并方股权的方式，主并方以上市公司股权（定价为3.33元/股）换取被并方的股票。

在本次合并中，主并方聘请了西南证券股份有限公司作为其财务顾问，聘请了北京市万商天勤律师事务所作为其法律顾问,聘请了江苏天衡会计师事务所有限公司担任本次交易的会计师,聘请了北京天健兴业资产评估有限公司担任本次交易的资产评估师。

【＊ST 远东(000681.SZ)】 首次公告日:2011-10-18

本次合并的主并方为远东实业股份有限公司(简称＊ST 远东,000681.SZ),为私有经济,其主营业务为:开发、生产计算机软、硬件,销售自产产品并提供相关技术和工程咨询、服务、培训,转让本企业所开发的技术;生产服装、床上用品、装饰品、鞋帽、纺织品、服装辅料、包装材料,并销售公司自产产品;从事非配额许可证管理商品、非专营商品的收购出口。依据中国证监会行业分类标准其为纺织服装皮毛。

本次合并的被并方的股东之一为西安欧擎金泉投资管理有限合伙企业,为私有经济,其主营业务为:一般经营项目:股权投资、投资管理、资产管理、财务顾问和相关管理咨询服务(以上经营范围除国家专控及前置许可项目)。依据中国证监会行业分类标准其为社会服务业。

本次合并的被并方为四川永祥股份有限公司,为私有经济,其主营业务为:生产、销售聚氯乙烯及其系列产品、烧碱及副产品、电石渣水泥;销售单晶硅、多晶硅、三氯氢硅;办公用计算机系统的设计和服务;对外项目投资;化工新产品研发;生产工艺中的废气、废渣、废水治理;经营本企业自产产品的出口业务及经营本企业生产所需的原辅材料、仪器仪表、机械设备及技术的进出口业务(国家限定企业经营和出口的商品技术除外)。依据中国证监会行业分类标准其为石油化学塑胶塑料。

本次合并为吸收合并,合并采用主并方协议收购被并方股权的方式,主并方以上市公司股权(定价为 3.33 元/股)换取被并方的股票。

在本次合并中,主并方聘请了西南证券股份有限公司作为其财务顾问,聘请了北京市万商天勤律师事务所作为其法律顾问,聘请了江苏天衡会计师事务所有限公司担任本次交易的会计师,聘请了北京天健兴业资产评估有限公司担任本次交易的资产评估师。

【＊ST 远东(000681.SZ)】 首次公告日:2011-10-18

本次合并的主并方为远东实业股份有限公司(简称＊ST 远东,000681.SZ),为私有经济,其主营业务为:开发、生产计算机软、硬件,销售自产产品并提供相关技术和工程咨询、服务、培训,转让本企业所开发的技术;生产服装、床上用品、装饰品、鞋帽、纺织品、服装辅料、包装材料,并销售公司自产产品;从事非配额许可证管理商品、非专营商品的收购出口。依据中国证监会行业分类标准其为纺织服装皮毛。

本次合并的被并方的股东之一为自然人徐洪涛。

本次合并的被并方为四川永祥股份有限公司,为私有经济,其主营业务为:生产、销售聚氯乙烯及其系列产品、烧碱及副产品、电石渣水泥;销售单晶硅、多晶硅、三氯氢硅;办公用计算机系统的设计和服务;对外项目投资;化工新产品研发;生产工艺中的废气、废渣、废水治理;经营本企业自产产品的出口业务及经营本企业生产所需的原辅材料、仪器仪表、机械设备及技术的进出口业务(国家限定企业经营和出口的商品技术除外)。依据中国证监会行业分类标准其为石油化学塑胶塑料。

本次合并为吸收合并,合并采用主并方协议收购被并方股权的方式,主并方以上市公司股权(定价为 3.33 元/股)换取被并方的股票。

在本次合并中,主并方聘请了西南证券股份有限公司作为其财务顾问,聘请了北京市万商天勤律师事务所作为其法律顾问,聘请了江苏天衡会计师事务所有限公司担任本次交易的会计师,聘请了北京天健兴业资产评估有限公司担任本次交易的资产评估师。

【＊ST 远东(000681.SZ)】 首次公告日:2011-10-18

本次合并的主并方为远东实业股份有限公司(简称＊ST 远东,000681.SZ),为私有经济,其主营业务为:开发、生产计算机软、硬件,销售自产产品并提供相关技术和工程咨询、服务、培训,转让本企业所开发的技术;生产服装、床上用品、装饰品、鞋帽、纺织品、服装辅料、包装材料,并销售公司自产产品;从事非配额许可证管理商品、非专营商品的收购出口。依据中国证监会行业分类标准其为纺织服装皮毛。

本次合并的被并方的股东之一为杭州涌源投资有限公司，为私有经济，其主营业务为：实业投资、项目投资、企业资产管理，其他无须审批的合法项目。依据中国证监会行业分类标准其为社会服务业。

本次合并的被并方为四川永祥股份有限公司，为私有经济，其主营业务为：生产、销售聚氯乙烯及其系列产品、烧碱及副产品、电石渣水泥；销售单晶硅、多晶硅、三氯氢硅；办公用计算机系统的设计和服务；对外项目投资；化工新产品研发；生产工艺中的废气、废渣、废水治理；经营本企业自产产品的出口业务及经营本企业生产所需的原辅材料、仪器仪表、机械设备及技术的进出口业务（国家限定企业经营和出口的商品技术除外）。依据中国证监会行业分类标准其为石油化学塑胶塑料。

本次合并为吸收合并，合并采用主并方协议收购被并方股权的方式，主并方以上市公司股权（定价为 3.33 元/股）换取被并方的股票。

在本次合并中，主并方聘请了西南证券股份有限公司作为其财务顾问，聘请了北京市万商天勤律师事务所作为其法律顾问，聘请了江苏天衡会计师事务所有限公司担任本次交易的会计师，聘请了北京天健兴业资产评估有限公司担任本次交易的资产评估师。

【＊ST 远东(000681.SZ)】 首次公告日：2011－10－18

本次合并的主并方为远东实业股份有限公司（简称＊ST 远东，000681.SZ），为私有经济，其主营业务为：开发、生产计算机软、硬件，销售自产产品并提供相关技术和工程咨询、服务、培训，转让本企业所开发的技术；生产服装、床上用品、装饰品、鞋帽、纺织品、服装辅料、包装材料，并销售公司自产产品；从事非配额许可证管理商品、非专营商品的收购出口。依据中国证监会行业分类标准其为纺织服装皮毛。

本次合并的被并方的股东之一为自然人裘杰。

本次合并的被并方为四川永祥股份有限公司，为私有经济，其主营业务为：生产、销售聚氯乙烯及其系列产品、烧碱及副产品、电石渣水泥；销售单晶硅、多晶硅、三氯氢硅；办公用计算机系统的设计和服务；对外项目投资；化工新产品研发；生产工艺中的废气、废渣、废水治理；经营本企业自产产品的出口业务及经营本企业生产所需的原辅材料、仪器仪表、机械设备及技术的进出口业务（国家限定企业经营和出口的商品技术除外）。依据中国证监会行业分类标准其为石油化学塑胶塑料。

本次合并为吸收合并，合并采用主并方协议收购被并方股权的方式，主并方以上市公司股权（定价为 3.33 元/股）换取被并方的股票。

在本次合并中，主并方聘请了西南证券股份有限公司作为其财务顾问，聘请了北京市万商天勤律师事务所作为其法律顾问，聘请了江苏天衡会计师事务所有限公司担任本次交易的会计师，聘请了北京天健兴业资产评估有限公司担任本次交易的资产评估师。

【＊ST 远东(000681.SZ)】 首次公告日：2011－10－18

本次合并的主并方为远东实业股份有限公司（简称＊ST 远东，000681.SZ），为私有经济，其主营业务为：开发、生产计算机软、硬件，销售自产产品并提供相关技术和工程咨询、服务、培训，转让本企业所开发的技术；生产服装、床上用品、装饰品、鞋帽、纺织品、服装辅料、包装材料，并销售公司自产产品；从事非配额许可证管理商品、非专营商品的收购出口。依据中国证监会行业分类标准其为纺织服装皮毛。

本次合并的被并方的股东之一为自然人王志坚。

本次合并的被并方为四川永祥股份有限公司，为私有经济，其主营业务为：生产、销售聚氯乙烯及其系列产品、烧碱及副产品、电石渣水泥；销售单晶硅、多晶硅、三氯氢硅；办公用计算机系统的设计和服务；对外项目投资；化工新产品研发；生产工艺中的废气、废渣、废水治理；经营本企业自产产品的出口业务及经营本企业生产所需的原辅材料、仪器仪表、机械设备及技术的进出口业务（国家限定企业经营和出口的商品技术除外）。依据中国证监会行业分类标准其为石油化学塑胶塑料。

本次合并为吸收合并,合并采用主并方协议收购被并方股权的方式,主并方以上市公司股权(定价为3.33元/股)换取被并方的股票。

在本次合并中,主并方聘请了西南证券股份有限公司作为其财务顾问,聘请了北京市万商天勤律师事务所作为其法律顾问,聘请了江苏天衡会计师事务所有限公司担任本次交易的会计师,聘请了北京天健兴业资产评估有限公司担任本次交易的资产评估师。

【＊ST远东(000681.SZ)】 首次公告日:2011-10-18

本次合并的主并方为远东实业股份有限公司(简称＊ST远东,000681.SZ),为私有经济,其主营业务为:开发、生产计算机软、硬件,销售自产产品并提供相关技术和工程咨询、服务、培训,转让本企业所开发的技术;生产服装、床上用品、装饰品、鞋帽、纺织品、服装辅料、包装材料,并销售公司自产产品;从事非配额许可证管理商品、非专营商品的收购出口。依据中国证监会行业分类标准其为纺织服装皮毛。

本次合并的被并方的股东之一为自然人易正义。

本次合并的被并方为四川永祥股份有限公司,为私有经济,其主营业务为:生产、销售聚氯乙烯及其系列产品、烧碱及副产品、电石渣水泥;销售单晶硅、多晶硅、三氯氢硅;办公用计算机系统的设计和服务;对外项目投资;化工新产品研发;生产工艺中的废气、废渣、废水治理;经营本企业自产产品的出口业务及经营本企业生产所需的原辅材料、仪器仪表、机械设备及技术的进出口业务(国家限定企业经营和出口的商品技术除外)。依据中国证监会行业分类标准其为石油化学塑胶塑料。

本次合并为吸收合并,合并采用主并方协议收购被并方股权的方式,主并方以上市公司股权(定价为3.33元/股)换取被并方的股票。

在本次合并中,主并方聘请了西南证券股份有限公司作为其财务顾问,聘请了北京市万商天勤律师事务所作为其法律顾问,聘请了江苏天衡会计师事务所有限公司担任本次交易的会计师,聘请了北京天健兴业资产评估有限公司担任本次交易的资产评估师。

【＊ST远东(000681.SZ)】 首次公告日:2011-10-18

本次合并的主并方为远东实业股份有限公司(简称＊ST远东,000681.SZ),为私有经济,其主营业务为:开发、生产计算机软、硬件,销售自产产品并提供相关技术和工程咨询、服务、培训,转让本企业所开发的技术;生产服装、床上用品、装饰品、鞋帽、纺织品、服装辅料、包装材料,并销售公司自产产品;从事非配额许可证管理商品、非专营商品的收购出口。依据中国证监会行业分类标准其为纺织服装皮毛。

本次合并的被并方的股东之一为宁波泓源合一股权投资合伙企业(有限合伙),为私有经济,其主营业务为:许可经营项目:无。一般经营项目:股权投资及其咨询服务(上述经营范围不含国家法律法规规定禁止、限制和许可经营的项目。)依据中国证监会行业分类标准其为社会服务业。

本次合并的被并方为四川永祥股份有限公司,为私有经济,其主营业务为:生产、销售聚氯乙烯及其系列产品、烧碱及副产品、电石渣水泥;销售单晶硅、多晶硅、三氯氢硅;办公用计算机系统的设计和服务;对外项目投资;化工新产品研发;生产工艺中的废气、废渣、废水治理;经营本企业自产产品的出口业务及经营本企业生产所需的原辅材料、仪器仪表、机械设备及技术的进出口业务(国家限定企业经营和出口的商品技术除外)。依据中国证监会行业分类标准其为石油化学塑胶塑料。

本次合并为吸收合并,合并采用主并方协议收购被并方股权的方式,主并方以上市公司股权(定价为3.33元/股)换取被并方的股票。

在本次合并中,主并方聘请了西南证券股份有限公司作为其财务顾问,聘请了北京市万商天勤律师事务所作为其法律顾问,聘请了江苏天衡会计师事务所有限公司担任本次交易的会计师,聘请了北京天健兴业资产评估有限公司担任本次交易的资产评估师。

【＊ST远东(000681.SZ)】 首次公告日:2011-10-18

本次合并的主并方为远东实业股份有限公司(简称＊ST远东,000681.SZ),为私有经济,其主营业务为：开发、生产计算机软、硬件，销售自产产品并提供相关技术和工程咨询、服务、培训，转让本企业所开发的技术；生产服装、床上用品、装饰品、鞋帽、纺织品、服装辅料、包装材料，并销售公司自产产品；从事非配额许可证管理商品、非专营商品的收购出口。依据中国证监会行业分类标准其为纺织服装皮毛。

本次合并的被并方的股东之一为自然人李斌。

本次合并的被并方为四川永祥股份有限公司，为私有经济，其主营业务为：生产、销售聚氯乙烯及其系列产品、烧碱及副产品、电石渣水泥；销售单晶硅、多晶硅、三氯氢硅；办公用计算机系统的设计和服务；对外项目投资；化工新产品研发；生产工艺中的废气、废渣、废水治理；经营本企业自产产品的出口业务及经营本企业生产所需的原辅材料、仪器仪表、机械设备及技术的进出口业务（国家限定企业经营和出口的商品技术除外）。依据中国证监会行业分类标准其为石油化学塑胶塑料。

本次合并为吸收合并，合并采用主并方协议收购被并方股权的方式，主并方以上市公司股权（定价为 3.33 元/股）换取被并方的股票。

在本次合并中，主并方聘请了西南证券股份有限公司作为其财务顾问，聘请了北京市万商天勤律师事务所作为其法律顾问，聘请了江苏天衡会计师事务所有限公司担任本次交易的会计师，聘请了北京天健兴业资产评估有限公司担任本次交易的资产评估师。

【＊ST 远东(000681.SZ)】 首次公告日:2011－10－18

本次合并的主并方为远东实业股份有限公司（简称＊ST 远东，000681.SZ），为私有经济，其主营业务为：开发、生产计算机软、硬件，销售自产产品并提供相关技术和工程咨询、服务、培训，转让本企业所开发的技术；生产服装、床上用品、装饰品、鞋帽、纺织品、服装辅料、包装材料，并销售公司自产产品；从事非配额许可证管理商品、非专营商品的收购出口。依据中国证监会行业分类标准其为纺织服装皮毛。

本次合并的被并方的股东之一为北京星长城文化产业投资基金（有限合伙），为私有经济，其主营业务为：许可经营项目：无，一般经营项目：非证券业务的投资、投资管理、咨询（不得从事下列业务：1. 发放贷款；2. 公开交易证券类投资或金融衍生品交易；3. 以公开方式募集资金；4. 对除被投资企业以外的企业提供担保。（下期出资时间为 2015 年 08 月 30 日）。依据中国证监会行业分类标准其为社会服务业。

本次合并的被并方为四川永祥股份有限公司，为私有经济，其主营业务为：生产、销售聚氯乙烯及其系列产品、烧碱及副产品、电石渣水泥；销售单晶硅、多晶硅、三氯氢硅；办公用计算机系统的设计和服务；对外项目投资；化工新产品研发；生产工艺中的废气、废渣、废水治理；经营本企业自产产品的出口业务及经营本企业生产所需的原辅材料、仪器仪表、机械设备及技术的进出口业务（国家限定企业经营和出口的商品技术除外）。依据中国证监会行业分类标准其为石油化学塑胶塑料。

本次合并为吸收合并，合并采用主并方协议收购被并方股权的方式，主并方以上市公司股权（定价为 3.33 元/股）换取被并方的股票。

在本次合并中，主并方聘请了西南证券股份有限公司作为其财务顾问，聘请了北京市万商天勤律师事务所作为其法律顾问，聘请了江苏天衡会计师事务所有限公司担任本次交易的会计师，聘请了北京天健兴业资产评估有限公司担任本次交易的资产评估师。

【＊ST 远东(000681.SZ)】 首次公告日:2011－10－18

本次合并的主并方为远东实业股份有限公司（简称＊ST 远东，000681.SZ），为私有经济，其主营业务为：开发、生产计算机软、硬件，销售自产产品并提供相关技术和工程咨询、服务、培训，转让本企业所开发的技术；生产服装、床上用品、装饰品、鞋帽、纺织品、服装辅料、包装材料，并销售公司自产产品；从事非配额许可证管理商品、非专营商品的收购出口。依据中国证监会行业分类标准其为纺织服装皮毛。

本次合并的被并方的股东之一为自然人戴自忠。

本次合并的被并方为四川永祥股份有限公司，

为私有经济,其主营业务为:生产、销售聚氯乙烯及其系列产品、烧碱及副产品、电石渣水泥;销售单晶硅、多晶硅、三氯氢硅;办公用计算机系统的设计和服务;对外项目投资;化工新产品研发;生产工艺中的废气、废渣、废水治理;经营本企业自产产品的出口业务及经营本企业生产所需的原辅材料、仪器仪表、机械设备及技术的进出口业务(国家限定企业经营和出口的商品技术除外)。依据中国证监会行业分类标准其为石油化学塑胶塑料。

本次合并为吸收合并,合并采用主并方协议收购被并方股权的方式,主并方以上市公司股权(定价为3.33元/股)换取被并方的股票。

在本次合并中,主并方聘请了西南证券股份有限公司作为其财务顾问,聘请了北京市万商天勤律师事务所作为其法律顾问,聘请了江苏天衡会计师事务所有限公司担任本次交易的会计师,聘请了北京天健兴业资产评估有限公司担任本次交易的资产评估师。

【*ST远东(000681.SZ)】 首次公告日:2011-10-18

本次合并的主并方为远东实业股份有限公司(简称*ST远东,000681.SZ),为私有经济,其主营业务为:开发、生产计算机软、硬件,销售自产产品并提供相关技术和工程咨询、服务、培训,转让本企业所开发的技术;生产服装、床上用品、装饰品、鞋帽、纺织品、服装辅料、包装材料,并销售公司自产产品;从事非配额许可证管理商品、非专营商品的收购出口。依据中国证监会行业分类标准其为纺织服装皮毛。

本次合并的被并方的股东之一为通威集团有限公司及其一致行动人自然人禚玉娇和自然人陈星宇。通威集团有限公司为私有经济,其主营业务为:商品批发与零售;水产养殖;畜牧业;科技交流和推广服务业;电子工业专用设备制造;计算机服务业、软件业;进出口业;房地产开发;物业管理;租赁业。(以上项目不含前置许可项目,后置许可项目凭许可证或审批文件经营)。依据中国证监会行业分类标准其为综合类。

本次合并的被并方为四川永祥股份有限公司,为私有经济,其主营业务为:生产、销售聚氯乙烯及其系列产品、烧碱及副产品、电石渣水泥;销售单晶硅、多晶硅、三氯氢硅;办公用计算机系统的设计和服务;对外项目投资;化工新产品研发;生产工艺中的废气、废渣、废水治理;经营本企业自产产品的出口业务及经营本企业生产所需的原辅材料、仪器仪表、机械设备及技术的进出口业务(国家限定企业经营和出口的商品技术除外)。依据中国证监会行业分类标准其为石油化学塑胶塑料。

本次合并为吸收合并,合并采用主并方协议收购被并方股权的方式,主并方以上市公司股权(定价为3.33元/股)换取被并方的股票。

在本次合并中,主并方聘请了西南证券股份有限公司作为其财务顾问,聘请了北京市万商天勤律师事务所作为其法律顾问,聘请了江苏天衡会计师事务所有限公司担任本次交易的会计师,聘请了北京天健兴业资产评估有限公司担任本次交易的资产评估师。

【*ST远东(000681.SZ)】 首次公告日:2011-10-18

本次合并的主并方为远东实业股份有限公司(简称*ST远东,000681.SZ),为私有经济,其主营业务为:开发、生产计算机软、硬件,销售自产产品并提供相关技术和工程咨询、服务、培训,转让本企业所开发的技术;生产服装、床上用品、装饰品、鞋帽、纺织品、服装辅料、包装材料,并销售公司自产产品;从事非配额许可证管理商品、非专营商品的收购出口。依据中国证监会行业分类标准其为纺织服装皮毛。

本次合并的被并方的股东之一为自然人张兵。

本次合并的被并方为四川永祥股份有限公司,为私有经济,其主营业务为:生产、销售聚氯乙烯及其系列产品、烧碱及副产品、电石渣水泥;销售单晶硅、多晶硅、三氯氢硅;办公用计算机系统的设计和服务;对外项目投资;化工新产品研发;生产工艺中的废气、废渣、废水治理;经营本企业自产产品的出口业务及经营本企业生产所需的原辅材料、仪器仪表、机械设备及技术的进出口业务(国家限定企业经营和出口的商品技术除外)。依据中国证监会行业分类标准其为石油化学塑胶塑料。

本次合并为吸收合并,合并采用主并方协议收购被并方股权的方式，主并方以上市公司股权（定价为3.33元/股）换取被并方的股票。

在本次合并中，主并方聘请了西南证券股份有限公司作为其财务顾问，聘请了北京市万商天勤律师事务所作为其法律顾问，聘请了江苏天衡会计师事务所有限公司担任本次交易的会计师，聘请了北京天健兴业资产评估有限公司担任本次交易的资产评估师。

【*ST远东(000681.SZ)】首次公告日:2011-10-18

本次合并的主并方为远东实业股份有限公司（简称*ST远东，000681.SZ），为私有经济，其主营业务为：开发、生产计算机软、硬件，销售自产产品并提供相关技术和工程咨询、服务、培训，转让本企业所开发的技术；生产服装、床上用品、装饰品、鞋帽、纺织品、服装辅料、包装材料，并销售公司自产产品；从事非配额许可证管理商品、非专营商品的收购出口。依据中国证监会行业分类标准其为纺织服装皮毛。

本次合并的被并方的股东之一为自然人汪云清。

本次合并的被并方为四川永祥股份有限公司，为私有经济，其主营业务为：生产、销售聚氯乙烯及其系列产品、烧碱及副产品、电石渣水泥；销售单晶硅、多晶硅、三氯氢硅；办公用计算机系统的设计和服务；对外项目投资；化工新产品研发；生产工艺中的废气、废渣、废水治理；经营本企业自产产品的出口业务及经营本企业生产所需的原辅材料、仪器仪表、机械设备及技术的进出口业务（国家限定企业经营和出口的商品技术除外）。依据中国证监会行业分类标准其为石油化学塑胶塑料。

本次合并为吸收合并，合并采用主并方协议收购被并方股权的方式，主并方以上市公司股权（定价为3.33元/股）换取被并方的股票。

在本次合并中，主并方聘请了西南证券股份有限公司作为其财务顾问，聘请了北京市万商天勤律师事务所作为其法律顾问，聘请了江苏天衡会计师事务所有限公司担任本次交易的会计师，聘请了北京天健兴业资产评估有限公司担任本次交易的资产评估师。

【*ST远东(000681.SZ)】首次公告日:2011-10-18

本次合并的主并方为远东实业股份有限公司（简称*ST远东，000681.SZ），为私有经济，其主营业务为：开发、生产计算机软、硬件，销售自产产品并提供相关技术和工程咨询、服务、培训，转让本企业所开发的技术；生产服装、床上用品、装饰品、鞋帽、纺织品、服装辅料、包装材料，并销售公司自产产品；从事非配额许可证管理商品、非专营商品的收购出口。依据中国证监会行业分类标准其为纺织服装皮毛。

本次合并的被并方的股东之一为宁波新俊逸陆号股权投资合伙企业（有限合伙），为私有经济，其主营业务为：许可经营项目：无，一般经营项目：股权投资及相关咨询服务。（上述经营范围不含国家法律法规规定禁止、限制和许可经营的项目。）。依据中国证监会行业分类标准其为金融保险业。

本次合并的被并方为四川永祥股份有限公司，为私有经济，其主营业务为：生产、销售聚氯乙烯及其系列产品、烧碱及副产品、电石渣水泥；销售单晶硅、多晶硅、三氯氢硅；办公用计算机系统的设计和服务；对外项目投资；化工新产品研发；生产工艺中的废气、废渣、废水治理；经营本企业自产产品的出口业务及经营本企业生产所需的原辅材料、仪器仪表、机械设备及技术的进出口业务（国家限定企业经营和出口的商品技术除外）。依据中国证监会行业分类标准其为石油化学塑胶塑料。

本次合并为吸收合并，合并采用主并方协议收购被并方股权的方式，主并方以上市公司股权（定价为3.33元/股）换取被并方的股票。

在本次合并中，主并方聘请了西南证券股份有限公司作为其财务顾问，聘请了北京市万商天勤律师事务所作为其法律顾问，聘请了江苏天衡会计师事务所有限公司担任本次交易的会计师，聘请了北京天健兴业资产评估有限公司担任本次交易的资产评估师。

【*ST远东(000681.SZ)】首次公告日:2011-10-18

本次合并的主并方为远东实业股份有限公司（简称*ST远东，000681.SZ），为私有经济，其主营业务为：开发、生产计算机软、硬件，销售自产产品并提供相关技术和工程咨询、服务、培训,转让本企业所开发的技术;生产服装、床上用品、装饰品、鞋帽、纺织品、服装辅料、包装材料,并销售公司自产产品;从事非配额许可证管理商品、非专营商品的收购出口。依据中国证监会行业分类标准其为纺织服装皮毛。

本次合并的被并方的股东之一为自然人伍昭化。

本次合并的被并方为四川永祥股份有限公司,为私有经济,其主营业务为:生产、销售聚氯乙烯及其系列产品、烧碱及副产品、电石渣水泥;销售单晶硅、多晶硅、三氯氢硅;办公用计算机系统的设计和服务;对外项目投资;化工新产品研发;生产工艺中的废气、废渣、废水治理;经营本企业自产产品的出口业务及经营本企业生产所需的原辅材料、仪器仪表、机械设备及技术的进出口业务(国家限定企业经营和出口的商品技术除外)。依据中国证监会行业分类标准其为石油化学塑胶塑料。

本次合并为吸收合并,合并采用主并方协议收购被并方股权的方式,主并方以上市公司股权(定价为3.33元/股)换取被并方的股票。

在本次合并中,主并方聘请了西南证券股份有限公司作为其财务顾问,聘请了北京市万商天勤律师事务所作为其法律顾问,聘请了江苏天衡会计师事务所有限公司担任本次交易的会计师,聘请了北京天健兴业资产评估有限公司担任本次交易的资产评估师。

【*ST远东(000681.SZ)】 首次公告日:2011-10-18

本次合并的主并方为远东实业股份有限公司(简称*ST远东,000681.SZ),为私有经济,其主营业务为:开发、生产计算机软、硬件,销售自产产品并提供相关技术和工程咨询、服务、培训,转让本企业所开发的技术;生产服装、床上用品、装饰品、鞋帽、纺织品、服装辅料、包装材料,并销售公司自产产品;从事非配额许可证管理商品、非专营商品的收购出口。依据中国证监会行业分类标准其为纺织服装皮毛。

本次合并的被并方的股东之一为乐山川永企业管理咨询股份有限公司,为私有经济,其主营业务为:企业管理咨询及策划;会议服务。依据中国证监会行业分类标准其为社会服务业。

本次合并的被并方为四川永祥股份有限公司,为私有经济,其主营业务为:生产、销售聚氯乙烯及其系列产品、烧碱及副产品、电石渣水泥;销售单晶硅、多晶硅、三氯氢硅;办公用计算机系统的设计和服务;对外项目投资;化工新产品研发;生产工艺中的废气、废渣、废水治理;经营本企业自产产品的出口业务及经营本企业生产所需的原辅材料、仪器仪表、机械设备及技术的进出口业务(国家限定企业经营和出口的商品技术除外)。依据中国证监会行业分类标准其为石油化学塑胶塑料。

本次合并为吸收合并,合并采用主并方协议收购被并方股权的方式,主并方以上市公司股权(定价为3.33元/股)换取被并方的股票。

在本次合并中,主并方聘请了西南证券股份有限公司作为其财务顾问,聘请了北京市万商天勤律师事务所作为其法律顾问,聘请了江苏天衡会计师事务所有限公司担任本次交易的会计师,聘请了北京天健兴业资产评估有限公司担任本次交易的资产评估师。

【*ST远东(000681.SZ)】 首次公告日:2011-10-18

本次合并的主并方为远东实业股份有限公司(简称*ST远东,000681.SZ),为私有经济,其主营业务为:开发、生产计算机软、硬件,销售自产产品并提供相关技术和工程咨询、服务、培训,转让本企业所开发的技术;生产服装、床上用品、装饰品、鞋帽、纺织品、服装辅料、包装材料,并销售公司自产产品;从事非配额许可证管理商品、非专营商品的收购出口。依据中国证监会行业分类标准其为纺织服装皮毛。

本次合并的被并方的股东之一为江苏双良科技有限公司,为私有经济,其主营业务为:许可项目:无。一般经营项目:智能化全自动空调、锅炉控制软件系统及远、近程联网控制系统的研制、开发、销售;空调系列产品、停车设备配套产品的制造、加工、销售;金属制品、金属材料、化工产品(不含危险品)、纺织品、纺织原料、塑料制品、热塑性复合材料的销售;利用自有资金对外投资;自营和代理各类商品及技术的进出口业务，但国家限定企业经营或禁止进出口的商品和技术除外；下设"江苏双良科技有限公司热电分公司、江苏双良科技有限公司利港金属制品分公司"。(以上项目不含国家法律、行政法规限制、禁止类；涉及专项审批的，经批准后方可经营)。依据中国证监会行业分类标准其为机械设备仪表。

本次合并的被并方为四川永祥股份有限公司，为私有经济，其主营业务为：生产、销售聚氯乙烯及其系列产品、烧碱及副产品、电石渣水泥；销售单晶硅、多晶硅、三氯氢硅；办公用计算机系统的设计和服务；对外项目投资；化工新产品研发；生产工艺中的废气、废渣、废水治理；经营本企业自产产品的出口业务及经营本企业生产所需的原辅材料、仪器仪表、机械设备及技术的进出口业务(国家限定企业经营和出口的商品技术除外)。依据中国证监会行业分类标准其为石油化学塑胶塑料。

本次合并为吸收合并，合并采用主并方协议收购被并方股权的方式，主并方以上市公司股权(定价为 3.33 元/股)换取被并方的股票。

在本次合并中，主并方聘请了西南证券股份有限公司作为其财务顾问，聘请了北京市万商天勤律师事务所作为其法律顾问，聘请了江苏天衡会计师事务所有限公司担任本次交易的会计师，聘请了北京天健兴业资产评估有限公司担任本次交易的资产评估师。

【*ST 远东(000681.SZ)】 首次公告日：2011－10－18

本次合并的主并方为远东实业股份有限公司(简称*ST 远东，000681.SZ)，为私有经济，其主营业务为：开发、生产计算机软、硬件，销售自产产品并提供相关技术和工程咨询、服务、培训，转让本企业所开发的技术；生产服装、床上用品、装饰品、鞋帽、纺织品、服装辅料、包装材料，并销售公司自产产品；从事非配额许可证管理商品、非专营商品的收购出口。依据中国证监会行业分类标准其为纺织服装皮毛。

本次合并的被并方的股东之一为自然人梁进。

本次合并的被并方为四川永祥股份有限公司，为私有经济，其主营业务为：生产、销售聚氯乙烯及其系列产品、烧碱及副产品、电石渣水泥；销售单晶硅、多晶硅、三氯氢硅；办公用计算机系统的设计和服务；对外项目投资；化工新产品研发；生产工艺中的废气、废渣、废水治理；经营本企业自产产品的出口业务及经营本企业生产所需的原辅材料、仪器仪表、机械设备及技术的进出口业务(国家限定企业经营和出口的商品技术除外)。依据中国证监会行业分类标准其为石油化学塑胶塑料。

本次合并为吸收合并，合并采用主并方协议收购被并方股权的方式，主并方以上市公司股权(定价为 3.33 元/股)换取被并方的股票。

在本次合并中，主并方聘请了西南证券股份有限公司作为其财务顾问，聘请了北京市万商天勤律师事务所作为其法律顾问，聘请了江苏天衡会计师事务所有限公司担任本次交易的会计师，聘请了北京天健兴业资产评估有限公司担任本次交易的资产评估师。

【*ST 远东(000681.SZ)】 首次公告日：2011－10－18

本次合并的主并方为远东实业股份有限公司(简称*ST 远东，000681.SZ)，为私有经济，其主营业务为：开发、生产计算机软、硬件，销售自产产品并提供相关技术和工程咨询、服务、培训，转让本企业所开发的技术；生产服装、床上用品、装饰品、鞋帽、纺织品、服装辅料、包装材料，并销售公司自产产品；从事非配额许可证管理商品、非专营商品的收购出口。依据中国证监会行业分类标准其为纺织服装皮毛。

本次合并的被并方的股东之一为上海金象富厚股权投资合伙企业(有限合伙)，为私有经济，其主营业务为：股权投资(企业经营涉及行政许可的，凭许可证件经营)。依据中国证监会行业分类标准其为基金业。

本次合并的被并方为四川永祥股份有限公司，为私有经济，其主营业务为：生产、销售聚氯乙烯及其系列产品、烧碱及副产品、电石渣水泥；销售单晶硅、多晶硅、三氯氢硅；办公用计算机系统的设计和服务；对外项目投资；化工新产品研发；生产工艺中的废气、废渣、废水治理；经营本企业自产产品的出口业务及经营本企业生产所需的原辅材料、仪器仪表、机械设备及技术的进出口业务(国家限定企业经营和出口的商品技术除外)。依据中国证监会行业分类标准其为石油化学塑胶塑料。

本次合并为吸收合并,合并采用主并方协议收购被并方股权的方式,主并方以上市公司股权(定价为3.33元/股)换取被并方的股票。

在本次合并中,主并方聘请了西南证券股份有限公司作为其财务顾问,聘请了北京市万商天勤律师事务所作为其法律顾问,聘请了江苏天衡会计师事务所有限公司担任本次交易的会计师,聘请了北京天健兴业资产评估有限公司担任本次交易的资产评估师。

【*ST远东(000681.SZ)】 首次公告日:2011-10-18

本次合并的主并方为远东实业股份有限公司(简称*ST远东,000681.SZ),为私有经济,其主营业务为:开发、生产计算机软、硬件,销售自产产品并提供相关技术和工程咨询、服务、培训,转让本企业所开发的技术;生产服装、床上用品、装饰品、鞋帽、纺织品、服装辅料、包装材料,并销售公司自产产品;从事非配额许可证管理商品、非专营商品的收购出口。依据中国证监会行业分类标准其为纺织服装皮毛。

本次合并的被并方的股东之一为自然人耿鸣。

本次合并的被并方为四川永祥股份有限公司,为私有经济,其主营业务为:生产、销售聚氯乙烯及其系列产品、烧碱及副产品、电石渣水泥;销售单晶硅、多晶硅、三氯氢硅;办公用计算机系统的设计和服务;对外项目投资;化工新产品研发;生产工艺中的废气、废渣、废水治理;经营本企业自产产品的出口业务及经营本企业生产所需的原辅材料、仪器仪表、机械设备及技术的进出口业务(国家限定企业经营和出口的商品技术除外)。依据中国证监会行业分类标准其为石油化学塑胶塑料。

本次合并为吸收合并,合并采用主并方协议收购被并方股权的方式,主并方以上市公司股权(定价为3.33元/股)换取被并方的股票。

在本次合并中,主并方聘请了西南证券股份有限公司作为其财务顾问,聘请了北京市万商天勤律师事务所作为其法律顾问,聘请了江苏天衡会计师事务所有限公司担任本次交易的会计师,聘请了北京天健兴业资产评估有限公司担任本次交易的资产评估师。

【*ST远东(000681.SZ)】 首次公告日:2011-10-18

本次合并的主并方为远东实业股份有限公司(简称*ST远东,000681.SZ),为私有经济,其主营业务为:开发、生产计算机软、硬件,销售自产产品并提供相关技术和工程咨询、服务、培训,转让本企业所开发的技术;生产服装、床上用品、装饰品、鞋帽、纺织品、服装辅料、包装材料,并销售公司自产产品;从事非配额许可证管理商品、非专营商品的收购出口。依据中国证监会行业分类标准其为纺织服装皮毛。

本次合并的被并方的股东之一为自然人单昱林。

本次合并的被并方为四川永祥股份有限公司,为私有经济,其主营业务为:生产、销售聚氯乙烯及其系列产品、烧碱及副产品、电石渣水泥;销售单晶硅、多晶硅、三氯氢硅;办公用计算机系统的设计和服务;对外项目投资;化工新产品研发;生产工艺中的废气、废渣、废水治理;经营本企业自产产品的出口业务及经营本企业生产所需的原辅材料、仪器仪表、机械设备及技术的进出口业务(国家限定企业经营和出口的商品技术除外)。依据中国证监会行业分类标准其为石油化学塑胶塑料。

本次合并为吸收合并,合并采用主并方协议收购被并方股权的方式,主并方以上市公司股权(定价为3.33元/股)换取被并方的股票。

在本次合并中,主并方聘请了西南证券股份有限公司作为其财务顾问,聘请了北京市万商天勤律师事务所作为其法律顾问,聘请了江苏天衡会计师事务所有限公司担任本次交易的会计师,聘请了北京天健兴业资产评估有限公司担任本次交易的资产评估师。

【*ST远东(000681.SZ)】 首次公告日:2011-10-18

本次合并的主并方为远东实业股份有限公司(简称*ST远东,000681.SZ),为私有经济,其主营业务为:开发、生产计算机软、硬件,销售自产产品并提供相关技术和工程咨询、服务、培训,转让本企业所开发的技术；生产服装、床上用品、装饰品、鞋帽、纺织品、服装辅料、包装材料，并销售公司自产产品；从事非配额许可证管理商品、非专营商品的收购出口。依据中国证监会行业分类标准其为纺织服装皮毛。

本次合并的被并方的股东之一为自然人吴志平。

本次合并的被并方为四川永祥股份有限公司，为私有经济，其主营业务为：生产、销售聚氯乙烯及其系列产品、烧碱及副产品、电石渣水泥；销售单晶硅、多晶硅、三氯氢硅；办公用计算机系统的设计和服务；对外项目投资；化工新产品研发；生产工艺中的废气、废渣、废水治理；经营本企业自产产品的出口业务及经营本企业生产所需的原辅材料、仪器仪表、机械设备及技术的进出口业务（国家限定企业经营和出口的商品技术除外）。依据中国证监会行业分类标准其为石油化学塑胶塑料。

本次合并为吸收合并，合并采用主并方协议收购被并方股权的方式，主并方以上市公司股权（定价为 3.33 元/股）换取被并方的股票。

在本次合并中，主并方聘请了西南证券股份有限公司作为其财务顾问，聘请了北京市万商天勤律师事务所作为其法律顾问，聘请了江苏天衡会计师事务所有限公司担任本次交易的会计师，聘请了北京天健兴业资产评估有限公司担任本次交易的资产评估师。

【＊ST 远东(000681.SZ)】 首次公告日：2011－10－18

本次合并的主并方为远东实业股份有限公司（简称＊ST 远东，000681.SZ），为私有经济，其主营业务为：开发、生产计算机软、硬件，销售自产产品并提供相关技术和工程咨询、服务、培训，转让本企业所开发的技术；生产服装、床上用品、装饰品、鞋帽、纺织品、服装辅料、包装材料，并销售公司自产产品；从事非配额许可证管理商品、非专营商品的收购出口。依据中国证监会行业分类标准其为纺织服装皮毛。

本次合并的被并方的股东之一为皖江（芜湖）物流产业投资基金（有限合伙），为私有经济，其主营业务为：物流产业投资、股权投资、投融资管理及相关咨询服务（国家法律、法规规定需前置许可的项目除外）。依据中国证监会行业分类标准其为金融保险业。

本次合并的被并方为四川永祥股份有限公司，为私有经济，其主营业务为：生产、销售聚氯乙烯及其系列产品、烧碱及副产品、电石渣水泥；销售单晶硅、多晶硅、三氯氢硅；办公用计算机系统的设计和服务；对外项目投资；化工新产品研发；生产工艺中的废气、废渣、废水治理；经营本企业自产产品的出口业务及经营本企业生产所需的原辅材料、仪器仪表、机械设备及技术的进出口业务（国家限定企业经营和出口的商品技术除外）。依据中国证监会行业分类标准其为石油化学塑胶塑料。

本次合并为吸收合并，合并采用主并方协议收购被并方股权的方式，主并方以上市公司股权（定价为 3.33 元/股）换取被并方的股票。

在本次合并中，主并方聘请了西南证券股份有限公司作为其财务顾问，聘请了北京市万商天勤律师事务所作为其法律顾问，聘请了江苏天衡会计师事务所有限公司担任本次交易的会计师，聘请了北京天健兴业资产评估有限公司担任本次交易的资产评估师。

【＊ST 远东(000681.SZ)】 首次公告日：2011－10－18

本次合并的主并方为远东实业股份有限公司（简称＊ST 远东，000681.SZ），为私有经济，其主营业务为：开发、生产计算机软、硬件，销售自产产品并提供相关技术和工程咨询、服务、培训，转让本企业所开发的技术；生产服装、床上用品、装饰品、鞋帽、纺织品、服装辅料、包装材料，并销售公司自产产品；从事非配额许可证管理商品、非专营商品的收购出口。依据中国证监会行业分类标准其为纺织服装皮毛。

本次合并的被并方的股东之一为自然人孙群。

本次合并的被并方为四川永祥股份有限公司，为私有经济，其主营业务为：生产、销售聚氯乙烯及其系列产品、烧碱及副产品、电石渣水泥；销售单晶硅、多晶硅、三氯氢硅；办公用计算机系统的设计和服务；对外项目投资；化工新产品研发；生产工艺中的废气、废渣、废水治理；经营本企业自产产品的出口业务及经营本企业生产所需的原辅材料、仪器仪表、机械设备及技术的进出口业务(国家限定企业经营和出口的商品技术除外)。依据中国证监会行业分类标准其为石油化学塑胶塑料。

本次合并为吸收合并,合并采用主并方协议收购被并方股权的方式,主并方以上市公司股权(定价为 3.33 元/股)换取被并方的股票。

在本次合并中,主并方聘请了西南证券股份有限公司作为其财务顾问,聘请了北京市万商天勤律师事务所作为其法律顾问,聘请了江苏天衡会计师事务所有限公司担任本次交易的会计师,聘请了北京天健兴业资产评估有限公司担任本次交易的资产评估师。

【＊ST远东(000681.SZ)】 首次公告日:2011-10-18

本次合并的主并方为远东实业股份有限公司(简称＊ST远东,000681.SZ),为私有经济,其主营业务为:开发、生产计算机软、硬件,销售自产产品并提供相关技术和工程咨询、服务、培训,转让本企业所开发的技术;生产服装、床上用品、装饰品、鞋帽、纺织品、服装辅料、包装材料,并销售公司自产产品;从事非配额许可证管理商品、非专营商品的收购出口。依据中国证监会行业分类标准其为纺织服装皮毛。

本次合并的被并方的股东之一为东方富海(芜湖)二号股权投资基金(有限合伙),为私有经济,其主营业务为:股权投资、创业投资及股权投资、创业投资咨询服务(国家法律、法规规定需前置许可的项目除外)。依据中国证监会行业分类标准其为金融保险业。

本次合并的被并方为四川永祥股份有限公司,为私有经济,其主营业务为:生产、销售聚氯乙烯及其系列产品、烧碱及副产品、电石渣水泥;销售单晶硅、多晶硅、三氯氢硅;办公用计算机系统的设计和服务;对外项目投资;化工新产品研发;生产工艺中的废气、废渣、废水治理;经营本企业自产产品的出口业务及经营本企业生产所需的原辅材料、仪器仪表、机械设备及技术的进出口业务(国家限定企业经营和出口的商品技术除外)。依据中国证监会行业分类标准其为石油化学塑胶塑料。

本次合并为吸收合并,合并采用主并方协议收购被并方股权的方式,主并方以上市公司股权(定价为 3.33 元/股)换取被并方的股票。

在本次合并中,主并方聘请了西南证券股份有限公司作为其财务顾问,聘请了北京市万商天勤律师事务所作为其法律顾问,聘请了江苏天衡会计师事务所有限公司担任本次交易的会计师,聘请了北京天健兴业资产评估有限公司担任本次交易的资产评估师。

【＊ST远东(000681.SZ)】 首次公告日:2011-10-18

本次合并的主并方为远东实业股份有限公司(简称＊ST远东,000681.SZ),为私有经济,其主营业务为:开发、生产计算机软、硬件,销售自产产品并提供相关技术和工程咨询、服务、培训,转让本企业所开发的技术;生产服装、床上用品、装饰品、鞋帽、纺织品、服装辅料、包装材料,并销售公司自产产品;从事非配额许可证管理商品、非专营商品的收购出口。依据中国证监会行业分类标准其为纺织服装皮毛。

本次合并的被并方的股东之一为欧擎欣锦(天津)股权投资基金合伙企业(有限合伙),为私有经济,其主营业务为:从事对未上市企业的投资;对上市非公开发行股票的投资以及相关咨询服务(以上经营范围涉及行业许可的凭许可证件,在有效期限内经营,国家有专项专营规定的按规定办理)。依据中国证监会行业分类标准其为金融保险业。

本次合并的被并方为四川永祥股份有限公司,为私有经济,其主营业务为:生产、销售聚氯乙烯及其系列产品、烧碱及副产品、电石渣水泥;销售单晶硅、多晶硅、三氯氢硅;办公用计算机系统的设计和服务;对外项目投资;化工新产品研发;生产工艺中的废气、废渣、废水治理;经营本企业自产产品的出口业务及经营本企业生产所需的原辅材料、仪器仪表、机械设备及技术的进出口业务(国家限定企业经营和出口的商品技术除外)。依据中国证监会行业分类标准其为石油化学塑胶塑料。

本次合并为吸收合并,合并采用主并方协议收购被并方股权的方式,主并方以上市公司股权(定价为 3.33 元/股)换取被并方的股票。

在本次合并中，主并方聘请了西南证券股份有限公司作为其财务顾问，聘请了北京市万商天勤律师事务所作为其法律顾问，聘请了江苏天衡会计师事务所有限公司担任本次交易的会计师，聘请了北京天健兴业资产评估有限公司担任本次交易的资产评估师。

【＊ST远东(000681.SZ)】 首次公告日:2011－10－18

本次合并的主并方为远东实业股份有限公司(简称＊ST远东，000681.SZ)，为私有经济，其主营业务为:开发、生产计算机软、硬件，销售自产产品并提供相关技术和工程咨询、服务、培训，转让本企业所开发的技术；生产服装、床上用品、装饰品、鞋帽、纺织品、服装辅料、包装材料，并销售公司自产产品；从事非配额许可证管理商品、非专营商品的收购出口。依据中国证监会行业分类标准其为纺织服装皮毛。

本次合并的被并方的股东之一为自然人汪梦德。

本次合并的被并方为四川永祥股份有限公司，为私有经济，其主营业务为:生产、销售聚氯乙烯及其系列产品、烧碱及副产品、电石渣水泥；销售单晶硅、多晶硅、三氯氢硅；办公用计算机系统的设计和服务；对外项目投资；化工新产品研发；生产工艺中的废气、废渣、废水治理；经营本企业自产产品的出口业务及经营本企业生产所需的原辅材料、仪器仪表、机械设备及技术的进出口业务(国家限定企业经营和出口的商品技术除外)。依据中国证监会行业分类标准其为石油化学塑胶塑料。

本次合并为吸收合并，合并采用主并方协议收购被并方股权的方式，主并方以上市公司股权(定价为3.33元/股)换取被并方的股票。

在本次合并中，主并方聘请了西南证券股份有限公司作为其财务顾问，聘请了北京市万商天勤律师事务所作为其法律顾问，聘请了江苏天衡会计师事务所有限公司担任本次交易的会计师，聘请了北京天健兴业资产评估有限公司担任本次交易的资产评估师。

【＊ST远东(000681.SZ)】 首次公告日:2011－10－18

本次合并的主并方为远东实业股份有限公司(简称＊ST远东，000681.SZ)，为私有经济，其主营业务为:开发、生产计算机软、硬件，销售自产产品并提供相关技术和工程咨询、服务、培训，转让本企业所开发的技术；生产服装、床上用品、装饰品、鞋帽、纺织品、服装辅料、包装材料，并销售公司自产产品；从事非配额许可证管理商品、非专营商品的收购出口。依据中国证监会行业分类标准其为纺织服装皮毛。

本次合并的被并方的股东之一为自然人马培林。

本次合并的被并方为四川永祥股份有限公司，为私有经济，其主营业务为:生产、销售聚氯乙烯及其系列产品、烧碱及副产品、电石渣水泥；销售单晶硅、多晶硅、三氯氢硅；办公用计算机系统的设计和服务；对外项目投资；化工新产品研发；生产工艺中的废气、废渣、废水治理；经营本企业自产产品的出口业务及经营本企业生产所需的原辅材料、仪器仪表、机械设备及技术的进出口业务(国家限定企业经营和出口的商品技术除外)。依据中国证监会行业分类标准其为石油化学塑胶塑料。

本次合并为吸收合并，合并采用主并方协议收购被并方股权的方式，主并方以上市公司股权(定价为3.33元/股)换取被并方的股票。

在本次合并中，主并方聘请了西南证券股份有限公司作为其财务顾问，聘请了北京市万商天勤律师事务所作为其法律顾问，聘请了江苏天衡会计师事务所有限公司担任本次交易的会计师，聘请了北京天健兴业资产评估有限公司担任本次交易的资产评估师。

【＊ST远东(000681.SZ)】 首次公告日:2011－10－18

本次合并的主并方为远东实业股份有限公司(简称＊ST远东，000681.SZ)，为私有经济，其主营业务为:开发、生产计算机软、硬件，销售自产产品并提供相关技术和工程咨询、服务、培训，转让本企业所开发的技术；生产服装、床上用品、装饰品、鞋帽、纺织品、服装辅料、包装材料，并销售公司自产产品；从事非配额许可证管理商品、非专营商品的收购出口。依据中国证监会行业分类标准其为纺织服装皮毛。

本次合并的被并方的股东之一为自然人唐红军。

本次合并的被并方为四川永祥股份有限公司，为私有经济，其主营业务为：生产、销售聚氯乙烯及其系列产品、烧碱及副产品、电石渣水泥；销售单晶硅、多晶硅、三氯氢硅；办公用计算机系统的设计和服务；对外项目投资；化工新产品研发；生产工艺中的废气、废渣、废水治理；经营本企业自产产品的出口业务及经营本企业生产所需的原辅材料、仪器仪表、机械设备及技术的进出口业务(国家限定企业经营和出口的商品技术除外)。依据中国证监会行业分类标准其为石油化学塑胶塑料。

本次合并为吸收合并，合并采用主并方协议收购被并方股权的方式，主并方以上市公司股权(定价为3.33元/股)换取被并方的股票。

在本次合并中，主并方聘请了西南证券股份有限公司作为其财务顾问，聘请了北京市万商天勤律师事务所作为其法律顾问，聘请了江苏天衡会计师事务所有限公司担任本次交易的会计师，聘请了北京天健兴业资产评估有限公司担任本次交易的资产评估师。

【＊ST远东(000681.SZ)】 首次公告日：2011-10-18

本次合并的主并方为远东实业股份有限公司(简称＊ST远东，000681.SZ)，为私有经济，其主营业务为：开发、生产计算机软、硬件，销售自产产品并提供相关技术和工程咨询、服务、培训，转让本企业所开发的技术；生产服装、床上用品、装饰品、鞋帽、纺织品、服装辅料、包装材料，并销售公司自产产品；从事非配额许可证管理商品、非专营商品的收购出口。依据中国证监会行业分类标准其为纺织服装皮毛。

本次合并的被并方的股东之一为自然人石敬仁。

本次合并的被并方为四川永祥股份有限公司，为私有经济，其主营业务为：生产、销售聚氯乙烯及其系列产品、烧碱及副产品、电石渣水泥；销售单晶硅、多晶硅、三氯氢硅；办公用计算机系统的设计和服务；对外项目投资；化工新产品研发；生产工艺中的废气、废渣、废水治理；经营本企业自产产品的出口业务及经营本企业生产所需的原辅材料、仪器仪表、机械设备及技术的进出口业务(国家限定企业经营和出口的商品技术除外)。依据中国证监会行业分类标准其为石油化学塑胶塑料。

本次合并为吸收合并，合并采用主并方协议收购被并方股权的方式，主并方以上市公司股权(定价为3.33元/股)换取被并方的股票。

在本次合并中，主并方聘请了西南证券股份有限公司作为其财务顾问，聘请了北京市万商天勤律师事务所作为其法律顾问，聘请了江苏天衡会计师事务所有限公司担任本次交易的会计师，聘请了北京天健兴业资产评估有限公司担任本次交易的资产评估师。

【＊ST远东(000681.SZ)】 首次公告日：2011-10-18

本次合并的主并方为远东实业股份有限公司(简称＊ST远东，000681.SZ)，为私有经济，其主营业务为：开发、生产计算机软、硬件，销售自产产品并提供相关技术和工程咨询、服务、培训，转让本企业所开发的技术；生产服装、床上用品、装饰品、鞋帽、纺织品、服装辅料、包装材料，并销售公司自产产品；从事非配额许可证管理商品、非专营商品的收购出口。依据中国证监会行业分类标准其为纺织服装皮毛。

本次合并的被并方的股东之一为东方富海(芜湖)股权投资基金(有限合伙)，为私有经济，其主营业务为：股权投资、创业投资、股权投资及创业投资咨询服务(国家法律、法规规定需前置许可的项目除外)。依据中国证监会行业分类标准其为金融保险业。

本次合并的被并方为四川永祥股份有限公司，为私有经济，其主营业务为：生产、销售聚氯乙烯及其系列产品、烧碱及副产品、电石渣水泥；销售单晶硅、多晶硅、三氯氢硅；办公用计算机系统的设计和服务；对外项目投资；化工新产品研发；生产工艺中的废气、废渣、废水治理；经营本企业自产产品的出口业务及经营本企业生产所需的原辅材料、仪器仪表、机械设备及技术的进出口业务(国家限定企业经营和出口的商品技术除外)。依据中国证监会行业分类标准其为石油化学塑胶塑料。

本次合并为吸收合并，合并采用主并方协议收购被并方股权的方式，主并方以上市公司股权（定价为 3.33 元/股）换取被并方的股票。

在本次合并中，主并方聘请了西南证券股份有限公司作为其财务顾问，聘请了北京市万商天勤律师事务所作为其法律顾问，聘请了江苏天衡会计师事务所有限公司担任本次交易的会计师，聘请了北京天健兴业资产评估有限公司担任本次交易的资产评估师。

【＊ST 远东（000681. SZ）】 首次公告日：2011－10－18

本次合并的主并方为远东实业股份有限公司（简称＊ST 远东，000681. SZ），为私有经济，其主营业务为：开发、生产计算机软、硬件，销售自产产品并提供相关技术和工程咨询、服务、培训，转让本企业所开发的技术；生产服装、床上用品、装饰品、鞋帽、纺织品、服装辅料、包装材料，并销售公司自产产品；从事非配额许可证管理商品、非专营商品的收购出口。依据中国证监会行业分类标准其为纺织服装皮毛。

本次合并的被并方的股东之一为自然人孙德越。

本次合并的被并方为四川永祥股份有限公司，为私有经济，其主营业务为：生产、销售聚氯乙烯及其系列产品、烧碱及副产品、电石渣水泥；销售单晶硅、多晶硅、三氯氢硅；办公用计算机系统的设计和服务；对外项目投资；化工新产品研发；生产工艺中的废气、废渣、废水治理；经营本企业自产产品的出口业务及经营本企业生产所需的原辅材料、仪器仪表、机械设备及技术的进出口业务（国家限定企业经营和出口的商品技术除外）。依据中国证监会行业分类标准其为石油化学塑胶塑料。

本次合并为吸收合并，合并采用主并方协议收购被并方股权的方式，主并方以上市公司股权（定价为 3.33 元/股）换取被并方的股票。

在本次合并中，主并方聘请了西南证券股份有限公司作为其财务顾问，聘请了北京市万商天勤律师事务所作为其法律顾问，聘请了江苏天衡会计师事务所有限公司担任本次交易的会计师，聘请了北京天健兴业资产评估有限公司担任本次交易的资产评估师。

【＊ST 远东（000681. SZ）】 首次公告日：2011－10－18

本次合并的主并方为远东实业股份有限公司（简称＊ST 远东，000681. SZ），为私有经济，其主营业务为：开发、生产计算机软、硬件，销售自产产品并提供相关技术和工程咨询、服务、培训，转让本企业所开发的技术；生产服装、床上用品、装饰品、鞋帽、纺织品、服装辅料、包装材料，并销售公司自产产品；从事非配额许可证管理商品、非专营商品的收购出口。依据中国证监会行业分类标准其为纺织服装皮毛。

本次合并的被并方的股东之一为自然人彭辉。

本次合并的被并方为四川永祥股份有限公司，为私有经济，其主营业务为：生产、销售聚氯乙烯及其系列产品、烧碱及副产品、电石渣水泥；销售单晶硅、多晶硅、三氯氢硅；办公用计算机系统的设计和服务；对外项目投资；化工新产品研发；生产工艺中的废气、废渣、废水治理；经营本企业自产产品的出口业务及经营本企业生产所需的原辅材料、仪器仪表、机械设备及技术的进出口业务（国家限定企业经营和出口的商品技术除外）。依据中国证监会行业分类标准其为石油化学塑胶塑料。

本次合并为吸收合并，合并采用主并方协议收购被并方股权的方式，主并方以上市公司股权（定价为 3.33 元/股）换取被并方的股票。

在本次合并中，主并方聘请了西南证券股份有限公司作为其财务顾问，聘请了北京市万商天勤律师事务所作为其法律顾问，聘请了江苏天衡会计师事务所有限公司担任本次交易的会计师，聘请了北京天健兴业资产评估有限公司担任本次交易的资产评估师。

【华泰股份（600308. SH）】 首次公告日：2011－8－26

本次合并的主并方为东营华泰化工集团有限公司，为私有经济，其主营业务为：化工产品。依据中国证监会行业分类标准其为石油化学塑胶塑料。

本次合并的被并方的股东为山东华泰纸业股份有限公司（简称华泰股份，600308. SH），为私有经济，其主营业务为：造纸、纸制品、纸料加工的生产和销售、化工产品、电汽的生产销售等。依据中国证监会行业分类标准其为造纸印刷。

本次合并的被并方为东营华泰纸业化工有限

公司,为私有经济,其主营业务为:化工产品。依据中国证监会行业分类标准其为石油化学塑胶塑料。

本次合并为吸收合并,合并采用主并方协议收购被并方股权的方式。

【华泰股份(600308.SH)】 首次公告日:2011-8-26

本次合并的主并方为东营华泰化工集团有限公司,为私有经济,其主营业务为:化工产品。依据中国证监会行业分类标准其为石油化学塑胶塑料。

本次合并的被并方的股东为山东华泰纸业股份有限公司(简称华泰股份,600308.SH),为私有经济,其主营业务为:造纸、纸制品、纸料加工的生产和销售、化工产品、电汽的生产销售等。依据中国证监会行业分类标准其为造纸印刷。

本次合并的被并方为东营华泰精细化工有限责任公司,为私有经济,其主营业务为:液体荧光增白剂四磺酸等化工产品。依据中国证监会行业分类标准其为化学原料及化学制品制造业。

本次合并为吸收合并,合并采用主并方协议收购被并方股权的方式。

【华泰股份(600308.SH)】 首次公告日:2011-8-26

本次合并的主并方为东营华泰化工集团有限公司,为私有经济,其主营业务为:化工产品。依据中国证监会行业分类标准其为石油化学塑胶塑料。

本次合并的被并方的股东为山东华泰纸业股份有限公司(简称华泰股份,600308.SH),为私有经济,其主营业务为:造纸、纸制品、纸料加工的生产和销售、化工产品、电汽的生产销售等。依据中国证监会行业分类标准其为造纸印刷。

本次合并的被并方为东营华泰热力有限责任公司,为私有经济,其主营业务为:蒸气电能,化工产品(不含危险品)。依据中国证监会行业分类标准其为化学原料及化学制品制造业。

本次合并为吸收合并,合并采用主并方协议收购被并方股权的方式。

制造业——电子

【上海贝岭(600171.SH)】 首次公告日:2011-12-30

本次合并的主并方为华虹半导体有限公司,为私有经济依据中国证监会行业分类标准其为电子元器件制造业。

本次合并的被并方为宏力半导体制造公司,为私有经济,依据中国证监会行业分类标准其为电子元器件制造业。

本次合并为吸收合并,合并采用主并方协议收购被并方股权的方式。

【金螳螂(002081.SZ)】 首次公告日:2011-12-6

本次合并的主并方为苏州金螳螂建筑装饰股份有限公司(简称金螳螂,002081.SZ),为私有经济,其主营业务为:承接各类建筑室内、室外装修装饰工程的设计及施工;承接公用、民用建设项目的水电设备安装;建筑装饰设计咨询、服务;家具制作。承接各类型建筑幕墙工程的设计、生产、制作、安装及施工;承接金属门窗工程的加工、制作及施工;木制品制作;建筑石材加工。承接机电设备安装工程的制作、安装(凭资质证书许可经营);承接城市园林绿化工程的设计与施工(凭资质证书许可经营);承接园林古建筑工程的设计与施工(凭资质证书许可经营);承接消防设施工程的设计与施工(凭资质证书许可经营);民用、公用建筑工程设计(凭资质证书许可经营);承接钢结构工程施工(凭资质证书许可经营),承接轻型钢结构工程设计(凭资质证书许可经营)。承包境外建筑装修装饰、建筑幕墙工程和境内国际招标工程,承包上述境外工程的勘测、咨询、设计和监理项目,出口上述境外工程所需的设备、材料,对外派遣实施上述境外工程所需的劳务人员。依据中国证监会行业分类标准其为装修装饰业。

本次合并的被并方为苏州赛得科技有限公司,为私有经济,其主营业务为:一般经营项目:研发:新型电子元器件;研发、加工、销售:精密五金件;工程项目管理;非学历职业技能培训。依据中国证监会行业分类标准其为电子元器件制造业。

本次合并为吸收合并,合并采用主并方协议收购被并方股权的方式。

制造业——金属非金属

【*ST四维(600145.SH)】 首次公告日:2011-4-14

本次收购的出让方为青海中金创业投资有限

公司为私有经济。其主营业务为高新技术的开发和投资、资产委托管理、基金研究、投资咨询、财务顾问、其它对外投资、贸易（以上经营国家专项规定的除外）。依据中国证监会行业分类标准其为金融信托业。

本次收购的收购方为江苏帝奥投资有限公司，为私有经济。其主营业务为对外投资依据中国证监会行业分类标准其为金融信托业。

本次收购的标的是贵州四维国创控股（集团）股份有限公司（简称＊ST四维，600145.SH）。标的公司的经济性质为私有经济。主营业务为从事实业投资、矿业投资业务（不得从事金融业务），销售陶瓷制品、复合材料浴缸、塑料制品、搪瓷制品，销售普通机械、仪器仪表、装饰材料（不含危险化学品）、五金配件、厨房设备，货物进出口。依据中国证监会行业分类标准其为金属非金属。

本次交易前，江苏帝奥投资有限公司不再持有＊ST四维的股份，青海中金创业投资有限公司持有＊ST四维19.38%的股份，为第一大股东。

本次交易中，青海中金创业投资有限公司向江苏帝奥投资有限公司转让了＊ST四维的35500000股，双方最终达成的交易价格为14200.00万元，收购方以现金方式支付对价，其中以现金方式支付14200.00万元，该部分资金来源为自有资金。

本次交易后，江苏帝奥投资有限公司持有＊ST四维9.40%的股份，为第三大股东，青海中金创业投资有限公司持有＊ST四维9.98%的股份，为第二大股东。

【抚顺特钢(600399.SH)】　首次公告日:2011-11-23

本次合并的主并方为抚顺实林特殊钢有限公司，为国有经济，其主营业务为：从事压延钢加工、金属材料及机械配件加工、制造、销售。依据中国证监会行业分类标准其为黑色金属冶炼及压延加工业。

本次合并的被并方为抚顺鹏路特殊钢拔材有限公司，为国有经济，其主营业务为：冷拔材、磨光材、银亮材生产，机械配件、金属材料加工、销售等。依据中国证监会行业分类标准其为黑色金属冶炼及压延加工业。

本次合并为吸收合并，合并采用主并方协议收购被并方股权的方式。

【首钢股份(000959.SZ)】　首次公告日:2011-11-19

本次合并的主并方为首钢总公司，为国有经济，其主营业务为：工业、建筑、地质勘探、交通运输、对外贸易、邮电通讯、金融保险、科学研究和综合技术服务业、国内商业、公共饮食、物资供销、仓储、房地产、居民服务、咨询服务、租赁、农、林、牧、渔业（未经专项许可的项目除外）、授权经营管理国有资产。依据中国证监会行业分类标准其为综合类。

本次合并的被并方为河北省首钢迁安钢铁有限责任公司，为国有经济，其主营业务为：钢铁冶炼；钢压延加工；高炉余压发电及煤气生产、供应；炼铁水渣及工业生产废弃物加工；冶金技术开发、技术咨询、技术转让、技术服务；金属材料批发；氧气、氮气、氩气、液氧、液氮、液氩制造；普通货运（经营至2014年12月7日）；石灰制造；货物、技术进出口等（法律、行政法规禁止的项目除外；法律、行政法规限制的，取得许可后方可经营）。依据中国证监会行业分类标准其为金属非金属。

本次合并为吸收合并，合并采用主并方协议收购被并方股权的方式。

【二重重装(601268.SH)】　首次公告日:2011-8-23

本次合并的主并方为中国第二重型机械集团德阳万路运业有限公司，为国有经济，其主营业务为：二重专用铁路运输、普通货运大型物件运输、仓储服务、汽车销售、汽车维修等。依据中国证监会行业分类标准其为交通运输仓储业。

本次合并的被并方的股东为二重集团（德阳）重型装备股份有限公司（简称二重重装，601268.SH），为国有经济，其主营业务为：重型、普通机械及成套设备，金属制品设计、制造、安装、修理；金属冶炼加工；计算机软硬件产品开发、销售；多媒体数字软硬件产品开发、销售；技术咨询服务；金属材料销售；计算机系统集成；计算机网络设计、安装、调试；氧、氮、氩气体产品生产、销售；工程勘察设计；进出口贸易；管道安装。依据中国证监会行业分类标准其为机械设备仪表。

本次合并的被并方为中国第二重型机械集团(德阳)万通物资有限公司,为国有经济,其主营业务为:金属材料;冶金材料;废旧金属回收、销售等。依据中国证监会行业分类标准其为金属非金属。

本次合并为吸收合并,合并采用主并方协议收购被并方股权的方式。

【恒星科技(002132.SZ)】　首次公告日:2011-8-20

本次合并的主并方为巩义市恒星金属制品有限公司,为私有经济,其主营业务为:制造、销售镀锌钢丝、钢绞线、胶管钢丝;自营本企业产品的出口业务、自营本企业生产、科研所需的机械设备原辅材料的进口业务;经营本企业的来料加工和三来一补贸易业务。依据中国证监会行业分类标准其为黑色金属冶炼及压延加工业。

本次合并的被并方的股东为河南恒星科技股份有限公司(简称恒星科技,002132.SZ),为私有经济,其主营业务为:生产销售钢帘线、胶管钢丝、镀锌钢丝、镀锌钢绞线及其他金属制品;从事相关货物或技术的进出口业务。依据中国证监会行业分类标准其为金属非金属。

本次合并的被并方为巩义市恒星五金制品有限公司,为私有经济,其主营业务为:制造弹簧钢丝、预应力钢丝、预应力钢绞线、五金制品。依据中国证监会行业分类标准其为黑色金属冶炼及压延加工业。

本次合并为吸收合并,合并采用主并方协议收购被并方股权的方式,合并双方确定的合并基准日为2011-8-20,当下述条件得以满足时该合并生效:本次吸收合并事项经公司董事会审议通过后,进入实施阶段。

【神火股份(000933.SZ)】　首次公告日:2011-8-17

本次合并的主并方为河南神火煤电股份有限公司(简称神火股份,000933.SZ),为国有经济,其主营业务为:煤炭生产、销售、洗选加工(凭证);发电(按国家有关规定);铁路专用线营运(按国家有关规定);矿用器材生产、销售(国家有特殊规定的除外);经营本企业自产产品及相关技术的进出口业务(国家限定公司经营或禁止进出口的商品及技术除外)。依据中国证监会行业分类标准其为煤炭采选业。

本次合并的被并方为河南神火铝业有限公司,为国有经济,其主营业务为:从事货物和技术进出口业务(国家法律、法规规定应经审批方可经营或禁止进出口的货物和技术除外);电解铝、铝合金、铝型材及延伸产品、炭素的生产、加工、销售;废铝加工;发供电(涉及专项审批或行政许可的,取得专项审批或许可证后方可经营)。依据中国证监会行业分类标准其为轻有色金属冶炼业。

本次合并为吸收合并,合并采用主并方协议收购被并方股权的方式。

制造业——机械设备仪表

【广汽长丰(600991.SH)】　首次公告日:2011-3-23

本次合并的主并方为广州汽车集团股份有限公司,为国有经济,其主营业务为:汽车工业及配套工业的投资业务。汽车工业技术开发、技术转让及技术咨询服务。批发、零售:汽车(含小汽车)及零配件。货物进出口、技术进出口(法律、法规禁止的项目除外,法律、法规限制的项目须取得许可证后方可经营)。开展本公司成员企业进料加工和“三来一补”业务。依据中国证监会行业分类标准其为汽车制造业。

本次合并的被并方为广汽长丰汽车股份有限公司(简称广汽长丰,600991.SH),为国有经济,其主营业务为:汽车及其零部件制造、销售;提供与上述产品有关的技术咨询服务。依据中国证监会行业分类标准其为汽车制造业。

本次合并为吸收合并,合并采用主并方协议收购被并方股权的方式,主并方向被并方支付了现金(合计96137.2828万元)、非上市公司股权(合计1035665.6197万元),总计为1131802.9000万元。当下述条件得以满足时该合并生效:《换股吸收合并协议》自双方适当签署之日起成立,除第二、三、七、八条关于本次合并的实质性安排外的约定自《换股吸收合并协议》成立之时生效。《换股吸收合并协议》第二、三、七、八条的约定自下述条件全部成就之首日起生效:本次换股吸收合并获得出席广汽集团股东大会及广汽长丰股东大会的非关联股东所持表决权的三分之二以上通过；本次换股吸收合并涉及的相关事项取得全部有权监管机构的必要批准、核准、同意；广汽集团和广汽长丰的声明、保证和承诺在本协议签署之日和合并生效日在所有重大方面均是真实和准确的；不存在限制、禁止或取消本次换股吸收合并的法律、法规，政府机构的禁令或命令，或法院的判决、裁决、裁定。

在本次合并中，主并方聘请了中国国际金融有限公司；中银国际证券有限责任公司；广发证券股份有限公司作为其财务顾问，聘请了北京市天银律师事务所作为其法律顾问，聘请了立信羊城会计师事务所有限公司担任本次交易的会计师。

制造业——医药生物制品

【武汉健民(600976. SH)】　首次公告日:2011-12-14

本次合并的主并方为武汉健民药业集团股份有限公司(简称武汉健民，600976. SH)，为私有经济，其主营业务为：中成药、保健品、滋补饮料、医用卫生材料、医疗器械的研究、制造、开发及经营；食品、塑料制品、建筑材料制造、经营；汽车运输及租赁；经营本企业自产产品及相关技术出口业务；经营本企业自产、科研所需原辅材料、机械设备、仪器仪表、零配件及相关技术的进口业务；经营本企业的进料加工和“三来一补”业务。依据中国证监会行业分类标准其为医药制造业。

本次合并的被并方为武汉健民中药工程有限责任公司，为私有经济，其主营业务为：医药新产品和技术的研究、开发、工程化与产业化研究、技术转让、胶囊剂、片剂保健食品生产、加工、销售。依据中国证监会行业分类标准其为医药生物制品。

本次合并为吸收合并，合并采用主并方协议收购被并方股权的方式。

【江中药业(600750. SH)】　首次公告日:2011-8-2

本次合并的主并方为江中药业股份有限公司(简称江中药业，600750. SH)，为国有经济，其主营业务为：硬胶囊剂、原料药(蚓激酶)、糖浆剂、片剂、颗粒剂、口服液、膏滋剂的生产及销售(许可证有效期至2010年12月31日)；糖类、巧克力和糖果(糖果)，饮料(其他饮料)、(蛋白饮料类、固体饮料类)的生产与销售；保健食品的生产与销售(以上经营项目凭许可证经营)；消毒剂的生产、销售(许可证有效期至2014年5月9日)；国内贸易及生产加工，国际贸易；农副产品收购(粮食收购除外)。(国家有专有规定的除外)。依据中国证监会行业分类标准其为医药生物制品。

本次合并的被并方为江西江中药亭连锁有限责任公司，为国有经济，其主营业务为：中药饮片、中成药、化学药制剂、抗生素制剂、生化药品的零售连锁；预包装食品的批发零售。农副产品、化妆品、洗涤用品、日用品销售，信息咨询服务；I类、II类医疗器械。依据中国证监会行业分类标准其为医药生物制品。

本次合并为吸收合并，合并采用主并方协议收购被并方股权的方式。

【沃森生物(300142. SZ)】　首次公告日:2011-6-29

本次合并的主并方为江苏沃森生物技术有限公司，为私有经济，其主营业务为：生物技术咨询与服务，项目投资及投资管理。依据中国证监会行业分类标准其为生物制品业。

本次合并的被并方为江苏沃森葛兰生物制品有限公司，为私有经济，其主营业务为：生物技术产品的研究、开发及技术服务(药品、医疗器械的生产经营除外)。依据中国证监会行业分类标准其为生物制品业。

本次合并为吸收合并，合并采用主并方协议收购被并方股权的方式。

制造业——其他制造业

【浙江永强(002489. SZ)】　首次公告日:2011-3-19

本次合并的主并方为浙江永强集团股份有限公司(简称浙江永强，002489. SZ)，为私有经济，其主营业务为：户外用品及家具、遮阳用品、工艺品、金属铁制品的制造、销售；经营进出口业务，投资管理。依据中国证监会行业分类标准其为木材家具。

本次合并的被并方为临海市英仕达遮阳制品有限公司，为私有经济，其主营业务为：户外遮阳蓬、休闲家具、工艺品(除金银竹木外)、运动器材制造。依据中国证监会行业分类标准其为其他制造业。

本次合并为吸收合并,合并采用主并方协议收购被并方股权的方式,合并双方确定的合并基准日为2011-3-31,当下述条件得以满足时该合并生效:合并各方履行审批程序,公司董事会审议后提交股东大会审议,通过后各方将签署《吸收合并协议》,合并事项进入实施阶段。

在本次合并中,主并方聘请了天健会计师事务所担任本次交易的会计师。

【浙江永强(002489.SZ)】　首次公告日:2011-3-19

本次合并的主并方为浙江永强集团股份有限公司(简称浙江永强,002489.SZ),为私有经济,其主营业务为:户外用品及家具、遮阳用品、工艺品、金属铁制品的制造、销售;经营进出口业务,投资管理。依据中国证监会行业分类标准其为木材家具。

本次合并的被并方为台州永强工艺品有限公司,为私有经济,其主营业务为:生产销售工艺品、旅游文体用品。依据中国证监会行业分类标准其为其他制造业。

本次合并为吸收合并,合并采用主并方协议收购被并方股权的方式,合并双方确定的合并基准日为2011-3-31,当下述条件得以满足时该合并生效:合并各方履行审批程序,公司董事会审议后提交股东大会审议,通过后各方将签署《吸收合并协议》,合并事项进入实施阶段。

在本次合并中,主并方聘请了天健会计师事务所担任本次交易的会计师。

电力煤气及水的生产和供应业

【重庆水务(601158.SH)】　首次公告日:2011-9-30

本次合并的主并方为重庆市自来水有限公司,为国有经济,其主营业务为:自来水的生产和供应。依据中国证监会行业分类标准其为自来水的生产和供应业。

本次合并的被并方为重庆水务集团股份有限公司(简称重庆水务,601158.SH),为国有经济,其主营业务为:从事城镇给排水项目的投资、经营及建设管理;城镇给排水供应及系统设施的管理,给排水工程设计及技术咨询服务等。依据中国证监会行业分类标准其为自来水的生产和供应业。

本次合并的被并方为重庆井口水务建设工程有限公司,为国有经济,其主营业务为:城镇给排水项目的经营及建设管理。依据中国证监会行业分类标准其为自来水的生产和供应业。

本次合并为吸收合并,合并采用主并方协议收购被并方股权的方式。

建筑业

【路桥建设(600263.SH)】　首次公告日:2011-3-10

本次合并的主并方为中国交通建设股份有限公司(简称中国交通建设,01800.HK),为国有经济,其主营业务为:许可经营项目:对外派遣实施境外工程所需的劳务人员(有效期至2011年10月24日)。一般经营项目:港口、航道、公路、桥梁的建设项目总承包;工程技术研究、咨询;工程设计、勘察、施工、监理以及相关成套设备和材料的采购、供应、安装;工业与民用建筑、铁路、冶金、石化、隧道、电力、矿山、水利、市政的建设工程总承包;各种专业船舶的建造总承包;专业船舶、施工机械的租赁及维修;海上拖带、海洋工程的有关专业服务;船舶及港口配套设备的技术咨询服务;进出口业务;房地产开发及物业管理;国际技术合作与交流;物流业、运输业、酒店业、旅游业的投资与管理。依据中国证监会行业分类标准其为建筑业。

本次合并的被并方为路桥集团国际建设股份有限公司(简称路桥建设,600263.SH),为国有经济,其主营业务为:公路、桥梁、隧道工程建设项目的总承包;公路收费经营;承包境外工程和境内国际招标工程;上述境外工程所需的设备、材料出口;对外派遣实施上述工程所需的劳务人员。依据中国证监会行业分类标准其为土木工程建筑业。

本次合并为吸收合并,合并采用主并方协议收购被并方股权的方式,主并方以上市公司股权(定价为11.81元/股)换取被并方的股票(定价为14.53元/股)并向被并方股东提供了现金选择权12.3100。当下述条件得以满足时该合并生效:合并事项分别经中交股份股东大会、中交股份类别股东会和路桥建设股东大会通过并取得有权监管机构的必要批准或核准，及中交股份首次公开发行 A 股结束、认股款划款交割完成后。

在本次合并中，主并方聘请了中信证券股份有限公司作为其财务顾问，聘请了北京市嘉源律师事务所作为其法律顾问，聘请了普华永道中天会计师事务所有限公司担任本次交易的会计师；被并方聘请了华融证券股份有限公司作为其财务顾问，聘请了众鑫律师事务所作为其法律顾问，聘请了天健正信会计师事务所担任本次交易的会计师。

信息技术业

【三五互联(300051. SZ)】　首次公告日:2011－12－27

本次合并的主并方为厦门三五互联科技股份有限公司（简称三五互联，300051. SZ)，为私有经济，其主营业务为：1. 网络工程、信息系统工程、计算机及其他电子产品的技术开发、技术服务、技术咨询及技术转让；2. 批发零售计算机软件、硬件、电子设备、办公设备；3. 服务器空间出租；4. 网页制作与维护；5. 信息咨询；6. 自营和代理各类商品和技术的进出口，但国家限定经营或禁止进出口的商品和技术除外；7. 移动电话的研发、生产、销售及售后服务（生产限合法设立的分支机构经营）8. 第二类增值电信业务中的信息服务业务（不含固定网电话信息服务业务）（业务覆盖范围及服务项目详见：《中华人民共和国增值电信业务经营许可证》【经营许可证编号：闽 B2－20050004】；有效期至 2014 年 12 月 13 日）。9. 第二类增值电信业务中的因特网接入服务业务、信息服务业务（不含固定网电话信息服务和互联网信息服务）。（业务覆盖范围及服务项目详见：《中华人民共和国增值电信业务经营许可证》【经营许可证编号：B2－20070139】；有效期至 2012 年 5 月 9 日）（以上经营范围涉及许可经营项目的，应在取得有关部门的许可后方可经营）。依据中国证监会行业分类标准其为计算机应用服务业。

本次合并的被并方为厦门精通科技实业有限公司，为私有经济，其主营业务为：企业邮箱、网络域名、网站建设、OA（办公自动化系统）等。依据中国证监会行业分类标准其为计算机应用服务业。

本次合并为吸收合并，合并采用主并方协议收购被并方股权的方式，合并双方确定的合并基准日为 2011－12－31。

【南天信息(000948. SZ)】　首次公告日:2011－8－26

本次合并的主并方为北京南天信息工程有限公司，为国有经济，其主营业务为：生产计算机软件及硬件、IC 卡及磁卡应用系统；承接银行信息系统工程；销售自产产品；自产产品的技术开发、技术咨询、技术服务、技术转让、技术培训等。依据中国证监会行业分类标准其为计算机应用服务业。

本次合并的被并方的控股股东为云南南天电子信息产业股份有限公司（简称南天信息，000948. SZ)，为国有经济，其主营业务为：开发、生产、销售计算机软件、硬件，外围设备、金融专用设备、智能机电产品（含国产汽车不含小轿车）；承接网络工程、信息系统工程（不含管理项目）、技术服务及技术咨询；自产产品的安装调试维修。依据中国证监会行业分类标准其为计算机应用服务业。

本次合并的被并方为北京南天宏远科技有限公司，为国有经济，其主营业务为：开发、销售计算机软硬件及外部设备、机械电器设备；系统集成；技术服务、技术咨询。依据中国证监会行业分类标准其为计算机应用服务业。

本次合并为吸收合并，合并采用主并方协议收购被并方股权的方式。

批发和零售贸易

【金宇车城(000803. SZ)】　首次公告日:2011－11－11

本次合并的主并方为南充金宇房地产开发有限公司，为私有经济，其主营业务为：房地产开发、经营，销售建材，五金、交电、化工，建筑机械，器材维修，机械出租等。依据中国证监会行业分类标准其为房地产开发与经营业。

本次合并的被并方为南充西部汽车城有限公司，为国有经济，其主营业务为：销售汽车（小轿车、旧机动车除外）及配件，摩托车及配件，汽车装饰，日用百货，五金、交电，建筑材料，南京菲亚特品牌汽车。依据中国证监会行业分类标准其为汽车摩托车及零配件批发业。

本次合并为吸收合并,合并采用主并方协议收购被并方股权的方式,合并双方确定的合并基准日为2011-9-30。

【武汉中商(000785.SZ)】　首次公告日:2011-9-30

本次合并的主并方为中百控股集团股份有限公司(简称中百集团,000759.SZ),为国有经济,其主营业务为:商业零售及商品的网上销售;农产品加工;日用工业品及塑料制品加工;经营和代理各类商品及技术的进出口业务(不含国家禁止或限制进出口的货物或技术);对房地产业、对酒店餐饮业、对商务服务业、对软件业及对农业项目投资与资产管理;法律法规禁止的不得经营,须经审批的在批准后方可经营,法律法规未规定审批的,企业可自行开展经营活动。(以上经营范围中,国家有专项规定的凭许可证在核定的范围、期限内方可经营)。依据中国证监会行业分类标准其为零售业。

本次合并的被并方为武汉中商集团股份有限公司(简称武汉中商,000785.SZ),为国有经济,其主营业务为:百货、日用杂品销售;超级市场零售;物流配送、仓储服务(不含易燃易爆物品);摄影、复印、干洗服务;字画装裱;房地产开发经营;房屋出租;物业管理;汽车货运;货物进出口、技术进出口、代理进出口业务(不含国家禁止或限制进出口的货物或技术)。(以上经营范围中需专项审批的,仅供持有许可证的分支机构使用)。依据中国证监会行业分类标准其为零售业。

本次合并为吸收合并,合并采用主并方协议收购被并方股权的方式,主并方以上市公司股权(定价为12.39元/股)换取被并方的股票并向被并方股东提供了现金选择权价格为11.49元/股。

在本次合并中,主并方聘请了海通证券股份有限公司作为其财务顾问;被并方聘请了长江证券承销保荐有限公司作为其财务顾问。

【龙头股份(600630.SH)】　首次公告日:2011-8-27

本次合并的主并方为上海龙头(集团)股份有限公司(简称龙头股份,600630.SH),为国有经济,其主营业务为:纺织品生产及经营;实业投资;资产经营与管理;国内贸易(除专项规定);自营和代理各类商品及技术的进出口业务(不另附进出口商品目录),但国家限定公司经营和国家禁止进出口的商品及技术除外;经营进料加工和“三来一补”业务,开展对销贸易和转口贸易;商务咨询;仓储;房地产开发和经营,自有房屋租赁,物业管理;计算机系统服务(除互联网上网业务)。企业经营涉及行政许可的,凭许可证件经营。依据中国证监会行业分类标准其为纺织业。

本次合并的被并方为上海三枪进出口有限公司,为国有经济,其主营业务为:自营和代理各类商品及技术的进出口业务,经营进料加工和转口贸易。依据中国证监会行业分类标准其为商业经纪与代理业。

本次合并为吸收合并,合并采用主并方协议收购被并方股权的方式。

【通程控股(000419.SZ)】　首次公告日:2011-4-23

本次合并的主并方为长沙通程控股股份有限公司(简称通程控股,000419.SZ),为私有经济,其主营业务为:百货零售业、酒店业的经营管理(具体经营业务由分支机构开展,涉及行政许可的,未取得许可证书不得经营);房地产业、旅游业投资。依据中国证监会行业分类标准其为零售业。

本次合并的被并方为长沙通程商业广场发展有限公司,为私有经济,其主营业务为:预包装副食、酒水的零售;餐饮服务(主食、热菜),百货、工艺美术品、针纺织品、烟(零售),家具、五金交电、化工产品、文化用品、电脑、电脑软件及耗材、机械电子设备、建筑材料、金属材料、矿产品、农副产品的销售;儿童游艺;网吧服务(网吧服务限分支机构经营)。(涉及行政许可的凭许可证经营)。依据中国证监会行业分类标准其为零售业。

本次合并为吸收合并,合并采用主并方协议收购被并方股权的方式。

金融保险业

【中国中期(000996.SZ)】　首次公告日:2011-9-10

本次合并的主并方为中国国际期货有限公司,为私有经济,其主营业务为:商品期货经纪、金融期货经纪。依据中国证监会行业分类标准其为金融保险业。

本次合并的被并方的股东之一为佛山市浩达投资管理有限公司，为私有经济，其主营业务为：服务；投资咨询（不含证券及期货投资咨询），企业策划，企业管理咨询。依据中国证监会行业分类标准其为社会服务业。

本次合并的被并方的股东之一为佛山市鸿安顺经贸有限公司，为私有经济，其主营业务为：国内贸易（法律法规禁止的不得营业），燃料油经营（仅限闪点大于61度）；室内装饰；商品信息咨询服务。依据中国证监会行业分类标准其为批发和零售贸易。

本次合并的被并方的股东之一为佛山市泰基达信息技术有限公司，为私有经济，其主营业务为：计算机信息咨询（不含互联网咨询），计算机技术服务。依据中国证监会行业分类标准其为计算机应用服务业。

本次合并的被并方的股东之一为广东双飞龙投资控股有限公司，为私有经济，其主营业务为：投资实业，信息咨询，货物进出口、技术进出口，国内贸易（国家专营专控商品除外）。依据中国证监会行业分类标准其为社会服务业。

本次合并的被并方为珠江期货有限公司，为私有经济，其主营业务为：商品期货经纪、金融期货经纪。依据中国证监会行业分类标准其为证券期货业。

本次合并为吸收合并，合并采用主并方协议收购被并方股权的方式，主并方向被并方支付了现金（合计15000.0000万元）、非上市公司股权（合计23750.0000万元），总计为38750.0000万元。合并双方确定的合并基准日为2011-8-31。

在本次合并中，主并方聘请了立信羊城会计师事务所有限公司担任本次交易的会计师。

【西南证券(600369.SH)】 首次公告日：2011-8-16

本次合并的主并方为西南证券股份有限公司（简称西南证券，600369.SH），为国有经济，其主营业务为：证券经纪业务（限重庆、云南、甘肃、湖南、广东（不含深圳）、福建、安徽、山东、山西、河北、广西、西藏、贵州、新疆、青海、宁夏、海南、江西、内蒙古、黑龙江、辽宁、宁波），证券投资咨询，与证券交易、证券投资活动有关的财务顾问，证券承销与保荐，证券自营，证券资产管理，融资融券，证券投资基金代销。依据中国证监会行业分类标准其为金融保险业。

本次合并的被并方为国都证券有限责任公司，为国有经济，其主营业务为：证券经纪；证券投资咨询；与证券交易、证券投资活动有关的财务顾问；证券承销与保荐；证券自营；证券资产管理；证券投资基金代销；为期货公司提供中间介绍业务；融资融券业务。依据中国证监会行业分类标准其为综合类证券公司。

本次合并为吸收合并，合并采用主并方协议收购被并方股权的方式，主并方以上市公司股权（定价为10.78元/股）换取被并方的股票并向被并方股东提供了现金选择权0.0000。

在本次合并中，主并方聘请了招商证券股份有限公司作为其财务顾问，聘请了北京市天元律师事务所作为其法律顾问，聘请了天健正信会计师事务所有限公司担任本次交易的会计师，聘请了北京天健兴业资产评估有限公司担任本次交易的资产评估师。

【SST集琦(000750.SH)】 首次公告日：2011-5-9

本次合并的主并方为桂林集琦药业股份有限公司（简称SST集琦，000750.SH），为国有经济，其主营业务为：医药研发制造。依据中国证监会行业分类标准其为医药生物制品。

本次合并的被并方为国海证券有限责任公司，为国有经济，其主营业务为：证券经纪；证券投资咨询；与证券交易、证券投资活动有关的财务顾问；证券承销与保荐；证券自营；证券资产管理；证券投资基金代销。依据中国证监会行业分类标准其为金融保险业。

本次合并为吸收合并，合并采用主并方协议收购被并方股权的方式，主并方以上市公司股权（定价为3.72元/股）换取被并方的股票并向被并方股东提供了现金选择权3.7200。

在本次合并中，主并方聘请了兴业证券股份有限公司作为其财务顾问，聘请了上海市郑信阳律师事务所作为其法律顾问，聘请了中磊会计师事务所有限责任公司、深圳市鹏城会计师事务所有限公司担任本次交易的会计师,聘请了北京中企华资产评估有限责任公司、中联资产评估有限公司担任本次交易的资产评估师。

房地产业

【滨江集团(002244.SZ)】　首次公告日:2011-8-23

本次合并的主并方为杭州滨江房产集团股份有限公司(简称滨江集团,002244.SZ),为私有经济,其主营业务为:房地产开发,房屋建筑,商品房销售,水电安装,室内外装潢。依据中国证监会行业分类标准其为房地产业。

本次合并的被并方为杭州新城时代广场房产有限公司,为私有经济,其主营业务为:专项开发、经营杭政储出(2005)54号地块,商品房销售。依据中国证监会行业分类标准其为房地产业。

本次合并为吸收合并,合并采用主并方协议收购被并方股权的方式。

【ST东源,000656.SZ】　首次公告日:2011-5-28

本次合并的主并方为重庆东源产业发展股份有限公司(简称ST东源,000656.SZ),为私有经济,其主营业务为:房地产开发(按资质证书核定项目承接业务),物业管理;房屋租赁;企业营销策划及企业管理咨询服务;高新技术项目的研制、开发等。依据中国证监会行业分类标准其为房地产业。

本次合并的被并方的股东之一为重庆市金科投资有限公司,为私有经济,其主营业务为:从事投资业务及投资管理咨询服务(不得从事金融业务)。依据中国证监会行业分类标准其为社会服务业。

本次合并的被并方的其他股东为自然人黄红云、黄净、黄晴、黄斯诗、黄星顺、黄一峰、陶虹遐、陶建、王天碧和王小琴。

本次合并的被并方为重庆市金科实业(集团)有限公司,为私有经济,其主营业务为:房地产开发(按资质等级证书核定项目承接业务),物业管理,销售建筑材料,装饰材料,化工产品(以上不含危险化学品),金属材料(不含稀贵金属),五金,交电,计算机及配件,机电设备安装,企业管理咨询服务。依据中国证监会行业分类标准其为房地产业。

本次合并为吸收合并,合并采用主并方协议收购被并方股权的方式,主并方以上市公司股权(定价为5.80元/股)换取被并方的股票并向被并方股东提供了现金选择权,合并双方确定的合并基准日为2009—4—30。

在本次合并中,主并方聘请了安信证券股份有限公司作为其财务顾问,聘请了广东晟典律师事务所作为其法律顾问,聘请了重庆华康资产评估有限责任公司担任本次交易的资产评估师。

【京东方A(000725.SZ)】　首次公告日:2011-8-18

本次合并的主并方为浙江京东方显示技术有限公司,为国有经济,其主营业务为:小尺寸显示器件、显示模块和相关配件的研发、制造、销售;从事进出口业务。依据中国证监会行业分类标准其为电子。

本次合并的被并方为绍兴晟晶投资管理有限公司,为私有经济,其主营业务为:投资管理、经济信息咨询、企业管理咨询、市场营销策划、文化交流活动策划;实业投资。依据中国证监会行业分类标准其为社会服务业。

本次合并为吸收合并,合并采用主并方协议收购被并方股权的方式,主并方以上市公司股权换取被并方的股票。

【北京城建(600266.SH)】　首次公告日:2011-5-14

本次合并的主并方为北京腾宇拆迁工程有限责任公司,为国有经济,其主营业务为:建筑物拆除,渣土清运。依据中国证监会行业分类标准其为房地产业。

本次合并的被并方为北京腾宇建业市政工程有限责任公司,为国有经济,其主营业务为:主要经营法律、法规禁止的,不得经营;应经审批的,未获审批前不得经营;法律、法规未规定审批的,企业自主选择经营项目,开展经营活动,依据中国证监会行业分类标准其为社会服务业。

本次合并为吸收合并,合并采用主并方协议收购被并方股权的方式。

传播与文化产业

【天威视讯(002238.SZ)】　首次公告日:2011-10-29

本次合并的主并方为深圳市天威视讯股份有

限公司(简称天威视讯,002238.SZ),为国有经济,其主营业务为:有线广播电视网络及其他通讯网络规划建设及技术服务;广播电视信号传输服务;音视频和数据信息内容服务;因特网信息服务(网页制作、网络游戏、文学欣赏、网上商务);因特网接入服务业务;经营国内商业、物资供销业(不含专营、专控、专卖项目);各类信息咨询(凡国家专项规定的项目除外);进出口业务。依据中国证监会行业分类标准其为传播与文化产业。

本次合并的被并方为深圳市天明广播电视网络有限公司,为国有经济,其主营业务为:广播电视网络建设、广播电视传输业务;广告业务;国内商业、物资供销业(不含专营、专控、专卖商品)信息咨询;物业管理;自有物业租赁;经营进出口业务(法律、行政法规、国务院决定禁止的项目除外,限制的项目须取得许可后方可经营)。依据中国证监会行业分类标准其为传播与文化产业。

本次合并为吸收合并,合并采用主并方协议收购被并方股权的方式,合并双方确定的合并基准日为2011-10-31。

在本次合并中,主并方聘请了深圳中联岳华会计师事务所担任本次交易的会计师。

【电广传媒(000917.SZ)】　　首次公告日:2011-7-6

本次合并的主并方为湖南电广传媒股份有限公司(简称电广传媒,000917.SZ),为国有经济,其主营业务为:影视节目的制作、发行和销售,有线电视网络及信息传播服务;广告策划;设计、制作、发布、代理国内外各类广告;投资兴办各类旅游、文化娱乐、餐饮服务、贸易业投资等。依据中国证监会行业分类标准其为传播与文化产业。

本次合并的被并方为湖南省惠心有线网络有限公司,为国有经济,其主营业务为:广播电视传输服务。依据中国证监会行业分类标准其为传播与文化产业。

本次合并为吸收合并,合并采用主并方协议收购被并方股权的方式,主并方以上市公司股权(定价为25.67元/股)换取被并方的股票。

在本次合并中,主并方聘请了开元资产评估有限公司担任本次交易的资产评估师。

【电广传媒(000917.SZ)】　　首次公告日:2011-7-6

本次合并的主并方为湖南电广传媒股份有限公司(简称电广传媒,000917.SZ),为国有经济,其主营业务为:影视节目的制作、发行和销售,有线电视网络及信息传播服务;广告策划;设计、制作、发布、代理国内外各类广告;投资兴办各类旅游、文化娱乐、餐饮服务、贸易业投资等。依据中国证监会行业分类标准其为传播与文化产业。

本次合并的被并方为湖南省惠悦有线网络有限公司,为国有经济,其主营业务为:有线广播电视传输服务。依据中国证监会行业分类标准其为传播与文化产业。

本次合并为吸收合并,合并采用主并方协议收购被并方股权的方式,主并方以上市公司股权(定价为25.67元/股)换取被并方的股票。

在本次合并中,主并方聘请了开元资产评估有限公司担任本次交易的资产评估师。

【电广传媒(000917.SZ)】　　首次公告日:2011-7-6

本次合并的主并方为湖南电广传媒股份有限公司(简称电广传媒,000917.SZ),为国有经济,其主营业务为:影视节目的制作、发行和销售,有线电视网络及信息传播服务;广告策划;设计、制作、发布、代理国内外各类广告;投资兴办各类旅游、文化娱乐、餐饮服务、贸易业投资等。依据中国证监会行业分类标准其为传播与文化产业。

本次合并的被并方为湖南省惠润有线网络有限公司,为国有经济,其主营业务为:有线广播电视传输服务。依据中国证监会行业分类标准其为传播与文化产业。

本次合并为吸收合并,合并采用主并方协议收购被并方股权的方式,主并方以上市公司股权(定价为25.67元/股)换取被并方的股票。

在本次合并中,主并方聘请了开元资产评估有限公司担任本次交易的资产评估师。

【电广传媒(000917.SZ)】　　首次公告日:2011-7-6

本次合并的主并方为湖南电广传媒股份有限公司(简称电广传媒,000917.SZ),为国有经济,其主营业务为:影视节目的制作、发行和销售,有线电视网络及信息传播服务;广告策划;设计、制作、发布、代理国内外各类广告;投资兴办各类旅游、文化娱乐、餐饮服务、贸易业投资等。依据中国证监会行业分类标准其为传播与文化产业。

本次合并的被并方为湖南省惠德有线网络有限公司,为国有经济,其主营业务为:广播电视传输服务。依据中国证监会行业分类标准其为传播与文化产业。

本次合并为吸收合并,合并采用主并方协议收购被并方股权的方式,主并方以上市公司股权(定价为25.67元/股)换取被并方的股票。

在本次合并中,主并方聘请了开元资产评估有限公司担任本次交易的资产评估师。

三、资产交易案例

采掘业

【兖州煤业(600188.SH)】　首次公告日:2011-9-28

本次收购的收购方为澳思达煤矿有限公司,为外国经济,其主营业务为从事煤炭生产、加工、洗选、营销等经营活动。

本次收购的出让方为西农化工能源与化肥有限公司,为外国经济,其主营业务为化工。西农煤炭资源有限公司,为外国经济,其主营业务为煤炭采选。

本次收购的标的为澳大利亚西农普力马煤矿有限公司100%股权和西农木炭私有公司100%股权。上述资产账面价值为114805.74万元。

本次交易最终以186300.00万元成交,收购方以现金方式支付对价,其中以现金方式支付186300.00万元,该部分资金来源为自有资金。

【神火股份(000933.SZ)】　首次公告日:2011-7-12

本次收购的收购方为禹州神火隆祥矿业有限公司,为国有经济,其主营业务为煤矿。

本次收购的出让方为禹州市嵩山煤业有限公司,为国有经济,其主营业务为对煤矿的投资。

本次收购的标的为禹州市嵩山煤业有限公司经营性资产(含采矿权)70%份额。经评估单位评估价值为7374.64万元。

本次交易最终以7700.00万元成交,收购方以现金方式支付对价,其中以现金方式支付7700.00万元,该部分资金来源为自有资金。

【神火股份(000933.SZ)】　首次公告日:2011-7-12

本次收购的收购方为禹州神火隆兴矿业有限公司,为国有经济,其主营业务为煤矿。

本次收购的出让方为禹州市李楼(西井)煤矿,为国有经济,其主营业务为对煤矿基础建设。

本次收购的标的为禹州市李楼煤矿(西井)经营性资产(含采矿权)85%份额。经评估单位评估价值为6004.72万元。

本次交易最终以6205.00万元成交,收购方以现金方式支付对价,其中以现金方式支付6205.00万元,该部分资金来源为自有资金。

【神火股份(000933.SZ)】　首次公告日:2011-7-12

本次收购的收购方为禹州神火隆源矿业有限公司,为国有经济,其主营业务为煤矿。

本次收购的出让方为禹州市李楼煤矿,为集体经济,其主营业务为原煤开采。

本次收购的标的为禹州市李楼煤矿经营性资产(含采矿权)85%份额。经评估单位评估价值为16273.73万元。

本次交易最终以16745.00万元成交,收购方以现金方式支付对价,其中以现金方式支付16745.00万元,该部分资金来源为自有资金。

【亚泰集团(600881.SH)】　首次公告日:2011-6-8

本次收购的收购方为亚泰集团调兵山水泥有限公司,为集体经济。

本次收购的出让方为铁法煤业(集团)有限责任公司,为国有经济,其主营业务为煤炭开采、煤矸石加工、洗选加工、销售、煤层气开采销售等。

本次收购的标的为铁法煤业(集团)有限责任公司建筑材料分公司水泥厂流动资产、固定资产。经评估单位评估价值为9920.25万元。

本次交易最终以9920.25万元成交,收购方以现金方式支付对价,其中以现金方式支付9920.25万元,该部分资金来源为自有资金。

在本次交易中，收购方聘请了北京中企华资产评估有限责任公司担任本次交易的资产评估师。

【华阳科技(600532.SH)】　首次公告日:2011-4-29

本次收购的收购方为山东华阳科技股份有限公司(简称华阳科技,600532.SH)，为私有经济，其主营业务为许可经营项目:灭多威乳剂、毒死蜱、灭多威粉剂、乙草胺、毒死蜱乳剂、克百威、涕灭威、灭多威、氯乙酸、液氯、液碱、2,4-DJ酯、次氯酸钠、盐酸、氯甲酸乙酯、氮气、氢气、氧气、甲氨基甲酰氯、乙酰甲胺磷、精胺、氯氰菊酯原药、二甲戊乐灵、硫双灭多威、仲丁威原药、仲丁威乳油、异丙威原药、异丙威乳油、速灭威原药、速灭威乳油的生产、销售;一般经营项目:农药科技研究、开发及技术咨询服务;备案范围进出口业务。

本次收购的出让方为淄博宏达矿业有限公司，为私有经济，其主营业务为前置许可经营项目:铁矿地下开采;一般经营项目:选矿，机械加工、销售，货物进出口(法律、行政法规禁止经营的项目除外，法律、行政法规限制经营的项目要取得许可证后经营)。

本次收购的标的为宏达矿业本部拥有的经营性资产及相关负债、金鼎矿业30%股权、东平宏达93.03%股权和万宝矿业80%股权。上述资产账面价值为51855.07万元。经评估单位评估价值为270000.00万元。

本次交易最终以224200.00万元成交，收购方以股票、资产方式支付对价，以上市公司股权方式支付224200.00万元。

在本次交易中，收购方聘请了海通证券股份有限公司作为其财务顾问。

制造业——食品饮料

【中粮屯河(600737.SH)】　首次公告日:2011-5-20

本次收购的收购方为中粮屯河股份有限公司(简称中粮屯河,600737.SH)，为国有经济，其主营业务为番茄加工及番茄制品的制造销售以及其他农副产品(除粮、棉)的加工、销售。饮料的生产、销售。食用油加工及销售。水泥及其制品、活性石灰、本企业产品及相关技术出口、汽车货运。白砂糖、酒精、颗粒粕的制造销售。自营和代理各类商品和技术的进出口，但国家限定公司经营或禁止进出口的商品和技术除外。糖蜜、菜丝的销售(限所属分支机构经营)，水果、蔬菜的加工和销售，蒸汽的生产、销售，经济信息服务，废渣、废旧物资的销售(国家有专项审批的除外)房屋、土地、设备的租赁。化肥零售，农膜销售，农产品的开发、种植、销售，农药(许可证为准)、钢桶、吨箱、托盘、无菌袋、不再分装的包装种子的销售。酵母及深加工产品、食品添加剂、调味品的生产和销售;农机作业服务、农机租赁。机械设备零部件、钢材、马口铁罐、番茄酱生产设备、糖的生产设备、酒精生产设备、颗粒粕生产设备、生化设备、农机和环保设备的销售。加工果脯、蜜饯、干果、水果干制品及包装、枣泥、枣酱、糖类产品。

本次收购的出让方为中粮集团有限公司，为国有经济，其主营业务为许可经营项目:粮食收购;第二类增值电信业务中的信息服务业务(不含固定网电话信息服务，有效期至2009年4月22日);《美食与美酒》期刊的出版(有效期至2008年12月31日);境外期货业务(品种范围以许可证为准，有效期至2010年12月31日)。一般经营项目:进出口业务;从事对外咨询服务;广告、展览及技术交流业务;酒店的投资管理;房地产开发经营;物业管理、物业代理;自有房屋出租。

本次收购的标的为中粮集团有限公司旗下食糖进出口业务及相关资产。经评估单位评估价值为99022.65万元。

本次交易最终以99022.65万元成交，收购方以现金方式支付对价，其中以现金方式支付99022.65万元，该部分资金来源为自有资金。

在本次交易中，收购方聘请了天职国际会计师事务所有限公司担任本次交易的会计师。聘请了中和资产评估有限公司担任本次交易的资产评估师。

制造业——纺织服装皮毛

【东方市场(000301.SZ)】　首次公告日:2011-11-15

本次收购的收购方为江苏吴江中国东方丝绸

市场股份有限公司(简称东方市场,000301.SZ),为国有经济,其主营业务为许可经营项目:房地产开发、经营,公路货运(限指定的分支机构经营)。一般经营项目:资产经营,纺织原料、针纺织品、聚酯(PET)生产、销售,电脑绣花,仓储,蒸汽供应,生活垃圾焚烧发电工程,技术咨询,实业投资,国内贸易。本企业及其成员企业自产的坯绸,本企业自产的染色、印花绸及化纤织物、电脑绣花系列产品、服装、服饰系列产品的出口业务,本企业生产、科研所需的原辅材料、机械设备、仪器仪表、零配件的进口业务。公司经营的主要产品及劳务为:房地产开发、营业房出租、热电、石油、天然气。

本次收购的出让方为江苏吴江丝绸集团有限公司,为国有经济,其主营业务为资产经营,生产销售:化纤织物,服装、纺织机械及器材、化工原料(化肥、农药、危险品除外);出口本企业自产的染色、印花绸缎、电脑绣花、服装;进口本企业生产、科研所需的原辅材料、机械设备、仪器仪表及零配件;经营本企业的进料加工和“三来一补”业务。

本次收购的标的为江苏吴江丝绸集团有限公司持有的盛泽镇纺织后整理示范区内厂房、配套设施。上述资产账面价值为13287.23万元。经评估单位评估价值为15658.79万元。

本次交易最终以14949.98万元成交,收购方以现金方式支付对价,其中以现金方式支付14949.98万元,该部分资金来源为自有资金。

在本次交易中,收购方聘请了江苏剑桥人律师事务所作为其法律顾问。出让方聘请了江苏天衡会计师事务所有限公司担任本次交易的会计师。聘请了北京天健兴业资产评估有限公司担任本次交易的资产评估师。

【维科精华(600152.SH)】　首次公告日:2011-4-15

本次收购的收购方为宁波维科精华集团股份有限公司(简称维科精华,600152.SH),为国有经济,其主营业务为纱、线、带制品、床上用品、家纺织品、针织品、装饰布、医用敷料的制造、加工(制造、加工限另地经营),自营和代理货物和技术的进出口,但国家限定经营和禁止进出口的货物和技术除外。

本次收购的出让方为兴洋浙东(宁波)毛毯有限公司,为私有经济,其主营业务为纺织品的制造、加工(不涉及配额、许可证产品)。

本次收购的标的为部分存货和机器设备。上述资产账面价值为9162.54万元。经评估单位评估价值为8073.26万元。

本次交易最终以8073.26万元成交,收购方以现金方式支付对价,其中以现金方式支付8073.26万元,该部分资金来源为自有资金。

制造业——造纸印刷

【粤传媒(002181.SZ)】　首次公告日:2011-10-20

本次收购的收购方为广东九州阳光传媒股份有限公司(简称粤传媒,002181.SZ),为国有经济,其主营业务为设计、制作、代理国内各类广告业务;出版物、包装装潢印刷品、其他印刷品印刷(印刷许可证有效期至2013年12月31日)。销售:建筑材料及设备,金属材料,机电产品,汽车(除小轿车),汽车零部件,皮革制品、五金交电、纺织品、计算机硬件和软件,矿产品,日用百货、化工原料(除化危品)、服装、书报刊。

本次收购的出让方为广东公明景业印务有限公司,为私有经济,其主营业务为包装装璜印刷品、其他印刷品印刷;印刷品设计、制作;设计、制作、代理、发布国内外各类广告。

本次收购的标的为广东公明景业印务有限公司的全部资产。

本次交易最终以12084.00万元成交,收购方以现金方式支付对价,其中以现金方式支付12084.00万元,该部分资金来源为自有资金。

【福建南纸(600163.SH)】　首次公告日:2011-1-5

本次收购的收购方为喜来乐大酒店(福建)有限公司,为私有经济,其主营业务为酒店管理、投资。

本次收购的出让方为福建省南纸股份有限公司(简称福建南纸,600163.SH),为国有经济,其主营业务为新闻纸,纸、纸制品,纸浆,林产化工产品(不含危险化学品),电器机械及器材的制造、销售;工业生产资料,化工(不含危险化学品)产品,建筑材料的批发、零售、代购、代销；货物运输；人才培训；技术咨询；轻工技术服务；对外贸易；林木种子种植；树苗种植；林木种植；木材采购、销售；造纸营林技术咨询服务；餐饮、住宿。

本次收购的标的为南平星光大厦固定资产、福建省南平星光大厦有限公司100股权及南平星光旅行社有限公司16.67%股权。经评估单位评估价值为10355.27万元。

本次交易最终以9380.00万元成交，收购方以现金方式支付对价，其中以现金方式支付9380.00万元，该部分资金来源为自有资金。

在本次交易中，收购方出让方聘请了福建联合中和资产评估有限公司担任本次交易的资产评估师。

制造业——石油化学塑胶塑料

【兴化股份(002109.SZ)】　首次公告日:2011－11－10

本次收购的收购方为陕西兴化化学股份有限公司(简称兴化股份，002109.SZ)，为国有经济，其主营业务为合成氨、硝酸、硝酸铵、多孔硝铵、特种气体、铁粉的生产、加工、批发与零售；羰基铁粉系列产品、吸收材料、彩色光刻掩膜版、精细化工系列产品的开发、生产、制造、销售及技术服务。

本次收购的出让方为陕西兴化集团有限责任公司，为国有经济，其主营业务为碳铵、纯碱、氯化铵、二氧化碳、“908”产品、精细化工、石化产品的生产、加工、批发与零售、农化服务；机加工、货物运输(道路运输经营许可证有效期至2013年4月20日)；一、二类压力容器的设计制造(特种设备设计许可证有效期至2013年11月25日)；无损检测安装、机械零部件的设计、制造、加工；物业管理；酸度调节剂、食品添加剂、碳酸钠(工业产品生产许可证有效期至2012年7月19日)；氯化铵、工业氯化铵、硫酸铜、人造刚玉；“908”产品的出口；本企业生产、科研所需的关键原料、技术改造所需的关键设备及零部件进口；化工石化医药行业(化工工程)专业乙级(工程设计资质证书有效期至2013年5月26日)。(上述范围中，国家法律、行政法规和国务院决定规定必须报经批准的，凭许可证在有效期内经营，未经批准，不得经营)。

本次收购的标的为陕西兴化集团有限责任公司三大车间资产项目：水汽车间、电力车间、仪表车间的资产。上述资产账面价值为3958.01万元。经评估单位评估价值为5178.02万元。

本次交易最终以5100.00万元成交，收购方以现金方式支付对价，其中以现金方式支付5100.00万元，该部分资金来源为自有资金。

在本次交易中，收购方聘请了希格玛会计师事务所有限公司担任本次交易的会计师。聘请了中联资产评估集团有限公司担任本次交易的资产评估师。

【辽通化工(000059.SZ)】　首次公告日:2011－10－18

本次收购的收购方为辽宁华锦通达化工股份有限公司(简称辽通化工，000059.SZ)，为国有经济，其主营业务为无机化工产品；石油及石油化工产品生产储存销售(以上各项试生产项目筹建)；塑料制品、建安工程、压力容器制造、普通货物运输(以上各项限分公司经营)。

本次收购的出让方为盘锦华锦乙烯有限责任公司，为国有经济，其主营业务为聚乙烯、聚丙烯、苯乙烯、聚苯乙烯、混合苯、碳四、乙烯、丙烯、丁烯。

本次收购的标的为盘锦华锦乙烯有限责任公司生产装置及所属土地。上述资产账面价值为160251.30万元。经评估单位评估价值为163507.53万元。

本次交易最终以111767.53万元成交，收购方以现金方式支付对价，其中以现金方式支付111767.53万元，该部分资金来源为自有资金。

在本次交易中，收购方聘请了沃克森(北京)国际资产评估有限公司担任本次交易的资产评估师。

【兖州煤业(600188.SH)】　首次公告日:2011－9－28

本次收购的收购方为澳思达煤矿有限公司，为外国经济，其主营业务为从事煤炭生产、加工、洗选、营销等经营活动。

本次收购的出让方为西农化工能源与化肥有限公司，为外国经济，其主营业务为化工。西农煤炭资源有限公司，为外国经济，其主营业务为煤炭采选。

本次收购的标的为澳大利亚西农普力马煤矿有限公司100%股权和西农木炭私有公司100%股权。上述资产账面价值为114805.74万元。

本次交易最终以186300.00万元成交，收购方以现金方式支付对价，其中以现金方式支付186300.00万元，该部分资金来源为自有资金。

【＊ST嘉瑞(000156.SZ)】 首次公告日:2011－8－19

本次收购的收购方为湖南千禧龙投资发展有限公司，为私有经济，其主营业务为法律、行政法规和政策允许的项目投资、股权投资、证券投资、文化实业投资、风险投资及投资理财服务；文化艺术活动的组织、策划(国家有专项规定的除外)。

本次收购的出让方为湖南嘉瑞新材料集团股份有限公司(简称＊ST嘉瑞，000156.SZ)，为私有经济，其主营业务为PVC、PU人造革、塑料制品、铝合金型材及其相关产品的生产、销售；实业投资，金属与非金属材料及制品业投资；房屋及设备租赁；人造革技术开发及技术转让；国家法律、法规允许范围内的其它国内贸易业务；经营本企业《中华人民共和国企业资格证书》核定范围内的进出口业务。

本次收购的标的为以2010年12月31日为评估基准日，湖南嘉瑞新材料集团股份有限公司除货币资金以外的全部资产。上述资产账面价值为14303.08万元。经评估单位评估价值为15826.01万元。

本次交易最终以16000.00万元成交，收购方以现金方式支付对价，其中以现金方式支付16000.00万元，该部分资金来源为自有资金。

在本次交易中，收购方出让方聘请了中银国际证券有限责任公司作为其财务顾问。聘请了浙江天册律师事务所作为其法律顾问。聘请了天健会计师事务所有限公司担任本次交易的会计师。聘请了北京国融兴华资产评估有限责任公司担任本次交易的资产评估师。

【兰太实业(600328.SH)】 首次公告日:2011－6－22

本次收购的收购方为内蒙古兰太实业股份有限公司(简称兰太实业，600328.SH)，为国有经济，其主营业务为生产、销售加碘食用盐、化工原料盐、农牧渔业盐产品；金属钠、液氯盐化工产品；天然胡萝素系列产品、盐藻粉、螺旋藻产品、盐田生物产品；货物运输；利用余热发电；污水处理、中水回用(只限工业用)；压力管道安装、锅炉维修；金属桶制造、轴承、齿轮、传动和驱动部件的制造；输送机械制造；氯酸钠、氯化异氰尿酸、氯化聚乙烯(分公司经营)；水产品的生产、加工、销售；蒸汽、高纯钠；压力容器制造、锅炉安装维修改造；进出口经营、代理。

本次收购的出让方为中盐吉兰太盐化集团有限公司，为国有经济，其主营业务为工业纯碱、食用碱的生产与销售；电力生产；电器维修；水电暖供应；餐饮住宿；物业管理。

本次收购的标的为中盐吉兰泰盐化集团有限公司吉兰泰碱厂。上述资产账面价值为32360.91万元。经评估单位评估价值为42200.00万元。

本次交易最终以42200.00万元成交，收购方以现金方式支付对价，其中以现金方式支付42200.00万元，该部分资金来源为自有资金。

在本次交易中，收购方聘请了大信会计师事务所担任本次交易的会计师。聘请了北京国友大正资产评估有限公司担任本次交易的资产评估师。

【＊ST申龙(600401.SH)】 首次公告日:2011－1－15

本次收购的收购方为江苏申龙创业集团有限公司，为私有经济，其主营业务为生产销售塑料制品、各种包装材料、纸制品、机器设备、金属加工、精密模具、机械设备、需配件及技术的进口业务等，经营进料加工和“三来一补”业务，随着产业结构的调整，江苏申龙创业集团有限公司已发展成为多元化的投资控股公司。

本次收购的出让方为江苏申龙高科集团股份有限公司(简称＊ST申龙，600401.SH)，为私有经济，其主营业务为许可经营项目:包装印刷；一般经营项目:新型包装材料、塑料制品、精密模具、印花印刷辊筒的研制、销售；纸制品、通信设备、计算机及外部设备、机械设备、化工产品及原料的销售，计算机软件开发、销售，自营和代理各类商品及技术的进出口业务，实业投资。

本次收购的标的为江苏申龙高科集团股份有

限公司所有资产及负债。上述资产账面价值为13169.69万元。经评估单位评估价值为27941.35万元。

本次交易最终以27941.35万元成交，收购方以现金方式支付对价，其中以现金方式支付27941.35万元，该部分资金来源为自有资金。

在本次交易中，收购方出让方聘请了宏源证券股份有限公司作为其财务顾问。聘请了南京立信永华会计师事务所有限公司担任本次交易的会计师。聘请了江苏立信永华资产评估房地产估价有限公司担任本次交易的资产评估师。

制造业——电子

【长电科技(600584.SH)】　首次公告日:2011-12-31

本次收购的收购方为江苏新潮科技集团有限公司，为私有经济，其主营业务为光电子、自动化设备、激光器、应用产品、模具的研制、开发、生产、销售；机械精加工，对电子、电器、机电等行业投资；建筑智能化工程(以上项目涉及专项审批的，经行政许可后方可经营)。

本次收购的出让方为江苏长电科技股份有限公司(简称长电科技，600584.SH)，为私有经济，其主营业务为研制、开发、生产销售半导体，电子原件，专用电子电气装置，销售本企业自产机电产品及成套设备，自营和代理各类商品及技术的进出口业务，开展本企业进料加工和“三来一补”业务。

本次收购的标的为江苏长电科技股份有限公司持有的位于深圳、东莞的投资性房地产。上述资产账面价值为2513.49万元。经评估单位评估价值为6198.37万元。

本次交易最终以6198.37万元成交，收购方以现金方式支付对价，其中以现金方式支付6198.37万元，该部分资金来源为自有资金。

在本次交易中，收购方出让方聘请了北京北方亚事资产评估有限责任公司担任本次交易的资产评估师。

【太极实业(600667.SH)】　首次公告日:2011-3-11

本次收购的收购方为海太半导体(无锡)有限公司，为国有经济，其主营业务为半导体产品的探针测试、封装、封装测试。

本次收购的出让方为(株)海力士半导体，为外国经济，其主营业务为以DRAM和NANDFlash为主的半导体产品。海力士半导体(无锡)有限公司，为外商经济，其主营业务为主要产品为8英寸及12英寸集成电路晶圆，应用范围涉及存储器、消费类产品、移动、SOC及系统IC等领域。

本次收购的标的为半导体探针测试、封装设备及其相关资产。

本次交易最终以208300.00万元成交，收购方以现金方式支付对价，其中以现金方式支付208300.00万元，该部分资金来源为自有资金。

在本次交易中，收购方聘请了瑞信方正证券有限责任公司作为其财务顾问。聘请了江苏世纪同仁律师事务所作为其法律顾问。

制造业——金属非金属

【金晶科技(600586.SH)】　首次公告日:2011-12-7

本次收购的收购方为滕州金晶玻璃有限公司，为私有经济，其主营业务为从事浮法玻璃、镀膜玻璃及玻璃深加工产品的制造、销售。

本次收购的出让方为滕州汇业玻璃有限公司，为私有经济，其主营业务为从事浮法玻璃、镀膜玻璃及玻璃制品深加工产品的制造、销售。

本次收购的标的为滕州汇业玻璃有限公司二条800T/D优质浮法玻璃生产线以及相关资产。上述资产账面价值为44927.84万元。经评估单位评估价值为49385.78万元。

本次交易最终以44927.84万元成交，收购方以现金方式支付对价，其中以现金方式支付44927.84万元，该部分资金来源为自有资金。

在本次交易中，收购方聘请了中京民信(北京)资产评估有限公司担任本次交易的资产评估师。

【豫光金铅(600531.SH)】　首次公告日:2011-4-13

本次收购的收购方为河南豫光金铅股份有限公司(简称豫光金铅，600531.SH)，为私有经济，其主营业务为有色金属、硫酸、工业氧气、氮气、液氧、液氩等化工原料的生产、销售；贵金属冶炼(以上范围按国家有关规定)；经营本企业自产产品的出口业务,经营本企业生产、科研所需的原辅材料、机械制造。

本次收购的出让方为河南豫光金铅集团铅盐有限责任公司,为私有经济,其主营业务为有色金属、煤炭机械生产与销售;安全帽、铅酸蓄电池、极板及蓄电池配件的生产销售;氧化铅销售。

本次收购的标的为铅盐公司拥有的部分资产(包括房屋建筑物和机器设备)。上述资产账面价值为4811.02万元。经评估单位评估价值为6528.74万元。

本次交易最终以6528.74万元成交,收购方以现金方式支付对价,其中以现金方式支付6528.74万元,该部分资金来源为自有资金。

在本次交易中,收购方聘请了河南亚太联华资产评估有限公司担任本次交易的资产评估师。

【包钢股份(600010.SH)】 首次公告日:2011-3-26

本次收购的收购方为内蒙古包钢钢联股份有限公司(简称包钢股份,600010.SH),为国有经济,其主营业务为生产、销售黑色金属、钢铁制品及其压延加工产品、冶金机械、设备及配件,钢铁生产技术咨询、焦炭及副产品生产和销售、冶金的投资、黑色金属冶炼、工业用氧、工业用氮、工业氢、纯氩、压缩空气、蒸汽、城市煤气经营、钢铁产品采购、耐火材料、冶金炉料产品生产和销售、耐火材料技术转让和施工服务、废钢铁加工、采购和销售、专有技术(高炉无钟炉顶布料器)、电力设备的施工、维护和检修以及电力技术服务、火车货物运输和工业用水。(国家法律、行政法规和国务院决定规定应经审批的,未获审批前不得生产经营)。

本次收购的出让方为包头天诚线材有限公司,为国有经济,其主营业务为生产、销售光面线材和螺纹钢筋属制品(法律、行政法规、国务院决定规定应经许可的,未获许可不得生产经营)。

本次收购的标的为包头天诚线材有限公司的全部资产和负债。上述资产账面价值为16777.88万元。经评估单位评估价值为33122.52万元。

本次交易最终以33122.52万元成交,收购方以现金方式支付对价,其中以现金方式支付33122.52万元,该部分资金来源为自有资金。

在本次交易中,收购方聘请了北京国友大正资产评估有限责任公司担任本次交易的资产评估师。

【高新张铜(002075.SZ)】 首次公告日:2011-3-23

本次收购的收购方为江苏沙钢集团有限公司,为私有经济,其主营业务为钢铁冶炼,钢材轧制,金属轧制设备配件、耐火材料制品、金属结构及其构件制造,废钢收购、加工,本公司产品销售。(国家有专项规定的,办理许可证后经营)。经营本企业和本企业成员企业自产产品及相关技术的出口业务;经营本企业和本企业成员企业生产、科研所需的原辅材料、机械设备、仪器仪表、零配件及相关技术的进口业务;国内贸易(国家禁止或限制经营的项目除外;国家有专项规定的,取得相应许可后经营)。承包境外冶金工程和境内国际招标工程;上述境外工程所需的设备、材料进口;对外派遣实施上述境外工程所需的劳务人员。

本次收购的出让方为高新张铜股份有限公司(简称高新张铜,002075.SZ),为私有经济,其主营业务为黑色金属产品的开发、冶炼、加工及销售。自营和代理各类商品和技术的进出口业务。

本次收购的标的为高新张铜股份有限公司的全部铜加工资产。经评估单位评估价值为33991.07万元。

本次交易最终以33991.07万元成交,收购方以现金方式支付对价,其中以现金方式支付33991.07万元,该部分资金来源为自有资金。

在本次交易中,收购方出让方聘请了中通诚资产评估有限公司担任本次交易的资产评估师。

【东方钽业(000962.SZ)】 首次公告日:2011-3-4

本次收购的收购方为中色(宁夏)东方集团有限公司,为国有经济,其主营业务为有色及稀有金属冶炼、加工,电子元器件制造,化工产品(不含专营),特种新材料、镁合金、电池能源材料、微合金炉料、多晶硅的生产、销售,新材料技术开发,建筑安装,轻钢结构制作和安装,机械加工及非标制作,商贸进出口业务。

本次收购的出让方为宁夏东方钽业股份有限公司(简称东方钽业,000962.SZ),为国有经济,其主营业务为稀有金属材料钽、铌及铍合金的冶炼、加工、科研、开发、生产和销售。

本次收购的标的为宁夏石嘴山工业园区所拥有的资产（包括土地、公共动力设施、排污系统、设备、库房、办公楼等。经评估单位评估价值为21866.57万元。

本次交易最终以21866.57万元成交，收购方以现金方式支付对价，其中以现金方式支付21866.57万元，该部分资金来源为自有资金。

在本次交易中，收购方聘请了中通诚资产评估有限公司担任本次交易的资产评估师。

制造业——机械设备仪表

【洪城股份(600566.SH)】　首次公告日：2011－12－13

本次收购的收购方为荆州市亮涵有色金属有限公司，为私有经济，其主营业务为钢材、有色金属、建材、型材的销售。

本次收购的出让方为湖北洪城通用机械股份有限公司（简称洪城股份，600566.SH），为私有经济，其主营业务为各类阀门、水工机械、金属结构件、环保设备、机床、有色金属的生产、销售；自产机电产品的出口业务及生产、科研所需的原辅材料、机械设备、零配件及技术的进口业务、进料加工和通用机械技术研究；房屋租赁。

本次收购的标的为湖北洪城通用机械股份有限公司所属的位于荆州市沙市区白云路铸造部资产。上述资产账面价值为2453.31万元。经评估单位评估价值为3964.55万元。

本次交易最终以6000.00万元成交，收购方以现金方式支付对价，其中以现金方式支付6000.00万元，该部分资金来源为自有资金。

在本次交易中，收购方出让方聘请了湖北众联资产评估有限公司担任本次交易的资产评估师。

【福田汽车(600166.SH)】　首次公告日：2011－10－25

本次收购的收购方为北京福田戴姆勒汽车有限公司，为国有经济，其主营业务为许可经营项目：制造中型卡车和重型卡车及发动机。一般经营项目：开发、设计、装配中型卡车和重型卡车及发动机；批发、零售中型卡车和重型卡车、发动机及零部件；技术咨询、技术服务、信息服务、物流服务和售后服务。

本次收购的出让方为北汽福田汽车股份有限公司（简称福田汽车，600166.SH），为国有经济，其主营业务为制造、销售汽车（不含小轿车）、农用车、农用机械、摩托车、拖拉机及配件、自行车、建筑材料、模具、冲压件、发动机、塑料机械、塑料制品、板材构件、机械电器设备；销售钢材、木材、五金交电、钢结构及网架工程施工；技术开发、技术转让、技术咨询、技术培训、技术服务；室内外装饰装潢；经营本企业和成员企业自产产品及技术出口业务；本企业和成员企业生产所需的原辅材料、仪器仪表、机械设备、零配件及技术的进口业务（国家限定公司经营和国家禁止进出口的商品除外）；经营进料加工和“三来一补”业务；营销策划、营销咨询、产品推广服务；互联网信息服务业务。

本次收购的标的为北京欧曼重型汽车二厂资产。上述资产账面价值为302168.30万元。经评估单位评估价值为335014.68万元。

本次交易最终以360000.00万元成交，收购方以现金方式支付对价，其中以现金方式支付360000.00万元，该部分资金来源为自有资金。

在本次交易中，收购方出让方聘请了北京天健兴业资产评估有限公司担任本次交易的资产评估师。

【东风汽车(600006.SH)】　首次公告日：2011－10－18

本次收购的收购方为风神襄阳汽车有限公司，为外商经济，其主营业务为从事汽车及其零部件产品的研发、制造，在东风汽车有限公司的委托下接受汽车及其零部件的生产。

本次收购的出让方为东风汽车股份有限公司（简称东风汽车，600006.SH），为外商经济，其主营业务为汽车（小轿车除外）、汽车发动机及零部件、铸件的开发、设计、生产、销售；机械加工、汽车修理及技术咨询服务。

本次收购的标的为东风汽车股份有限公司汽车分公司部分资产。上述资产账面价值为22833.51万元。经评估单位评估价值为44882.00万元。

本次交易最终以44900.00万元成交，收购方以现金方式支付对价，其中以现金方式支付44900.

00万元,该部分资金来源为自有资金。

在本次交易中,收购方聘请了中和资产评估有限公司担任本次交易的资产评估师。

【厦工股份(600815.SH)】　首次公告日:2011-9-28

本次收购的收购方为厦门厦工机械股份有限公司(简称厦工股份,600815.SH),为国有经济,其主营业务为工程机械产品及其配件制造、加工;经营本企业自产产品出口业务和本企业所需的机械设备、零配件、原辅材料的进口业务;销售工程机械用润滑油;工程机械产品租赁;销售制动液、防冻液。

本次收购的出让方为厦门厦工重工有限公司,为国有经济,其主营业务为1. 工程机械及其配件制造、加工、修理;2. 房地产开发与经营;3. 房地产管理;4. 工程机械、汽车租赁;5. 批发、零售金属材料、机械、电子设备、汽车零配件、五金、交电、化工原料及产品(不含须经前置审批许可的化学品);6. 经济技术咨询服务;7. 经营各类商品和技术的进出口(不另附进出口商品目录),但国家限定公司经营或禁止进出口的商品及技术除外;8. 专用汽车(不含乘用车,产品按国家发改委、工信部公告)及汽车零配件制造,汽车(不含乘用车)销售;9. 钢结构工程制作与安装;10. 金属结构制造、加工、安装;11. 门窗制造、加工、安装;12. 升降作业平台(SJG型16t及以下)制造(B级,有效期至2014年7月5日);13. 升降机(SJG16t及以下)安装、改造、维修(A级,有效期至2014年3月18日)。

本次收购的标的为厦门厦工重工有限公司拟转让其名下位于集美区铁山路185号、集美区灌口中路996-1000号(双号)、集美区铁山路155、157号的建、构筑物、机器设备及土地使用权。上述资产账面价值为9184.55万元。经评估单位评估价值为16211.67万元。

本次交易最终以16211.67万元成交,收购方以现金方式支付对价,其中以现金方式支付16211.67万元,该部分资金来源为自有资金。

在本次交易中,收购方出让方聘请了厦门市大学资产评估有限公司担任本次交易的资产评估师。

【江苏旷达(002516.SZ)】　首次公告日:2011-8-29

本次收购的收购方为上海旷达篷垫汽车内饰件有限公司,为私有经济,其主营业务为汽车座椅面套的销售、生产(限分支机构经营);化纤复合面料、汽车内饰件、针纺织品的制造、加工、销售(制造、加工限分支机构经营)。

本次收购的出让方为上海篷垫厂,为集体经济,其主营业务为自产自销汽车篷垫,垫背汽车用沙发套,席套,旅行车垫背,利用边角料加工的小商品;经营本企业自产产品及技术的出口业务,本企业生产、科研所需的原辅材料、仪器仪表、机械设备、零配件及技术的进口业务(国家规定公司经营和国家禁止进出口的商品及技术除外),进料加工和"三来一补"业务(涉及许可经营的凭许可证经营)。

本次收购的标的为上海篷垫厂汽车座椅织物面套业务相关资产。上述资产账面价值为7168.33万元。经评估单位评估价值为8499.88万元。

本次交易最终以9800.00万元成交,收购方以现金方式支付对价,其中以现金方式支付9800.00万元,该部分资金来源为自有资金。

在本次交易中,收购方聘请了上海财瑞资产评估有限公司担任本次交易的资产评估师。

【丹甫股份(002366.SZ)】　首次公告日:2011-7-15

本次收购的收购方为四川景丰机械股份有限公司,为私有经济,其主营业务为生产、销售重装设备钢、铁金属铸件及部件,节能汽车缸体金属铸件及机械加工、节能环保冰箱压缩机金属铸件及加工、各类金属铸件、铸钢件,专用设备及模具产品技术开发,开展上述产品的进出口业务。兼营:废旧金属材料、旧设备购销业务。

本次收购的出让方为眉山衡锋铸钢有限公司,为私有经济,其主营业务为桥梁支座、机器零件、轴承座、汽车配件、风力发电机组配件,汽缸、石油机械等铸钢、铸铁件及耐磨铸件、钢胚等,是眉山市重点工业企业。

本次收购的标的为眉山衡锋铸钢有限公司生产经营性资产。上述资产账面价值为5426.09万元。经评估单位评估价值为6399.22万元。

本次交易最终以5600.00万元成交,收购方以现金方式支付对价,其中以现金方式支付5600.00

万元，该部分资金来源为自有资金。

【华东数控(002248.SZ)】　首次公告日：2011－6－1

本次收购的收购方为威海华东重型装备有限公司，为私有经济，其主营业务为核电、石油、化工、海洋工程的重型精密零部件及成套设备的生产、加工、销售；经营本企业自产产品及技术的出口业务；经营本企业生产科研所需的原辅材料、仪器仪表、机械设备、零配件及技术的进口业务；经营本企业的进料加工和“三来一补”业务。

本次收购的出让方为威海新泰源船业有限责任公司，为私有经济，其主营业务为船舶修造及船舶相关配套业务；钢结构的加工、安装（凭许可证经营）；货物及技术进出口（不含进品分销业务）。生产规模：年新造船或大型改装4艘次，修理90艘次6.5万吨级及以下的散货船、集装箱船、成品游轮（化学品船）、液化气船和海洋钻井平台、海洋工作船等。

本次收购的标的为威海新泰源船业有限责任公司截止2011年2月28日评估基准日拥有的所有土地使用权、海域使用权、房屋建筑物及相关设备等资产。上述资产账面价值为23891.15万元。经评估单位评估价值为24329.37万元。

本次交易最终以22000.00万元成交，收购方以现金、债务方式支付对价，其中以现金方式支付14350.76万元，该部分资金来源为自有资金，以承担债务方式支付7649.24万元。

在本次交易中，收购方聘请了北京中天华资产评估有限责任公司担任本次交易的资产评估师。

【G凌云(600480.SH)】　首次公告日：2011－4－15

本次收购的收购方为凌云工业股份有限公司（简称G凌云，600480.SH），为国有经济，其主营业务为生产和销售塑料燃气管道系统、给水管道系统、供热管道系统、大口径排水管道系统及相关施工设备和产品的设计、研制、开发；纳米材料加工和应用；生产和销售汽车零部件、机械加工产品及相关产品的设计、开发。

本次收购的出让方为河北凌云工业集团有限公司，为国有经济，其主营业务为汽车、摩托车零部件、塑料管道及相关设备、高压电器设备零部件制造；机加工；集团内部能源管理（只限分支机构经营）；房屋租赁（只限自有房屋）；经营本企业自产产品及技术的出口业务（但国家限定公司经营或禁止进出口的商品及技术除外）。

本次收购的标的为河北凌云工业集团有限公司全部经营性资产。经评估单位评估价值为59024.39万元。

本次交易最终以38866.76万元成交，收购方以现金方式支付对价，其中以现金方式支付38866.76万元，该部分资金来源为自有资金。

在本次交易中，收购方聘请了北京天健兴业资产评估有限公司担任本次交易的资产评估师。

【中鼎股份(000887.SZ)】　首次公告日：2011－4－14

本次收购的收购方为广德中鼎汽车配件有限公司，为私有经济，其主营业务为汽车零部件设计、开发、制造、销售，汽车零部件、机械电子、五金制品及技术进出口业务。（国家限制、禁止的除外）。

本次收购的出让方为安徽省广德中鼎汽车工具有限公司，为私有经济，其主营业务为汽车工具、汽车零配件、五金机械产品制造与销售，汽车销售（不含小汽车）；经营本企业自产产品的出口业务和本企业所需的机械设备、零配件、原辅材料的进口业务，但国家限制公司经营或禁止进出口的商品及技术除外。

本次收购的标的为广德中鼎部分经营性资产。上述资产账面价值为5770.83万元。经评估单位评估价值为5952.48万元。

本次交易最终以5952.48万元成交，收购方以现金方式支付对价，其中以现金方式支付5952.48万元，该部分资金来源为自有资金。

【中鼎股份(000887.SZ)】　首次公告日：2011－4－12

本次收购的收购方为安徽中鼎密封件股份有限公司（简称中鼎股份，000887.SZ），为国有经济，其主营业务为密封件、特种橡胶制品（汽车、摩托车、电器、工程机械、矿山、铁道、石化、航空航天等行业基础元件）的研发、生产、销售与服务，经营本企业自产产品及相关技术的出口业务，经营本企业生产、科研所需的原辅材料、机械设备、仪器仪表、零配件及相关技术的进口业务，经营本企业的进料加工和“三来一补”业务。

本次收购的出让方为安徽省广德中鼎汽车工具有限公司，为私有经济，其主营业务为汽车工具、汽车零配件、五金机械产品制造与销售，汽车销售(不含小汽车)；经营本企业自产产品的出口业务和本企业所需的机械设备、零配件、原辅材料的进口业务，但国家限制公司经营或禁止进出口的商品及技术除外。

本次收购的标的为广德中鼎部分经营性资产。上述资产账面价值为 5770.83 万元。经评估单位评估价值为 592.48 万元。

本次交易最终以 5952.48 万元成交，收购方以现金方式支付对价，其中以现金方式支付 5952.48 万元，该部分资金来源为自有资金。

在本次交易中，收购方聘请了安徽国信资产评估有限责任公司担任本次交易的资产评估师。

【天润曲轴(002283.SZ)】　首次公告日:2011-4-7

本次收购的收购方为天润曲轴股份有限公司(简称天润曲轴，002283.SZ)，为私有经济，其主营业务为曲轴、机床、机械配件的生产、销售；备案范围内的货物进出口。

本次收购的出让方为山东曲轴总厂有限公司，为私有经济，其主营业务为制造内燃机配件。针织品、百货、日用杂货、五金、交电、汽车配件、拖拉机配件、内燃机购销。

本次收购的标的为曲轴总厂拥有的位于文登市初张路东侧、珠海路北的建筑物类固定资产、在建工程及其占用的土地使用权。上述资产账面价值为 3767.88 万元。经评估单位评估价值为 9676.05 万元。

本次交易最终以 9676.05 万元成交，收购方以现金方式支付对价，其中以现金方式支付 9676.05 万元，该部分资金来源为自有资金。

在本次交易中，收购方聘请了坤元资产评估有限公司担任本次交易的资产评估师。

【上海汽车(600104.SH)】　首次公告日:2011-4-6

本次收购的收购方为上海汽车集团股份有限公司(简称上海汽车，600104.SH)，为国有经济，其主营业务为汽车、拖拉机、摩托车等道路交通运输车辆、工程机械及零部件生产、研制、销售、开发的投资，与汽车相关产业的投资和配套服务，汽车租赁、汽车物流等服务贸易，货物进出口业务，对外投资、咨询服务(涉及许可经营的凭许可证经营)。

本次收购的出让方为上海汽车工业(集团)总公司，为国有经济，其主营业务为汽车、拖拉机、摩托车的生产、研制、销售、开发投资，授权范围内的国有资产经营与管理，国内贸易(除专项规定)，咨询服务。

本次收购的标的为房屋和其他固定资产。上述资产账面价值为 28468.67 万元。经评估单位评估价值为 56343.37 万元。

本次交易最终以 56343.37 万元成交，收购方以股票方式支付对价，以上市公司股权方式支付 56343.37 万元。

在本次交易中，收购方聘请了国泰君安证券股份有限公司作为其财务顾问。聘请了北京市嘉源律师事务所作为其法律顾问。聘请了德勤华永会计师事务所有限公司担任本次交易的会计师。聘请了上海东洲评估资产有限公司担任本次交易的资产评估师。

【营口港(600317.SH)】　首次公告日:2011-3-29

本次收购的收购方为营口港务股份有限公司(简称营口港，600317.SH)，为国有经济，其主营业务为港口装卸、堆存、运输服务，钢结构工程，机件加工销售，港口机械、汽车配件、钢材、建材、橡胶制品销售，苫垫及劳保用品制作、销售，尼龙绳生产、销售，(以下项目限分支机构经营)汽车修理，托辊生产、销售，港口起重运输设备制造安装销售，皮带机、斗轮机、拖车设备制造安装销售，起重设备维修、保养服务，供暖服务，物业管理。

本次收购的出让方为营口港务集团有限公司，为国有经济，其主营业务为港口装卸、仓储、服务；船舶物资供应；进口本企业生产、科研所需的原辅材料、机械设备、仪器仪表及零部件；出口本企业生产的海产品、滑石、镁砂、编制袋、食品、木制品、服装、针织品(国家组织统一联合经营的 16 种出口商品除外)；代办货物包装、托运、水路运输、非金属矿石、生铁销售、塑料包装制品、植物油；国际客运服务、代售船票、托运行李；废旧物资回收；广告招商代理、制作、设计；船舶供给（日用品供给，船舶燃油除外）、水泥方砖生产、水泥方砖铺设、金属材料、建筑材料销售、工程咨询。供水，供暖；石油液化气销售。

本次收购的标的为港务集团的资产 54＃－60＃泊位。上述资产账面价值为 483691.99 万元。经评估单位评估价值为 604250.94 万元。

本次交易最终以 604250.94 万元成交，收购方以股票方式支付对价，以上市公司股权方式支付 604250.94 万元。

【富春环保(002479.SZ)】　首次公告日:2011－1－27

本次收购的收购方为浙江富春江环保热电股份有限公司（简称富春环保，002479.SZ），为私有经济，其主营业务为火力发电、垃圾发电；蒸汽、热水生产；热电技术咨询；精密冷轧薄板生产；其他无需报经审批的一切合法项目。

本次收购的出让方为浙江富春江通信集团有限公司，为私有经济，其主营业务为市话通信电缆、光缆、电力电缆、无氧铜杆、铜丝、电磁线、电缆交接箱、分线盒、模块和 PE、PVC 塑料粒子、通信配套设备及专用电源设备、通信线路器材、光通信器件及设备制造；餐饮、住宿、歌舞厅；经营本企业和本企业成员企业的进出口业务；经营本企业的进料加工和“三来一补”业务；含下属分支机构经营范围。

本次收购的标的为浙江富春江通信集团有限公司的精密冷轧薄板项目一期工程。上述资产账面价值为 24124.95 万元。经评估单位评估价值为 24638.72 万元。

本次交易最终以 24500.00 万元成交，收购方以现金方式支付对价，其中以现金方式支付 24500.00 万元，该部分资金来源为自有资金。

在本次交易中，收购方聘请了坤元资产评估有限公司担任本次交易的资产评估师。

制造业——医药生物制品

【中汇医药(000809.SZ)】　首次公告日:2011－9－8

本次收购的收购方为四川怡和企业（集团）有限责任公司，为私有经济，其主营业务为项目开发、投资（不含金融业务）；销售：机电产品（不含品牌汽车）、金属制品、金属材料（不含稀贵金属）、矿产品（国家有专项规定的除外）、化工产品（不含危险品）、建筑材料、装饰材料（不含危险化学品）、百货、五金交电、针纺织品、服装、鞋帽、皮具、塑料制品、家具、仪器仪表（以上经营范围国家法律、法规禁止的除外，限制的取得许可后方可经营）。

本次收购的出让方为四川中汇医药（集团）股份有限公司（简称中汇医药，000809.SZ），为私有经济，其主营业务为药品、保健品、食品、化妆品、医疗器械的投资及开发，相关技术研发、转让、服务，医药及其他项目的投资。（以上项目需要行政许可或审批的，取得相关许可或审批后经营，国家禁止或限制的不得经营）。

本次收购的标的为四川中汇医药（集团）股份有限公司的全部资产和负债。上述资产账面价值为 9514.25 万元。经评估单位评估价值为 14736.63 万元。

本次交易最终以 14800.00 万元成交，收购方以现金方式支付对价，其中以现金方式支付 14800.00 万元，该部分资金来源为自有资金。

在本次交易中，收购方出让方聘请了信达证券股份有限公司作为其财务顾问。聘请了北京市中伦律师事务所作为其法律顾问。聘请了四川华信（集团）会计师事务所有限责任公司担任本次交易的会计师。聘请了北京中企华资产评估有限责任公司担任本次交易的资产评估师。

【香雪制药(300147.SH)】　首次公告日:2011－4－7

本次收购的收购方为广州市香雪制药股份有限公司（简称香雪制药，300147.SH），为私有经济，其主营业务为中药材种植；生产气雾剂，片剂、硬胶囊剂（含头孢菌素类），颗粒剂，口服液，合剂，口服溶液剂（有效期至 2015 年 12 月 31 日）。经营木企业自产产品及相关技术的出口业务。经营本企业生产、科研所需的原辅材料、机械设备、仪器仪表、零配件及相关技术的进口业务，经营本企业的进料加工和“三来一补”业务（具体按资格证书经营）市场策划，企业管理咨询。

本次收购的出让方为广东清平制药有限公司，

为私有经济,其主营业务为生产:片剂(含激素类),胶囊剂(含头孢菌素类),小容量注射剂(含抗肿瘤类),冻干粉针剂(含抗肿瘤类),原料药(异环磷酰胺、雷替曲塞、多西他赛、紫杉醇、氯法拉滨、奈拉滨、帕米磷酸二钠、吲哚布芬、瑞舒伐他汀钙、依达拉奉、谷氨酸精氨酸、水飞蓟宾二偏琥珀酸酯钠)。

本次收购的标的为广东清平制药有限公司部分资产。上述资产账面价值为7049.76万元。经评估单位评估价值为8601.75万元。

本次交易最终以8697.00万元成交,收购方以现金方式支付对价,其中以现金方式支付8697.00万元,该部分资金来源为自有资金。

在本次交易中,收购方聘请了北京国融兴华资产评估有限责任公司担任本次交易的资产评估师。

【天药股份(600488.SH)】　首次公告日:2011-1-19

本次收购的收购方为天津天药药业股份有限公司(简称天药股份,600488.SH),为国有经济,其主营业务为制造经营化学原料药、中西制剂药品、中药材及中成药加工、医药中间体、化工原料、化妆品、生物柴油及相关技术和原辅材料的加工;承办中外合资经营、合作生产企业;技术服务及咨询(以上经营范围内国家有专营专项规定的按规定办理)。

本次收购的出让方为天津天安药业股份有限公司,为国有经济,其主营业务为限分支机构经营--大容量注射液(含抗肿瘤类)、洗剂、冻干粉针剂(含激素类)、无菌原料药、原料药的生产;限分支机构经营--食品添加剂、饲料添加剂生产;限分支机构经营—包装装潢印刷品印刷、其他印刷品印刷;进出口业务;自有场地租赁;劳动服务;科技、信息咨询(不含中介);会务服务;计算机应用服务;培训业务(不发证);技术服务;金属材料批发兼零售(以上范围内国家有专营专项规定的按规定办理)。

本次收购的标的为天津天安药业股份有限公司氨基酸原料药业务及相关资产和负债。上述资产账面价值为16048.41万元。经评估单位评估价值为16410.51万元。

本次交易最终以16410.51万元成交,收购方以现金方式支付对价,其中以现金方式支付16410.51万元,该部分资金来源为自有资金。

在本次交易中,收购方聘请了万联证券有限责任公司作为其财务顾问。出让方聘请了五洲松德联合会计师事务所担任本次交易的会计师。聘请了天津华夏金信资产评估有限公司担任本次交易的资产评估师。

制造业——其他制造业

【宁波华翔(002048.SZ)】　首次公告日:2011-11-10

本次收购的收购方为NBHXAutomotiveDecorativeTrimsSystemGmbH,为外国经济。

本次收购的出让方为SellnerHolding,为外国经济,其主营业务为高档轿车内饰件和功能件生茶。

本次收购的标的为SellnerGmbH和IPGIndustrieplastGmbH的资产和业务。上述资产账面价值为17324.77万元。

本次交易最终以15719.22万元成交,收购方以现金方式支付对价,其中以现金方式支付15719.22万元,该部分资金来源为自有资金。

电力煤气及水的生产和供应业

【三峡水利(600116.SH)】　首次公告日:2011-12-9

本次收购的收购方为巫溪县后溪河水电开发有限公司,为国有经济,其主营业务为水利发电,农业灌溉。

本次收购的出让方为重庆市巫溪县金溪水电有限责任公司,为私有经济,其主营业务为水力发电。

本次收购的标的为重庆市巫溪县金溪水电有限责任公司持有的峡门口电站资产和金盆电站在建工程资产。上述资产账面价值为13229.49万元。经评估单位评估价值为15080.00万元。

本次交易最终以14688.00万元成交,收购方以现金方式支付对价,其中以现金方式支付14688.00万元,该部分资金来源为贷款+自有资金。

在本次交易中,收购方聘请了重庆华康资产评估土地房地产估价有限责任公司担任本次交易的资产评估师。

【长源电力(000966.SH)】 首次公告日:2011-11-11

本次收购的收购方为国电大渡河新能源投资有限公司,为国有经济,其主营业务为从事新能源与可再生能源项目、高新技术、新材料、新产品、环保节能产业、电力、热力、中小型水电项目、旅游项目、金融产业方面的投资与管理;商务咨询服务;建筑工程施工。

本次收购的出让方为国电长源电力股份有限公司(简称长源电力,000966.SH),为国有经济,其主营业务为电力、热力及设备生产及其有关技术的开发、技术服务和培训;新能源开发利用;对煤矿、房地产、化工原料及化学制品(不含化学危险物品)、水泥、铝及相关有色金属产品等项目的投资和管理;煤炭批发经营等。

本次收购的标的为国电长源电力股份有限公司南河水力发电厂全部资产和外部负债。经评估单位评估价值为11832.41万元。

本次交易最终以11826.99万元成交,收购方以现金方式支付对价,其中以现金方式支付11826.99万元,该部分资金来源为自有资金。

在本次交易中,收购方出让方聘请了中瑞岳华会计师事务所担任本次交易的会计师。聘请了亚洲(北京)资产评估有限公司担任本次交易的资产评估师。

【长江电力(600900.SH)】 首次公告日:2011-9-7

本次收购的收购方为中国长江电力股份有限公司(简称长江电力,600900.SH),为国有经济,其主营业务为电力生产、经营和投资;电力生产技术咨询;水电工程检修维护。

本次收购的出让方为中国长江三峡集团公司,为国有经济,其主营业务为水电工程建设与管理、电力生产、相关专业技术服务。

本次收购的标的为三峡地下电站首批机组。上述资产账面价值为412784.59万元。经评估单位评估价值为763597.23万元。

本次交易最终以763597.23万元成交,收购方以现金方式支付对价,其中以现金方式支付763597.23万元,该部分资金来源为自有资金。

在本次交易中,收购方出让方聘请了天健正信会计师事务所有限公司担任本次交易的会计师。聘请了北京中企华资产评估有限责任公司担任本次交易的资产评估师。

【重庆水务(601158.SH)】 首次公告日:2011-9-1

本次收购的收购方为中法唐家沱污水处理有限公司,为国有经济,其主营业务为唐家沱污水处理项目和干泥处理。

本次收购的出让方为重庆水务集团股份有限公司(简称重庆水务,601158.SH),为国有经济,其主营业务为从事城镇给排水项目的投资、经营及建设管理;城镇给排水供应及系统设施的管理,给排水工程设计及技术咨询服务等。

本次收购的标的为重庆水务集团股份有限公司唐家沱污水处理项目资产。经评估单位评估价值为40163.74万元。

本次交易最终以47000.00万元成交,收购方以现金方式支付对价,其中以现金方式支付47000.00万元,该部分资金来源为自有资金。

在本次交易中,收购方出让方聘请了中联资产评估有限公司担任本次交易的资产评估师。

建筑业

【国联水产(300094.SH)】 首次公告日:2011-11-3

本次收购的收购方为湛江国联水产开发股份有限公司(简称国联水产,300094.SH),为私有经济,其主营业务为水产种苗的引进、繁育、养殖及销售,繁育水产种苗所需的饲料(海蛎、鱿鱼、海虫、丰年虫、绿荫藻、沙虫)、燃料(木柴)的收购及货物进出口;水产品的研究、开发、养殖、收购、冷冻、加工及销售;米、面制品加工及销售(有效期至2013年12月26日)。(不含外商投资产业指导目录中禁止外商投资的产业)。

本次收购的出让方为自然人HIEUT.TRAN。

本次收购的标的为美国SUNNYVALESEAFOOD公司100%股权及经营性资产。上述资产账面价值为6386.73万元。经评估单位评估价值为6260.51万元。

本次交易最终以8463.05万元成交,收购方以现金方式支付对价,其中以现金方式支付8463.05

万元,该部分资金来源为自有资金。

在本次交易中,收购方聘请了平安证券有限责任公司作为其财务顾问。

交通运输仓储业

【ST九发(600180.SH)】　首次公告日:2011-12-28

本次收购的收购方为山东九发食用菌股份有限公司(简称ST九发,600180.SH),为私有经济,其主营业务为食用菌菌种的培育、产品养殖、加工、销售;包装物料的生产、销售;蔬菜、水果、罐头、水产品、复合肥的生产、销售;批准许可范围内的进出口业务。

本次收购的出让方为郑州瑞茂通供应链有限公司,为私有经济,其主营业务为仓储服务、物流信息咨询服务,订单管理,分销管理,代理采购及销售,物流服务。(上述范围涉及国家法律、法规规定应经审批方可经营的项目,未获审批前不得经营)。

本次收购的标的为江苏晋和电力燃料有限公司88.955%股权、徐州市怡丰贸易有限公司88.955%股权、邳州市丰源电力燃料有限公司88.955%股权。上述资产账面价值为72927.56万元。经评估单位评估价值为265797.54万元。

本次交易最终以265797.54万元成交,收购方以股票方式支付对价,以上市公司股权方式支付265797.54万元。

在本次交易中,收购方聘请了华泰联合证券有限责任公司作为其财务顾问。聘请了北京市中伦律师事务所作为其法律顾问。聘请了中磊会计师事务所有限责任公司担任本次交易的会计师。聘请了上海东洲资产评估有限公司担任本次交易的资产评估师。

【珠海港(000507.SZ)】　首次公告日:2011-9-1

本次收购的收购方为珠海港股份有限公司(简称珠海港,000507.SZ),为国有经济,其主营业务为港口及其配套设施的项目投资;电力项目投资;玻璃纤维制品项目投资;饮料项目投资;化工原料及化工产品项目投资。

本次收购的出让方为珠海港控股集团有限公司,为国有经济,其主营业务为港口及其配套设施的建设、管理、项目投资。

本次收购的标的为珠海港通投资发展有限公司100%股权、珠海航务国际船舶代理有限公司100%股权。上述资产账面价值为13466.51万元。经评估单位评估价值为28011.55万元。

本次交易最终以28000.00万元成交,收购方以现金方式支付对价,其中以现金方式支付28000.00万元,该部分资金来源为自有资金。

在本次交易中,收购方聘请了立信会计师事务所有限公司担任本次交易的会计师。聘请了北京龙源智博资产评估有限责任公司担任本次交易的资产评估师。

【江西长运(600561.SH)】　首次公告日:2011-7-13

本次收购的收购方为江西长运股份有限公司(简称江西长运,600561.SH),为国有经济,其主营业务为公路客货运输、仓储、集装箱货运、石油制品、化工产品、道路清障及停车、汽车修理一类、摩托车修理、货物装卸、汽车摩托车检验、轿车出租、橡胶制品、汽车零部件、摩托车及配件、针纺织品、百货、玻璃仪器、五金交电化工、电子产品、计算机及配件、办公机械、农副产品、汽车、家具、金属材料、建筑材料的批发、零售、物业管理(以上国家有专项规定除外)。

本次收购的出让方为南昌昌南汽车客运站有限责任公司,为国有经济,其主营业务为客运站综合服务。南昌市公共交通总公司,为国有经济,其主营业务为主营公共交通运输;兼营公共汽车运输劳务服务。

本次收购的标的为南昌市公共交通总公司提供给昌南客运站使用的有关土地与房产,以及南昌昌南汽车客运站有限责任公司拥有的昌南客运站的全部资产及业务。上述资产账面价值为5464.95万元。经评估单位评估价值为9004.24万元。

本次交易最终以9000.00万元成交,收购方以现金、资产方式支付对价,其中以现金方式支付8000.00万元,该部分资金来源为自有资金,以资产方式支付1000.00万元。

在本次交易中,收购方聘请了中铭国际资产评估(北京)有限责任公司担任本次交易的资产评估师。

【宁波港(601018.SH)】　　首次公告日:2011-4-21

本次收购的收购方为宁波远东码头经营有限公司,为国有经济,其主营业务为码头和其他港口设施经营,在港区内从事货物装卸。

本次收购的出让方为宁波港集团北仑第三集装箱码头有限公司,为国有经济。

本次收购的标的为穿山港区集装箱码头八号、九号集装箱重箱场地的相关经营资产。经评估单位评估价值为27600.00万元。

本次交易最终以27600.00万元成交,收购方以现金方式支付对价,其中以现金方式支付27600.00万元,该部分资金来源为自有资金。

【宁波港(601018.SH)】　　首次公告日:2011-4-21

本次收购的收购方为宁波远东码头经营有限公司,为国有经济,其主营业务为码头和其他港口设施经营,在港区内从事货物装卸。

本次收购的出让方为宁波港股份有限公司(简称宁波港,601018.SH),为国有经济,其主营业务为码头开发经营、管理;港口货物的装卸、堆存、仓储、包装、灌装;集装箱拆拼箱、清洗、修理、制造、租赁;在港区内从事货物驳运,国际货运代理;铁路货物运输代理,铁路工程承建,铁路设备维修;港口拖轮经营;自有场地、船舶、设备、设施及自有房屋租赁;港口信息、技术咨询服务;环境监测;口岸物流信息服务;港口起重、运输、装卸机械的制造、安装、维修;水电、管道的安装、维修;船舶港口服务业务经营;蒸汽供应;危险化学品储存(限分支机构持证经营,限危险化学品生产储存批准证书和危险货物港口作业认可批准品种);危险货物港口作业(限分支机构持证经营);生活饮用水制水、供水(卫生许可证有效期限至2012年6月21日);非生活饮用水供应;港区供水、供电;港口旅客运输服务经营;国内陆路货运代理、小件行李寄存;货物车船联托运、装卸搬运服务;自营和代理各类货物和技术的进出口,但国家限制或禁止进出口的货物和技术除外;劳务服务;物业管理;工程项目管理;工程招标及代理;工程造价咨询;工程技术咨询;工程预算审计;港务工程技术的开发、研究、咨询服务。

本次收购的标的为穿山港区八号、九号集装箱重箱场地土地使用权和相关经营资产。经评估单位评估价值为88900.00万元。

本次交易最终以88900.00万元成交,收购方以现金方式支付对价,其中以现金方式支付88900.00万元,该部分资金来源为自有资金。

【宁波海运(600798.SH)】　　首次公告日:2011-4-6

本次收购的收购方为益海嘉里投资有限公司,为港澳台经济,其主营业务为油籽压榨生产、食用油精练生产商、米面加工商和小包装油(金龙鱼是其品牌之一)特种油脂及油脂化学品生产。

本次收购的出让方为宁波海运股份有限公司(简称宁波海运,600798.SH),为国有经济,其主营业务为国内沿海及长江中下游普通货船、成品油船运输;国际船舶普通货物运输。一般经营项目:货物中转,联运,仓储,交通基础设施、交通附设服务设施的投资;自营和代理货物和技术的进出口,但国家限定经营或禁止进出口的货物和技术除外。提供主要劳务内容为:沿海货物运输及国际远洋运输。

本次收购的标的为位于上海市浦东新区银城东路139号801-803室和3301-3304室共计1728.26平方米的办公用房。上述资产账面价值为2865.61万元。经评估单位评估价值为55462923.00万元。

本次交易最终以5546.29万元成交,收购方以现金方式支付对价,其中以现金方式支付5546.29万元,该部分资金来源为自有资金。

在本次交易中,收购方聘请了上海立信中诚房地产土地估价有限公司担任本次交易的资产评估师。

批发和零售贸易业

【新华都(002264.SZ)】　　首次公告日:2011-11-1

本次收购的收购方为福建新华都购物广场股份有限公司(简称新华都,002264.SZ),为私有经济,其主营业务为批发零售百货、纺织品、仪器仪表、通讯设备、五金交电化工(不含危险化学品)、电子计算机及配件、建筑材料、工艺美术品(上述经营范围不含商场销售);收购农副产品(不含粮食、种子);商务咨询服务。

本次收购的出让方为株式会社易买得,为外国经济,其主营业务为大型超市、全球综合零售企业。

本次收购的标的为株式会社易买得所属四家外商独资企业100%股权。上述资产账面价值为27785.08万元。

本次交易最终以12500.00万元成交,收购方以现金方式支付对价,其中以现金方式支付12500.00万元,该部分资金来源为自有资金。

金融保险业

【兖州煤业(600188.SH)】 首次公告日:2011-8-2

本次收购的收购方为澳思达煤矿有限公司,为外国经济,其主营业务为从事煤炭生产、加工、洗选、营销等经营活动。

本次收购的出让方为AMH新泰克Ⅱ控股公司,为外国经济。AMH新泰克控股公司,为外国经济。澳大利亚矿业财务公司,为外国经济,其主营业务为财务。高盛能源控股公司,为外国经济。

本次收购的标的为澳大利亚新泰克控股公司100%股权和新泰克Ⅱ控股公司100%股权。上述资产账面价值为103338.50万元。

本次交易最终以142900.00万元成交,收购方以现金、债务方式支付对价,其中以现金方式支付0.00万元,该部分资金来源为自有资金,以承担债务方式支付142900.00万元。

【壹桥苗业(002447.SZ)】 首次公告日:2011-6-11

本次收购的收购方为大连壹桥海洋苗业股份有限公司(简称壹桥苗业,002447.SZ),为私有经济,其主营业务为鱼、虾、蟹、海参、贝类、藻类育苗、养殖、销售;海产品冷藏、销售;水产品收购。

本次收购的出让方为自然人杨守军。

本次收购的标的为瓦房店市谢屯镇泉眼村的育苗场和相关配套设施。经评估单位评估价值为11057.82万元。

本次交易最终以10000.00万元成交,收购方以现金方式支付对价,其中以现金方式支付10000.00万元,该部分资金来源为自有资金。

在本次交易中,收购方聘请了辽宁众华资产评估有限公司担任本次交易的资产评估师。

【中国中期(000996.SZ)】 首次公告日:2011-4-2

本次收购的收购方为中国国际期货有限公司,为国有经济,其主营业务为商品期货经纪、金融期货经纪。

本次收购的出让方为中国中期投资股份有限公司(简称中国中期,000996.SZ),为国有经济,其主营业务为投资、投资管理、资产管理、创业投资、电子信息及电子商务项目投资与管理、投资咨询与投资项目服务、现代服务项目投资、金融信息软件开发与经营服务、高新技术等项目的投资与管理(以上项目需国家专项审批的除外)。

本次收购的标的为位于北京市朝阳区建国门外光华路14号办公楼部分楼层。上述资产账面价值为11544.77万元。经评估单位评估价值为12494.88万元。

本次交易最终以12494.88万元成交,收购方以现金方式支付对价,其中以现金方式支付12494.88万元,该部分资金来源为自有资金。

在本次交易中,收购方聘请了北京中天华资产评估有限责任公司担任本次交易的资产评估师。

房地产业

【正和股份(600759.SH)】 首次公告日:2011-11-24

本次收购的收购方为北京天研时代投资管理有限公司,为私有经济,其主营业务为投资管理;园林景观设计;组织文化艺术交流活动(演出除外);承办展览展示;广告设计、制作;影视策划服务;为社会提供劳动服务;技术开发及转让、技术培训;房地产信息咨询(中介除外);计算机网络工程安装;销售五金交电、建筑材料、装饰材料、家具、工艺美术品、化工产品(不含化学危险品)、机械电子设备、百货、针纺织品;出租商业设施。

本次收购的出让方为海南正和实业集团股份有限公司(简称正和股份,600759.SH),为私有经济,其主营业务为高新技术项目及产品的投资、开发、生产与经营;能源基础产业投资、开发、经营、房地产、旅游资源、旅游产品开发、经营;建筑材料生产;房屋租赁服务;装饰装修工程;农副土特产品的销售；矿业投资开发经营（凡需行政许可的项目凭许可证经营）。

本次收购的标的为北京东樽房地产有限公司90%的股权、北京正和东都置业有限公司100%的股权、北京正和恒泰置业有限公司60%的股权、广西柳州谷埠街国际商城部分商业房产。上述资产账面价值为30339.26万元。经评估单位评估价值为49989.03万元。

本次交易最终以58757.61万元成交，收购方以现金、资产方式支付对价，其中以现金方式支付11642.03万元，该部分资金来源为自有资金，以资产方式支付47115.58万元。

【高新发展(000628.SZ)】　首次公告日:2011-9-16

本次收购的收购方为成都高新投资集团有限公司，为国有经济，其主营业务为建设、科技、经贸发展投资及符合国家政策的其他投资（不含金融投资），投资项目管理及咨询，资产管理及咨询、房地产开发及经营。

本次收购的出让方为成都高新发展股份有限公司（简称高新发展，000628.SZ），为国有经济，其主营业务为高新技术产品的开发、生产、经营；高新技术的交流转让；高新技术开发区的开发、建设、房地产的开发和经营；进出口贸易、国内贸易、信息咨询；项目评估、证券投资、广告展览、租赁、培训等。

本次收购的标的为成都高新发展股份有限公司拥有的全部资产和负债（含或有负债）。上述资产账面价值为18800.00万元。经评估单位评估价值为50000.00万元。

本次交易最终以50000.00万元成交，收购方以现金方式支付对价，其中以现金方式支付50000.00万元，该部分资金来源为自有资金。

在本次交易中，收购方出让方聘请了中信建投证券有限责任公司作为其财务顾问。聘请了北京市天银律师事务所作为其法律顾问。

【中航黑豹(600760.SH)】　首次公告日:2011-4-30

本次收购的收购方为安徽开乐专用车辆股份有限公司，为国有经济，其主营业务为汽车改装。

本次收购的出让方为阜阳经济技术开发有限责任公司，为国有经济，其主营业务为开发区内综合基础设施及配套项目、房地产、物业管理、装潢工程、园林绿化、高新产业项目投资；国内贸易；场地租赁管理；广告代理与发布；开办外引内联企业及其咨询、洽谈业务。（涉及行政许可的项目凭许可证经营）。

本次收购的标的为阜阳经济技术开发区第十期标准厂房（汽车配件工业园）建设工程项目。

本次交易最终以8000.00万元成交，收购方以现金方式支付对价，其中以现金方式支付8000.00万元，该部分资金来源为自有资金。

社会服务业

【桂林旅游(000978.SZ)】　首次公告日:2011-12-3

本次收购的收购方为井冈山旅游发展股份有限公司，为国有经济，其主营业务为旅游经营、管理、住宿、旅游客运、文化娱乐服务，餐饮及其配套服务，日用百货销售，旅游产品的生产、销售、发电、供电、供水等旅游相关业务。

本次收购的出让方为井冈山市笔架山景区实业发展有限公司，为私有经济，其主营业务为景区开发＊基础设施建设＊自营和代理国内各类商品的进出口业务（国家限定公司经营和禁止出口的商品和技术除外）漂流＊客运索道＊工艺品、副食品、小百货零售＊照相服务＊茶楼(30平米以下)。

本次收购的标的为井冈山市笔架山景区实业发展有限公司拥有的笔架山索道经营性净资产。经评估单位评估价值为8279.63万元。

本次交易最终以8279.63万元成交，收购方以股票方式支付对价，以非上市公司股权方式支付8279.63万元。

在本次交易中，收购方聘请了亚洲（北京）资产评估有限公司担任本次交易的资产评估师。

【重庆钢铁(601005.SH)】　首次公告日:2011-12-2

本次收购的收购方为重庆钢铁股份有限公司（简称重庆钢铁，601005.SH），为国有经济，其主营业务为中厚钢板、型材及线材等钢材的制造及销售。

本次收购的出让方为北京世纪源博科技有限责任公司，为私有经济，其主营业务为为钢铁、化学、建筑材料及有色金属冶金行业提供全面的低温余热利用技术服务，以及规划、设计及建造小型发电站。

本次收购的标的为北京世纪源博科技有限责任公司的两座余热电站。上述资产账面价值为24134.19万元。经评估单位评估价值为37519.58万元。

本次交易最终以37500.00万元成交,收购方以现金方式支付对价,其中以现金方式支付37500.00万元,该部分资金来源为自有资金。

在本次交易中,收购方聘请了北京天健兴业资产评估有限公司担任本次交易的资产评估师。

【ST博元(600656.SH)】　　首次公告日:2011-9-29

本次收购的收购方为新余中瑞投资有限公司,为私有经济,其主营业务为光伏产业投资(涉及到前置许可和国家有专项规定的除外)。

本次收购的出让方为珠海市博元投资股份有限公司(简称ST博元,600656.SH),为私有经济,其主营业务为创业投资、投资咨询与管理、实业投资、商业的批发零售(以上不含许可经营项目)。

本次收购的标的为珠海信实企业管理咨询有限公司100%股权、珠海裕荣华投资有限公司60%的股权、江苏中信安泰投资有限公司45%的股权、浙江八达股份有限公司1.875%的股权、北京华源生命科贸发展有限公司23.3%的股权、辽宁华源天然药物开发有限公司90%的股权、上海华源长富(集团)有限公司7.65%的股权、兰溪财务公司股权和浙江大通股份有限公司股权。上述资产账面价值为5877.89万元。经评估单位评估价值为5786.19万元。

本次交易最终以5786.19万元成交,收购方以现金方式支付对价,其中以现金方式支付5786.19万元,该部分资金来源为自有资金。

在本次交易中,收购方出让方聘请了浙商证券有限责任公司作为其财务顾问。

【江西长运(600561.SH)】　　首次公告日:2011-7-13

本次收购的收购方为江西长运股份有限公司(简称江西长运,600561.SH),为国有经济,其主营业务为公路客货运输、仓储、集装箱货运、石油制品、化工产品、道路清障及停车、汽车修理一类、摩托车修理、货物装卸、汽车摩托车检验、轿车出租、橡胶制品、汽车零部件、摩托车及配件、针纺织品、百货、玻璃仪器、五金交电化工、电子产品、计算机及配件、办公机械、农副产品、汽车、家具、金属材料、建筑材料的批发、零售、物业管理(以上国家有专项规定除外)。

本次收购的出让方为南昌昌南汽车客运站有限责任公司,为国有经济,其主营业务为客运站综合服务。南昌市公共交通总公司,为国有经济,其主营业务为主营公共交通运输;兼营公共汽车运输劳务服务。

本次收购的标的为南昌市公共交通总公司提供给昌南客运站使用的有关土地与房产,以及南昌昌南汽车客运站有限责任公司拥有的昌南客运站的全部资产及业务。上述资产账面价值为5464.95万元。经评估单位评估价值为9004.24万元。

本次交易最终以9000.00万元成交,收购方以现金、资产方式支付对价,其中以现金方式支付8000.00万元,该部分资金来源为自有资金,以资产方式支付1000.00万元。

在本次交易中,收购方聘请了中铭国际资产评估(北京)有限责任公司担任本次交易的资产评估师。

天药股份(600488.SH)】　　首次公告日:2011-1-19

本次收购的收购方为天津天药药业股份有限公司(简称天药股份,600488.SH),为国有经济,其主营业务为制造经营化学原料药、中西制剂药品、中药材及中成药加工、医药中间体、化工原料、化妆品、生物柴油及相关技术和原辅材料的加工;承办中外合资经营、合作生产企业;技术服务及咨询(以上经营范围内国家有专营专项规定的按规定办理)。

本次收购的出让方为天津金耀生物科技有限公司,为国有经济,其主营业务为生物科技技术服务及咨询服务;生产、销售蒸汽;金耀工业园内公共基础设施租赁;物业管理;相关产品销售。国家有专营、专项规定的按专营专项规定办理。

本次收购的标的为天津金耀生物科技有限公司污水处理环保工程资产。上述资产账面价值为10968.75万元。经评估单位评估价值为11178.58万元。

本次交易最终以11178.58万元成交,收购方以现金方式支付对价，其中以现金方式支付11178.58万元，该部分资金来源为自有资金。

在本次交易中，收购方聘请了万联证券有限责任公司作为其财务顾问。出让方聘请了五洲松德联合会计师事务所担任本次交易的会计师。聘请了天津华夏金信资产评估有限公司担任本次交易的资产评估师。

传播与文化产业

【广电信息(600637.SH)】 首次公告日:2011-1-11

本次收购的收购方为上海广电信息有限公司，为国有经济，其主营业务为计算机网络通讯产品、设备及软件，信息通讯网络和安防监控系统集成，网络通讯产品、设备及相关的工程设计、安装、调试和维护，上述领域的技术开发、技术转让、技术服务、技术咨询，从事各类货物和技术的进出口业务。(企业经营涉及行政许可的，凭许可证件经营)。

本次收购的出让方为上海广电信息产业股份有限公司(简称广电信息，600637.SH)，为国有经济，其主营业务为网络视频制作；电子、信息、网络产品的设计、研究、开发、生产、委托加工、租赁、销售、维修、测试及服务。从事版权、设备、货物及技术的进出口业务。研究、开发现代电视技术及其在宽带网络中的应用；承揽研究、开发、设计、建设、管理、维护多媒体互动网络系统及应用平台，提供计算机软硬件、系统集成、网络工程、通讯、机电工程设备、文化广播影视领域内的技术开发、技术咨询、技术转让、技术服务；设计、制作、发布、代理各类广告，利用自有媒体发布广告，文化艺术交流策划，企业管理咨询，企业形象策划，市场营销策划，多媒体科技领域内的技术开发，平面设计。文化广播电视工程设计及施工，机电工程承包及设计施工，卫星地面站设计及施工，数据通讯和信息服务，会务服务，展览服务，计算机软件和多媒体制作；舞美、灯光、音响、服装的设计、制作、工程安装及技术咨询服务，演出器材的代购、代销及租赁，文化用品。对相关产业项目及企业进行投资。

本次收购的标的为1.长期股权投资：包括广电信息持有的上海传真机公司73.3%的权益、上海广电通讯网络有限公司87%的股权、上海科技网络通信有限公司80%的股权、诺基亚西门子通信(上海)有限公司26%的股权、上海亿人通信终端有限公司75%的股权以及上海广甸物业发展有限公司100%的股权。2.位于上海市闵行区颛桥镇706街坊2/0丘/金都路3800号的房产，房地产权证号为沪房地闵字(2003)第024416号，房产占用范围内的土地为国有划拨地。上述资产账面价值为67730.00万元。经评估单位评估价值为73221.00万元。

本次交易最终以73221.00万元成交，收购方以现金方式支付对价，其中以现金方式支付73221.00万元，该部分资金来源为自有资金。

在本次交易中，收购方出让方聘请了中国国际金融有限公司作为其财务顾问。聘请了国浩律师集团(上海)事务所作为其法律顾问。聘请了立信会计事务所有限公司担任本次交易的会计师。聘请了上海财瑞资产评估有限公司担任本次交易的资产评估师。

【广电电子(600602.SH)】 首次公告日:2011-1-11

本次收购的收购方为上海广电电子股份有限公司(简称广电电子，600602.SH)，为国有经济，其主营业务为生产销售真空电子器件及其应用产品、配件、基础材料和生产线设备(国家限制、禁止类及有特殊规定的产品除外)，经营性租赁业务(涉及许可经营的凭许可证经营)。

本次收购的出让方为上海广电信息产业股份有限公司(简称广电信息，600637.SH)，为国有经济，其主营业务为网络视频制作；电子、信息、网络产品的设计、研究、开发、生产、委托加工、租赁、销售、维修、测试及服务。从事版权、设备、货物及技术的进出口业务。研究、开发现代电视技术及其在宽带网络中的应用；承揽研究、开发、设计、建设、管理、维护多媒体互动网络系统及应用平台，提供计算机软硬件、系统集成、网络工程、通讯、机电工程设备、文化广播影视领域内的技术开发、技术咨询、技术转让、技术服务；设计、制作、发布、代理各类广告，利用自有媒体发布广告，文化艺术交流策划，企业管理咨询，企业形象策划，市场营销策划，多媒体科技领域内的技术开发，平面设计。文化广播电视工程设计及施工，机电工程承包及设计施工，卫星地面站设计及施工，数据通讯和信息服务，会务服务，展览服务，计算机软件和多媒体制作；舞美、灯光、音响、服装的设计、制作、工程安装及技术咨询服务，演出器材的代购、代销及租赁，文化用品。对相关产业项目及企业进行投资。

本次收购的标的为广电信息长期股权投资，包括广电信息持有的上海广电通信技术有限公司100%的股权、上海广联电子有限公司100%的股权、上海广电光显技术有限公司95%的股权。上述资产账面价值为8026.00万元。经评估单位评估价值为9623.00万元。

本次交易最终以9623.00万元成交，收购方以现金方式支付对价，其中以现金方式支付9623.00万元，该部分资金来源为自有资金。

在本次交易中，收购方出让方聘请了中国国际金融有限公司作为其财务顾问。聘请了国浩律师集团(上海)事务所作为其法律顾问。聘请了立信会计事务所有限公司担任本次交易的会计师。聘请了上海财瑞资产评估有限公司担任本次交易的资产评估师。

【广电信息(600637.SH)】　首次公告日:2011-1-11

本次收购的收购方为上海广电资产经营管理有限公司，为国有经济，其主营业务为资产经营管理，实业投资，货物及技术的进出口业务，商务咨询(除经纪)，电子产品、电器产品及设备生产(限分支机构经营)、销售，计算机技术服务、技术咨询、技术转让(涉及行政许可的，凭许可证经营)。

本次收购的出让方为上海广电信息产业股份有限公司(简称广电信息，600637.SH)，为国有经济，其主营业务为网络视频制作；电子、信息、网络产品的设计、研究、开发、生产、委托加工、租赁、销售、维修、测试及服务。从事版权、设备、货物及技术的进出口业务。研究、开发现代电视技术及其在宽带网络中的应用；承揽研究、开发、设计、建设、管理、维护多媒体互动网络系统及应用平台，提供计算机软硬件、系统集成、网络工程、通讯、机电工程设备、文化广播影视领域内的技术开发、技术咨询、技术转让、技术服务；设计、制作、发布、代理各类广告，利用自有媒体发布广告，文化艺术交流策划，企业管理咨询，企业形象策划，市场营销策划，多媒体科技领域内的技术开发，平面设计。文化广播电视工程设计及施工，机电工程承包及设计施工，卫星地面站设计及施工，数据通讯和信息服务，会务服务，展览服务，计算机软件和多媒体制作；舞美、灯光、音响、服装的设计、制作、工程安装及技术咨询服务，演出器材的代购、代销及租赁，文化用品。对相关产业项目及企业进行投资。

本次收购的标的为1.广电信息长期股权投资：包括广电信息持有的上海良益进出口有限公司100%的股权、上海广电计算机有限公司100%的股权、上海广电信息电子销售有限公司100%的股权、上海广电凯歌实业有限公司95.24%的股权、上海广电电器有限公司70.0%的股权、上海广电飞跃实业有限公司66.67%的股权、上海联威电子有限公司100%的股权、上海广电数字音像电子有限公司51.0%的股权、上海广电模塑有限公司100%的股权、上海闵行广电科技发展有限公司49.0%的股权、上海广泰电子器材有限公司40.0%的股权、深圳中彩联科技有限公司10%的股权、飞虹电子有限公司9.6%的股权、上海申花联盛足球俱乐部有限公司1.4%的股权、南非SVA电子电器有限公司50%的股权、SVA-RUBA电子有限公司35%的股权、SVA—RUBA模塑制品有限公司35%的股权以及上海广电晶新平面显示器有限公司100%的股权。上述资产账面价值为45800.00万元。经评估单位评估价值为59852.00万元。

本次交易最终以59852.00万元成交，收购方以现金方式支付对价，其中以现金方式支付59852.00万元，该部分资金来源为自有资金。

在本次交易中，收购方出让方聘请了中国国际金融有限公司作为其财务顾问。聘请了国浩律师集团(上海)事务所作为其法律顾问。聘请了立信会计事务所有限公司担任本次交易的会计师。聘请了上海财瑞资产评估有限公司担任本次交易的资产评估师。

【广电信息(600637.SH)】　首次公告日:2011-1-11

本次收购的收购方为上海仪电控股(集团)公司,为国有经济,其主营业务为上海市国资委授权范围内的国有资产经营与管理。

本次收购的出让方为上海广电信息产业股份有限公司(简称广电信息,600637.SH),为国有经济,其主营业务为网络视频制作;电子、信息、网络产品的设计、研究、开发、生产、委托加工、租赁、销售、维修、测试及服务。从事版权、设备、货物及技术的进出口业务。研究、开发现代电视技术及其在宽带网络中的应用;承揽研究、开发、设计、建设、管理、维护多媒体互动网络系统及应用平台,提供计算机软硬件、系统集成、网络工程、通讯、机电工程设备、文化广播影视领域内的技术开发、技术咨询、技术转让、技术服务;设计、制作、发布、代理各类广告,利用自有媒体发布广告,文化艺术交流策划,企业管理咨询,企业形象策划,市场营销策划,多媒体科技领域内的技术开发,平面设计。文化广播电视工程设计及施工,机电工程承包及设计施工,卫星地面站设计及施工,数据通讯和信息服务,会务服务,展览服务,计算机软件和多媒体制作;舞美、灯光、音响、服装的设计、制作、工程安装及技术咨询服务,演出器材的代购、代销及租赁,文化用品。对相关产业项目及企业进行投资。

本次收购的标的为广电信息长期股权投资:1.包括广电信息持有的上海索广映像有限公司30%的股权,上海索广电子有限公司30%的股权,上海夏普电器有限公司40%的股权以及上海乐金广电电子有限公司30%的股权。2.位于普陀区桃浦镇604街坊3丘/祁连山路41号的房产,房地产权证号为沪房地普字(2009)第018692号,房产占用范围内的土地为国有划拨地(以下称“祁连山路房产”)。3.位于上海市闵行区剑川路910号和上海市闵行区剑川路930号的房产,房地产权证号分别为沪房地闵字(2010)第023987号和沪房地闵字(2010)第023986号(不包括该两处房产占用范围内的土地使用权,以下合称“剑川路房产”)。4.广电信息本部除货币资金、长期股权投资和拟转让房地产之外的资产。上述资产账面价值为77282.00万元。经评估单位评估价值为82606.00万元。

本次交易最终以82606.00万元成交,收购方以现金方式支付对价,其中以现金方式支付82606.00万元,该部分资金来源为自有资金。

在本次交易中,收购方出让方聘请了中国国际金融有限公司作为其财务顾问。聘请了国浩律师集团(上海)事务所作为其法律顾问。聘请了立信会计事务所有限公司担任本次交易的会计师。聘请了上海财瑞资产评估有限公司担任本次交易的资产评估师。

【广电信息(600637.SH)】　首次公告日:2011-1-11

本次收购的出让方为上海广电信息产业股份有限公司(简称广电信息,600637.SH),为国有经济,其主营业务为网络视频制作;电子、信息、网络产品的设计、研究、开发、生产、委托加工、租赁、销售、维修、测试及服务。从事版权、设备、货物及技术的进出口业务。研究、开发现代电视技术及其在宽带网络中的应用;承揽研究、开发、设计、建设、管理、维护多媒体互动网络系统及应用平台,提供计算机软硬件、系统集成、网络工程、通讯、机电工程设备、文化广播影视领域内的技术开发、技术咨询、技术转让、技术服务;设计、制作、发布、代理各类广告,利用自有媒体发布广告,文化艺术交流策划,企业管理咨询,企业形象策划,市场营销策划,多媒体科技领域内的技术开发,平面设计。文化广播电视工程设计及施工,机电工程承包及设计施工,卫星地面站设计及施工,数据通讯和信息服务,会务服务,展览服务,计算机软件和多媒体制作;舞美、灯光、音响、服装的设计、制作、工程安装及技术咨询服务,演出器材的代购、代销及租赁,文化用品。对相关产业项目及企业进行投资。

本次收购的标的为上海广电股份浦东有限公司100%股权和上海广电锦、创意企业管理有限公司39.375%股权、上海电视电子进出口有限公司90%股权和上海广电凯歌汽车电子设备有限公司30%股权。2、权证号为沪房地青字;沪房地青字;沪房地松字;沪房地市字;沪房地市字;沪房地普字;沪房地普字;沪房地普字沪房地静字;沪房地市字的房地产资产。上述资产账面价值为43174.00万元。经评估单位评估价值为86883.00万元。

本次交易最终以 86883.00 万元成交，收购方以现金方式支付对价，其中以现金方式支付 86883.00 万元，该部分资金来源为自有资金。

在本次交易中，收购方出让方聘请了中国国际金融有限公司作为其财务顾问。聘请了国浩律师集团(上海)事务所作为其法律顾问。聘请了立信会计事务所有限公司担任本次交易的会计师。聘请了上海财瑞资产评估有限公司担任本次交易的资产评估师。

综合类

【首钢股份(000959.SZ)】 首次公告日:2011-11-19

本次收购的收购方为北京首钢股份有限公司(简称首钢股份，000959.SZ)，为国有经济，其主营业务为钢铁冶炼、钢压延加工，冶金技术开发、咨询、转让、服务，销售金属材料、焦炭、化工产品等。

本次收购的出让方为首钢总公司，为国有经济，其主营业务为工业、建筑、地质勘探、交通运输、对外贸易、邮电通讯、金融保险、科学研究和综合技术服务业、国内商业、公共饮食、物资供销、仓储、房地产、居民服务、咨询服务、租赁、农、林、牧、渔业(未经专项许可的项目除外)、授权经营管理国有资产。

本次收购的标的为河北省首钢迁安钢铁有限责任公司的全部资产及负债。上述资产账面价值为 1793412.70 万元。经评估单位评估价值为 1836972.19 万元。

本次交易最终以 1836972.20 万元成交，收购方以股票、资产方式支付对价，以上市公司股权方式支付 1204678.46 万元，以资产方式支付 632293.74 万元。

在本次交易中，收购方聘请了中信证券股份有限公司作为其财务顾问。聘请了北京市国枫律师事务所作为其法律顾问。聘请了京都天华会计师事务所有限公司担任本次交易的会计师。聘请了北京天健兴业资产评估有限公司担任本次交易的资产评估师。

【华锐铸钢(002204.SZ)】 首次公告日:2011-4-13

本次收购的收购方为大连华锐重工铸钢股份有限公司(简称华锐铸钢，002204.SZ)，为国有经济，其主营业务为铸钢件、铸铁件、铸铜件、锻件加工制造；钢锭铸胚、防尘设备设计制造安装调试；铸造工艺及材料技术开发；造型材料制造；模型模具设计制造；金属制品、通用机械设备及备件制造；货物进出口、技术进出口(法律、法规禁止的项目除外；法律、法规限制的项目取得许可证后方可经营)。

本次收购的出让方为大连重工·起重集团有限公司，为国有经济，其主营业务为机械设备设计制造、安装调试；备、配件供应；金属制品、金属结构制造；工模具制造；金属表面处理及热处理；机电设备零件及制造、协作加工；房地产开发；交通运输、仓储、劳务及人员培训；商业贸易；出口业务；工程总承包；机电设备租赁及技术开发、咨询；计算机应用；起重机械特种设备设计、制造、安装、改造、维修；压力容器设计、制造(特业部分限下属企业在许可范围内)。

本次收购的标的为重工·起重集团拥有的除华锐风电和大重公司股权之外的装备制造业经营性资产和负债。上述资产账面价值为 363677.78 万元。经评估单位评估价值为 544223.96 万元。

本次交易最终以 544223.96 万元成交，收购方以股票方式支付对价，以上市公司股权方式支付 544223.96 万元。

在本次交易中，收购方聘请了中信建投证券股份有限公司作为其财务顾问。聘请了北京市天元律师事务所作为其法律顾问。聘请了安永华明会计师事务所担任本次交易的会计师。聘请了辽宁众华资产评估有限公司、大连中鼎不动产评估咨询有限公司担任本次交易的资产评估师。出让方聘请了利安达会计师事务所有限责任公司(大连)分公司担任本次交易的会计师。

第四部分

中国企业并购法规选编

中国证券监督管理委员会上市公司并购重组审核委员会工作规程(2011年修订)

(2011年12月28日　中国证券监督管理委员会　证监会公告[2011]40号)

第一章　总则

第一条　为在上市公司并购重组审核工作中贯彻公开、公平、公正的原则,提高并购重组审核工作的质量和透明度,根据《中国证券监督管理委员会发行审核委员会办法》以及上市公司并购重组的相关规定,制定本规程。

第二条　中国证券监督管理委员会(以下简称中国证监会)上市公司并购重组审核委员会(以下简称并购重组委)审核下列并购重组事项的,适用本规程:

(一)根据中国证监会的相关规定构成上市公司重大资产重组的;

(二)上市公司以新增股份向特定对象购买资产的;

(三)上市公司实施合并、分立的;

(四)中国证监会规定的其他情形。

第三条　并购重组委依照《中华人民共和国公司法》、《中华人民共和国证券法》等法律、行政法规和中国证监会的规定,对并购重组申请人的申请文件和中国证监会的初审报告进行审核。

并购重组委依照本规程规定的程序履行职责。

第四条　中国证监会根据并购重组委审核意见,依照法定条件和法定程序对并购重组申请作出予以核准或者不予核准的决定。

第二章　并购重组委的组成

第五条　并购重组委由专业人员组成,人数不多于35名,其中中国证监会的人员不多于7名。

并购重组委根据需要按一定比例设置专职委员。

第六条　中国证监会依照公开、公平、公正的原则,按照行业自律组织或者相关主管单位推荐、社会公示、执业情况核查、差额遴选、中国证监会聘任的程序选聘并购重组委委员。

第七条　并购重组委委员每届任期2年,可以连任,连续任期最长不超过4年。

第八条　并购重组委委员应当符合下列条件:

(一)坚持原则,公正廉洁,忠于职守,遵守法律、行政法规和规章;

(二)熟悉上市公司并购重组业务及有关的法律、行政法规和规章;

(三)精通所从事行业的专业知识,具有丰富的行业实践经验;

(四)没有违法、违纪记录;

(五)中国证监会规定的其他条件。

第九条　并购重组委委员有下列情形之一的,中国证监会应当予以解聘:

(一)违反法律、行政法规和中国证监会的相关规定的;

(二)未按照中国证监会的规定勤勉尽职的;

(三)两次以上无故不出席并购重组委会议的;

(四)本人提出辞职申请,并经中国证监会批准的;

(五)经中国证监会考核认为不适合担任并购重组委委员的其他情形。

并购重组委委员的解聘不受任期是否届满的限制。并购重组委委员解聘后,中国证监会应选聘增补新的委员。

第十条　中国证监会组织设立并购重组专家咨询委(以下简称专家咨询委),专家咨询委的具体组成办法、工作职责和工作制度另行制定。

第三章　并购重组委及委员的职责

第十一条　并购重组委的职责是:根据有关法律、行政法规和中国证监会的规定,审核上市公司并购重组申请是否符合相关条件;审核财务顾问、会计师事务所、律师事务所、资产评估机构等证券服务机构及相关人员为并购重组申请事项出具的有关材料及意见书;审核中国证监会出具的初审报告;依法对并购重组申请事项提出审核意见。

第十二条 并购重组委委员以个人身份出席并购重组委会议,依法履行职责,独立发表审核意见并行使表决权。

第十三条 并购重组委委员应当遵守下列规定:

(一)按要求出席并购重组委会议,并在审核工作中勤勉尽职;

(二)保守国家秘密和并购重组当事人的商业秘密;

(三)不得泄露并购重组委会议讨论内容、表决情况以及其他有关情况;

(四)不得利用并购重组委委员身份或者在履行职责中所得到的非公开信息,为本人或者他人直接或者间接谋取利益;

(五)不得直接或间接接受并购重组当事人及相关单位或个人提供的资金、物品等馈赠和其他利益;

(六)不得直接或者以化名、借他人名义买卖上市公司的证券;

(七)不得在履行职责期间私下与并购重组当事人及相关单位或个人进行接触;

(八)不得有与其他并购重组委委员串通表决或诱导其他并购重组委委员表决的行为;

(九)未经授权或许可,不得以并购重组委委员名义对外公开发表言论及从事与并购重组委有关的工作;

(十)中国证监会的其他有关规定。

第十四条 并购重组委委员接受中国证监会聘任后,应当如实申报登记证券账户及持有上市公司证券的情况;持有上市公司证券的,应当在聘任之日起一个月内清理卖出;因故不能卖出的,应当在聘任之日起一个月内提出聘任期间暂停证券交易并锁定账户的申请。

第十五条 并购重组当事人及其他任何单位或者个人以不正当手段对并购重组委委员施加影响的,并购重组委委员应当向中国证监会举报。

第十六条 并购重组委委员审核并购重组申请文件时,有下列情形之一,可能影响公正履行职责的,委员应当及时提出回避:

(一)委员本人或者其亲属担任并购重组当事人或者其聘请的专业机构的董事(含独立董事,下同)、监事、经理或者其他高级管理人员的;

(二)委员本人或者其所在工作单位近两年内为并购重组当事人提供保荐、承销、财务顾问、审计、资产评估、法律、咨询等服务的;

(三)委员本人或者其亲属担任董事、监事、经理或其他高级管理人员的公司或机构与并购重组当事人有商业竞争关系的;

(四)委员与并购重组当事人及其他相关单位或者个人进行过接触的;

(五)委员本人及其亲属持有与并购重组申请事项相关的公司证券或股份的;

(六)委员亲属或者委员所在工作单位与并购重组申请人存在其他利益冲突的;

(七)中国证监会认定的可能产生利害冲突或者委员认为可能影响其公正履行职责的其他情形。

前款所称亲属,是指并购重组委委员的父母、配偶、子女及其配偶。

第十七条 并购重组申请人及其他相关单位或者个人认为并购重组委委员与其存在利害冲突或者潜在的利害冲突,可能影响并购重组委委员公正履行职责的,可以向中国证监会提出要求有关并购重组委委员予以回避的书面申请,并说明理由。

中国证监会根据并购重组申请人及其他相关单位或者个人提出的书面申请,决定相关并购重组委委员是否回避。

第十八条 并购重组委委员接受聘任后,应当承诺遵守中国证监会对并购重组委委员的有关规定和纪律要求,认真履行职责,接受中国证监会的考核和监督。

第四章 并购重组委会议

第十九条 并购重组委通过召开并购重组委会议进行审核工作,每次参加并购重组委会议的并购重组委委员为5名。

并购重组委设会议召集人。

第二十条　并购重组委委员分为召集人组和专业组，其中专业组分为法律组、会计组、资产评估组和金融组。分组名单应当在中国证监会网站予以公示。

中国证监会应当按照分组名单及委员排序确定参会委员；对委员提出回避或者因故不能出席会议的原因，应当予以公示，并按所在组的名单顺序递延更换委员。

专业组委员出现轮空的，由专职委员替换。

第二十一条　并购重组委会议审核上市公司并购重组申请事项的，中国证监会在并购重组委会议拟定召开日的4个工作日前将会议审核的申请人名单、会议时间、相关当事人承诺函和参会委员名单在中国证监会网站上予以公示，并于公示的下一工作日将会议通知、工作底稿、并购重组申请文件及中国证监会的初审报告送交参会委员签收。

第二十二条　并购重组委建立公示监督制度，会议公示期间为公示投诉期。如期间发生对拟参会委员的举报且线索明确的，中国证监会应当更换委员，并重新履行公示程序，会议召开日期顺延。

会议公示期间如发生对并购重组申请人的举报且线索明确的，或社会出现负面舆论且所涉事项性质恶劣、影响重大的，中国证监会应当及时启动核查程序，暂停并购重组委会议。

会议公示期间委员因故不能出席会议的，中国证监会应当更换委员，并重新履行公示程序，会议召开日期顺延。

第二十三条　并购重组委会议开始前，委员应当签署与并购重组申请人及其所聘请的证券服务机构或者相关人员接触及回避事项的有关说明，并交由中国证监会留存。

第二十四条　并购重组委委员应当依据法律、行政法规和中国证监会的规定，运用自身的专业知识，独立、客观、公正地对并购重组申请事项进行审核。

并购重组委委员可以通过中国证监会调阅履行职责所必需的与并购重组申请人有关的材料。

并购重组委委员应当以审慎、负责的态度，全面审阅申请人的并购重组申请文件和中国证监会出具的初审报告。并购重组委委员应当在工作底稿上就下述内容提出有依据、明确的审核意见：

（一）对初审报告中提请关注的问题和审核意见有异议的；

（二）申请人存在初审报告提请关注问题以外的其他问题的；

（三）申请人存在尚待调查核实并影响明确判断的重大问题的。

并购重组委委员在并购重组委会议上应当根据自己的工作底稿发表个人审核意见，同时应当根据会议讨论情况，完善个人审核意见并在工作底稿上予以记录。

并购重组委会议在充分讨论的基础上，形成会议对申请人并购重组申请事项的审核意见，并对申请人的并购重组申请是否符合相关条件进行表决。

第二十五条　并购重组委以记名投票方式对并购重组申请进行表决。并购重组委委员不得弃权。

表决票设同意票和反对票。表决投票时同意票数达到3票为通过，同意票数未达到3票为未通过。

并购重组委委员在投票时应当在表决票上说明理由。

第二十六条　并购重组委会议对申请人的并购重组申请形成审核意见之前，可以要求并购重组当事人及其聘请的证券服务机构的代表到会陈述意见和接受询问。

对于并购重组委委员的任何询问、意见及相关陈述，未经中国证监会同意，并购重组当事人及其他相关单位或者个人均不得对外披露。

第二十七条　并购重组委根据审核工作需要，可以通过中国证监会邀请并购重组委委员以外的行业专家到会提供专业咨询意见，所邀请的专家没有表决权。

第二十八条　并购重组委会议召集人按照中国证监会的有关规定负责召集并购重组委会议，维持会议秩序，组织参会委员发表意见、进行讨论，组织投票、宣读表决结果并负责形成并购重组委会议审核意见。

并购重组委会议结束后，参会委员应当在会议记录、审核意见、表决结果等会议资料上签名确认，同时提交工作底稿。

第二十九条 对于并购重组委会议表决结果为有条件通过的，中国证监会对审核意见的落实情况进行核实，并将核实结果向参会委员进行反馈。

第三十条 并购重组委会议对申请人的并购重组申请投票表决后，中国证监会在网站上公布表决结果。

并购重组委会议对并购重组申请作出的表决结果及提出的审核意见，中国证监会应当于会议结束之日起3个工作日内向并购重组申请人及其聘请的财务顾问进行书面反馈。

第三十一条 并购重组申请人可在表决结果公示之日起10个工作日内向中国证监会提出申诉意见。中国证监会应当要求并购重组委会议召集人组织参会委员对申诉意见做出书面解释、说明。如有必要，中国证监会可以组织召开专家咨询委会议。根据会议意见，决定是否驳回申诉或者重新提交并购重组委会议审核。并购重组委会议重新审核的，原则上仍由原并购重组委委员审核。

第三十二条 并购重组委参会委员认为并购重组委会议表决结果存在显失公正情形的，可在并购重组委会议结束之日起2个工作日内，以书面形式提出异议，并说明理由。经中国证监会调查认为理由充分的，应当重新提请召开并购重组委会议，原则上不由原并购重组委委员审核。

第三十三条 在并购重组委会议对并购重组申请表决通过后至中国证监会作出核准决定前，并购重组申请人发生重大事项，导致与其所报送的并购重组申请文件不一致；或并购重组委会议的审核意见具有前置条件且未能落实的，中国证监会可以提请重新召开并购重组委会议，原则上仍由原并购重组委委员审核。

第三十四条 上市公司并购重组申请经并购重组委审核未获通过且中国证监会作出不予核准决定的，申请人对并购重组方案进行修改补充或提出新方案的，应当按照有关规定履行信息披露义务，财务顾问应审慎履行职责，提供专业服务，进行独立判断，确认符合有关并购重组规定条件的可以重新提出并购重组申请。重新提交并购重组委审核的，原则上仍由原并购重组委委员审核。

第三十五条 中国证监会建立并购重组委审核工作回访制度。通过组织回访，实地了解上市公司并购重组方案实施情况、承诺事项履行情况、审核意见落实情况以及证券服务机构持续督导等情况。

第三十六条 并购重组委应以召开全体会议的形式，对并购重组审核工作中的重大疑难问题及创新性事项进行研究讨论。并购重组委可要求中国证监会组织召开专家咨询委会议，由专家咨询委出具专家意见，提供决策支持。

第三十七条 中国证监会负责安排并购重组委工作会议、送达审核材料、会议记录、起草会议纪要及保管档案等具体工作。

并购重组委审核工作所需费用，由中国证监会支付。

第五章 并购重组委的监督管理

第三十八条 中国证监会负责并购重组委事务的日常管理以及并购重组委委员的考核和监督。

第三十九条 中国证监会对并购重组委实行问责制度。出现并购重组委会议审核意见与表决结果有明显差异的，或事后显示存在重大疏漏的，中国证监会可以要求所有参会的并购重组委委员分别作出解释和说明。

第四十条 并购重组委委员存在违反本规程规定的行为及其他违反并购重组委工作纪律的行为的，中国证监会应当根据情节轻重予以谈话提醒、通报批评、暂停参加并购重组委会议、解聘等处理。

第四十一条 中国证监会建立对并购重组委委员违法违纪行为的举报监督机制。

对有线索举报并购重组委委员存在违法违纪行为的，中国证监会应当进行调查，并根据调查结果予以谈话提醒、通报批评、暂停参加并购重组委会议、解聘等处理；涉嫌犯罪的，依法移交司法机关处理。

第四十二条　中国证监会对并购重组委委员违法违纪的处理措施可以在新闻媒体上公开。

第四十三条　在并购重组委会议召开前，有证据表明并购重组申请人、其他单位或者个人直接或者间接以不正当手段或者其他方式影响、干扰并购重组委委员对并购重组申请的判断和审核的，中国证监会可以暂停召开对有关申请的并购重组委会议。

并购重组申请通过并购重组委会议后，有证据表明并购重组申请人、其他单位或者个人直接或者间接以不正当手段或者其他方式影响、干扰并购重组委委员对并购重组申请的判断和审核的，中国证监会可以暂停核准；情节严重的，中国证监会不予核准。

第六章　附则

第四十四条　本规程自公布之日起施行。《中国证券监督管理委员会上市公司并购重组审核委员会工作规程》（证监发〔2007〕94 号）同时废止。

附件：1. 中国证券监督管理委员会上市公司并购重组审核委员会委员廉洁自律承诺书

2. 中国证券监督管理委员会上市公司并购重组审核委员会委员与并购重组申请人回避及接触事项的有关说明

3. 中国证券监督管理委员会上市公司并购重组审核委员会审核工作底稿

4. 并购重组申请人保证不影响和干扰上市公司并购重组审核委员会审核工作的承诺函

附件 1：

中国证券监督管理委员会上市公司并购重组审核委员会委员廉洁自律承诺书

本人向中国证券监督管理委员会和社会公众郑重承诺：

一、本人在担任并购重组委委员期间，将自觉遵守国家的法律法规、《中国证券监督管理委员会上市公司并购重组审核委员会工作规程》、《关于加强并购重组审核委员会委员监督工作的若干意见（试行）》及相关规定，并自觉接受社会监督；

二、本人将遵守社会公德，以端正的个人品行自觉维护并购重组委形象，并承诺在履行并购重组委委员的职责时，以自己的专业知识和从业经验为基础，秉承“公开、公平、公正”原则，诚实守信、勤勉尽责，客观、公正地审核，独立发表个人意见和投票表决，并对此承担相关责任；

三、本人不以任何形式收受并购重组当事人及相关单位或者个人赠送的礼品、礼金、各种有价证券及各种代币券（卡）等支付凭证，不接受并购重组当事人及相关单位或个人提供的宴请、旅游、休闲等娱乐活动，不接受并购重组当事人及相关单位或个人报销应由本人及亲属支付的个人费用；

四、本人将保守并购重组当事人的商业秘密，不泄露并购重组委会议讨论内容、表决情况以及其他有关情况；

五、本人不在履行职责期间私下与并购重组当事人及相关单位或个人进行接触；不与其他并购重组委委员串通表决或诱导其他并购重组委委员的表决；

六、本人不直接或者以化名、借他人名义买卖上市公司的证券；

七、本人除因不可抗力或其他特殊原因，且取得中国证监会同意外，按要求出席并购重组委会议；

八、本人未经中国证监会同意，在教学、演讲、写作和接受采访等活动中，不引用因担任并购重组委委员而获悉的信息；未经中国证监会授权，不以

并购重组委委员身份对外发表言论;

九、本人接受中国证监会按有关规定进行的考核和监督,遵守中国证监会纪检部门的谈话制度,接受廉政评议,按规定向中国证监会上市部、纪委、监察局提交述职报告;

十、本人接受并愿意积极配合中国证监会按有关规定就并购重组委有关事宜开展的调查;

十一、本人如果违反上述承诺,愿意承担由此引起的有关责任。

承诺人签名: 年 月 日

附件 2:

中国证券监督管理委员会上市公司并购重组审核委员会委员与并购重组申请人回避及接触事项的有关说明

(20 年第次并购重组委会议)

一、本人不存在可能影响公正履行职责的情形。

二、本人不存在应当提出回避而未回避的情形。

三、本次所审核的并购重组申请人或者其他相关单位或者个人未曾以不正当手段影响本人对本次所审核的申请人的判断。

四、本人未曾私下与本次所审核的并购重组申请人或者其他相关单位或者个人进行过接触,未接受过上述单位或者个人提供的资金、物品等馈赠及其他利益。

五、其他需要说明的事项:

委员签名: 年 月 日

附:本次所审核的申请人(公司)名单

__________股份有限公司

__________股份有限公司

__________股份有限公司

__________股份有限公司

附件 3:

中国证券监督管理委员会上市公司并购重组审核委员会审核工作底稿

参会委员姓名:

并购重组委会议届次:20 年 次

并购重组申请人名称:

并购重组类型:

一、对初审报告提请委员关注的问题和审核意见发表个人审核意见及依据。

二、申请人是否存在初审报告提请关注问题以外的其他问题,如有,请说明。

三、申请人是否存在尚待调查核实影响明确判断的重大问题,如有,请说明。

四、其他。

五、是否对上述意见有修改,如有,请补充。

委员签名: 年 月 日

附件 4:

并购重组申请人保证不影响和干扰上市公司并购重组审核委员会审核工作的承诺函

__________股份有限公司向中国证券监督管理委员会承诺:

一、本公司保证不直接或者间接地向并购重组委委员提供资金、物品等馈赠及其他利益,保证不直接或间接地向并购重组委委员提供本次所审核的相关公司的证券，保证不以不正当手段影响并购重组委委员对申请人的判断。

二、本公司保证不以任何方式干扰并购重组委的审核工作。

三、在并购重组委会议上接受并购重组委委员的询问时，本公司保证陈述内容真实、客观、准确、简洁，不含与本次并购重组审核无关的内容。

四、若本公司违反上述承诺，将承担由此引起的一切法律责任。

承诺人：＿＿＿＿＿＿＿股份有限公司（加盖公章）

并购重组申请人负责人签字：

此项承诺于　年　月　日在　　　（地点）作出

关于修改上市公司重大资产重组与配套融资相关规定的决定

（2011年8月1日　中国证券监督管理委员会　证监会令第73号）

为了贯彻落实《国务院关于促进企业兼并重组的意见》（国发〔2010〕27号）的有关规定，支持企业利用资本市场开展兼并重组，促进行业整合和产业升级，进一步规范、引导借壳上市活动，完善上市公司发行股份购买资产的制度规定，鼓励上市公司以股权、现金及其他金融创新方式作为兼并重组的支付手段，拓宽兼并重组融资渠道，提高兼并重组效率。现就有关事项决定如下：

一、在《上市公司重大资产重组管理办法》（以下简称《重组办法》）第十一条后增加一条，作为第十二条："自控制权发生变更之日起，上市公司向收购人购买的资产总额，占上市公司控制权发生变更的前一个会计年度经审计的合并财务会计报告期末资产总额的比例达到100%以上的，除符合本办法第十条、第四十二条规定的要求外，上市公司购买的资产对应的经营实体持续经营时间应当在3年以上，最近两个会计年度净利润均为正数且累计超过人民币2000万元。上市公司购买的资产属于金融、创业投资等特定行业的，由中国证监会另行规定。"

前款规定的重大资产重组完成后，上市公司应当符合中国证监会关于上市公司治理与规范运作的相关规定，在业务、资产、财务、人员、机构等方面独立于控股股东、实际控制人及其控制的其他企业，与控股股东、实际控制人及其控制的其他企业间不存在同业竞争或者显失公平的关联交易。"

二、将《重组办法》第十二条中的"计算前条规定的比例时"修改为"计算本办法第十一条、第十二条规定的比例时"。

将该条第一款第（四）项修改为"上市公司在12个月内连续对同一或者相关资产进行购买、出售的，以其累计数分别计算相应数额。已按照本办法的规定报经中国证监会核准的资产交易行为，无须纳入累计计算的范围，但本办法第十二条规定情形除外。"

三、将《重组办法》第十七条中的"上市公司拟进行本办法第二十七条第一款第（一）、（二）项规定的重大资产重组以及发行股份购买资产的"修改为"上市公司拟进行本办法第二十八条第一款第（一）至（三）项规定的重大资产重组以及发行股份购买资产的"。

四、在《重组办法》第二十七条第一款中增加一项，作为该款的第（一）项："符合本办法第十二条的规定"。

五、将《重组办法》第三十五条修改为："独立财务顾问应当按照中国证监会的相关规定，对实施重大资产重组的上市公司履行持续督导职责。持续督导的期限自中国证监会核准本次重大资产重组之日起，应当不少于一个会计年度。实施本办法第十二条规定的重大资产重组，持续督导的期限自中国证监会核准本次重大资产重组之日起，应当不少于3个会计年度。"

六、在《重组办法》第三十六条中增加一款，作为第二款："独立财务顾问还应当结合本办法第十二条规定的重大资产重组实施完毕后的第二、三个会计年度的年报，自年报披露之日起 15 日内，对前款第(二)至(六)项事项出具持续督导意见，向派出机构报告，并予以公告。"

七、在《重组办法》第四十一条中增加一款，作为第二款："上市公司为促进行业或者产业整合，增强与现有主营业务的协同效应，在其控制权不发生变更的情况下，可以向控股股东、实际控制人或者其控制的关联人之外的特定对象发行股份购买资产，发行股份数量不低于发行后上市公司总股本的5%；发行股份数量低于发行后上市公司总股本的5%的，主板、中小板上市公司拟购买资产的交易金额不低于 1 亿元人民币，创业板上市公司拟购买资产的交易金额不低于 5000 万元人民币。"

八、在《重组办法》第四十一条后增加一条，作为第四十三条："上市公司发行股份购买资产的，可以同时募集部分配套资金，其定价方式按照现行相关规定办理。"

九、将《上市公司非公开发行股票实施细则》(以下简称《实施细则》)第六条修改为："发行方案涉及中国证监会规定的重大资产重组的，其配套融资按照现行相关规定办理。"

十、本决定自 2011 年 9 月 1 日起施行。

《重组办法》、《实施细则》根据本决定作相应的修改，重新公布。

上市公司重大资产重组管理办法

(2008 年 3 月 24 日中国证券监督管理委员会第 224 次主席办公会审议通过，根据 2011 年 8 月 1 日中国证券监督管理委员会《关于修改上市公司重大资产重组与配套融资相关规定的决定》修订)

第一章　总则

第一条　为了规范上市公司重大资产重组行为，保护上市公司和投资者的合法权益，促进上市公司质量不断提高，维护证券市场秩序和社会公共利益，根据《公司法》、《证券法》等法律、行政法规的规定，制定本办法。

第二条　本办法适用于上市公司及其控股或者控制的公司在日常经营活动之外购买、出售资产或者通过其他方式进行资产交易达到规定的比例，导致上市公司的主营业务、资产、收入发生重大变化的资产交易行为(以下简称重大资产重组)。

上市公司发行股份购买资产应当符合本办法的规定。

上市公司按照经中国证券监督管理委员会(以下简称中国证监会)核准的发行证券文件披露的募集资金用途，使用募集资金购买资产、对外投资的行为，不适用本办法。

第三条　任何单位和个人不得利用重大资产重组损害上市公司及其股东的合法权益。

第四条　上市公司实施重大资产重组，有关各方必须及时、公平地披露或者提供信息，保证所披露或者提供信息的真实、准确、完整，不得有虚假记载、误导性陈述或者重大遗漏。

第五条　上市公司的董事、监事和高级管理人员在重大资产重组活动中，应当诚实守信、勤勉尽责，维护公司资产的安全，保护公司和全体股东的合法权益。

第六条　为重大资产重组提供服务的证券服务机构和人员，应当遵守法律、行政法规和中国证监会的有关规定，遵循本行业公认的业务标准和道德规范，严格履行职责，不得谋取不正当利益，并应当对其所制作、出具文件的真实性、准确性和完整性承担责任。

第七条　任何单位和个人对所知悉的重大资产重组信息在依法披露前负有保密义务。

禁止任何单位和个人利用重大资产重组信息从事内幕交易、操纵证券市场等违法活动。

第八条　中国证监会依法对上市公司重大资产重组行为进行监管。

第九条　中国证监会在发行审核委员会中设立上市公司并购重组审核委员会(以下简称并购重组委)，以投票方式对提交其审议的重大资产重组申请进行表决，提出审核意见。

第二章　重大资产重组的原则和标准

第十条　上市公司实施重大资产重组，应当符合下列要求：

（一）符合国家产业政策和有关环境保护、土地管理、反垄断等法律和行政法规的规定；

（二）不会导致上市公司不符合股票上市条件；

（三）重大资产重组所涉及的资产定价公允，不存在损害上市公司和股东合法权益的情形；

（四）重大资产重组所涉及的资产权属清晰，资产过户或者转移不存在法律障碍，相关债权债务处理合法；

（五）有利于上市公司增强持续经营能力，不存在可能导致上市公司重组后主要资产为现金或者无具体经营业务的情形；

（六）有利于上市公司在业务、资产、财务、人员、机构等方面与实际控制人及其关联人保持独立，符合中国证监会关于上市公司独立性的相关规定；

（七）有利于上市公司形成或者保持健全有效的法人治理结构。

第十一条　上市公司及其控股或者控制的公司购买、出售资产，达到下列标准之一的，构成重大资产重组：

（一）购买、出售的资产总额占上市公司最近一个会计年度经审计的合并财务会计报告期末资产总额的比例达到50%以上；

（二）购买、出售的资产在最近一个会计年度所产生的营业收入占上市公司同期经审计的合并财务会计报告营业收入的比例达到50%以上；

（三）购买、出售的资产净额占上市公司最近一个会计年度经审计的合并财务会计报告期末净资产额的比例达到50%以上，且超过5000万元人民币。

购买、出售资产未达到前款规定标准，但中国证监会发现存在可能损害上市公司或者投资者合法权益的重大问题的，可以根据审慎监管原则责令上市公司按照本办法的规定补充披露相关信息、暂停交易并报送申请文件。

第十二条　自控制权发生变更之日起，上市公司向收购人购买的资产总额，占上市公司控制权发生变更的前一个会计年度经审计的合并财务会计报告期末资产总额的比例达到100%以上的，除符合本办法第十条、第四十二条规定的要求外，上市公司购买的资产对应的经营实体持续经营时间应当在3年以上，最近两个会计年度净利润均为正数且累计超过人民币2000万元。上市公司购买的资产属于金融、创业投资等特定行业的，由中国证监会另行规定。

前款规定的重大资产重组完成后，上市公司应当符合中国证监会关于上市公司治理与规范运作的相关规定，在业务、资产、财务、人员、机构等方面独立于控股股东、实际控制人及其控制的其他企业，与控股股东、实际控制人及其控制的其他企业间不存在同业竞争或者显失公平的关联交易。

第十三条　计算本办法第十一条、第十二条规定的比例时，应当遵守下列规定：

（一）购买的资产为股权的，其资产总额以被投资企业的资产总额与该项投资所占股权比例的乘积和成交金额二者中的较高者为准，营业收入以被投资企业的营业收入与该项投资所占股权比例的乘积为准，资产净额以被投资企业的净资产额与该项投资所占股权比例的乘积和成交金额二者中的较高者为准；出售的资产为股权的，其资产总额、营业收入以及资产净额分别以被投资企业的资产总额、营业收入以及净资产额与该项投资所占股权比例的乘积为准。

购买股权导致上市公司取得被投资企业控股权的，其资产总额以被投资企业的资产总额和成交金额二者中的较高者为准，营业收入以被投资企业的营业收入为准，资产净额以被投资企业的净资产额和成交金额二者中的较高者为准；出售股权导致上市公司丧失被投资企业控股权的，其资产总额、营业收入以及资产净额分别以被投资企业的资产总额、营业收入以及净资产额为准。

（二）购买的资产为非股权资产的，其资产总额以该资产的账面值和成交金额二者中的较高者为准，资产净额以相关资产与负债的账面值差额和成交金额二者中的较高者为准；出售的资产为非股权资产的，其资产总额、资产净额分别以该资产的账面值、相关资产与负债账面值的差额为准；该非股权资产不涉及负债的，不适用第十一条第一款第(三)项规定的资产净额标准。

(三)上市公司同时购买、出售资产的，应当分别计算购买、出售资产的相关比例，并以二者中比例较高者为准。

(四)上市公司在12个月内连续对同一或者相关资产进行购买、出售的，以其累计数分别计算相应数额。已按照本办法的规定报经中国证监会核准的资产交易行为，无须纳入累计计算的范围，但本办法第十二条规定情形除外。

交易标的资产属于同一交易方所有或者控制，或者属于相同或者相近的业务范围，或者中国证监会认定的其他情形下，可以认定为同一或者相关资产。

第十四条 本办法第二条所称通过其他方式进行资产交易，包括：

(一)与他人新设企业、对已设立的企业增资或者减资；

(二)受托经营、租赁其他企业资产或者将经营性资产委托他人经营、租赁；

(三)接受附义务的资产赠与或者对外捐赠资产；

(四)中国证监会根据审慎监管原则认定的其他情形。

上述资产交易实质上构成购买、出售资产，且按照本办法规定的标准计算的相关比例达到50%以上的，应当按照本办法的规定履行信息披露等相关义务并报送申请文件。

第三章 重大资产重组的程序

第十五条 上市公司与交易对方就重大资产重组事宜进行初步磋商时，应当立即采取必要且充分的保密措施，制定严格有效的保密制度，限定相关敏感信息的知悉范围。上市公司及交易对方聘请证券服务机构的，应当立即与所聘请的证券服务机构签署保密协议。

上市公司关于重大资产重组的董事会决议公告前，相关信息已在媒体上传播或者公司股票交易出现异常波动的，上市公司应当立即将有关计划、方案或者相关事项的现状以及相关进展情况和风险因素等予以公告，并按照有关信息披露规则办理其他相关事宜。

第十六条 上市公司应当聘请独立财务顾问、律师事务所以及具有相关证券业务资格的会计师事务所等证券服务机构就重大资产重组出具意见。

独立财务顾问和律师事务所应当审慎核查重大资产重组是否构成关联交易，并依据核查确认的相关事实发表明确意见。重大资产重组涉及关联交易的，独立财务顾问应当就本次重组对上市公司非关联股东的影响发表明确意见。

资产交易定价以资产评估结果为依据的，上市公司应当聘请具有相关证券业务资格的资产评估机构出具资产评估报告。

证券服务机构在其出具的意见中采用其他证券服务机构或者人员的专业意见的，仍然应当进行尽职调查，审慎核查其采用的专业意见的内容，并对利用其他证券服务机构或者人员的专业意见所形成的结论负责。

第十七条 上市公司及交易对方与证券服务机构签订聘用合同后，非因正当事由不得更换证券服务机构。确有正当事由需要更换证券服务机构的，应当在申请材料中披露更换的具体原因以及证券服务机构的陈述意见。

第十八条 上市公司购买资产的，应当提供拟购买资产的盈利预测报告。上市公司拟进行本办法第二十八条第一款第(一)至(三)项规定的重大资产重组以及发行股份购买资产的，还应当提供上市公司的盈利预测报告。盈利预测报告应当经具有相关证券业务资格的会计师事务所审核。

上市公司确有充分理由无法提供上述盈利预测报告的，应当说明原因，在上市公司重大资产重组报告书(或者发行股份购买资产报告书，下同)中作出特别风险提示，并在管理层讨论与分析部分就本次重组对上市公司持续经营能力和未来发展前景的影响进行详细分析。

第十九条 重大资产重组中相关资产以资产评估结果作为定价依据的，资产评估机构原则上应当采取两种以上评估方法进行评估。

上市公司董事会应当对评估机构的独立性、评估假设前提的合理性、评估方法与评估目的的相关性以及评估定价的公允性发表明确意见。上市公司独立董事应当对评估机构的独立性、评估假设前提的合理性和评估定价的公允性发表独立意见。

第二十条　上市公司进行重大资产重组，应当由董事会依法作出决议，并提交股东大会批准。

上市公司董事会应当就重大资产重组是否构成关联交易作出明确判断，并作为董事会决议事项予以披露。

上市公司独立董事应当在充分了解相关信息的基础上，就重大资产重组发表独立意见。重大资产重组构成关联交易的，独立董事可以另行聘请独立财务顾问就本次交易对上市公司非关联股东的影响发表意见。上市公司应当积极配合独立董事调阅相关材料，并通过安排实地调查、组织证券服务机构汇报等方式，为独立董事履行职责提供必要的支持和便利。

第二十一条　上市公司应当在董事会作出重大资产重组决议后的次一工作日至少披露下列文件，同时抄报上市公司所在地的中国证监会派出机构(以下简称派出机构)：

(一)董事会决议及独立董事的意见；

(二)上市公司重大资产重组预案。

本次重组的重大资产重组报告书、独立财务顾问报告、法律意见书以及重组涉及的审计报告、资产评估报告和经审核的盈利预测报告至迟应当与召开股东大会的通知同时公告。

本条第一款第(二)项及第二款规定的信息披露文件的内容与格式另行规定。

上市公司应当在至少一种中国证监会指定的报刊公告董事会决议、独立董事的意见和重大资产重组报告书摘要，并应当在证券交易所网站全文披露重大资产重组报告书及相关证券服务机构的报告或者意见。

第二十二条　上市公司股东大会就重大资产重组作出的决议，至少应当包括下列事项：

(一)本次重大资产重组的方式、交易标的和交易对方；

(二)交易价格或者价格区间；

(三)定价方式或者定价依据；

(四)相关资产自定价基准日至交割日期间损益的归属；

(五)相关资产办理权属转移的合同义务和违约责任；

(六)决议的有效期；

(七)对董事会办理本次重大资产重组事宜的具体授权；

(八)其他需要明确的事项。

第二十三条　上市公司股东大会就重大资产重组事项作出决议，必须经出席会议的股东所持表决权的2/3以上通过。

上市公司重大资产重组事宜与本公司股东或者其关联人存在关联关系的，股东大会就重大资产重组事项进行表决时，关联股东应当回避表决。

交易对方已经与上市公司控股股东就受让上市公司股权或者向上市公司推荐董事达成协议或者默契，可能导致上市公司的实际控制权发生变化的，上市公司控股股东及其关联人应当回避表决。

上市公司就重大资产重组事宜召开股东大会，应当以现场会议形式召开，并应当提供网络投票或者其他合法方式为股东参加股东大会提供便利。

第二十四条　上市公司应当在股东大会作出重大资产重组决议后的次一工作日公告该决议，并按照中国证监会的有关规定编制申请文件，委托独立财务顾问在3个工作日内向中国证监会申报，同时抄报派出机构。

第二十五条　上市公司全体董事、监事、高级管理人员应当出具承诺，保证重大资产重组申请文件不存在虚假记载、误导性陈述或者重大遗漏。

第二十六条　中国证监会依照法定条件和法定程序对重大资产重组申请作出予以核准或者不予核准的决定。

中国证监会在审核期间提出反馈意见要求上市公司作出书面解释、说明的，上市公司应当自收到反馈意见之日起30日内提供书面回复意见，独立财务顾问应当配合上市公司提供书面回复意见。逾期未提供的，上市公司应当在到期日的次日就本次重大资产重组的进展情况及未能及时提供回复意见的具体原因等予以公告。

第二十七条 中国证监会审核期间,上市公司拟对交易对象、交易标的、交易价格等作出变更,构成对重组方案重大调整的,应当在董事会表决通过后重新提交股东大会审议,并按照本办法的规定向中国证监会重新报送重大资产重组申请文件,同时作出公告。

在中国证监会审核期间,上市公司董事会决议终止或者撤回本次重大资产重组申请的,应当说明原因,予以公告,并按照公司章程的规定提交股东大会审议。

第二十八条 上市公司重大资产重组存在下列情形之一的,应当提交并购重组委审核:

(一)符合本办法第十二条的规定;

(二)上市公司出售资产的总额和购买资产的总额占其最近一个会计年度经审计的合并财务会计报告期末资产总额的比例均达到70%以上;

(三)上市公司出售全部经营性资产,同时购买其他资产;

(四)中国证监会在审核中认为需要提交并购重组委审核的其他情形。

重大资产重组不存在前款规定情形,但存在下列情形之一的,上市公司可以向中国证监会申请将本次重组方案提交并购重组委审核:

(一)上市公司购买的资产为符合本办法第五十条规定的完整经营实体且业绩需要模拟计算的;

(二)上市公司对中国证监会有关职能部门提出的反馈意见表示异议的。

第二十九条 上市公司在收到中国证监会关于召开并购重组委工作会议审核其重大资产重组申请的通知后,应当立即予以公告,并申请办理并购重组委工作会议期间直至其表决结果披露前的停牌事宜。

上市公司在收到并购重组委关于其重大资产重组申请的表决结果后,应当在次一工作日公告表决结果并申请复牌。公告应当说明,公司在收到中国证监会作出的予以核准或者不予核准的决定后将再行公告。

第三十条 上市公司收到中国证监会就其重大资产重组申请作出的予以核准或者不予核准的决定后,应当在次一工作日予以公告。

中国证监会予以核准的,上市公司应当在公告核准决定的同时,按照相关信息披露准则的规定补充披露相关文件。

第三十一条 中国证监会核准上市公司重大资产重组申请的,上市公司应当及时实施重组方案,并于实施完毕之日起3个工作日内编制实施情况报告书,向中国证监会及其派出机构、证券交易所提交书面报告,并予以公告。

上市公司聘请的独立财务顾问和律师事务所应当对重大资产重组的实施过程、资产过户事宜和相关后续事项的合规性及风险进行核查,发表明确的结论性意见。独立财务顾问和律师事务所出具的意见应当与实施情况报告书同时报告、公告。

第三十二条 自收到中国证监会核准文件之日起60日内,本次重大资产重组未实施完毕的,上市公司应当于期满后次一工作日将实施进展情况报告中国证监会及其派出机构,并予以公告;此后每30日应当公告一次,直至实施完毕。超过12个月未实施完毕的,核准文件失效。

第三十三条 上市公司在实施重大资产重组的过程中,发生法律、法规要求披露的重大事项的,应当及时向中国证监会及其派出机构报告。该事项导致本次重组发生实质性变动的,须重新报经中国证监会核准。

第三十四条 根据本办法第十八条规定提供盈利预测报告的,上市公司应当在重大资产重组实施完毕后的有关年度报告中单独披露上市公司及相关资产的实际盈利数与利润预测数的差异情况,并由会计师事务所对此出具专项审核意见。

资产评估机构采取收益现值法、假设开发法等基于未来收益预期的估值方法对拟购买资产进行评估并作为定价参考依据的,上市公司应当在重大资产重组实施完毕后3年内的年度报告中单独披露相关资产的实际盈利数与评估报告中利润预测数的差异情况,并由会计师事务所对此出具专项审核意见;交易对方应当与上市公司就相关资产实际盈利数不足利润预测数的情况签订明确可行的补偿协议。

第三十五条　上市公司重大资产重组发生下列情形的，独立财务顾问应当及时出具核查意见，向中国证监会及其派出机构报告，并予以公告：

（一）中国证监会作出核准决定前，上市公司对交易对象、交易标的、交易价格等作出变更，构成对原重组方案重大调整的；

（二）中国证监会作出核准决定后，上市公司在实施重组过程中发生重大事项，导致原重组方案发生实质性变动的；

第三十六条　独立财务顾问应当按照中国证监会的相关规定，对实施重大资产重组的上市公司履行持续督导职责。持续督导的期限自中国证监会核准本次重大资产重组之日起，应当不少于一个会计年度。实施本办法第十二条规定的重大资产重组，持续督导的期限自中国证监会核准本次重大资产重组之日起，应当不少于3个会计年度。

第三十七条　独立财务顾问应当结合上市公司重大资产重组当年和实施完毕后的第一个会计年度的年报，自年报披露之日起15日内，对重大资产重组实施的下列事项出具持续督导意见，向派出机构报告，并予以公告：

（一）交易资产的交付或者过户情况；

（二）交易各方当事人承诺的履行情况；

（三）盈利预测的实现情况；

（四）管理层讨论与分析部分提及的各项业务的发展现状；

（五）公司治理结构与运行情况；

（六）与已公布的重组方案存在差异的其他事项。

独立财务顾问还应当结合本办法第十二条规定的重大资产重组实施完毕后的第二、三个会计年度的年报，自年报披露之日起15日内，对前款第（二）至（六）项事项出具持续督导意见，向派出机构报告，并予以公告。

第四章　重大资产重组的信息管理

第三十八条　上市公司筹划、实施重大资产重组，相关信息披露义务人应当公平地向所有投资者披露可能对上市公司股票交易价格产生较大影响的相关信息（以下简称股价敏感信息），不得有选择性地向特定对象提前泄露。

第三十九条　上市公司的股东、实际控制人以及参与重大资产重组筹划、论证、决策等环节的其他相关机构和人员，应当及时、准确地向上市公司通报有关信息，并配合上市公司及时、准确、完整地进行披露。上市公司获悉股价敏感信息的，应当及时向证券交易所申请停牌并披露。

第四十条　上市公司及其董事、监事、高级管理人员，重大资产重组的交易对方及其关联方，交易对方及其关联方的董事、监事、高级管理人员或者主要负责人，交易各方聘请的证券服务机构及其从业人员，参与重大资产重组筹划、论证、决策、审批等环节的相关机构和人员，以及因直系亲属关系、提供服务和业务往来等知悉或者可能知悉股价敏感信息的其他相关机构和人员，在重大资产重组的股价敏感信息依法披露前负有保密义务，禁止利用该信息进行内幕交易。

第四十一条　上市公司筹划重大资产重组事项，应当详细记载筹划过程中每一具体环节的进展情况，包括商议相关方案、形成相关意向、签署相关协议或者意向书的具体时间、地点、参与机构和人员、商议和决议内容等，制作书面的交易进程备忘录并予以妥当保存。参与每一具体环节的所有人员应当即时在备忘录上签名确认。

上市公司预计筹划中的重大资产重组事项难以保密或者已经泄露的，应当及时向证券交易所申请停牌，直至真实、准确、完整地披露相关信息。停牌期间，上市公司应当至少每周发布一次事件进展情况公告。

上市公司股票交易价格因重大资产重组的市场传闻发生异常波动时，上市公司应当及时向证券交易所申请停牌，核实有无影响上市公司股票交易价格的重组事项并予以澄清，不得以相关事项存在不确定性为由不履行信息披露义务。

第五章　发行股份购买资产的特别规定

第四十二条　上市公司发行股份购买资产，应当符合下列规定：

(一)有利于提高上市公司资产质量、改善公司财务状况和增强持续盈利能力；有利于上市公司减少关联交易和避免同业竞争，增强独立性；

(二)上市公司最近一年及一期财务会计报告被注册会计师出具无保留意见审计报告；被出具保留意见、否定意见或者无法表示意见的审计报告的，须经注册会计师专项核查确认，该保留意见、否定意见或者无法表示意见所涉及事项的重大影响已经消除或者将通过本次交易予以消除；

(三)上市公司发行股份所购买的资产，应当为权属清晰的经营性资产，并能在约定期限内办理完毕权属转移手续；

(四)中国证监会规定的其他条件。

上市公司为促进行业或者产业整合，增强与现有主营业务的协同效应，在其控制权不发生变更的情况下，可以向控股股东、实际控制人或者其控制的关联人之外的特定对象发行股份购买资产，发行股份数量不低于发行后上市公司总股本的5%；发行股份数量低于发行后上市公司总股本的5%的，主板、中小板上市公司拟购买资产的交易金额不低于1亿元人民币，创业板上市公司拟购买资产的交易金额不低于5000万元人民币。

特定对象以现金或者资产认购上市公司非公开发行的股份后，上市公司用同一次非公开发行所募集的资金向该特定对象购买资产的，视同上市公司发行股份购买资产。

第四十三条　上市公司发行股份购买资产的，可以同时募集部分配套资金，其定价方式按照现行相关规定办理。

第四十四条　上市公司发行股份的价格不得低于本次发行股份购买资产的董事会决议公告日前20个交易日公司股票交易均价。

前款所称交易均价的计算公式为：董事会决议公告日前20个交易日公司股票交易均价=决议公告日前20个交易日公司股票交易总额/决议公告日前20个交易日公司股票交易总量。

上市公司破产重整，涉及公司重大资产重组拟发行股份购买资产的，其发行股份价格由相关各方协商确定后，提交股东大会作出决议，决议须经出席会议的股东所持表决权的2/3以上通过，且经出席会议的社会公众股东所持表决权的2/3以上通过。关联股东应当回避表决。

第四十五条　特定对象以资产认购而取得的上市公司股份，自股份发行结束之日起12个月内不得转让；属于下列情形之一的，36个月内不得转让：

(一)特定对象为上市公司控股股东、实际控制人或者其控制的关联人；

(二)特定对象通过认购本次发行的股份取得上市公司的实际控制权；

(三)特定对象取得本次发行的股份时，对其用于认购股份的资产持续拥有权益的时间不足12个月。

第四十六条　上市公司申请发行股份购买资产，应当提交并购重组委审核。

第四十七条　上市公司发行股份购买资产导致特定对象持有或者控制的股份达到法定比例的，应当按照《上市公司收购管理办法》(证监会令第56号)的规定履行相关义务。

特定对象因认购上市公司发行股份导致其持有或者控制的股份比例超过30%或者在30%以上继续增加，且上市公司股东大会同意其免于发出要约的，可以在上市公司向中国证监会报送发行股份申请的同时，提出豁免要约义务的申请。

第四十八条　中国证监会核准上市公司发行股份购买资产的申请后，上市公司应当及时实施。向特定对象购买的相关资产过户至上市公司后，上市公司聘请的独立财务顾问和律师事务所应当对资产过户事宜和相关后续事项的合规性及风险进行核查，并发表明确意见。上市公司应当在相关资产过户完成后3个工作日内就过户情况作出公告，并向中国证监会及其派出机构提交书面报告，公告和报告中应当包括独立财务顾问和律师事务所的结论性意见。

上市公司完成前款规定的公告、报告后，可以到证券交易所、证券登记结算公司为认购股份的特定对象申请办理证券登记手续。

第六章　重大资产重组后申请发行新股或者公司债券

第四十九条　经并购重组委审核后获得核准的重大资产重组实施完毕后，上市公司申请公开发行新股或者公司债券，同时符合下列条件的，本次重大资产重组前的业绩在审核时可以模拟计算：

(一)进入上市公司的资产是完整经营实体；

(二)本次重大资产重组实施完毕后，重组方的承诺事项已经如期履行，上市公司经营稳定、运行良好；

(三)本次重大资产重组实施完毕后，上市公司和相关资产实现的利润达到盈利预测水平。

上市公司在本次重大资产重组前不符合中国证监会规定的公开发行证券条件，或者本次重组导致上市公司实际控制人发生变化的，上市公司申请公开发行新股或者公司债券，距本次重组交易完成的时间应当不少于一个完整会计年度。

第五十条　本办法所称完整经营实体，应当符合下列条件：

(一)经营业务和经营资产独立、完整，且在最近两年未发生重大变化；

(二)在进入上市公司前已在同一实际控制人之下持续经营两年以上；

(三)在进入上市公司之前实行独立核算，或者虽未独立核算，但与其经营业务相关的收入、费用在会计核算上能够清晰划分；

(四)上市公司与该经营实体的主要高级管理人员签订聘用合同或者采取其他方式，就该经营实体在交易完成后的持续经营和管理作出恰当安排。

第七章　监督管理和法律责任

第五十一条　未经核准擅自实施重大资产重组的，责令改正，可以采取监管谈话、出具警示函等监管措施；情节严重的，处以警告、罚款，并可以对有关责任人员采取市场禁入的措施。

第五十二条　上市公司或者其他信息披露义务人未按照本办法规定报送重大资产重组有关报告，或者报送的报告有虚假记载、误导性陈述或者重大遗漏的，责令改正，依照《证券法》第一百九十三条予以处罚；情节严重的，责令停止重组活动，并可以对有关责任人员采取市场禁入的措施。

第五十三条　上市公司或者其他信息披露义务人未按照规定披露重大资产重组信息，或者所披露的信息存在虚假记载、误导性陈述或者重大遗漏的，责令改正，依照《证券法》第一百九十三条规定予以处罚；情节严重的，责令停止重组活动，并可以对有关责任人员采取市场禁入的措施；涉嫌犯罪的，依法移送司法机关追究刑事责任。

第五十四条　上市公司董事、监事和高级管理人员在重大资产重组中，未履行诚实守信、勤勉尽责义务，导致重组方案损害上市公司利益的，责令改正，采取监管谈话、出具警示函等监管措施；情节严重的，处以警告、罚款，并可以采取市场禁入的措施；涉嫌犯罪的，依法移送司法机关追究刑事责任。

第五十五条　为重大资产重组出具财务顾问报告、审计报告、法律意见、资产评估报告及其他专业文件的证券服务机构及其从业人员未履行诚实守信、勤勉尽责义务，违反行业规范、业务规则，或者未依法履行报告和公告义务、持续督导义务的，责令改正，采取监管谈话、出具警示函等监管措施；情节严重的，依照《证券法》第二百二十六条予以处罚。

前款规定的证券服务机构及其从业人员所制作、出具的文件存在虚假记载、误导性陈述或者重大遗漏的，责令改正，依照《证券法》第二百二十三条予以处罚；情节严重的，可以采取市场禁入的措施；涉嫌犯罪的，依法移送司法机关追究刑事责任。

第五十六条　重大资产重组实施完毕后，凡不属于上市公司管理层事前无法获知且事后无法控制的原因，上市公司或者购买资产实现的利润未达到盈利预测报告或者资产评估报告预测金额的80％，或者实际运营情况与重大资产重组报告书中管理层讨论与分析部分存在较大差距的，上市公司的董事长、总经理以及对此承担相应责任的会计师事务所、财务顾问、资产评估机构及其从业人员应当在上市公司披露年度报告的同时，在同一报刊上作出解释，并向投资者公开道歉；实现利润未达到预测金额50%的,可以对上市公司、相关机构及其责任人员采取监管谈话、出具警示函、责令定期报告等监管措施。

第五十七条 任何知悉重大资产重组信息的人员在相关信息依法公开前,泄露该信息、买卖或者建议他人买卖相关上市公司证券、利用重大资产重组散布虚假信息、操纵证券市场或者进行欺诈活动的,依照《证券法》第二百零二条、第二百零三条、第二百零七条予以处罚;涉嫌犯罪的,依法移送司法机关追究刑事责任。

第八章 附则

第五十八条 本办法自2008年5月18日起施行。中国证监会发布的《关于上市公司重大购买、出售、置换资产若干问题的通知》(证监公司字〔2001〕105号)同时废止。

上市公司非公开发行股票实施细则

(2011年修订)

第一章 总则

第一条 为规范上市公司非公开发行股票行为,根据《上市公司证券发行管理办法》(证监会令第30号,以下简称《管理办法》)的有关规定,制定本细则。

第二条 上市公司非公开发行股票,应当有利于减少关联交易、避免同业竞争、增强独立性;应当有利于提高资产质量、改善财务状况、增强持续盈利能力。

第三条 上市公司董事、监事、高级管理人员、保荐人和承销商、为本次发行出具专项文件的专业人员及其所在机构,以及上市公司控股股东、实际控制人及其知情人员,应当遵守有关法律法规和规章,勤勉尽责,不得利用上市公司非公开发行股票谋取不正当利益,禁止泄露内幕信息和利用内幕信息进行证券交易或者操纵证券交易价格。

第四条 上市公司的控股股东、实际控制人和本次发行对象,应当按照有关规定及时向上市公司提供信息,配合上市公司真实、准确、完整地履行信息披露义务。

第五条 保荐人、上市公司选择非公开发行股票的发行对象和确定发行价格,应当遵循公平、公正原则,体现上市公司和全体股东的最大利益。

第六条 发行方案涉及中国证监会规定的重大资产重组的,其配套融资按照现行相关规定办理。

第二章 发行对象与认购条件

第七条 《管理办法》所称"定价基准日",是指计算发行底价的基准日。定价基准日可以为关于本次非公开发行股票的董事会决议公告日、股东大会决议公告日,也可以为发行期的首日。上市公司应按不低于该发行底价的价格发行股票。

《管理办法》所称"定价基准日前20个交易日股票交易均价"的计算公式为:定价基准日前20个交易日股票交易均价=定价基准日前20个交易日股票交易总额/定价基准日前20个交易日股票交易总量。

第八条 《管理办法》所称"发行对象不超过10名",是指认购并获得本次非公开发行股票的法人、自然人或者其他合法投资组织不超过10名。

证券投资基金管理公司以其管理的2只以上基金认购的,视为一个发行对象。

信托公司作为发行对象,只能以自有资金认购。

第九条 发行对象属于下列情形之一的,具体发行对象及其认购价格或者定价原则应当由上市公司董事会的非公开发行股票决议确定,并经股东大会批准;认购的股份自发行结束之日起36个月内不得转让。

(一)上市公司的控股股东、实际控制人或其控制的关联人;

(二)通过认购本次发行的股份取得上市公司实际控制权的投资者;

(三)董事会拟引入的境内外战略投资者。

第十条　发行对象属于本细则第九条规定以外的情形的,上市公司应当在取得发行核准批文后,按照本细则的规定以竞价方式确定发行价格和发行对象。发行对象认购的股份自发行结束之日起12个月内不得转让。

第三章　董事会与股东大会决议

第十一条　上市公司申请非公开发行股票,应当按照《管理办法》的相关规定召开董事会、股东大会,并按规定及时披露信息。

第十二条　董事会决议确定具体发行对象的,上市公司应当在召开董事会的当日或者前1日与相应发行对象签订附条件生效的股份认购合同。

前款所述认购合同应载明该发行对象拟认购股份的数量或数量区间、认购价格或定价原则、限售期,同时约定本次发行一经上市公司董事会、股东大会批准并经中国证监会核准,该合同即应生效。

第十三条　上市公司董事会作出非公开发行股票决议,应当符合下列规定:

(一)应当按照《管理办法》的规定选择确定本次发行的定价基准日,并提请股东大会批准。

(二)董事会决议确定具体发行对象的,董事会决议应当确定具体的发行对象名称及其认购价格或定价原则、认购数量或者数量区间、限售期;发行对象与公司签订的附条件生效的股份认购合同应当经董事会批准。

(三)董事会决议未确定具体发行对象的,董事会决议应当明确发行对象的范围和资格,定价原则、限售期。

(四)本次非公开发行股票的数量不确定的,董事会决议应当明确数量区间(含上限和下限)。董事会决议还应当明确,上市公司的股票在定价基准日至发行日期间除权、除息的,发行数量和发行底价是否相应调整。

(五)董事会决议应当明确本次募集资金数量的上限、拟投入项目的资金需要总数量、本次募集资金投入数量、其余资金的筹措渠道。募集资金用于补充流动资金或者偿还银行贷款的,应当说明补充流动资金或者偿还银行贷款的具体数额;募集资金用于收购资产的,应当明确交易对方、标的资产、作价原则等事项。

第十四条　董事会决议经表决通过后,上市公司应当在2个交易日内披露。

董事会应当按照《公开发行证券的公司信息披露内容与格式准则第25号—上市公司非公开发行股票预案和发行情况报告书》的要求编制非公开发行股票预案,作为董事会决议的附件,与董事会决议同时刊登。

第十五条　本次发行涉及资产审计、评估或者上市公司盈利预测的,资产审计结果、评估结果和经审核的盈利预测报告至迟应随召开股东大会的通知同时公告。

第十六条　非公开发行股票的董事会决议公告后,出现以下情况需要重新召开董事会的,应当由董事会重新确定本次发行的定价基准日:

(一)本次非公开发行股票股东大会决议的有效期已过;

(二)本次发行方案发生变化;

(三)其他对本次发行定价具有重大影响的事项。

第十七条　上市公司股东大会就非公开发行股票作出的决定,至少应当包括《管理办法》和本细则规定须提交股东大会批准的事项。

《管理办法》所称应当回避表决的"特定的股东及其关联人",是指董事会决议已确定为本次发行对象的股东及其关联人。

第四章　核准与发行

第十八条　股东大会批准本次发行后,上市公司可向中国证监会提交发行申请文件。

申请文件应当按照本细则附件1《上市公司非公开发行股票申请文件目录》的有关规定编制。

第十九条 保荐人和发行人律师应当各司其职，勤勉尽责，对本次非公开发行股票申请的合规性审慎地履行尽职调查职责。

保荐人出具的发行保荐书和发行人律师出具的法律意见书，应当对照中国证监会的各项规定逐项发表明确的结论性意见，并载明得出每项结论的查证过程及事实依据。

第二十条 中国证监会按照《管理办法》规定的程序审核非公开发行股票申请。

上市公司收到中国证监会发行审核委员会关于本次发行申请获得通过或者未获通过的结果后，应当在次一交易日予以公告，并在公告中说明，公司收到中国证监会作出的予以核准或者不予核准的决定后，将另行公告。

第二十一条 上市公司取得核准批文后，应当在批文的有效期内，按照《证券发行与承销管理办法》(证监会令第 37 号)的有关规定发行股票。

上市公司收到中国证监会予以核准决定后作出的公告中，应当公告本次发行的保荐人，并公开上市公司和保荐人指定办理本次发行的负责人及其有效联系方式。

上市公司、保荐人对非公开发行股票进行推介或者向特定对象提供投资价值研究报告的，不得采用任何公开方式，且不得早于上市公司董事会关于非公开发行股票的决议公告之日。

第二十二条 董事会决议确定具体发行对象的，上市公司在取得核准批文后，应当按照本细则第九条的规定和认购合同的约定发行股票。

第二十三条 董事会决议未确定具体发行对象的，在取得中国证监会的核准批文后，由上市公司及保荐人在批文的有效期内选择发行时间；在发行期起始的前 1 日，保荐人应当向符合条件的特定对象提供认购邀请书。

第二十四条 认购邀请书发送对象的名单由上市公司及保荐人共同确定。

认购邀请书发送对象的名单除应当包含董事会决议公告后已经提交认购意向书的投资者、公司前 20 名股东外，还应当包含符合《证券发行与承销管理办法》规定条件的下列询价对象：

(一)不少于 20 家证券投资基金管理公司；

(二)不少于 10 家证券公司；

(三)不少于 5 家保险机构投资者。

第二十五条 认购邀请书应当按照公正、透明的原则，事先约定选择发行对象、确定认购价格、分配认购数量等事项的操作规则。

认购邀请书及其申购报价表参照本细则附件 2 的范本制作，发送时由上市公司加盖公章，由保荐代表人签署。

第二十六条 认购邀请书发出后，上市公司及保荐人应当在认购邀请书约定的时间内收集特定投资者签署的申购报价表。

在申购报价期间，上市公司、保荐人应当确保任何工作人员不泄露发行对象的申购报价情况，申购报价过程应当由发行人律师现场见证。

第二十七条 申购报价结束后，上市公司及保荐人应当对有效申购按照报价高低进行累计统计，按照价格优先的原则合理确定发行对象、发行价格和发行股数。

第二十八条 发行结果确定后，上市公司应当与发行对象签订正式认购合同，发行对象应当按照合同约定缴款。

发行对象的认购资金应先划入保荐人为本次发行专门开立的账户，验资完毕后，扣除相关费用再划入发行人募集资金专项存储账户。

第二十九条 验资完成后的次一交易日，上市公司和保荐人应当向中国证监会提交《证券发行与承销管理办法》第五十条规定的备案材料。

发行情况报告书应当按照《公开发行证券的公司信息披露内容与格式准则第 25 号—上市公司非公开发行股票预案和发行情况报告书》的要求编制。

第三十条 保荐人关于本次发行过程和认购对象合规性的报告应当详细记载本次发行的全部过程，列示发行对象的申购报价情况及其获得配售的情况，并对发行结果是否公平、公正，是否符合非公开发行股票的有关规定发表意见。

报价在发行价格之上的特定对象未获得配售或者被调减配售数量的，保荐人应当向该特定对象说明理由，并在报告书中说明情况。

第三十一条　发行人律师关于本次发行过程和认购对象合规性的报告应当详细认证本次发行的全部过程，并对发行过程的合规性、发行结果是否公平、公正，是否符合非公开发行股票的有关规定发表明确意见。

发行人律师应当对认购邀请书、申购报价表、正式签署的股份认购合同及其他有关法律文书进行见证，并在报告书中确认有关法律文书合法有效。

第五章　附则

第三十二条　本细则自发布之日起实施。

第三十三条　本细则的附件包括《上市公司非公开发行股票申请文件目录》、《〈认购邀请书〉和〈申购报价单〉范本》。

附件1：

上市公司非公开发行股票申请文件目录

第一章　发行人的申请报告及相关文件

1-1发行人申请报告

1-2本次发行的董事会决议和股东大会决议

1-3本次非公开发行股票预案

1-4公告的其他相关信息披露文件

第二章　保荐人和律师出具的文件

2-1保荐人出具的证券发行保荐书

2-2保荐人尽职调查报告

2-3发行人律师出具的法律意见书

2-4发行人律师工作报告

第三章　财务信息相关文件

3-1发行人最近1年的财务报告和审计报告及最近一期的财务报告

3-2最近3年一期的比较式财务报表（包括合并报表和母公司报表）

3-3本次收购资产相关的最近1年一期的财务报告及其审计报告、资产评估报告

3-4发行人董事会、会计师事务所及注册会计师关于上市公司最近1年及一期的非标准无保留意见审计报告的补充意见

3-5会计师事务所关于前次募集资金使用情况的专项报告

第四章　其他文件

4-1有关部门对募集资金投资项目的审批、核准或备案文件

4-2特定行业主管部门出具的监管意见书

4-3国务院相关主管部门关于引入境外战略投资者的批准文件

4-4附条件生效的股份认购合同

4-5附条件生效的资产转让合同

4-6发行人全体董事对相关申请文件真实性、准确性和完整性的承诺书

编制说明：

前述申请文件目录是对发行申请文件的最低要求，中国证监会根据审核需要，可以要求发行人和中介机构补充材料。某些材料对发行人不适用的，可不必提供，但应作出书面说明。保荐机构报送申请文件，初次报送应提交原件1份，复印件及电子文件3份。

附件2：

《认购邀请书》和《申购报价单》范本

[＊]股份有限公司非公开发行股票认购邀请书：

经[＊]股份有限公司（简称“公司”或“本公司”）[＊]年度第[＊]次临时股东大会（简称“股东大会”）批准，拟向特定投资者非公开发行股票（简称“本次发行”）。本次发行已经中国证监会核准。现发出认购邀请书（简称“本邀请书”），诚邀贵公司/您参与本次发行认购。以下为本次发行认购的具体事项，敬请认真阅读：

一、认购对象与条件

1.认购对象

本次发行的认购对象为[＊]。

2.认购数量

每一特定投资者的最低有效认购数量不得低于[＊]万股，超过[＊]万股的必须是[＊]万股的整数倍。每一特定投资者最多认购数量不得超过[＊]万股。

3.认购价格

本次发行价格根据本邀请书第三部分所规定

的程序和规则确定。

二、认购时间安排

1.接到本邀请书后,贵公司如欲认购,应于[*]年[*]月[*]日[*]时前将附件《申购报价单》以传真方式发至本公司(传真号:[*])。

2.本公司收到《申购报价单》后,根据中国证监会的有关规定和本邀请书第三部分所规定的程序和规则确定本次发行的价格、最终发行对象和股份分配数量,并于确定上述结果后尽快向最终发行对象发出《缴款通知书》。

3.发行对象收到《缴款通知书》后,应在《缴款通知书》规定的时限内将认购款汇至本公司指定的帐户(具体帐户为:[*])。认购款未按时到帐的,视为放弃认购。

三、发行价格、发行对象及分配股数的确定程序和规则

1.本次申报价格

本次申报价格应不低于每股[*]元。

(认购人可以在该价格基础上,根据不同的认购股份数量,以增加[*]元的整数倍的形式确定其申报价格,每个认购人申报的价格不超过三档。)

2.认购确认程序与规则

(此处保荐人和上市公司应明确告知确认最终认购价格、发行对象及其分配数量的程序和规则。该程序和规则应当公平、公正,符合中国证监会的有关规定)

四、特别提示

1.凡决定参加本次认购的认购人须对本邀请书所附《申购报价单》签字确认并加盖公章,并将《申购报价单》于[*]年[*]月[*]日[*]时前传真至本公司。

2.凡被确定为最终发行对象的认购人,必须在《缴款通知书》指定的时间将认购款足额汇入本公司指定的帐户。为确保认购款能在规定时间内足额到达指定的银行帐户,请在收到本邀请书的传真件后尽快准备汇款事宜。

3.本邀请书所附《申购报价单》为无条件确认书,接受人一旦申报,即有法律效力。

4.本邀请书的发出、《申购报价单》的接收、《缴款通知书》的发出、发行价格、发行对象及分配股数的确认等认购事宜,由[*]律师事务所进行法律见证。

《申购报价单》如由授权代表签署,须附上由法定代表签署的授权委托书。

5.本次认购的联系人:[*],电话:[*],传真号:[*]

股份有限公司保荐代表人(**证券公司):

[*]年[*]月[*]日

本认购邀请书附件:申购报价单

致:[*]股份有限公司

我单位收到并已详细阅读了贵方于[*]年[*]月[*]日发出的《[*]股份有限公司非公开发行股票认购邀请书》和贵公司[*]年度第[*]次临时股东大会的相关公告。经研究,同意按贵方确定的条件参加此次认购,本人在此确认:

一、同意《[*]股份有限公司非公开发行股票认购邀请书》所确定的认购条件与规则。

二、同意:

1.按每股[*]元的价格认购[*]万股(大写数字)

2.按每股[*]元的价格认购[*]万股(大写数字)

3.按每股[*]元的价格认购[*]万股(大写数字)

三、同意按贵方最终确认的认购数量和时间缴纳认购款。

四、我方联系人:

电话:

手机:

传真:

公司(公章)

法定代表人或其授权代表、或本人签署

年　月　日

外商投资产业指导目录(2011年修订)

(2011年12月24日 国家发展和改革委员会商务部 发改委令商务部令2011年第12号)

《外商投资产业指导目录(2011年修订)》已经国务院批准，现予以发布，自2012年1月30日起施行。2007年10月31日国家发展和改革委员会、商务部发布的《外商投资产业指导目录(2007年修订)》同时废止。

国家发展和改革委员会主任：张平

商务部部长：陈德铭

二〇一一年十二月二十四日

外商投资产业指导目录(2011年修订)

鼓励外商投资产业目录

一、农、林、牧、渔业

1. 木本食用油料、调料和工业原料的种植及开发、生产

2. 绿色、有机蔬菜(含食用菌、西甜瓜)、干鲜果品、茶叶栽培技术开发及产品生产

3. 糖料、果树、牧草等农作物栽培新技术开发及产品生产

4. 花卉生产与苗圃基地的建设、经营

5. 橡胶、油棕、剑麻、咖啡种植

6. 中药材种植、养殖(限于合资、合作)

7. 农作物秸秆还田及综合利用、有机肥料资源的开发生产

8. 林木(竹)营造及良种培育、多倍体树木新品种培育

9. 水产苗种繁育(不含我国特有的珍贵优良品种)

10. 防治荒漠化及水土流失的植树种草等生态环境保护工程建设、经营

11. 水产品养殖、深水网箱养殖、工厂化水产养殖、生态型海洋增养殖

二、采矿业

1. 煤层气勘探、开发和矿井瓦斯利用(限于合资、合作)

2. 石油、天然气的风险勘探、开发(限于合资、合作)

3. 低渗透油气藏(田)的开发(限于合资、合作)

4. 提高原油采收率及相关新技术的开发应用(限于合资、合作)

5. 物探、钻井、测井、录井、井下作业等石油勘探开发新技术的开发与应用(限于合资、合作)

6. 油页岩、油砂、重油、超重油等非常规石油资源勘探、开发(限于合资、合作)

7. 铁矿、锰矿勘探、开采及选矿

8. 提高矿山尾矿利用率的新技术开发和应用及矿山生态恢复技术的综合应用

9. 页岩气、海底天然气水合物等非常规天然气资源勘探、开发(限于合资、合作)

三、制造业

(一)农副食品加工业

1. 生物饲料、秸秆饲料、水产饲料的开发、生产

2. 水产品加工、贝类净化及加工、海藻保健食品开发

3. 蔬菜、干鲜果品、禽畜产品加工

(二)食品制造业

1. 婴儿、老年食品及保健食品的开发、生产

2. 森林食品的开发、生产

3. 天然食品添加剂、食品配料生产

(三)饮料制造业

1. 果蔬饮料、蛋白饮料、茶饮料、咖啡饮料、植物饮料的开发、生产

(四)烟草制品业

1. 二醋酸纤维素及丝束加工(限于合资、合作)

(五)纺织业

1. 采用非织造、机织、针织及其复合工艺技术的轻质、高强、耐高/低温、耐化学物质、耐光等多功能化的产业用纺织品生产

2. 采用先进节能减排技术和装备的高档织物面料的织染及后整理加工

3. 符合生态、资源综合利用与环保要求的特种天然纤维(包括山羊绒等特种动物纤维、麻纤维、蚕

丝、彩色棉花等)产品加工

4.采用计算机集成制造系统的服装生产

5.功能性、绿色环保及特种服装生产

6.高档地毯、刺绣、抽纱产品生产

(六)皮革、皮毛、羽毛(绒)及其制品业

1.皮革和毛皮清洁化技术加工

2.皮革后整饰新技术加工

3.高档皮革加工

4.皮革废弃物综合利用

(七)木材加工及木、竹、藤、棕、草制品业

1.林业三剩物,"次、小、薪"材和竹材的综合利用新技术、新产品开发与生产

(八)造纸及纸制品业

1.主要利用境外木材资源的单条生产线年产30万吨及以上规模化学木浆和单条生产线年产10万吨及以上规模化学机械木浆以及同步建设的高档纸及纸板生产(限于合资、合作)

(九)石油加工、炼焦及核燃料加工业

1.针状焦、煤焦油深加工

(十)化学原料及化学制品制造业

1.钠法漂粉精、聚氯乙烯和有机硅新型下游产品开发与生产

2.合成材料的配套原料:过氧化氢氧化丙烯法环氧丙烷、甘油法环氧氯丙烷、萘二甲酸二甲酯(NDC)、1,4-环乙烷二甲醇酯(CHDM)生产

3.合成纤维原料:己内酰胺、尼龙66盐、熔纺氨纶树脂、1,3-丙二醇生产

4.合成橡胶:溶液丁苯橡胶(不包括热塑性丁苯橡胶)、高顺式丁二烯橡胶、丁基橡胶、异戊橡胶、聚氨酯橡胶、丙烯酸酯橡胶、氯醇橡胶、乙丙橡胶,以及氟橡胶、硅橡胶等特种橡胶生产

5.工程塑料及塑料合金:6万吨/年及以上非光气法聚碳酸酯(PC)、聚甲醛(POM)、聚酰胺(尼龙6、尼龙66、尼龙11和尼龙12)、聚乙烯醋酸乙烯酯(EVA)、聚苯硫醚、聚醚醚酮、聚酰亚胺、聚砜、聚醚砜、聚芳酯(PAR)、液晶聚合物等产品生产

6.精细化工:催化剂新产品、新技术,染(颜)料商品化加工技术,电子化学品和造纸化学品,食品添加剂、饲料添加剂,皮革化学品(N-N二甲基甲酰胺除外),油田助剂,表面活性剂,水处理剂,胶粘剂,无机纤维、无机纳米材料生产,颜料包膜处理深加工

7.环保型印刷油墨、环保型芳烃油生产

8.天然香料、合成香料、单离香料生产

9.高性能涂料、水性汽车涂料及配套水性树脂生产

10.氟氯烃替代物生产

11.高性能氟树脂、氟膜材料,医用含氟中间体,环境友好型制冷剂和清洁剂生产

12.从磷化工、铝冶炼中回收氟资源生产

13.林业化学产品新技术、新产品开发与生产

14.环保用无机、有机和生物膜开发与生产

15.新型肥料开发与生产:生物肥料、高浓度钾肥、复合肥料、缓释可控肥料、复合型微生物接种剂、复合微生物肥料、秸杆及垃圾腐熟剂、特殊功能微生物制剂

16.高效、安全、环境友好的农药新品种、新剂型、专用中间体、助剂的开发与生产,以及相关清洁生产工艺的开发和应用(甲叉法乙草胺、胺氰法百草枯、水相法毒死蜱工艺、草甘膦回收氯甲烷工艺、定向合成法手性和立体结构农药生产、乙基氯化物合成技术)

17.生物农药及生物防治产品开发与生产:微生物杀虫剂、微生物杀菌剂、农用抗生素、昆虫信息素、天敌昆虫、微生物除草剂

18.废气、废液、废渣综合利用和处理、处置

19.有机高分子材料生产:飞机蒙皮涂料、稀土硫化铈红色染料、无铅化电子封装材料、彩色等离子体显示屏专用系列光刻浆料、小直径大比表面积超细纤维、高精度燃油滤纸、锂离子电池隔膜

(十一)医药制造业

1.新型化合物药物或活性成份药物的生产(包括原料药和制剂)

2.氨基酸类:发酵法生产色氨酸、组氨酸、饲料用蛋氨酸等生产

3.新型抗癌药物、新型心脑血管药及新型神经系统用药生产

4.采用生物工程技术的新型药物生产

5. 艾滋病疫苗、丙肝疫苗、避孕疫苗及宫颈癌、疟疾、手足口病等新型疫苗生产

6. 生物疫苗生产

7. 海洋药物开发与生产

8. 药品制剂：采用缓释、控释、靶向、透皮吸收等新技术的新剂型、新产品生产

9. 新型药用辅料的开发及生产

10. 动物专用抗菌原料药生产（包括抗生素、化学合成类）

11. 兽用抗菌药、驱虫药、杀虫药、抗球虫药新产品及新剂型生产

12. 新型诊断试剂的生产

（十二）化学纤维制造业

1. 差别化化学纤维及芳纶、碳纤维、高强高模聚乙烯、聚苯硫醚（PPS）等高新技术化纤（粘胶纤维除外）生产

2. 纤维及非纤维用新型聚酯生产：聚对苯二甲酸丙二醇酯（PTT）、聚萘二酸乙二醇酯（PEN）、聚对苯二甲酸环已烷二甲醇酯（PCT）、二元醇改性聚对苯二甲酸乙二醇酯（PETG）

3. 利用新型可再生资源和绿色环保工艺生产生物质纤维，包括新溶剂法纤维素纤维（Lyocell）、以竹、麻等为原料的再生纤维素纤维、聚乳酸纤维（PLA）、甲壳素纤维、聚羟基脂肪酸酯纤维（PHA）、动植物蛋白纤维等

4. 单线生产能力日产 150 吨及以上聚酰胺生产

5. 子午胎用芳纶纤维及帘线生产

（十三）塑料制品业

1. 新型光生态多功能宽幅农用薄膜开发与生产

2. 废旧塑料的消解和再利用

3. 塑料软包装新技术、新产品（高阻隔、多功能膜及原料）开发与生产

（十四）非金属矿物制品业

1. 节能、环保、利废、轻质高强、高性能、多功能建筑材料开发生产

2. 以塑代钢、以塑代木、节能高效的化学建材品生产

3. 年产 1000 万平方米及以上弹性体、塑性体改性沥青防水卷材，宽幅（2 米以上）三元乙丙橡胶防水卷材及配套材料，宽幅（2 米以上）聚氯乙烯防水卷材，热塑性聚烯烃（TPO）防水卷材生产

4. 新技术功能玻璃开发生产：屏蔽电磁波玻璃、微电子用玻璃基板、透红外线无铅玻璃、电子级大规格石英玻璃制品（管、板、坩埚、仪器器皿等）、光学性能优异多功能风挡玻璃、信息技术用极端材料及制品（包括波导级高精密光纤预制棒石英玻璃套管和陶瓷基板）、高纯（≥99.998%）超纯（≥99.999%）水晶原料提纯加工

5. 薄膜电池导电玻璃、太阳能集光镜玻璃生产

6. 玻璃纤维制品及特种玻璃纤维生产：低介电玻璃纤维、石英玻璃纤维、高硅氧玻璃纤维、高强高弹玻璃纤维、陶瓷纤维等及其制品

7. 光学纤维及制品生产：传像束及激光医疗光纤、超二代和三代微通道板、光学纤维面板、倒像器及玻璃光锥

8. 陶瓷原料的标准化精制、陶瓷用高档装饰材料生产

9. 水泥、电子玻璃、陶瓷、微孔炭砖等窑炉用环保（无铬化）耐火材料生产

10. 氮化铝（AlN）陶瓷基片、多孔陶瓷生产

11. 无机非金属新材料及制品生产：复合材料、特种陶瓷、特种密封材料（含高速油封材料）、特种摩擦材料（含高速摩擦制动制品）、特种胶凝材料、特种乳胶材料、水声橡胶制品、纳米材料

12. 有机-无机复合泡沫保温材料生产

13. 高技术复合材料生产：连续纤维增强热塑性复合材料和预浸料、耐温＞300℃树脂基复合材料成型用工艺辅助材料、树脂基复合材料（包括高档体育用品、轻质高强交通工具部件）、特种功能复合材料及制品（包括深水及潜水复合材料制品、医用及康复用复合材料制品）、碳/碳复合材料、高性能陶瓷基复合材料及制品、金属基和玻璃基复合材料及制品、金属层状复合材料及制品、压力≥320MPa 超高压复合胶管、大型客机航空轮胎

14. 精密高性能陶瓷原料生产：碳化硅（SiC）超细粉体（纯度＞99%，平均粒径＜1μm）、氮化硅

(Si3N4)超细粉体(纯度＞99%,平均粒径＜1μm)、高纯超细氧化铝微粉(纯度＞99.9%,平均粒径＜0.5μm)、低温烧结氧化锆(ZrO2)粉体(烧结温度＜1350℃)、高纯氮化铝(AlN)粉体(纯度＞99%,平均粒径＜1μm)、金红石型 TiO2 粉体(纯度＞98.5%)、白炭黑(粒径＜100nm)、钛酸钡(纯度＞99%,粒径＜1μm)

15. 高品质人工晶体及晶体薄膜制品开发生产:高品质人工合成水晶(压电晶体及透紫外光晶体)、超硬晶体(立方氮化硼晶体)、耐高温高绝缘人工合成绝缘晶体(人工合成云母)、新型电光晶体、大功率激光晶体及大规格闪烁晶体、金刚石膜工具、厚度 0.3mm 及以下超薄人造金刚石锯片

16. 非金属矿精细加工(超细粉碎、高纯、精制、改性)

17. 超高功率石墨电极生产

18. 珠光云母生产(粒径 3-150μm)

19. 多维多向整体编制织物及仿形织物生产

20. 利用新型干法水泥窑无害化处置固体废弃物

21. 建筑垃圾再生利用

22. 工业副产石膏综合利用

23. 非金属矿山尾矿综合利用的新技术开发和应用及矿山生态恢复

(十五)有色金属冶炼及压延加工业

1. 直径 200mm 以上硅单晶及抛光片生产

2. 高新技术有色金属材料生产:化合物半导体材料(砷化镓、磷化镓、磷化铟、氮化镓),高温超导材料,记忆合金材料(钛镍、铜基及铁基记忆合金材料),超细(纳米)碳化钙及超细(纳米)晶硬质合金,超硬复合材料,贵金属复合材料,散热器用铝箔,中高压阴极电容铝箔,特种大型铝合金型材,铝合金精密模锻件,电气化铁路架空导线,超薄铜带,耐蚀热交换器铜合金材,高性能铜镍、铜铁合金带,铍铜带、线、管及棒加工材,耐高温抗衰钨丝,镁合金铸件,无铅焊料,镁合金及其应用产品,泡沫铝,钛合金带材及钛焊接管,原子能级海绵锆,钨及钼深加工产品

(十六)金属制品业

1. 航空、航天、汽车、摩托车轻量化及环保型新材料研发与制造(专用铝板、铝镁合金材料、摩托车铝合金车架等)

2. 建筑五金件、水暖器材及其五金件开发、生产

3. 用于包装各类粮油食品、果蔬、饮料、日化产品等内容物的金属包装制品(厚度 0.3 毫米以下)的制造及加工(包括制品的内外壁印涂加工)

4. 节镍不锈钢制品的制造

(十七)通用设备制造业

1. 高档数控机床及关键零部件制造:五轴联动数控机床、数控坐标镗铣加工中心、数控坐标磨床、五轴联动数控系统及伺服装置、精密数控加工用高速超硬刀具

2. 1000 吨及以上多工位镦锻成型机制造

3. 报废汽车拆解、破碎及后处理分选设备制造

4. FTL 柔性生产线制造

5. 垂直多关节工业机器人、焊接机器人及其焊接装置设备制造

6. 特种加工机械制造:激光切割和拼焊成套设备、激光精密加工设备、数控低速走丝电火花线切割机、亚微米级超细粉碎机

7. 400 吨及以上轮式、履带式起重机械制造(限于合资、合作)

8. 工作压力≥35MPa 高压柱塞泵及马达、工作压力≥35MPa 低速大扭矩马达的设计与制造

9. 工作压力≥25MPa 的整体式液压多路阀,电液比例伺服元件制造

10. 阀岛、功率 0.35W 以下气动电磁阀、200Hz 以上高频电控气阀设计与制造

11. 静液压驱动装置设计与制造

12. 压力 10MPa 以上非接触式气膜密封、压力 10MPa 以上干气密封(包括实验装置)的开发与制造

13. 汽车用高分子材料(摩擦片、改型酚醛活塞、非金属液压总分泵等)设备开发与制造

14. 第三、四代轿车轮毂轴承(轴承内、外圈带法兰盘和传感器的轮毂轴承功能部件),高中档数控机床和加工中心轴承(加工中心具有三轴以上联动功能、定位重复精度为 3-4μm),高速线材、板材

轧机轴承(单途线材轧机轧速 120m/s 及以上、薄板轧机加工板厚度 2mm 及以上的支承和工作辊轴承),高速铁路轴承(行驶速度大于 200km/h),振动值 Z4 以下低噪音轴承(Z4、Z4P、V4、V4P 噪音级),各类轴承的 P4、P2 级轴承,风力发电机组轴承(2兆瓦以上风力发电机组主轴轴承、增速器轴承、发电机轴承等),航空轴承(航空发动机主轴轴承、起落架轴承、传动系统轴承、操纵系统轴承等)制造

15. 高密度、高精度、形状复杂的粉末冶金零件及汽车、工程机械等用链条的制造

16. 风电、高速列车用齿轮变速器,船用可变桨齿轮传动系统,大型、重载齿轮箱的制造

17. 耐高温绝缘材料(绝缘等级为 F、H 级)及绝缘成型件制造

18. 蓄能器胶囊、液压气动用橡塑密封件开发与制造

19. 高精度、高强度(12.9 级以上)、异形、组合类紧固件制造

20. 微型精密传动联结件(离合器)制造

21. 大型轧机连接轴制造

22. 机床、工程机械、铁路机车装备等机械设备再制造及汽车零部件再制造

(十八)专用设备制造业

1. 矿山无轨采、装、运设备制造:200 吨及以上机械传动矿用自卸车,移动式破碎机,5000 立方米/小时及以上斗轮挖掘机,8 立方米及以上矿用装载机,2500 千瓦以上电牵引采煤机设备等

2. 物探、测井设备制造:MEME 地震检波器,数字遥测地震仪,数字成像、数控测井系统,水平井、定向井、钻机装置及器具,MWD 随钻测井仪

3. 石油勘探、钻井、集输设备制造:工作水深大于 1500 米的浮式钻井系统和浮式生产系统及配套海底采油、集输设备

4. 口径 2 米以上深度 30 米以上大口径旋挖钻机、直径 1.2 米以上顶管机、回拖力 300 吨以上大型非开挖铺设地下管线成套设备、地下连续墙施工钻机制造

5. 520 马力及以上大型推土机设计与制造

6. 100 立方米/小时及以上规格的清淤机、1000 吨及以上挖泥船的挖泥装置设计与制造

7. 防汛堤坝用混凝土防渗墙施工装备设计与制造

8. 水下土石方施工机械制造:水深 9 米以下推土机、装载机、挖掘机等

9. 公路桥梁养护、自动检测设备制造

10. 公路隧道营运监控、通风、防灾和救助系统设备制造

11. 铁路大型施工、铁路线路、桥梁、隧道维修养护机械和检查、监测设备及其关键零部件的设计与制造

12. (沥青)油毡瓦设备、镀锌钢板等金属屋顶生产设备制造

13. 环保节能型现场喷涂聚氨酯防水保温系统设备、聚氨酯密封膏配制技术与设备、改性硅酮密封膏配制技术和生产设备制造

14. 高精度带材轧机(厚度精度 10 微米)设计与制造

15. 多元素、细颗粒、难选冶金属矿产的选矿装置制造

16. 100 万吨/年及以上乙烯成套设备中的关键设备制造:年处理能力 40 万吨以上混合造粒机,直径 1000 毫米及以上螺旋卸料离心机,小流量高扬程离心泵

17. 大型煤化工成套设备制造(限于合资、合作)

18. 金属制品模具(铜、铝、钛、锆的管、棒、型材挤压模具)设计、制造

19. 汽车车身外覆盖件冲压模具,汽车仪表板、保险杠等大型注塑模具,汽车及摩托车夹具、检具设计与制造

20. 汽车动力电池专用生产设备的设计与制造

21. 精密模具(冲压模具精度高于 0.02 毫米、型腔模具精度高于 0.05 毫米)设计与制造

22. 非金属制品模具设计与制造

23. 6 万瓶/小时及以上啤酒灌装设备、5 万瓶/小时及以上饮料中温及热灌装设备、3.6 万瓶/小时及以上无菌灌装设备制造

24. 氨基酸、酶制剂、食品添加剂等生产技术及

关键设备制造

25.10吨/小时及以上的饲料加工成套设备及关键部件制造

26.楞高0.75毫米及以下的轻型瓦楞纸板及纸箱设备制造

27.单张纸多色胶印机(幅宽≥750毫米,印刷速度:单面多色≥16000张/小时,双面多色≥13000张/小时)制造

28.单幅单纸路卷筒纸平版印刷机印刷速度大于75000对开张/小时(787×880毫米)、双幅单纸路卷筒纸平版印刷机印刷速度大于170000对开张/小时(787×880毫米)、商业卷筒纸平版印刷机印刷速度大于50000对开张/小时(787×880毫米)制造

29.多色宽幅柔性版印刷机(印刷宽度≥1300毫米,印刷速度≥350米/秒),喷墨数字印刷机(出版用:印刷速度≥150米/分,分辨率≥600dpi;包装用:印刷速度≥30米/分,分辨率≥1000dpi;可变数据用:印刷速度≥100米/分,分辨率≥300dpi)制造

30.计算机墨色预调、墨色遥控、水墨速度跟踪、印品质量自动检测和跟踪系统、无轴传动技术、速度在75000张/小时的高速自动接纸机、给纸机和可以自动遥控调节的高速折页机、自动套印系统、冷却装置、加硅系统、调偏装置等制造

31.电子枪自动镀膜机制造

32.平板玻璃深加工技术及设备制造

33.新型造纸机械(含纸浆)等成套设备制造

34.皮革后整饰新技术设备制造

35.农产品加工及储藏新设备开发与制造:粮食、油料、蔬菜、干鲜果品、肉食品、水产品等产品的加工储藏、保鲜、分级、包装、干燥等新设备,农产品品质检测仪器设备,农产品品质无损伤检测仪器设备,流变仪,粉质仪,超微粉碎设备,高效脱水设备,五效以上高效果汁浓缩设备,粉体食品物料杀菌设备,固态及半固态食品无菌包装设备,碟片式分离离心机

36.农业机械制造:农业设施设备(温室自动灌溉设备、营养液自动配置与施肥设备、高效蔬菜育苗设备、土壤养分分析仪器),配套发动机功率120千瓦以上拖拉机及配套农具,低油耗低噪音低排放柴油机,大型拖拉机配套的带有残余雾粒回收装置的喷雾机,高性能水稻插秧机,棉花采摘机及棉花采摘台,适应多种行距的自走式玉米联合收割机(液压驱动或机械驱动),油菜籽收获机,甘蔗收割机,甜菜收割机

37.林业机具新技术设备制造

38.农作物秸秆收集、打捆及综合利用设备制造

39.农用废物的资源化利用及规模化畜禽养殖废物的资源化利用设备制造

40.节肥、节(农)药、节水型农业技术设备制造

41.机电井清洗设备及清洗药物生产设备制造

42.电子内窥镜制造

43.眼底摄影机制造

44.医用成像设备(高场强超导型磁共振成像设备、X线计算机断层成像设备、数字化彩色超声诊断设备等)关键部件的制造

45.医用超声换能器(3D)制造

46.硼中子俘获治疗设备制造

47.图像引导适型调强放射治疗系统制造

48.血液透析机、血液过滤机制造

49.全自动酶免系统(含加样、酶标、洗板、孵育、数据后处理等部分功能)设备制造

50.药品质量控制新技术、新设备制造

51.天然药物有效物质分析的新技术、提取的新工艺、新设备开发与制造

52.非PVC医用输液袋多层共挤水冷式薄膜吹塑装备制造

53.新型纺织机械、关键零部件及纺织检测、实验仪器开发与制造

54.电脑提花人造毛皮机制造

55.太阳能电池生产专用设备制造

56.大气污染防治设备制造:耐高温及耐腐蚀滤料、低NOx燃烧装置、烟气脱氮催化剂及脱氮成套装置、工业有机废气净化设备、柴油车排气净化装置、含重金属废气处理装置

57.水污染防治设备制造:卧式螺旋离心脱水机、膜及膜材料、50kg/h以上的臭氧发生器、10kg/

h以上的二氧化氯发生器、紫外消毒装置、农村小型生活污水处理设备、含重金属废水处理装置

58. 固体废物处理处置设备制造：污水处理厂污泥处置及资源利用设备、日处理量500吨以上垃圾焚烧成套设备、垃圾填埋渗滤液处理技术装备、垃圾填埋场防渗土工膜、建筑垃圾处理和资源化利用装备、危险废物处理装置、垃圾填埋场沼气发电装置、废钢铁处理设备、污染土壤修复设备

59. 铝工业赤泥综合利用设备开发与制造

60. 尾矿综合利用设备制造

61. 废旧塑料、电器、橡胶、电池回收处理再生利用设备制造

62. 废旧纺织品回收处理设备制造

63. 废旧机电产品再制造设备制造

64. 废旧轮胎综合利用装置制造

65. 水生生态系统的环境保护技术、设备制造

66. 移动式组合净水设备制造

67. 非常规水处理、重复利用设备与水质监测仪器

68. 工业水管网和设备（器具）的检漏设备和仪器

69. 日产10万立方米及以上海水淡化及循环冷却技术和成套设备开发与制造

70. 特种气象观测及分析设备制造 71. 地震台站、台网和流动地震观测技术系统开发及仪器设备制造

72. 三鼓及以上子午线轮胎成型机制造

73. 滚动阻力试验机、轮胎噪音试验室制造

74. 供热计量、温控装置新技术设备制造

75. 氢能制备与储运设备及检查系统制造

76. 新型重渣油气化雾化喷嘴、漏汽率0.5%及以下高效蒸汽疏水阀、1000℃及以上高温陶瓷换热器制造

77. 海上溢油回收装置制造

78. 低浓度煤矿瓦斯和乏风利用设备制造

（十九）交通运输设备制造业

1. 汽车发动机制造及发动机研发机构建设：升功率不低于70千瓦的汽油发动机、升功率不低于50千瓦的排量3升以下柴油发动机、升功率不低于40千瓦的排量3升以上柴油发动机、燃料电池和混合燃料等新能源发动机

2. 汽车关键零部件制造及关键技术研发：双离合器变速器（DCT）、电控机械变速器（AMT）、汽油发动机涡轮增压器、粘性连轴器（四轮驱动用）、自动变速器执行器（电磁阀）、液力缓速器、电涡流缓速器、汽车安全气囊用气体发生器、燃油共轨喷射技术（最大喷射压力大于2000帕）、可变截面涡轮增压技术（VGT）、可变喷嘴涡轮增压技术（VNT）、达到中国Ⅴ阶段污染物排放标准的发动机排放控制装置、智能扭矩管理系统（ITM）及耦合器总成、线控转向系统、柴油机颗粒捕捉器、低地板大型客车专用车桥、吸能式转向系统、大中型客车变频空调系统、汽车用特种橡胶配件，以及上述零部件的关键零件、部件

3. 汽车电子装置制造与研发：发动机和底盘电子控制系统及关键零部件，车载电子技术（汽车信息系统和导航系统），汽车电子总线网络技术（限于合资），电子控制系统的输入（传感器和采样系统）输出（执行器）部件，电动助力转向系统电子控制器（限于合资），嵌入式电子集成系统（限于合资、合作）、电控式空气弹簧，电子控制式悬挂系统，电子气门系统装置，电子组合仪表，ABS/TCS/ESP系统，电路制动系统（BBW），变速器电控单元（TCU），轮胎气压监测系统（TPMS），车载故障诊断仪（OBD），发动机防盗系统，自动避撞系统，汽车、摩托车型试验及维修用检测系统

4. 新能源汽车关键零部件制造：能量型动力电池（能量密度≥110Wh/kg，循环寿命≥2000次，外资比例不超过50%），电池正极材料（比容量≥150mAh/g，循环寿命2000次不低于初始放电容量的80%），电池隔膜（厚度15－40μm，孔隙率40%－60%）；电池管理系统，电机管理系统，电动汽车电控集成；电动汽车驱动电机（峰值功率密度≥2.5kW/kg，高效区：65%工作区效率≥80%），车用DC/DC（输入电压100V－400V），大功率电子器件（IGBT，电压等级≥600V，电流≥300A）；插电式混合动力机电耦合驱动系统

5. 大排量（排量＞250ml）摩托车关键零部件制

造:摩托车电控燃油喷射技术(限于合资、合作)、达到中国摩托车Ⅲ阶段污染物排放标准的发动机排放控制装置

6. 轨道交通运输设备(限于合资、合作):高速铁路、铁路客运专线、城际铁路、干线铁路及城市轨道交通运输设备的整车和关键零部件(牵引传动系统、控制系统、制动系统)的研发、设计与制造;高速铁路、铁路客运专线、城际铁路及城市轨道交通乘客服务设施和设备的研发、设计与制造,信息化建设中有关信息系统的设计与研发;高速铁路、铁路客运专线、城际铁路的轨道和桥梁设备研发、设计与制造,轨道交通运输通信信号系统的研发、设计与制造,电气化铁路设备和器材制造、铁路噪声和振动控制技术与研发、铁路客车排污设备制造、铁路运输安全监测设备制造

7. 民用飞机设计、制造与维修:干线、支线飞机(中方控股),通用飞机(限于合资、合作)

8. 民用飞机零部件制造与维修

9. 民用直升机设计与制造:3 吨级及以上(中方控股),3 吨级以下(限于合资、合作)

10. 民用直升机零部件制造

11. 地面、水面效应飞机制造(中方控股)

12. 无人机、浮空器设计与制造(中方控股)

13. 航空发动机及零部件、航空辅助动力系统设计、制造与维修(限于合资、合作)

14. 民用航空机载设备设计与制造(限于合资、合作)

15. 航空地面设备制造:民用机场设施、民用机场运行保障设备、飞行试验地面设备、飞行模拟与训练设备、航空测试与计量设备、航空地面试验设备、机载设备综合测试设备、航空制造专用设备、航空材料试制专用设备、民用航空器地面接收及应用设备、运载火箭地面测试设备、运载火箭力学及环境实验设备

16. 航天器光机电产品、航天器温控产品、星上产品检测设备、航天器结构与机构产品制造

17. 轻型燃气轮机制造

18. 豪华邮轮及深水(3000 米以上)海洋工程装备的设计(限于合资、合作)

19. 海洋工程装备(含模块)的制造与修理(中方控股)

20. 船舶低、中速柴油机及其零部件的设计(限于合资、合作)

21. 船舶低、中速柴油机及曲轴的制造(中方控股)

22. 船舶舱室机械的设计与制造(中方相对控股)

23. 船舶通讯导航设备的设计与制造:船舶通信系统设备、船舶电子导航设备、船用雷达、电罗经自动舵、船舶内部公共广播系统等

24. 游艇的设计与制造(限于合资、合作)

(二十)电气机械及器材制造业

1. 100 万千瓦超超临界火电机组用关键辅机设备制造(限于合资、合作):安全阀、调节阀

2. 燃煤电站、钢铁行业烧结机脱硝技术装备制造

3. 火电设备的密封件设计、制造

4. 燃煤电站、水电站设备用大型铸锻件制造

5. 水电机组用关键辅机设备制造

6. 输变电设备制造(限于合资、合作):非晶态合金变压器、500 千伏及以上高压开关用操作机构、灭弧装置、大型盆式绝缘子(1000 千伏、50 千安以上),500 千伏及以上变压器用出线装置、套管(交流 500、750、1000 千伏,直流所有

规格)、调压开关(交流 500、750、1000 千伏有载、无载调压开关),直流输电用干式平波电抗器,±800 千伏直流输电用换流阀(水冷设备、直流场设备),符合欧盟 RoHS 指令的电器触头材料及无 Pb、Cd 的焊料

7. 新能源发电成套设备或关键设备制造:光伏发电、地热发电、潮汐发电、波浪发电、垃圾发电、沼气发电、2.5 兆瓦及以上风力发电设备

8. 额定功率 350MW 及以上大型抽水蓄能机组制造(限于合资、合作):水泵水轮机及调速器、大型变速可逆式水泵水轮机组、发电电动机及励磁、启动装置等附属设备

9. 斯特林发电机组制造

10. 直线和平面电机及其驱动系统开发与制造

11. 高技术绿色电池制造:动力镍氢电池、锌镍蓄电池、锌银蓄电池、锂离子电池、太阳能电池、燃料电池等(新能源汽车能量型动力电池除外)

12. 电动机采用直流调速技术的制冷空调用压缩机、采用CO2自然工质制冷空调压缩机、应用可再生能源(空气源、水源、地源)制冷空调设备制造

13. 太阳能空调、采暖系统、太阳能干燥装置制造

14. 生物质干燥热解系统、生物质气化装置制造

15. 交流调频调压牵引装置制造

(二十一)通信设备、计算机及其他电子设备制造业

1. 高清数字摄录机、数字放声设备制造

2. TFT-LCD、PDP、OLED等平板显示屏、显示屏材料制造(6代及6代以下TFT-LCD玻璃基板除外)

3. 大屏幕彩色投影显示器用光学引擎、光源、投影屏、高清晰度投影管和微显投影设备模块等关键件制造

4. 数字音、视频编解码设备,数字广播电视演播室设备,数字有线电视系统设备,数字音频广播发射设备,数字电视上下变换器,数字电视地面广播单频网(SFN)设备,卫星数字电视上行站设备,卫星公共接收电视(SMATV)前端设备制造

5. 集成电路设计,线宽0.18微米及以下大规模数字集成电路制造,0.8微米及以下模拟、数模集成电路制造,MEMS和化合物半导体集成电路制造及BGA、PGA、CSP、MCM等先进封装与测试

6. 大中型电子计算机、百万亿次高性能计算机、便携式微型计算机、每秒一万亿次及以上高档服务器、大型模拟仿真系统、大型工业控制机及控制器制造

7. 计算机数字信号处理系统及板卡制造

8. 图形图像识别和处理系统制造

9. 大容量光、磁盘驱动器及其部件开发与制造

10. 高速、容量100TB及以上存储系统及智能化存储设备制造

11. 计算机辅助设计(三维CAD)、辅助测试(CAT)、辅助制造(CAM)、辅助工程(CAE)系统及其他计算机应用系统制造

12. 软件产品开发、生产

13. 电子专用材料开发与制造(光纤预制棒开发与制造除外)

14. 电子专用设备、测试仪器、工模具制造

15. 新型电子元器件制造:片式元器件、敏感元器件及传感器、频率控制与选择元件、混合集成电路、电力电子器件、光电子器件、新型机电元件、高分子固体电容器、超级电容器、无源集成元件、高密度互连积层板、多层挠性板、刚挠印刷电路板及封装载板

16. 触控系统(触控屏幕、触控组件等)制造

17. 发光效率100lm/W以上高亮度发光二极管、发光效率1001m/W以上发光二极管外延片(蓝光)、发光效率1001m/W以上且功率200mW以上白色发光管制造

18. 高密度数字光盘机用关键件开发与生产

19. 只读类光盘复制和可录类光盘生产

20. 民用卫星设计与制造(中方控股)

21. 民用卫星有效载荷制造(中方控股)

22. 民用卫星零部件制造

23. 卫星通信系统设备制造

24. 卫星导航定位接收设备及关键部件制造

25. 光通信测量仪表、速率10Gb/s及以上光收发器制造

26. 超宽带(UWB)通信设备制造

27. 无线局域网(含支持WAPI)、广域网设备制造

28. 40Gbps及以上速率时分复用设备(TDM)、密集波分复用设备(DWDM)、宽带无源网络设备(包括EPON、GPON、WDM-PON等)、下一代DSL芯片及设备、光交叉连接设备(OXC)、自动光交换网络设备(ASON)、40G/sSDH以上光纤通信传输设备制造

29. 基于IPv6的下一代互联网系统设备、终端设备、检测设备、软件、芯片开发与制造

30. 第三代及后续移动通信系统手机、基站、核心网设备以及网络检测设备开发与制造

31.高端路由器、千兆比以上网络交换机开发与制造

32.空中交通管制系统设备制造(限于合资、合作)

(二十二)仪器仪表及文化、办公用机械制造业

1.工业过程自动控制系统与装置制造:现场总线控制系统,大型可编程控制器(PLC),两相流量计,固体流量计,新型传感器及现场测量仪表

2.大型精密仪器开发与制造:电子显微镜、激光扫描显微镜、扫描隧道显微镜、电子探针、大型金相显微镜,光电直读光谱仪、拉曼光谱仪,质谱仪、色谱-质谱联用仪、核磁共振波谱仪、能谱仪、X射线荧光光谱仪、衍射仪,工业CT、450KV工业X射线探伤机、大型动平衡试验机、在线机械量自动检测系统、三座标测量机、激光比长仪,电法勘探仪、500m以上航空电法及伽玛能谱测量仪器、井中重力及三分量磁力仪、高精度微伽重力及航空重力梯度测量仪器,光栅尺、编码器

3.高精度数字电压表、电流表制造(显示量程七位半以上)

4.无功功率自动补偿装置制造

5.安全生产新仪器设备制造

6.VXI总线式自动测试系统(符合IEEE1155国际规范)制造

7.煤矿井下监测及灾害预报系统、煤炭安全检测综合管理系统开发与制造

8.工程测量和地球物理观测设备制造:数字三角测量系统、三维地形模型数控成型系统(面积>1000×1000mm、水平误差<1mm、高程误差<0.5mm)、超宽频带地震计(φ<5cm、频带0.01-50Hz、等效地动速度噪声<10-9m/s)、地震数据集合处理系统、综合井下地震和前兆观测系统、精密可控震源系统、工程加速度测量系统、高精度GPS接收机(精度1mm+1ppm)、INSAR图像接收及处理系统、INSAR图像接收及处理系统、精度<1微伽的绝对重力仪、卫星重力仪、采用相干或双偏振技术的多普勒天气雷达、能见度测量仪、气象传感器(温、压、湿、风、降水、云、能见度、辐射、冻土、雪深)、防雷击系统、多级飘尘采样计、3-D超声风速仪、高精度智能全站仪、三维激光扫描仪、钻探用高性能金刚石钻头、无合作目标激光测距仪、风廓线仪(附带RASS)、GPS电子探控仪系统、CO_2/H_2O通量观测系统、边界层多普勒激光雷达、颗粒物颗粒经谱仪器(3nm-20μm)、高性能数据采集器、水下滑翔器

9.环境监测仪器制造:SO2自动采样器及测定仪、NOX及NO2自动采样器及测定仪、O3自动监测仪、CO自动监测仪、烟气及Pm2.5粉尘采样器及采样切割器、便携式有毒有害气体测定仪、空气中有机污染物自动分析仪、COD自动在线监测仪、BOD自动在线监测仪、浊度在线监测仪、DO在线监测仪、TOC在线监测仪、氨氮在线监测仪、辐射剂量检测仪、射线分析测试仪、重金属在线监测设备、在线生物毒性水质预警监控设备

10.水文数据采集、处理与传输和防洪预警仪器及设备制造

11.海洋勘探监测仪器和设备制造:中深海水下摄像机和水下照相机、多波束探测仪、中浅地层剖面探测仪、走航式温盐深探测仪、磁通门罗盘、液压绞车、水下密封电子连接器、效率>90%的反渗透海水淡化用能量回收装置、海洋生态系统监测浮标、剖面探测浮标、一次性使用的电导率温度和深度测量仪器(XCTD)、现场水质测量仪器、智能型海洋水质监测用化学传感器(连续工作3~6个月)、电磁海流计、声学多普勒海流剖面仪(自容式、直读式和船用式)、电导率温度深度剖面仪、声学应答释放器、远洋深海潮汐测量系统(布设海底)

12.1000万像素以上数字照相机制造

13.办公机械制造:多功能一体化办公设备(复印、打印、传真、扫描),彩色打印设备,精度2400dpi及以上高分辨率彩色打印机头,感光鼓

14.电影机械制造:2K、4K数字电影放映机,数字电影摄像机,数字影像制作、编辑设备

(二十三)工艺品及其他制造业

1.洁净煤技术产品的开发利用及设备制造(煤炭气化、液化、水煤浆、工业型煤)

2.煤炭洗选及粉煤灰(包括脱硫石膏)、煤矸石等综合利用

3. 全生物降解材料的生产

4. 废旧电器电子产品、汽车、机电设备、橡胶、金属、电池回收处理

四、电力、煤气及水的生产和供应业

1. 采用整体煤气化联合循环(IGCC)、30万千瓦及以上循环流化床、10万千瓦及以上增压循环流化床(PFBC)洁净燃烧技术电站的建设、经营

2. 背压型热电联产电站的建设、经营

3. 发电为主水电站的建设、经营

4. 核电站的建设、经营(中方控股)

5. 新能源电站(包括太阳能、风能、地热能、潮汐能、波浪能、生物质能等)建设、经营

6. 海水利用(海水直接利用、海水淡化)

7. 供水厂建设、经营

8. 再生水厂建设、运营

9. 机动车充电站、电池更换站建设、经营

五、交通运输、仓储和邮政业

1. 铁路干线路网的建设、经营(中方控股)

2. 支线铁路、地方铁路及其桥梁、隧道、轮渡和站场设施的建设、经营(限于合资、合作)

3. 高速铁路、铁路客运专线、城际铁路基础设施综合维修(中方控股)

4. 公路、独立桥梁和隧道的建设、经营

5. 公路货物运输公司

6. 港口公用码头设施的建设、经营

7. 民用机场的建设、经营(中方相对控股)

8. 航空运输公司(中方控股)

9. 农、林、渔业通用航空公司(限于合资、合作)

10. 定期、不定期国际海上运输业务(中方控股)

11. 国际集装箱多式联运业务

12. 输油(气)管道、油(气)库的建设、经营

13. 煤炭管道运输设施的建设、经营

14. 自动化高架立体仓储设施、运输业务相关的仓储设施建设、经营

六、批发和零售业

1. 一般商品的共同配送、鲜活农产品低温配送等现代物流及相关技术服务

2. 农村连锁配送

3. 托盘及集装单元共用系统建设、经营

七、租赁和商务服务业

1. 会计、审计(限于合作、合伙)

2. 国际经济、科技、环保、物流信息咨询服务

3. 以承接服务外包方式从事系统应用管理和维护、信息技术支持管理、银行后台服务、财务结算、人力资源服务、软件开发、离岸呼叫中心、数据处理等信息技术和业务流程外包服务

4. 创业投资企业

5. 知识产权服务

6. 家庭服务业

八、科学研究、技术服务和地质勘查业

1. 生物工程与生物医学工程技术、生物质能源开发技术

2. 同位素、辐射及激光技术

3. 海洋开发及海洋能开发技术、海洋化学资源综合利用技术、相关产品开发和精深加工技术、海洋医药与生化制品开发技术

4. 海洋监测技术(海洋浪潮、气象、环境监测)、海底探测与大洋资源勘查评价技术

5. 综合利用海水淡化后的浓海水制盐、提取钾、溴、镁、锂及其深加工等海水化学资源高附加值利用技术

6. 海上石油污染清理与生态修复技术及相关产品开发,海水富营养化防治技术,海洋生物爆发性生长灾害防治技术,海岸带生态环境修复技术

7. 节能技术开发与服务

8. 资源再生及综合利用技术、企业生产排放物的再利用技术开发及其应用

9. 环境污染治理及监测技术

10. 化纤生产及印染加工的节能降耗、三废治理新技术

11. 防沙漠化及沙漠治理技术

12. 草畜平衡综合管理技术

13. 民用卫星应用技术

14. 研究开发中心

15. 高新技术、新产品开发与企业孵化中心

九、水利、环境和公共设施管理业

1. 综合水利枢纽的建设、经营(中方控股)

2. 城市封闭型道路建设、经营

3. 城市地铁、轻轨等轨道交通的建设、经营(中方控股)

4. 污水、垃圾处理厂,危险废物处理处置厂(焚烧厂、填埋场)及环境污染治理设施的建设、经营

十、教育

1. 高等教育机构(限于合资、合作)

2. 职业技能培训

十一、卫生、社会保障和社会福利业

1. 老年人、残疾人和儿童服务机构

十二、文化、体育和娱乐业

1. 演出场所经营(中方控股)

2. 体育场馆经营、健身、竞赛表演及体育培训和中介服务

限制外商投资产业目录

一、农、林、牧、渔业

1. 农作物新品种选育和种子生产(中方控股)

2. 珍贵树种原木加工(限于合资、合作)

3. 棉花(籽棉)加工

二、采矿业

1. 特殊和稀缺煤类勘查、开采(中方控股)

2. 重晶石勘查、开采(限于合资、合作)

3. 贵金属(金、银、铂族)勘查、开采

4. 金刚石、高铝耐火粘土、硅灰石、石墨等重要非金属矿的勘查、开采

5. 磷矿、锂矿和硫铁矿的开采、选矿,盐湖卤水资源的提炼

6. 硼镁石及硼镁铁矿石开采

7. 天青石开采

8. 大洋锰结核、海砂的开采(中方控股)

三、制造业

(一)农副食品加工业

1. 豆油、菜籽油、花生油、棉籽油、茶籽油、葵花籽油、棕榈油等食用油脂加工(中方控股),大米、面粉加工,玉米深加工

2. 生物液体燃料(燃料乙醇、生物柴油)生产(中方控股)

(二)饮料制造业

1. 黄酒、名优白酒生产(中方控股)

(三)烟草制品业

1. 打叶复烤烟叶加工生产

(四)印刷业和记录媒介的复制

1. 出版物印刷(中方控股)

(五)石油加工、炼焦及核燃料加工业

1. 1000 万吨/年以下常减压炼油、150 万吨/年以下催化裂化、100 万吨/年以下连续重整(含芳烃抽提)、150 万吨/年以下加氢裂化生产

(六)化学原料及化学制品制造业

1. 纯碱、烧碱以及规模以下或采用落后工艺的硫酸、硝酸、钾碱生产

2. 感光材料生产

3. 联苯胺生产

4. 易制毒化学品生产(麻黄素、3,4-亚基二氧苯基-2-丙酮、苯乙酸、1-苯基-2-丙酮、胡椒醛、黄樟脑、异黄樟脑、醋酸酐)

5. 氟化氢等低端氟氯烃或氟氯化合物生产

6. 丁二烯橡胶(高顺式丁二烯橡胶除外)、乳液聚合丁苯橡胶、热塑性丁苯橡胶生产

7. 乙炔法聚氯乙烯以及规模以下乙烯和后加工产品生产

8. 采用落后工艺、含有有害物质、规模以下颜料和涂料生产

9. 硼镁铁矿石加工

10. 资源占用大、环境污染严重、采用落后工艺的无机盐生产

(七)医药制造业

1. 氯霉素、青霉素 G、洁霉素、庆大霉素、双氢链霉素、丁胺卡那霉素、盐酸四环素、土霉素、麦迪霉素、柱晶白霉素、环丙氟哌酸、氟哌酸、氟嗪酸生产

2. 安乃近、扑热息痛、维生素 B1、维生素 B2、维生素 C、维生素 E、多种维生素制剂和口服钙剂生产

3. 纳入国家免疫规划的疫苗品种生产

4. 麻醉药品及一类精神药品原料药生产(中方控股)

5. 血液制品的生产

(八)化学纤维制造业

1. 常规切片纺的化纤抽丝生产

2. 粘胶纤维生产

(九)有色金属冶炼及压延加工业

1. 钨、钼、锡(锡化合物除外)、锑(含氧化锑和硫化锑)等稀有金属冶炼

2. 电解铝、铜、铅、锌等有色金属冶炼

3. 稀土冶炼、分离(限于合资、合作)

(十)通用设备制造业

1. 各类普通级(P0)轴承及零件(钢球、保持架)、毛坯制造

2. 400吨以下轮式、履带式起重机械制造(限于合资、合作)

(十一)专用设备制造业

1. 一般涤纶长丝、短纤维设备制造

2. 320马力及以下推土机、30吨级及以下液压挖掘机、6吨级及以下轮式装载机、220马力及以下平地机、压路机、叉车、135吨级及以下电力传动非公路自卸翻斗车、60吨级及以下液力机械传动非公路自卸翻斗车、沥青混凝土搅拌与摊铺设备和高空作业机械、园林机械和机具、商品混凝土机械(托泵、搅拌车、搅拌站、泵车)制造

(十二)交通运输设备制造业

1. 船舶(含分段)的修理、设计与制造(中方控股)

(十三)通信设备、计算机及其他电子设备制造业

1. 卫星电视广播地面接收设施及关键件生产

四、电力、煤气及水的生产和供应业

1. 小电网范围内,单机容量30万千瓦及以下燃煤凝汽火电站、单机容量10万千瓦及以下燃煤凝汽抽汽两用机组热电联产电站的建设、经营

2. 电网的建设、经营(中方控股)

3. 城市人口50万以上的城市燃气、热力和供排水管网的建设、经营(中方控股)

五、交通运输、仓储和邮政业

1. 铁路货物运输公司

2. 铁路旅客运输公司(中方控股)

3. 公路旅客运输公司

4. 出入境汽车运输公司

5. 水上运输公司(中方控股)

6. 摄影、探矿、工业等通用航空公司(中方控股)

7. 电信公司:增值电信业务(外资比例不超过50%),基础电信业务(外资比例不超过49%)

六、批发和零售业

1. 直销、邮购、网上销售

2. 粮食收购,粮食、棉花、植物油、食糖、烟草、原油、农药、农膜、化肥的批发、零售、配送(设立超过30家分店、销售来自多个供应商的不同种类和品牌商品的连锁店由中方控股)

3. 大型农产品批发市场建设、经营

4. 音像制品(除电影外)的分销(限于合作)

5. 船舶代理(中方控股)、外轮理货(限于合资、合作)

6. 成品油批发及加油站(同一外国投资者设立超过30家分店、销售来自多个供应商的不同种类和品牌成品油的连锁加油站,由中方控股)建设、经营

七、金融业

1. 银行、财务公司、信托公司、货币经纪公司

2. 保险公司(寿险公司外资比例不超过50%)

3. 证券公司(限于从事A股承销、B股和H股以及政府和公司债券的承销和交易,外资比例不超过1/3)、证券投资基金管理公司(外资比例不超过49%)

4. 保险经纪公司

5. 期货公司(中方控股)

八、房地产业

1. 土地成片开发(限于合资、合作)

2. 高档宾馆、高档写字楼和国际会展中心的建设、经营

3. 房地产二级市场交易及房地产中介或经纪公司

九、租赁和商务服务业

1. 法律咨询

2. 市场调查(限于合资、合作)

3. 资信调查与评级服务公司

十、科学研究、技术服务和地质勘查业

1. 测绘公司(中方控股)

2. 进出口商品检验、鉴定、认证公司

3. 摄影服务(含空中摄影等特技摄影服务,但不包括测绘航空摄影,限于合资)

十一、教育

1. 普通高中教育机构(限于合作)

十二、文化、体育和娱乐业

1. 广播电视节目、电影的制作业务(限于合作)

2. 电影院的建设、经营(中方控股)

3. 大型主题公园的建设、经营

4. 演出经纪机构(中方控股)

5. 娱乐场所经营(限于合资、合作)

十三、国家和我国缔结或者参加的国际条约规定限制的其他产业

禁止外商投资产业目录

一、农、林、牧、渔业

1. 我国稀有和特有的珍贵优良品种的研发、养殖、种植以及相关繁殖材料的生产(包括种植业、畜牧业、水产业的优良基因)

2. 转基因生物研发和转基因农作物种子、种畜禽、水产苗种生产

3. 我国管辖海域及内陆水域水产品捕捞

二、采矿业

1. 钨、钼、锡、锑、萤石勘查、开采

2. 稀土勘查、开采、选矿

3. 放射性矿产的勘查、开采、选矿

三、制造业

(一)饮料制造业

1. 我国传统工艺的绿茶及特种茶加工(名茶、黑茶等)

(二)医药制造业

1. 列入《野生药材资源保护条例》和《中国珍稀、濒危保护植物名录》的中药材加工

2. 中药饮片的蒸、炒、炙、煅等炮制技术的应用及中成药保密处方产品的生产

(三)有色金属冶炼及压延加工业

1. 放射性矿产的冶炼、加工

(四)专用设备制造业

1. 武器弹药制造

(五)电气机械及器材制造业

1. 开口式(即酸雾直接外排式)铅酸电池、含汞扣式氧化银电池、含汞扣式碱性锌锰电池、糊式锌锰电池、镉镍电池制造

(六)工业品及其他制造业

1. 象牙雕刻

2. 虎骨加工

3. 脱胎漆器生产

4. 珐琅制品生产

5. 宣纸、墨锭生产

6. 致癌、致畸、致突变产品和持久性有机污染物产品生产

四、电力、煤气及水的生产和供应业

1. 小电网外,单机容量 30 万千瓦及以下燃煤凝汽火电站、单机容量 10 万千瓦及以下燃煤凝汽抽汽两用热电联产电站的建设、经营

五、交通运输、仓储和邮政业

1. 空中交通管制公司

2. 邮政公司、信件的国内快递业务

六、租赁和商务服务业

1. 社会调查

七、科学研究、技术服务和地质勘查业

1. 人体干细胞、基因诊断与治疗技术开发和应用

2. 大地测量、海洋测绘、测绘航空摄影、行政区域界线测绘、地形图和普通地图编制、导航电子地图编制

八、水利、环境和公共设施管理业

1. 自然保护区和国际重要湿地的建设、经营

2. 国家保护的原产于我国的野生动、植物资源开发

九、教育

1. 义务教育机构,军事、警察、政治和党校等特殊领域教育机构

十、文化、体育和娱乐业

1. 新闻机构

2. 图书、报纸、期刊的出版业务

3. 音像制品和电子出版物的出版、制作业务

4. 各级广播电台(站)、电视台(站)、广播电视频道(率)、广播电视传输覆盖网(发射台、转播台、

广播电视卫星、卫星上行站、卫星收转站、微波站、监测台、有线广播电视传输覆盖网)

5.广播电视节目制作经营公司

6.电影制作公司、发行公司、院线公司

7.新闻网站、网络视听节目服务、互联网上网服务营业场所、互联网文化经营(音乐除外)

8.高尔夫球场、别墅的建设、经营

9.博彩业(含赌博类跑马场)

10.色情业

十一、其他行业

1.危害军事设施安全和使用效能的项目

十二、国家和我国缔结或者参加的国际条约规定禁止的其他产业

注:1.《内地与香港关于建立更紧密经贸关系的安排》及其补充协议、《内地与澳门关于建立更紧密经贸关系的安排》及其补充协议、《海峡两岸经济合作框架协议》及其补充协议、我国与有关国家签订的自由贸易区协议另有规定的,从其规定。

2.国务院专项规定或产业政策另有规定的,从其规定。

国务院办公厅关于建立外国投资者并购境内企业安全审查制度的通知

(2011年2月3日　国务院办公厅　国办发[2011]6号)

各省、自治区、直辖市人民政府,国务院各部委、各直属机构:

近年来,随着经济全球化的深入发展和我国对外开放的进一步扩大,外国投资者以并购方式进行的投资逐步增多,促进了我国利用外资方式多样化,在优化资源配置、推动技术进步、提高企业管理水平等方面发挥了积极作用。为引导外国投资者并购境内企业有序发展,维护国家安全,经国务院同意,现就建立外国投资者并购境内企业安全审查(以下简称并购安全审查)制度有关事项通知如下:

一、并购安全审查范围

(一)并购安全审查的范围为:外国投资者并购境内军工及军工配套企业,重点、敏感军事设施周边企业,以及关系国防安全的其他单位;外国投资者并购境内关系国家安全的重要农产品、重要能源和资源、重要基础设施、重要运输服务、关键技术、重大装备制造等企业,且实际控制权可能被外国投资者取得。

(二)外国投资者并购境内企业,是指下列情形:

1.外国投资者购买境内非外商投资企业的股权或认购境内非外商投资企业增资,使该境内企业变更设立为外商投资企业。

2.外国投资者购买境内外商投资企业中方股东的股权,或认购境内外商投资企业增资。

3.外国投资者设立外商投资企业,并通过该外商投资企业协议购买境内企业资产并且运营该资产,或通过该外商投资企业购买境内企业股权。

4.外国投资者直接购买境内企业资产,并以该资产投资设立外商投资企业运营该资产。

(三)外国投资者取得实际控制权,是指外国投资者通过并购成为境内企业的控股股东或实际控制人。包括下列情形:

1.外国投资者及其控股母公司、控股子公司在并购后持有的股份总额在50%以上。

2.数个外国投资者在并购后持有的股份总额合计在50%以上。

3.外国投资者在并购后所持有的股份总额不足50%,但依其持有的股份所享有的表决权已足以对股东会或股东大会、董事会的决议产生重大影响。

4.其他导致境内企业的经营决策、财务、人事、技术等实际控制权转移给外国投资者的情形。

二、并购安全审查内容

(一)并购交易对国防安全,包括对国防需要的国内产品生产能力、国内服务提供能力和有关设备设施的影响。

(二)并购交易对国家经济稳定运行的影响。

(三)并购交易对社会基本生活秩序的影响。

(四)并购交易对涉及国家安全关键技术研发能力的影响。

三、并购安全审查工作机制

(一)建立外国投资者并购境内企业安全审查部际联席会议(以下简称联席会议)制度,具体承担并购安全审查工作。

(二)联席会议在国务院领导下,由发展改革委、商务部牵头,根据外资并购所涉及的行业和领域,会同相关部门开展并购安全审查。

(三)联席会议的主要职责是:分析外国投资者并购境内企业对国家安全的影响;研究、协调外国投资者并购境内企业安全审查工作中的重大问题;对需要进行安全审查的外国投资者并购境内企业交易进行安全审查并作出决定。

四、并购安全审查程序

(一)外国投资者并购境内企业,应按照本通知规定,由投资者向商务部提出申请。对属于安全审查范围内的并购交易,商务部应在5个工作日内提请联席会议进行审查。

(二)外国投资者并购境内企业,国务院有关部门、全国性行业协会、同业企业及上下游企业认为需要进行并购安全审查的,可以通过商务部提出进行并购安全审查的建议。联席会议认为确有必要进行并购安全审查的,可以决定进行审查。

(三)联席会议对商务部提请安全审查的并购交易,首先进行一般性审查,对未能通过一般性审查的,进行特别审查。并购交易当事人应配合联席会议的安全审查工作,提供安全审查需要的材料、信息,接受有关询问。

一般性审查采取书面征求意见的方式进行。联席会议收到商务部提请安全审查的并购交易申请后,在5个工作日内,书面征求有关部门的意见。有关部门在收到书面征求意见函后,应在20个工作日内提出书面意见。如有关部门均认为并购交易不影响国家安全,则不再进行特别审查,由联席会议在收到全部书面意见后5个工作日内提出审查意见,并书面通知商务部。

如有部门认为并购交易可能对国家安全造成影响,联席会议应在收到书面意见后5个工作日内启动特别审查程序。启动特别审查程序后,联席会议组织对并购交易的安全评估,并结合评估意见对并购交易进行审查,意见基本一致的,由联席会议提出审查意见;存在重大分歧的,由联席会议报请国务院决定。联席会议自启动特别审查程序之日起60个工作日内完成特别审查,或报请国务院决定。审查意见由联席会议书面通知商务部。

(四)在并购安全审查过程中,申请人可向商务部申请修改交易方案或撤销并购交易。

(五)并购安全审查意见由商务部书面通知申请人。

(六)外国投资者并购境内企业行为对国家安全已经造成或可能造成重大影响的,联席会议应要求商务部会同有关部门终止当事人的交易,或采取转让相关股权、资产或其他有效措施,消除该并购行为对国家安全的影响。

五、其他规定

(一)有关部门和单位要树立全局观念,增强责任意识,保守国家秘密和商业秘密,提高工作效率,在扩大对外开放和提高利用外资水平的同时,推动外资并购健康发展,切实维护国家安全。

(二)外国投资者并购境内企业涉及新增固定资产投资的,按国家固定资产投资管理规定办理项目核准。

(三)外国投资者并购境内企业涉及国有产权变更的,按国家国有资产管理的有关规定办理。

(四)外国投资者并购境内金融机构的安全审查另行规定。

(五)香港特别行政区、澳门特别行政区、台湾地区的投资者进行并购,参照本通知的规定执行。

(六)并购安全审查制度自本通知发布之日起30日后实施。

国务院办公厅

二〇一一年二月三日

商务部实施外国投资者并购境内企业安全审查制度的规定

（2011 年 8 月 25 日　商务部　商务部公告 2011 年第 53 号）

根据《国务院办公厅关于建立外国投资者并购境内企业安全审查制度的通知》（国办发［2011］6 号）以及外商投资相关法律法规，在广泛征求公众意见的基础上，我部对《商务部实施外国投资者并购境内企业安全审查制度有关事项的暂行规定》（商务部公告 2011 年第 8 号）进行了完善，形成了《商务部实施外国投资者并购境内企业安全审查制度的规定》。现予以公布，自 2011 年 9 月 1 日起实施。

中华人民共和国商务部

二〇一一年八月二十五日

商务部实施外国投资者并购境内企业安全审查制度的规定

第一条　外国投资者并购境内企业，属于《国务院办公厅关于建立外国投资者并购境内企业安全审查制度的通知》明确的并购安全审查范围的，外国投资者应向商务部提出并购安全审查申请。

两个或者两个以上外国投资者共同并购的，可以共同或确定一个外国投资者（以下简称申请人）向商务部提出并购安全审查申请。

第二条　地方商务主管部门在按照《关于外国投资者并购境内企业的规定》、《外商投资企业投资者股权变更的若干规定》、《关于外商投资企业境内投资的暂行规定》等有关规定受理并购交易申请时，对于属于并购安全审查范围，但申请人未向商务部提出并购安全审查申请的，应暂停办理，并在 5 个工作日内书面要求申请人向商务部提交并购安全审查申请，同时将有关情况报商务部。

第三条　外国投资者并购境内企业，国务院有关部门、全国性行业协会、同业企业及上下游企业认为需要进行并购安全审查的，可向商务部提出进行并购安全审查的建议，并提交有关情况的说明（包括并购交易基本情况、对国家安全的具体影响等），商务部可要求利益相关方提交有关说明。属于并购安全审查范围的，商务部应在 5 个工作日内将建议提交联席会议。联席会议认为确有必要进行并购安全审查的，商务部根据联席会议决定，要求外国投资者按本规定提交并购安全审查申请。

第四条　在向商务部提出并购安全审查正式申请前，申请人可就其并购境内企业的程序性问题向商务部提出商谈申请，提前沟通有关情况。该预约商谈不是提交正式申请的必经程序，商谈情况不具有约束力和法律效力，不作为提交正式申请的依据。

第五条　在向商务部提出并购安全审查正式申请时，申请人应提交下列文件：

（一）经申请人的法定代表人或其授权代表签署的并购安全审查申请书和交易情况说明；

（二）经公证和依法认证的外国投资者身份证明或注册登记证明及资信证明文件；法定代表人身份证明或外国投资者的授权代表委托书、授权代表身份证明；

（三）外国投资者及关联企业（包括其实际控制人、一致行动人）的情况说明，与相关国家政府的关系说明；

（四）被并购境内企业的情况说明、章程、营业执照（复印件）、上一年度经审计的财务报表、并购前后组织架构图、所投资企业的情况说明和营业执照（复印件）；

（五）并购后拟设立的外商投资企业的合同、章程或合伙协议以及拟由股东各方委任的董事会成员、聘用的总经理或合伙人等高级管理人员名单；

（六）为股权并购交易的，应提交股权转让协议或者外国投资者认购境内企业增资的协议、被并购境内企业股东决议、股东大会决议，以及相应资产评估报告；

（七）为资产并购交易的，应提交境内企业的权力机构或产权持有人同意出售资产的决议、资产购买协议（包括拟购买资产的清单、状况）、协议各方情况，以及相应资产评估报告；

(八)关于外国投资者在并购后所享有的表决权对股东会或股东大会、董事会决议、合伙事务执行的影响说明,其他导致境内企业的经营决策、财务、人事、技术等实际控制权转移给外国投资者或其境内外关联企业的情况说明,以及与上述情况相关的协议或文件;

(九)商务部要求的其他文件。

第六条 申请人所提交的并购安全审查申请文件完备且符合法定要求的,商务部应书面通知申请人受理申请。

属于并购安全审查范围的,商务部在15个工作日内书面告知申请人,并在其后5个工作日内提请外国投资者并购境内企业安全审查部际联席会议(以下简称联席会议)进行审查。

自书面通知申请人受理申请之日起的15个工作日内,申请人不得实施并购交易,地方商务主管部门不得审批并购交易。15个工作日后,商务部未书面告知申请人的,申请人可按照国家有关法律法规办理相关手续。

第七条 商务部收到联席会议书面审查意见后,在5个工作日内将审查意见书面通知申请人(或当事人),以及负责并购交易管理的地方商务主管部门。

(一)对不影响国家安全的,申请人可按照《关于外国投资者并购境内企业的规定》、《外商投资企业投资者股权变更的若干规定》、《关于外商投资企业境内投资的暂行规定》等有关规定,到具有相应管理权限的相关主管部门办理并购交易手续。

(二)对可能影响国家安全且并购交易尚未实施的,当事人应当终止交易。申请人未经调整并购交易、修改申报文件并经重新审查,不得申请并实施并购交易。

(三)外国投资者并购境内企业行为对国家安全已经造成或可能造成重大影响的,根据联席会议审查意见,商务部会同有关部门终止当事人的交易,或采取转让相关股权、资产或其他有效措施,以消除该并购行为对国家安全的影响。

第八条 在商务部向联席会议提交审查后,申请人修改申报文件、撤销并购交易或应联席会议要求补交、修改材料的,应向商务部提交相关文件。商务部在收到申请报告及有关文件后,于5个工作日内提交联席会议。

第九条 对于外国投资者并购境内企业,应从交易的实质内容和实际影响来判断并购交易是否属于并购安全审查的范围;外国投资者不得以任何方式实质规避并购安全审查,包括但不限于代持、信托、多层次再投资、租赁、贷款、协议控制、境外交易等方式。

第十条 外国投资者并购境内企业未被提交联席会议审查,或联席会议经审查认为不影响国家安全的,若此后发生调整并购交易、修改有关协议文件、改变经营活动以及其他变化(包括境外实际控制人的变化等),导致该并购交易属于《国务院办公厅关于建立外国投资者并购境内企业安全审查制度的通知》明确的并购安全审查范围的,当事人应当停止有关交易和活动,由外国投资者按照本规定向商务部提交并购安全审查申请。

第十一条 参与并购安全审查的商务主管部门、相关单位和人员应对并购安全审查中的国家秘密、商业秘密及其他需要保密的信息承担保密义务。

第十二条 本规定自2011年9月1日起实施。

商务部关于外商投资管理工作有关问题的通知

(2011年2月25日 商务部 商资函[2011]72号)

各省、自治区、直辖市、计划单列市及新疆建设兵团商务主管部门:

2010年,国务院发布了《关于第五批取消和调整行政审批项目的决定》(国发[2010]21号)和《关于进一步做好利用外资工作的若干意见》(国发[2010]9号),将部分外商投资审核管理权限下放到省级商务主管部门并取消了部分外商投资审批事项。为进一步做好有关工作，现通知如下：

一、关于取消行政审批事项的管理

（一）对于无专项规定要求的境内分公司设立和进口作为出资的设备清单，商务主管部门不再审批，外商投资企业可直接向有关部门办理手续。

（二）对于外商投资企业法定地址变更（跨审批机关管辖的除外）、名称变更和投资者名称变更，企业在办理工商注册变更登记手续后30日内，凭申请书、企业权力机构决议、合同/章程的修改协议、变更事项的证明文件、原外商投资企业批准证书及变更后的营业执照复印件等向商务主管部门备案。商务主管部门收到上述全部材料后，即为企业换发外商投资企业批准证书。

二、关于外商投资股份公司（上市公司）的管理

境内上市的外商投资股份公司批准证书应记载外国投资者及其股份，如外国投资者减持股份变动累计超过总股本的5%，需向商务主管部门申请办理批准证书变更。

三、关于外资并购的管理

交易额限额以下的外资并购事项由省级商务主管部门负责审核，但《关于外国投资者并购境内企业的规定》（商务部令2009年第6号令）规定需由商务部审批的事项，不受上述限额限制，均由商务部负责审核管理。

四、关于国家鼓励发展的外资项目确认书的办理

根据外商投资企业审批权限的调整原则，投资总额3亿美元以下鼓励类外商投资企业项目确认书由省级商务主管部门按有关法律法规办理。

各地要严格按照《商务部关于办理外商投资企业＜国家鼓励发展的内外资项目确认书＞有关问题的通知》（商资发［2006］第201号）及相关法律法规出具确认书。商务部将加强督导和检查，对于未按规定及时备案或违规出具确认书的部门，责令其纠正或撤销；情节严重的，暂停其确认书出具资格。

五、关于境外投资者以人民币投资问题

为审慎监管，经商人民银行和国家外汇局，如有境外投资者申请以跨境贸易结算所得人民币及境外合法所得人民币来华投资（包括新设立企业、对现有企业增资、并购境内企业及提供贷款等），省级商务主管部门应先函报商务部（外资司），待商务部（外资司）复函同意后，方可办理相关手续，并需在批件中明确出资货币形式和金额。

六、关于外商投资合伙企业境内投资

以投资为主要业务的外商投资合伙企业视同境外投资者，其境内投资应当遵守外商投资的法律、行政法规、规章。各级商务主管部门要按有关规定做好上述企业的审核管理，加强工商、外汇等部门的沟通与合作。

七、关于加强服务业领域外商投资的审核管理

各级商务主管部门要严格按照法律、法规及其他有关规定审核管理外商投资服务业审批事项。对于融资租赁、国际快递、广告、拍卖以及省、市、自治区范围内增值电信等涉及专项规定管理的行业，小额贷款、市场调查、信用评级、保安服务等敏感行业，以及创业投资、股权投资及管理等涉及大额资金流入的行业，省级商务主管部门要切实履行职能，严格审批，与同级行业主管部门密切配合，加强沟通，遇有问题及时向商务部（外资司）报告。

中华人民共和国商务部

二〇一一年二月二十五日

关于评估经营者集中竞争影响的暂行规定

（2011年8月29日　商务部　商务部公告2011年第55号）

为规范经营者集中反垄断审查的竞争影响评估，指导经营者做好经营者集中申报工作，根据《中华人民共和国反垄断法》、《经营者集中申报办法》和《经营者集中审查办法》，商务部制定了《关于评估经营者集中竞争影响的暂行规定》。现予公布，自2011年9月5日起施行。

中华人民共和国商务部

二〇一一年八月二十九日

关于评估经营者集中竞争影响的暂行规定

第一条 为规范经营者集中反垄断审查工作，评估经营者集中的竞争影响，指导经营者做好经营者集中申报工作，根据《中华人民共和国反垄断法》，制定本规定。

第二条 商务部依法对经营者集中行为进行反垄断审查。

第三条 审查经营者集中，根据个案具体情况和特点，综合考虑下列因素：

(一)参与集中的经营者在相关市场的市场份额及其对市场的控制力；

(二)相关市场的市场集中度；

(三)经营者集中对市场进入、技术进步的影响；

(四)经营者集中对消费者和其他相关经营者的影响；

(五)经营者集中对国民经济发展的影响；

(六)应当考虑的影响市场竞争的其他因素。

第四条 评估经营者集中对竞争产生不利影响的可能性时，首先考察集中是否产生或加强了某一经营者单独排除、限制竞争的能力、动机及其可能性。

当集中所涉及的相关市场中有少数几家经营者时，还应考察集中是否产生或加强了相关经营者共同排除、限制竞争的能力、动机及其可能性。

当参与集中的经营者不属于同一相关市场的实际或潜在竞争者时，重点考察集中在上下游市场或关联市场是否具有或可能具有排除、限制竞争效果。

第五条 市场份额是分析相关市场结构、经营者及其竞争者在相关市场中地位的重要因素。市场份额直接反映了相关市场结构、经营者及其竞争者在相关市场中的地位。

判断参与集中的经营者是否取得或增加市场控制力时，综合考虑下列因素：

(一)参与集中的经营者在相关市场的市场份额，以及相关市场的竞争状况；

(二)参与集中的经营者产品或服务的替代程度；

(三)集中所涉相关市场内未参与集中的经营者的生产能力，以及其产品或服务与参与集中经营者产品或服务的替代程度；

(四)参与集中的经营者控制销售市场或者原材料采购市场的能力；

(五)参与集中的经营者商品购买方转换供应商的能力；

(六)参与集中的经营者的财力和技术条件；

(七)参与集中的经营者的下游客户的购买能力；

(八)应当考虑的其他因素。

第六条 市场集中度是对相关市场的结构所作的一种描述，体现相关市场内经营者的集中程度，通常可用赫芬达尔—赫希曼指数(HHI指数，以下简称赫氏指数)和行业前N家企业联合市场份额(CRn指数，以下简称行业集中度指数)来衡量。赫氏指数等于集中所涉相关市场中每个经营者市场份额的平方之和。行业集中度指数等于集中所涉相关市场中前N家经营者市场份额之和。

市场集中度是评估经营者集中竞争影响时应考虑的重要因素之一。通常情况下，相关市场的市场集中度越高，集中后市场集中度的增量越大，集中产生排除、限制竞争效果的可能性越大。

第七条 经营者集中可能提高相关市场的进入壁垒，集中后经营者可行使其通过集中而取得或增强的市场控制力，通过控制生产要素、销售渠道、技术优势、关键设施等方式，使其他经营者进入相关市场更加困难。

评估经营者集中竞争影响时，可考察潜在竞争者进入的抵消效果。

如果集中所涉及的相关市场进入非常容易，未参与集中的经营者能够对集中交易方的排除、限制竞争行为作出反应，并发挥遏制作用。

判断市场进入的难易程度，需全面考虑进入的可能性、及时性和充分性。

第八条 经营者通过集中，可更好地整合技术研发的资源和力量，对技术进步产生积极影响，抵消集中对竞争产生的不利影响，并且技术进步所产生的积极影响有助于增进消费者利益。

集中也可能通过以下方式对技术进步产生消极影响：减弱参与集中的经营者的竞争压力，降低其科技创新的动力和投入；参与集中的经营者也可通过集中提高其市场控制力，阻碍其他经营者对相关技术的投入、研发和利用。

第九条　经营者集中可提高经济效率、实现规模经济效应和范围经济效应、降低产品成本和提高产品多样化，从而对消费者利益产生积极影响。

集中也可能提高参与集中经营者的市场控制力，增强其采取排除、限制竞争行为的能力，使其更有可能通过提高价格、降低质量、限制产销量、减少科技研发投资等方式损害消费者利益。

第十条　经营者集中可能提高相关市场经营者的竞争压力，有利于促使其他经营者提高产品质量，降低产品价格，增进消费者利益。

凭借通过集中而取得或增强的市场控制力，参与集中经营者可能通过实施某些经营策略或手段，限制未参与集中经营者扩大经营规模或削弱其竞争能力，从而减少相关市场的竞争，也可能对其上下游市场或关联市场竞争产生排除、限制竞争效果。

第十一条　经营者集中有助于扩大经营规模，增强市场竞争力，从而提高经济效率，促进国民经济发展。

在特定情况下，经营者集中也可能破坏相关市场的有效竞争和相关行业的健康发展，对国民经济造成不利影响。

第十二条　评估经营者集中时，除考虑上述因素，还需综合考虑集中对公共利益的影响、集中对经济效率的影响、参与集中的经营者是否为濒临破产的企业、是否存在抵消性买方力量等因素。

第十三条　经营者集中具有或者可能具有排除、限制竞争效果的，商务部应当作出禁止经营者集中的决定。但是，经营者能够证明该集中对竞争产生的有利影响明显大于不利影响，或者符合社会公共利益的，商务部可以作出对经营者集中不予禁止的决定。

对于不予禁止的经营者集中，商务部可以决定附加减少集中对竞争产生不利影响的限制性条件。

第十四条　本暂行规定自 2011 年 9 月 5 日起施行。

国家税务总局关于纳税人资产重组有关增值税问题的公告

（2011 年 2 月 18 日　国家税务总局　国家税务总局公告 2011 年第 13 号）

根据《中华人民共和国增值税暂行条例》及其实施细则的有关规定，现将纳税人资产重组有关增值税问题公告如下：

纳税人在资产重组过程中，通过合并、分立、出售、置换等方式，将全部或者部分实物资产以及与其相关联的债权、负债和劳动力一并转让给其他单位和个人，不属于增值税的征税范围，其中涉及的货物转让，不征收增值税。

本公告自 2011 年 3 月 1 日起执行。此前未作处理的，按照本公告的规定执行。《国家税务总局关于转让企业全部产权不征收增值税问题的批复》（国税函[2002]420 号）、《国家税务总局关于纳税人资产重组有关增值税政策问题的批复》（国税函[2009]585 号）、《国家税务总局关于中国直播卫星有限公司转让全部产权有关增值税问题的通知》（国税函[2010]350 号）同时废止。

特此公告。

国家税务总局

二〇一一年二月十八日

分送：各省、自治区、直辖市和计划单列市国家税务局、地方税务局。

国家税务总局关于纳税人资产重组有关营业税问题的公告

（2011 年 9 月 26 日　国家税务总局　国家税务总局公告 2011 年第 51 号）

根据《中华人民共和国营业税暂行条例》及其实施细则的有关规定，现将纳税人资产重组有关营业税问题公告如下：

纳税人在资产重组过程中，通过合并、分立、出售、置换等方式，将全部或者部分实物资产以及与其相关联的债权、债务和劳动力一并转让给其他单位和个人的行为，不属于营业税征收范围，其中涉及的不动产、土地使用权转让，不征收营业税。

本公告自 2011 年 10 月 1 日起执行。此前未作处理的，按照本公告的规定执行。《国家税务总局关于转让企业产权不征营业税问题的批复》（国税函[2002]165 号）、《国家税务总局关于深圳高速公路股份有限公司产权转让不征营业税问题的批复》（国税函[2003]1320 号）、《国家税务总局关于鞍山钢铁集团转让部分资产产权不征营业税问题的批复》（国税函[2004]316 号）、《国家税务总局关于中国石化集团销售实业有限公司转让成品油管道项目部产权营业税问题的通知》（国税函[2008]916 号）同时废止。

特此公告。

国家税务总局

二〇一一年九月二十六日

中央企业境外国有产权管理暂行办法

（2011 年 6 月 14 日　国务院国有资产监督管理委员会　国资委令第 27 号）

《中央企业境外国有产权管理暂行办法》已经国务院国有资产监督管理委员会第 102 次主任办公会议审议通过，现予公布，自 2011 年 7 月 1 日起施行。

国务院国有资产监督管理委员会主任　王勇

二〇一一年六月十四日

中央企业境外国有产权管理暂行办法

第一条　为加强和规范中央企业境外国有产权管理，根据《中华人民共和国企业国有资产法》、《企业国有资产监督管理暂行条例》（国务院令第 378 号）和国家有关法律、行政法规的规定，制定本办法。

第二条　国务院国有资产监督管理委员会（以下简称国资委）履行出资人职责的企业（以下简称中央企业）及其各级独资、控股子企业（以下简称各级子企业）持有的境外国有产权管理适用本办法。国家法律、行政法规另有规定的，从其规定。

本办法所称境外国有产权是指中央企业及其各级子企业以各种形式对境外企业出资所形成的权益。

前款所称境外企业，是指中央企业及其各级子企业在我国境外以及香港特别行政区、澳门特别行政区和台湾地区依据当地法律出资设立的企业。

第三条　中央企业是其境外国有产权管理的责任主体，应当依照我国法律、行政法规建立健全境外国有产权管理制度，同时遵守境外注册地和上市地的相关法律规定，规范境外国有产权管理行为。

第四条　中央企业应当完善境外企业治理结构，强化境外企业章程管理，优化境外国有产权配置，保障境外国有产权安全。

第五条　中央企业及其各级子企业独资或者控股的境外企业所持有的境内国有产权的管理，比照国资委境内国有产权管理的相关规定执行。

第六条　境外国有产权应当由中央企业或者其各级子企业持有。境外企业注册地相关法律规定须以个人名义持有的，应当统一由中央企业依据有关规定决定或者批准，依法办理委托出资等保全国有产权的法律手续，并以书面形式报告国资委。

第七条 中央企业应当加强对离岸公司等特殊目的公司的管理。因重组、上市、转让或者经营管理需要设立特殊目的公司的，应当由中央企业决定或者批准并以书面形式报告国资委。已无存续必要的特殊目的公司，应当及时依法予以注销。

第八条 中央企业及其各级子企业发生以下事项时，应当由中央企业统一向国资委申办产权登记：

(一)以投资、分立、合并等方式新设境外企业，或者以收购、投资入股等方式首次取得境外企业产权的。

(二)境外企业名称、注册地、注册资本、主营业务范围等企业基本信息发生改变，或者因企业出资人、出资额、出资比例等变化导致境外企业产权状况发生改变的。

(三)境外企业解散、破产，或者因产权转让、减资等原因不再保留国有产权的。

(四)其他需要办理产权登记的情形。

第九条 中央企业及其各级子企业以其拥有的境内国有产权向境外企业注资或者转让，或者以其拥有的境外国有产权向境内企业注资或者转让，应当依照《企业国有资产评估管理暂行办法》(国资委令第 12 号)等相关规定，聘请具有相应资质的境内评估机构对标的物进行评估，并办理评估备案或者核准。

第十条 中央企业及其各级子企业独资或者控股的境外企业在境外发生转让或者受让产权、以非货币资产出资、非上市公司国有股东股权比例变动、合并分立、解散清算等经济行为时，应当聘请具有相应资质、专业经验和良好信誉的专业机构对标的物进行评估或者估值，评估项目或者估值情况应当由中央企业备案；涉及中央企业重要子企业由国有独资转为绝对控股、绝对控股转为相对控股或者失去控股地位等经济行为的，评估项目或者估值情况应当报国资委备案或者核准。

中央企业及其各级子企业独资或者控股的境外企业在进行与评估或者估值相应的经济行为时，其交易对价应当以经备案的评估或者估值结果为基准。

第十一条 境外国有产权转让等涉及国有产权变动的事项，由中央企业决定或者批准，并按国家有关法律和法规办理相关手续。其中，中央企业重要子企业由国有独资转为绝对控股、绝对控股转为相对控股或者失去控股地位的，应当报国资委审核同意。

第十二条 中央企业及其各级子企业转让境外国有产权，要多方比选意向受让方。具备条件的，应当公开征集意向受让方并竞价转让，或者进入中央企业国有产权转让交易试点机构挂牌交易。

第十三条 中央企业在本企业内部实施资产重组，转让方为中央企业及其直接或者间接全资拥有的境外企业，受让方为中央企业及其直接或者间接全资拥有的境内外企业的，转让价格可以以评估或者审计确认的净资产值为底价确定。

第十四条 境外国有产权转让价款应当按照产权转让合同约定支付，原则上应当一次付清。确需采取分期付款的，受让方须提供合法的担保。

第十五条 中央企业及其各级子企业独资或者控股的境外企业在境外首次公开发行股票，或者中央企业及其各级子企业所持有的境外注册并上市公司的股份发生变动的，由中央企业按照证券监管法律、法规决定或者批准，并将有关情况以书面形式报告国资委。境外注册并上市公司属于中央企业重要子企业的，上述事项应当由中央企业按照《国有股东转让所持上市公司股份管理暂行办法》(国资委令第 19 号)等相关规定报国资委审核同意或者备案。

第十六条 中央企业应当按照本办法落实境外国有产权管理工作责任，完善档案管理，并及时将本企业境外国有产权管理制度、负责机构等相关情况以书面形式报告国资委。

第十七条 中央企业应当每年对各级子企业执行本办法的情况进行监督检查，并及时将检查情况以书面形式报告国资委。

国资委对中央企业境外国有产权管理情况进行不定期抽查。

第十八条 中央企业及其各级子企业有关责任人员违反国家法律、法规和本办法规定,未履行对境外国有产权的监管责任,导致国有资产损失的,由有关部门按照干部管理权限和有关法律法规给予处分;涉嫌犯罪的,依法移交司法机关处理。

第十九条 地方国有资产监督管理机构可以参照本办法制定所出资企业境外国有产权管理制度。

第二十条 本办法自 2011 年 7 月 1 日起施行。

第五部分

中国企业并购年度优秀论文

公司横向并购动机:效率理论还是市场势力理论*

——来自汇源果汁与可口可乐的案例研究

李青原　田晨阳　唐建新　陈　晓

(武汉大学经济与管理学院　430072　清华大学经济管理学院　100080)

【摘要】 本文以反垄断法实施以来首个未获通过的并购案—可口可乐并购汇源果汁为例,通过对资本市场中并购参与双方、水平竞争对手和上游公司的财富效应的分析探讨横向并购的动因理论。本文研究发现资本市场的经验证据支持了"效率理论"而非"市场势力理论"。市场预期可口可乐和汇源果汁的并购会产生协同效应,而非共谋行为。可口可乐收购汇源果汁会引发下游市场更加激烈的竞争,同时汇源果汁希望通过出售股权实现业务重心上移,也会加剧上游市场的竞争。效率理论实现路径的进一步分析显示出可口可乐与汇源果汁存在着管理、经营和财务等多种形式的协同效应,预期的协同效应是可口可乐高价收购汇源果汁的主要动因。

【关键词】 横向并购动机　效率　市场势力　协同效应

一、引言

横向并购是指处于相同市场层次上的或者具有竞争关系的公司间的兼并和收购活动。关于横向并购的效率理论认为横向并购有利于改进管理层的经营业绩,产生某种形式的协同效应,增进社会效益。在效率理论的假设下,公司并购行为是市场竞争机制作用下公司的自主行为,实现了对资源的优化配置,不应该受到政府的过多干预。而市场势力的观点认为横向并购减少了行业内相互竞争的公司的数量,增加行业内的公司成功共谋的可能性,成功的共谋意味着更高的产品销售价格或者更低的原料采购价格,使得行业利润中含有垄断租金的成分(帕特里克·高根,2004)。市场势力理论为政府的管制行为提供了理论支撑,公司通过并购获得的市场支配力对于市场竞争具有潜在的负面抑制作用,政府的管制可以更好地维护市场的竞争机制(唐要家,2008)。

可口可乐收购汇源果汁是迄今为止国内最大的一宗外资并购案[①],同时也是 2008 年 8 月《反垄断法》实施之后商务部首次否决的并购案[②],它再次将舆论的焦点聚焦到了保护民族品牌的风口浪尖。[③]能否抵御泛滥的民族主义情绪的影响并做出公正客观的判决成为反垄断审查机构面临的一次考验。反垄断审查机构只有通过科学合理的经济学分析来做出理性判断,才能够最大程度地实现反垄断法预防和制止垄断行为,保护市场公平竞争的立法目的。如果反垄断审查机构的决策被民意所"绑架",那么对于市场行为的过度管制很可能扭曲市场的资源配置机制,降低经济运行效率,最终受损的是消费者和社会公共福利。

本文利用事件研究法分析并购参与双方、水平竞争对手和上下游企业财富效应,检验效率理论和市场势力理论对于横向并购动因的解释效力,然后

* 本研究得到国家自然科学基金项目(项目号 70672066 和 70702017)以及教育部哲学社会科学研究重大课题攻关项目(10JZD0019)和武汉大学人文社会科学"70 后"学者学术团队建设计划的资助。

①《路透社:中国有史以来的最大外资并购案》,参见搜狐财经,http://business.sohu.com/20080904/n259382812.shtml。

②参见《商务部:自反垄断法实施已收 40 起经营者集中申报》,新浪财经,http://finance.sina.com.cn/chanjing/b/20090318/14495993372.shtml。

③新浪网一项有 552,312 人参与的网络调查显示有 78.9%反对可口可乐收购汇源果汁,认为这项收购涉嫌外资消灭民族支柱公司。参见新浪调查,http://survey.news.sina.com.cn/voteresult.php?pid=26772。

结合并购参与双方的财务数据对效率理论实现路径进行了进一步分析。这是一篇国内较早地通过同行业竞争对手、行业上下游公司的财富效应挖掘我国公司横向并购动机的经验研究，具有比较重要的理论意义与实践价值，特别是在反垄断法实施以来首个未获通过的并购案的背景下，该案例的研究对我国政府反垄断法的实施和公司管理层的并购决策都具有较重要的参考价值。

二、文献综述

许多学者对于公司并购中的市场势力和效率的问题做出了卓有成效的研究。他们通过事件研究法，分析了并购参与双方、水平竞争对手及其上下游公司对于并购事件的股价反应，来判断横向并购是否会导致市场势力的出现。其中具有代表性的是 Ellert(1976)、Eckbo(1983)、stillman(1983)、Fee&Thomas(2004)及 Shahrur(2005)。他们的研究都支持了并购的财富效应得益于效率而非共谋的假说。

Ellert(1976)是最早研究反垄断审查对于股票价格变动影响的学者之一。他分析了 1950－1972 年遭受反垄断控告的 205 家被告在遭受诉讼前后的累计异常收益率，并将其与那些从事并购活动但是没有遭受到反垄断诉讼的公司数据进行对比。他检验了关于横向并购的“垄断假设”，如果大公司间并购的动机是获取垄断势力或取得其它与公司规模扩大有关的非竞争性优势，那么反垄断诉讼会导致收购公司的累计异常收益率低于那些没有遭受到诉讼的公司。Ellert 研究发现在遭受诉讼的前八年，收购公司平均获得了大约 23％的累计异常收益率，当遭受到反垄断诉讼时，收购公司的累计异常收益率降低到了 1.83％，在随后的审查阶段和判决阶段收购公司的累计异常收益率和其它具有相同风险的公司并无显著性差异，Ellert 据此否定了“垄断假设”。

Eckbo(1983)较全面考察了反垄断诉讼对于并购公司及其水平竞争对手的影响。他检验了“共谋假说”(thecollusionhypothesis)，即横向并购给收购公司和目标公司创造了正的累计异常收益率，因为他们增加了相互竞争的厂商间成功共谋的可能性。作为“共谋假说”替代的是“生产效率假说”(productiveefficienthypothesis)，它预测并购公司的市场价值会上升，因为并购成功意味着收购公司生产效率的提高，但是并购事件对收购公司的水平竞争对手的累计异常收益率的影响却不确定，它取决于两个方面因素作用的大小。一方面，收购公司生产效率的提高对于竞争者而言可能面临更加激烈的市场竞争，当并购被否决时这种竞争的压力得以缓解。另一方面，成功的并购意味着竞争对手可能在将来利用同样的方式来提高生产效率，当并购被否决时意味着竞争对手将来的并购可能同样被禁止。与 Ellert(1976)等研究相一致，Eckbo 发现在并购宣告日附近[－1,1]的时间窗口内，57 家收购公司和 29 家目标公司分别获得了 1.2％和 10.2％的累计异常收益率。在遭受反垄断诉讼的当天，收购公司和目标公司分别获得－0.73％和－4.63％的累计异常收益率。这些与“共谋假设”和“效率假设”都相一致。但是，65 个水平竞争对手在并购日获得了正的累计异常收益率，在随后的反垄断诉讼阶段的累计异常收益率则为 0 或为正，这和“共谋假说”的预测相矛盾，Eckbo 据此否定了“共谋假说”，同时他还指出并没有证据会表明垄断会导致共谋等抑制市场竞争的行为。

Stillman(1983)研究了 1964－1972 年间遭受反垄断诉讼的 11 起横向并购案中竞争对手股票收益率数据，并提出了“无效率假说”，即遭受反垄断诉讼的横向并购会导致产品价格上升。因此它预示着被横向并购影响的竞争对手的市场价值会随着兼并成功可能性的增加或减少而相应地上升或下降。这一假设与 Eckbo(1983)“共谋假说”(thecollusionhypothesis)非常类似。Stillman 发现在样本中只有一个并购案例与“无效率假设”相一致。Stillman 认为“无效率假说”是不成立的，那些遭受反垄断诉讼的并购公司的投资者并没有希望能够通过垄断提高价格控制能力。

Fee&Thomas(2004)、Shahrur(2005)拓展了

Eckbo(1983)等的研究思路，在考察了横向并购对竞争对手的财富效应影响的同时，进一步考察了横向并购对上游供应商、下游客户财富效应的影响。在效率理论假设下，下游公司通过并购实现的效率提升，会给上游公司带来更加稳定的销售渠道和持续增长的销售量，而效率提升带来的收益会以更低的产品销售价格传递给下游客户。因此，在效率理论假设下，上下游企业在并购宣布时将获得正的累计异常收益率，在并购被否决时获得负的累计异常收益率。在市场势力理论假设下，随着并购后公司市场势力的增强，他们可能通过与水平竞争对手达成共谋来压榨上游供应商和下游客户，例如通过共同压低原材料的采购价格或者提高产品的销售价格来提升自身的利润空间。因此在市场势力理论假设下，并购参与双方的上游供应商和下游客户在并购宣布时将获得负的累计异常收益率，在并购被否决时获得正的累计异常收益率。与Eckbo(1983)等的研究相一致，他们也没有发现抑制市场竞争和共谋行为的证据。与“共谋假说”和“效率假说”相对应的并购参与双方、水平竞争对手和上下游公司的累计异常收益率如表1所示。

三、并购双方动机分析：来自于资本市场的经验证据

事件研究法是研究在当前市场上某一个事件发生时，股价是否会产生波动以及是否会产生“异常收益率”(abnormalreturns)，从而可靠地了解到股价的波动与该事件是否相关的一种研究方法，这已经成为国际学术界公司兼并重组绩效研究的主流方法(Kothari&Warner，2006)。本文运用事件研究法对汇源果汁并购消息发布和并购被商务部否决两个时间窗前后的并购参与双方、水平竞争对手及其上游公司的累计异常收益率进行了分析，以检验效率理论还是市场势力理论可以更加合理地解释可口可乐的并购动因。在上游公司的选择上，果汁饮料的主要原料为浓缩果汁，本文选择主营业务为浓缩果汁生产和销售的上市公司作为考察的上游公司[④]。因为可口可乐和汇源果汁作为果汁饮料生产企业，下游面对的主要是终端的个体消费者，

表1　研究假设的总结

上下游公司	参与公司	变量名	竞争公司
1. 并购活动宣布时			
共谋假设	从共谋中获得较高的收益(+)	从共谋中获得较高的收益(+)	上游供应商：被迫接受更低的销售价格(−) 下游客户：被迫接受更高的购买价格(−)
效率假设	产生的协同效应增加了效率(+)	协同效应：将面临更加激烈的市场竞争(−) 信号传递：可以通过同样的并购策略提升效率(+)	上游供应商：更加稳定的销售渠道和更多的销售量(+) 下游客户：购买价格的降低(+)
2. 并购遭到否决时			
共谋假设	共谋的利益无法实现(−)	共谋的利益无法实现(−)	上游供应商：下游供谋无法实现(+) 下游客户：上游供谋无法实现(+)
效率假设	协同效应无法实现(−)	协同效应：阻止了竞争对手效率的提升(+) 信号传递：未来的并购可能同样被禁止(−)	上游供应商：失去下游的效率提升带来的潜在收益(−) 下游客户：失去上游的效率提升带来的潜在收益(−)

资料来源：根据Eckbo(1983)、Fee&Thomas(2004)、Shahrur(2005)等观点进行总结。

无法通过资本市场考察它们的财富效应,所以本文没有选取下游公司。在竞争对手的选择上,本文主要选取了在果汁饮料市场上与可口可乐和汇源果汁存在着直接竞争关系的竞争对手。为了规避不同市场的系统性风险,本文分别选取了在不同资本市场上市的果汁饮料生产厂商。并购参与双方、竞争对手和上游企业的相关资料如表2所示。

表2 样本公司资料

	上市地点	股份名称	旗下果汁产品
收购公司	纽约证券交易所	可口可乐	美之源果粒橙、酷儿
目标公司	香港证券交易所	汇源果汁	100%果汁、柠檬me、奇异王果
上游公司	香港证券交易所	海升果汁	浓缩果汁
水平竞争对手	纽约证券交易所	百事可乐	果缤纷系列、鲜果粒、都乐
	香港证券交易所	统一公司中国	鲜橙多、番茄汁
	香港证券交易所	维他奶国际	维他系列
	上海证券交易所	国投中鲁	各种水果汁
	深圳证券交易所	承德露露	杏仁露、蜜橙多、蜜桃多、果粒橙

资料来源:根据公司官方网站提供资料整理。

具体实证检验过程分为如下步骤:(1)事件日与事件窗口的确定;(2)累计异常收益率的计算;(3)统计结果分析。

(一)事件日与事件窗口

在研究前,本文一般都假设市场能够反映信息,股票价格可以反映所有公开的信息,股价变化涵盖了公司大部分信息。基于信息效率的市场理论,本文可以通过分析并购活动宣布和否决期间的累计异常收益率来评价并购动机。研究表明,并购消息通常会在事前泄露给投资者,因此如果事件窗口过小,就会错过并购事件早期的市场反应,窗口过大则会鱼目混珠,无法得到与并购事件相关性很强的效应(Kothari& Warner,2006)。基于香港证券交易所发布的公告,本文选择汇源果汁发布并购公告的日期(2008年9月3日)和商务部否决收购公司案的日期(2009年3月18日)作为零时刻,同时在零时刻的基础上,分别选择[-30,+30]、[-10,10]和[-5,5]作为事件公告的时间窗,这样既充分考虑了资本市场吸收分析可口可乐并购汇源的消息的预先性和滞后性,又剔除了较长时期内其它因素的干扰。

(二)累计异常收益率的确定

预期正常收益率的计算通常有三种方法:均值调整法、市场调整法和风险调整法,且在一系列条件下,市场调整法是最好的(Brown& Warner,1985)。因此本文运用市场调整法来计算预期正常收益率。股票j的预期正常收益率为:

$$R_{jt}= \alpha_j+\beta_j R_{mt}+\varepsilon_{jt}$$

其中 R_{jt} 为清洁期内样本公司股票的日收益率;R_{mt} 为第t日市场收益率;β_j 为股票的系统风险,其中 β_j 分别选取事件窗口前[-200,-40]的160个日收益率进行市场模型回归求得;$R_{jt}=(P_{jt}-P_{jt-1})/P_{jt-1}$,$P_{jt}$ 是考虑了公司分红送配股因素经过复权处理后的 t 日的收盘价,$R_{mt}=(I_t-I_{t-1})/I_{t-1}$,其中 I_t 是指 t 日的市场指数(上证指数、恒生指数或道琼斯指数)。

异常收益率(AR_{jt})等于股票 j 第 t 日的实际报酬率减去股票的预期正常收益率,即:

$$AR_{jt}=R_{jt}-(\alpha_j+\beta_j R_{mt})$$

累计异常收益率(CAR)为:$CAR=\sum_{t=-i}^{i}AR_t$

④中国海升果汁控股有限公司是国内具领导地位的浓缩果汁生产及出口商之一,主要从事浓缩果汁及浓缩果汁相关产品的生产及销售,2005年12月1日。在香港主板挂牌上市,海升果汁官方网站,http://www.chinahaisheng.com。

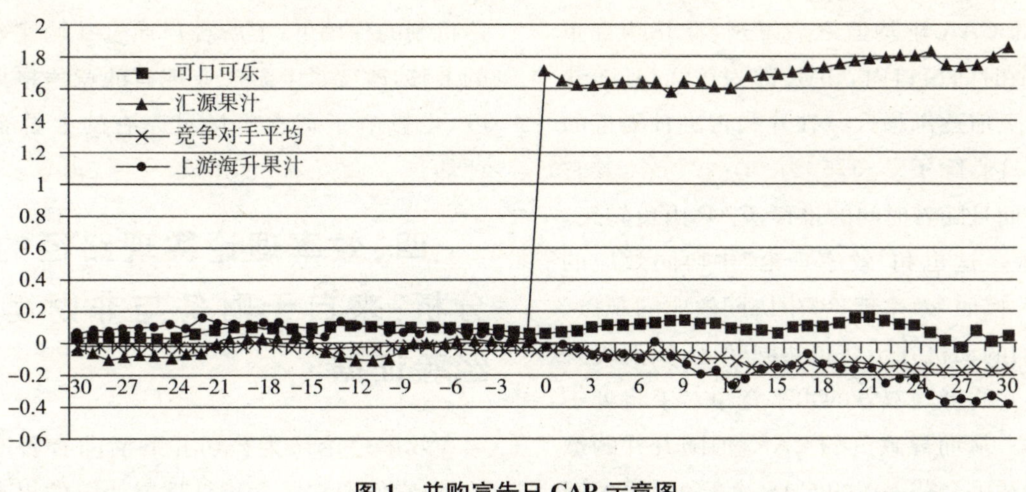

图1　并购宣告日CAR示意图

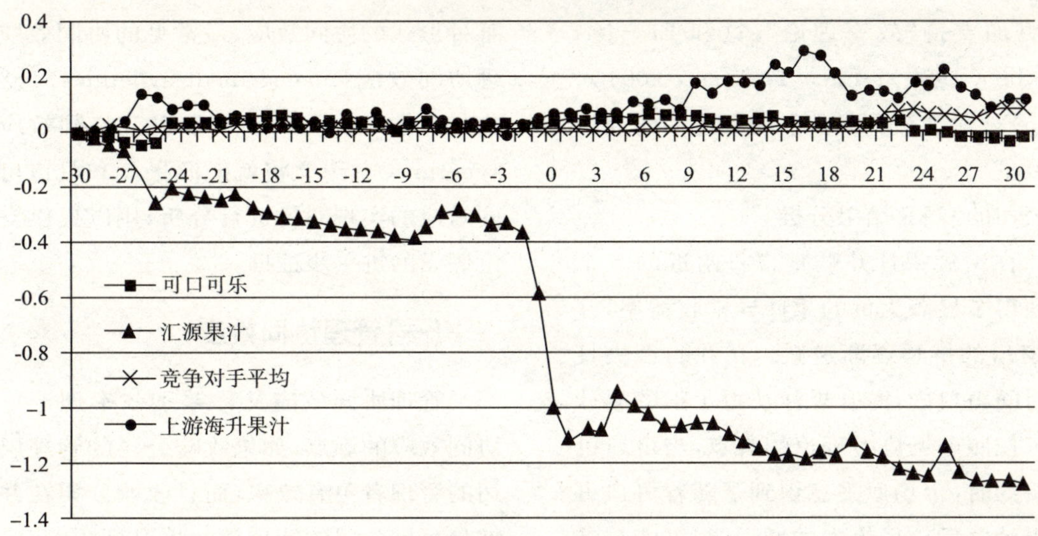

图　并购否决日CAR示意图

(三)统计结果分析

1.并购参与双方的CAR结果分析

宣告日附近，目标公司汇源果汁在三个时间窗口内，都表现出了正的CAR，分别高达161.17%、173.72%和185.85%，并且随着时间窗口期的延长，CAR逐渐递增，并购消息的宣布显著增加了目标公司汇源果汁的股东财富。对可口可乐而言，在并购日附近的三个时间窗口内，CAR为正，但是只有1.96%、1.57%和5.54%，并且没有明显的随时间变动的趋势。这和Bruner(2001)等的研究结论相一致，目标公司的股东获得了显著正的累计异常收益率，而收购公司股东能否获得正的累计异常收益率仍然不确定。否决日附近，汇源果汁在三个时间窗口内表现出了负的累计异常收益率，并且CAR高达－65.31%、－70.08%和－127.84%，也是随着时间的推移，逐渐递减。可口可乐在否决日的三个时间窗口中，除了[－30,30]的时间窗口内，CAR为－1.68%外，[－10,10]和[－5,5]窗口内CAR均为正，但是从长期的趋势来看，CAR的值随着时间的推移有从正转为负的趋势，说明并购遭到否决在相对较长的时间内降低了可口可乐的股东财富。并购双方的CAR结果基本和“共谋假设”与“效率假设”的预测相一致，在并购宣告时为获得正的超额收益，在并购被否决时获得负的超额收益。

2.并购参与双方的水平竞争对手CAR结果分析

在5个竞争对手中没有样本完全符合市场势力理论的假设，维他奶国际完全符合了效率理论的假设，在宣告日附近的三个时间窗口，CAR值都为负，在否决日附近的三个时间窗口都为正。在对5

个竞争对手的CAR求均值之后发现，在并购宣布日附近的三个时间窗口内，CAR都为负，而且随着时间的推移，负值逐渐增大。在并购否决日附近的三个时间窗口内，除了[－5，5]为－0.92%外，其它窗口都为正，而且随着时间的推移，CAR由负转正，并且逐渐增大。这也和“效率理论”中协同效应的观点相一致。按照“效率理论”中协同效应的观点，公司横向并购的动机在于获得协同效应，从而提升公司的效率，并购参与双方的水平竞争对手将处于竞争上的劣势，从而导致负的CAR，但随着并购遭到否决，竞争对手会获得正的CAR。竞争对手的资本市场反应更加支持“效率理论”，这和El－lert(1976)、Eckbo(1983)、Fee&Thomas(2004)、Shahrur(2005)对竞争对手资本市场反应的研究结论基本相一致。

3.上游公司的CAR结果分析

海升果汁在汇源果汁并购宣告日附近的三个时间窗口内获得了显著为负的累计异常收益率，并且随着时间窗口的推移逐渐递减。在并购否决日附近的三个时间窗口内，海升果汁获得了正的累计异常收益率。按照市场势力理论的观点，当可口可乐提出收购要约时，市场似乎意识到了随着可口可乐收购汇源果汁之后市场势力的增强，很可能与其他竞争对手达成共谋，共同“胁迫”上游的浓缩果汁供应商降低销售价格，所以在并购活动宣告时，海升果汁获得了负的CAR。但是如果这种假设成立的话，可口可乐和汇源果汁的竞争对手显然也会从这种共谋中获益，在并购宣告时应该获得正的超额而并购否决时获得负的超额收益，这与上文竞争对手的实证结果不相符。一种更为可能的解释是，大股东朱新礼多次在公开场合表示在出售汇源果汁之后不会退出果汁行业，而是转向利润空间更大的果汁上游领域，从事果园开发和水果加工⑤。拥有着多年果汁行业运作经验和强大资本实力的汇源果汁的加入必将对果汁上游的现有竞争格局产生强大冲击，潜在的市场进入者会加剧上游市场的竞争。上游企业的财富效应更多的反映出在市场竞争机制的作用下，下游客户通过并购实现业务重心的上移，改变了上游产业现有的竞争格局和竞争强度，也影响了资本市场对原有的上游企业的价值评估。

四、效率理论实现路径的进一步分析：来自于财务与非财务指标的经验证据

效率理论认为公司并购活动有着潜在的社会效益，它们通常包含了管理层业绩的提高或者获得某种形式的协同效应，最常见的协同效应包括了管理协同效应(management synergies)，经营协同效应(operating synergies)和财务协同效应(financial synergies)。下文将就汇源果汁和可口可乐之间协同效应的实现路径进行分析，用以提供支持效率理论假设的进一步证据。

(一)管理协同效应

管理协同效应又称差别效率理论。根据管理协同效应的观点，如果收购公司的管理层比目标公司的管理者更有效率，而且收购公司在并购之后能够将目标公司的管理效率提升到收购公司的水平，那么并购参与双方都将从中获益(Mukherjee, Kiymaz&Baker，2004)。收购方过剩的管理资本与被收购方的非管理性的组织资本结合起来，从而实现这种1＋1＞2的协同效应。本文以盈利能力指标ROE和ROA作为管理效率的衡量指标，说明可口可乐与汇源果汁之间实现管理协同效应的可能性。

在可口可乐提出收购要约前，汇源果汁的盈利能力经历了“过山车式”的成长轨迹。以2007年上市为分水岭，上市之前ROA和ROE稳步增长，而上市之后的2008年出现了急速下降，09年略有回升。相比较而言，可口可乐无论是在盈利能力的绝对值水平还是稳定性方面都要优于汇源果汁，即使

⑤2008年9月6日朱新礼就可口可乐收购汇源果汁一事召开媒体见面会时向记者表示可口可乐收购汇源后他不会退休，将向果汁产业的上游发展，经营果园和水果加工，这将是他未来的梦想。参见新浪财经，http://finance.sina.com.cn/chanjing/b/20080907/01245279979.shtml。

是在外部经济环境恶化的 2008 年其盈利能力仍然实现了小幅度的提升(见图 3)。ROA 和 ROE 之间的差距在一定程度上可以反映出两者在管理效率上的差别。土生土长的汇源果汁与外资企业相比，管理和营销经验的缺乏始终是汇源果汁的短板所在，在与以可口可乐和百事可乐的为首的外资企业的市场拉锯战中，汇源果汁始终显得力不从心。一旦二者成功并购，可口可乐能够将自已在多年的全球化经营中积累的丰富管理经验向汇源果汁转移，将自身的过剩管理资本与汇源果汁的非管理性的组织资本结合起来，产生管理的协同效应，这可能也是众多推动并购的因素之一。

(二)经营协同效应

经营协同效应主要指实现协同后的企业生产经营活动在效率方面带来的变化及效率的提高所产生的效益，可能包括产生的规模经济、优势互补、成本降低、市场份额扩大等方面。汇源果汁凭借着自身与政府的良好关系，在果汁产业链建立了较为完善的产业化经营体系，形成"公司＋绿色水果基地＋果农"的汇源模式。可口可乐依靠强大的渠道、品牌优势和强大的营销攻势在下游环节有着强大的实力，但目前尚不能控制上游原料环节。可口可乐下游强大的销售渠道与汇源果汁上游基地设施相结合，势必形成一个强大的从上游到下游的果汁生产和销售链，从而实现两者优势资源的互补⑥。这种协同效应对于其它果汁公司的威胁可想而知，在并购宣告日可口可乐水平竞争对手负的 CAR 值似乎也印证了市场已经意识到了这种威胁的存在。

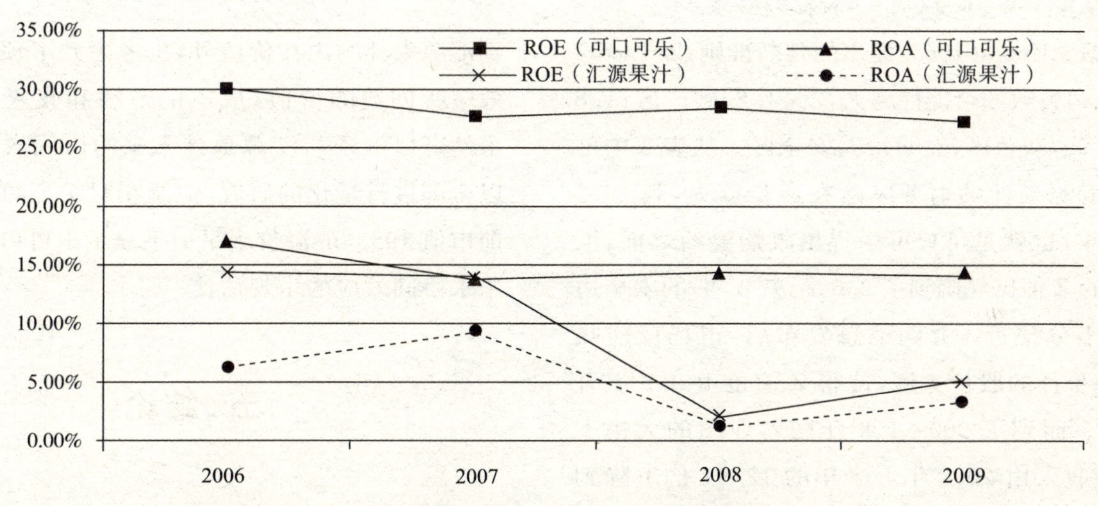

图 3　汇源果汁和可口可乐盈利能力指标示意图

两者之间优势的互补还体现在两者在不同细分市场的领导地位上。可口可乐并购汇源后，可口可乐在低浓度果汁饮料市场的优势地位与汇源果汁中高浓度果汁饮料市场的优势地位相结合，使得可口可乐在三个细分市场都将处于行业第一。这似乎提供了可口可乐并购汇源果汁的动机在于获取市场势力的证据，因为扩大的市场份额势必增强公司对市场的支配力，极有可能诱发公司滥用市场支配力的行为。

(三)财务协同效应

财务协同效应是财务方面的协同给交易双方带来的收益，包括破产风险和融资成本的降低，合理避税等方面，可口可乐和汇源果汁间的并购也可能产生相当可观的财务协同效应收益。随着并购之后企业资本的扩大，企业破产给债权人带来的风险会降低，具有清偿能力的公司的现金流入超过偿

⑥汇源集团成立近 18 年来，在全国 22 个省区市创建了 40 个现代化工厂，链结了 500 多万亩名特优、标准化水果生产基地。参见汇源果汁官方网站，http://www.huiyuan.com.cn/aboutus_company。

债需要的部分可以用于弥补另一个公司的现金缺口，从而实现了债务的共同保险效应(Higgins&Schall,1975)。

为了分析汇源果汁上市后的财务风险，本文又利用Altman(1968)提出的Z－score模型对汇源果汁的破产风险进行分析。Z－score模型的公式如下所示：

$$Z=1.2X_1+1.4X_2+3.3X_3+0.6X_4+0.99X_5$$

其中，X_1＝营运资本/总资产，X_2＝留存收益/总资产，X_3＝息税前利润/总资产，X_4＝股权市值/总负债，X_5＝销售额/总资产。结果如表3所示。

表3 汇源果汁Z值结果

	2007年6月	2007年12月	2008年6月	2008年12月	2009年6月
X_1(营运资本/总资产)	0.521	0.455	0.420	0.162	0.188
X_2(留存收益/总资产)	0.084	0.093	0.149	0.103	0.117
X_3(息税前利润/总资产)	0.064	0.035	0.013	0.002	－0.054
X_4(股权市值/总负债)	5.142	5.384	3.443	5.467	4.073
X_5(营业收入/总资产)	0.203	0.180	0.186	0.221	0.133
Z值	4.241	4.200	3.006	3.844	2.788

资料来源：作者根据公司半年报和年报计算整理。

根据Altman(1968)提出的判断准则，Z－score越小，公司失败的可能性越大，Z＜1.8，破产区；1.8≤Z＜2.99，灰色区；2.99＜Z，安全区。从表3中可以发现汇源果汁的财务风险在逐步放大，到2008年上半年，也就是可口可乐提出收购要约之前，汇源果汁的Z值已经降到了3.0，距离2.99的安全边界已经十分接近。并购消息发布后，市场反应热烈，汇源果汁的股价大涨，使得Z值也由3.0上升到3.84。而到了2009上半年随着业绩的大幅下滑，营业收入由2008年上半年的12.94亿下降到8.8亿，而并购被否又使得汇源股价又基本恢复到并购前的水平。Z值下滑到2.88，已经进入财务状况极不稳定的“灰色区域”。随着经营业绩的进一步下滑，汇源果汁财务风险将进一步加大，而如果并购成功，可口可乐充足的现金储备和稳定的现金流将为汇源果汁提供低成本的内部融资，降低汇源果汁合并之后的破产风险，而并购被否决使得汇源果汁债权人要继续独自承担汇源果汁日益增加的财务风险。

基于以上分析，汇源果汁和可口可乐之间存在着很大的协同空间，而这种预期中的协同效应可能就是交易双方选择兼并的驱动力。可口可乐愿意以179.2亿港元的总代价收购汇源果汁，除了考虑到汇源果汁的内在价值外，也考虑到了预期的协同效应所创造的价值(成本的节约和收入的增长)。虽然可口可乐与汇源果汁未来的协同效应因素难以全部进行量化的研究，但是相对于汇源果汁并购前市值195%的溢价水平似乎显示出可口可乐对于未来协同效应的乐观估计。

五、结论

本文以可口可乐并购汇源果汁案为例，探讨了公司横向并购的动因理论。本文研究发现并购参与双方和水平竞争对手在资本市场中的财富效应与效率理论的假设相一致。市场预期并购产生的协同效应给并购参与双方带来了正的超额收益，而并购参与双方效率的提升使得竞争对手处于竞争的不利地位。当并购被否决时，并购参与双方预期的异常收益无法实现，而竞争对手的竞争压力得以缓解。而对于上游企业而言，汇源果汁希望通过出售股权，实现业务重心从下游到上游市场的转移，势必会冲击上游市场的现有竞争格局，加剧上游市场竞争。而对效率理论实现路径的进一步分析显示可口可乐与汇源果汁之间存在着多种形式的协同效应。可口可乐下游销售渠道与汇源果汁的上游基地设施相结合，形成一个完整的果汁产业链。可口可乐过剩管理能力的输出可以提升汇源果汁的管理效率，同时汇源果汁合并之后的财务风险也将有所降低。

可口可乐和汇源果汁的并购案作为《反垄断法》实施以来首个遭到否决的案例，对今后并购活动的反垄断审查具有标杆性的示范意义，而本文的研究结果部分提供了对可口可乐与汇源果汁间的并购应采取较为宽松的审查标准的证据，商务部的否决结果显示出了较为严厉的反垄断审查标准，而过于严格的审查标准可能向外界释放出中国实行投资保护主义的错误信号，也会使得中国越来越多的海外并购遭遇到同样更加严格的反垄断审查。在效率理论的假设下，合并后的厂商能够在更大的范围内组织生产，实现资金和管理能力等资源的共享，达到资源的优化配置，节约了经济资源，增进了社会效益。行业集中度的提高不是市场势力的提高，而是市场自由竞争的结果，在这种优胜劣汰的竞争机制作用下资源实现了优化配置。并购行为本身反映了公司在市场竞争机制下的自发行为，政府权力介入必须要谨慎，应该尊重市场主体的自主权。政府的反垄断审查必须对并购活动产生的效率收益和抑制竞争的负面作用进行权衡分析，考虑并购活动的净收益。另外，政府的决策必须建立在科学合理的经济学分析基础之上，而不能被泛滥的民族主义情绪所左右，否则政府的决策不但不能维护市场的竞争机制，反而成为落后生产力的庇护伞，扭曲市场机制的作用，违背反垄断的立法目的。反垄断法的立法目的是保护竞争而不是保护竞争者。政府可以建立针对民意的抽样调查机制，通过科学的抽样统计方法将民意纳入政府决策的参考因素，但是不应该将其作为决策主要依据。

主要参考文献

帕特里克·高根. 2004. 兼并、收购与公司重组. 北京：机械工业出版社

唐要家. 2008. 反垄断经济学理论与政策. 北京：中国社会科学出版社

Altman E.. 1968. Financial Ratios, Discriminant Analysis and the Prediction of Corporate Bankruptcy. Journal of Finance，23：589～609

Brown S.，J. Warner. 1985. Using Daily Stock Returns：The Case of Event Studies. Journal of Financial Economics，14：3～31

Bruner Robert F.. 2001. Does Mand A Pay? A Survey of Evidencefor the Decision－Maker. Journal of Applied Finance，12：48～68

Eckbo B. E.. 1983. Horizontal Mergers，Collusion，and Stockholder Wealth. Journal of Financial Economics，11：241～273

Ellert J. C.. 1976. Mergers，Antirrust Law Enforcement and Stockholder Returns. The Journal of Finance，31：715～732

Fee C. E.，S. Thomas. 2004. Sources of Gainsin Hori－zontal Mergers：Evidence from Customer，Supplier and Rival Firm. Journal of Financial Economics，74：423～460

Higgins，Schall. 1975. Corporate Bankruptcy and Con－glomerate Merger. The Journal of Finance，30：93～113

KimE. H.，V. Singal. 1993. Mergers and Market Power：Evidence from the AirlineIndustry. American Economic Review，83：549～569

Kothari S. P.，Jerold B. Warner.. 2006. Econometrics of Event Studies. In：Eckbo，Handbook of Corporate Finance：Em－piricalCorporate Finance，Volume A Elsevier/North－Holland

MukherjeeTarun K.，Halil Kiymaz，H. Kent Baker. 2004. Merger Motives and Target Valuation：A Survey of Evi－dence from CFOs. Journal of Applied Finance，14：7～24

Shahrur H.. 2005. Industry Structure and Horizontal Take－overs：Analysis of Wealth Effectson Rivals，Suppliers and Cor－porate Customers. JournalofFinancialEconomics，76：61～98

Stillman，Robert. 1983. Examining Antitrust Policy To－wards Horizontal Mergers. Journal of Financial Economics，11：241～273

Motives of Horizontal Mergers: Market Power or Efficiency?
——A Case Study Based on the Coca-Cola's Acquisition of Huiyuan

Li Qing yuan et al.

In this paper, combined with case study on hori zontal merger between Coca — Cola and Huiyuan, which is the first case rejected by the Chinese Min—istry of Commerce according to the Antitrust Law, we discuss the theories of motivation for horizontal mergers. By analyzing the wealth effect of the acquirer and target, upstream firms and their rivals, we find that the empirical results from the capital market seem to be more support for the productive efficient theory, rather than the market power theory. The market expects that the merger between Coca—Cola and Huiyuan will create synergy, rather than lead to collusion behaviors. The deal between Coca—Cola and Huiyuan will make the competitionin the downstream market much fiercer. and Huiyuan hopes to change its focus to the upstream from the downstream industry, which will also intensify the competition in the upstream market. The further study about the productive efficient theory shows that there will be-many different kinds of Synergies concluding management, operating and financial Synergies between the two parties. Synergistic Effectis the main motive for this horizontal merger.

资产专用性与公司纵向并购财富效应来自我国上市公司的经验证据*

李青原

【摘要】 本文分析资产专用性与公司纵向并购财富效应的相关性。以1998—2008年间发生的、上市公司作为收购方的国内非关联股权标的纵向并购事件为研究对象，以地点相近性、研发支出密度和契约密度衡量公司纵向并购双方的资产专用性。结果发现，并购交易双方资产专用性越高，收购方公司财富效应越大，且随着并购双方纵向关联程度的增加及它们所在地区产权保护程度的降低，资产专用性与公司纵向并购财富效应间的正相关性越强，支持了交易费用经济学的理论假说。这表明，在不完善的法律制度、较差的契约实施和低效的社会信任条件下，纵向一体化可以作为一种替代机制，保护交易双方，特别是对私人控股型的收购公司来说，有价值的专用性资产投资能使其免受机会主义行为的侵害。

[关键词] 资产专用性；纵向并购；纵向一体化；财富效应

引言

纵向并购又称垂直并购，是指上游（下游）公司通过购买下游（上游）公司的股权获得被收购公司的控制权，实现公司纵向一体化的一种动态过程，具体包括后向（上游）一体化和前向（下游）一体化。正如Willamson[1]所说，纵向一体化研究是经济理论的一个重要课题，是用来解释经济活动在厂商、市场及一些中间组织方式间的资源配置的重要方面，也必将成为组织经济学所关注的核心问题。尽管关于公司纵向并购的动因和经济后果的研究较多，但是最有影响或者自成体系的理论解释应是产业组织理论和交易费用理论，其中产业组织理论主要从市场势力来解释公司纵向收购的动因，即获取垄断租金；而交易费用理论主要是通过资产专用性理论来解释公司纵向并购的动因，即公司纵向并购的对象通常是能与其共享专用性资产的公司，以避免沉没成本的再投资。[2]当然，资产专用性理论并非是解释公司并购活动的一般理论，而是一种对纵向并购最具有明显经济含义的理论。[3] Spiller、[4] Kedia等、[5] Shenoy[6]等都运用上市公司数据实证检验了专用性资产是否会解释公司纵向并购绩效的假说，结果表明资产专用性理论在解释公司纵向并购绩效时具有一定的适用性和稳健性。[2,7]近年来，中石油、中石化和中国铝业等纵向收购旗下上市公司的产业链条协调整合战略并购案例不断增加。那么，资产专用性能部分解释上市公司纵向并购绩效吗？尽管资产专用性是解释公司是否选择纵向一体化的最重要决定因素和交易费用经济学的核心概念，且与不确定性等交易属性相比，资产专用性相应得到了实证研究者最大的关注和支持，但资产专用性的定义和测度仍然未能得到一致的认可。[2,7]根据资产专用性的定义和数据的可获得性，本文使用地点相近性、[4]行业研发支出密度[8,9]以及行业契约密度[10,11]　作为资产专用性的替代变量，来检验资产专用性理论能否解释处于转轨加新兴且社会信任等制度安排低效甚至缺失的中国资本市场中的公司纵向并购财富效应。

本文以1998—2008年间发生的、上市公司作为收购方的国内非关联股权标的纵向并购事件为研究对象，以地点相近性、研发支出/主营业务收入和契约密度来衡量公司纵向并购双方的资产专用性，结果发现，并购交易双方资产专用性越高，收购

* 本文受国家自然科学基金项目（70672066、70702017）资助。

方公司并购财富效应越大，而且这种正相关性会随着并购双方纵向关联程度的增加及它们所在地区产权保护程度的降低而增加。

本文的贡献主要体现在三方面：(1)本文较早地从公司并购的动态视角，系统地检验了资产专用性是否为解释公司纵向一体化的动因，丰富了交易费用经济学类文献。李元旭、[12]李明慧和赵坚[13]简要梳理国外的相关文献，并对资产专用性解释进行了理论上的分析评价。而与本研究最为相关的国内研究来自陈玉罡和李善民，[14,15]他们主要检验资产专用性与公司发生并购的可能性间的关系，同时他们的资产专用性指标是通过对70家工业行业上市公司的采购部经理问卷调查的六个测项指标计量。本文通过地点相近性、行业研发支出、行业契约密度等资产专用性的替代变量实证发现，公司纵向并购动机在于保护交易双方进行专用性资产投资，进而增加纵向并购财富效应。(2)由于公司并购动因的复杂性、多元性和多边性，公司并购绩效往往是多种因素相互作用的结果，[16]本文不仅从保护专用性资产投资的角度来解释纵向并购的动机，而且还发现了纵向关联程度会增加资产专用性与公司纵向并购绩效间的正相关性，为解读公司并购绩效之谜提供了新的视角，增进了对收购方并购绩效来源的理解。(3)由于在新兴加转轨的经济国家，产权特性和制度环境都是理解企业边界的重要因素之一，[17]即使Spiller、[4]Kedia等、[5]Shenoy[6]等实证检验了专用性资产是否会解释公司纵向并购绩效的假说，但是他们忽略了产权和制度环境对专用性资产与公司纵向并购绩效两者间相关性的调节作用。本文发现，在不完善的法律制度、较差的契约实施和低效的社会信任条件下，纵向一体化可以作为一种替代机制，保护交易双方，特别是对私人控股型的收购公司来说，有价值的专用性资产投资能使其免受机会主义行为的侵害，进一步从产权和制度环境的视角丰富和拓展了Spiller、[4]Kedia等、[5]Shenoy等[6]的研究。

一、理论分析与研究假设

资产专用性的概念最早可追溯到Marshall对特殊雇员问题的讨论。而资产专用性这个术语，直到1971年Williamson[1] 研究纵向一体化问题时才明确提出。

Williamson[18]指出，资产专用性就是资产能够被重新配置于其它备选用途并由其他使用者重新配置而不牺牲其生产性价值的程度，其具有呈现出路径依赖性的特征。

按照根据Williamson[18]的观点，资产的专用性可分为以下六类：(1)场地专用性；(2)物质资产专用性；(3)人力资产专用性；(4)特定用途资产；(5)品牌资本；(6)暂时性专用资产。可以说，Williamson对资产专用性的注释突破了新古典经济学中生产要素被假定为同质且可以无成本地相互替代的概念，为企业理论的发展提供了一种有用的分析框架。自从Coase[19]发表经典论文“企业的性质”以来，Williamson、[1,18] Klein等、[20] Grossman和Hart、[21] Hart和Moore[22]等不断地在Coase[19]的基础上进行理论创新和拓展，形成了一种能够有效解释公司边界问题的主流经济学理论。Joskow[2]指出，解释公司纵向一体化的主流理论主要是Williamson[1,18]和Klein等[20]发展的交易费用经济学(TCE)与Grossman和Hart、[21] Hart和Moore[22]等发展的产权理论(PRT)。虽然交易费用经济学理论和产权理论都以有限理性、机会主义和资产专用性为共同基础，强调契约不完全性和事后机会主义行为对事前专用性资产投资和事后绩效的影响，但是他们分析问题的重点和思路存在严重的分歧。[23]Klein等、[20] Williamson[18]等指出，一旦交易方做出专用性资产投资，契约的不完全性就会引出交易主体的机会主义行为，而且资产专用性带来的可占用准租金将会使这种机会主义行为由可能转变为现实，从而产生“敲竹杠”问题。解决“敲竹杠”问题的一个主要方法便是纵向一体化，这会消除供应商和客户间契约非效率引发未来的“敲竹杠”行为，及增加双方由于存在专用性资产投资而产生的投资效率。[2,20]总之，交易费用经济学理论认为，公司纵向并购主要是解决专用性资产投资不足及规避潜在要挟问题所引起的契约非效率问题，那么纵向并购财富效应就是一体化内部化交易所节约的治理成本，且这些治理成本与商业交易涉及的专用性资产数量正相关，此时公司纵向并购财富效应与并购双方间资产专用性程度正相关。[24]遵循交易费用经济学的传统，从资产专用性和契约不完全性的前提出发，一方面，公司纵向并购会因增加收购公司剩余控制权而增加其进行专用性资产投资的激励；另一方面，它又会因减少目标公司剩余控制权而降低其进行专用性资产投资的激励，且目标公司\前投资激励的扭曲程度（或激励成本）随着资产专用性程度的提高而日趋严重。[21,22,25]因此，产权理论认为，契约不完全导致的交易费用主要源于事前的专用性投资激励不足，那么公司纵向并购绩效是权衡收购公司增加专用性资产投资的激励与目标公司减少专用性资产投资的激励间的结果，此时公司纵向并购财富效应与并购双方间资产专用性程度间的相关性取决于并购双方专用性资产投资的相对重要性。

Spiller[4]以美国联邦贸易委员会（FTC）报告的29个上市公司纵向并购案例为样本发现，以并购双方间地区距离为资产专用性的替代变量与公司纵向并购宣告日的累计异常收益率负相关，同时发现，公司间地区距离越近，目标公司在并购宣告日的总累计异常收益率中相对份额越低。Kedia等[5]通过Fan和Goyal[26]的并购类型分类方法发现以研发支出密度为资产专用性的替代变量与累计异常收益率正相关。Shenoy[6]通过Fan和Goyal[26]的并购类型分类方法也发现，以并购宣告年度前后经过行业调整的研发支出密度变化为资产专用性的替代变量与累计异常收益率正相关。上述研究都表明，资产专用性是解释公司纵向并购财富效应的重要因素之一，支持了交易费用经济学的理论预测，即资产专用性与公司纵向并购财富效应正相关。此外，公司纵向并购还会增加定价效率、生产效率，防止广告的搭便车行为和阻止研发投资支出的外溢效应，从而也会增加公司纵向并购财富效应。[27]因此，本文提出：

H1：其它条件不变时，资产专用性与公司纵向并购财富效应正相关

一旦交易一方做出专用性资产投资，契约的不完全性就会引出交易对方通过索取更高的生产投入品价格，来掠夺资产专用性产生的可占用准租金的机会主义行为，且如果下游购买方对上游供应商的生产投入品依赖度越高，那么潜在的“敲竹杠”问题就越严重，也就越容易导致交易双方不充足的专用性资产投资，此时纵向一体化会促使交易双方进行充足的专用性资产投资，[18,20,28]从而使得公司在竞争日益激烈的产品市场中得以生存和壮大，甚至借此培育和获得战略性竞争优势，取得产品市场竞争的主导地位和获得更高的投资报酬率。[29,30]同时，通过纵向一体化还可能会减少重叠的广告、研究开发等专用性资产费用。[31]因此，资产专用性与公司纵向并购财富效应间的正相关性可能会随着公司并购交易双方纵向关联程度的增加而增加。当然，公司纵向并购绩效是权衡收购公司增加专用性资产投资的激励与目标公司减少专用性资产投资的激励间的结果，那么并购双方纵向关联程度是否增加资产专用性与公司纵向并购财富效应间的正相关性仍可能会取决于并购双方专用性资产投资的相对重要性。因此，本文提出：

H2：其它条件不变时，资产专用性与公司纵向并购财富效应间的正相关性会随着公司并购交易双方间纵向关联程度的增加而增加由于处于转轨加新兴经济中的我国目前还处于交易尚不发达、市场制度尚未成熟的发展阶段，社会信任度较低，同时法律与司法等正式制度尚不健全又使得社会、缺乏必要的惩罚机制，[32]从而使得交易双方间难以实施正式契约，[33,34]因此更进一步易导致可预期的机会主义行为和随后的研发支出等专用性投资的扭曲。[20,35]此时产权保护和契约实施越弱，公司越可能会通过纵向一体化来保护和促使交易双方事前的专用性资产投资激励，以及和防止交易对方潜在的“敲竹杠”行为，从而节约高昂的市场交易成本。[36]同时，相对处于其它地区的公司，处于产权保护和契约实施较强地区的公司具有较强的激励进行专用性资产投资，那么通过一体化共享专用性资产可能也是处于地区产权保护和契约实施差异较大的收购双方价值创造的重要来源之一。[37]Fan等[38]以2001—2003年我国深沪两市的上市企业为样本，结

果发现地区产权保护越弱，该地区的企业纵向一体化程度越高。李青原和唐建新[39]运用2003年初世界银行与中国国家统计局合作的投资气氛调查项目提供的独特数据也发现契约实施强度越弱，公司纵向一体化程度相应越高。因此，与以有效的法律和司法体系、发达的金融体系等为特征的发达市场国家相比，在以市场失灵和弱契约实施等为特征的我国新兴加转轨市场环境下，资产专用性与公司纵向并购财富效应间的正相关性可能会随着公司并购交易双、方所在地区产权保护程度的降低而增加。因此，本文提出：

H3：其它条件不变时，资产专用性与公司纵向并购财富效应间的正相关性会随着公司并购交易双方所在地区产权保护程度的降低而增加

二、研究设计

1. 样本选择

本文以CSMAR中国上市公司并购重组研究数据库中1998－2008年发生的、上市公司作为收购方公司的国内非关联股权标的并购事件作为初选样本，然后按以下标准进行筛选：第一，由于财务指标不可比，剔除收购方公司或目标公司为金融行业的并购事件；第二，前后两次并购至少间隔六个月；第三，当同一家上市公司在同一天宣告两笔或两笔以上的并购交易时，如果目标公司不是同一家公司时，为避免目标公司异质性对并购的累积异常收益率产生噪音，对这样的并购事件给予剔除，如果是同一家上市公司与同一目标公司的不同股东进行并购交易，则将这些、交易合并为一个事件；第四，剔除上市当年发生的并购事件；第五，为避免同时披露季报、中报或年报等可能会对公司并购的累积异常收益率产生噪音，剔除在并购首次公告日当天同时披露季报、中报或年报等其它重大信息披露的样本公司；第六，剔除无法识别目标公司行业和性质的并购事件；第七，剔除财务指标存在缺失的并购事件；第八，剔除交易金额小于500万元，并购前持有股权比例超过50%或收购的股份占目标公司股权比例低于10%的并购事件。最终得到有效的公司并购总样本为377个。

Fan和Lang[40]创造性地通过使用投入产出表中的产品流量构造了以投入产出为基础的指标来反映产业间和部门间的纵向相关性，再以此为基础构造了反映公司纵向一体化程度的指标，该方法得到了学者们广泛的运用。[5,6,26,38]首先，对于收购方公司，通过CSMAR数据库中的分行业主营业务收入数据找到公司并购当年第一大主营业务收入的行业信息，而对于目标公司，逐一查阅并购公告中披露的目标公司行业信息；其次，构造收购公司与目标公司行业间的纵向相关性系数Vij。中国国家统计局提供的“2002年全国122部门投入产出表”包括了122个行业中每一对行业间的投入产出系数，其主要说明了对于每一对行业i和j，生产1元的行业j的产出所需要行业i的投入值(A_{ij})和生产1元行业i的产出所需要行业j的投入值(Aji)，那么本文通过两个投入产出系数的最大值计算收购公司与目标公司行业i和j间的纵向相关系数(Vij)，即$Vij=Max(Aij^{A}ji)$，从而能有效地解释它们间的纵向一体化机会。[26] 以2007年北京京能热电股份有限公司(代码：600578)收购内蒙古伊泰京粤酸刺沟矿业有限责任公司为例，收购公司的第一大行业电力、热力的生产和供应业(i)为每1元的目标公司煤炭开采和洗选业(j)产出提供0.10145元的投入值，即$A_{ij}=0.10145$，而煤炭开采和洗选业(j)为每1元的电力、热力的生产和供应业(i)产出提供0.18682元的投入值，即$Aji=0.18682$，则收购公司与目标公司行业i和j间的纵向相关系数Aij为0.18682。按照Fan和Goyal、[26] Kedia等[5]和Shenoy[6]等的公司并购类型分类方法，仅保留满足以下三个条件的并购事件作为并购样本：第一，收购公司与目标公司行业i和j间的纵向相关系数Vij大于1%；第二，收购公司和目标公司所在行业不属于综合类；第三，收购公司和目标公司处于不同行业。②最后本文得到的并购样本数为148个，样本分布见表1。

表 1　样本按照《上市公司行业分类指引》的大类行业分布

	收购公司	目标公司
农、林、牧、渔业	5.41%	0.00%
采掘业	2.03%	5.41%
制造业	43.92%	37.84%
电力、煤气及水的生产和供应业	5.41%	1.35%
建筑业	3.38%	0.68%
交通运输、仓储业	5.41%	4.73%
信息技术业	5.41%	12.84%
批发和零售贸易	17.57%	10.81%
房地产业	3.38%	14.86%
社会服务业	6.76%	10.81%
传播与文化产业	1.35%	0.68%

2. 资产专用性

(1)Spiller、[4]Joskow[41]和 Masten 等[42]都将地点相近性(Geographic　Proximity)作为资产专用性的替代变量，结果支持了交易费用经济学的预测。按照半正矢函数公式(Haversine)，收购公司(i)和目标公司(j)间的距离 d_{ij} 定义为：$d_{ij}=R\times 2\times \arcsin[\min(1,\sqrt{a})]$，且 $a=[\sin(dlat/2)]^2+\cos(lat_i)\times\cos(lat_j)\times[\sin(dlon/2)]^2$，其中 R 为地球半径 6378 千里，lon_i 和 lat_i 分别为收购公司办公地址的经度和纬度，lon_j 和 lat_j 分别为目标公司办公地址的经度和纬度，$dlon$ 和 $dlat$ 分别为收购公司和目标公司地址的经度和纬度之差，其中以并购双方办公地址所在直辖市下区或县作为它们的所在地，同时通过逐一查阅并购公告中披露的目标公司办公地址。按照 Coval 和 Moskowitz[43]的分类方法，通过黄金易园中国各县市及世界城市经纬度查询系统或 Googlemap(谷歌地图)计算收购公司和目标公司地址间的距离，本文将收购公司和目标公司间的距离 d_{ij} 位于 100 公里内视为本地交易(Local)，并将其视为地点专用性较强的并购交易行为，将其定义为 1，否则为 0；③(2)Allen 和 Phillips、[44]李青原等、[30]Kedia 等[5]和 Shenoy[6]等都采用研发支出密度(研发费用/主营业务收入)指标来反映公司资产专用性，且该比率越高，资产专用性相应越高，但由于公司层面数据在我国的不可获取性，加之研发费用密集型的行业可能存在大量易导致契约困难的专用性资产，[9]故本文通过 1998—2008 年间《中国科技统计年鉴》和《中国统计年鉴》中行业研究开发支出与主营业务收入比重的中位数判断作为公司并购双方交易属于资产专用性较高与否的替代变量，[5,9]且若收购公司和目标公司所在行业的研究开发支出/主营业务收入都位于统计年鉴中所有行业的中位数以上，则公司并购双方间交易界定为资产专用性较强的交易(RD)，将其定义为 1，否则为 0；(3)由于公司研发密度可能包括了与资产专用性无关的创新，如供应商可能利用研发创新满足其它顾客或获得竞争优势，[45]故本文又借鉴 Nunn[11]的契约密度来度量收购公司和目标公司所在行业的资产专用性。Rauch[46]通过行业中间投入品是否在有组织的交易所内交易或在商业出版物存在参考定价来判断行业投入的专用性与否，若一种中间投入品在有组织的交易所内交易，则该投入品市场存在许多可选择的买方和卖方，上下游要挟的机会有限，意味着该中间投入品不存在关系专用性。[10,11]Nunn[11]创造性地通过美国投入产出表中中间投入品的信息计算了行业的契约密度，以反映该行业资产专用性的强弱，该方法得到了学者们广泛的运用。[10]借鉴 Nunn[11]的计算方法，本文利用中国国家统计局提供的投入产出表找出中间投入品信息，通过 Rauch[46]提供的中间投入品交易信息测算我国行业契约密度，即，$IRS_i=\sum\theta_{ij}RS_j$，其中 θ_{ij} 是我国《2002 年全国 122 部门投入产出表》内中间投入 j 价值占行业 i 需要中间投入品总价值的比例，RS_j 是行业 i 需要中间投入品中既未在有组织的交易所交易，又未在商业出版物存在参考定价的中间投入品 j 占的比例。④[46]结果发现，批发和零售贸易、交通运输、仓储业等是行业契约密度较低行业，而机械、设备、电子、通信及相关设备制造业等是行业契约密度较高行业。若收购公司和目标公司所在行业的契约密度位于所有行业的中位数以上，则收购公司和目标公司间交易界定为资产专用性较强的交易(*Control*)，且将其定义为 1，否则为0。

3. 模型设计

为了检验资产专用性与公司纵向并购财富效应间的相关性，根据Spiller[4]、Kedia等[5]和Uysal等[47]等的研究，本文选取收购公司规模、交易规模、资产负债率、成长性、收购公司市场集中度、行业管制等作为检验模型的控制变量，回归模型如下：

$$CAR = \lambda_0 + \lambda_1 SPI + \beta' Control + \delta \quad (1)$$

$$CAR = \alpha_0 + \alpha_1 HVC + \alpha_2 SPI \times HVC + \alpha_3 SPI \times (1 - HVC) + \gamma Control + \mu \quad (2)$$

$$CAR = \varphi_0 + \varphi_1 Hprotect + \varphi_2 SPI \times Hprotect + \varphi_3 SPI \times (1 - Hprotect) + \kappa' Control + \eta \quad (3)$$

式(1)、(2)和(3)中，CAR是被解释变量，表示收购方公司纵向并购财富效应。遵循Fan和Goyal、[26]Kedia等[5]和Shenoy等[6]的主流文献，本文将公司纵向并购财富效应分别界定为运用市场模型法计算出的并购首次公告日前后1、2、5和十个交易日收购方公司的累积异常收益率，其中β参数的估计区间为并购首次公告日前180个交易日至公告前30个交易日。

*SPI*是一组测试变量，代表公司并购双方的资产专用性程度。出于结论稳健性的考虑，本文使用地点相近性(*Local*)、研发支出/主营业务收入(*RD*)和契约密度(*Contract*)衡量公司纵向并购双方的资产专用性程度。*Hprotect*表示较高的地区产权保护指数，*HVC*表示较高的公司纵向相关系数。

根据已有文献，公司特征和并购交易特征影响并购收益，同时结合我国上市公司并购活动的实际情况，本文使用如下控制变量：公司特征变量包括公司规模*Size*、负债水平*Lev*、成长性*Growth*、产品市场集中度*AHI*、投资者异质性预期*Idios*和股权集中度*Herfs*；交易特征变量包括交易规模*Vol*、国有化*Stat*、民营化*Priv*、行业管制*Reg*和并购年度*Year*。

公司规模越大，收购方公司越易存在过度自信，[48]越易进行溢价收购。[49]根据自由现金流量假说，收购方公司自由现金流大且负债率低时，更易产生无效并购。[50]公司成长性影响并购收益，追求公司成长驱动公司实施战略性并购，但盲目扩张会导致公司价值下跌；收购方公司的治理状况越好，越会选择进行价值创造型的并购。[51]不同的并购规模下收购方公司对目标公司产生影响的能力不同，从而影响收购方公司能够获取的并购收益。[52]

本文研究的样本期间时逢国企通过并购重组进行改革，为控制并购中产权性质变化带来的影响，本文加入国有化*Stat*、民营化 *Priv*作为控制变量。基于代理理论、政府多元目标论、政治关系论和预算软约束(SoftBudgetRestraint)，[53]国有产权效率低下；[54]国企产权改革后，公司效率得到提高。[55]所以，国有化可能与并购收益负相关，民营化可能与并购收益正相关。

如果公司并购双方属于纵向并购，则该并购活动可能改变其市场势力和市场份额，而且还会在非竞争性市场创造价值，[5,6]故本文加入收购公司并购行业的赫芬达尔指数(*AHI*)，以反映它们所在行业的产品市场竞争程度，并预期符号为正。

表2　变量定义和预期符号

变量名	变量定义	预期符号
资产专用性(SPI)		
Local	收购公司和目标公司间的距离dij位于100公里内视为资产专用性较强的交易，取值为1，否则为0	+
RD	若收购公司和目标公司所在行业的研发支出密度(研发费用/主营业务收入)都位于所有行业的中位数以上，则收购公司和目标公司间交易界定为资产专用性较强的交易，且将其定义为1，否则为0	+
Contract	若收购公司和目标公司所在行业的契约密度都位于所有行业的中位数以上，则收购公司和目标公司间交易界定为资产专用性较强的交易，且将其定义为1，否则为0	+

续表

变量名	变量定义	预期符号
中介变量⑤		
Hprotec	表示较高的地区产权保护指数，若收购公司和目标公司所在地区的产权保护指数都位于75分位数以上(0.74)，其中产权保护指数来自于世界银行对我国120个城市投资环境调查数据，则将其定义为1，否则为0	+
HVC	表示较高的公司纵向相关系数，若收购公司和目标公司行业的纵向相关系数高于全部并购样本的纵向相关系数的75分位数(0.096)，则将其定义为1，否则为0	+
控制变量		
Size	收购方公司在并购前一年总资产的对数	—
Lev	收购方公司在并购前一年的资产负债率	+
Growth	收购方公司在并购前一年主营业务收入的增长率	+
Idios	运用市场模型法计算出的并购首次公告日前180个交易日至公告前30个交易日的回归残差平方之和	—
Herfs	公司前五位大股东持股比例的平方和	?
Vol	本次公司购买目标公司的股权比例	+
Stat	如果收购方公司为国有性质，目标公司为民营性质，则取值为1，否则为0	—
Priv	如果收购方公司为民营性质，目标公司为国有性质，则取值为1，否则为0	+
Reg	目标公司是否属于政府管制行业(煤炭、钢铁、石油、天然气、水供应、金属、航空、电力和铁路等)，如果属于，则取之为1，否则为0	+
AHI	按照“上市公司行业分类指引”的三级分类计算收购公司所处行业的赫芬达尔指数	+
Percapita	收购方所处地区人均国民生产总值的对数	?
Year	如果并购事件发生于2007和2008年，则取值为1，否则为0	+

收购公司的股价表现不仅与公司的决策行为相关，同时也与投资者的信心和对市场的预期有重要关联。在做空套利机制受限的情况下，由于存在事前的信息不对称，投资者的异质预期会导致对收购公司股价的严重高估，市场对错误股价的反应有滞后性，股价回归基本面需要时间，投资者长期持有的损失可能是先前的错误定价导致的，故投资者的异质性预期(*Idios*)可能会负向影响收购公司公告日前后若干个交易日的累积异常收益率。[56]

政府管制能够改变市场交易成本和公司内部组织成本的对比关系，从而使得公司试图通过纵向并购来绕过政府管制，进而影响了公司的经营边界，且经验证据也表明，政府规制政策是影响厂商纵向一体化选择的重要因素之一，[39,57]故将目标公司是否属于政府规制行业(煤炭、钢铁、石油、天然气、水供应、金属、航空、电力、铁路、邮政、(中位数)为52.8%(51%)，表明公司纵向并购多为控电信等)作为政府规制政策的替代变量(*Regulation*)。[38]

由于新会计准则的实施、股权分置改革、“公司法”、“证券法”及“上市公司收购管理办法”的重新修订与实施，故2006年是我国资本市场的转折点，[58]因此，本文将*Year*定义为并购事件发生于2007和2008年，且取值为1，否则为0。此外，为控制地区制度环境对公司纵向并购财富效应的影响，本文还加入收购方所处地区的人均国民生产总值(*Percapita*)的对数作为控制变量。变量定义和预期符号如表2所示。

三、实证结果分析

1. 描述性统计

表 3 统计描述(N=148)[⑥]

Variable	Obs	25	Min	Mean	50	75	Max	STD
CAR(−1,1)	148	−0.020	−0.077	0.006	0.001	0.028	0.187	0.046
CAR(−2,2)	148	−0.028	−0.153	0.008	0.008	0.039	0.243	0.065
CAR(−5,5)	148	−0.043	−0.130	0.010	0.007	0.058	0.296	0.077
CAR(−10,10)	148	−0.048	−0.266	0.003	0.001	0.064	0.229	0.102
Local	148	0.000	0.000	0.473	0.000	1.000	1.000	0.501
RD	148	0.000	0.000	0.311	0.000	1.000	1.000	0.464
Contract	148	0.000	0.000	0.304	0.000	1.000	1.000	0.462
Lev	148	0.339	0.074	0.474	0.489	0.607	0.824	0.172
Hprotect	148	0.000	0.000	0.189	0.000	0.000	1.000	0.392
Hvc	148	0.000	0.000	0.250	0.000	0.750	1.000	0.434
Growth	148	0.035	−0.448	0.246	0.196	0.400	0.989	0.313
Size	148	9.005	7.898	9.246	9.255	9.442	10.813	0.373
AHI	148	0.076	0.019	0.156	0.118	0.198	0.906	0.137
Reg	148	0.000	0.000	0.142	0.000	0.000	1.000	0.350
Herfs	148	0.087	0.006	0.192	0.155	0.275	0.591	0.137
Vol	148	0.318	0.100	0.528	0.510	0.688	1.000	0.263
Idios	148	0.014	0.005	0.025	0.022	0.029	0.179	0.021
Priv	148	0.000	0.000	0.068	0.000	0.000	1.000	0.252
Stat	148	0.000	0.000	0.385	0.000	1.000	1.000	0.488
Percapita	148	3.977	3.513	4.204	4.202	4.508	4.822	0.315
Year	148	0.000	0.000	0.311	0.000	1.000	1.000	0.464

注:变量描述见表 2

表 3 列示了描述性统计。在公司并购首次公告的窗口期[−1,1]、[−2,2]、[−5,5]、[−10,10]内,收购方公司获得的累积异常收益率(CAR)均值(中位数)分别为 0.006(0.001)、0.008(0.008)、0.010(0.007)和 0.003(0.001),意味着纵向收购会给我国上市公司股东带来正的财富效应,这与李善民和陈玉罡[59]等的研究结论相一致,也与 Moeller 等、[49]Fuller 等、[52]Faccio 等[60]以美国或美国以外上市公司收购非上市公司为样本的研究结论相一致。收购公司和目标公司间的距离 d_{ij} 位于 100 公里内,且视为资产专用性较高的交易比例占总样本比例为 47.3%;收购公司和目标公司都位于研发支出密度较高的行业,且视为资产专用性较高的交易比例占总样本比例为 31.1%;收购公司和目标公司都位于契约密度较高的行业,且视为资产专用性较高的交易比例占总样本比例为 30.4%。交易规模 *Vol* 的均值(中位数)为 52.8%(51%),表明公司纵向并购多为控股收购。国有化样本均值为 38.5%,民营化样本均值为 6.8%,民营化样本少于国有化样本。

2. Spearman 相关系数和分组检验

表 4PanelA 中主要变量的 Spearman 相关系数矩阵显示，资产专用性较高并购交易的替代变量中 *RD* 与 *Local* 显著正相关，且相关性系数达到 0.794，这可能意味着较高研发费用/主营业务收入行业一般也会使用较复杂的专用性中间投入品，从而体现出较高的行业契约密度，但它们分别与 *Local* 间的相关系数又都显著不为正，表明这些替代变量能从不同维度界定并购双方交易间资产专用性的高低，进而会使本文的结论更具稳健性。资产专用性较高并购交易的替代变量 *Local*、*RD*、*Contract* 与收购方公司在并购首次公告窗口期内累积异常收益率都显著正相关，且显著性水平至少为 5%。同时，本文又按资产专用性强弱对样本进行分组，分别观察并购首次公告的市场反应，表 4PanelB 中结果表明，资产专用性较高组的累积异常收益率的平均数在不同窗口期内都显著高于资产专用性较低组，这些都初步支持本文的主要研究假设，即资产专用性与公司纵向并购财富效应正相关。此外，解释变量间 Spearman 相关系数都相对较低，这意味着研究样本不存在较大的多重共线性。当然，严格结论有待于下文的多元化回归分析。

表 4 Spearman 相关系数和分组检验

PanelA 主要变量的 Spearman 相关系数

	CAR(−1,1)	CAR(−2,2)	CAR(−5,5)	CAR(−10,10)	Local	RD	Contract
CAR(−1,1)	1.000						
CAR(−2,2)	0.868***	1.000					
CAR(−5,5)	0.645***	0.689***	1.000				
CAR(−10,10)	0.478***	0.484***	0.700***	1.000			
Local	0.188**	0.228***	0.232***	0.219***	1.000		
Contract	0.241***	0.235***	0.214***	0.175**	0.038	0.794***	1.000

PanelB 按资产专用性强弱分组并购首次公告的市场反应(N=148)

	Local[7]		RD		Contract	
	Local=1 (n=70)	Local=0 (n=78)	RD=1 (n=46)	RD=0 (n=102)	Contract=1 (n=45)	Contract=0 (n=103)
CAR(−1,1)	0.015(0.001) −0.002(−0.000)		0.024(0.010) −0.002(−0.004)		0.023(0.006) −0.001(−0−.003)	
	2.31**(1.71*)		3.28***(1.84*)		3.00***(1.63*)	
CAR(−2,2)	0.023(0.013) −0.007(0.002)		0.032(.013) −0.003(0.003)		0.031(0.008) −0.003(0.007)	
	2.83***(1.67*)		3.13***(1.62*)		2.92***(1.65*)	
CAR(−5,5)	0.029(0.010) −0.007(−0.009)		0.046(0.023) −0.006(−0.010)		0.035(−0.006) −0.001(−0.008)	
	2.88***(2.24**)		4.04***(3.26**)		2.65***(1.64*)	
CAR(−10,10)	0.021(0.015) −0.024(−0.015)		0.041(−0.011) −0.022(−0.011)		0.024(0.002) −0.014(−0.009)	
	2.71***(2.39**)		3.63***(2.80***)		2.15***(2.09**)	

注：变量定义见表 2；括号内外分别表示中位数、平均数及相对应的威尔克森中位数检验、T 检验；***、**、*分别表示显著性水平为 1%、5%、10%

3. 检验结果与分析

以CAR(－1,1)为因变量,本文分别运用模型(1)、(2)和(3)进行普通最小二乘法回归分析,得到各变量的回归系数。首先,本文对所有回归模型进行White异方差调整和公司簇的标准差调整;然后,考察模型中自变量的VIF值,发现所有自变量的VIF值均小于5,表明模型没有多重共线性问题。

表5　资产专用性与公司纵向并购财富效应

	(1)	(2)	(3)	(4)	(5)	(6)
	Local	RD	Contract	Local	RD	Contract
SPI	0.021*** (2.72)	0.021** (2.06)	0.019* (1.82)			
Lcontrol				0.015 (1.38)	0.011 (0.89)	0.011 (0.94)
Ccontrol				0.027** (2.17)	0.029** (2.16)	0.031** (2.47)
SPI* Lcontrol				0.006 (0.59)	0.006 (0.44)	0.008 (0.64)
SPI* Ccontrol	0.029* (1.73)	0.018 (1.64)	0.017* (1.66)			
SPI* Pcontrol				0.0417*** (2.70)	0.039* (1.96)	0.043** (2.18)
Lev	0.008 (0.43)	0.007 (0.35)	0.008 (0.42)	0.011 (0.55)	0.007 (0.34)	0.004 (0.20)
Growth	0.003 (0.25)	0.004 (0.29)	0.005 (0.38)	－0.006 (－0.48)	－0.002 (－0.12)	－0.002 (－0.11)
Size	－0.001 (－0.12)	0.003 (0.29)	－0.001 (－0.04)	－0.004 (－0.37)	－0.005 (－0.38)	0.001 (0.02)
AHI	－0.011 (－0.41)	－0.013 (－0.47)	－0.011 (－0.37)	－0.016 (－0.66)	－0.025 (－0.82)	－0.021 (－0.81)
Reg	0.018 (1.52)	0.005 (0.37)	0.005 (0.41)	0.018 (1.61)	0.003 (0.27)	0.001 (0.10)
Herfs	0.064*** (2.64)	0.053** (2.16)	0.053** (2.15)	0.056** (2.46)	0.048* (1.93)	0.053** (2.15)
Vol	0.030* (1.64)	0.023 (1.31)	0.024 (1.38)	0.029 (1.65)	0.026 (1.56)	0.025 (1.51)
Idios	－0.457*** (－3.68)	－0.439*** (－3.57)	－0.457*** (－3.48)	－0.437*** (－3.13)	－0.448*** (－3.03)	－0.439*** (－3.04)
Priv	－0.001 (－0.06)	0.001 (0.07)	0.004 (0.19)	0.003 (0.19)	0.014 (0.70)	0.008 (0.44)
Stat	－0.007 (－0.93)	－0.004 (－0.61)	－0.004 (－0.51)	－0.008 (－0.79)	－0.006 (－0.69)	－0.006 (－0.67)
Percapita	－0.008 (－0.65)	－0.005 (－0.38)	－0.004 (－0.35)	－0.010 (－0.84)	－0.005 (－0.41)	－0.005 (－0.40)
Year	0.022** (2.29)	0.020** (2.28)	0.020** (2.21)	0.023** (2.50)	0.023** (2.52)	0.023** (2.56)
Contract	0.016 (0.15)	－0.030 (－0.27)	0.002 (0.02)	0.041 (0.40)	0.036 (0.31)	－0.009 (－0.09)
AdjustedR^2	0.079	0.072	0.063	0.126	0.083	0.103
F	2.03**	2.00**	1.88**	2.24***	1.78**	2.00**
N	148	148	148	148	148	148

注:Lcontrol表示如果收购方公司为地方政府控制,则取值为1,否则为0;Ccontrol表示如果收购方公司为中央政府控制,则取值为1,否则为0;其它变量描述见表2;T值进行White异方差修正和公司族的标准差调整;***、**、*分别表示显著性水平为1%、5%、10%

(1)假设 H1 的检验

表 5 中模型(1)、(2)和(3)显示，对全部样本进行的回归中，公司并购双方资产专用性较强的替代变量(*Local*、*RD*、*Contract*)都与收购公司累积异常收益率显著正相关，且显著性水平至少为 10%，这意味着公司并购双方资产专用性越强，收购公司获得的并购财富效应越大。由于地方政府控制、中央政府控制和私人控股的这三类公司的价值取向以及面临的市场环境存在实质性的差异，故它们的纵向并购动机可能存在明显的差异。[61]将公司并购双方资产专用性较强的替代变量与收购方最终控制人类型相结合的进一步分析表明，模型(4)、(5)和(6)中资产专用性较强的替代变量(*Local*、*RD*、*Contract*)与收购方为中央政府控制或私人控股公司的交叉项的回归系数显著为正，而其与收购方为地方政府控制的公司的交叉项的回归系数不显著为正。⑧这意味着在转轨经济国家中，由于法律对私有财产权保护不明确，民营企业的发展存在不确定性，面临更大的风险(比如被勒索、遇到纠纷时受到不公平待遇等)，而且与国有企业相比还面临着较大的政策劣势，[62]因此它们更可能会通过产业上下游的公司纵向并购活动来保护和促使交易双方事前的专用性资产投资激励和防止交易对方潜在的“敲竹杠”行为，节约高昂的市场交易成本；[36,39]而在较大的考核和竞争压力下，中央政府控制的公司也会具有较强的节约交易费用的纵向并购动机。相反，地方政府控制的公司收购决策常常旨在满足地方政府的政策性负担和政治晋升目标，而非基于公司节约交易费用的效率最大化目标。由此可见，处于转轨加新兴、社会信任等制度安排低效甚至缺失的我国资本市场中，纵向一体化能较好地保护交易双方。特别是对于私人控股型收购公司而言，能够保护和促进交易双方事前的专用性资产投资激励及防止交易对方潜在的“敲竹杠”行为。因此，资产专用性是解释公司纵向并购财富效应的重要因素之一，符合 Spiller、[4] Kedia 等、[5] Shenoy 等[6]的研究结论，支持了本文的研究假设 H1，即资产专用性与公司纵向并购财富效应正相关。

(2)假设 H2 的检验

根据公司并购双方纵向相关系数的 75 分位数(0.096)，将研究样本划分为公司纵向相关系数较高和较低两组，本文通过其与公司并购双方资产专用性较强的替代变量(*Local*、*RD*、*Contract*)交叉相乘项(*SPI*×*HVC* 和 *SPI*×(1－*HVC*))来检验上述理论推测。⑨表 6 显示，较强资产专用性组和较高纵向相关系数组间交叉项(*SPI*×*HVC*)的回归系数都为正，且该系数至少在 10%的统计性水平下显著异于零，同时 F 联合检验也基本表明，较强资产专用性组和较高纵向相关系数组间交叉项(*SPI*×*HVC*)的回归系数都在至少 10%的统计性水平上显著高于较强资产专用性组和较低纵向相关系数组间交叉项(*SPI*×(1－*HVC*))，这意味着随着公司并购交易双方纵向关联程度的增加，资产专用性与公司纵向并购财富效应间的正相关性更加明显，这就支持了本文的研究假设 H2，即资产专用性与公司纵向并购财富效应间的正相关性会随着公司并购交易双方间纵向关联程度的增加而增加。当然，“公司并购双方距离越近，公司纵向并购财富效应越高”的结论也可能归因于收购公司拥有的信息优势。[47]由于目标公司规模数据的不可获取性，本文将收购公司的支付价作为信息不对称程度的替代变量，同时按照支付价的 75 分位数(88400000 元)将研究样本划分为信息不对称较高和较低两组，支付价相对越低，信息不对称程度越严重。⑩[47,61]表 6 中模型(4)表明，以较高纵向相关系数组为例，地点相近、较高纵向相关系数和目标公司规模较高三者间交叉项(*Local*×*HVC*×*Large*)及地点相近、较高纵向相关系数和目标公司规模较低三者间交叉项(*Local*×*HVC*×*Small*)的回归系数都显著为正，且 F 联合检验{F(1,131)＝0.84,P＝0.36)也表明它们间差异不显著，同时以较低纵向相关系数组为例的研究也发现了类似的结果，这意味着“公司并购双方距离越近，公司纵向并购财富效应越高”的结论可能归因于公司并购双方的资产专用性，而非收购方拥有的信息优势。

表 6　纵向关联系数、资产专用性与公司纵向并购财富效应

	(1)	(2)	(3)	(4)
	Local	RD	Contract	Local
SPI×HVC		0.074*** (3.96)	0.027* (1.91)	0.030** (2.04)
SPI×(1−HVC)	0.002 (0.22)	0.017 (1.42)	0.013 (1.20)	
HVC	0.015* (1.66)	0.003 (1.34)	0.003 (1.30)	0.016* (0.72)
Local×HVC×Large				0.052*** (2.73)
Local×HVC×Small				0.079*** (3.69)
Local×(1−HVC)×Lage				0.023 (1.20)
Local×(1−HVC)×Small				0.007 (0.80)
Small				0.003 (0.36)
Lev	0.005 (0.25)	0.003 (0.15)	0.003 (0.14)	−0.007 (−0.31)
Growth	0.014 (1.05)	0.005 (0.35)	0.006 (0.40)	0.015 (1.20)
Size	−0.006 (−0.50)	−0.002 (0.18)	−0.001 (−0.03)	−0.003 (−0.24)
AHI	−0.035 (−1.35)	−0.018 (−0.65)	−0.015 (−0.50)	−0.034 (−1.26)
Reg	0.005 (0.49)	0.003 (0.35)	0.006 (0.65)	0.005 (0.56)
Herfs	0.062*** (2.81)	0.051** (2.08)	0.050** (2.03)	0.064*** (2.88)
Vol	0.016 (1.13)	0.020 (1.21)	0.021 (1.28)	0.020 (1.33)
Idios	−0.472*** (−3.93)	−0.424*** (−3.57)	−0.428*** (−3.49)	−0.462*** (−4.48)
Priv	0.001 (0.04)	0.001 (0.01)	0.002 (0.10)	0.002 (0.08)
Stat	−0.006 (−0.87)	−0.004 (−0.50)	−0.003 (−0.41)	−0.007 (−1.02)
Percapita	0.004 (0.36)	0.007 (0.54)	0.008 (0.65)	0.006 (0.47)
Year	0.031*** (3.44)	0.022*** (2.45)	0.023** (2.40)	0.035*** (3.58)
Contract	0.059 (0.62)	−0.008 (−0.07)	0.021 (0.19)	0.033 (0.33)
AdjustedR^2	0.184	0.064	0.061	0.208
F	2.83***	1.94**	1.92**	3.26***
N48	148	148	148	

注：Large、Small 分别是表示较高的和较低的目标公司规模，其分类标准是按照公司收购支付价的 75 分位数，即 88400000 元；其它变量描述见表 2；T 值进行 White 异方差修正和公司族的标准差调整；***、**、*分别表示显著性水平为 1%、5%、10%

表 7　地区产权保护、资产专用性与公司纵向并购财富效应

	(1) Local	(2) RD	(3) Contract
Hprotect	0.013 (1.37)	0.019*** (2.83)	0.013* (1.86)
SPI×Hprotect	0.007 (0.52)	0.008 (0.35)	0.005 (0.21)
SPI×(1−Hprotect)	0.022** (0.52)	0.028** (2.46)	0.022* (1.88)
Lev	0.008 (0.40)	0.007 (0.34)	0.009 (0.42)
Growth	0.003 (0.26)	0.002 (0.15)	0.005 (0.35)
Size	−0.001 (−0.08)	0.004 (0.33)	−0.001 (−0.05)
AHI	−0.012 (−0.44)	−0.009 (−0.34)	−0.007 (−0.25)
Reg	0.018 (1.52)	0.004 (0.27)	0.006 (0.45)
Herfs	0.066*** (2.65)	0.048** (2.01)	0.051** (2.12)
Vol	0.031* (1.68)	0.021 (1.23)	0.023 (1.36)
Idios	−0H443*** (−3.58)	−0.412*** (−3.76)	−0.460*** (−3.44)
Priv	0.001 (0.01)	0.002 (0.11)	0.002 (0.12)
Stat	−0.007 (−0.88)	−0.005 (−0.75)	−0.004 (−0.52)
Percapita	−0.007 (−0.59)	−0.004 (−0.30)	−0.004 (−0.33)
Year	0.022** (2.23)	0.022** (2.45)	0.022** (2.33)
Contract	0.007 (0.07)	−0.040 (−0.37)	−0.001 (−0.01)
AdjustedR^2	0.068	0.084	0.059
F	1.90**	2.46***	1.87**
N	148	148	148

注：变量描述见表 2；T 值进行 White 异方差修正和公司族的标准差调整；***、**、*分别表示显著性水平为 1%、5%、10%

(3)假设 H3 的检验

由于各地区产权保护程度在不同年度间相对稳定,加之难以找到其它衡量地区产权保护程度的数据,本文采用了世界银行[63]报告的中国 120 个城市的产权保护指数作为地区产权保护的替代变量,以便在城市而非省区的视角度量产权保护程度。本文将公司并购双方所在地区的产权保护指数都位于 75 分位数(0.74)以上的样本定义为地区产权保护较高组,并通过其与公司并购双方资产专用性较强的替代变量(*Local*、*RD*、*Contract*)交叉相乘项(*SPI*×*Hprotect* 和 *SPI*×(1−*Hprotect*)来检验上述理论推测。表 7 显示,较强资产专用性组和较低地区产权保护组间交叉项(SPI×(1−Hprotect))的回归系数都为正,且该系数至少在 10%的显著性水平下显著异于零,同时 F 联合检验也表明较强资产专用性组和较低地区产权保护组间交叉项(*SPI*×(1−*Hprotect*))的回归系数都在至少 10%的统计性水平上显著高于较强资产专用性组和较高地区产权保护组间交叉项(*SPI*×*Hprotect*),意味着公司并购交易双方所在地区产权保护程度越弱,资产专用性与公司纵向并购财富效应间的正相关性越明显,支持了本文的研究假设 H3,即资产专用性与公司纵向并购财富效应间的正相关性会随着公司并购交易双方所在地区产权保护程度的降低而增加。这意味着在不完善的法律制度、较差的契约实施和低效的社会信任条件下,纵向一体化可以作为一种替代机制,保护交易双方有价值的专用性资产投资免受机会主义行为的侵害。

此外,表 5、6 和 7 中控制变量的回归结果显示,股权集中度(*Herfs*)的回归系数为正,且显著性异于零,意味着股权制衡度越高,对控股股东基于控制的公共利益所产生的正向激励及保持对公司经理层控制的有效性相应越高,越会选择进行价值创造型的并购;而投资者的异质性预期(*Idios*)的回归系数为负,且显著性异于零,意味着投资者异质预期引发的异质波动性越高,异质预期引致的错误定价越严重,公司并购绩效越低;[56]年度哑变量 *Year* 的回归系数为正,且显著性异于零,这表明随着会计准则、资本市场监管法律法规等资本市场基础设施的完善,上市公司收购时面临的外部治理环境得到改善和加强,增加并购财富效应。此外,收购公司的产品市场集中度 *AHI* 不显著为负,说明纵向收购公司的财富效应并非来自于其市场势力的加强。

4. 稳健性检验

为了检验结果的稳健性,本文对上述结果进行了敏感性测试。(1)将收购方公司在并购首次公告窗口期内累积异常收益率 CAR(−2,2)、CAR(−5,5)和 CAR(−10,10)作为因变量重新进行普通最小二乘法(OLS)估计;(2)若公司管理层拥有公司并购潜在协同效应的私人信息,那么普通最小二乘法(OLS)估计是有偏的,[64]因此本文又进行了一致性最大似然估计;(3)将收购公司与目标公司行业 *i* 和 *j* 间的纵向相关系数 *Vij* 分别大于 5%,并剔除行业属于综合类,且处于非相同行业的公司并购样本作为公司纵向并购样本,然后进行普通最小二乘法(OLS)估计;(4)由于本文是通过收购公司第一大主营业务收入行业界定公司并购双方的纵向关系系数,事实上收购公司的第二大主营业务收入行业与目标公司也可能具有重要的纵向关联性,[26]因此首先结合收购公司第一大和第二大主营业务收入行业界定公司并购双方的纵向关系系数,并将收购公司与目标公司行业 *i* 和 *j* 间的纵向相关系数 *Vij* 大于 1%,并剔除行业属于综合类,且处于非相同行业的公司并购样本作为公司纵向并购样本,然后进行普通最小二乘法(OLS)估计。稳健性检验结果表明,这些检验都在所有的重要结论上与前述基本保持一致。

四、研究结论与讨论

本文以 1998—2008 年间发生的、上市公司作为收购方的国内非关联股权标的纵向并购事件为研究对象,以地点相近性、研发支出和契约密度衡量公司纵向并购双方的资产专用性,结果发现,并购交易双方资产专用性越高,收购方公司财富效应越大,且随着并购双方纵向关联程度的增加及它们所在地区产权保护程度的降低，资产专用性与公司纵向并购财富效应间的正相关性越强，支持了交易费用经济学的理论假说。这表明，在我国不完善的法律和司法体系、较差的契约实施和低效的社会信任条件下，纵向一体化可以作为一种替代机制，保护交易双方，特别是私人控股收购公司有价值的专用性资产投资免受机会主义行为的侵害。本文的政策建议是，促进契约的良好实施、建立稳定而明晰的产权制度，加强法律和政府对公司的产权保护、建立更为开放的竞争政策和鼓励私人的自由签约活动，对于获取和维持公司市场竞争力和国家竞争优势来说至关重要。

当然，以地点相近性、研发支出密度和契约密度为替代变量是否能够正确又合适地衡量我国公司纵向并购双方的资产专用性仍需进一步商榷，对于目前是否还有其它的指标体系或方法既能反映公司并购的战略决策，又能准确反映公司资产专用性仍然有待进一步探寻。此外，由于公司并购动因的复杂性、多元性和多边性，加之我国新兴加转轨的市场特征，使得我国上市公司的纵向并购动因更为复杂，因此本文需要谨慎解释和进一步拓展；最后，公司通过并购实现纵向一体化也会给公司自身带来额外的成本，如目标公司进行专用性资产投资激励的降低、[21,22]公司组织内部的官僚主义成本的增加[18]和管理层为追求自身效用最大化发生的影响成本[24]的增加，同时也可能由于市场势力和市场封闭造成社会福利的损失。[2]

参考文献

[1]Williamson, O. Markets and Hierarchies: Analysis and Antitrust Implications. New York: Free Press, 1975.

[2]Joskow Paul L.. Vertical Integration, C. Menard and M. M. Shirley (eds.). Handbook of New Institutional Economics, 2005: 319—348.

[3]Weiss, Avi.. The Role of Firm—specific Capital in Vertical Mergers. Journal of Law and Economics, 1992, 35(1): 71—88.

[4]Spiller, P. T. On Vertical Mergers. Journal of Law. Economics and Organization, 1985, 35(1): 285—311.

[5]Kedia Simi, S.. Abraham Ravid and Vicente Pons. Vertical Mergers and the Market Valuation of the Benefits of Vertical Integration. Rutgers Business School Working Paper, 2008.

[6]Shenoy Jaideep. An Examination of the Effciency, Foreclosure, and Collusion Rationales for Vertical Takeovers. Georgia State University Working Paper, 2009.

[7] Lafontaine Francine, Margaret Slade. Vertical Integration and Firm Boundaries: The Evidence. Journal of Economic Literature, 2007, 45(3): 629—685.

[8]Acemoglu Daron, Philippe Aghion, Rachel Grif? th, Fabrizio Zilibotti. Vertical Integration and Technology: Theory and Evidence. Journal of European Economic Association, 2010, 8(5): 1—45.

[9]Kale, Jayant R., Husayn Shahrur. Corporate Capital Structure and the Characteristics of Suppliers and Customers. Journal of Financial Economics, 2007, 83(2): 321—365.

[10] Dou, Ole—Kristian Hope, Thomas. Relationship — Specificity, Contract Enforceability, Income Smoothing: An International Study. University of Toronto Working Paper, 2010.

[11]Nunn Nathan. Relationship Speci? city, Incomplete Contracts, and the Pattern of Trade. The Quarterly Journal of Economics, 2007, 122(2): 569—600.

[12]李元旭.资产专用性与纵向一体化.经济科学，2000，(5)：64—69.

[13]李明慧，赵坚.资产专用性能否作为纵向一体化的主要动因.北京交通大学学报(社会科学版)，2007，6(3)：1—8.

[14]陈玉罡，李善民.并购中主并公司的可预测性——基于交易成本视角的研究.经济研究，2007，(4)：90—100.

[15]陈玉罡，李善民.资产专用性影响并购的

超边际分析，中山大学学报. 2009，49（1）：204—208.

[16]Bruner，R. F. Does M&A Pay? A Survey of Evidence for the Decision—maker. Journal of Applied Finance，2002，12(1)：48—69.

[17]Klein Peter G. The Make—or—Buy Decision：Lessons from Empirical Studies. University of Missouri Working Paper，2005.

[18]Williamson，O. E.，The Economic Institutions of Capitalism. New York：Free Press，1985.

[19] Coase，R.. The Nature of the Firm. Economica. 1937，4(16)：386—405.

[20] Klein，Benjamin，Robert G. Crawford and Armen A. Alchian. Vertical Integration，Appropriable Rents，the Competitive Contracting Process. Journal of Law and Economics，1978，21(2)：297—336.

[21]Grossman，S. J.，O. Hart. The Costs and Bene? ts of Ownership：A Theory of Vertical and Lateral Integration. Journal of Political Economy，1986，94(4)：691—719.

[22] Hart，O.，J. Moore. Property Rights and the Nature of the Firm. Journal of Political Economy，1990，98(6)：1119—1158.

[23] Whinston，M. Assessing the Property Rights and Transaction—Cost Theories of Firm Scope. American Economic Review，2001，91(2)：184—188.

[24] Milgrom Paul，John Roberts. Economics，Organization and Management. New Jersey：Prentice Hall International，1992.

[25] Kvalòy Ola. Asset Specificity and Vertical Integration. Scandinavian Journal of Economics，2007，109(3)：551—572.

[26] Fan，J.，V. Goyal. On the Patterns and Wealth Effects of Vertical Mergers. Journal of Business，2006，79(2)：877—902.

[27] Bishop Simon，Andrea Lofaro，Francesco Rosati，Juliet Young. The Effciency-Enhancing Effects of Non—Horizontal Mergers. European Communities Report，2005.

[28] Cavanaugh Joseph K. Partial Integration and Asset Specific Investment. Wright State University Working Paper，2001.

[29] Mang，P. Y.. Exploiting Innovation Options：An Empirical Nankai Business Review 2011，Vol. 14，No. 6，pp 116—127 Analysis of R&D—intensive Firms. Journal of Economic Behavior and Organization，1998，35(2)：229—242.

[30]李青原，陈晓，王永海.产品市场竞争、资产专用性与资本结构——来自中国制造业上市公司的经验证据.金融研究，2007，(4)：100—113.

[31]Richard A. D'Aveni，David J. Ravenscraft. Economies of Integration Versus Bureaucracy Costs：Does Vertical Integration Improve Performance? The Academy of Management Journal，1994，37(5)：1167—1206.

[32]张维迎，柯荣住.信任及其解释：来自中国的跨省调查分析.经济研究，2002，(10)：59—70.

[33] Allen，F.，Qian，J.，Qian，M. Law，Finance，Economic Growth in China. Journal of Financial Economics，2005，77(1)：57—116.

[34] Khanna，Tarun，K. G. Palepu. Is Group Af? liation Pro? table in Emerging Markets? An Analysis of Diversi? ed Indian Business Groups. Journal of Finance，2000，55(2)：867—891.

[35] Lin Chen，Ping Lin，Frank Song. Property Rights Protection and Corporate R&D：Evidence from China. Journal of Development Economics，2010，93(1)：49—62.

[36] Acemoglu，D.，Simon Johnson，Mitton T.. Determinants of Vertical Integration：Financial Development and Contracting Costs. Journal of Finance，2009，64(3)：1251—1290.

[37] Chari Anusha，Paige P. Ouimet，Linda L. Tesar. The Value of Control in Emerging Mar-

kets. Review of Financial Studies 2010，23(4)：1741－1770.

[38] Fan，J.，Jun Huang，R. Morck，Bernard Y. Yeung. Vertical Integration，Institutional Determinants and Impact：Evidence from China. CUHK Working Paper，2009.

[39] 李青原，唐建新. 企业纵向一体化的决定因素与生产效率——来自我国制造业企业的经验证据. 南开管理评论，2010，(3)：60－69.

[40] Fan，Joseph P. H.，Larry H. P. Lang. The Measurement of Relatedness：An Application to Corporate Diversification. Journal of Business，2000，73(4)：629－660.

[41]Joskow Paul L. Vertical Integration and Long－Term Contract：The Case of Coal－burning Electric Generating Plants. Journal of Law，Economics and Organisation，1985，1(1)：33－81.

[42] Masten S. E.，Meehan J. W.，Snyder E. A. Vertical Integration in the U. S. Auto Industry：A Note on the Influence of Transaction Speci? c Assets. Journal of Economic Behavior and Organization，1989，12(2)：265－273.

[43] Coval，J.，Moskowitz，T. The Geography of Investment：Informed Trading and Asset Prices. Journal of Political Economy，2001，109(4)：811－841.

[44]Allen Jeffrey W.，Gordon M. Phillips. Corporate Equity Ownership，Strategic Alliances，Product Market Relationships. Journal of Finance，2000，55(6)：2791－2815.

[45] Sundaram，Anant K. John，Teresa A.，John，Kose. An Empirical Analysis of Strategic Competition and Firm Values：The Case of R&D Competition. Journal of Financial Economics 1996，40(3)：459－486.

[46] Rauch，James E. Networks Versus Markets in International Trade. Journal of International Economics，1999，48(1)：7－35.

[47] Uysal，V. Kedia，S.，V. Panchapagesan. Geography and Acquirer returns. Journal of Financial Intermediation，2008，17(2)：256－275.

[48] Roll，R. The Hubris Hypothesis of Corporate Takeovers. Journal of Business，1986，59(2)：197－216.

[49] Moeller，S. B.，Schlingemann，F. P.，R. M. Stulz. Firm Size and the Gains from Acquisitions. Journal of Financial Economics，2004，73(2)：201－228.

[50] Jensen，M. C. Agency Costs of Free Cash Flow，Corporate Finance，Takeovers. American Economic Review，1986，76(2)：323－329.

[51]Servaes，H. Tobin's Q. Agency Costs，Corporate Control：An Empirical Analysis of Firm Speci? c Parameters. Journal of Finance 1991，46(1)：409－419.

[52] Fuller，K.，Netter，J.，M. Stegemolle. What do Returns to Acquiring Firms Tell Us? Evidence from Firms that Make Many Acquisition. Journal of Finance，2002，57(4)：1763－1793.

[53]Kornai，J. The Concept of the Soft Budget Constraint Syndrome in Economic Theory. Journal of Comparative Economics，1998，26(1)：11－17.

[54] Megginson，W. L.，J. M. Netter. From State to Market：A Survey of Empirical Studies on Privatization. Journal of Economic Literature，2001，39(2)：321－389.

[55] 宋立刚，姚洋. 改制对企业绩效的影响. 中国社会科学，2005，(2)：17－31.

[56] 赖步连，杨继东，周业安. 异质波动与并购绩效：基于中国上市公司的实证研究. 金融研究，2006，(12)：126－139.

[57] 陈信元，黄俊. 政府管制与企业垂直整合——刘永行炼铝的案例分析. 管理世界，2006，(2)：134－138，169.

[58] 中国证券业监督管理委员会. 中国资本市场发展报告. 北京：中国金融出版社，2008.

[59] 李善民，陈玉罡. 上市公司兼并与收购的

财富效应. 经济研究, 2002, (11): 27—35.

[60] Faccio, M., McConnell, J., Stolin, D. Returns to Acquirers of Listed and Unlisted Targets. Journal of Financial and Quantitative Analysis, 2006, 41(1): 197—220.

[61]方军雄. 政府干预、所有权性质与企业并购. 管理世界. 2008, (9): 118—123, 148.

[62] Cull, Robert, Xu, Lixin Colin. Institutions, Ownership and Finance: The Determinants of Profit Reinvestment among Chinese Firms. Journal of Financial Economics. 2004, 77(1): 117—146.

[63]世界银行. 中国政府治理、投资环境与和谐社会:中国120个城市竞争力的提高. 2006, No. 37759—CN.

[64] Eckbo, B. Espen, Vojislav Maksimovic and Joseph Williams. Consistent Estimation of Cross—Sectional Models in Event Studies. The Review of Financial Studies, 1990, 3(3): 343—365.

[65]袁堂军. 中国企业全要素生产率水平研究. 经济研究. 2009,(6):52—64.

注释

①尽管 Grossman&Hart、[21] Hart&Moore[22] 等对产权理论的提出至今已有20年了,但是与Williamson、[1,18] Kleinetal.[20]等发展的交易费用经济学的实证研究大量涌现相比,学者们对产权理论进行实证检验的工作较大地滞后于理论的发展。[7]同时交易费用经济学和产权理论都聚焦于契约不完全性和事后准租金对事前关系专用性投资的影响,研究者较少区分这两种理论,因此本文沿袭了已有的研究传统,仅仅归纳了交易费用理论和产权理论下资产专用性对公司纵向并购财富效应的影响,而未进行区别和判断哪种理论更适合于中国。

②尽管同行业间公司并购会存在显著的纵向一体化机会,[26]但因同行业公司间的纵向并购事件既包括着横向并购机会,又包括着纵向一体化机会,从而会使研究样本不干净,因此Fan&Goyal[26]和Shenoy[6]的研究样本都未包括了这类样本。沿袭Fan&Goyal[26]和Shenoy[6]的样本选取标准,同时本文主要聚焦于资产专用性与公司纵向并购财富效应,因此本文也未包括同行业间的公司纵向并购样本。

③研究样本中,虽然某些收购公司总部办公地址与目标公司相距甚远,但其分公司或生产车间与目标公司相距甚近,故本文将按分公司或生产车间与目标公司间的距离进行定义,通过上市公司收购报告书或收购股权公告中"交易标的情况"和"收购目的和对公司的影响"寻找相关资料。

④资料来源:http://www.macalester.edu/research/economics/PAGE/HAVEMAN/Trade.Resources/TradeData.html#Rauch。

⑤约12%的公司并购交易样本所在地区不属于世界银行(2006)调查的120个城市范围内,为了增加样本量,本文通过本省所在具有数据的城市平均值来替代其它城市,同时本文存在一个既无地区调查数据,又无省平均值的样本,即拉萨地区样本(600773),但由于拉萨地区属于中西部地区,假定其属于产权保护较低的地区样本是合理的。当然,当地区产权保护程度来自《中国市场化指数——各地区市场化相对进程2006年报告》中"市场中介组织发育和法律制度环境"时,结论基本保持不变,仅是显著性系数略有下降。与此同时,选择75分位数为分组标准的目的在于获取较大的地区产权保护或公司纵向相关系数高低组间差异,从而方便组间比较分析。当然,若选择50分位数为分组标准时,主要变量的显著性系数有所下降,但结论依然保持不变。

⑥样本中公司并购双方的距离中位数是159.86公里,平均值为535.57公里。

⑦值得注意,本文的样本中本省并购样本为84个,本地并购又为70个,其中收购公司控制人为民企、地方国企和中央企业的样本数依次为20,37和13个。

⑧此外,剔除并购交易一方是地方控股的国有公司样本后,公司并购双方资产专用性较强的替代变量(*Local*、*RD*、*Con—trol*)的回归系数依然显著。

⑨交叉项的设计会较难造成反向因果关系在理论上成立,故通过地点相近性和较高纵向相关系

数二者的交叉项还可以部分解决因收购公司寻求改善目标业绩和利用信息优势更可能收购较近的公司而引起的反向因果关系。[10]

⑩此外，以预先持股和年龄来界定目标公司信息不对称的严重程度时，结论依然保持不变。

⑪尽管事件研究法是国内外学者研究公司并购绩效的主流研究方法，但处于新兴加转轨时期中的我国证券市场的有效性程度会影响本文结论的稳健性。尽管并购企业的生产效率变化可以度量公司并购绩效，但是该方法不仅忽略了公司并购前后的风险变化，而且还难以剔除其它因素对生产要素的影响，加之我国上市公司每年兼并收购次数较多，从而可能会导致公司并购绩效出现更大的测量误差。当然，本文按照袁堂军[65]的思路计算了公司并购前后两年间的全要素生产率水平，并使用公司并购前后两年间的全要素生产率平均数之差作为因变量，结果发现研究假设中测试变量的回归系数虽符合预期，但它们的显著性有些下降，基本支持了本文的研究假设。

作者简介　李青原，武汉大学经济与管理学院副教授、博士生导师，研究方向为纵向一体化、公司并购与盈余质量

Asset Specificity and Wealth Effects of Vertical Mergers: Evidence from Listed Corporations in China

Li Qingyuan

School of Economics and Management, Wuhan University

Abstract　Compared with developed countries, which are characterized as efficient legal and justice systems, sound financial systems, vertical integration should better protect ex ante relationship specific investment incentives between transaction parties and reduce a potential "hold up" or "opportunism". Transaction cost－based theories of vertical integration insists that contracts are incomplete and that contractual incompleteness potentially leads to contractual hazards that adversely affect ex ante investment incentives and the efficiency of ex post performance while property rights based theories of vertical integration insists that when specific investments are involved, ownership of the specific assets allocates the residual rights of control to the party that makes the specific investment and the residual rights of control that are conveyed by ownership affect the ex post distribution of surplus which in turn affects the ex ante incentives to invest. In the paper, it analyzes the relationship between relationship－specific asset and wealth effects of vertical mergers. Using a sample of domestic vertical mergers with non－related－party acquirers and unlisted target firms from 1998 to 2008, and according to distance proximity, R&D/sales and contract intensity, we have judged whether this M&A transaction belongs to relatively high relationship－specificity. Our findings are that the higher specific between the M&A transaction, the higher wealth effects of vertical mergers, additionally the positive relationship between relationship－specific asset and wealth effects of vertical mergers increases with vertical linkage between the M&A transaction as well as them located in regions with weak legal protection of private property rights, which supports transaction cost economics literature. The results of our study indicate that, in the present China with imperfect law and regulation, poor law enforcement and inefficient social trust, vertical integration can be served as a substitute mechanism, to protect valuable relationship－specific investment from opportunism. This study can help us explain the role of asset specificity in vertical integration dynamically; stress the role of vertical linkage in wealth effects of vertical mergers and the mediation role of ownership and institution.

Key Words　Relationship－Specific Asset; Vertical Merger; VerticalIntegration; Wealth Effects

公司治理、经验学习与企业连续并购*

———基于我国上市公司并购决策的经验证据

郭 冰，吕 巍，周 颖

（上海交通大学安泰经济与管理学院，上海 200052）

【摘要】 文章以2004—2008年我国上市公司的1480起并购事件为样本，运用事件历史分析方法研究了公司治理和经验学习对企业连续并购行为的影响。研究发现：(1)并购管理程序熟练程度和以往并购绩效反馈都会增加连续并购决策的发生概率；(2)国有股权、管理层持股比率的增加、CEO和董事长两职合一会促进企业连续并购的发生，而具有较高独立性的董事会则可能会降低企业并购的发生概率；(3)国有股权、管理层持股比率、董事会领导结构和董事会独立性会强化经验学习对并购决策的影响效果。

[关键词] 公司治理；经验学习；并购；事件历史分析

[中图分类号]F272.3 [文献标识码]A [文章编号]1001-9952(2011)10-0124-11

一、引 言

近年来，全球并购规模和数量一直呈现不断上升的趋势，交易额屡创新高，对企业并购的研究因而成为学术界和企业界关注的焦点。已有文献研究表明，由于受到内部和外部等多重因素的影响，大部分企业并购都未获得理想的绩效(King等，2004)；同时，我国企业的并购发展历史还不长，尚未形成一套真正适用于我国企业发展的企业并购理论。那么影响我国企业并购决策的关键性因素有哪些及如何有效引导和促进企业并购，是目前我国企业战略发展所要解决的首要问题，对该问题的研究具有重要的现实意义。

在并购研究领域，关于公司治理影响的相关文献主要集中于探讨其与并购绩效之间的直接关系(Wright等，2002；王晓初和俞伟峰，2007)，而忽略了其对并购决策过程的作用。研究公司治理在并购决策过程中的影响有助于企业提高并购战略的决策效率和成功率，具有重要的现实意义。

近年来，部分学者将组织学习理论引入企业并购研究领域，并从管理程序(Routine)和绩效反馈两方面研究经验学习对并购战略决策的影响(Haleblian等，2006)。考虑到经验学习是一个“经历—推断—积累”的动态迭代过程，在其发展过程中会受到有效监管和管理层支持的影响(Tainio等，2003)。那么企业通过学习以往并购知识逐步掌握并购技巧以提高并购的成功率，这个过程是否会受到公司治理机制的影响呢？鲜有学者将经验学习和公司治理结合在一起研究它们对企业并购决策的共同作用。

本文结合公司治理、组织行为和战略决策的相关理论，从并购管理程序熟练程度和以往并购绩效反馈两个角度检验了经验学习对并购决策的影响，并从股权集中度、实际控制人性质、管理层持股、董事会领导结构和董事会独立性等方面探讨了公司治理机制对并购决策的影响，同时检验了公司治理和经验学习对并购决策的交互影响，以期对现有研究进行有益的扩充。

[收稿日期]2011-04-29

[作者简介]郭 冰(1979-)，男，山东济南人，上海交通大学安泰经济与管理学院博士研究生；
吕巍(1964-)，男，上海人，上海交通大学安泰经济与管理学院教授，博士生导师；
周颖(1966-)，女，吉林长春人，上海交通大学安泰经济与管理学院副教授，博士。

二、理论分析与研究假设

(一)经验学习与企业连续并购

1. 对并购管理程序的熟练程度

组织学习理论认为经验学习是组织获得、理解、传播、拓展和运用其经验的过程(Huber,1991)。较丰富的并购经验可能使企业不断改进并购管理程序,并将改进后的并购知识运用于未来的战略决策,以提高并购成功率。Haleblan 等(2006)研究美国银行业的并购行为发现,并购发生率与以往并购经验存在显著的正相关关系。Iyer 和 Miller(2008)同样发现企业的并购决策与以往的并购经验显著正相关。因此,并购经验可能会增加后续并购的可能性。据此,本文提出以下假设:

假设 1:连续并购的发生概率与并购管理程序的熟练程度正相关。

2. 并购绩效反馈

并购所带来的规模经济、范围经济、市场权力增强以及其他协同效应(Hitt 等,2001)最终将体现在企业收益增加和价值增值上,管理者根据并购后企业实际绩效与期望水平的差异判断并购决策是否获得成功。如果以往的行为取得了成功,理想的绩效反馈会让企业倾向于重复这种风险相对较小的行为,这样会带来组织行为的持续性,从而进一步强化已经学习到的知识和技能(Haleblian 等,2006)。因此,以往并购的绩效反馈可能会对未来并购行为产生影响。据此,本文提出以下假设:

假设 2:连续并购的发生概率与以往并购的绩效反馈正相关。

(二)公司治理与企业并购

本文主要从股权集中度、实际控制人股权性质、管理层持股、董事会领导结构和董事会独立性五个方面探讨公司治理机制对企业并购的影响。

1. 股权集中度

根据所有权和控制权分离的观点,控股股东具有剩余利润的索取权,因而具有很强的动机和能力行使监管权利。Denis 等(1997)研究发现,大股东持股比例与企业多元化程度负相关,股权集中抑制了企业的过度多元化。孙永祥和黄祖辉(1999)研究发现,第一大股东所占公司股权比例与并购发生的次数负相关。此外,随着对企业股权持有量的增加,所有者的利益与企业未来发展越来越紧密,使其对企业战略决策的监管更谨慎(Denis 等,1997),其愿意相信从事有经验的战略行为更能为企业带来价值增长,因此,股权集中度强化了经验学习对连续并购决策的影响。据此,本文提出以下假设:

假设 3a:连续并购的发生概率与股权集中度负相关。

假设 3b:股权集中度将强化经验学习对连续并购决策的影响。

2. 实际控制人股权性质

近年来,随着企业经营管理理念的进化和资本市场的发展,并购正逐步成为国有控股上市公司增强竞争实力和提升竞争优势的一种重要途径。一方面,国有控股上市公司得到政府的支持力度较大,更容易获得各种资源;另一方面,国有控股上市公司很可能是政府落实产业政策的工具,需要通过一系列并购实现产业结构调整的目标。因此,实际控制人股权性质为国有的上市公司更容易采取连续并购行为。但是出于对未来职业生涯的考虑,国有控股企业的主要管理人员对投资的风险规避偏好更强,倾向于选择那些本企业已经积累了丰富经验的决策行为来实现战略目标,因而会强化对以往并购经验的学习,特别是那些取得良好绩效的经验。据此,本文提出以下假设:

假设 4a:连续并购的发生概率与实际控制人股权性质为国有正相关。

假设 4b:国有实际控制人将强化经验学习对连续并购决策的影响。

3. 管理层持股

已有研究认为,管理层持股可以提供有效监管(Dalton 等,2003)。当持有本公司股份足够多时,管理人员具有足够的自我监管动力,促使其将企业资源投入到能够获取长期收益的项目中,从而可以有效缓解代理问题(Wright 等,2002)。我们认为,管理层持股将自身利益与股东利益联系在一起,可以避免其利用手中的权力获取私利,降低从事可能带来价值损耗的并购交易的可能。同时,以往的经验特别是成功的并购经验会增加管理者的信心,而持股比率的提高会增强管理者对企业战略的决策权,其结果是经验学习的作用变得更加显著。据此,本文提出以下假设:

假设 5a:连续并购的发生概率与管理层持股比率正相关。

假设 5b:管理层持股将强化经验学习对连续并购决策的影响。

4. 董事会领导结构

职能人员理论(StewardshipTheory)认为在 CEO 和董事会的关系中,董事的首要角色是支持 CEO 的决策制定并提供合理的建议和忠告。董事和管理人员的关系能够培育出信任,有助于 CEO 从董事那里获得更多、更好的建议,而不是花费大量时间和精力与董事会周旋(Westphal,1999)。因此,CEO 和董事长的职能合一消除了可能出现在 CEO 和董事长之间的权利分配冲突,从而有利于提高企业的创新能力、信息沟通效率和组织决策速度。丰富的并购经验可以加深企业对并购行为的理解、提高并购成功率,而两职合一形成的强有力的管理执行力更有利于并购管理程序的强化和改进。据此,本文提出以下假设:

假设 6a:连续并购的发生概率与 CEO 和董事长两职合一正相关。

假设 6b:CEO 和董事长两职合一将强化经验学习对连续并购决策的影响。

5. 董事会独立性

作为公司治理机制中的一种手段,董事会提供了重要的内部监管机制。

相对于内部董事而言,独立董事具有三方面优势:第一,独立董事不需要对 CEO 负责,因而更具有客观性;第二,独立董事具有维护自身声誉和避免诉讼的动机,因而更具有自律性;第三,独立董事具有内部董事缺乏的获取外部信息的渠道(Daily 等,2003)。独立董事能够提供更多客观的见解,独立董事较多更有利于对战略决策的监管,有助于提高并购绩效从而更好地确保股东利益。独立董事自身具有丰富的专业知识或管理经验,能够提供并购相关管理的专业化咨询。因此,相对于缺乏并购经验的企业而言,独立董事更倾向于相信有较多并购经验的企业能够做出正确的并购决策。据此,本文提出以下假设:

假设 7a:连续并购的发生概率与独立董事比率负相关。

假设 7b:独立董事比率将强化经验学习对连续并购决策的影响。

三、样本、变量与研究方法

(一)研究样本

本文选择 2004 年 1 月至 2008 年 12 月在沪深两市 A 股市场上市公司公告的并购事件作为研究样本。同时,本文还考虑了如下因素:(1)将并购事件发生日定义为上市公司公告中首次披露日;(2)剔除期间上市公司上市以来的首次并购事件;(3)选取交易价格不低于 100 万元人民币的并购事件;(4)剔除并购方为金融和保险类上市公司的并购事件;(5)并购事件发生日前 300 个交易日和后 10 个交易日的股价数据完整。本文最终获得的有效样本包括 1480 起连续并购事件,数据来自国泰安 CSMAR 数据库。

(二)变量定义和度量

1. 并购经验。本文从并购管理程序熟练程度和以往并购绩效反馈两个角度刻画并购经验。

(1)并购管理程序熟练程度。我们采用1997年1月至本次并购首次公告日的累计并购次数来刻画,记为MA。

(2)以往并购绩效反馈。并购事件的市场反应通常用累积超额收益率(CAR)来表示,其代表市场对并购将为企业带来价值提升的预期,而并购后企业的实际绩效则反映了企业对这种价值提升的实现能力。实际绩效与市场预期是否一致会影响投资者对企业的信心,也会影响企业管理者对未来战略决策的判断。本文将并购的绩效反馈定义为超额实际绩效与超额收益率的一致性(Fdbk)。首先,超额实际绩效(AP)是企业财务绩效与期望绩效的差异。

本文以并购实际完成公告日当年和后一年加权平均净资产收益率(ROE)的均值作为实际绩效的度量,以同行业企业绩效的平均水平作为期望绩效。其次,以并购公告日前300个至前60个交易日作为估计窗口,采用上证综合指数和深证成分指数作为市场组合,根据市场调整模型进行估计,以[-5,+5]作为事件窗口计算并购事件的CAR。最后,根据并购事件的CAR与AP的符号对Fdbk进行赋值,赋值规则为:若CAR为负、AP为正,则Fdbk为3;若CAR为正、AP为正,则Fdbk为2;若CAR为负、AP为负,则Fdbk为1;若CAR为正、AP为负,则Fdbk为0。由此我们可以得到企业i前j次并购的累j积绩效反馈一致性比率 $Fdbkij=\sum Fdbkk/(3\times j)$ k=1。考虑到上市公司可能在同一年度内进行了多次并购,而本年度在本次并购前进行的并购其实际绩效尚未显现,所以累积绩效反馈一致性的计算期为1997年1月至本次并购上年末。

2. 公司治理结构

(1)股权集中度。本文选择第一大股东持股比例(Top1)和第2到第10大股东持股集中度(Cstr2-10)两个指标来刻画,其中Top1采用并购发生前一年年末第一大股东持股量占当年年末总股本的比率,Cstr2-10定义为并购发生前一年年末第2到第10大股东持股比率的平方和。

(2)实际控制人性质。实际控制人性质定义为并购发生前一年年末上市公司实际控制人股权性质是否为国有(Govn),国有为1,其他为0。

(3)管理层持股比率。本文采用并购发生前一年年末上市公司董事长、董事、监事和总经理等高管人员持股量占当年年末总股本的比例(Mos)。

(4)董事会领导结构。本文采用CEO是否兼任董事长的虚拟变量来定义董事会领导结构(CEOdir),两职合一时为1,两职分离时为0。

(5)董事会独立性。对于董事会独立性,本文采用并购发生前一年年末独立董事人数占董事会成员的比例(Outdir)。

3. 控制变量

除上述各类变量以外,本文还考虑了已有研究中采用的一些控制变量,包括企业规模、资源充裕度、交易特征和行业并购特征等,具体定义见表1。

表1　控制变量定义和度量

变量名称	变量符号	变量度量
企业规模	LnSize	并购前一年年末并购方的总资产对数值
潜在资源充裕度	PS	并购前一年年末并购方净资产与总负债比率
可用资源充裕度	AS	并购前一年年末并购方流动资产与流动负债比率
账面市值比	B/M	并购前一年年末并购方净资产与总市值比率
总资产收益率	ROA	并购前一年年末并购方总资产收益率
资产负债率	Lev	并购前一年年末并购方总负债与总资产比率
是否关联并购	Affili	并购双方是关联企业为1,否则为0
交易价格与规模比	P/A	并购交易价格与并购方前一年年末总资产比率
行业并购密度	Den	并购前一年并购方所在行业并购总数
并购发生的年度	Year	并购发生年度虚拟变量

(三)研究方法

事件历史分析(EventHistoryAnalysis)是研究社会现象动态过程的一类统计方法,该方法通过事件变化和相应的事件发生时间序列描述事件发生和发展的进程,刻画影响因素与事件发生之间因果关系在时间维度上的映射,适合于管理科学领域对企业决策过程的研究。对于并购而言,事件历史研究能够有效刻画企业连续并购决策过程,有助于探寻影响企业连续并购决策的关键因素。在描述企业连续并购决策的事件历史研究模型中,因变量是企业做出连续并购决策的可能性,即并购事件发生的风险函数 h(t),其含义是观测样本在 t 到 t+Δt 这一非常小的区间内事件发生的概率。考虑到其他事件历史分析模型都假定风险函数服从相应的分布形式,而 Cox 比例风险模型则不需要这种严格的假设,同时本文样本的风险函数也不符合确定的分布形式,因此本文选择 Cox 比例风险模型进行建模。我们根据 Cox 比例风险模型将风险函数假设为一个基准风险和一个多变量函数的乘积,具体模型如下:

$$h_i(t)=h_0(t)\exp\{\beta_1 MA_{it}+\beta_2 Top1_{it}+\beta_3 Top1_{it}\times MA_{it}+\beta_4 Cstr2-10_{it}+\beta_5 Cstr2-10_{it}\times MA_{it}+\beta_6 Mos_{it}+\beta_7 Mos_{it}\times MA_{it}+\beta_8 Govn_{it}+\beta_9 Govn_{it}\times MA_{it}+\beta_{10} CEOd_{ir}+\beta_{11} CEOdir_{it}\times MA_{it}+\beta_{12} Outdir_{it}+\beta_{13} Outdir_{it}\times MA_{it}+\sum_{k=1}^{9}\gamma_k Control_{it}^{k}+\sum_{j=2004}^{2008}\delta_j Year_{it}^{j}+\varepsilon_{it}\} \quad (1)$$

$$h_i(t)=h_0(t)\exp\{\beta_1 Fdbk_{it}+\beta_2 Top_{it}+\beta_3 Top_{it}\times fdbk_{it}+\beta_4 Cstr2-10_{it}+\beta_5 Cstr2-10_{it}\times fdbk_{it}+\beta_6 Mos_{it}+\beta_7 Mos_{it}\times fdbk_{it}+\beta_8 Govn_{it}+\beta_9 Govn_{it}\times fdbk_{it}+\beta_{10} CEOdir+\beta_{11} CEOdir_{it}\times fdbk_{it}+\beta_{12} Outdir_{it}+\beta_{13} Outdir_{it}\times fdbk_{it}+\sum_{k=1}^{9}\gamma k Control_{t}^{k}+\sum_{j=2004}^{2008}\delta j Year_{it}^{j}+\varepsilon_{it}\} \quad (2)$$

其中,β、γ 和 δ 为各变量的估计系数,其为正表明相应的变量具有增加事件发生概率的效果,反之亦然;Control 表示除年度虚拟变量以外的其他控制变量,i 表示上市公司,t 表示时间,h0(t)为基准风险函数。数据处理和模型估计采用 Stata10.0 统计分析软件。

四、实证结果

表 2 给出了本文主要变量的描述性统计结果。从中可以发现,在研究期间样本上市公司的累积并购次数均值为 4.24;绩效反馈一致性比率均值为 0.52,说明总体来看仅有一半上市公司并购的实际绩效达到了市场预期;第一大股东持股比率均值为 37.24%,第 2 到第 10 大股东持股集中度均值为 0.02;约 12%的上市公司董事长兼任总经理;独立董事在董事会中所占比率均值为 0.35;管理层持股比例的差异很大,最小值为 0,而最大值为 27.49%,均值为 0.37%。本文还计算了各变量之间的 Pearson 相关系数(限于篇幅未列示),结果显示各变量之间的相关性并不强。

表 2　变量描述性统计

	均值	中值	标准差	最小值	最大值
MA	4.24	3.00	4.13	1.00	35.00
Fdbk	0.52	0.60	0.33	0.00	1.00
Top1	37.24	34.87	16.38	7.02	83.83
Cstr2 - 10	0.02	0.01	0.03	0.00	0.18
Govn	0.14	0.00	0.34	0.00	1.00
CEOdir	0.12	0.00	0.33	0.00	1.00
Outdir	0.35	0.33	0.05	0.07	0.60
Mos	0.37	0.01	2.38	0.00	27.49

表 3 给出了并购决策发生率的事件历史分析模型估计结果。下面重点分析组织学习和公司治理机制对企业并购决策的影响。

1. 组织学习对并购决策的影响

模型 1—模型 3 的估计结果显示，反映并购管理程序熟练程度的 MA 的系数为正且在 1%的水平上显著。模型 4—模型 6 中累积绩效反馈一致性比率(Fdbk)的系数为正且在 1%的水平上显著。因此，假设 1 和假设 2 都得到了证实。

2. 公司治理机制对并购决策的影响

Rediker 和 Seth(1995)指出由于替代效应和互补效应可能在不同情况下存在，公司治理机制的综合运用效果要优于单独采用一种方式，因此本文模型同时考虑了公司治理的五个方面。模型估计结果显示，第一大股东持股比例(Top1)的系数在统计上不显著，而第 2 到第 10 大股东持股集中度(Cstr2-10)的系数在 1%的显著性水平上显著为正；实际控制人股权性质为国有的上市公司连续并购发生率更高；并购决策的发生概率与管理层持股比率显著正相关；当 CEO 和董事长两职合一时并购决策发生率的平均水平较 CEO 和董事长两职分离时要高；随着董事会中独立董事人数的增加，并购决策的发生率呈现显著的下降趋势。

表 3　并购决策发生率的事件历史分析模型估计结果

变量	模型 1	模型 2	模型 3	变量	模型 4	模型 5	模型 6
MA				Fdbk	0.432***	0.458***	0.522***
Top1				Top1		-0.002	-0.002
Top1×MA	0.099***	0.099***	0.11***	Top1×Fdbk		3.276***	3.097***
Cstr2-10		-0.001	-0.001	Cstr2-10			-0.020
Cstr2-10×MA		3.893***	3.852***	Cstr2-10×Fdbk		0.032*	0.041*
Govn		0.037*	0.039*	Govn			0.036*
Govn×MA		0.052***	0.037***	Govn×Fdbk		0.041**	0.021*
Mos		0.190**	0.265***	Mos			0.161***
Mos×MA			0.086***	Mos×Fdbk		0.187**	0.177**
CEOdir		-1.173**	-1.488*	CEOdir			0.072***
CEODir×MA			0.081**	CEOdir×Fdbk		-1.647***	* -1.882***
Outdir	0.038 *	0.052***	0.069***	Outdir			0.062*
Outdir×MA	0.111***	0.130**	0.089**	Outdir×Fdbk	0.106***	0.122***	0.155***
LnSize	-0.001**	-0.001**	-0.001	LnSize			
AS	0.003	0.002	0.002	AS	0.012	0.018	0.023
PS	0.118	0.105	0.101	PS	-0.001	0.001	0.000
ROA	0.004*	0.005**	0.005**	ROA	0.001	0.001	0.000
B/M	-0.090	-0.071	-0.051	B/M	-0.015	-0.054	-0.074
Lev	-0.095*	-0.100	-0.062	Lev	0.003*	0.004*	0.005**
P/A	-0.002***	-0.002**	-0.002**	P/A	-0.122	-0.100	-0.078
Affili				Affili	-0.082	-0.093*	-0.077
Dens				Dens	-0.001*	-0.001*	-0.001*
Loglikelihood	-2618.05	-2575.35	-2293.54	Loglikeihood	-2472.31	-2421.72	-2411.35
LRchi2	306.67	348.74	375.49	LRchi2	78.13	119.14	139.87
Prob>chi2	0.00	0.00	0.00	Prob>chi2	0.00	0.00	0.00

3. 公司治理与经验学习对并购决策的交互影响

为了检验公司治理与经验学习的交互效应，模型中引入了并购管理程序熟练程度(MA)和累积绩效反馈一致性比率(Fdbk)分别与公司治理各变量的交叉项。对于交叉项，我们用中心化的变量乘积来表示，这样有助于解决多重共线性问题(Aiken 和

West,1991)。表 3 的结果显示,股权集中度与经验学习的交互影响在统计上不显著,假设 3b 未得到支持;而实际控制人股权性质和管理层持股比率与经验学习的交互作用仅反映在与并购绩效反馈的交叉项上,假设 4b 和假设 5b 都仅得到部分支持;当 CEO 和董事长两职合一时经验学习对并购决策的影响更大,作用更有效,假设 6b 得到了支持;交叉项 $Outdir_{\times \backslash u65325X}$ A 和 Outdir × $fdbk_{it}$ dbk 的系数都显著为正,表明独立董事比率强化了经验学习对并购决策的影响,假设 7b 也得到了证实。

4. 稳健性检验

为了保证研究结论的稳健性,我们对绩效反馈一致性采取了不同的度量方法:一方面,分别采用全面摊薄净资产收益率(ROE)、总资产收益(ROA)和 TobinQ 值作为并购实际绩效;另一方面,分别选择[-1,+1]、[-3,+3]和[-10,+10]作为并购事件窗口计算反映市场预期的 CAR。我们最终得到了与上面较一致的结论。

五、研究结论与启示

本文运用事件历史分析方法研究了公司治理和经验学习及其交互作用对企业连续并购行为的影响,研究发现:(1)经验学习促进了企业对并购能力的掌握,不仅并购管理程序的熟练程度与并购发生率显著正相关,而且以往并购的绩效反馈对并购发生率也具有正向影响。(2)公司治理机制会显著影响企业并购决策。虽然股权集中度对并购发生率的影响不明显,但随着管理层持股比率的增加,并购发生率显著上升。同时,CEO 和董事长两职合一与并购发生概率正相关。此外,董事会独立性越强,企业并购发生概率越低。(3)公司治理机制强化了经验学习的效果,加深了以往并购累积经验的数量和质量对并购决策的影响。(4)企业规模对并购决策具有正向影响,较大规模的企业因技术和资金优势而更倾向于探索长远的战略发展方式。

近年来,随着我国产业结构调整的深入,政府出台了一系列相关政策推进企业并购,以促进行业整合和产业升级。本文的研究结论对于把握我国企业并购行为的内在规律具有一些有益的启示:第一,并购是企业发展过程中的一种战略机遇,经验学习有助于企业掌握相应的并购管理知识,以准确把握这种机遇。相对于西方发达国家较完善的资本市场而言,我国企业在资本市场中进行并购活动的历史相对较短,而且由于并购过程的复杂性,大多数企业在并购中除了不知道需要做什么以外,似乎更不知道该如何去做(King 等,2004)。

经验学习反映了企业为适应内外部环境变化积极总结和积累经验的生存方式,因此企业要在不断摸索和学习中有选择地吸收以往并购知识。一方面,要及时分析过去失败的并购案例,从中得到启示;另一方面,要总结以往成功的案例经验,强化成功的并购管理程序,这对增强我国企业并购能力尤为重要。

第二,采用恰当的公司治理机制有助于企业做出正确的战略决策。(1)鼓励管理层持股,使管理人员具有足够的自我监管动力,从而促使其将企业资源投入到能够获取长期收益的项目中。(2)适当增加独立董事的比率,这不仅能够扩展企业管理的知识结构,提供有益的专业咨询,而且能够有效监管企业决策,保护中小投资者利益。第三,强化管理者和董事对经验学习的认知有利于增强组织学习能力和提高管理效率。Senge(1990)在"第五次修炼"中指出,在学习型组织中,管理者的角色是规划者、指导者和责任执行者,必须能够创造可供分享的思想和见解,勇于质疑和挑战通行的思维模式,他们有责任构建组织内的学习环境,使每一位员工都能发挥学习和创造主动性,提高整个企业的学习能力。而董事对经验学习的影响主要表现在以下两方面:一方面,在现代企业管理中,董事越来越不直接参与企业的日常运营而更倾向于使组织保持高度的标准化及其管理的流程化和规范化,这自然而然需要企业在经营管理中通过经验学习建立操作流程、系统规范和运营管理制度等管理程序;另一方面,董事在行使职责过程中会审核管理者的经营计划,而对决策背后假设的质疑会改变管理者的思维模式，这种改变会引起组织人员知识学习的进化，其结果不仅会影响随后的决策制定，还会提高企业的经验学习能力。

*感谢南加州大学马歇尔商学院 Thomas-Cummings 教授对本文提出的宝贵建议和审稿人的建设性意见，当然文责自负。

参考文献：

[1]孙永祥，黄祖辉.上市公司的股权结构与绩效[J].经济研究，1999，(12)：23—30.

[2]王晓初，俞伟峰.企业收购绩效与公司治理———内地和香港上市的中国企业实证分析[J].会计研究，2007，(8)：51—59.

[3]Aiken L S，West S G. Multiple regression：Testing and interpreting interactions[M]. Newbury Park，CA：Sage Publications，1991.

[4]Daily C M，Dalton D R，Cannella A A. Corporate governance：Decades of dialogue and data[J]. Academy of Management Review，2003，28(3)：371—382.

[5]Dalton D R，Daily C M，Trevis Certo S，et al. Meta—analysis of financial performance and equit：Fusion or confusion? [J]. Academy of Management Journal，2003，46(1)：13—26.

[6]Denis D J，Denis D K，Sarin A. Agency problems，equity ownership，and corporate diver—sifiction[J]. Journal of Finance，1997，52：135—160.

[7]Haleblian J，Kim J，Rajagopalan N. The influence of acquisition experience and perform—anc on acquisition bhavio：Evidence from the U. S. commercial banking industry[J]. Acaemy of Management Journal，2006，49：357—370.

[8]Hitt M A，Harrison J S，Ireland R D. Mergers and acquisitions：A guide to creating val—ue-forstakeholers[M]. New York：Oxford University Press，2001.

[9]Huber G P. Organizational learning：The contributing processes and the literatures[J]. Organization Science，1991，2(1)：88—115.

[10]Iyer D N，Miller K D. Performance feedback，slack，and the timing of acquisitions[J]. Acaemy of Management Journal，2008，51：808—822.

[11]King D R，Dalton D R，Daily C M，et al. Meta—analyses of post—acquisition performance：Indicaionsofunidntifie modeatos[J]. Strategic Management Journal，2004，25：187—200.

[12]Rediker K J，Seth A. Boards of directors and substitution effects of alternative govern—anc mechanisms[J]. Strategic Management Journal，1995，16：85—99.

[13]Senge P M. The fifth discipline：The art and practice of the learning organization[M]. New York：Doubleday/Currency，1990.

[14]Tainio R，Lilja K，Santalainen T J. The role of boards in facilitating or limiting learningin organizations[A]. Dierkes M，Antal A B，Child J，et al. Handbook of OrganizationalLeaning and Knowledge[C]. New York：Oxford University Press，2003.

[15]Westphal J D. Collaboration in the boardroom：Behavioral and performance conse—quece of CEO—boar scial tie[J]. Academy of Management Journal，1999，42(1)：7—24.

[16]Wright P，Kroll M，Lado A，et al. The structure of ownership and corporate acquisition-straegies[J]. Strategic Management Journal，2002，23：41—53.

Corporate Governance, Experiential Learning and Corporate Serial M&A: Evidence from M&A Decisions of Listed Companies in China

GUO Bing, LV Wei, ZHOU Ying

(Antai College of Economics & Management,

Shanghai iao Tong University, Shanghai 200052, China)

Abstract: This paper examines the effects of corporate governance and experitiallearning on corporate serial M&A by the event history analysis of a sampleof 1 480M&A events of lste companies in China from 2004to 2008. The results are shown as follows: firstly, the proficiency on M&A management procedures and performance feedback of previous M&A lead to the increase in the occurrence probabilty of serial M&A decisions; second—ly, state—owned shares, the rise in management shareholding ratio and the "two in one" status of hairman and CEO have positive effects on the occur — rence probabilty of serial M&A decisions, but board independence may have a negative effect on the occurrence probabilty of serial M&A decisions; thirly, state — owned shares, management shareholding ratio, board leader—ship structure and ard ndependence can strengthen t effectsof experi tiall-earning on M&A decisions.

Key words: corporate governance; experiential learning; mergers and

acquisitions; event history analysis

会计准则、资本市场监管规则与盈余管理之遏制：来自上市公司债务重组的经验证据*

谢德仁

（清华大学经济管理学院　100084）

【摘要】　本文利用1999年、2001—2007年上市公司债务重组的数据来研究会计准则和资本市场监管规则在遏制公司盈余管理方面的作用。本文通过分析认为，为遏制上市公司的盈余管理，从上市公司盈余管理的动机端入手更为有效。就上市公司盈余管理主要为满足资本市场监管要求之动机而言，应该从资本市场监管规则的改进入手。而会计准则因其公共合约性质和不完备性，既没有责任也没有能力去遏制上市公司的盈余管理行为。1999年、2001——2007年间上市公司的债务重组行为支持本文的这一观点，来自上市公司债务重组的经验证据显示，是资本市场监管规则而非会计准则在影响和制约着上市公司是否利用债务重组来进行盈余管理。

【关键词】　会计准则　资本市场　监管规则　盈余管理　债务重组

一、引言

Healy和Wahlen(1999)把盈余管理定义为，经理人为了在企业基本经济状况方面误导某类利益相关者或为了影响那些基于企业对外报告的会计数据的合约之结果，而通过利用财务报告和交易设计中的判断来改变财务报告。

尽管有学者认为，若我们观察到的世界反映了最优经济行为的话，那么，盈余管理就是内生于合约均衡之中的，合约设计者已经理性地预见到发生盈余管理的可能性，并在合约设计中反映了它们(Bushman和Smith,2001)。也有部分经验证据证明投资者能够看破上市公司的盈余管理，且盈余管理既可能导致资源错误配置，也可能有助于经理人可靠传递其私人信息给外部利益相关者，进而有利于改进资源配置(Healy和Wahlen,1999)。但长期以来，在国内外资本市场监管机构和会计准则制定机构眼中，盈余管理是不正确、需遏制的企业行为。[①]且不考虑盈余管理是否可能已在合约均衡之中，而给定盈余管理需遏制的话，那么，应该如何遏制上市公司盈余管理呢？

上市公司盈余管理的一般逻辑顺序是：(1)产生盈余管理动机；(2)确定盈余管理的具体目标（盈余管理的具体方向、结构和程度）；(3)选择具体盈余管理工具（手段），包括直接的会计工具和构造交易或事项等非直接会计工具。从这一逻辑顺序来看，资本市场监管机构可以影响(1)、(2)乃至(3)，而会计准则制定机构仅仅可以影响(3)。因为，就上市公司盈余管理的三大主要动机资本市场、合约和政府监管(Healy和Wahlen,1999)来看，资本市场监管机构大都可以直接或间接地发挥重要影响，进而直接或间接地影响盈余管理具体目标，而资本市场监管机构还可以通过对盈余相关指标的监管规则来影响盈余管理工具的选择。其实，有些盈余管理动机本身就是由资本市场监管机构所制定的规则有意或无意引致的。而会计准则制定机构无法影响上市公司的盈余管理动机和盈余管理具体目标，上市公司只有在选择盈余管理工具和构造交易或事项时，需要考虑会计准则对各类交易或事项会计处理的具体规范。如果会计准则规定某类交易或事项不能计入当期损益，则其不能被用来进行盈余管理。

* 本文研究得到了国家自然科学基金的资助（项目批准号70472006）。

① 本文无意讨论盈余管理本身及其经济含义，故本文对Healy和Wahlen(1999)所关注的公司盈余管理的程度、频率、具体方法、动机及其对资源配置的影响不进行研究，对此方面的文献也不予以综述。

蔡祥等(2003)综述此前我国相关研究文献发现,我国上市公司盈余管理的主要动机是资本市场监管动机,而非资本市场动机和合约动机。[②]就此,我们不由产生一个问题,在上市公司主要为了满足资本市场监管要求而进行盈余管理的情形下,到底是财政部不断修改会计准则来遏制盈余管理行为的成效大,还是证监会不断修改资本市场监管规则来遏制盈余管理行为的成效大呢?[③]直觉来看,资本市场监管动机直接受证监会监管规则的影响,而证监会还可以通过影响前述(2)和(3)来影响上市公司的具体盈余管理行为,而财政部仅仅只能影响(3),为此,证监会不断完善资本市场监管规则对盈余管理的遏制成效会更大。上市公司以债务人身份进行债务重组[④]的交易行为恰为此问题之研究提供了难得的机会。本文就试图利用1999年、2001..2007年上市公司债务重组的数据来比较研究会计准则和资本市场监管规则在遏制盈余管理方面的成效。

除本节外,本文还包括4节。其中,第2节进行理论分析和提出研究假说,第3节进行研究设计和介绍数据来源,第4节为检验结果及分析,最后是结论。

二、会计准则、资本市场监管规则与上市公司债务重组行为

如前述,我国上市公司长期以来盈余管理的目的主要在于满足资本市场监管规则之要求,其中,上市公司增加利润之盈余管理的主要目的在于避免发生亏损或避免持续亏损而最终导致股票被暂停上市(停牌)乃至终止上市(摘牌)或为保配股资格(蔡祥等,2003),而减少利润的巨额冲销行为表面是导致当期巨额亏损,但实则有助于下一期迅速恢复公司盈利,从而可以保牌。而证监会和其控制下的证券交易所(以下我们统称证监会)对上市公司的股权再融资资格监管和特别处理、暂停上市等监管主要是基于净利润、净资产收益率等会计业绩指标。因此,部分盈利能力较差的上市公司为获得股权再融资资格、避免被特别处理或避免被停牌或被摘牌等就必然会进行盈余管理。既然上市公司盈余管理的主要目的是在迎合资本市场监管要求,那么,证监会作为我国资本市场监管机构,其对相关监管规则的修订必定会引起上市公司盈余管理行为的变化。为此,证监会又该如何遏制上市公司的盈余管理行为呢?放弃对会计业绩指标的采用,还是不断重新定义相关会计业绩指标及标准和修订监管规则?放弃使用会计业绩指标确实存在相当的难度,因为以会计为主的信息披露是资本市场解决信息不对称问题的核心机制,离开会计指标的实质性监管是不可行的,交易成本极其高,除非证监会只做形式和程序性监管,把实质性监管工作尽量交给资本市场。故证监会在没有放弃实质性监管的前提下,采取了后一应对措施,即不断重新定义相关会计业绩指标及其标准和修订监管规则。从前述的盈余管理逻辑顺序来看,盈余管理首先不是个会计问题,而是各种利益相关者的利益博弈问题(即盈余管理之动机和目标),只有到盈余管理工具的选择和交易或事项构造时才涉及会计。但我国的会计准则制定机构似乎从未缺席对盈余管理的批评和遏制工作,债《任务重组》会计准则的制定与修订过程就充分体现出来这一特点。

1. 债务重组——会计准则之变迁

我国《债务重组》会计准则于1998年6月初次发布,而后于2001年1月修订,2006年再次修订。1998年的该准则允许采用公允价值来计量偿债的非货币性资产价值和债转股时的股份价值,并允许将债务重组收益确认计入当期损益。2001年的修订则禁止把债务重组收益计入当期损益,将之直接计入资本公积,此外,也禁止在债务重组中采用公

②当然,随着我国上市公司股改完成(伴随之大小非减持)和经理人股权激励实践等,上市公司后两方面的盈余管理动机将会日渐强烈。

③本文限于主题,不讨论其他监管机构(如银监会)、审计师、资本市场以及公司治理机制等因素对盈余管理的可能遏制。

④我们后面的行文中不再强调上市公司是债务人身份进行的债务重组,但凡是提及上市公司债务重组均指此类债务重组。

允价值计量。而2006年的修订则在主要内容上恢复至1998年版准则的相关规定，亦即公允价值计量再次得到采用，且债务重组收益可以计入当期损益。

2001年财政部之所以要修订《债务重组》会计准则，使得我国的债务重组会计处理方法与国际会计准则不符，且损害会计准则关于收入要素及收入确认的内在一致性，是因为（财政部给出的修订理由）：

"原准则的发布实施对于规范企业债务重组的会计处理，提高会计信息质量，起到重要作用。但是，原准则在执行中也出现了一些问题。比如，……。再比如，对于债务豁免，按原准则的规定可以作为债务人的债务重组收益处理，这也给少数公司利用债务豁免操纵利润创造了机会。……"⑤

作为实施2006年新会计准则的第1年，财政部会计司和证监会先后对上市公司执行新会计准则的情况进行了分析。从他们的分析报告可以看出，无论是在会计准则制定机构眼中，还是在资本市场监管机构眼中，债务重组在2007年又有着很大的盈余管理嫌疑，且相关会计处理没有反映交易的经济实质。证监会（2008）建议把来自关联方交易产生的债务重组收益理解为股东和关联方投入企业的资本。对于证监会的建议，财政部在2008年12月份发布的"关于做好执行会计准则企业2008年年报工作的通知"中作出了回应，明确规定，"企业接受的捐赠和债务豁免，按照会计准则规定符合确认条件的，通常应当确认为当期收益。如果接受控股股东或控股股东的子公司直接或间接的捐赠，从经济实质上判断属于控股股东对企业的资本性投入，应作为权益性交易，相关利得计入所有者权益（资本公积）。"由此规定可以看出，财政部要求，当债务重组交易为关联交易时，其产生的债务重组收益需计入资本公积，而不能计入当期损益（因为关联方交易产生的债务重组收益可被视作是来自关联方的间接捐赠）。中国注册会计师协会在2008年11月发布的"关于作好上市公司2008年度财务报表审计工作的通知"中要求审计师关注十大重大错报风险领域的第1条就是"对上市公司利润影响较大的债务重组收益确认"。此外，证监会和交易所在2008年年报审计和发布过程中也发布相关指南，要求将来自关联方交易豁免所形成的债务重组收益计入资本公积。⑥

2. 资本市场相关监管规则之变迁

如前述，证监会对上市公司的股权再融资资格和特别处理、暂停上市或终止上市的监管都是基于净利润、净资产收益率（ROE）等会计业绩指标。如证监会1996年规定的配股政策是，实施配股的公司必须满足"最近三年内净资产收益率每年都在10%以上，属于能源、原材料、基础设施类的可略低，但不低于9%"的条件。而1999配股政策则已修改为要求"最近三年平均净资产收益率水平在10%以上，属于农业、能源、原材料、基础设施、高科技等国家重点支持行业的公司，净资产收益率可以略低，但不得低于9%；且每年净资产收益率不低于6%"。证监会2002年7月发布的"关于上市公司增发新股有关条件的通知"中把对增发新股的净资产收益率的要求标准改为"最近三个会计年度加权平均净资产收益率平均不低于10%，且最近一年加权平均净资产收益率不低于10%"。而关于上市公司特别处理和暂停上市（停牌）以及摘牌中的相关条件中很重要的一条就是关于公司盈利状况，如最近两个年度经审计的净利润指标连续为负（即最近两年连续亏损）则特别处理，在特别处理后最近一个年度的经审计净利润指标继续为负则暂停上市，当暂停上市的公司在法定期限内披露了最近一期半年度报告且经审计的半年度财务会计报告显示公司盈利的可申请恢复上市，若未能成功恢复上市或恢复上市后最近一期年度报告显示亏损的则终止上市。但在2001年之前，证监会等的相关监管规则并未明确企业的盈利（净利润）必须

⑤摘自财政部2001年发布的".企业会计准则《债务重组》讲解"。

⑥这实质上是违背了《债务重组》准则，破坏了该准则的形式与实质上的权威性和完备性，但满足了证监会的建议要求。

是来自可持续的主营业务，其设定的公司配股资格和是否对公司进行及撤销特别处理等虽基于会计业绩指标，但上市公司完全可以通过非经常性收益来满足证监会关于净资产收益率等监管标准之规定，尤其是当上市公司主营业务盈利能力不足以使其满足前述业绩标准时就更需要非经常性收益的“帮助”。

尽管如 Chen 和 Yuan（2004）和 Haweta. l（2005）所发现的，至少从 1998 年始，中国证监会在核准配股时会关注到企业利用线下项目进行的盈余管理，但直到 2001 年，证监会才开始正式直面这一问题。2001 年 3 月，证监会在有关文件中规定，发行新股（包括配股和增发）的上市公司最近三个会计年度加权平均净资产收益率不得低于 6%时明确，将扣除非经常性损益后的净利润与扣除前的净利润相比，以低者作为加权平均净资产收益率的计算依据。证监会在 2002 年 7 月发布的《关于上市公司增发新股有关条件的通知》中也明确规定，申请公司扣除非经常性损益后的净利润与扣除前的净利润相比，以低者作为加权平均净资产收益率的计算依据。2006 年证监会发布上市公司证券发行管理办法，其中，对于申请配股的公司，要求最近三个会计年度连续盈利（扣除非经常性损益后的净利润与扣除前的净利润相比，以低者作为计算依据）；对于申请增发的公司，要求最近三个会计年度加权平均净资产收益率平均不低于 6%（扣除非经常性损益后的净利润与扣除前的净利润相比，以低者作为加权平均净资产收益率的计算依据）。证监会认可的上市规则自 2001 年起规定，在对上市公司实行退市风险警示和其他特别处理后，若企业要申请撤销特别处理，需“主营业务正常运营、扣除非经常性损益后的净利润为正值。[⑦] 为加强这些规定的可操作性，证监会还自 2001 年开始通过“公开发行证券的公司信息披露规范问答第 1 号——非经常性损益”来专门界定非经常性损益，并不断修订。[⑧] 债务重组收益一直包含在证监会界定的非经常性损益之中，即使在 2001——2006 年间会计准则明确规定将之计入资本公积时亦如此。可见，自 2001 年以来，证监会仅仅是阻止了上市公司利用非经常性收益获得股权再融资资格的可能，却并没有禁止上市公司通过非经常性收益来满足避免亏损的盈余管理需求。

综合上述关于债务重组相关会计准则和股权再融资监管规则的变迁，我们可以把 1998——2007 年划分为三个时间段来反映，如表 1 所示。

3. 理论分析与研究假说的提出

由上述《债务重组》会计准则和资本市场相关管制规则之变迁来看，债务重组在 2000 年左右被财政部和证监会认定为是上市公司盈余管理的重要

表 1　《债务重组》会计准则和资本市场监管规则的变迁（1998——2007）

时期	会计准则	资本市场监管规则
1998——2000	债务重组收益计入当期损益，债务重组可被用作盈余管理之工具。	未明确债务重组收益是非经常性收益，故其有助于企业获得股权再融资资格和避免亏损。
2001——2006	债务重组收益不能计入当期损益，债务重组不能被用作盈余管理之工具。	债务重组收益明确为非经常性收益，其无助于企业获得股权再融资资格和撤销特别处理（即摘帽），但有助于避免特别处理、暂停上市后恢复上市资格和避免终止上市（尽管会计准则未给空间）。
2007	债务重组收益计入当期损益，债务重组可被用作盈余管理之工具。	债务重组收益明确为非经常性收益，其无助于企业获得股权再融资资格和撤销特别处理，但有助于企业避免特别处理、暂停上市后恢复上市资格和避免终止上市。

注：虽然《债务重组》准则没有修订，但 2008 年以来，来自关联方的债务重组收益不能计入利润表。

⑦但对于最近两个年度连续亏损即予以特别处理和在暂停上市后申请恢复上市以及是否终止上市的相关规则中没有考虑“非经常性收益”的帮助问题，也许是这过于苛刻，遇到有关利益集团的很大阻力。

⑧2008 年证监会将该规则改称“公开发行证券的公司信息披露解释性公告第 1 号——非经常性损益[2008]”，修订后发布。

工具。谢德仁等(2008)发现的经验证据也基本支持这一判断。在控制了上市公司可能发生财务困境导致进行债务重组的因素之后,他们发现,上市公司在1998年和1999年的盈余管理动机与各该年上市公司进行债务重组的概率显著正相关,且这一关系在1999年较大程度地强于1998年。但在2000年,上市公司的盈余管理动机与公司债务重组概率没有显著关系,这意味着上市公司会关注会计准则和资本市场监管规则的制定和修订,对财政部的《债务重组》会计准则修订行动和资本市场监管规则修订及时做出了反应。谢德仁等(2008)认为,若证监会能更及时改进其监管,以可持续的高质量会计盈余指标来衡量上市公司是否具有股权再融资资格和是否需被摘牌,且财政部和证监会及时加强沟通,则财政部2001年其实可不必以牺牲会计准则的内在逻辑一致性为代价修订1998年版《债务重组》会计准则。他们的这一认知是否成立呢?这也正是本文的研究问题之所在,即会计准则与资本市场监管规则何者在遏制上市公司以满足资本市场监管规则为导向的盈余管理方面更具成效?

虽然长期以来,各界把遏制盈余管理的希望和责任着落在会计准则和会计准则制定机构以及审计师身上,但在我们看来,盈余管理的空间是内生于现代企业会计规则制定权合约安排之中的。由政府直接或间接制定的会计准则作为关于一般通用会计规则的公共合约,是不完备的,而企业剩余会计规则制定权是安排经理人来享有的,然后由注册会计师来对经理人遵循会计准则和合理行使剩余会计规则制定权进行独立监督(谢德仁,1997)。这就必然会给企业留下盈余管理的空间。即使会计准则制定机构马不停蹄地跟随企业实践去堵截后者的盈余管理行为,也必定是滞后和无力的,且有损于会计准则这一公共合约的稳定性,从而难以给会计准则使用者(包括会计信息的生产者、审计师和会计信息使用者等)以稳定的长期预期,进而必然会损害会计准则作为公共合约在降低交易成本方面的实质功能。况且,企业很多时候是通过设计交易来进行盈余管理,这是会计准则所无法堵截的(即使直接堵截了某类交易设计也是徒劳的,因为企业完全可创新交易设计,且堵截本身会损害会计准则本身的逻辑自洽和权威)。因此,长远来看,依靠会计准则来遏制盈余管理是不可行的,而从消解或减轻盈余管理之动机入手才会具有成效。其中,对于遏制以满足资本市场监管规则为目的的盈余管理而言,釜底抽薪之举就是从修改资本市场监管规则入手,弥补资本市场监管规则的漏洞更为有效。

为研究上述问题,检验上述判断的准确性,我们不妨依据上述表1总结的关于《债务重组》会计准则变迁的三个阶段,把1998——2007年间的公司一年样本区分为三组子样本,即1999年样本[⑨],2001——2006年样本、2007年样本。我们下面先分析一下,对于这三组子样本,上市公司发生债务重组的可能性与财务状况恶化是否直接相关。

1999年的上市公司可同时利用债务重组收益来实现获得股权再融资资格或避免亏损动机的盈余管理,其中必然有很多债务重组公司(尤其是那些具有获得股权再融资资格之盈余管理动机的公司)未必是因财务困难而进行债务重组。这一点已为谢德仁等(2008)所证实,在其对1999年样本的检验中,用于衡量企业财务困难的财务指标基本上与公司是否发生债务重组不相关。而在2001——2006年间,即使具有避免亏损动机的上市公司也无法利用债务重组进行盈余管理,因为按照此期间的《债务重组》会计准则,债务重组收益只能计入资本公积,对于具有获得股权再融资资格的上市公司而言,进行债务重组获得《债务重组》不考虑1998年和2000年的债务重组公司样本,是因为1998年《债务重组》准则在1998年6月才发布,企业还有一个学习熟悉的过程,故如谢德仁等(2008)所发现的,只有较弱的证据说明上市公司在1998年利用了债务重组进行盈余管理。而2001年实施的修订后《债务重组》准则适用于2000年债务重组公司。且如谢德仁等(2008)发现,2000年财政部会计司和证监会应已着手修改相关会计准则和资本市场监管规则,上市公司对此作出了反应。且2000年上市公司对债务重组的会计处理比较乱,债务重组收益有的被计入当期损益,有的被计入资本公积。收益反而不利于其获得股权再融资资格(因为债务重组收益增大了净资产收益率的分母,却未计入其分子)。因此,此期间进行债务重组的公司应该确实因发生财务困难而进行债务重组。2007 年进行债务重组的公司虽债务重组收益可以增加当期利润,但按照证监会的监管规则,这无助于其获得股权再融资资格,故有着获得股权再融资资格动机的公司不会去利用债务重组为盈余管理工具。当然,对于具有避免亏损动机的上市公司仍可利用债务重组来实现其盈余管理目的,但对于具有避免亏损动机(尤其避免被停牌或摘牌)的公司而言,其本身的财务状况通常就不佳,大多已陷于财务困境之中,其进行债务重组本是题中应有之意,故难以判断其进行债务重组是否为盈余管理,或可能实质性债务重组与避免亏损的盈余管理动机相重叠。正因如此,我国学术界在学术研究中经常是以具有避免停牌或摘牌动机的 ST 和 *ST 公司作为陷入财务困境的公司样本。换言之,这些公司进行债务重组并通过获得的债务重组收益得以避免被停牌或摘牌,严格意义上难以直接界定其为盈余管理。

依据上述分析,我们可以提出以下待检验的研究假说:

H1 1999 年上市公司发生债务重组的可能性与其财务状况相关性较弱。

H2 2001—2006 年间的上市公司财务状况越差,其发生债务重组的可能性越高。

H3 2007 年的上市公司财务状况越差,其发生债务重组的可能性越高。

4. 研究假说通过检验的经济意义分析

依据表 1 给出的会计准则和资本市场相关监管规则之变迁,以及谢德仁等(2008)的研究,我们不妨按照会计准则和资本市场相关监管规则之异同,把 1999 年、2001—2006 年、2007 年的样本两两组合为三个比较组:

Ⅰ. 为会计准则同,而资本市场监管规则异。具体为 1999 年与 2007 年的样本。

Ⅱ. 为会计准则异,而资本市场监管规则同。具体为 2001—2006 年与 2007 年的样本。

Ⅲ. 为会计准则异,资本市场监管规则异。具体为 1999 年与 2001—2006 年的样本。

为清晰起见,可将上述三组比较列示如表 2:

表 2 会计准则与资本市场监管规则同异组合样本

		资本市场监管规则 同	资本市场监管规则 异
会计	同	Ⅰ1999 年和 2007 年样本	
准则	异	Ⅱ2001—2006 年与 2007 年样本	Ⅲ1999 年与 2001—2006 年样本

本文的研究假说若能通过检验,则说明:

A. 当会计准则相同,而资本市场监管规则相异时(针对 1999 年和 2007 年样本),上市公司是否发生债务重组行为的直接原因(财务困境因素)有着显著差异。

B. 当资本市场监管规则相同,而会计准则相异时(针对 2001—2006 年和 2007 年样本),上市公司是否发生债务重组行为的直接原因却无显著差异。

C. 当会计准则和资本市场监管规则都相异时(针对 1999 年和 2001—2006 年样本),上市公司是否发生债务重组行为的直接原因有着显著差异。

为清晰起见,可将本文的研究假说通过检验的三组比较说明列示如表 3:

表 3 会计准则与资本市场监管规则同异组合样本财务状况比较

		资本市场监管规则 同	资本市场监管规则 异
会计	同	A:债务重组原因显著差异	
准则	异	B:债务重组原因无显著差异	C:债务重组原因显著差异

若能通过上述第Ⅰ、Ⅱ比较组的比较而得出 A 和 B 的结论,则意味着,是资本市场监管规则而非会计准则在影响和制约着上市公司是否利用债务重组进行盈余管理。也可以得出结论,在第Ⅲ比较组及其 C 的结论中,上市公司发生债务重组之原因的差异不是源于会计准则的变化,而是因资本市场监管规则的变化而生。

上述结论通过表 3 可以清晰看出,会计准则有差异的期间,上市公司债务重组的直接原因(财务状况)可能没有显著差异(如 B),也可能有显著差异(如 C),而这依赖于资本市场监管规则是否变更。反之,资本市场市场监管规则有差异的期间,上市公司债务重组的直接原因却是存在显著差异，而这不依赖于会计准则是否变更（如A和C），即使会计准则变更，只要资本市场监管规则相同，则债务重组的直接原因也会没有显著差异（如B）。

因此，若本文的研究假说得以通过检验的话，则证实在上市公司盈余管理主要目的是满足资本市场监管规则的情形下，是资本市场监管规则而非会计准则在影响和制约着公司的盈余管理行为。换言之，在遏制此方面的盈余管理行为时，资本市场监管规则的改进比会计准则的修订更有效，因为在财政部“遏制”与“不遏制”时（如2001—2006年和2007年样本比较），上市公司债务重组的直接原因并无显著差异，而在证监会“遏制”与“不遏制”时（如2007年和1999年样本比较），上市公司债务重组的直接原因有着显著差异。反之，在遏制盈余管理方面，如果会计准则是比资本市场监管规则更为根本的影响因素，那么，1999年和2007年上市公司是否发生债务重组行为的直接原因就不会有显著差异（因为此两期间会计准则相同），而2001—2006年和2007年上市公司是否发生债务重组行为的直接原因就反之会存在显著差异（因为此两期间会计准则相异）。

三、研究设计与数据来源

由于本文研究样本跨越时期很长，这一长时期内的宏观经济环境变化很大，各行业所属的发展状况和景气周期亦不相同，证监会对上市公司监管的行业分类亦在变化，不能排除各时期债务重组样本可能存在的行业偏差，故本文不进行直接的1999年、2001—2006年和2007年债务重组样本的财务状况比较，而是构建一个关于上市公司是否发生债务重组的LOGIT回归模型来检验各时期的上市公司债务重组的直接原因是否来自财务困难以及针对其中某两个时期的样本进行比较检验。具体而言，参考谢德仁等（2008），本文将采用下面的上市公司是否发生债务重组的直接原因模型对前述研究假说进行检验：

$$Logit(Pt) = Pt(Yt = 1) = F(a_0 + a_1 GPR + a_2 OPC + a_3 TNRA + a_4 LEV + a_5 QUICK + a_6 SIZE + a_7 ListY + a_8 ALOSS + a_9 EFQ + \sum_{i=10}^{29} aiIND_i + \sum_{i=30}^{34} aiYEAR_i) \quad (1)$$

其中，因变量为上市公司t年是否发生了债务重组，发生了为1，未发生为0；解释变量为预警企业财务困境比较有效的一些财务指标，这些财务指标都是t－1年或t－1年末的，包括反映企业主营业务盈利能力的指标“主营业务利润率（GPR）”、反映企业经营活动现金流创造能力的指标“经营性现金流比率（OPC）”、反映企业资产周转速度的指标“总资产周转率（TNRA）”、反映企业财务杠杆的指标“资产负债率（LEV）”和反映企业短期偿债能力的指标“速动比率（QUICK）”。此外，回归中还将控制公司的规模（SIZE）、上市年龄（ListY）、行业（IND）和年份（YEAR）（对于1999年样本和2007年样本则无需控制年份变量）。这些变量的具体定义参见表4。

为了控制1999年度和2007年度上市公司可能利用债务重组进行盈余管理（2001——2006年期间，债务重组收益不能计入利润表且按照账面价值进行相关账务处理，上市公司无法利用债务重组进行盈余管理），本文在模型（1）中还针对1999年和2007年的样本回归控制了避免亏损动机（ALOSS）和保股权再融资资格动机（EFQ）[10]，其中对于1999年样本，同时控制此两类动机，而对2007年样本仅控制避免亏损动机，因为债务重组收益无助于保股权再融资资格。

如前述，具有避免亏损动机的公司可能本身就已经财务困难，所以很难区分其是为盈余管理还是因真实财务困难而进行债务重组，为此，我们在后面的研究中，还针对1999年的债务重组样本，将其中仅仅纯粹具有保股权再融资资格动机的债务重组公司样本拿出来，将其财务状况与其他非债务重组公司进行单变量检验（因这类债务重组公司样本已经相对很少，不能与非债务重组公司样本放在一起进行LOGIT回归检验），以为H1的检验提供进一步的证据。

表 4　　主要变量定义

变量类型	变量名称与符号	定义
被解释变量	债务重组(Yt)	发生债务重组,Yt=1;否则,Yt=0。
解释变量	主营业务利润率(GPR) 经营性现金流比率(OPC) 总资产周转率(TNRA) 资产负债率(LEV) 速动比率(QUICK)	t—1 年主营业务利润/t—1 年主营业务收入 t—1 年的经营活动现金流入/经营活动现金流出 t—1 年的营业收入/t—1 年总资产期初期末平均值 t—1 年末总负债/t—1 年末总资产 t—1 年末的(货币资金+短期投资+应收账款净值+应收票据)/流动负债
控制变量	企业规模(SIZE) 上市年龄(ListY) 避免亏损动机(ALOSS) 保股权再融资资格动机(EFQ) 行业(IND) 年份(YEAR)	t—1 年末总资产的自然对数 第 t—4 年至第 t 年间上市,ListYt=0;否则 ListYt=1。 有此动机,ALOSS 为 1,否则为 0。 有此动机,EFQ 为 1,否则为 0。 按照证监会的行业分类,由于样本中不含金融业,剩余 21 个行业,故设立了 20 个虚拟变量 2001—2006 年样本检验中控制 5 个年份

在剔除了金融类公司以及数据缺失公司样本之后,我们用于研究的 1999 年、2001—2006 年和 2007 年的总体样本(债务重组公司样本)分别为 720(44)家、6957(608)家、1350(175)家。我们研究所用的数据主要来自 WIND 数据库,对于债务重组公司样本的确定还利用了巨灵证券信息系统、金融界网站及上市公司资讯网等进行交叉核对。

四、检验结果及分析⑪

对本文研究假说的检验结果如表 5、表 6 所示。其中,是利用 1999 年、2001—2006 年、2007 年的样本对模型(1)进行回归的结果,表 6 为对 1999 年具有纯粹保股权再融资资格动机的债务重组公司和非债务重组公司的单变量检验。从表 5 和表 6 可以看出:

(1)对于 1999 年样本,在控制了公司盈余管理因素之后,除经营现金流比率(OPC)和资产负债率(LEV)分别在 10%和 5%水平上显著影响公司是否发生债务重组外,其余可衡量公司财务困境的变量均不显著。而公司保股权再融资资格动机(EFQ)在 10%水平上与因变量显著正相关,避免亏损动机(ALOSS)与因变量正相关但不显著。这说明,1999 年上市公司是否发生债务重组与其是否陷入财务困境的关联度不高,上市公司并非主要因为财务困难而不得不发生债务重组。当然,毕竟其中也有部分债务重组公司是为了避免亏损而进行债务重组(甚至还希望通过债务重组而获得股权再融资资格),以及也有确实因财务困难而发生债务重组的样本,故也显示出相对于未债务重组公司有着一定的财务状况不佳(如 OPC 和 LEV 的显著)。表 6 对于 1999 年债务重组公司中具有纯粹 EFQ 动机(即不同时具有 ALOSS 动机)的样本与非债务重组公司样本的单变量检验结果显示,虽然均值检验中,非债务重组公司的 GPR、OPC、QUICK 显著优于债务重组公司,但前者的资产负债率反而高于后者(虽不显著),而在比均值检验更具意义的中位数检验中,两类公司的反映财务困境的财务指标之间均不存在显著差异,前者的资产负债率甚至很高于后者。表 6 的检验结果进一步显示,1999 年那些具有 EFQ 动机的上市公司债务重组的可能性与其财务状况是否困难无关,从而为 H1 的通过检验提供了更强的证据。

---

⑩限于篇幅,ALOSS 和 EFQ 的具体定义参见谢德仁等(2008),本文予以省略。

⑪由于三组子样本的变量描述性统计表格过大,此处省略。从变量的 Pearson 相关系数检验看,变量之间的相关系数不高于|0,3|。

表 5　　模型(1)检验结果

变量	期间			
	1999	2001—2006	2007	2007
Intercept	1.6841	4.1416***	1.5827	−0..1543
	(0.1593)	(13.314)	(0.5875)	(0.0054)
GPR	−1.1263	−1.2905***	−1.1822*	−0.6495
	(1.1722)	(22.0793)	(2.9831)	(0.8924)
OPC	−1.5906*	−0.0359	−0.0376	0.0079
	(3.5454)	(0.0955)	(0.0889)	(0.0036)
TNRA	−1.2485	−0.5272***	−0.655***	−0.5032***
	(2.6623)	(16.901)	(11.227)	(6.8521)
LEV	2.965**	0.1727**	1.3636***	1.398***
(4.732)	(5.958)	(15.1477)	(17.21)	
QUICK	−0.2559	−0.3647***	−0.4752**	−0.4057*
(0.5827)	(25.657)	(4.1383)	(3.289)	
SIZE	−0.1419	−0.2994***	−0.1717*	−0.1156
(0.458)	(31.837)	(3.3278)	(1.4909)	
ListY	0.3577	0.2018*	0.7008**	0.6928**
(0.9242)	(3.5381)	(4.4564)	(4.2817)	
ALOSS	0.4759	0.966***		
	(0.9197)		(18.105)	
EFQ	0.6939*			
	(3.0607)			
IND	√	√	√	√
YEAR				
N	720(44)	6957(608)	1347(174)	1347(174)
−2LogL	331.22	4125.04	1036.7	1036.698
Chi−square	45.65*	302.3***	304.56***	118.89***

注：括号内为 Wald 统计值；***、**、* 分别代表在 0.01、0.05、0.1 的水平上显著；限于篇幅，行业虚拟变量的统计结果在表中略去；N 分别为总样本量(债务重组样本量)。

表 5　1999 年具有纯粹 EFQ 动机债务重组公司与非债务重组公司单变量检验结果

Variable	EFQDR	样本量	均值	中位数
GPR	0	701	0.2737	0.2479
	1	17	0.2156	0.2098
	Diff		0.0581**	0.0381
		(2.83)	(1.4024)	
OPC	0	664	1.0946	1.0471
	1	17	1.0311	1.0208
	Diff	0.0635* (1.9)	0.0263 (0.8846)	
TNRA	0	701	0.6255	0.5122
	1	17	0.4072	0.3832

续表

Variable	EFQDR	样本量	均值	中位数
	Diff	0.0021 (0.05)	0.2255 (0.1314)	
QUICK	0	659	1.461	1.0639
	1	16	1.0843	0.9442
	Diff		3.3766*** (2.89)	0.1197 (0.6663)

注：均值检验括号内为t值；中位数检验括号内为Z值。

(2)对于2001—2006年样本，主营业务利润率(GPR)、总资产周转率(TNRA)、速动比率(QUICK)在1%水平上与因变量显著负相关，资产负债率(LEV)在5%水平上与因变量显著正相关，而公司规模(SIZE)和上市年龄(ListY)也与上市公司发生债务重组的可能性显著相关。这说明，2001—2006年的债务重组公司确实主要是因发生了财务困难而进行债务重组。

(3)对于2007年样本，在没有控制避免亏损动机之前，主营业务利润率(GPR)、总资产周转率(TNRA)、资产负债率(LEV)、速动比率(QUICK)、公司规模(SIZE)和公司上市年龄(ListY)等变量与上市公司发生债务重组的概率显著相关，呈现为财务状况越差的公司越可能发生债务重组，而公司规模越大的公司越不易发生债务重组，上市年龄越长越易于发生债务重组。在控制了避免亏损动机(ALOSS)之后，仅主营业务利润率不再显著，上述其余变量依然显著。这说明，2007年的债务重组公司确实主要是因发生了财务困难而进行债务重组。而ALOSS变量在1%水平上与因变量显著正相关，则说明发生财务困难的公司也确实可借债务重组收益来实现其避免亏损之动机，而对此的遏制责任也还是在于资本市场监管规则本身，而非会计准则。

总之，从表5和表6的回归结果来看，研究假说H1、H2和H3均通过了检验，说明1999年上市公司发生债务重组的可能性与其财务状况的相关性较弱(尤其是具有EFQ盈余管理动机的公司发生债务重组与其财务状况无关)，而2001—2006年和2007年样本中上市公司发生债务重组的可能性与其财务状况显著负相关。依据前面的理论分析，本文的检验结果充分说明，在上市公司盈余管理主要目的是满足资本市场监管规则的情形下，是资本市场监管规则而非会计准则在影响和制约着公司的盈余管理行为，资本市场监管规则比会计准则在遏制盈余管理方面更有成效。

五、结论

本文利用1999、2001—2007年上市公司债务重组的数据来研究会计准则和资本市场监管规则在遏制公司盈余管理方面的作用。本文通过分析认为，为遏制上市公司的盈余管理，应从上市公司盈余管理的动机端入手，即就上市公司盈余管理主要为满足资本市场监管要求之动机而言，应该从资本市场监管规则的改善入手。作为关于一般通用会计规则的公共合约，会计准则是不完备的，其没有责任也没有能力去遏制上市公司的盈余管理。1999、2001..2007年间上市公司的债务重组行为支持我们的这一观点，来自上市公司债务重组的经验证据显示，是资本市场监管规则而非会计准则影响和制约着上市公司是否利用债务重组行为来进行盈余管理。

资本市场监管规则其实是证监会与上市公司和资本市场参与者之间的一份公共合约，只不过证监会长期以来单方面拥有此合约的修订权。证监会通过修订这一公共合约而影响和制约着上市公司的相关盈余管理行为。若上市公司将来因满足避免债务合约违约、经理人报酬合约和全流通之后的股价操纵等目的而进行盈余管理，则同理，要遏制这些盈余管理，其主要责任不能在会计准则，而在这些合约的相关签约方如何改进合约，监管方如何改进监管，如何改进和完善信息披露，提高资本市场效率。会计准则应基于公认的财务会计基本概念和基本原则，遵循公认的适当程序来制定，不应该也没有能力把遏制盈余管理行为作为己任，否则徒增相关的交易成本(尤其是会计准则国际趋同背景下)。

主要参考文献

蔡祥，李志文，张为国. 2003. 中国实证会计研究述评. 中国会计与财务研究，5(2)：155～183

财政部. 2008. 关于做好执行会计准则企业2008年年报工作的通知

财政部会计司. 2008. 关于我国上市公司2007年执行新会计准则情况分析报告

吴溪. 2006. 盈利指标监管与制度化的影响：以中国证券市场ST公司申请摘帽制度为例. 中国会计与财务研究，8(4)：95～115

谢德仁. 1997. 会计规则制定权合约安排的范式与变迁——兼及会计准则性质的研究. 会计研究，9：23～29

谢德仁，樊鹏，卢婧. 2008.《债务重组》会计准则的修订与盈余管理：来自上市公司的经验证据. 管理学家(学术版)，11：17～28

证监会. 2008. 上市公司执行企业会计准则监管报告(2007). 中国证券报，2008年11月9日

Bushman R. M., A. Smith. 2001. Financial Accounting Information and Corporate Governance. Journal of Accounting and Economics, 32: 237～333

Chen Kev in C. W., Yuan, H ongq,i 2004, Earn ing s M anag em ent and C ap ital Resource A lloca tion: Ev idence from China's Accoun ting — Based Regulation of Rights Issues. The Accounting Review, 79: 645～665

HawIn— M, D. Q,i D. Wu, W. Wu. 2005. Market Consequences of Earnings Managem ent in Response to Security Regulations in China. Contemporary Accounting Research, 22: 95～140

HawIn — M., D. Q,i W. Wu, W. Zhang. 1998. Earnings Management of Listed Firms in Response to Security Regulations in China's Emerging Capital Market. Working Paper, Chinese University of Hong Kong.

Healy P. M., Wahlen J. M.. 1999. A Review of The Earnings Management Litera ture and Its Implications for Stand ard Setting. Accounting Horizons, 13 (4): 365～383

Lev itt A.. 1998. The Numbers Game

Ross S. A., R. W. Wester field, J. Jaffe. 2002. Cor. porate Finance (6th edition). New York: M cG raw — H ill Compan ies Inc.

A ccounting Standards, Capital Market Regulation Rules and the Containing of Earnings Management: Evidences from Debt Restructuring of Listed Companies

Xie Deren

Based on the listed companies' deb trestructuring data of 1999, 2001—2007, the paper investigates which of "accounting standards" and "capital market regulation rules plays more effective role in containing earnings management I believe that it would be more effective to contain earnings management by all eviating or eliminating the earnings management motivation. Up to now, in China, the main motivation of earnings management is to meet the capital regulation rules. As a result the containing of earnings management should be based on the improvement of capitalmarket regulation rules. In my view, as the result of public contract nature of accounting standards and their natural incompleteness, accounting standards are not responsible for and capable of containing earnings management。The listed companies debt restructuring data of 1999, 2001 — 2007 support the above inferences. The emp irical evidences show that it is capitalmarket regulation rules that really influence whether listed companies use debt restru cturing as earningsmanagement instrument or not.

中国企业海外并购失败了吗?

顾露露　RobertReed

【摘要】　本文运用市场模型、FF3FM模型和事件研究的基本方法评估1994—2009年中国157个企业海外并购事件的短期和中长期绩效。结果显示,尽管外界对海外并购绩效看法各异,中国企业海外并购事件公告日的市场绩效明显为正,反映了市场对中国企业海外并购的正面评价。从中长期的角度上看,中国企业海外并购整体上取得了非负的超常回报率(Abnormal return),体现了政府"走出去"战略的胜利开局。考虑到行业绩效差异,本文运用Fix—to—fix控制组的方法对并购中长期绩效的决定性因素进行了多元回归分析,结果显示海外并购受益于人民币升值,国有企业的并购绩效明显差于民营企业,中国海外上市公司的绩效优于内地上市的公司。

【关键词】　事件研究　海外并购　"走出去"战略

一、引言

作为新兴经济体国家,中国经济的快速稳步发展引起了国际学术界的广泛关注。在过去的15年间,中国GDP的平均增速达到10%。中国加入WTO以后,与世界主要发达国家巨额的贸易顺差导致与各国贸易摩擦加剧,出口增长陷入瓶颈;跃居世界第一的外汇储备给人民币升值造成巨大压力。与此同时,外向型的加工制造业发展使能源供应短缺,并造成日益严重的环境污染问题。中国政府出于减轻人民币升值压力、能源安全和产业升级的考虑,开始鼓励有条件的企业走出国门,开展海外投资。中央在1999年提出"走出去"战略,之后又将其写入第十个五年规划,成为一项长期的国策(Hagiwara,2006)。2007年全球金融危机发生以来,发达国家和发展中国家的经济均受到了重创,在全球经济的不景气中,中国经济一枝独秀,许多中国企业更是摩拳擦掌,希望利用此次机会,开展大规模的海外并购"抄底"。

中国企业的海外并购在21世纪形成了一轮热潮。表1展示了1994—2009年间完成交易的中国企业海外并购的时间和并购交易规模分布情况。可以看出中国企业的海外并购事件集中于"走出去"战略提出之后的2002—2009年。2009年的海外并购事件最多,有29起。最高海外并购金额和平均海外并购金额都出现在2006年,分别为10282.16(百万美元)和1142.46(百万美元/起)。2007年全球金融危机过后中国企业海外并购的单笔并购金额减少,但并购事件大大增加。

在此轮海外并购热潮中,有两个问题值得研究:一是中国企业的海外并购被市场认可了吗?用另一句话说,"走出去"战略下的中国企业的海外并购是否创造了价值,产生了财富效应?二是从中长期角度来看,我们如何才能取得海外并购的成功?政府因素在中国企业的海外并购中起到了什么样的作用?

毋庸置疑,对于中国企业海外并购的个案分析和讨论是网络上的热点问题。互联网上还披露了许多中国企业海外并购失败或并购后整合失败的案例。给大众的整体印象是,中国企业的海外并购失败居多,绩效不明显。

* 顾露露,中南财经政法大学金融学院,邮政编码:430073,电子邮箱:g_lulu@126.com;RobertReed,Dept.ofEconomicsandFinance,UniversityofCanterbury,邮政编码:Christchurch8140,NewZealand,电子邮箱:bob.reed@canterbury.ac.nz。作者感谢匿名审稿人的宝贵意见,感谢新西兰坎特伯雷大学对本研究课题的经费支持,感谢美国圣地亚哥AIB2009年会上相关专家的意见和建议。当然,文责自负。

表1　中国企业海外并购事件的时间和交易金额

年	事件个数	有交易金额的并购交易	交易金额（百万美元）	均交易金额（百万美元）
1994	1	1	98.5	98.5
1995	1	1	1.3	1.3
1996	2	2	482.1	241
1997	4	3	360.6	120.2
1998	7	6	262.5	43.7
1999	4	3	45.9	15.3
2000	6	4	75.5	18.9
2001	6	4	50.5	12.6
2002	11	10	2098.9	209.9
2003	9	7	2048.6	292.7
2004	16	9	2367.49	263.05
2005	8	6	4243.59	707.27
2006	12	9	10282.16	1142.46
2007	21	15	2437.80	162.52
2008	20	12	2346.35	195.53
2009	29	21	5794.60	275.93
总计	157	113	32996.3	292.00

资料来源：汤姆逊 SDCPlatinum　全球并购数据库。

但目前学术界没有人真正开展研究，寻找这些问题的真实答案，甚至可以说实际上几乎没有实证研究结果直接回答这几个问题。许多中国学者从文化整合策略、并购方式选择、人才梯队建设、组织创新准备等角度谈如何提高中国企业跨国并购绩效，他们的研究以定性的论证和案例研究占主体（韩世坤、陈继勇，2002；张小蒂、王焕祥，2004；顾卫平、薛求知，2004）。清科集团每年（季度）都有中国企业并购报告出台，包括国内并购和跨国并购，但是却没有整合并购数据进行正式的绩效分析，特别是海外并购一块。廖运凤（2006）等提供了部分中国企业海外并购的案例分析，但是没有就中国企业海外并购这个群体事件做出总体的实证分析。Hemerlingetal（2006）倒是运用事件研究方法对16个中企海外并购事件进行了基本的实证分析，结果显示56%的中国企业海外并购为投资者创造了价值。用同样的方法，Luedi（2008）研究了1995—2007年间的56个中国企业海外并购案例，得出56%的中国企业海外并购没有获得财富效应。但是有限的样本的分析结果并不能让读者信服。

本文对中国企业海外并购问题研究的贡献之一体现在，实证结果显示1994—2009年间中国企业的海外并购从总体上取得了令人满意的并购绩效，否定了一些人士所持的中国企业海外并购失败的错误认识。[①]之前的案例研究多数局限于工业企业，特别是对高新技术产业的上行并购案例的分析和总结，而且多数只局限于短期的财务数据分析。从样本选择的角度看，这部分并购在1994—2009年间仅占并购事件的33%，并购金额的20%左右，并不能概括中国企业海外并购的整体绩效。而且以短期会计指标为绩效衡量标准的弊端在于完全未将国家发展战略如国家安全、技术升级以及企业中长期发展战略等非显性绩效指标考虑进去。相比较而言，在弱式有效市场假设条件下，股票市场绩效更能体现投资者对于中国海外并购的客观判断和预期。

本文对中国企业海外并购问题研究的贡献之二体现在，我们收集了相对真实和完整的中国企业海外并购数据，对“走出去”战略下的企业海外并购绩效进行了深入的分析和探讨。数据缺失是中国企业海外并购实证研究的短板。本文采用世界顶级的SDC并购数据库，比照Zephyr并购数据库，并根据作者收集的中国企业海外并购信息进行多方修正，基本保证了数据的完整和真实性。而本文的实证结果对于政府如何更好地支持与引导企业“走出去”开展海外并购应该有一定的参考价值。

①本文的样本不包括中国企业收购未成功的案例。

本文对中国企业海外并购问题研究的贡献之三体现在，我们发现了中国企业海外上市与并购绩效的正相关关系。海外上市有助于积累中国企业海外经营经验，提高信息披露的透明度，从而提升投资者信心。如果海外上市能提高公司绩效进而有利于并购绩效的提高的话，鼓励企业先海外上市、后海外并购也不失为一条“走出去”的路径。

本文的第二部分是提出问题和相关文献评述；第三部分是数据和研究方法说明；接下来的第四部分报告实证研究结果；第五部分总结。

二、文献评述与问题提炼

海外并购是企业对外直接投资最重要的一种形式。传统的国际投资“三优势理论”指出具有“所有权优势”和“内部化优势”的公司在目标国具有投资环境“区位优势”时会向海外投资。20 世纪 80 年代，随着新兴经济体的对外直接投资不断扩大，人们开始关注新兴经济体的跨国公司开展对外直接投资的动机。邓宁的投资发展周期理论指出：新兴国家的开放政策和低成本吸引了发达国家的外资流入的同时，外资流入存量会加速本国的对外直接投资；新兴国家跨国公司的对外直接投资是政府“资源攫取”战略的结果，特别是在能源和自然资源产业领域(Dunning and Lundan，2008)。

江小涓(2006)和李辉(2007)的数据和实证检验结果显示，当前中国作为 FDI 东道国的相对地位在下降，而作为跨国公司投资母国的相对地位在不断上升，因此中国已处于邓宁所提到的国际投资转型阶段。吴彬、黄韬(1997)、冼国明、杨锐(1998)提出了两阶段模式与学习模型理论，认为发展中国家企业的对外投资很多是为了学习发达国家的技术与经验，这种“扩大知识暴露型投资”即使在国外市场上无利可图甚至亏损，只要在母国或第三国市场得到补偿，就可以进行投资。黄速建、刘建丽(2009)也认为，中国企业进入海外市场不能仅仅从“经济效益最大化”角度出发，而要考虑特定战略动因的实现，通过进入海外市场获取战略资源，学习先进的技术和管理经验。

可以说，学者们对于中国企业的海外并购短期绩效预期并不高，而且认为中国企业海外并购的中长期战略意义比短期企业的经营绩效更有意义。但是笔者认为，公司层面的营利性是企业长远发展的保障，也是政府战略能顺利实施的保证与基石。股东利益，特别是股东的中长期利益，在海外并购的投资决策中应该是重点考量的要素之一。

企业并购绩效评估是西方公司金融领域的研究热点，但由于新兴经济体国家企业的海外并购一向规模很小，其绩效研究的文献不多。而且实证研究结果显示由于新兴国家的企业并不完全符合对外直接投资的“优势理论”前提，它们的海外扩张的绩效也就因国、因企业而异。Lecraw(1993)的研究结果显示，印度尼西亚企业通过对外直接投资成功地进入了国际市场，提升了它们的所有权优势。相反，Aybar & Ficici(2009)则认为，1991—2004 年 58 家来自新兴经济体国家的跨国公司的 433 起海外并购不但没有创造价值，一半以上的此类并购还损害了公司绩效。Kim(2003)观察了 256 起韩国企业的对外直接投资案例，发现这些对外直接投资事件的宣布增加了投资者的财富，但其投资并没有使这些企业取得国际竞争对手公司的专有技术优势。

1. 政府支持与跨国并购绩效

正是由于新兴经济体并不具备“三优势理论”中提到的竞争优势，在资源紧缺和产业升级的迫切要求下许多新兴国家政府在对外投资的政策上给予了企业更多的支持，期望通过国家支持的力量，帮助本国企业在国际竞争中占据一席之地。在中国海外直接投资的过程中，中国政府的激励性政策和国有企业在海外并购中所起的关键性作用无需质疑(Morck et al.，2008)。中国政府在 1999 年提出了“走出去”战略，鼓励、支持有条件的企业开展对外投资。2002 年，国家外汇管理局将 1 百万美元以下的海外投资项目和总投资额在 2 亿美元以下的项目的审批权下放给了地方。到 2006 年，海外投资总金额的额度制度被废除。此外，商务部还出台了一系列支持性政策帮助企业开展海外投资，包括提供信息支持和低息贷款、税收减免、直接补贴等鼓励性的财政政策,从而为企业走出国门创造条件(Hagiwara,2006)。

另一方面国有企业在中国企业海外并购中的主导作用也有目共睹(Morck et al.,2008)。许多学者指出资本市场的不完全使中国的国有企业很容易在市场上形成"所有权优势"。例如,政府的软预算约束、私有投资者的缺失、政府的显性和隐性的支持,以及较私有竞争对手更低的资本成本等。但是这种政府支持的海外并购和以政府为背景的"所有权优势"在企业国际化的过程中能否继续保持有待验证。更具体地说,我们想知道中国的企业在"走出去"的政府战略支持下是否能获得相对竞争优势,并在海外并购中获取好的绩效。因此本论文首先关注的问题是:中国企业的海外并购绩效如何? 国有企业为主的海外并购取得了预期的绩效吗?

2. 行业差异与政府战略并购绩效

许多学者发现一定时期的并购与并购绩效在一定行业中具有集聚效应,行业间的绩效差异很大(Andrade et al,2001;Mitchell and Mulherin,1996)。因此,许多文献在研究并购绩效时,将行业差异作为量化分析中的控制组变量来处理(Lyon et al,1999;Savor and Lu,2009)。

表2显示1994—2009年中国企业海外并购明显向高新技术行业和能源行业倾斜。157个海外并购事件中排名前2位的行业是高新技术行业和能源行业:能源和自然资源类并购的平均并购金额最高,达18557.5(百万美元);技术密集型行业,像通信电子、软件外包的并购事件最多,达45个。这和Dunning & Lundan(2008)有关能源和高科技行业偏好型对外投资的说法是一致的。

表2 中国企业海外并购行业分布

排名	目标企业所处行业	事件个数	有交易金额的事件个数	交易金额百万美元	均交易金额百万美元
1	通讯电子和软件外包行业	45	32	4993	156
2	能源和自然资源行业	42	29	18557.5	639.9
3	商业服务	14	9	503	55.9
4	制造业	20	8	284.7	35.6
5	零售、批发贸易	11	7	466.6	66.7
6	交通运输	11	11	2459.3	223.6
7	公共设施	9	5	469.4	93.9
8	医药化工	5	3	93.3	31.1
总计		157	104	27826.8	267.6

注:通讯电子和软件外包行业包括汤姆逊并购数据库中的计算机和办公设备、通讯、电子和电子设备、通讯设备以及软件外包行业;能源和自然资源行业包括石油和天然气、石油冶炼、采矿、金属和金属产品以及农、林、渔业;商业服务行业包括商业服务、健康服务、广播电视台等;制造业包括测量、药物和照相器材行业、钟表行业、食品和相关产品行业、玉石、陶瓷、玻璃和水泥制品行业、纺织和服装产品行业、木制产品、家具和夹具行业、机电、多种制造业和交通运输工具行业;批发零售贸易指批发贸易和多样化零售贸易;交通运输业包括水、陆、空航运;公共设施包括电、气、水输送和建筑行业;医药化工包括药品行业和化工产品行业。

能源危机是当前的世界性课题,是国家安全的保障,也是近现代国家与国家之间很多纷争的导火索。能源和其他自然资源更是以加工制造业为核心的中国经济发展的关键性要素。所以中国企业,特别是国有企业"走出去"战略投资的重点向能源和其他自然资源产业的倾斜就理所当然。提高能源企业对外投资的效率,怎样以更少的代价获取更多的资源是重点应该研究的问题。

知识经济时代,技术优势是决定一切的竞争力量。Morck & Yeung(1992)发现,如果跨国并购目标是研发密集型企业，并购企业的股票价格通常在并购宣布日明显上涨，表明资本市场对此类并购的肯定态度。但是 Aybar & Ficici（2009）的结果显示，新兴国家企业的高科技产业并购和并购绩效负相关。作为新兴市场之一的中国，能源与高新技术企业海外并购的绩效如何？本文拟对此进行实证检验，给读者一个答案。

3. 海外并购区位选择与并购绩效

海外并购的区位选择是国际投资领域许多研究者感兴趣的问题。本文样本数据显示大约 71% 已完成的中国企业海外并购事件和 64% 的并购交易金额流向发达国家和地区，也就是属于上行并购。亚洲国家由于地缘优势和文化的相通性，在中国企业海外并购区域选择中占据第二的位置。对南美和非洲的资源类并购较多。而对南美的并购事件虽然比非洲多，但对非洲的目标企业并购金额较大，平均交易金额是所有目标国中最高的。①

在中国企业对外投资的区位选择问题的研究方面，Buckley et al（2007）认为中国的对外直接投资和自身的高国家风险和与投资目标国高文化差距相关。但笔者认为中国自改革开放以来，政局稳定，经济发展快，国力日强，战争风险低。但是政务的透明性和经济生活中的腐败现象有待改进。2010 年透明国际计算中国的"腐败指数"为 3.5，位列全球 178 个国家的第 78 位，比较客观的评价应该是国家风险居中，Buckley 所提到的自身的高国家风险没有依据。而从投资目标国文化差距的数据来看，虽然样本显示 71% 的目标公司处于发达国家或地区，但是由于香港公司所占比重很大，文化差距的均值在 1.3 左右，整体居中偏下，因此投资目标国的高文化差距也没有根据。②

汇率是海外投资区域选择中应考虑的关键因素之一。Dewenter（1995）和 Cebenoyanet al（1992）的研究结果都显示，本币相对于目标国货币升值有利于并购企业以更低的价格购买海外目标企业，从而提高并购绩效。但是 Pettway et al（1993）发现，公司的盈利规模更依赖于买方和卖方相应的市场力量以及所购资产的品质而不是来自汇率的变动。显然，并购定价和汇率水平变化的相关性是不容忽视的。如果高估本币升值的作用，对目标企业定价过高，结果也可能造成负的绩效影响。因此，笔者认为有必要重新审视评估文化差距、汇率等区位选择因素对中国企业海外并购绩效的影响。

4. 经理人素质与跨国并购绩效③

并购绩效与企业经营管理者素质息息相关，在跨国并购战略的制定、项目的遴选以及交易定价的环节中，企业高管的作用至关重要。有研究者在投资领域提出了所谓的"狂妄假说"，指出并购企业高层管理人员的自以为是、过度乐观的投资态度会影响并购绩效。还有研究者认为存在"羊群效应"，即盲目跟风式的海外并购行为对并购绩效也具有很大负面影响。Martynova & Renneboog（2005）认为管理层的"狂妄假说"和"羊群效应"行为在并购潮时期会加剧，收益最高的并购通常发生在并购潮的初期。而之后的企业管理层会在这些好的并购案例发生后产生过度乐观的情绪和盲目跟风的羊群效应，形成低绩效并购（Auster and Sirower，2002）。

本文通过跟踪管理层的并购交易细节来观察管理层的海外投资决策是否存在"狂妄假说"和"羊群效应"等非理性投资行为。如并购战略的选择、并购交易中的定价、并购支付方式是否得当，进行海外并购时是否雇佣合适的专业咨询机构帮助形成理性决策等。Harris & Ravenscraft（1991）认为，处于相关产业的企业之间更利于整合，但对发达国家相关产业的并购对于新型经济体国家的并购方而言是一个挑战。Aybar & Ficici（2009）的研究结果就显示，新兴国家企业相关产业并购和并购绩效负相关；对目标企业的合理定价是经理人理性的重要考察变量。从并购方的角度看，过度的溢价收购会伤害并购方利益，妨碍并购绩效的取得；并购支付

①具体数据可向作者索取。

②有关霍夫斯坦德文化维度的说明、关于文化差距的概括性统计的具体数据及其概率分布信息可向作者索取。

③公司治理方向的研究文献通常从企业家本身素质，如学历、年龄、性别等考察公司经理人管理素质和企业绩效之间的关系。因为本论文是国际投资方向的文章，所以在研究企业家因素的时候，着重通过考察企业家投资决策（海外并购决策）行为体现企业家对并购绩效的影响。

方式的选择也能反映经理人是否对并购绩效有合理预期。Jensen(1986)提出公司高管在企业现金流充足以及对并购整合预期看好的前提下会采用完全现金收购的交易模式。但是王培林等(2007)发现,由于代理成本问题,企业现金流越充足,管理者越倾向于通过并购等活动把现金浪费在低效的投资项目上;专业咨询机构能为并购双方提供更完全的并购信息和并购后的整合建议。对于刚刚走出国门的中国企业,大笔交易的并购是非常需要聘请合适的专业咨询机构的。但是 Lowinski et al (2004)指出,并购方需要为他们所提供的指导支付一大笔费用。如果咨询公司选择不当,也会产生专业咨询机构指导下并购失败的例子。综上所述,我们拟用上述变量考量企业高管决策理性和海外并购绩效的相关关系。

5. 中国并购方的资质状况与并购绩效的关系

在中国企业"走出去"的战略部署中,我们可以通过研究"走出去"企业的资质与绩效之间的关系来决定支持什么样的公司开展海外并购,从政府角度分析海外并购的最佳支持路径,包括企业规模、营运杠杆比率和是否跨国上市企业。

在公司规模、营运杠杆比例与企业绩效的研究中,许多学者发现小公司之间的并购产生规模经济和范围经济的效应,从而提高公司效率(Gugler et al,2002;Fama and French,1992);[①]西方的研究者支持"价值公司"的业绩好于"成长型公司"的说法。所谓"价值公司"是指公司 BM 比率高的公司,而"成长型公司"是指 BM 比率低的公司。[②] Chan et al(1991)和 Fama & Frnch(1992,1993)分别运用在日本和美国的数据,验证了市场账面价值与市值的比率跟期望收益之间存在的显著的正相关关系。

跨境上市可以使公司在国外资本市场融资,有利于扩大公司国际影响力,提高国际知名度。市场分割理论认为跨境上市对来自资本市场监管要求较弱国家的公司更有利,因为通过跨境上市,企业需要遵守更严格的信息披露规则。更透明的信息环境增加了国内和国际投资者的投资意愿,使企业获得更多的增长机会(Doidge et al,2004;沈红波,2007)。综上所述,本论文拟通过对以上三个变量考察公司资质对海外并购绩效的影响。

三、样本数据和研究方法

1. 数据

本文的研究样本囊括 1994 年 1 月到 2009 年 12 月 31 日的中国企业海外并购事件。数据来自汤姆逊 SDC Platinum 全球并购数据库。样本选择的标准如下:并购宣布时间介于 1994 年 1 月到 2009 年 12 月 31 日期间;本样本只包括已完成的并购交易;中国并购方和非中国目标企业;[③]并购方是在中国内地或香港、美国上市的公司;目标企业为非金融公司。[④]

股票价格和股指数据来自 DataStream,采用调整股价。短期绩效采用日数据,中长期绩效采用月数据。上证综指、恒生指数以及标准普尔 500 分别为中国大陆、香港和美国三地上市公司的市场回报计算依据。

原样本包括 280 个中国企业海外并购事件,但是其中 51 个事件因为没有评估期股票回报数据而被剔除。[⑤]30 个事件因并购方在内地、香港、美国三地以外的证券市场上市而被剔除。还有 42 个事件因 137 天的日股票回报中包含 50%以上的零回报而被剔除。[⑥]最终样本包括 106 家中国企业的 157 个海外并购事件。

①以上研究成果中都是用企业市值指标作为公司规模的数据。
②BM 指 Book－to－Market Ratio,即账面价值与市值之比。
③因为香港地区的经济体制的特殊性,本文中国的目标企业包括香港企业。
④因为金融公司的特殊会计准则要求和监管要求使它们很难和一般的非金融公司作比较。
⑤这 51 个事件的并购方都是在并购事件发生之后才上市的公司。
⑥事件研究方法中的时间序列数据,评估期 126 天加上事件窗口 21 天,共 137 天。

由于部分中国企业仅在海外上市或者是先在海外上市，然后在内地市场上市，因此本文样本中包括了在香港和美国跨境多地上市的中国公司的海外并购事件。在事件研究方法中，考虑到同一公司多国上市的股票价格之间的高相关性，我们仅取其一地上市的股票，得157个样本数据。如果一家公司跨三地上市，我们的选择原则是选择其市值最高、市场流动性最好的上市股票。[①]因此最终样本包括了64家内地上市公司、62家香港上市公司和31家美国上市公司。

中国企业中长期海外并购绩效考察的样本数据为122个。因为29件2009年的海外并购目前没有连续3年的月股价数据而被剔除，另外6个并购事件中的并购企业市值和BM比率数据缺失。

2.研究方法及结果

(1)中国企业海外并购短期绩效测量

我们运用事件时间方法（event－time approach)评估中国企业海外并购的公告日绩效。以市场模型为基准模型，我们收集21天的事件窗口以及评估期126天的日股票回报数据（评估期为事件窗口21天之前的126天）。个股的超常回报(AR)是实际回报(R_{it})和预期回报$E(R_{it})$的差额：

$$AR_{it}=R_{it}-E(R_{it})$$

运用市场模型计算评估期股票回报：

$$E(R_{it})=\hat{R}_{it}=\hat{\alpha}_i+\hat{\beta}_i R_{mt}$$

这样一来，个股的超常回报计算公式为：

$$AR_{it}=R_{it}-[\hat{\alpha}_i+\hat{\beta}_i R_{mt}]$$

运用Patell(1976)的Z值检验方法来检测21天事件窗口超常回报为零的命题假设的显著性。标准均超常回报（ASAR)、标准累积均超常回报(ASCAR)以及Z值的计算公式见Dunne & Ndubizu(1995)。

(2)中国企业海外并购公告日绩效结果

表3报告了中国企业海外并购的公告日绩效。我们发现从并购公告日的前一天到公告日后一天的三日累计标准超常收益显著为正，为0.2%，表明中国企业的海外并购取得了明显的公告日财富效应。我们也对三地上市的中国公司的海外并购绩效进行比较，结果显示：内地上市公司的并购公告日超常收益显著为正，而且市场有明显的信息泄露和内部交易迹象，表现在并购反应有明显的提前；香港市场的显著并购超常收益出现在事件窗口(－1,1)；由于时区的差异，美国上市的中国公司反应滞后，显著正超常收益出现在公告日1天以后。[②]

(3)中国企业海外并购中长期绩效测量

日历时间研究法(Calendar－time Approach)和FF3FM是中长期并购绩效研究惯用的研究方法和基准模型。[③]Fama & French(1993)发现当市场超额回报是时间序列回归模型中超额收益的唯一解释变量时，模型中的截距包含了公司规模和BM杠杆比率两方面的效应。因此Fama和French的CAPM模型中加入了两个因素，即公司规模和BM杠杆比率，建立了FF3FM三因素模型。在绩效研究的文献中，有的研究者将模型中的截距看做投资组合的超常收益(Eberhart等，2004)。[④]另外一些研究者应用日历时间超常收益CTAR(Calendar－time Abnormal Return)作为超常回报(Mitchell and Stafford,2000;Savor and Lu,2009)。

①交易量和市值是本文中市场流动性的代表性指标。因此，当公司股票市值较大的情况下，我们选择交易量最高的上市股票；在多国上市的情况下，如果交易量相比不是最大，但市值是其他市场的两倍或两倍以上，就选择市值最大的上市地点股票。

②具体数据可向作者索取。

③另一个采用日历时间研究法的原因是笔者在采用市场模型和事件时间研究方法(Event－time Approach)时遇到了数据缺失的困难。因为市场模型需要评估期，也就是并购事件有效期之前的至少3～5年月股票数据，而且为保证数据的质量，股票收益不能有50%以上的零收益。因此，数据遴选的结果导致大部分的并购样本不合格而被剔除。

④Jensen's alpha：一般的资产定价模型假设模型中的截距为零。但是Jensen(1973)认为实际上基金经理们能够通过预测股票价格而提高组合收益。换句话说，资产定价模型中的截距可以不为零。

表 3　中国企业海外并购公告日绩效

区间	ACAR	ASCAR	$Z_{Interval}$	p－value
(－10,－5)	0.0061	0.0748	0.9374	0.3486
(－10,－1)	0.0052	0.0998	1.2502	0.2112
(－5,－1)	0.0051	0.1183	1.4824	0.1382
(－1,1)	0.0120	0.2050**	2.5684	0.0102
－1	0.0036	0.1513	1.8960	0.0580
0	0.0044	0.0835	1.0459	0.2956
(1,5)	－0.0085	－0.0779	－0.9764	0.3288
(5,10)	0.0009	0.0044	0.0548	0.9563
(1,10)	－0.0090	－0.0811	－1.0165	0.3094
(－5,5)	0.0010	0.0524	0.6565	0.5115
(－10,10)	0.0006	0.0311	0.3894	0.6970
(－2,2)	0.0039	0.0702	0.8795	0.3791
(－3,3)	－0.0017	0.0095	0.1189	0.9054

注:有关 ACAR、ASCAR 和 ZInterval 的计算公式请见 Dunne and Ndubizu(1995)。公告日被定义为第(0)日,样本包括 157 起中国企业海外并购事件。**表示 Z 检验的显著性水平在 5%,***表示 Z 检验的显著性水平达到 1%。

和事件时间研究法不同的是,日历时间研究法进行绩效评估时,没有评估期的要求,我们假设公司股票的贝塔值是恒定的,而且观测期从并购生效之日算起。在弱势有效市场假定下,证券价格充分反映了历史上一系列交易价格和交易量中所隐含的信息。从长期上来看,并购事件不应该影响市场股票回报,形成超常回报。许多实证研究结果也证明了这一点。但是我们必须承认个体公司之间的并购绩效差异应该是存在的。笔者的理解是,虽然从统计角度总体的长期并购绩效应趋近为零,但是由于企业本身资质的差异和国际投资环境的作用,个体公司的并购绩效差异是明显的。

(i)基准模型

FF3FM 模型如下:

$$R_{it} - R_{ft} = \alpha_i + \beta_{iM}(R_{mt} - R_{ft}) + \beta_{is}SMB_t + \beta_{ih}HML_t \qquad (1)$$

其中 R_{it} 是 i 公司在 t 月的回报;R_{ft} 是 t 月的无风险回报率;R_{mt} 是 t 月的市场回报;SMB_t 等于在 t 月小公司组合减去大公司组合的回报,是公司规模因素;HML_t 是在 t 月,低 BM 杠杆比率公司组合收益减去高 BM 杠杆比率公司组合收益,是一个账面价值比市值的因素。

我们将样本中所有公司按照市值分为两组,按照 BM 比率分为三组,这样产生 6 个组合。公司规模(SMB)和 BM 杠杆比率(HML)的数据计算参照 Fama & French(1992)的方法获得。由于内地和香港缺失 1 个月或 3 个月国债的时间序列数据,我们选择中国内地 1 年期央行基准利率、香港 1 年期固定存款利率以及美国联邦基金年利率分别除以 12 为模型中无风险利率的月数据依据。

(ii)日历时间超常收益(CTAR)

我们利用最小二乘估计估算出公式(1)中的 α_i、β_i、s_i 和 h_i 值,然后通过公式(2)和(3)计算日历时间超常收益:

$$CTAR_{it} = R_{it} - E(R_{it}) \qquad (2)$$

$$E(R_{it}) = \hat{\alpha}_i + \hat{\beta}_i(R_{mt} - R_{ft}) - \hat{s}_i SMB_t - \hat{h}_i HML_t \qquad (3)$$

由于本文的研究中跟踪中国企业海外并购有效后的连续三年的绩效,因此组合中的公司因每年公司规模和 BM 比率的变化进行调整。在观测年中因各种原因退市的公司也被剔除。

(4)中国企业海外并购 1～3 年中长期绩效结果

我们参照 Fama & French(1992,1993)的方法,将中国并购公司按公司规模和 BM 杠杆比率分成 16 个组合。表 4 的结果显示 16 个组合中有 9 个组合的超常收益(Alpha)显著为正值,有三个组合的超常收益为负,但是统计值不显著。因此我们认为中国企业的海外并购 3 年期的总体绩效为非负,这意味着企业的"走出去"战略没有以牺牲中长期股东利益为代价。从总体上说,中国企业的海外并购开局良好,得到了市场的认可。[①]

①我们也检验了 1～3 年的日历时间超常收益的均值和统计显著性,结果与以上说法一致。具体数据可向作者索取。

我们还测算了中国企业海外并购的各行业1～3年期绩效情况。结果显示在10%的显著水平下，能源和自然资源行业的并购取得了3年期0.09%的超常回报。与此相反，批发与零售贸易行业的海外并购1～2年的负绩效非常显著，但是这种负面绩效在第三年逐渐减少，而且变得不显著。①

表4　中国并购公司16个组合三年期超常收益情况②

规模	BM杠杆比率				BM杠杆比率			
	低	2	3	高	低	2	3	高
	Alpha				Beta③			
小	0.10 [0.09]	0.12 [0.06]	0.12*** [0.00]	0.38*** [0.00]	1.11 [0.24]	1.05 [0.68]	1.34 [0.10]	1.22 [0.23]
2	0.06 [0.46]	−0.06 [0.46]	0.09 [0.08]	0.33*** [0.00]	1.09 [0.70]	0.97 [0.86]	1.38 [0.24]	1.11 [0.25]
3	0.33*** [0.00]	0.42*** [0.00]	0.26*** [0.00]	0.09*** [0.00]	1.42 [0.06]	1.40*** [0.00]	1.15** [0.01]	1.02 [0.85]
大	0.20*** [0.00]	−0.03 [0.57]	0.18*** [0.00]	−0.01 [0.62]	1.10 [0.50]	0.79 [0.13]	1.09 [0.10]	0.88 [0.24]
	S				H			
小	0.86** [0.05]	0.24 [0.08]	−0.06 [0.89]	0.29 [0.47]	−0.72 [0.23]	0.02 [0.91]	−0.11 [0.66]	0.88** [0.02]
2	0.02 [0.86]	−0.13 [0.40]	0.14 [0.84]	0.10 [0.11]	−0.20** [0.05]	−0.01 [0.92]	−0.02 [0.93]	0.13 [0.55]
3	−0.40 [0.06]	0.05 [0.73]	0.38 [0.12]	0.10 [0.73]	0.24** [0.04]	−0.03 [0.76]	−0.04 [0.83]	0.04 [0.67]
大	−0.11 [0.21]	−0.85*** [0.00]	−0.01 [0.91]	−0.33** [0.02]	−0.02 [0.84]	−0.13 [0.67]	0.12** [0.02]	−0.16 [0.21]

注：时间序列回归分析是基于并购生效后41个月的股票回报月数据。**表示t检验的显著性水平在5%，***表示t检验的显著性水平达到1%。

四、中国企业海外并购绩效的决定因素

本节根据本文第二部分对中国企业海外并购绩效可能有影响的因素分析，将并购绩效的解释变量归纳为政府支持、区位选择、经理人理性和并购方资质4组，并用它们来解释不同的中国并购企业3年期日历时间超常收益的决定机理。由于从横向上看中国并购企业之间的部分行业绩效差异存在，所以我们将行业因素作为回归中的控制变量，采用Fix－to－fix模型进行回归分析。解释变量的统计描述见表5。

因为香港和中国大陆具有类似的文化特质，我们通过检验变量之间的相关系数矩阵时发现THK

①具体数据可向作者索取。

②方框中是t检验的p值。

③该假设命题是(H_{10})：Beta＝1。我们也检验过(H_{20})：Beta＝0的命题假设，发现显著性水平达到1%的情况下，16个组合的贝塔值都明显不等于零。

和文化差距变量之间的相关系数很高，达到了−73.94%。而且THK和发达国家目标企业虚拟变量以及自然资源行业虚拟变量之间的相关系数也较高，因此，我们在模型中剔除了THK变量，避免出现严重的多重线性问题。

表5 中国企业海外并购绩效决定因素分析变量的统计描述

变量	样本	均值	标准差	最小值	最大值	变量描述
Y3CTAR	94	−0.01	0.23	−1.23	0.40	3年日历时间超常收益
政策支持变量						
POLICY	122	0.74	0.44	0.00	1.00	并购生效在2002年之后为1，其他为0
GOVTOWN	122	0.50	0.50	0.00	1.00	并购方为国有企业为1，其他为0①
NATRES	122	0.25	0.44	0.00	1.00	自然资源行业目标企业为1，其他为0
ITIN	122	0.34	0.47	0.00	1.00	高新科技行业目标企业为1，其他为0
区位选择变量						
CULDIS	111	1.29	1.39	0.14	4.59	中国和目标国文化差距
FEX	122	0.02	0.06	−0.02	0.16	美元与人民币汇率水平②
DEVDC	122	0.75	0.43	0.00	1.00	发达国家地区目标企业为1，其他为0
THK	122	0.40	0.49	0.00	1.00	目标企业在香港为1，其他为0
经理人理性变量						
INDREL	122	0.50	0.50	0.00	1.00	行业相关为1，其他为0
CASH	122	0.54	0.50	0.00	1.00	全现金收购为1，其他为0
ADVISOR	122	0.30	0.46	0.00	1.00	并购方雇佣咨询公司为1，其他为0
TRAVALUE	83	278	691	0.6	4141	交易金额(百万美元)
LNTRAVALUE	83	3.79	2.04	−0.51	8.33	交易金额(百万美元)的自然对数值
并购方资质变量						
MV24A	116	16947	67584	16.03	680074	并购企业规模(并购生效两年后市值)
LNMV24A	116	7.51	2.16	2.77	13.43	并购企业规模(自然对数)
Y2BM	108	0.55	0.91	0.00	8.17	并购生效两年后账面价值与市值比
HKM	122	0.42	0.50	0.00	1.00	香港上市为1，其他为0
USM	122	0.19	0.39	0.00	1.00	美国上市为1，其他为0

笔者以并购目标行业为控制组变量，通过对四组解释变量的分析，8个不同的回归模型检验中国企业海外并购绩效决定因素。

①国有企业是指汤姆逊SDC全球并购数据库中定义最终母公司为政府所有的公司。
②汇率数据为美元与人民币的中间汇率。数据来源为汤姆逊路透DataStream数据库。

表 6A 和表 6B 分别就 8 个模型的统计回归结果进行了展示。多元回归的结果显示 1994—2009 年中国企业海外并购中国有企业的并购绩效低于民营企业，显著性水平达到 5%。模型 1 的结果显示，在其他解释变量不变的前提下，国有企业的中长期并购绩效（Y3CTAR）比非国有企业平均低 17.37%，暗示国有企业的所有权优势没有能够在海外并购领域获得延续。市场更倾向于有民营资本参与的海外并购，可能的原因是：(1)民营资本的参与减少股东和政府在利益导向不一的情况下的利益受损；(2)体现了对于国有企业效率低下的疑虑；(3)冷战思维下目标企业或海外投资者对中国国企并购可能隐含的政治目的的防范心理和抵触情绪的影响。

在两个战略行业的并购绩效比较中，相对于其他行业，能源和自然资源行业的并购绩效明显占优，高新技术行业的并购绩效不明显。人民币相对于美元升值的汇率水平因素对中国企业的海外并购有利，显著性水平达到 1%。模型 1 显示在其他解释变量不变的前提下，人民币相对于美元每升值一个百分点导致中国企业海外并购的绩效大约上升 3.45 倍。而在海外并购的区位选择问题上，是否发达国家目标企业以及文化差距的大小并没有明显影响并购绩效。

表 6A　中国企业海外并购绩效决定因素分析

Variable	Model 1	Model 2	Model 3	Model 4
Constant	0.4121 [0.01]	0.4122 [0.01]	0.2511 [0.00]	0.1215 [0.06]
GOVTOWN	−0.1737*** [0.02]	−0.1719** [0.02]	−0.1335*** [0.01]	−0.1058** [0.03]
Y2BM	−0.0395** [0.02]	−0.0401*** [0.01]	−0.0148 [0.25]	−0.0185 [0.22]
CULDIS	−0.0349 [0.17]	−0.0351 [0.15]	−0.0169 [0.35]	
FEX	3.4483*** [0.01]	3.4528*** [0.01]	1.0778 [0.10]	
DEVDC	0.0150 [0.81]	0.0155 [0.80]	−0.1021** [0.03]	
INDREL	0.1296 [0.12]	0.1288 [0.12]		
CASH	−0.1722 [0.13]	−0.1756 [0.06]		
LNTRAV-ALUE	0.0083 [0.65]	0.0081 [0.65]		

续表

Variable	Model 1	Model 2	Model 3	Model 4
ADVISOR	−0.1273 [0.12]	−0.1275 [0.11]		
LNMV24A	−0.0016 [0.94]	−0.0017 [0.94]		
HKM	0.0952** [0.03]	0.0953** [0.03]		
USM	0.1698 [0.10]	0.1717 [0.10]		
POLICY	−0.0064 [0.92]			−0.0012 [0.99]
Obs R−sq	55 0.5281	55 0.528	75 0.1778	82 0.1194
F Prob>F	1.76 0.0685	1.74 0.0721	4.18 0.0001	4.83 0

注：模型 1—4 的因变量是三年的日历时间超常收益（Y3CTARs）。模型 1—4 是 fixed effect 模型，控制组是目标公司所处行业。方框中是 t 检验的 p 值。t 统计检验采用的是怀特异方差标准误（White heteroscedasticity robust standard errors）。**表示 t 检验的显著性水平在 5%，***表示 t 检验的显著性水平达到 1%。

表 6B　中国企业海外并购绩效决定因素分析

Variable	Model 5	Model 6	Model 7	Model 8
Constant	0.2263 [0.07]	0.0407 [0.71]	0.0788 [0.11]	0.1206 [0.00]
GOVTOWN	−0.1220** [0.01]	−0.1908*** [0.00]	−0.1045** [0.02]	−0.1056** [0.02]
Y2BM	−0.0201 [0.22]	0.0010 [0.97]	−0.0222** [0.04]	−0.0185 [0.21]
CULDIS				
FEX				
DEVDC				
INDREL	0.0994 [0.17]			
CASH	−0.0861 [0.37]			
LNTRAV-ALUE	0.0088 [0.57]			
ADVISOR	−0.0537 [0.44]			
LNMV24A		0.0271 [0.13]		
HKM		0.0489 [0.23]		
USM		0.0018 [0.99]		
ITIN			−0.0517 [0.35]	

续表

Variable	Model 5	Model 6	Model 7	Model 8
NATRES			0.0948** [0.02]	
POLICY				
Obs	60	82	82	82
R−sq	0.2464	0.1806	0.1006	0.1194
F	1.97	3.99	4.73	5.4
Prob>F	0.037	0.0001	0.0018	0

注：模型5－8的因变量是三年的日历时间超常收益(Y3CTARs)。模型5、6和8是fix effects模型，控制组是目标公司所处行业。模型7是最小二乘估计回归。方框中是t检验的p值。t统计检验采用的是怀特异方差标准误(White heteroscedasticity robust standard errors)。**表示t检验的显著性水平在5%，***表示t检验的显著性水平达到1%。

中国跨国公司高管的投资理性因素没有与并购绩效显著相关，表明在此轮并购潮中，经理人的素质差异没有得到体现。通过对并购战略、并购交易细节的跟踪，没有发现明显的“狂妄假说”和“羊群效应”的非理性决策。在公司资质因素中，并购企业规模没有明显影响并购绩效，但营运杠杆因素对公司海外并购绩效有明显的负相关关系。模型1显示在其他解释变量不变的前提下，公司账面市值比率每上升一个百分点，企业的海外并购绩效下降3.95%，显著性水平达到5%，表明中国成长型的公司并购绩效比价值公司要好。与此同时，我们发现中国并购方的上市地点因素对并购绩效影响显著。海外上市企业，特别是香港上市公司的绩效明显优于内地上市公司，显著性水平达到5%。模型1表明在其他解释变量不变的前提下，香港上市公司的3年期并购绩效平均要比内地上市公司高9.52%。

五、结论和政策建议

本文采集1994—2009年间中国企业海外并购的数据，通过事件时间和日历时间研究方法分别研究海外并购的短期和中长期股票市场绩效，并分析中国企业海外并购的绩效决定因素。我们发现中国企业的海外并购规模随着中国政府的“走出去”政策的出台而持续扩大。受政府“走出去”战略指导，在海外并购目标行业，中国企业主要的并购目标是技术密集型企业和能源、自然资源行业企业。大约29%的并购目标是通讯电子和软件外包行业企业；能源和自然资源类并购占据大约67%的并购交易金额；大部分并购活动的目标企业都位于发达国家和地区。

在评估海外并购短期绩效时，我们发现在并购宣布日，中国企业的海外并购使投资者取得了明显的正的财富效应。但是，中国内地市场有明显的信息外泄和内部交易现象。而中长期的绩效研究表明，中国企业海外并购的3年期超常收益仍然保持非负，说明政府的“走出去”战略并没有以牺牲投资人利益为代价。进一步的绩效决定因素研究发现，人民币升值对中国并购方有利。此轮海外并购热潮中的海外并购绩效与一些中国企业本身资质息息相关。私有经营的并购企业比国有并购企业的绩效更佳；海外上市的企业通常并购绩效更佳，香港上市的中国并购公司的绩效明显好于仅内地上市的公司；在高速发展的中国经济中，成长型企业的并购绩效比价值型公司更好。

本文的研究结果对中国政府决策层、考虑走出国门开展海外投资的中国企业高管以及全世界的投资者都有一定参考价值。

1.中国企业海外并购已经获得正的财富效应的事实表明，市场对政府“走出去”的战略是认同的。它符合整合全球化资源，提高企业经营绩效，促进国民经济持续稳定地发展的需要；也是迅速提升企业高新技术研发能力，学习发达国家企业先进经验的必经之路。而在弱势有效市场理论基础上，保持总体非负的1～3年的中长期海外并购绩效是作为新兴经济体的中国企业走出国门，融入世界经济体的很好的成绩单。

2.除开政策性的自然资源类海外并购，在政府“走出去”战略部署中，应加大力度鼓励更多有条件的民营资本参与其他行业的海外并购，提高并购绩效。国有企业是中国经济支撑力量，国有企业的并购绩效差于私有经营企业，一方面因为本文没有将国企所背负的，与并购相关的一些非市场的长远收益完全考虑进来,另一方面也体现了国企的效率低下。国企的海外并购虽然不是负的超常绩效,但是总体绩效没有民营企业理想。应让更多的民营资本参与经济建设,参与国际化竞争,从而提高投资效率,增强国民经济活力。

3. 政府可以尝试鼓励企业先海外上市,后海外并购。一者可以提高企业在国际市场的信誉度,二者可以丰富企业国际化经验,减轻企业融资压力从而有效提高并购绩效。作为一个来自新兴经济体国家的公司,争取在监管相对完善的发达国家或地区证券市场上市是企业"走出去"的重要一步。从并购的角度看,在海外上市能拓展融资渠道,提高企业信誉度和投资者对公司并购整合能力的信心。海外上市也是企业丰富国际化运营经验的重要途径。

4. 鼓励年轻的成长型的公司向海外扩展,取得后发优势。企业在并购交易过程中应该积极培养有国际化经验的并购队伍,审时度势,抓住并购时机,加强谈判能力,谨慎引入专业咨询机构的力量,从而降低并购成本,提高海外并购绩效。

主要参考文献

顾卫平、薛求知,2004《论跨国并购中的文化整合》,《外国经济与管理》第26期。

韩世坤、陈继勇,2002《中国企业跨国并购的智力支持和组织创新》,《管理世界》第6期。

黄速建、刘建丽,2009《中国企业海外市场进入模式选择研究》,《中国工业经济》第1期。

江小涓,2006《中国对外开放进入新阶段:更均衡合理地融入全球经济》,《经济研究》第3期。

李辉,2007《经济增长与对外投资大国地位的形成》,《经济研究》第2期。

廖运凤,2006《中国企业海外并购》,中国经济出版社。

沈红波,2007《市场分割、跨境上市与预期资金成本——来自 Ohlson－Juettner 模型的经验证据》,《金融研究》第2期。

王培林等,2007《从并购行为剖析中国上市公司代理成本问题》,《金融研究》第4期。

吴彬、黄韬,1997《二阶段理论:外商直接投资新的分析模型》,《经济研究》第7期。

冼国明、杨锐,1998《技术积累、策略竞争与发展中国家对外直接投资》,《经济研究》第11期。

张小蒂、王焕祥,2004《国际投资与跨国公司》,浙江大学出版社。

Andrade, G., Mitchell, M., et al., 2001, "New Evidence and Perspectives on Mergers", Journal of Economic Perspectives, 15: 103－120.

Auster, E. and Sirower, M., 2002, "The Dynamics of Merger and Acquisition Waves: A Three－stage Conceptual Framework with Implications for Practice", Journal of Applied Behavioral Science, 47: 216－244.

Aybar, B. and Ficici, A., 2009, "Cross－border Acquisitions and Firm Value: An Analysis of Emerging－market Multinationals", Journal of International Business Studies, 40: 1317－1338.

Buckley, P., Clegg, J., et al, 2007, "The Determinants of Chinese Outward Foreign Direct Investment", Journal of International Business Studies, 38: 499－518.

Cebenoyan, S., Papaioannou, G., and Travlos, N., 1992, "Foreign Takeover Activity in the U.S. and Wealth Effects for Target Firm Shareholders", Financial Management, 21: 58－68.

Chan, L., Hamao, Y., & Lakonishok, J., 1991, "Fundamentals and Stock Returns in Japan", Journal of Finance, 46: 1739－1764.

Dewenter, K., 1995, "Do Exchange Rate Changes Drive Foreign Direct Investment?" Journal of Business, 68: 405－433.

Doidge, C., 2004, "U. S. Cross－listings and the Private Benefits of Control: Evidence from Dual－class Firms", Journal of Financial Economics, 72: 519－553.

Dunne, K., and Ndubizu, G., 1995, "International Acquisition Accounting Method and Corporate Multinationalism: Evidence from Foreign Acquisition", Journal of International Business Studies,26:361—377.

Dunning,J. ,and Lundan,S. ,2008,Multinational Enterprises and the Global Economy, Edward Elgar,Publishing,Second Edition.

Eberhart,A. ,Maxwell, W,& Siddique,A. , 2004, "An Examination of Long—Term Abnormal Stock Returns and Operating

Performance Following R&D Increases", Journal of Finance,59 :623—650.

Fama,E. ,& French,K. ,1992,"The Cross—Section of Expected Stock Returns",Journal of Finance,47: 427—465.

Fama,E. ,& French,K. ,1993,"Common Risk Factors in the Returns on Stocks and Bonds", Journal of Financial Economics,33:3—56 .

Gugler,K. ,Mueller,D. ,Yurtoglu,B. ,& Zulehner, C. ,2002,"The Effects of Mergers:An International Comparison ", International Journal of Industrial Organization,21 :625—653.

Harris,R. ,and Ravenscraft,D. ,1991,"The Role of Acquisitions in Foreign Direct Investment: Evidence from the U. S. Stock Market",Journal of Finance,46 :825—844.

Hemerling,J. ,Michael D. ,& Michaelis,H. ,2006,"China's Global Challengers:The Strategic Implications of Chinese Outbound M&A",Boston Consulting Group.

Jensen,M. ,1986,"Agency Costs of Free Cash Flow,Corporate Finance,and Takeovers",American Economic Review,76:323—329.

Jensen and Meckling,1976,"Theory of the Firm: Managerial Behavior, Agency Costs and Ownership Structure", Journal of Financial Economics 11:5—50.

Kim,W. ,2003,"Wealth Effects of International Investments and Agency Problems for Korean Multinational Firms ",Journal of International Financial Management and Accounting, 14: 194—217.

Kogut,B. ,and Singh,H. ,1988,"The Effect of National Culture on the Choice of Entry Mode", Journal of International Business Studies,19:411—432.

Lecraw,D. J. ,1993,"Outward Direct Investment by Indonesian Firms: Motivation and Effects",Journal of International Business Studies, 24:589—600.

Lowinski,F. ,Schiereck ,D. ,& Thomas, T. ,2004,"The Effect of Cross—border Acquisition on Shareholder Wealth — Evidence from Switzerland",Review of Quantitative Finance and Accounting,22:315—330.

Loughran,T. ,and Vijh,A. ,1997,"Do Long—term Shareholders Benefit from Corporate Acquisition",Journal of Finance,52:1765—1790.

Luedi,T. ,2008,"China's Track Record in M&A",The McKinsey Quarterly,3:75—81.

Lyon,J. ,Barber,B. ,& Tsai,C. ,1999,"Improved Methods for Tests of Long—Run Abnormal Stock Returns",Journal of Finance,54:165—201.

Martynova,M. ,& Renneboog,L. ,2005, "Takeover Waves:Triggers,Performance and Motives ",Discussing Paper,Tilburg University,Center for Economic Research.

Mitchell,M. & Mulherin,J. ,1996,"The Impact of Industry Shocks on Takeover and Restructuring Activity",Journal of Financial Economics, 41:193—229.

Mitchell,M. ,& Stafford,E. ,2000,"Managerial Decisions and Long—Term Stock Price Performance",Journal of Business,73:287—329.

Morck,R. ,and Yeung,B. ,1992,"Internalization An Event Study Test",Journal of International Economics,33:41—56 .

Morck,R. ,Yeung,B. ,and Minyuan,Z. , 2008,"Perspectives on China's Outward Foreign Direct Investment ",Journal of International Business Studies, 39:337—350.

Morosini, P. , Shane, S. , and Singh, H. , 1998, "National Cultural Distance and Cross—border Acquisition Performance", Journal of International Business Studies, 29:137—158.

Patell, J. M. , 1976, "Corporate Forecasts of Earnings Per Share and Stock Price Behavior: Empirical Test", Journal of Accounting Research, 14:246—276 .

Pettway, R. , Sicherman, N. , & Spiess, D. , 1993, "Japanese Foreign Direct Investment: Wealth Effects from Purchases and Sales of U. S. Assets", Financial Management, 22:82—95.

Savor, P. , & Lu, Q. , 2009, "Do Stock Mergers Create Value for Acquirers?", Journal of Finance, 64:1061—1097 .

Yoko Hagiwara, 2006, "Outward Investment by China Gathering Stream under the Go Global Strategy", Economic Review, 1:1—6 .

Do Chinese Acquirers Fail in Overseas M&As?

Gu Lulu and Robert Reed

(School of Finance, Zhongnan University of Economics and Law;

Economics and Finance, University of Canterbury)

Abstract: Our paper provides a thorough analysis of Chinese outbound merger and acquisitions from 1994 through 2009. We find that on average, Chinese outbound merger and acquisitions produced positive abnormal returns as measured on the announcement date, and a non—negative abnormal return in 3—year long term performance, which indicates a successful "Go Global" strategy of Chinese Government. However, privately—owned firms experienced greater wealth effects than government—owned firms. Further, mainland—listings underperform HK and US listings, glamour firms outperform value firm significantly.

Key Words: Event Study; Overseas M&A; "Go Global" Strategy

JEL Classification: G14, G34, F23

中国企业海外并购影响因素研究

——基于新制度经济学视角的经验分析

胡彦宇[1],吴之雄[2]

(1.中央财经大学经济学院,北京 100081;2.国家开发银行资金局,北京 100037)

[摘要] 文章对中国企业在海外并购过程中可能遇到的制度障碍进行了理论探索,并利用 WIND 资讯 2004—2010 年海外并购案例进行了实证分析。结果发现,正式性制度约束会通过产业保护对我国企业海外并购产生直接的显著影响,非正式性制度约束不仅能单独影响企业海外并购的成功率,并且能通过并购经验对正式性制度约束产生调节作用。

【关键词】 制度因素;走出去;海外并购

[中图分类号]F415[文献标识码]A [文章编号]1001-9952(2011)08-0091-12

一、问题的提出

改革开放以来,中国逐渐成为全球最大的 FDI 吸收国之一。同时,随着我国走出去战略的实施,中国企业国际化步伐也在不断加快。商务部数据显示,2004—2010 年,中国对外直接投资年均增速达 66.57%;2010 年,中国对外直接投资流量达到 590 亿美元,突破历史最高值。其中,以并购方式实现的直接投资为 238 亿美元,占投资总额的40.3%,海外并购已成为中国企业"走出去"的主要方式之一。然而,WIND 资讯数据显示,2004—2010 年,仅有 48.6%的海外并购交易成功交割,如果考虑交割后企业整合等情况,并购成功率将进一步下降。为何中国企业海外并购会呈现出高"出海率"、低成功率的态势?究竟是哪些因素阻碍了中国企业海外并购的成功?

实际上,以中国为首的发展中国家企业的海外并购热潮已经引起了国内外学术界的关注。越来越多的学者认为,研究制度因素是认识发展中国家企业如何制定与实施国际化战略的关键(Ingram 和 Silverman,2002;Peng,2002,2003;Yamakawa 等,2008)。这些制度因素可以是正式的,如政治和司法规则、经济规则和契约等;也可以是非正式的,如社会规范、行事准则、惯例、道德、文化等。纵观现有文献,国内外基于制度层面对发展中国家企业海外并购现象的研究已经取得较大进展。然而,国外研究主要还是集中在解释中国和其他发展中国家企业海外并购的动机上(Deng,2007;Boisot 和 Meyer,2008;YamaKawa 等,2008),而国内文献则主要集中在探索由制度环境差异带来的并购后的文化整合(苏喜军,2004;单宝,2008)和绩效(阎大颖,2009)。鲜有文献考察中国企业在海外并购过程中可能遇到的制度障碍,即使一些文献对此进行了研究,也往往侧重于从正式性制度约束的角度出发分析中国企业在"走出去"过程中受到的政治风险影响(陈业宏、陈伟翔,2006;韦军亮,2009;张建红、周朝鸿,2010),而非正式性制度约束往往不被学者重视与强调。鉴于此,本文以 Scott(1995)提出的制度三大要素(规制、规范和文化—认知)为基础,对中国企业海外并购过程中所面临的制度约束进行分解,并利用中国企业 2004—2010 年的海外并购案例进行实证分析,以期发现正式性制度和非正式性制度约束对海外并购施加影响的机理。在中国政府大力推动中国企业"走出去"背景下,这将具有非常重要的理论价值和现实意义。

收稿日期:2011-05-31

作者简介:胡彦宇(1983—),女,湖南郴州人,中央财经大学经济学院博士研究生;吴之雄(1982—),男,四川西充人,国家开发银行资金局,经济学硕士。

二、文献回顾与理论假设

最初,学术界试图以两种传统的企业国际化(Internat ional Business)理论来解释发展中国家企业海外并购现象:一是产业基础观(Industry－based View)(Porter,1980),这种理论认为企业所属产业内的竞争环境在很大程度上决定了企业国际化战略的制定和实施;二是资源基础观(Resource－based View)(Barney,1991),该理论强调企业独特的资源和能力是企业优势的来源,决定了企业国际化战略的制定和执行。然而,这两种传统理论都是以一个相同的制度环境背景作为研究的前提假设,由于不同国家的制度环境存在显著差异,它们无法对发展中国家企业海外投资行为做出一个合理的解释。

新制度经济学的发展和制度基础观的出现为我们研究企业国际化问题提供了一个崭新的视角。North(1990)提出,制度是"一个社会的博弈规则,或更规范地说,是人类设计的制约人们相互行为的约束条件"。随后,社会学家 Scott(1995)对制度的核心要素进行了进一步的划分和阐述。Scott(1995)认为,制度由三大基础要素组成:规制(Regulative)、规范(Normative)和文化—认知(Culture. . cognitive)。其中,规制要素属于正式性制度约束,规范和文化—认知要素属于非正式性制度约束。这三大基础要素构成了一个完整的制度环境,并对企业产生持久的影响和渗透。一些学者(Carney,2005;Chelar－iu,Bello 和 Gilliland,2006;Bruton,Dess 和 Janney,2007;Delios 和 Henisz,2007;Peng 等,2008)在新制度经济学框架下提出了制度基础观。这种观点认为,企业国际化战略的选择和实施不仅取决于所属产业条件和企业的自身能力,而且会受到特定制度框架中正式性制度约束和非正式性制度约束的影响。换言之,制度不能仅作为研究企业国际化战略的一个背景假设,还应提升到与产业基础观和资源基础观同等的高度,这样才能更加透彻地分析发展中国家企业的国际化问题。

由此,结合中国企业海外并购特点,我们将以制度三大基础要素为切入点,具体分析中国企业在海外并购过程中受到的制度约束。

(一)正式性制度约束(规制要素)

正式性制度约束(即规制要素)是制度三大要素中的核心部分。它包括各种政治司法规则、经济规则和各种法律等。这种不同层次的制度规则会制约、规制和调节企业的行为。Yeung(2006)发现,由于各国制度环境差异,东道国和母国的正式性制度约束或者说制度质量将会共同影响企业国际化战略的实施。

1. 东道国的制度质量

代理理论认为,不论是书面合同还是隐形合同,企业要精确监督合同的实施效果会存在很大困难,监督成本也会很高。因此,作为"第三方"的政府利用规制要素来监督合同的实施是非常必要的。但是,规制本身也会带来交易成本。随着制度质量的提高,这种交易成本会有效降低(Weingast 和 Marshall,1988)。换句话说,制度质量高的国家由于政治稳定性和效率更高,市场不确定风险更低,能够大大降低企业在该国活动的交易成本,提高并购效率;而制度质量较低的国家由于法律制度不健全以及政府在执行过程中的低效和不稳定,企业在该国进行的并购活动无章可循,交易成本激增,失败可能性也大大增加。2009 年,中石油并购利比亚 Verenex Energy 过程中由于利比亚政府"想砍下价格自己收购,或者抬高批准费",宣布与中石油交易最后期限推迟两个月,使得并购活动最终失败。基于此,我们提出如下假设:

假设 1:东道国的制度质量对企业海外并购成功具有正面影响,制度质量越高,则企业海外并购的成功概率越大。

2. 企业性质

新制度经济学认为,产权是一种通过社会强制实现的对某种经济物品的多种用途进行选择的权利(Alchain,1993),是制度环境中一个不可或缺的要素。因此,产权或所有权可以被认为是基于特定社会体制的一个重要制度特征,反映了母国在规制方面的制度特点(张建红、周朝鸿,2010)。社会主义公有制是我国制度环境中的一个显著特征，由于大多数国家，尤其是制度质量较高的英美系国家，主要以私有制为生产关系基础，它们对社会主义公有制普遍持有偏见。这些国家认为，中国没有实现真正意义上的市场经济，中国的国有企业受政府直接管控，其行动代表了政府（执政党）意愿，进而怀疑这些国有企业的并购活动可能是中国政府（执政党）实现特殊政治意图、进行全球扩张的重要途径之一。结合中海油收购优尼科、中铝收购力拓以及光明乳业收购优诺等失败案例，我们有理由怀疑企业国有性质对海外并购具有消极影响。据此，我们提出以下假设：

假设 2：企业的国有性质将对海外并购产生负面影响，而较高的制度质量会强化这种负面效应。

3. 产业保护

在东道国的制度质量部分，我们已阐述政府作为“第三方”对企业之间合约监督和实施的影响。North（1990）指出，政府的这种角色并非完全中立。新制度主义学者（Skocpol，1985）认为，“政府会形成自己的利益，并多多少少独立于其他行动者而自治地、不受限制地运动”，对国家安全方面的考虑就是其独立活动之一。除设立和实施各种法律法规严格限制外资对本国通信、能源等敏感产业的投资行为外，许多国家还常常以国家安全等非经济理由中断并购行为的继续和完成。而制度质量高的国家往往对国家安全问题更敏感，这主要是由于这些国家（特别是英美系国家）大多都崇尚哈密尔顿的自由主义传统和杰弗逊的经济民族主义传统，这两大传统均认为国家安全高于一切经济利益。因产业保护而导致海外并购失败的案例屡见不鲜：2010 年，美方坚称华为与中国军方有联系，其并购 3Com 股权将威胁美国的国家安全，导致该项并购流产。此外，由于意识形态不同，在对敏感产业的并购过程中，企业的国有性质可能会让东道国更为排斥，其对敏感产业的并购难度可能更大。基于此，我们提出下列假设：

假设 3：产业保护对企业的海外并购有着负面影响，这种负面影响会随着制度质量的提升而增加，企业的国有性质将强化产业保护的负面影响。

（二）非正式性制度约束

正式性制度约束为企业的经济活动提供了秩序，然而即使在最发达的经济中，正式性的规制也只是构成制度约束的很小一部分（尽管是关键的一部分），而非正式性制度约束却是普遍存在的。这种非正式性制度约束包括规范要素和文化—认知要素，是对正式性制度约束的一种延伸、阐释和修正（North，1990）。Peng（2009）指出，企业在国际化进程中会受到正式性和非正式性制度约束的双重影响，在特定环境中，非正式性制度约束对企业的影响可能更大。

1. 规范要素

运行于同样制度环境中的企业组织拥有相似的结构特征，这种结构特征由规制要素和规范要素共同构建：规制要素反映了企业得到了官方赞同和认可，而规范要素则反映了企业在这个制度环境内被认可的实际行为模式和工作惯例。Scott（2008）认为，那些既能获得法律和相关机构支持又拥有规范认可的企业更可能在活动或战略中取得预期目标。

事实上，这种规范层面的认可往往影响甚至决定了中国企业的海外并购成败。中国企业（特别是国有企业）经济实力普遍比较雄厚，具有较强的购买力，但往往在最后时刻输给报价比自己低的竞争对手，重要原因之一就是中国企业的管理能力和运营模式不能得到对方的认可，它们担心被中国企业并购可能会损害其他股东和相关管理者的利益。例如，2009 年，由于欧宝董事会质疑北汽的国际化管理能力，北汽在欧宝竞购战中最终出局。目前，世界上公认的现代化治理准则主要以英美系企业治理理念为核心，网络外部性释放了“适者生存”效应，即企业要想在国际化中获取成功，就必须采取最适合的战略途径（英美系企业治理理念）来推进国际化进程（Rubach 和 Sebora，1998；Witt，2004）。在海外并购中，企业可以通过两种方式实现“适者生存”。

（1）海外并购经验

在获得特定制度环境中企业或组织的认可之前，企业首先要学习该制度环境中的规范认可行为方式。根据波士顿经验学习曲线，如果一项任务被反复执行，那么它的成本会大大降低，并且如果个体或组织在一项经济活动中取得更多经验，那么它们的效率就会大大提高。因此，如果企业拥有相似制度质量国家的并购经验，则可以直观地了解该制度环境下企业或组织机构通用的行为模式和管理理念，从而能够总结出从并购目标筛选到企业整合的一整套管理方案（Vermeulen 和 Barkema，2001）。值得注意的是，制度质量越高的国家，相关法律法规越清晰，政府机构的审批过程也越规范和稳定，相关并购经验将更有利于制度质量对并购活动正面影响的实现。据此，我们提出以下假设：

假设 4：企业成功的海外并购经验对企业再次并购有着正面影响，这种经验有利于制度质量对海外并购正面作用的实现。

(2)海外上市

作为主流企业治理模式的承载者，海外上市的企业可能直接获得特定制度环境内主流规范的认同。海外上市能够给企业带来制度效应和国际窗口效应，制度效应主要通过上市整顿和目标市场相关证券法规的制度约束实现，并在企业治理结构的改善、信息披露更加完善和经营制度与运营方式国际化等方面得以体现；而国际窗口效应则主要表现在企业可以通过引入国际战略投资者更为便利地获得国际资源，同时能够对外展示自身形象和国际化管理能力，为进入国际市场打下良好基础。因此，海外上市企业容易在规范层面上符合东道国市场的主流价值观偏好，最终受到东道国的接受与认可（Yamakawa 等，2008）。据此，我们提出以下假设：

假设 5：海外上市会对企业的海外并购产生正面影响。

2. 文化—认知要素

很多组织研究者（如 Powell，1991）强调，文化—认知要素“构成了关于社会内在性质的共同理解”，对组织与行动者的建构具有十分重要的影响。企业战略研究者（Guillen，2002；Chui，2002；Djankov，2002）也认为，由于企业的跨国交易会涉及不同的社会文化价值观体系，文化—认知要素的影响存在于企业跨国交易中，这解释了为何企业在进入文化背景差异较大的国家之前，往往倾向于选择文化背景相似的国家进行海外投资活动（Johanson 和 Vahlne，1977；Kogut 和 Singh，1988）。作为衡量文化—认知要素的重要指标，文化距离常用两个指标来进行衡量：一是地理距离，二是同一国家或民族散居在东道国的人数（diaspora）。距离母国越近的国家，其文化—认知层面的制度环境往往更加相似，也更容易交流与沟通；即使文化环境有所差异，东道国也会因母国距离本国更近而对其具有更强的认知感。而在同族裔层面上，很多学者都认为，以非正式人际关系为核心的嵌入性关系网络（guanxi）根植于中国社会，在文化层面上更蕴含着特殊意义（李新春、刘莉，2009）。散居在世界各国的华裔组成的同族裔嵌入型关系网络可以帮助企业减少商业风险和交易成本，同时也会增加特定东道国市场中的商业机会，对中国企业海外投资具有积极影响（Braeutigam，2003；Erdener 和 Shapiro，2005）。据此，我们提出以下假设：

假设 6：东道国距中国的地理距离越近，则企业海外并购成功的概率越高。

假设 7：东道国的华裔人口占比越高，则企业海外并购成功的概率越高。

三、样本选取、变量设定与方法选择

(一)样本选取

虽然我国于 2000 年正式提出“走出去”战略，但中国企业海外并购热潮却是在 2003 年 10 月我国政府明确提出加快实施“走出去”战略后才真正掀起的，故本文选择 WIND 资讯企业并购事件案例库中 2004—2010 年中国企业海外并购案例作为研究样本，并根据以下标准对样本进行了筛选：(1)剔除了中国企业之间进行的海外资产或股权的并购交易；(2)剔除了中国企业与该企业的海外控股企业之间进行的关联并购交易；(3)剔除了交易标的所在地为中国内地的并购交易;(4)剔除了同一交易标的重复案例;(5)剔除了相关交易信息披露不完全的并购交易。最终,筛选出有效并购案例 365 个,共涉及 11 个行业。

(二)变量设定

1. 因变量

因变量主要衡量的是企业的海外并购完成情况。在 WIND 数据库中,企业的海外并购事件分为 4 个状态:失败、传言、进行中和完成。一般而言,企业为了保证交易的顺利进行,在与目标企业接触的初期都尽量保持低调,以防止因并购信息外泄而造成并购交易失败;而在与目标企业达成确认性意向后,企业则往往乐于向媒体披露相关信息,以展示自己的国际化形象,提升品牌价值(Yamakawa 等,2008)。此外,在校正并购事件完成状态的过程中我们发现,超过 60%的处于传言状态中的并购事件往往在一段时间后被企业证实该项交易的存在。因此,我们认为处于传言状态中的并购事件具有一定的可信性,但是处在这种状态中的并购事件不确定性相对较大,失败几率较大,而企业承认的处于进行中的并购事件的不确定性较小,并购成功几率相对较大。最终,我们把因变量设为一个由 0 到 3 表示的序次反应变量:失败为 0、传言为 1、进行中为 2 和完成为 3。

数字越大,代表着企业并购成功的几率也越大。

2. 主要解释变量

根据上述的理论假设,我们设定主要解释变量如下:

制度质量:衡量东道国在规制层面的制度环境。本文采用 2004—2010 年 PRS 集团在 International Country Risk Guide(ICRG)中公布的政治风险指数量化制度质量。该指标的总分为 100 分,东道国得分越高,则意味着该国的政治风险越低,制度质量越高。

企业性质:哑变量。该变量用来衡量进行海外并购的企业是否具有国有性质。企业为国有性质取 1,否则取 0。

敏感产业:哑变量。该变量表示标的资产或标的企业是否属于敏感产业,根据前文假设,我们把资源类产业与通信类产业归类于敏感产业。如果标的资产或企业所属行业为该两种行业之一,则取 1,否则取 0。

并购经验:哑变量。该变量表示并购者在本次并购之前是否有在制度质量相似的国家的成功并购经验,有取 1,否则取 0。

海外上市:哑变量。该变量表示并购者在本次并购之前是否已经成功海外上市(海外上市地区包括香港),有取 1,否则取 0。

地理距离:东道国与中国的直线距离。该变量通过 GOOGLE 地图提供的直线距离测量工具进行测量获得(单位:万公里)。

华裔人口占比:东道国中华人占总人口的比例。该变量来源于 Ohio University Library(2006)和王望波、庄国土编著的《2008 年海外华侨华人概述》中的统计数据以及各国的官方统计数据。

3. 控制变量

交易金额与企业规模比:标的交易金额与并购方企业规模的比值,用百分比表示。

交易份额:并购的股权或资产份额,用百分比表示。如果并购方并购的是被并购方整个企业或从被并购方企业中剥离的部分资产,则记为 100%。

(三)估计方法

考虑到因变量是一个序次反应变量,我们利用序次 Logistic 回归模型(Ordered Logistic Regression Model)对参数进行估计。令 y^* 为并购事件的内在趋势,x^k 为解释变量,z^i 为控制变量,ε 为误差项,则基本模型如下:

$$y^* = \alpha + \sum_{k=1}^{K} \beta_{kXk} + \sum_{i=1}^{1} rizi + \varepsilon$$

由于实际观测的因变量有 4 种类别,令 j 为因变量从 0 到 3 的 4 种类别,μ_j 为分界点,在给定 xk 和 zi 的前提下,并购事件趋势概率可以用下式进行表示:

$$P(y \leqslant j \mid x) = P(y^* \leqslant \mu_j \mid x) = \frac{e\left[\mu_j - \left(a + \sum_{k=1}^{K} \beta_k x_k + \sum_{i=1}^{I} \gamma_1 z_1\right)\right]}{1 + e\left[\mu_j - \left(\alpha + \sum_{k=1}^{K} \beta_K x_K + \sum_{i=1}^{I} \gamma_1 z_i\right)\right]}$$

四、实证检验结果与讨论

表1　模型估计结果

变量	模型1	模型2	模型3	模型4	模型5
制度质量	0.005 (0.009)	−0.018 (0.024)	−0.007 (0.017)	0.007 (0.009)	−0.006 (0.011)
企业性质	0.102 (0.200)	−2.270 (2.108)	0.104 (0.200)	0.139 (0.243)	0.092 (0.199)
产业保护	−0.173** (0.099)	−0.169** (0.100)	−0.113** (0.065)	−0.137** (0.378)	−0.169** (0.099)
制度质量×企业性质		0.030 (0.026)			
制度质量×产业保护			−0.018** (0.010)		
企业性质×产业保护				−0.077** (0.043)	
制度质量×并购经验					0.029** (0.018)
并购经验	0.132** (0.076)	0.145** (0.087)	0.127** (0.069)	0.157** (0.086)	0.417* (0.198)
海外上市	−0.459* (0.182)	−0.461* (0.183)	−0.459* (0.182)	−0.483* (0.185)	−0.431* (0.183)
两国距离	−0.293** (0.153)	−0.212* (0.104)	−0.250** (0.147)	−0.294** (0.154)	−0.233** (0.133)
华裔人口占比	0.211* (0.102)	0.289** (0.164)	0.275** (0.165)	0.176** (0.103)	0.266** (0.161)
交易股权比例	−0.047 (0.068)	−0.048 (0.069)	−0.047 (0.065)	−0.047 (0.062)	−0.044 (0.061)
交易价值与企业规模比	−0.322** (0.124)	−0.339* (0.126)	−0.309** (0.121)	−0.325* (0.123)	−0.320* (0.120)
常数项					
并购状态=0	−2.093* (0.840)	−3.923** (2.008)	−3.021* (1.428)	−2.130* (0.846)	−2.915* (1.018)
并购状态=1	−0.996 (0.807)	−2.819 (1.989)	−1.936 (1.409)	−1.027 (0.815)	−1.808** (0.985)
并购状态=2	−0.298 (0.802)	−2.114 (1.981)	−1.237 (1.401)	−0.312 (0.810)	−1.096 (0.975)
Log Likelihood	842.556	840.295	841.561	839.215	839.224
Chi−Square	37.890	40.151	38.886	41.231	41.222
样本数	365	365	365	365	365

注：(1)括号内的数值为标准误差；(2) *、* *分别表示在5%和10%水平(双侧)上显著相关；(3)在有交互项的模型中，涉及交互项的单个变量估计系数不能作为评判相关变量的证据。

为了防止共线性问题，我们运用方差膨胀因子值(VIF)对各变量进行了共线性检验，发现所有模型中的变量的VIF值均在1～2的范围内，远小于5的临界值，这表明模型回归结果不会产生严重的共线性问题。

表1给出了序次Logistic模型回归结果。其中，模型1为引入所有主要解释变量和控制变量的估计结果，该模型主要为了说明单个解释变量对并购成功概率的直接影响，其中既包括了正式性制度约束的影响，也包括了非正式性制度约束的影响；模型2—模型5为分别加入制度质量与企业性质、制度质量与产业保护、企业性质与产业保护、制度质量与并购经验交互项的估计结果，这些模型主要是为了说明正式性制度约束之间和非正式性制度约束对正式性制度约束的调节作用。

(一)正式性制度约束的影响

从模型1可以看到，产业保护对海外并购在10%水平上有显著的负面影响，支持了假设3。而制度质量对并购的成功概率却没有显著影响，假设1不成立，可能原因在于：首先，虽然制度质量高的国家法律法规更为健全和明晰，但作为海外并购的初学者，我国企业大多都是首次出海并购，在这种情况下，即使它们倾向于在制度质量高的国家进行并购活动[②]，但由于对东道国的法律法规和当地政府的执行准则不够了解，较高的制度质量并无助于明显降低交易成本、提高并购成功率。事实上，企业需要在海外并购过程中反复熟悉和了解东道国的法律法规以及其他的政治环境，才能有效利用东道国良好的制度质量来降低自身的交易成本，模型5中制度质量与并购经验交互项的回归结果侧面证明了这一点。该交互项在10%的显著性水平上对并购成功概率有正向的促进作用，这不仅为假设4提供了有力证据，而且也侧面论证了制度质量对企业并购的正面影响离不开企业海外并购经验的支持。其次，从模型3结果发现，制度质量与产业保护的交互项在10%的显著性水平上对企业海外并购有负面影响，与假设3一致，表明制度质量越高的国家对敏感产业的保护力度也越大。而从现有并购案例看，我国企业44%的海外并购案都集中于敏感产业，特别是资源产业上，对这些产业的投资行为也扰动了制度质量本身对海外并购的影响。再次，近些年来，中国政府出于外交和战略上的考虑，进一步加强了对非洲和拉丁美洲发展中国家和地区的经济援助与贸易往来。由于政府层面上的经济互动和良性的外交往来，中国企业在这些制度质量较低的国家进行海外并购时也能相对降低交易成本，从而增加并购成功的概率，这也扰动了制度质量对海外并购的影响。

从模型2回归结果看，企业性质和制度质量与企业性质交互项对并购成功概率均无显著影响，假设2不成立，可能原因在于：在长期跨国经营过程中，大型国有企业，特别是部分中央直属企业的国有形象有所弱化，如华润集团等；而且在并购过程中，它们通常会通过在海外设立的子公司进行并购活动，使得一些制度质量高的东道国对这些国有企业的企业性质敏感程度降低。值得注意的是，模型4结果显示，企业性质与产业保护的交互项在10%的水平上显著，假设3成立。这说明中国企业在海外并购过程中如果并购标的涉及敏感产业，即使部分企业有意识地弱化自身国有形象，其国有性质也会对并购交易产生显著的负面影响。

(二)非正式性制度约束

从模型1的结果来看，并购经验、两国距离与华人占比三个变量的系数符号与假设一致，且分别在10%、5%和10%的水平上显著，这为假设4、假设6和假设7的成立提供了支持。而海外上市对海外并购的成功概率却有着负面影响且这个影响在5%的水平上是显著的，这与假设5恰恰相反，可能原因在于：一方面，中国企业海外上市主要是期望得到国际资本的支持而非获取制度效应和国际窗口效应，这反而可能会因不良的上市企图和后续表现造成负面影响；另一方面，随着中国改革开放的深化，海外上市的制度效应和国际窗口效应可能会呈不断递减的趋势，甚至在特殊环境中出现负效应(纪宝成、刘元春，2006)；Levine和Schmukler(2005)利用托宾Q值的变化对115家中国企业进行了研究。理论上，公司对投资者保护程度越高，则该企业股票价值也相应越高，即托宾Q值越高。

但他们的研究却发现，45 家海外上市企业托宾 Q 均值仅为 1.15，而其他 70 家未在海外上市的企业托宾 Q 均值却高达 1.56。其他学者（如 Licht，2004）的研究也证实了这一点。

五、结论

本文突破了传统企业国际化研究的思路，利用新制度经济学的主要思想，对中国企业海外并购可能会遇到的主要制度约束进行了理论探索和实证研究。结果表明，中国企业在海外并购过程中不仅会受到正式性制度约束的影响，还会受到非正式性制度约束的影响，同时非正式性制度约束还会对正式性制度约束产生调节作用。

具体而言，本文得到了若干有趣的结论：第一，东道国制度质量对企业的海外并购无显著的直接影响，而会通过正式性和非正式性制度要素的调节作用产生间接影响：一方面，当企业并购涉及敏感产业时，东道国制度质量会对其产生消极影响，且这种消极影响会随着制度质量优化而强化；另一方面，当企业有在相似制度质量国家的并购经验时，制度质量会对企业并购的成功产生积极影响，且这种积极影响也会随着制度质量优化而强化。第二，很多大型国有企业国有形象有所弱化，并积极通过海外子公司实施并购交易，在不涉及敏感产业的前提下，企业性质本身不会对海外并购产生显著影响。第三，不论中国企业性质如何，只要海外并购涉及产业保护，该项并购案的失败风险就会大大提高，而且企业的国有性质会强化这种风险。第四，企业以往的并购经验有利于企业了解东道国的企业或组织机构通用的行为模式和管理理念，从而提高海外并购的成功概率。第五，企业海外上市对海外并购并无正面效应，反而可能会因海外上市带来的公司治理结构弱化、盲目的国际化战略、不良的上市企图和后续表现等而最终对企业的海外并购产生了显著的负效应。第六，东道国的文化特性会对企业并购产生显著影响，东道国与中国的地理距离越近、华人人口占比越高，则海外并购成功的可能性越高。

上述研究结果给我们带来了几点启示：首先，受我国“走出去”行业政策导向影响，中国企业海外并购往往集中于资源、通信等敏感行业。中国企业在海外并购过程中应高度关注东道国可能实施的产业保护行为，并需充分估计由政府的产业保护政策和其他相关利益集团所带来的各种不确定性，民营企业不能因自身的非国有性质而忽视这种制度风险，而国有企业应该更加重视这种风险，因为国有性质可能会强化这种负面作用。其次，中国企业应完善公司治理结构，提高国际化管理能力，以获得东道国、企业界主流规范的认同，从而实现“适者生存”。与此同时，需谨慎地制定和实施自己的国际化战略，防止海外上市圈钱等“伪国际化”行为，以提高海外并购效率。最后，企业必须高度重视文化因素对海外并购的影响，应充分评估东道国的文化环境，初次并购应尽量选择离中国地理距离较近、华人占比较高的国家，从而降低海外并购的文化—认知风险。

最后值得一提的是，制度是一个动态的、变迁的过程，本文仅仅采用了制度环境相对稳定的一个时间段数据对制度因素进行了实证研究。要将此问题分析得更为透彻，还需动态化制度因素以作进一步的深入研究。而如何把动态化制度因素和企业国际化问题结合起来，这将是我们未来的研究方向。

注释：

①需要注意的是，我们这里所界定并购完成状态，仅仅是考虑企业在 2010 年底之前成功完成了并购标的的交割，且其所获资产并没有发生全面损失的状态，而不包括其他的收购整合和绩效方面。如果企业在 2010 年底之前，其并购资产发生重大变故（如上汽收购韩国双龙汽车后，双龙汽车申请破产），则把该项并购案例归类为失败。

②我们的数据显示，中国企业对制度质量高的国家进行海外并购占总案例数近 75%，其中近 40%的企业都是首次进行海外并购，对制度质量相似国家企业的并购经验相对较少。

主要参考文献

[1]纪宝成,刘元春. 论大规模企业盲目海外上市的缺失[J]. 中国人民大学学报,2006,(5):1—7.

[2]李新春,刘莉. 嵌入性—市场性关系网络与家族企业创业成长[J]. 中山大学学报(社会科学版),2009,(3):190—202.

[3]阎大颖,任兵,赵奇伟. 跨国并购抑或合资新建——基于制度视角的中国企业对外直接投资模式决策分析[J]. 山西财经大学学报,2010,(12):80—87.

[4]张建红,周朝鸿. 中国企业走出去的制度障碍研究——以海外收购为例[J]. 经济研究,2010,(6):80—91.

[5]Buckley P J, Clegg L J, Cross A R, et al. The det erminants of Chinese outward fo reign direct investment [J]. Journal of International Business Studies, 2007, 38(4) : 499—518.

[6] North D C. Institutions, institutional change, and economic performance [M]. New York: Cambridge Univer sity Press, 1990.

[7]Scott W R. Institutions and organizations [M]. Tho usand Oaks, CA: Sage, 1995.

[8]Yamakawa Y, Peng M W, Deeds D L.. What drives new ventures to internationalize from emerging to developed economies? [J]. Entrepreneurship Theory and Practice, 2008, 32(1) : 59 — 82.

AStudy on Influencing Factors of Chinese Enterprises' Overseas M&A: Empirical Analysis from the Angle of New Institutional Economics

HU Yan—yu[1], WU Zhi—xiong[2]

(1. S chool of Economics, Central Univ er s ity of Finance and Economics, Beijing 100081, China; 2. Treasury & Financial Markets Department, China Development Bank, Beijing 100037, China)

Abstract: This paper theoretically explores the institutional obstacles to Chinese enterprises' overseas M&A, and applies the WIND data of overseas M&A cases from 2004 to 2010 to make an empirical analysis. The resultsin—dicate that, formal inst itutional constraints have significantly direct effects on Chinese enterprises' oversea M&A through industry protection, and informal institutional constraints have not only signif icant effects on the success rate of overseas M&A, but also adjustment effects on formal inst itutional const raints through M&A experience.

Key words: inst itutional factor; "Go out" policy; overseas M&A

海外市场需求与跨国垂直并购*

——基于低端下游企业的视角

李　杰　李捷瑜　黄先海

［摘要］　本文构建了一个产品从低端到高端分布的Hotelling模型，以探讨我国低端下游企业进行跨国垂直并购的时机选择和决定因素。研究表明，垂直并购国外高端上游企业能实现扩大市场份额、提升产品定位的双重效能。海外市场需求环境对低端下游企业拓展战略起关键性作用。在正常需求条件下，与直接出口及先并购国内上游企业再出口两种模式相比，跨国垂直并购并非最优选择。在遭受负向需求冲击时，国外上游企业生产成本的大幅上升以及国外下游竞争对手品牌价值的下降给跨国垂直并购带来了契机，此时在技术密集度较高的上游产业进行跨国垂直并购成为国内低端下游企业的最优选择。如果并购能实现足够大的品牌价值效应，还会改善被并购企业所在国的社会福利水平。

【关键词】跨国垂直并购　技术密集度　负向需求冲击

一、引言

受金融危机的影响，我国企业以出口模式拓展海外市场的战略受到严重打击，外贸出口自2008年11月以来经历了大幅下挫。据海关统计，2009年我国对外贸易全年出口1.2万亿美元，比2008年下降16%。与出口不景气形成鲜明对照的是，我国企业的跨国并购活动并没有在金融危机的冲击下出现减缓，反而掀起了一轮跨国并购热潮。商务部公告显示，2009年前三季度境外并购类投资占同期我国对外直接投资总额的43.5%。对外并购主要集中在电讯、汽车、资源开发等领域，这似乎预示了在金融危机的冲击下，跨国并购在我国企业海外市场的拓展中发挥着越来越重要的作用。

现阶段我国的一些跨国并购呈现出了以下特点：首先，被并购的产业分布集中于技术密集度较高的能源技术类，并购的对象主要为价值链的上游环节。其次，中国的海外并购越来越指向主要发达国家和地区。再次，并购大多发生在海外市场需求出现萎缩从而导致被并购对象出现经营困难的背景下。为了充分体现后金融危机时期跨国并购的这些特点，关于海外拓展战略的理论分析既要考虑低端企业与高端企业的产品差异化竞争，又要捕捉位于产业链不同环节的上下游企业之间的战略行为。因此，本文构建了一个产品从低端到高端分布的Hotelling模型，探讨中国低端下游企业进行跨国垂直并购的时机选择及决定因素。通过比较跨国垂直并购、直接出口和先并购国内上游企业再出口三种常见的模式，我们试图回答以下三个问题：中国企业应如何确定自己最优的海外市场拓展模式，在不同模式下产品的定位有何区别？与直接出口或者并购国内上游企业再出口相比，中国企业进行跨国垂直并购能实现怎样的效果？在什么条件下中国低端下游企业并购国外高端上游企业是最优的？

---

* 李杰、黄先海，浙江大学经济学院，邮政编码：310027，电子信箱：eflijie@hotmail.com，hxhhz@126.com；李捷瑜（通讯作者），中山大学岭南学院，邮政编码：510275，电子信箱：lijieyu@mail.sysu.edu.cn。本文受教育部人文社会科学重点研究基地2009年度重大研究项目（编号：2009JJD790044）、教育部"新世纪优秀人才支持计划"项目（编号：NCET－07－0746）、教育部人文社会科学研究项目基金（编号：09YJC790267）以及教育部人文社会科学研究项目基金（编号：10YJC790130）的资助。在本文的写作过程中，王美今教授、朱希伟博士以及欧瑞秋博士提供了许多有价值的参考意见，在此一并致谢。同时感谢两位匿名审稿人的认真评阅和富有建设性的意见。当然，文中的遗漏和错误应由作者负责。

为了凸现金融危机的冲击，我们在分析中特别重视海外市场需求环境的变化对企业战略的影响：首先分析正常需求条件下的最优模式选择，这里的正常需求条件是指海外市场容量保持稳定的情形，即不存在任何正向或负向的需求冲击；在此基础上进一步加入金融危机带来的负向需求冲击分析，探讨这一冲击是否会给我国企业带来海外投资战略的转变契机。

后文安排如下：第二部分为文献综述；第三部分是基本模型；第四部分是加入了负向需求冲击的模型扩展；第五部分分析跨国垂直并购对外国福利的影响；第六部分是结论与政策涵义。

二、相关研究述评

中国企业开拓海外市场的过程，就其本质而言，是中国企业国际化经营的过程。本文将跨国垂直并购与另外两种国际化经营的模式——直接出口及先并购国内上游企业再出口进行了比较。因此，与本研究相关的文献主要有两大块内容：一是跨国公司理论中关于企业国际化经营方面的研究，主要涉及跨国公司进入东道国的模式选择；二是关于垂直并购方面的理论研究。关于跨国公司进入东道国的模式选择，现有文献主要以 Krugman 的新贸易理论为基础，集中于出口、绿地投资及跨国横向并购之间的比较。代表性文献有 Brainard (1993)、Markusen&Venables (1998)、Markusen (2001)以及 Mattooetal(2004)。以具有技术优势的跨国公司为研究对象，并强调外商直接投资对东道国的技术外溢效应是这些文献采用的共同视角。与此不同，本文探讨文献很少涉及的跨国垂直并购方式与出口之间的关系，并站在发展中国家低端下游企业的角度，突出跨国垂直并购的技术获取效应。

20 世纪 70、80 年代博弈论与产业组织理论的结合使得经济学家开始关注寡头市场中企业的互动行为，垂直并购理论也逐步加入了对企业互动行为的考虑，其主要关注点在于垂直并购与反竞争(anti—competition)之间的关系，这方面的文献可划分为以下两类：一类是基于“促进合谋”(facilitating—collusion)的角度，研究垂直并购如何使得上游企业之间更容易达成价格合谋，代表性文献有 Riordan&Salop (1995)、Chen (2001) 以及 Nocke&White(2007)；另一类是基于“提高竞争对手成本”(raising—rivals' cost)的角度，其中，Porter (1985)、Perry(1989)分析了垂直并购行为与下游企业产品差异化竞争之间的关系，他们认为，垂直并购可以使一个企业增加其产品与其他竞争对手的差异程度，获得差异化竞争的潜在优势，并获取由此产生的经济租。随后，Ordoveretal(1990)以及 Hart&Tirole(1990)进一步考虑了垂直并购对下游竞争对手可能造成的封锁(foreclosure)效应。他们的分析表明，垂直合并后形成的企业联合体通过减弱其在投入品市场上的竞争，并凭借其在上游市场的支配地位，对其下游竞争者产生封锁效应，从而达到提高下游竞争对手生产成本的目的。然而，上述文献基本没有考虑垂直并购是如何内生地改变企业关于产品差异化的战略。Hotelling 模型因其在分析企业产品差异化方面的优势而受到经济学家的青睐，并成为分析垂直并购问题的主要分析框架之一。Matsushima(2004,2008)在上述文献的基础上，进一步加入对上游企业技术密集度的考虑，通过构建 Hotelling 线性模型，具体考察了上游企业的技术密集度、下游企业产品的差异化程度与垂直并购之间的关系。在假定投入品具有相同的适用范围、下游企业不存在技术差异的情况下，Matsushima(2004,2008)得出：上游企业的运输成本足够大会引发垂直并购；垂直并购会增加下游企业的产品差异化程度。Matshshima(2004,2008)没有考虑下游企业技术差距可能给消费者造成的品牌价值差异，也没有考虑负向需求冲击的影响，而这些将是本文分析的重 100 点。

我国学者从走出去的角度入手，运用定性、案例分析或实证的方法对中国企业海外拓展的制度动机、绩效以及进入模式选择等问题进行了不少有益的研究(鲁桐，2003；于开乐、王铁民，2008；李泳，2009；杨忠、张骁，2009；张建红、周朝鸿，2010)。其中，于开乐、王铁民（2008）通过对南汽并购罗孚的案例分析得出基于跨国并购的开放式创新能使并购企业获得外部知识以增加自身的知识，从而促进企业自主创新能力的提升。

目前，运用博弈论方法分析中国企业走出去的战略选择，特别是涉及垂直并购、市场需求冲击的理论研究尚比较欠缺。上文提及的理论文献并不能完全解释我国企业的跨国并购行为。究其原因，是因为这些理论模型大多以发达国家作为背景或研究对象，而我国企业的跨国并购有其特点：一是其指向往往是那些对我国具有战略性意义的技术能源类产业；二是并购大多为我国低技术的下游企业去并购发达国家高技术的上游企业或价值链的上游环节。本文在 Matsushima（2004，2008）模型的基础上，结合现阶段我国跨国并购特点，构建了一个扩展的 Hotelling 模型。本文的贡献体现为以下三点：首先，本文把直接出口、先并购国内上游企业再出口以及跨国垂直并购作为我国下游出口企业的可行策略选择，放在统一的框架内进行讨论和比较。其次，现有的垂直并购文献大多假设竞争的上游企业向下游企业提供的投入品的适用范围是一样的，即都可供位于不同选址位置的下游企业所使用，并且竞争的下游企业之间不存在技术差异。而我们则假设不同企业生产的产品存在技术差距和品牌差异，有高低之分，并在模型中直接刻画了跨国垂直并购的技术获取效应和品牌效应，从而更好地描述了我国企业进行跨国并购的主要动机。再次，现有垂直并购的文献基本没有考虑负向需求冲击的影响，而本文则加入了对这一因素的考虑，使模型的分析及结果更符合现实，能对当前金融危机影响下我国企业的跨国并购浪潮提供一种合理的可能解释。

三、基本模型——正常需求条件下的模式选择

假设海外市场的消费者均匀分布在一条长度为 1 的线段上。①这个市场有两家下游企业，一家来自中国，用 D_1 表示，另一家在海外，用 D_2 表示。下游企业所处位置代表其产品的定位选择。

线段从 0 到 1 变化，代表产品从低端向高端变化。也就是说，0 代表最低端的产品定位，1 代表最高端的产品定位。假定由于技术条件的差距，D_1 的产品定位只能选择 $l_1 \in [0,1/2]$，而 D_2 则掌握高端的核心技术，其产品定位固定在端点 1 上。②另外有两家上游企业，一家在中国，用 U_A 表示，另一家在海外，用 U_B 表示。U_A 位于端点 0 上，U_B 位于端点 1 上。上游企业的产出是下游企业的投入。我们假定，U_A 由于受到技术条件的限制，其产品只能供定位在[0，1/2]上的下游企业使用，而 U_B 不会受到这样的技术条件制约，其产品可供定位在[0，1]上的下游企业使用。上游企业之间为争夺下游企业的业务而展开价格竞争。向距离为 s 的下游企业提供产品，上游企业需要支付 τs^2 的单位生产成本，或者说是上游企业向下游企业提供产品的单位转换成本。τ 可看作衡量整个上游产业技术特性，或技术密集度的一个指标。

---

①在此仅仅考虑了海外市场的需求。若在目前的 Hotelling 模型框架下同时考虑国内和海外两个市场，即存在双向贸易，是一个值得拓展的方向；但值得一提的是，在沿用下文不存在贸易运输成本或运输成本足够低的假设下，我们可以证明下文所得结论仍成立。

②由于本文的重点是来自发展中国家的下游企业如何开拓发达国家的海外市场，与以高端客户为主要服务对象的国外下游企业进行竞争的问题，所以我们把海外的下游企业 D_2 固定在端点 1（最高端产品）上，而让中国的下游企业 D_1 选择其拓展海外市场的产品定位。另外，把 D_1 的产品定位选择局限于区间[0，1/2]仅仅是为了计算上的方便，选择其它的区间，例如[0，2/3]，不会从根本上改变我们的基本结论。

一般而言，技术密集度高的产业生产成本也相对较高。τ 越大意味着上游产业的生产成本越高，从而上游产业的技术密集度也越高(Matsushima，2004)。为突出跨国垂直并购的技术获取动机，我们假定海外上游企业 U_B 能生产最高端下游产品所需的关键投入品，如果 D_1 与 U_B 合并，则 D_1 就能够生产最高端的下游产品，从而把可行的产品定位选择扩展到整个[0,1]区间。

在需求方面，假定在正常需求条件下海外市场的消费者具有单位需求，即每个消费者只购买一单位的商品。位于点 $y\in[0,1]$ 的消费者如果向 D_1 购买商品，除支付商品的价格 p_1 外，还需要承担 $c(l_1-y)2$ 的运输成本；类似地，如果该消费者向 D_2 购买商品，除了向 D_2 支付商品的价格 p_2 外，还需要承担 $c(1-y)^2$ 的运输成本。另外，由于 D_2 生产的是更高端的产品，所以如果消费者选择从 D_2 购买商品，则可以得到一个相比于从 D_1 购买商品更高的效用 $q(>0)$，这一额外效用可解释为品牌价值效应。因此，对于一个位于 $x=(1+l_1)/2+(p_2-q-p_1)/2c(1-l_1)$ 的消费者而言，到 D_1 购买商品和到 D_2 购买商品是无差异的。对于用一个抽象的 Hotelling 框架来刻画消费者偏好的做法，我们可以给出一个实际的解释。某个消费者的位置可以解释为它与 D_1 和 D_2 的“不匹配”参数，这个不匹配参数可能与消费者的收入、财富有关。比如，收入高(或更富有)的消费者自然偏好 D_2 的产品，收入低(更贫穷)的消费者则更偏好 D_1 的产品。类似的解释可以参考 Ma(2003)。

下游企业 D_1 可选择以下三种形式把产品卖给海外市场的消费者：直接出口、先并购国内的上游企业 U_A 然后再出口，或者并购海外的上游企业 U_B。为抽象掉基于规避贸易壁垒而产生的跨国并购动机，在下文的分析中假定不存在贸易运输成本。①为简化计算且不失一般性，c 标准化为 1，并进一步假定 $0<q<\min\{0.5,\tau\}$ 且 $\tau<1$。另外，本文考虑的是后向垂直合并，即下游企业 D_1 在并购过程中以并购方的角色出现，由 D_1 向被并购对象提出并购要约，且 D_1 只要返还给被并购的目标上游企业(U_A 或 U_B)不少于并购前的利润所得，则目标上游企业便愿意接受 D_1 的并购要约。显然，从节省并购成本并最大化自身利益的角度考虑，D_1 支付给被并购目标的并购金额会充分接近被并购目标并购前的利润所得，从极限的角度考虑，可认为两者相等。D_1 愿意提出垂直并购要约的充要条件是并购后企业的利润所得大于合并前被并购对象(U_A 或 U_B)与 D_1 各自的利润所得之和。

我们考虑这样一个五阶段博弈：第一阶段，下游企业 D_1 选择其拓展海外市场的模式：出口、先并购国内上游企业 U_A 然后出口，或者并购海外的上游企业 U_B。第二阶段，下游企业 D_1 选择其产品的定位 l_1。第三阶段，U_A 和 U_B 这两家上游企业同时选择它们各自的批发价格 $w_{ij}\in[0,\infty)(i=A,B,j=1,2)$，其中 j 用于识别下游企业，例如，$w_A2$ 表示上游企业 U_A 向下游企业 D_2 索取的批发价格。第四阶段，看到批发价格后，下游企业 D_1 和 D_2 同时选择各自的投入供应商并同时确定各自的产品零售价 $p_i\in[0,\infty)$。第五阶段，消费者观察到零售价格后选择从下游企业进行购买。模型的求解用倒推法完成。我们首先分析直接出口的情形。

(一)直接出口

1.第四和第五阶段

对于一个位于 $x=(1+l_1)/2+(p_2-q-p_1)/2(1-l_1)$ 的消费者而言，到 D_1 购买商品和到 D_2 购买商品支付的总价格(商品的售价加上运输成本)是一样的，因此，位于 x 左端的消费者会选择到 D_1 购买，而位于 x 右端的消费者则会选择到 D_2 购买。这就是第五阶段。下面我们再分析第四阶段，此时，每家下游企业的利润最大化问题为：

$$\text{Max}_{p_1}\ \pi_D1=(p_1-w_1)[(1+l_1)/2+(p_2-q-p_1)/2(1-l_1)] \tag{1}$$

①关于跨国并购的文献中也有类似的不考虑贸易运输成本的处理，如 Qiu&Zhou(2006)。需要指出的是，我们还可以证明，只要进出口的单位贸易成本小于 $\tau/4$，下文所有的结论都成立。

$Max_p 2\pi_D 2=(p_2-w_2)[(1-l_1)/2+(p_1+q-p_2)/2(1-l_1)]$ (2)

其中 $w_1=\min\{w_A 1, w_B 1\}$，$w_2=\min\{w_A 2, w_B 2\}$，也就是说，D_1 和 D_2 向批发价格最低的上游企业购买所需的投入。通过一些繁琐的优化计算，我们可得到相应的均衡利润：$\pi_{D1}=[(1-1_1)(3+1_1)+w_2-w_1-q]$ (3)

$\pi_{D1}[(1-1_1)(3-1_1)-w_2+w_1+q]_2/18(1-1_1)$ (4)

2.第三阶段

我们假定上游企业之间进行 Bertrand 价格竞争，即如果上游企业自身的成本（即向下游企业提供产品的单位转换成本）低于竞争对手的成本，则把上游产品的价格设定在对手的成本水平上。

U_A 和 U_B 的价格设定如下：

U_A：$w_A 1=\max\{\tau l^2 1, \tau(1-l_1)^2\}$，$w_A 2=\max\{\tau, 0\}$ (5)

U_B：$w_B 1=\max\{\tau l^2 1, \tau(1-l_1)^2\}$，$w_B 2=\max\{\tau, 0\}$。 (6)

显然，在直接出口的情形下，U_A 会向 D_1 提供上游产品，索取的价格为 $w_1=w_A 1^= \tau(1-l_1)2$，U_B 会向 D_2 提供上游产品，索取的价格为 $w_2=w_B 2^= \tau$。

3.第二阶段

把第三阶段的均衡结果代回(3)，得：

$\pi^e_{D_1}=[(1-l_1)(3+l_1)+\tau l_1(2-l_1)-q]_2/18(1-l_1)$ (7)

(7)式对 l_1 求导并讨论其单调性，并令 ψ≡棣 4－3(τ－q)(τ＋1)，我们得到如下命题①：

命题1：如果 D_1 采取直接出口的方式，则其均衡的产品定位及相应的利润如下：(1)如果 $\tau<(1+q)/4$，则 $l_{1*=0}$，$\pi^e_{D*1}{}^*=(3-q)2/18$；

(2)如果 $(1+q)/4\leqslant\tau\leqslant(5+4q)/7$，则 $l^{*=}(3\tau+1-\psi)/3(\tau+1)$，$\pi^e D^* 1=[(2+\psi)(12\tau+10-\psi)+\tau(3\tau+1-\psi)(3\tau+5+\psi)-9q(\tau+1)2]2/486(\tau+1)3(2+\psi)$；

(3)如果 $\tau>(5+4q)/7$，则 $l^* 1=1/2$，$\pi^e D^* 1^=(7+3\tau-4q)^2/144$。

命题1表明，在采取直接出口的情形下，D_1 会根据上游产业的技术特性，即 τ 的大小调整自己的产品定位。当 τ 很小时，D_1 会选择最低的产品定位。当 τ 达到一定程度时，即 $\tau\geqslant(1+q)/4$ 时，随着 τ 的增加，D_1 的产品定位不断提高。当 τ 足够大时，即 $\tau>(5+4q)/7$ 时，D_1 会选择在其目前的技术条件下能实现的最高产品定位水平 $l_1*=1/2$。并且 q 越大，D_1 选择较高产品定位的可能性就越低。

下面给出命题1背后的经济学直觉。在本模型的假设下，给定其他三家企业的定位，当 D_1 的产品定位选择越来越远离 D_2 时，会产生三种效应：首先，D_1 与 D_2 之间的价格竞争会得到缓和，我们称之为价格竞争效应。价格竞争效应会增加 D_1 的利润。其次是需求效应，当 D_1 越来越远离 D_2 时，消费者对 D_1 产品的需求也会随之减少，从而会减少 D_1 的利润。这两个效应与 d'Aspremont 等(1979)是完全类似的。按照 d'Aspremont 等(1979)的分析，在消费者的购买成本是距离的二次函数时，价格竞争效应总是占优于需求效应，此时企业总是偏向于选择最大化与竞争对手的距离。第三，随着 D_1 越来越靠近端点 0，它购买上游产品所支付的批发价格也随之增加，因为它距离另外一个上游企业 U_B 越来越远，我们称之为投入品价格效应。显然，τ 越大，投入品的批发价格越高，投入品价格效应的作用就越大。另一方面，价格竞争效应和需求效应不会受到 τ 的影响，因为在均衡状态下，这两个效应是由消费者的需求决定的。所以，对 D_1 而言，当 $\tau<(1+q)/4$，主要是价格竞争效应在发挥支配性作用，此时 D_1 会选择最大化与竞争对手 D_2 的距离；当 $(1+q)/4\leqslant\tau\leqslant(5+4q)/7$，价格竞争效应与投入品价格效应同时发挥作用，此时 D_1 的选择是价格效应扣除掉需求效应的净效应与投入品价格效应相互作用达到平衡的结果；当 $\tau>(5+q)/7$，投入品价格效应会起着支配性作用，为尽可能减少该效应的不利影响，D_1 会选择中点的位置。此外，q 越大，即 D_2 的品牌效应越大，D_1 越有可能倾向于选择远离 D_2。

①由于篇幅所限，我们省略了有关命题1、命题2、命题3和命题5的证明，如有需要可向作者索取。

(二)先并购国内上游企业再出口

第四和第五阶段的博弈结果与直接出口情形下完全相同。在第三阶段,D_1 在第一阶段首先并购了国内的上游企业 U_A,合并后的新企业 D_1U_A 的生产成本为 $w_D1^UA^{=}\tau l^2 1$,而与之竞争的下游企业 D_2 的生产成本不变,仍为 $w_2=w_B2^{=}\tau$。把这一结果代入(3),得:

$$\pi^{dm}D_1U_A=[(1-l_1)(3+l_1)+\tau(1-l^2 1)-q]2/18(1-l_1) \quad (8)$$

其中上标 dm 表示国内垂直并购。(8)式对 l_1 求导并讨论其单调性,我们有如下命题:

命题 2:如果 D_1 采取先并购 U_A 然后再出口的方式,则合并后企业 D_1U_A 的均衡产品定位为 $l_1*=0$,实现的利润为 $\pi^{dm}D^*1^UA=(3+\tau-q)_{2/}18$。

与命题 1 类似,命题 2 的结论也是前面提到的三种效应综合作用的结果。需要指出的是,在 D_1 选择与 U_A 合并的条件下,投入品价格效应的方向与直接出口情形下相反,此时,D_1 的产品定位越靠近 U_A,投入品价格效应越小,即投入品价格效应的作用方向与价格竞争效应相同,而价格竞争效应总是占优于需求效应。因此,为尽可能充分利用价格竞争效应和投入品价格效应,D_1 会选择把产品定位于端点 0。

通过进一步将 D_1 并购 U_A 形成的新企业 D_1U_A 的出口利润,与 D_1 和 U_A 在直接出口情形下各自的利润之和进行比较,我们具体考察 D_1 与 U_A 进行国内垂直合并的激励。令珝≡0.455+0.2903q,得到如下命题:

命题 3:当 $0<\tau\leqslant$珝 τ 时,有 $\pi^eD^*+\pi^eU^*-\pi^{dm}D^*\geqslant 0$,此时 D_1 并购 U_A 不可能发生;当珝$<\tau<1$ 时,$*e*dm*1A1^UA\pi^eD_1+\pi_UA-\pi_D1^UA<0$,此时 D_1 先并购 U_A 再出口优于直接出口。

命题 3 是显然的,当 τ 比较小时,投入品价格效应比较小。此时它在上面提到的三种效应中并不能起到决定性的作用,起支配性作用的是价格竞争效应。当 τ 比较大时,投入品价格效应很大,此时它在三种效应中就起着支配性的作用。在这种情况下,通过并购国内的上游企业 U_A,D_1 可以去除投入品价格效应的不利影响,即 D_1 从 U_A 处获取投入品的成本变为零,以便进一步把国内的资源整合起来充分利用,在拓展国外市场时能获得更大的优势。需要指出的是,q 越大,采取直接出口越有利;反之,并购国内低端上游企业越有利。

(三)并购国外的上游企业

如果 D_1 能够直接并购国外的上游企业 U_B,则 D_1 的生产成本变为 $\tau(1-l_1)2$。为尽可能降低生产成本,D_1 显然会把产品定位在端点 1 上。这样,其生产成本就能下降为 0,并且由于我们假定 D_2 固定在端点 1 上,所以 D_1 定位在端点 1 上以便尽可能挤占 D_2 的市场,从而获得最多的消费者。

另外,我们假定合并后的企业不能选择不向与其竞争的下游企业提供投入品。此时如果 D_2 继续生产,它仍然会向合并后的新企业 D_1U_B 购买投入品,D_2 的生产成本为 τ。根据 Ziss(1993,p528),由于 D_1 的生产成本低于 D_2,有可能出现 D_1 把 D_2 驱逐出市场的情形,而此情形出现的充要条件是 $\tau-\tau(1-l_1)2\geqslant(1-l_1)(3-l_1)$。在 $l_1=1$ 时,这一条件显然成立。① 因此,如果 D_1 能够与上游企业 U_B 实现合并,它就能把 D_2 驱逐出市场,从而占领整个海外市场。此时均衡的市场价格为 $p^*1^{=}\tau$,合并后企业的生产成本为 0,故合并后的企业利润为 $\pi^{fm}D^*1^UB_p*_1\times 1=\tau$,其中上标 fm 表示海外垂直合并,下标 D_1U_B 表示合并发生在国内下游企业 D_1 与国外上游企业 U_B 之间。以上讨论可归纳为如下命题:

①在 $\tau>0.1547$ 的条件下,即使 D_1 合并 U_B 后的产品定位不能完全提高到 1,但只要比原来有提升,即 $l_1\in(1/2,1)$,那么仍然可以把 D_2 驱逐出市场。在后文的分析中我们会证明,D_1 合并 U_B 的必要条件是 $\tau>6-q-$ 槡 $27-18q+2q^2>0.1547$。

命题 4：如果 D_1 能够与 U_B 实现垂直合并，则其均衡的产品定位为 $l^{*}1^{=1}$，相应的利润为 $\pi^{fm}D_1 *_{U}B = \tau$，此时 D_2 会被迫退出市场。

命题 4 表明，在国外下游高端企业不调整其产品定位（即回复到低端产品的生产）的条件下，如果国内企业能成功并购国外高端的上游企业，就可以实现扩大市场份额、获取高端技术以提升产品定位的双重效能，因此，跨国垂直并购确实具有重要的战略性意义。需要指出的是，在目前的模型框架下，如果我国国内企业能成功并购国外高端的上游企业，则均衡的结果是 D_2 退出市场，是因为我们把分析局限在[0，1]区间上。假设从端点 1 往后还有延长线，并且 D_2 能开发出一种更高端的技术，并且能找到为其生产更高端投入品的上游企业，从而把其新产品定位在更高端的市场客户上（如端点 1 往后的延长线上），则 D_2 不一定会退出市场，而是会去开拓新的市场。所以，命题 4 不应该简单地理解为 D_1 垄断市场，而只能理解为低端下游企业 D_1 通过垂直并购掌握先进技术的上游企业，可以实现扩大市场份额和提升产品定位的双重效能。

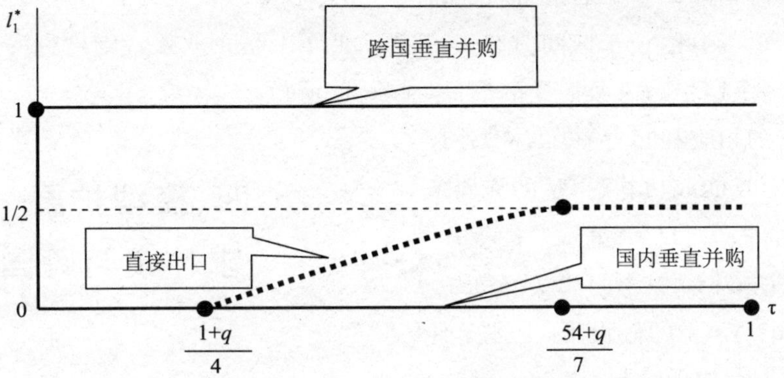

图 1　三种不同模式下 D_1 的产品定位选择

结合命题 1、2、3、4，D_1 在上述三种模式下均衡的产品定位选择及其与上游产业技术密集度 τ 之间的关系可用图 1 形象地表示，其中圆点表示直接出口，短划线表示先并购国内上游企业再出口（简称为国内垂直并购），实线表示跨国垂直并购。从图 1 可以看出，在 $\tau \in [0,(1+q)/4]$ 这一区间，直接出口与国内垂直并购这两种模式下的均衡产品定位选择皆为 0；在 $\tau \in [(1+q)/4,1)$ 这一区间上，直接出口的均衡产品定位选择高于国内垂直并购。而跨国垂直并购的均衡产品定位选择则要比直接出口及国内垂直并购都要高。因此，跨国垂直并购国外高端上游企业 U_B 可以提升并实现最高的产品定位。下面我们再具体考察，D_1 成功并购 U_B 的充要条件能否满足。据命题 3，当 $\tau >$ 珚时，如果不进行海外垂直合并，下游企业 D_1 一定会选择与国内的上游企业 U_A 进行垂直合并，此时国内垂直合并后形成的企业的利润为 $\pi^{dm}D_1U^{*}A^{=}(3+\tau-q)2/18$。由于在国内合并发生前上游企业 U_A 的利润为 0，根据假设，合并后 D_1 只要返还给上游企业 U_A 合并前的利润所得，则剩下的利润都归 D_1 所有。

因此，如果实行国内垂直合并，则合并后 D_1 的利润所得为 $\pi^{dm}D_1 * = (3+\tau-q)2/18$。下面首先考察 $\pi_{D^{*}\ 1UB}^{fm} > \pi_{D*}^{dm}$ 这一必要条件是否满足。令琁≡6－q－� 27－18q＋2q²（＞珚），我们得到如下命题：

命题 5：如果 q＜6－2 槡且 $\tau >$ 琁，则 $\pi^{fm}D_1 *_{U}B > \pi^{dm}D_1 *$；否则，$\pi^{fm}D_1 *_{U}B \leqslant \pi^{dm}D_1 *$。

命题 5 的直观理解为：如果能成功并购海外的高端上游企业，根据 Ziss（1993），D_1U_B 要把 D_2 驱逐出市场，它必须把价格设定在小于或等于 D_2 的边际生产成本的位置。具体到本模型，由于进行海外合并后企业 D_1U_B 的选址在端点 1 上，故合并后 D_1U_B 的定价刚好等于 D_2 的边际生产成本，或者说投入品的购买成本 τ。合并后企业 D_1U_B 在海外市场的价格就完全取决于 τ，τ 越大，价格就越高，进行海外垂直并购后的新企业能实现的利润就越大。虽然实行国内垂直并购后 D_1 的利润也是 τ 的增函

数,但其敏感程度比不上海外并购后形成的企业。另外,国外下游企业 D_2 的品牌价值越高,国外高端上游企业与国内低端下游企业进行跨国合并的激励就越小。因此,当 τ 足够大并且 q 足够小时,如果 D_1 能成功实现海外垂直并购,则海外并购后形成的新企业 D_1U_B 实现的利润要比 D_1 进行国内垂直并购后它所能获取的利润大。

据命题 5,在现有模型框架下,q<6－2 椽且 τ>琗仅仅是能否实现海外垂直合并的必要条件。

在 D_1 与 U_A 进行国内垂直合并的时候,到 D_1 购买商品和到 D_2 购买商品都无差异的消费者的位置为 x=1/2+(τ－q)/6。因此,位于区间[1/2+(τ－q)/6,1]的消费者都会到 D_2 购买所需要的商品,此时国外上游企业 U_B 的相应利润为 $\pi^{dm}U_B*_{=}\tau[1/2-(\tau-q)/6]$。$D_1$ 愿意且能成功并购 U_B 的充要条件是 $\pi^{fm}D_1*_{U}B\geqslant\pi^{dm}U_B*_{+}\pi^{dm}D_1*$,即 $\tau-(3+\tau-q)2_{/}18-\tau[1/2-(\tau-q)/6]=(2\tau+q-3)(\tau+3-q)/18\geqslant0$。在 q<τ<1 的假设下,上述条件不可能成立。因此,我们有如下命题:

命题 6:在正常需求条件下,从利润最大化的角度考虑,D_1 没有激励并购 U_B。

命题 6 表明,在正常需求条件下,单纯从利润最大化的角度考虑,中国的下游企业没有激励去并购海外高端的上游企业。从直观上看,这主要是因为海外并购的成本过高。在并购过程中,为了把 D_2 逼出市场,合并后的企业 D_1U_B 的定价不能太高,这就导致 D_1U_B 的利润难以弥补合并前两家并购主体的利润之和。结合命题 3 和命题 6,得到如下推论:

推论 1:在正常需求条件下并从利润最大化的角度考虑,当 0<τ≤琑 τ 时,D_1 最优的拓展海外市场模式是直接出口;当 τ>琑时,D_1 最优的拓展海外市场模式是先并购国内上游企业然后再出口。

推论 1 表明,在正常需求条件下,对于中国的低端下游企业 D_1 而言,其拓展海外市场的最优模式取决于上游产业的技术密集度:如果上游产业的技术密集度较低,则采取直接出口的方式是最优的;如果上游产业的技术密集度较高,则采取先并购国内低端上游企业然后再出口的方式是最优的。

需要指出的是,虽然在正常需求条件下跨国垂直并购并非我国低端下游企业的最优选择,但命题 4 表明,如果能成功并购海外的高端上游企业,确实能起到扩大市场份额和获取先进技术或资源,从而提升产品定位的双重效能。结合命题 5,我们由此引申出来的一个启示是,如果并购对象所在产业属于高技术密集度行业(即 τ>琗)且下游竞争对手的品牌价值下降到一定程度(即 q<6 椽－2),从扩大市场份额和获取先进技术的战略角度考虑,可以考虑进行跨国垂直并购。此时要成功实现跨国并购,企业只能通过融资或动用企业原有的剩余资金。否则,下游企业只能通过直接出口或通过并购国内低端上游企业整合国内资源,走低端拓展海外市场的道路。

四、模型扩展——负向需求冲击与跨国垂直并购

假定由于受到负向需求冲击(negativedemand-shock)的影响,例如发生国际金融危机,海外的市场容量出现萎缩,每个消费者的需求由单位需求下降为 λ(0<λ<1);此外,这种负向需求冲击往往会产生连锁效应(knock－oneffect),进一步给海外市场的企业带来不利影响。为简单起见,我们假定海外的上游企业 U_B 受国际市场环境的不利影响,其固定生产成本进一步上升 $F_UB(>0)$。

显然,在负向需求冲击的影响下,下游企业 D_1 的利润都变成原来的 λ 倍,U_B 的利润变为原来的 λ 倍再减去 F_UB。容易看出,在这种情形下,命题 1、2、3 及 5 仍然成立,命题 4 也基本成立,只不过命题 4 中海外垂直并购后形成的企业 D_1U_B 的利润变为 $\pi^{fm}D1^{*}=\lambda\tau$。

与前面的分析类似,据命题 3,当 τ>0.455+0.2903q 时,如果不进行海外垂直并购,下游企业 D_1 一定会选择与国内的上游企业 U_A 进行垂直并购,此时国内垂直并购后 D_1 的利润所得为 $\pi^{dm}D_1*=\lambda(3+\tau-q)2_{/}18$。据命题 5,在现有的模型框架下,q<6－2 椽且 τ>琗是能否实现海外垂直并购的必要

条件。在 D_1 与 U_A 进行国内垂直并购的时候，到 D_1 购买商品和到 D_2 购买商品都无差异的消费者的位置为 $x=1/2+(\tau-q)/6$。因此，区间 $[1/2+(\tau-q)/6,1]$ 的市场都被国外下游企业 D_2 所占有，此时国外上游企业 U_B 的相应利润为 $\pi^{dm}U_B*_{=}\lambda\tau[1/2-(\tau-q)/6]-F_UB$。$D_1$ 与 U_B 能成功合并的充要条件是 $\pi^{fm}D_1*_{U}B\geqslant\pi^{dm}U_B*_{+}\pi^{dm}D_1*$，这相当于 $F_UB\geqslant F\equiv\lambda(3-2\tau-q)(3+\tau-q)/18$。结合命题 5，我们得到如下命题：

命题 7：在负向需求冲击的影响下，如果 $q<6-2$ 槡，$\tau>$ 珔且 $F_UB\geqslant F$，则 D_1 有激励垂直并购 U_B，并且 $\partial F/\partial\lambda>0,\partial F/\partial q<0,\partial F/\partial\tau<0$。

命题 7 给出了跨国垂直并购的充要条件：在负向需求冲击下，如果国外上游企业的成本上升幅度足够大，并且其所在产业为高技术密集度产业，而国外下游竞争对手的品牌价值下降比较多，则中国的下游企业可以抓住这一契机，进行海外垂直并购。另外，金融危机的冲击越大（λ 越小），国外下游竞争对手的品牌价值越大（q 越大），上游企业所在产业的技术密集度越高，$F_UB\geqslant F$ 这一条件就越容易满足。综合命题 3 和命题 7，我们有如下推论：

推论 2：在负向需求冲击的影响下，当 $0<\tau\leqslant$ 珣 τ 时，D_1 最优的拓展海外市场模式是直接出口；当 $q<\sqrt{6}-2$ 槡，$\tau>$ 珔且 $F_{UB}\geqslant\overline{F}$ 时，D_1 最优的拓展海外市场模式是与 U_B 进行跨国垂直合并；在其他情形下，D_1 最优的拓展海外市场模式是先并购国内上游企业再出口。

推论 2 有很强的现实指导意义，它给出了中国下游企业应如何根据所面临的外部环境因素调整其海外市场拓展的最优模式：当上游产业的技术密集度较低时，采取直接出口的方式是最优的；当上游产业的技术密集度达到一定程度时，采取先并购国内低端上游企业然后再出口的方式，走低端占领国外市场的道路是最优的；当负向需求冲击（如金融危机）带来国外上游企业生产成本的大幅上升以及国外下游竞争对手品牌价值的下降时，国内下游企业应当与技术密集度较高的国外高端上游企业进行合并。从推论 2 得到的一个重要启示是：在金融危机的冲击下，中国迎来了海外并购的契机。

五、跨国垂直并购对社会福利的影响

下面从外国社会总福利的角度，进一步考察跨国垂直并购在什么条件下会恶化被并购企业所在国的社会福利水平。这一问题的讨论将有助于我们理解东道国政府干预跨国并购活动的背后动因。为此，我们比较在符合跨国垂直并购发生的条件（即 $q<6-2$ 槡，$\tau>$ 珔且 $F_{UB}\geqslant F$）而并购没有发生时外国的社会福利水平，与发生跨国垂直并购时外国的社会福利水平。我们用 W^f 来表示外国社会总福利，它等于国外下游企业 D_2 的利润 π_{D2}，国外上游企业 U_B 的利润 π_{UB}，以及海外市场的消费者剩余 CS 这三者之和，即 $W_f=\pi_{D2}+\pi_{UB}+CS$。为了更好地刻画消费者剩余，我们假定每个消费者购买 1 单位的商品可得到效用 S。

我们首先计算在符合跨国垂直并购发生的条件而并购没有发生时外国的社会福利水平。由于此时 $\tau>$ 珔（$>$ 珣），据命题 3，如果不进行海外垂直并购，下游企业 D_1 一定会选择与国内的上游企业 U_A 进行垂直并购然后再出口；据命题 2，此时 $l_1*_{=0}$，$\pi_{D_2}^{dm*}{}_{=}\lambda(3-\tau+q)^2/18$，到 D_1 购买商品和到 D_2 购买商品都无差异的消费者的位置为 $x=1/2+(\tau-q)/6$。通过加总到 D_1 购买商品的消费者的消费者剩余和到 D_2 购买商品的消费者的消费者剩余，我们可得到海外市场总的消费者剩余为：

$$CS^{dm*}=\lambda S-\lambda[39+18(\tau-q)-(\tau-q)^2]/36 \tag{9}$$

此时，上游企业 U_B 的利润为：

$$\pi_{U_B}^{dm*}=\lambda\tau[1/2-(\tau-q)/6]-F_{U_B}=\lambda\tau[3-(\tau-q)]/6-F_{U_B} \tag{10}$$

因此，在符合跨国垂直并购发生的条件而并购没有发生时外国的社会福利水平为：

$$W_f^{dm*}=\pi_{D_2}^{dm*}+\pi_{U_B}^{dm*}+CS^{dm*}$$
$$=-7\lambda/12-5\lambda(\tau-q)/6+\lambda(\tau-q)^2/12+\lambda\tau[3-(\tau-q)]/6+\lambda S \tag{11}$$

如果跨国垂直并购发生，则市场上只剩下一家

下游企业 D_1,而 D_2 则会被逼出市场,此时进行海外合并后企业 D_1U_B 的选址在端点 1 上,消费者所消费的全部商品均由 D_1U_B 提供。假定消费者从企业 D_1U_B 购买商品所能获得的品牌效用为 $q'(0\leqslant q'\leqslant q)$。这个假设意味着消费者从合并企业购买商品所获得的品牌价值效应不大于原来从 D_2 购买商品所能获得的品牌价值效应。相应的消费者剩余为:

$$CS^{fm*}=\lambda[S-\int_0^1(1-x)^2dx+q'-\tau]$$
$$=\lambda[S-1/3-(\tau-q')] \quad (12)$$

D_1 购买 U_B 从而返回给外国的金额为 $\pi_{U_B}^{dm*}=\lambda\tau[3-(\tau-q)]/6-F_{U_B}$。因此,发生跨国垂直并购后

外国社会总福利为:

$$W_f^{fm*}=CS^{fm*}+\pi_{U_B}^{dm*}=\lambda[S-1/3-(\tau-q')]+\lambda\tau[3-(\tau-q)]/6-F_{U_B} \quad (13)$$

据(11)和(13),得:

$$W_f^{dm*}-W_f^{fmd}=[q^2+2(5-\tau)q+(\tau+3)(\tau-1)]/12-q' \quad (14)$$

显然,$W_f^{dm*}-W_f^{fm*}>0$ 当且仅当 $q'<[q^2+2(5-\tau)q+(\tau+3)(\tau-1)]/12$。这意味着,实行跨国垂直并购后,企业的产品定位虽然能得到提高(D_1U_B 的选址在端点 1 上),但如果并购后的企业 D_1U_B 的品牌价值效应不够大,则会恶化外国的社会福利,这在一定程度上解释了为什么外国政府会阻止品牌价值不高的企业并购本国高端上游企业的行为。这里我们可以具体分析两种特殊情形:$q'=0$ 和 $q'=q$,来说明这一点。

$q'=0$ 意味着 D_1 并购 U_B 并没有获得品牌价值的提升。此时 $W_f^{dm*}-W_f^{fm*}>0$ 当且仅当 $q>(2\sqrt{7-3\tau}-5+\tau)/2$。这意味着如果下游企业 D_2 在消费者中的品牌价值很高($q>(2\sqrt{7-3\tau}-5+\tau)/2$)而 D_1 并购 U_B 所能实现的品牌价值提升很低($q'=0$)时,从社会福利的角度考虑,外国政府将不鼓励此类跨国垂直并购行为。

另一方面,如果 $q'=q$,这意味着 D_1 并购 U_B 获得了很高的品牌价值,且其品牌价值不低于原来的下游企业 D_2。此时,我们很容易证明,$W_f^{dm*}-W_f^{fm*}<0$ 恒成立。所以,从社会福利的角度考虑,对于能实现很高品牌价值的跨国垂直并购,外国政府是鼓励的。

六、结论及政策涵义

本文通过构建一个基于产品从低端到高端分布的 Hotelling 模型,从企业利润最大化的角度,将跨国垂直并购与另外两种模式———直接出口及先并购国内上游企业再出口进行比较,从中分析了中国低端下游企业进行跨国垂直并购的时机选择及决定因素。研究表明,跨国垂直并购有助于低端下游企业扩大市场份额和实现产品升级,在并购企业的品牌效应足够大的条件下,还会提高外国社会福利;然而跨国垂直并购的发生必须具备三个条件:负向需求冲击带来被并购对象生产成本的大幅上升;下游竞争对手的品牌价值下降到一定程度;被并购对象所在产业为高技术密集度产业。

上述结论具有重要的现实意义与政策涵义:

首先,金融危机带来的负向需求冲击给跨国垂直并购带来了契机。命题 2 和命题 3 表明,在正常需求条件下,进行跨国垂直并购并不是我国低端下游企业的最优选择,只有在出现负向需求冲击,并导致国外高端上游企业出现生产成本的大幅度上升时,跨国垂直并购才是最优的。因此,在后金融危机时代,政府应当积极鼓励我国企业利用契机,进行跨国垂直并购,转变过度依赖出口的海外拓展模式。

其次,通过市场份额扩大和产品定位的提升,跨国垂直并购有助于产业低端的下游企业增强国际竞争力。然而从命题 2 来看,在正常需求条件下,若没有足够的资金支持,我国的下游企业没有激励进行跨国垂直并购。因此,政府可以考虑给企业创造融资上的便利条件或海外并购方面的优惠政策,以调动企业进行跨国垂直并购的积极性。这不但有利于并购企业的个体发展,而且可以成为推动产业升级的战略。

再次,政府在实施跨国垂直并购方面的优惠政策时应注重行业的选择。从命题 3 来看,要实现最优的跨国并购,必要的前提是被并购对象所在产业为高技术密集度或高生产成本的上游产业,如汽

车、资源开发类的产业等。因而，本文从理论上解释了为什么近年来我国的跨国并购多集中于能源技术类的产业。从政策层面考虑，政府应积极引导对能源技术类产业的海外并购。

最后，本文有关垂直并购后的福利分析揭示了发展中国家企业并购发达国家企业的一个潜在障碍，即并购后如果品牌价值得不到国外消费者的认同，这将恶化国外社会总福利。因此，企业如何提升品牌价值，是值得重视和进一步研究的问题。

主要参考文献

李泳，2009：《中国企业对外直接投资成效研究》，《管理世界》第9期。

鲁桐，2003：《温州民营企业国际化》，《世界经济》第5期。

乔治·J. 斯蒂格勒，1989：《产业组织与政府管制》，中译本，上海三联出版社。

杨忠、张骁，2009：《企业国际化程度与绩效的关系》，《经济研究》第2期。

于开乐、王铁民，2008：《基于并购的开放式创新对企业自主创新的影响———南汽并购罗孚经验及一般启示》，《管理世界》第4期。

张建红、周朝鸿，2010：《中国企业走出去的制度障碍研究》，《经济研究》第6期。

Blonigen, B. A. and Y. Ohno, 1998, "Endogenous Protection, Foreign Direct Investment and Protection － building Trade", Journal of International Economics, 46: 205～227.

Brainard, S. L., 1993, "A Simple Theory of Multinational Corporations and Trade with a Trade － off Between Proximity and Concentration", NBER Working Paper 4269.

Chen, Y. M., 2001, "On Vertical Mergers and Their Competitive Effects", RAND Journal of Economics, 32: 466～496.

d'Aspremont, C., J. J. Gabszewicz, and J. － F. Thisse, 1979, "On Hotelling's Stability in Competition", Econometrica, 47: 1145～1150.

Hart, O. and J. Tirole, 1990, "Vertical Integration and Market Foreclosure", Brookings Papers on Economic Activity. Microeconomics: 205～286.

Helpman, E., 1984, "A Simple Theory of International Trade with Multinational Corporations", Journal of Political Economy, 92 (3): 451～471.

Hotelling, H., 1929, "Stability in Competition", Economic Journal, 39: 41～57.

Johanson, J. and F. Wiedersheim － Paul, 1975, "The Internationalization of Four － Firm Swedish Cases", Journal of Management Studies, 12 (3): 305～322.

Johanson, J. and J. E. Vahlne, 1977, "The Internationalization Process of the Firms: A Model of Knowledge Development and Increasing Market Commitment", Journal of International Business Studies, 8 (2): 23～32.

Johanson, J. and J. E. Vahlne, 1990, "The Mechanism of Internationalization", International Marketing Review, 7 (4): 11～24.

Ma, C. A., 1993, "Public Rationing and Private Cost Incentives", Journal of Public Economics, 88: 333 － 352. Markusen, J. R. and A. J. Venables, 1998, "Multinational Firms and the New Trade Theory", Journal of International Economics, 46: 183～203.

Matsushima, N., 2004, "Technology of Upstream Firms and Equilibrium Product Differentiation", International Journal of Industrial Organization, 22: 1091～1114.

Matsushima, N., 2008, "Vertical Mergers and Product Differentiation", Journal of Industrial Economics, 57 (4): 812～834.

Nocke, V. and L. White, 2007, "Do Vertical Mergers Facilitate Upstream Collusion?", American Economic Review, 97: 1321～1339.

Ordover, J., G. Saloner, and S. Salop, 1990, "Equilibrium Vertical Foreclosure", American Economic Review, 80: 127～142.

Perry, M. K. , 1989, "Vertical Integration: Determinant and Effect", in Schmalensee R. and Willig R. D. (eds.), Handbook of Industrial Organization, 1, The Netherlands, Elsevier Amsterdam.

Porter, M. E. , 1985, Competitive Advantage: Creating and Sustaining Superior Performance, New York, Free Press.

Qiu, L. D. and W. Zhou, 2006, "International Mergers: Incentives and Welfare", Journal of International Economics, 68: 38～58.

Riordan, M. H. and G. Salop, 1995, "Evaluating Vertical Mergers — A Post Chicago Approach", Antitrust Law Journal, 63: 513～568.

Rob, R. and N. Vettas, 2003, "Foreign Direct Investment and Exports with Growing Demand", Review of Economic Studies, 244: 629～648.

UNCTAD, 2008, World Investment Report.

Welch, S. and R. Luostatinen, 1993, "Inward — outward Connection in Internationalization", Journal of International Marketing, 1: 44～57.

Ziss, S. , 1993, "Entry Deterrence, Cost Advantage and Horizontal Product Differentiation", Regional Science and Urban Economics, 23: 523～543.

Overseas Market Demand and International Vertical Merger: From the Perspective of Low—end Downstream Firms

Li Jie, Li Jieyu and Huang Xianhai

(Zhejiang University; Sun Yat—Sen University)

]Abstract: This paper develops an extended low-end-to-high-end-distributed Hotelling Model to explore the constraints, timing and determinants under which Chinese low—end downstream firms engage in international vertical merger. We show that international vertical merger generates the dual effects of market share expansion and product position improvement. The overseas market demand plays a key role in the low—end downstream firms' optimal choice over market expansion strategies. As compared to exports or first merging domestic upstream firms then exports, international vertical merger is not an optimal choice under normal market demand conditions. However, when there comes a negative demand shock, a substantially large increase in the production cost of the overseas upstream firms, together with a decline in the brand value of the foreign downstream rival firms, brings about a chance for international vertical merger, and it is optimal for the domestic low-end downstream firms to merge with the overseas high-end upstream firm then. Moreover, if the international vertical merger can sufficiently improve the brand value of the merged entity, the social welfare of the host country where the merger target belongs to will also be improved. Key Words: International Vertical Merger; Technology Intensity; Negative Demand Shock JEL Classification: F15, F42, G34

跨国并购中品牌重置策略对新产品评价的影响机制研究

王海忠[1],陈增祥[2],司马博[1]

(1.中山大学管理学院,广东 广州 510275;2.南开大学旅游与服务学院,天津 300074)

[摘要] 本文以中国企业并购海外知名品牌为背景探讨并购后品牌重置策略(联合品牌 VS 单品牌)、新产品定价(高 VS 低)以及产品产地形象(正面 VS 负面)对新产品评价的影响。研究发现,如果新产品采用联合品牌命名策略(并购品牌—被并购品牌),在没有明确的产品产地信息条件下,新产品的价格越低,评价越高;如果明确告知产品产地来自形象佳的地区(如美国),则新产品定价越高,评价就越好。另一方面,如果新产品采用单品牌命名策略(原有中国品牌),则不管是否有产地信息以及产地形象如何,消费者对新产品的评价都处于较低水平(低于中等评价)。

【关键词】 海外并购;品牌重置策略;价格;原产地形象

[中图分类号]F276.7 [文献标识码]A [文章编号]1006—480X(2011)11—0100—09

一、问题提出与理论框架

1.问题:"蛇吞象"带来的品牌营运困惑

"中国全面购买世界"。这是全球著名的《经济学人》杂志2010年11月11日的封面标题。据世界权威金融信息研究机构Dealogic统计,2010年中国在全球的并购交易在全球占比已接近10%(达2360亿美元),2011年将延续过去两年以来的强劲势头。不过,中国企业海外并购后双方整合失败案例也不绝于耳,如TCL对汤姆逊、上汽对韩国双龙的收购等。但是,新兴国家企业成功并购欧美品牌的案例也不少见。吉利汽车收购沃尔沃一年有余,市场业绩显示并购已取得初步成功。吉利创始人兼沃尔沃新董事长李书福关于"吉利是吉利,沃尔沃是沃尔沃"以及"以沃治沃"的表白,隐含了深刻的跨国品牌并购后的管理哲学。土耳其优客集团(Ulker Group)2007年收购荷兰高端巧克力品牌歌帝梵(Godiva)、印度最大箱包品牌VIP Industries早于2001年并购英国高端箱包品牌Carlton International等,这些被收购的欧美知名品牌都运营良好,收购方也提高了全球市场份额和无形资产。新兴国家(包括中国)企业近年来并购欧美知名品牌给理论界提出了新挑战,因为其并购动机、目的、双方实力对比……都不同于过去欧美企业主动发起的并购。

要对跨国品牌并购的这一新现象加以理论解释,并给企业提供战略借鉴,在消费者购买和营销策略层面,急须研究三个至为重要的问题。①并购后新产品的品牌重置策略问题。是采用欧美企业使用的"雪藏"被并购品牌,还是双方品牌各自独立营运,亦或采用联合品牌命名?②并购知名品牌的重要收益之一是获得溢价,并购后推出的新产品在定价上采取定高价的策略是否可行?它与不同品牌重置策略的关系如何?③并购后制造地转移与否,对新产品有何影响?是继续保留在欧美发达市场的制造地,还是转移到成本更低的新兴市场(如中国、印度尼西亚),这种产品产地策略与品牌命名策略、定价策略是否会共同影响新产品评价。

本研究以中国企业并购国际知名品牌为背景,研究并购后品牌重置策略对新产品的影响,以及其

[收稿日期]2011—10—26

[基金项目]教育部哲学社会科学研究重大课题攻关项目"加快中国企业国际知名品牌发展战略研究"(批准号08JZD0019)。

[作者简介]王海忠(1966—),男,重庆人,中山大学管理学院教授,博士生导师,中国品牌战略研究中心主任;
陈增祥(1984—),男,福建福州人,南开大学旅游与服务学院博士;司马博(1987—),男,陕西西安人,中山大学管理学院硕士。

中定价、产地的调节作用。本研究在理论上解决迄今国际学术以欧美品牌主动并购为背景的研究所无法回答的问题,在实践上为(包括中国在内的)新兴国家企业并购欧美品牌后的营销策略提供借鉴。

2. 理论回顾:跨国并购中的品牌重置、产品溢价与制造地

品牌重置策略(Brand Replacement)是指当企业在与外部实体发生关系时,涉及各方品牌在名称排列上的位序问题,它表明了相关品牌在新的营销活动中的可视程度或显著性(Prominence)。并购在财务投资领域得到充分重视,但市场营销领域很少有人研究这个问题(Homburg and Bucerius 2005),从消费者角度考察并购中品牌问题的文献更是屈指可数(Jaju et al.,2006;Lee et al.,2011;Strach and Everett 2006;何浏,王海忠,田阳,2011)。Ettenson and Knowles(2006)通过对西方国家并购金额超2.5亿美元的207个案例的跟踪研究,发现并购后有10种不同的品牌重置模式,其中让被并购品牌消失与两个品牌各自运营最为常见。Jaju et al.(2006)考察了并购后四种品牌重置策略对并购方品牌资产的影响,四种品牌重置策略包括:仅采用并购方品牌、仅采用被并购方品牌、按并购方品牌—被并购方品牌顺序联合、按被并购方品牌—并购方品牌顺序联合。该研究发现,无论采用何种重置方式,消费者都降低了对并购后的并购方品牌的评价,其中消费者对仅保留并购方品牌的情况评价最高,对按被并购方—并购方品牌顺序重置的情况评价最低。但该研究并没有具体阐明出现上述结论的原因,也未考虑并购前双方品牌实力的差异。Lee et al.(2011)以中国台湾消费者为被试,以个人电脑为考察对象,研究弱势品牌(Inferior Brand Image)并购强势(Superior Brand Image)与中等品牌(Average Brand Image)后对双方品牌资产的影响,研究发现弱势品牌并购的品牌越是强势,则越有助于提升自身的品牌资产;反之,强势品牌被并购后自身的品牌资产则显著的下降。何浏等(2011)也有类似研究发现:并购高形象(身份)的品牌比并购低形象(身份)的品牌更有利于提升并购方品牌的综合形象,而且他们还进一步发现多元化并购战略对并购方的公司能力联想的影响要小于强化并购。

新兴国家企业并购欧美老牌企业,不过是近几年才有的事。迄今跨国品牌并购研究文献仍以欧美品牌并购新兴国家的品牌为背景,其研究出发点与新兴国家企业并购欧美品牌的初衷很不一致。新兴国家的企业并购欧美品牌的动机,不再是单纯追求规模经济和范围经济,因而“敌意”并购现象很少。归纳起来,他们并购的目的在于:①借助并购,在难以进入的欧美市场获取营销、品牌、研发、技术、人才等资源,提升自身竞争力;②借助并购,将欧美知名品牌的形象与声誉,转移过来,提升自主品牌的声誉;③借助并购,让欧美知名品牌在欧美发达市场充当发言人,有助于自主品牌在全球范围内的发展。总之,这种并购后形成的并购与被并购品牌双方的关系,应该是伙伴式关系而不具有“敌意”(卡莱,辛格,拉曼,2010)。由此,在现有研究中,Ettenson and Knowles(2006)提出的“让被并购品牌消失”的品牌重置策略,肯定不适合于新兴国家企业的品牌并购。根据新兴市场企业跨国并购的上述动机,两种品牌重置策略与近年来发生的事实更为吻合,也更有助于并购方达到并购的初衷。①两个品牌独自运营。它在近期的吉利与沃尔沃的关系处理上,还在印度、土耳其等系列并购欧美品牌的案例中得以充分表现(卡莱,辛格,拉曼,2010)。这实际上符合并购双方管理层的心理。因为,欧美老牌企业具有悠久历史,被并购后其内心深处不愿意“当学生”;新兴国家的企业就应该避免在欧美经理人面前充当“传道者”,以避免欧美企业经理人被并购后的尴尬心理。②按并购方品牌—被并购方品牌顺序联合的品牌重置策略。这有助于从欧美品牌“借力”,从而在国际市场推广自主品牌。基于此,本文的实证研究就主要基于以上两种品牌重置策略。

另外,收购欧美品牌的重要目的在于,提升自身品牌的形象。价格是感知质量形象的标志之一,知名品牌享受到的无形收益之一是“溢价”。但是,迄今还没有针对新兴国家企业并购欧美品牌后,是否能享受到“溢价”的理论研究。最后,针对跨国品

牌并购的文献，迄今没有关注并购后产品制造地是否会影响产品质量感知的问题。现实是，当中国企业并购欧美品牌后，如果保持产品制造地的稳定，并购后新产品更能继续受到欧美市场的信赖。吉利并购沃尔沃后，沃尔沃在瑞典的研发、制造、组织架构保持不变，瑞典继续作为沃尔沃的全球总部。这在印度、土耳其等对欧美品牌并购中，也得到充分体现（卡莱，辛格，拉曼，2010）。显然，并购后产品制造地是影响并购后新产品评价的重要因素，应该加以研究。

综上，近年来新兴国家企业并购欧美知名品牌的案例成为新的全球并购热点，而建立在欧美品牌主动并购基础上的现有理论，又不能为新的跨国品牌并购提供科学借鉴。鉴于此，本研究以中国企业并购国际知名品牌为背景，研究并购后的品牌重置策略，预期将产生一系列有创新价值的发现，并为中国企业海外并购提供战略借鉴。

二、研究假设

品牌显著性（Brand Prominence）能帮助消费者辨认品牌名，商标或标识（Han et al.，2010）。中国企业海外并购之后，既可以让被并购品牌在新产品推广中“显眼”（被并购品牌的显著性高），也可以让它“低调”（被并购品牌的显著性低）。仅保留并购方原有品牌，或让并购双方独自营运，在消费者可视层面，实现的均是让被并购品牌保持“低调”。本研究将保留并购方原有品牌的策略称之为“单品牌战略”。并购方—被并购方品牌顺序的策略，本研究称之为联合品牌策略。当消费者缺乏具体产品属性信息时，主要依靠可视的品牌线索来评价新产品。因此，联合品牌策略让消费者在已有的对两个品牌认知的基础上进行整合来形成新产品评价。若消费者能在新产品上注意到被并购品牌的标识，消费者会将对被并购品牌的正面态度迁移至新产品上（Rao and Rueker，1994），此时消费者对新产品的评价会较高。反之，当消费者在新产品上只看到公司原有品牌时，消费者对新产品的评价就完全基于对原有品牌的认知，因原有品牌是属于弱势的低资产品牌，此时消费者对新产品的评价会较低。因此，本文提出：

假设 1：联合品牌策略比单品牌策略（并购方原有品牌）更能提高消费者对新产品的评价。

中国企业高价并购海外知名品牌后，是否可对新产品实施高价策略？不同的品牌重置方式又如何与定价交互影响消费者对新产品的评价？当消费者缺乏具体的产品属性信息时，会通过多种线索推断产品质量，形成评价（Kardes et al.，2004），其中品牌名和价格都是重要的线索（Kirmani and Rao，2000）。当并购后企业继续沿用原有品牌（并购方品牌）来推广新产品时，消费者完全基于对原有品牌的认识来评价新产品，由于消费者对原有品牌拥有丰富的品牌知识（高品牌熟悉度，深知原有品牌属于市场中低端产品），此时消费者只需借助已有的品牌知识就可以完成新产品评价，因此，产品价格信息相对于消费者已有的品牌知识显得相对无效（Feldman and Lynch，1988）。此时不管产品价格高低，消费者对新产品的评价不会有显著差异，且处于较低水平。但是，当并购后企业采用联合品牌策略且按并购方品牌—被并购方品牌的顺序来推广新产品时，消费者评价新产品的依据既包括对并购方又包括对被并购方品牌（属于市场中高端品牌，有高品牌资产）的认识。因为消费者评价的驱动因素主要是并购方品牌（位于联合品牌的前半部分），在新产品评价上难以出现价格越高质量评价越好的结论（Cronley et al.，2005）。原因源于驱动消费者认知的并购方品牌启动了低质量线索（并购方品牌是弱势品牌）。另一方面，如果新产品定价较低，由于新产品明显带有高端品牌（被并购方品牌）的标识，对消费者而言该产品就是一个“高性价比”的产品。因此，在联合品牌策略下，低价格下的新产品评价会显著高于高价格条件下的新产品评价。总结上面论述，我们提出：

假设 2：并购后新产品如果继续沿用并购方原有品牌，消费者对新产品的评价不受价格高低的影响，且新产品评价均处于较低水平；

假设 3：并购后新产品如果采用联合品牌，且按并购方品牌—被并购品牌重置时,新产品定价越低,消费者的评价越好。

以上推理没有考虑并购后新产品制造地的变更问题。国际市场上,当公司主动给消费者提示产品产地时,产品产地就会影响消费者的产品评价。当并购后,公司采用联合品牌推广新产品时,如果明确告诉消费者新产品由被并购品牌所在地生产制造(如美国工厂),该产地信息就启动了消费者记忆中积极正面的原产地线索,此时消费者会认为只要价格越高,产品品质也越高,评价就会越好。

但是,如果企业依然运用单品牌命名策略(沿用并购方原品牌)推广新产品,即使给消费者展示积极、正面的产品原产地线索,消费者的产品评价依据主要还是对原有品牌的知识(该品牌是属于市场中低端品牌),产地形象的信息会被品牌信息所稀释(Dodds et al.,1991),因此不管价格高低,消费者的评价都是无差异且处于较低水平。因此,我们提出:

假设 4a:当告知新产品的原产地形象高时,联合品牌命名策略下新产品价格越高评价就越好。

假设 4b:当告知新产品的原产地形象高时,单品牌命名策略(沿用并购方品牌名)下的新产品的评价不受价格影响,且都处于较低水平。

如果并购欧美知名品牌后,将制造地转移到原产地形象低的地区时,上述假设关系就会发生变化。当明确告知新产品是在原产地形象低的地区生产时,假设 2 和假设 3 的逻辑就再次发挥作用。事实上,假设 2 和假设 3 所隐含的信息或线索,就是新产品是在中国本地生产的(原因在于如果没有明确提供给消费者关于并购后新产品产地信息,又因为是中国品牌并购外国品牌),而中国原产地形象属于低的(王海忠,赵平,2004)。因此,我们提出:

假设 5a:当告知新产品的原产地形象低时,联合品牌命名策略下的新产品定价越低评价越好。

假设 5b:当告知新产品的原产地形象低时,单品牌命名策略(沿用并购方品牌名)下的新产品的评价不受价格的影响。

三、实验一

实验一的主要目的是考察中国品牌并购外国高端品牌情境下,品牌重置策略与价格对消费者新产品评价的影响,研究结论将检验假设 1、假设 2 和假设 3。其中,中国品牌在并购情境下属于弱势品牌(蛇),外国品牌属于强势品牌(象),本研究用品牌资产来衡量二者的相对强弱。实验一采取 2(品牌重置策略:联合品牌 VS 单品牌)×2(定价:高 VS 低)两因素被试者设计。品牌重置策略中的联合品牌策略特指并购方品牌(中国品牌)—被并购品牌(外国品牌)情形(如明基—西门子手机)。

1. 前测

前测共发放 24 份有效问卷(男=13,女=11)。品牌资产的测量是四个七点量表(Rego et al.,2009)。结果,我们选择中兴手机(M=2.43)作为中国品牌,摩托罗拉作为外国品牌(M=4.07),两者差异显著。值得一提的是,本研究开展时摩托罗拉手机业务尚未被 Google 公司收购。

联合品牌策略是在中兴(ZTE)并购摩托罗拉(MOTOLORA)手机后,新产品上面中兴与摩托罗拉两个品牌的标识明显可见,单品牌策略则只有中兴的标识。品牌显著度(“摩托罗拉”商标的显眼程度、是否注意到“摩托罗拉”商标)测量显示,联合品牌策略下被试明显注意到摩托罗拉品牌的标识($M_{双品牌}=5.750>M_{单品牌}=3.375$,$F(1,22)=18.94$,$p<0.05$)。借鉴王海忠、王晶雪和何云(2007)的方法,我们确定 2000 元为新产品的高价,900 元为低价。为确保中兴并购摩托罗拉手机业务这一新闻的可信性,我们告知被试者该并购是刚刚发生(最新发生),在并购新闻中分别介绍了两家公司以及并购发生原因。由于当前中国企业时有海外并购事件发生,因此被试者认为该并购新闻具有较高可信度。

2. 正式实验

(1)实验流程与实验材料。共有 100 名学生被随机分配到四个组,实际回收 98 份(男=52,女=46)。被试者首先阅读一则有关中兴并购摩托罗拉的虚拟新闻，内容具体涉及中兴手机并购摩托罗拉手机业务，而后简介两方企业，最后一段阐述并购动机与并购背景以增加新闻真实性和合理性；紧接着邀请被试者评价一款并购成功后中兴推出的新手机，在联合品牌策略组的被试者会在新产品海报上看到中兴与摩托罗拉的标识，单品牌策略组的被试只看到中兴的品牌标识，在观看完产品海报后（海报上含有价格信息），要求被试者进行产品评价并完成相关问题回答。

（2）统计分析。我们借鉴 Ahluwalia and Gürhan-Canli（2000）的研究，采用三个七点测项作为因变量产品评价的指标：很差/很好，很不喜欢/很喜欢，非常负面/非常正面（$\alpha=0.89$，得分越高表示评价越高），描述性统计结果见表 1。方差分析显示首先是并购后的品牌重置策略有显著的主效应（$F(1,94)=20.10$，$p<0.001$），联合品牌策略下的新产品评价显著高于单品牌策略下的产品评价（M＝4.41VS M＝3.76），因此假设 1 得到支持。最重要的是品牌重置策略与价格之间存在显著的交互作用（$F(1,94)=6.32$，$p<0.05$）。在单品牌策略下（只有中兴品牌），新产品评价不受价格影响，即高低价之间不存在显著差异（$F(1,94)<1$，M 高价＝3.79，M 低价＝3.72），而且得分都在中值 4 分以下。在双品牌命名时，低价格下的产品评价显著高于高价格下的产品评价（$F(1,94)=10.58$，$p<0.01$；M 低价＝4.75＞M 高价＝4.08），该交互作用支持了假设 2 和假设 3。

表 1　实验一的描述统计结果

品牌重置策略	价格	样本量	均值	标准差
双品牌	高价格	25	4.08	0.76
	低价格	25	4.75	0.78
单品牌	高价格	24	3.79	0.67
	低价格	24	3.72	0.68

（3）实验一讨论。实验一发现当弱势的中国品牌并购强势的海外品牌时，如果新产品继续沿用并购方原先品牌（如中兴），则消费者对新产品的评价就完全基于对并购方原有品牌的认知。由于并购方品牌本身属于市场上的中低端品牌，消费者难以在短时内改变对并购方品牌的负面印象，此时不管新产品的价格高低，消费者对新产品的评价都是处于较低水平。如果采用联合品牌策略，消费者容易将对强势品牌的正面评价转移至对新产品的评价上，但由于新产品的联合品牌名的位序是并购方品牌—被并购品牌，弱势品牌仍起主要背书，此时假如消费者越是能够以低价（低付出）获得新产品，意味着消费者的收益越多。因此，在联合品牌策略下消费者对低价格的新产品评价会高于对高价格的新产品评价。

四、实验二

实验二的目的是在实验一的基础上考察中国企业跨国并购后，如果主动告知消费者产品产地，它会如何影响消费者对新产品的评价。我们采取 2（产品来源地形象：高 VS 低）×2（品牌重置策略：双品牌 VS 单品牌）×2（价格：高 VS 低）三因素被试者实验设计，因变量和实验流程同实验一。实验材料的不同之处是让被试者看到新产品海报前告知被试该产品是由摩托罗拉美国工厂/印尼工厂生产（操纵产品产地）。

1. 统计分析

共有 195 名学生被随机分配到八个组中（男＝97，女＝98），以新产品评价为因变量做 2×2×2 的方差分析，结果见表 2。

其中品牌重置策略与来源地形象都存在显著的主效应，被试者对摩托罗拉美国工厂生产的新产品比摩托罗拉印尼工厂生产的新产品有更高的评价（4.30VS3.47）。品牌重置策略和价格之间的交互作用受产品来源地形象的调节（$F(1,187)=9.17$，$p<0.01$）。当产品来源地形象高时，品牌显著性与价格之间的交互作用显著（$F(1,187)=14.59$，$p<0.001$）：当新产品采用单品牌策略（中兴品牌）时，价格高低对新产品评价没影响（$F(1,187)=3.07$，$p=0.081$；M 高价＝3.63VSM 低价＝3.89），且得分都低于中值 4；当新产品采用联合品牌策略时，价格越高新产品的评价越高（$F(1,187)=$

13.38,p<0.001;M 高价=5.11VSM 低价=4.58)。上述结果支持假设 4a 和 4b,产品来源地形象高时

品牌重置策略与价格对新产品评价的交互作用结果见表 3。

表 2　实验二多因素方差分析结果

来源	平方和	自由度	均方	F 值	Sig.
品牌重置策略	15.917	1	15.917	55.013	0.000
价格	2.184	1	2.184	0.237	0.627
来源地形象	33.474	1	33.474	115.690	0.000
品牌重置策略×价格	1.271	1	1.271	4.392	0.037
品牌重置策略×来源地形象	12.824	1	12.824	44.323	0.000
价格×来源地形象	0.402	1	0.402	1.388	0.240
品牌重置策略×来源地形象×价格	2.653	1	2.653	9.170	0.003

表 3　来源地形象高时产品评价的描述统计结果

品牌重置策略	价格	样本量	均值	标准差
联合品牌	高价格	25	5.11	0.60
	低价格	25	4.58	0.52
单品牌	高价格	24	3.63	0.50
	低价格	24	3.89	0.61

当产品来源地形象低时(新产品由摩托罗拉印尼工厂生产),品牌重置策略与价格之间没有交互作用(F(1,187)<1),品牌重置策略与价格对新产品评价的交互作用结果见表 4。分析结果支持假设 5b,即单品牌策略下新产品的评价不受价格的影响。分析结果不支持假设 5a,联合品牌策略下新产品的评价也不受价格的影响。可能的原因在后续部分进一步讨论。

表 4　来源地形象低时产品评价的描述统计结果

品牌重置策略	价格	样本量	均值	标准差
联合品牌	高价格	25	3.44	0.48
	低价格	25	3.57	0.34
单品牌	高价格	24	3.45	0.62
	低价格	24	3.44	0.56

2.实验二讨论

实验二在实验一基础上增加新产品来源地信息,发现当新产品来自于摩托罗拉美国工厂时,如果新产品继续沿用原有品牌,那么新产品的评价不受价格影响,且都处于较低水平。如果新产品采用联合品牌命名,则会发现价格越高产品评价也越高,该结论反转了实验一的结果,根本原因在于新产品采用联合品牌命名时,尽管外国知名品牌在后,但由于新产品来自被并购品牌所在地的工厂(来源地形象好),消费者会认为在新产品生产过程中居于主导地位的是外国品牌,因此会产生高质高价的联结(Cronley et al.,2005)。由此可见,中国企业并购海外知名品牌后,需要在新产品宣传上主动提供原产地信息,期待通过高形象的原产地信息再配合联合品牌命名模式,为企业新产品的推广助力。

实验二与我们假设略有出入的是当产品产地来自形象相对不佳的地区时,在联合品牌命名模式下并没有出现价格越低评价越高的情况,一个可能的原因在于在中国消费者眼中,印尼在电子产品生产的产地形象上比较低,所以当被告知新手机产自印尼时,由于负面信息的高可诊断性(Herret al.,1991),此时的原产地负面信息主导了消费者对新产品的评价,降低了品牌与价格信息的影响力。因此,当产品产地形象为负面时,不管采取什么样的品牌命名与定价策略,消费者对新产品的评价都处于低水平范畴。

五、结论与讨论

本文以新兴国家(如中国)企业并购欧美知名

品牌为背景，从消费者视角研究了并购后的品牌重置策略、定价、产品产地形象三者对新产品评价的影响。就我们所知，本文是最早从消费者视角研究这种并购新趋势的理论尝试。研究发现，如果新产品采用联合品牌命名策略（并购品牌—被并购品牌），在没有明确的产品产地信息条件下，新产品的价格越低评价越高；如果明确告知产品产地来自形象佳的地区（如美国），则新产品定价越高评价就越好。另一方面，如果新产品采用单品牌命名策略（原有中国品牌），则不管是否有产地信息以及产地形象如何，消费者对新产品的评价都处于较低水平（低于中等评价）。接下来，我们将讨论这一结果对企业营销战略的启示。

1. 海外知名品牌的“高调亮相”

在国际市场（包括中国市场）上中国品牌往往属于弱势品牌（低品牌资产），中国企业期望通过并购海外知名品牌提升自身形象，实现品牌升级。本研究表明，如果企业沿用公司原有品牌，消费者短期内对新产品的评价不会提升，溢价品牌并购不能带来相应的收益。如果中国企业并购海外知名品牌后，保留被并购品牌，采取品牌联合命名方式，再加上持续的营销传播明确告知市场新产品的产地信息，消费者对联合品牌策略下的新产品评价就会提高。因此，我们建议，中国品牌应该在并购过程中“借势”而为。所谓“借势”就是在并购中以及并购后（如新产品推广上）让海外知名品牌“高调亮相”。本文确认了联合品牌命名的方式有利于提高消费者对新产品的评价。除了本文提到的联合品牌命名策略之外，中国企业还可在广告、产品包装等方面不断提及被并购的国际知名品牌，从而突出被并购品牌的“显著度”（Prominence）。

2. 如何实现并购后的产品溢价

中国企业费心费力溢价收购海外知名品牌，其目的之一是能实现产品的高定价，从而获得溢价。综合本研究的两个实验，可以得出结论，要实现高定价和溢价，中国企业需要在并购欧美知名品牌后，采取联合品牌命名策略（中国品牌—外国品牌序位），且应该明确提示消费者关于产品产地的正面形象，只有这样消费者才会对价格越高的产品评价越好。因此，中国企业除了要采取前述借并购海外知名品牌之“势”而外，还应该积极利用被并购品牌的正面的制造地形象，从中分享溢价收益。

3. 并购后保留产品产地形象信息

随着消费者知识的增长以及全球化的加剧（生产在美国、组装在印尼、销售在中国），产品产地信息的重要已在下降（王海忠等，2007）。但由于近年来随着中国产品质量危机的持续发生，中国消费者依然会认为发达国家的产品才是高品质的。本研究发现，在中国企业并购海外知名品牌中，产品产地信息依然发挥着重要作用，如明确告知消费者新产品来自摩托罗拉的印尼工厂时，不管新产品的品牌命名策略与定价策略如何，消费者对该产品的评价都是处于低水平（3.44～3.57）。而企业要实现产品价格越高评价越高的目的，也只有明确告知消费者新产品来自摩托罗拉美国工厂。由此可见，当中国企业并购海外知名品牌后，应尽可能保留被并购品牌在当地的研发、设计和生产中心等，避免从生产成本考虑将工厂迁至产品产地形象不佳的地区。吉利并购沃尔沃后，保留了沃尔沃品牌的自主权，总部仍设在瑞典哥德堡，其管理层拥有执行商业计划的自主权；沃尔沃新董事长李书福一再强调“吉利和沃尔沃是兄弟，不是父子；吉利是吉利，沃尔沃是沃尔沃”以及“以沃治沃”，最大程度地打消了市场上消费者对并购后沃尔沃品质下降的疑虑。据悉，并购之后的2011年前6个月沃尔沃全球销量同比增长20.3%，达23.1万辆，中国区销量同比增长36%，达2.1万辆。沃尔沃在瑞典当地增招了1200名员工，第三方调查表明沃尔沃全球员工满意度达到了84%，是近几十年来的最高满意度指数。这些证据均表明中国企业并购欧美知名品牌后，保持欧美品牌原有优势不变的重要性。

4. 不足与未来研究方向

本文存在的一些不足之处为未来研究提供了方向。①本研究的参与者是中国消费者，调查的是并购后中国企业在本国消费市场可能引起的反应。尽管中国市场已是全球市场极其重要的组成部分，但如能调查被并购方品牌所在地的消费者（如并购美国品牌后的美国消费者）如何看待中国企业的品牌并购行为,则更有助于中国企业改进跨国品牌并购后的品牌营运。中国企业大规模海外并购的报道,已经引起西方企业和民众对中国企业和对中国国家的警觉。因此,调查被并购方所在国家消费者的心理反应,将有助于消弭并购产生的误解。②本研究测试发现被试者对中兴并购摩托罗拉的匹配程度,得分在中等偏上,因此,本文结论适合于并购双方品牌具有概念相似性的情形。但现实中还存在并购双方品牌概念或个性不一致、不匹配甚至巨大反差的情形(Park et al.,1986;Aaker,1997)。这种并购的品牌重置策略应该是什么样的?并购方如何嫁接或借助被并购方的品牌资产?对这些问题的回答都具有重要的现实与理论意义。③本文只考虑了中国品牌—外国品牌序位的联合品牌策略,将来也有可能出现相反情形即外国品牌—中国品牌序位,这种联合品牌命名策略会如何影响消费者对新产品的评价?这有待进一步研究。④本文只提供了并购后制造地变更对新产品评价的影响,未来研究还可以检验并购后在雇佣政策、董事会构成等方面的政策变量对新产品评价的影响。吉利并购沃尔沃之后,对董事会成员构成费尽心思,最终采取全球海选方式产生,董事会成员中出自吉利的很少,消除了欧美同行对吉利并购的猜测,这一董事会构成无疑是促成沃尔沃正面市场业绩的重要因素。

主要参考文献

〔1〕Aaker,J. L. Dimensions of Brand Personality[J]. Journal of Marketing Research,1997,34(3).

〔2〕Ahluwalia,R.,and Z. Gürhan－Canli. The Effects of Extensions on the Family Brand Name:An Accessibility－diagnosticity Perspective[J]. Journal of Consumer Research,2000,27(3).

〔3〕Cronley,M. L.,S. S. Posavac,T. Meyer,F. R. Kardes,and J. J. Kellaris. A Selective Hypothesis Testing Perspective on Price－quality Inference and Inference－based Choice [J]. Journal of Consumer Psychology,2005,15(2).

〔4〕Dodds,W. B.,and K. B. Monroe,and D. Grewal. Effects of Price,Brand,and Store Information on Buyers' Product Evaluations[J]. Journal of Marketing Research,1991,28(3).

〔5〕Ettenson,R.,and J. Knowles. Merging the Brands and Branding the Merger [J]. Sloan Management Review,2006,47(4).

〔6〕Feldman,J. M.,and J. G. Lynch. Self－generated Validity and Other Effects of Measurement on Belief,Attitude,Intention,and Behavior [J]. Journal of Applied Psychology,1988,73(3).

〔7〕Han,Y. J.,and J. C.,Nunes and X. Drèze. Signaling Status with Luxury Goods:The Role of Brand Prominence[J]. Journal of Marketing,2010,74(4).

〔8〕Herr,P. M.,and F. R. Kardes,and J. Kim. Effects of Word－of－Mouth and Product－attribute Information on Persuasion:An Accessibility－diagnosticity Perspective[J]. Journal of Consumer Research,1991,17(4).

〔9〕Homburg,C.,and M. Bucerius. A Marketing Perspective on Mergers and Acquisitions:How Marketing Integration Affects Postmerger Performance[J]. Journal of Marketing,2005,69(1).

〔10〕Jaju,A.,C. Joiner,and S. K. Reddy. Consumer Evaluations of Corporate Brand Redeployments [J]. Journal of the Academy of Marketing Science,2006,34(2).

〔11〕Kardes,F. R.,S. S. Posavac,and M. L. Cronley. Consumer Inference:A Review of Processes,Bases,and Judgment Contexts[J]. Journal of Consumer Psychology,2004,14(3).

〔12〕Kirmani,A.,and A. R. Rao. No Pain,No Gain:A Critical Review of the Literature on Signaling Unobservable Product Quality[J]. Journal of Marketing,2000,64(2).

〔13〕Lee,H. M.,C. C. Lee,and C. C. Wu. Brand Image Strategy Affects Brand Equity after M&A [J]. European Journal of Marketing,2011,

45(7/8).

〔14〕Park, C. W., B. J. Jaworski, and D. J. Maclnnis. Strategic Brand Concept—image Management [J]. Journal of Marketing, 1986, 50(4).

〔15〕Rao, A. R., and R. W. Ruekert. Brand Alliances as Signals of Product Quality[J]. Sloan Management Review, 1994, (36).

〔16〕Rego, L. L., M. T. Billett, and A. Neil Morgan. Consumer—based Brand Equity and Firm Risk [J]. Journal of Marketing, 2009, 73(1).

〔17〕Strach, P., and A. M. Everett. Brand Corrosion: Mass—marketing's Threat to Luxury Automobile Brands after Merger and Acquisition [J]. Journal of Product & Brand Management, 2006, 15(2).

〔18〕何浏,王海忠,田阳.品牌身份差异对品牌并购的影响研究[J].中国软科学,2011,(4).

〔19〕[印]卡莱·普拉尚特,哈比尔.辛格,阿南德·拉曼.海外收购的伙伴策略[J].商业评论,2010(2).

〔20〕王海忠,赵平.品牌原产地效应及其市场策略建议——基于欧、美、日、中四地品牌形象调查分析[J].中国工业经济,2004,(1).

〔21〕王海忠,王晶雪,何云.品牌名,原产国,价格对感知质量与购买意向的暗示作用[J].南开管理评论,2007,10(6).

The Effect of Brand Redeployment Strategy, Price and COO on New Product Evaluation after Transnational M&A

WANG Hai—zhong[1], CHEN Zeng—xiang[2], SHIMA Bo[1]

(1. Business School, Sun Yat—Sen University, Guangzhou 510275, China;

2. College of Tourism and Service Management, Nankai Universtity, Tianjin300074, China)

Abstract: How the Chinese enterprises redeploy the brands after they acquired foreign brands? Takes the Chinese enterprise merger overseas well—known brand as the background, the paper discuss the effect of brand redeployment strategy(dual brand vs. Signal brand), price and COO on the new product evaluations. The authors find that if the new product adopted the dual brand name(Chinese brands in the former): If there's no COO information, the lower prices the higher the evaluation; If the new product is produced in developed country, the higher prices the higher the evaluation. On the other hand, If the new product adopted the signal brand name (only Chinese brand), whether the COO information is presented or not, the evaluation of new product will be at low level.

Key Words: overseas acquisition; brand redeployment strategy; price; COO

并购审查中的安全港规则

——一种非参数方法

黄坤[1],张昕竹[2,3]

(1.北方工业大学经济管理学院,北京 100144;
2.江西财经大学规制与竞争研究中心,江西 南昌 330013;
3.中国社会科学院规制与竞争研究中心,北京 100732)

[摘要] 安全港规则可以节省执法资源,提高执法效率,降低企业成本,增加并购审查结果的可预见性,因此受到世界各国反垄断机构的青睐。但目前世界各国主要根据经验来制定安全港规则,缺乏科学依据。本文利用2004—2007年中国工业四位码行业数据,采用非参数方法估计出HHI和△HHI的分布函数,并依据并购案件损害竞争的概率,提出了具有科学依据的安全港规则。目前中国正在制定并购指南,本文的研究结果为相关部门制定安全港规则提供重要决策依据。此外,本文的研究思路和方法对其他国家或地区制定其安全港规则也具有普遍的指导意义。

【关键词】 安全港;并购审查;非参数方法

[中图分类号]F038.2 [文献标识码]A [文章编号]1006—480X(2011)09—0045—11

一、引言

安全港规则(Safe Harbors)是并购审查[①]中的一种筛选机制。在并购审查的初级阶段,执法机构一般用它过滤掉那些明显不会产生反竞争效果的并购案件。具体来说,它通过考察并购前后相关市场的一些结构指标(如HHI和并购各方的市场份额之和等)的水平值和变化情况,划定一个安全区域。执法机构通常认为,落入该区域内的并购案件一般不会产生显著的排除、限制竞争的效果,这些案件一般也不需要进一步审查。

安全港规则一方面可以将并购审查机构的有限资源集中用于审查那些可能会严重损害竞争的并购案件;另一方面,它可以节省那些明显不会产生反竞争效果的并购案件的并购各方接受进一步审查的成本。另外,它还可以提高并购审查结果的可预见性。

为了提高执法效率、减轻企业负担和增加审查结果的可预见性,目前世界上大多数国家的并购指南中都设置了安全港规则。这些安全港规则之间既有显著的差异,也有基本相同的地方。差异主要表现在它们考察的指标不同,以及相同指标的门槛值不同;共同点在于它们都没有给出制定安全港规则的基本原理(Yang and Pickford,2011),也就是说,他们没有给出门槛值的选择依据。

虽然安全港规则非常重要,现有的制定方法也存在明显的缺陷,但是相关文献却较少。Yang and Pickford(2011)利用模拟实验数据,通过构建并购模拟模型,制定了一个他们称之为具有可靠基础的安全港规则。由于他们采用的数据并非真实的数据,并购模拟模型对模型的假设条件比较敏感,所以该安全港规则的基础可能并不牢固。余东华、乔岳和张伟(2010)在借鉴外国经验的基础上,提出了

[收稿日期]2011—08—28
[基金项目]北京市教委学科与研究生教育专项基金(批准号PXM2011_014212_112888)。
[作者简介]黄坤(1978—),男,安徽宿州人,北方工业大学经济管理学院讲师,经济学博士;张昕竹(1964—),男,辽宁建平人,江西财经大学规制与竞争研究中心特聘教授,中国社会科学院规制与竞争研究中心主任,研究员,博士生导师,经济学博士。

①企业并购一般分为横向并购、纵向并购和混合并购。由于非横向并购的并购主体不在同一个相关市场,并购不会对相关市场的市场结构产生影响,所有并购审查中的安全港规则一般是针对横向并购案件的。

中国的安全港规则。但是他们设定门槛值的理由不具有说服力。比如，将 HHI 的门槛值设定为 1000 时，他们给出的理由是“HHI 为 1000 的市场相当于市场中至少有 10 个规模相同的企业在竞争，这是低集中度市场，企业难以影响、限制或排除有效竞争”。事实上，HHI 为 1000 的市场也可以是一个寡头市场，其中一家企业的市场份额为 30%，而其余企业的市场份额都在 1%左右。

本文利用 2004—2007 年中国工业四位码行业的数据，采用非参数方法，通过估计 HHI 和△HHI 的分布函数，并结合并购案件损害竞争的概率，提出了具有科学依据的安全港规则。该思路的优点在于：一是采用中国真实的数据，而不是虚假的模拟数据，这使得制定的安全港规则更加符合中国国情；二是采用的非参数估计方法可以有效避免参数化方法因条件误设所带来的潜在风险。本文的主要贡献在于：一是研究结果为中国有关部门制定安全港规则提供了重要的决策依据。随着科学发展观的贯彻落实，目前反垄断立法部门在制定法律法规时，越来越重视学术研究成果的支撑作用。二是采用非参数方法研究制定安全港规则在国内外相关问题研究中属于首创。

二、世界主要国家的安全港规则

目前大多数国家的反垄断执法机构都制定了并购审查中的安全港规则，纵观世界各国的安全港规则（见表 1），我们发现：

(1)各国的安全港规则都是根据 HHI、前 n 家企业的市场份额之和（CRn）和并购各方的市场份额之和制定的，只是组合和标准不同而已。各国的 HHI 的门槛值主要有（1000，2000）和（1500，2500）两组。这表明，各国的安全港规则都是相互借鉴的，而不是真正根据本国的国情制定的。

(2)安全港规则具有简化的趋势。2008 年以后制定的安全港规则一般相对简单。比如，2010 年修订后的美国《横向并购指南》中的安全港规则就大大简化了，删去了市场份额标准。另外，德国和澳大利亚的安全港规则也较为简单，分别只包括 CRn 和 HHI 指标。

(3)个别国家的安全港规则较为特殊。巴西针对单边效应和协调效应制定不同的安全港规则。英国将相关市场上企业的个数也作为制定安全港规则的指标。

(4)个别国家或地区的安全港规则之间自相矛盾。比如，在欧盟，如果两个市场份额均为 12%的企业合并①，根据市场份额标准，并购双方的市场份额之和小于 25%，那么该项并购处于安全港之内。但是，此项并购前后 HHI 的变化量为 288，大于 250，那么根据 HHI 标准，此项并购处于安全港之外。这种不同标准之间的不一致性从侧面说明了这些安全港规则缺乏科学依据。

三、基本原理和研究思路

2008 年 8 月 1 日《中华人民共和国反垄断法》（以下简称《反垄断法》）正式颁布实施，时至今日，已三年有余。作为重要配套法规之一的并购指南仍然没有发布，其中的原因可能多种多样，但如何制定合理的安全港规则肯定是立法机构遇到的难题之一。

1. 理论基础和现实依据

在同质产品市场上，市场份额和市场集中度与市场支配力之间存在密切的联系。当市场份额或市场集中度较低时，该类市场的竞争通常比较充分。也就是说，该类市场上的企业并购案一般不会使并购各方具有市场支配力或增强其市场支配力，也不会产生便于行使其市场支配力的条件。这是世界各国和下文制定安全港规则的理论基础。

①例如，市场上有 10 家企业，它们的市场份额分别为 12%、12%、10%、10%、10%、10%、10%、10%、10%、6%，并购前 HHI 为 1024，前两家企业并购后 HHI 为 1312。

表1　世界主要国家的安全港规则

国家	安全港规则
美国	《横向并购指南》(1997)中制定的安全港规则： ① $\sum s_i < 35\%$；② $HHI < 1000$；③ $1000 \leqslant HHI < 1800$，且 $\triangle HHI < 100$；④ $HHI \geqslant 1800$，且 $\triangle HHI < 50$ 《横向并购指南》(2010)中制定的安全港规则： ① $\triangle HHI < 100$；② $HHI < 1500$
巴西	《横向并购指南》(1999)中制定的安全港规则： ①单边效应：$\sum s_i < 20\%$；②协调效应：$\sum s_i < 10\%$ 或 $CR4 < 75\%$
欧盟	《横向并购指南》(2004)中制定的安全港规则： ① $\sum s_i < 25\%$；② $HHI < 1000$；③ $1000 \leqslant HHI < 2000$，且 $\triangle HHI < 250$；④ $HHI \geqslant 2000$，且 $\triangle HHI < 150$，$\max(si) < 50\%$。
英国	《并购评估指南》(2010)中制定的安全港规则： ① $\sum s_i < 40\%$；②相关市场上企业个数由5个减少到4个；③ $HHI < 1000$；④ $1000 \leqslant HHI < 2000$，且 $\triangle HHI < 250$；(5) $HHI \geqslant 2000$，且 $\triangle HHI < 150$
德国	《反对限制竞争法》(2008)中制定的安全港规则： ① $CR3 < 50\%$；② $CR5 < 2/3$
日本	《经营者集中审查指南》(2007)中制定的安全港规则： ① $HHI \leqslant 1500$；② $1500 < HHI \leqslant 2500$，且 $\triangle HHI < 250$；③ $HHI > 2500$，且 $\triangle HHI < 150$；④ $\sum s_i \leqslant 35\%$，且 $HHI \leqslant 2500$
澳大利亚	《并购指南》(2008)中制定的安全港规则： ① $HHI < 2000$；② $HHI \geqslant 2000$，且 $\triangle HHI < 100$
新西兰	《并购指南》(2003)中制定的安全港规则： ① $CR3 < 70\%$，且 $\sum s_i < 40\%$；② $CR3 \geqslant 70\%$，且 $\sum s_i < 20\%$

注：表中的 si 表示并购企业在相关市场所占的份额。$\sum s_i$ 为并购各方的市场份额之和。

资料来源：作者根据各个国家的并购指南整理所得。

反垄断法律法规不健全、执法资源有限和执法经验不足是目前中国制定安全港规则最重要的现实依据。《反垄断法》已经实施三年多了，可是相关的配套法规仍然缺东少西，且不论法规本身是否完善。目前商务部反垄断局负责审查经营者集中案件。据悉，商务部反垄断局只有30多人，且人员构成多为年轻的硕士和博士，而美国司法部反垄断局和联邦贸易委员会的专职经济学家就有几十人之多。美国《谢尔曼法》颁布于1890年，迄今已有120多年。相比之下，中国反垄断执法资源和执法经验严重不足。但是，他们的审查任务却非常繁重。据商务部反垄断局不完全统计，目前并购案件进入第二阶段的比例非常高[①]。在此背景下，制定中国的安全港规则，应该遵循以下原则：

(1)顺应国际趋势，力求简洁。在制定安全港规则时尽量选择单一指标，因为安全港规则只是一种初步的筛选机制，没有必要搞得非常复杂。况且，选择多种指标还可能产生内在的不一致性。比如上文提到的欧盟安全港规则中的市场份额标准和HHI标准的冲突。

(2)符合中国国情，不能简单照搬国外经验。在制定安全港规则时，要基于中国的真实数据，在

①据商务部反垄断局有关人士透露，进入第二阶段案件比例较高，其中原因除了流程的原因(比如，相关单位意见反馈较慢)以外，也与不能参照一个门槛快速地排除大部分不会产生竞争影响的案子有关。

借鉴国外经验的同时要弥补现有安全港规则的不足，给出明确的制定依据。

2. 研究思路

我们将中国所有的并购案件视为一个总体，已经发生的案件则是其样本。显然，获取所有并购案件（包括未来发生的案件）的相关信息理论上是不可能的。现实中，我们可以根据已发生案件的相关数据（比如，HHI 和△HHI）来推断并购案件相应数据的分布状况。

在同质产品市场上，HHI 与市场支配力之间存在密切的联系（Motta，2004）。也就是说，我们可以根据 HHI 的高低推断市场支配力的大小。并购审查的根本目的是识别出那些可能会使并购各方拥有市场支配力、增加并购各方的市场支配力、产生便于行使市场支配力的条件的并购案件。这样，我们就可以将并购案件损害竞争的概率（即排除、限制竞争的并购案件占总并购案件的比例）和 HHI 联系起来。假设 HHI 服从 F(x)分布，如果并购案件损害竞争的概率为 b，那么，根据 $F(x)=P(X\leqslant x)=1-b$，HHI 的门槛值为 x。换句话说，当 HHI>x 时并购案件损害竞争的概率为 b。同理，我们也可以获得△HHI 的门槛值。因此，只要估计出中国并购案件 HHI 和△HHI 的分布，并获得并购案件损害竞争的概率，我们就可以制定出中国的安全港规则。

理论上，在估计 HHI 和△HHI 的分布函数时，我们应该采用真实案例的 HHI 和△HHI。但是，中国反垄断执法时间较短，案例较少且相关资料不公开，缺乏相应的统计数据。[①] 基于以下理由，本文选择中国工业四位码行业的 HHI 和△HHI 来近似替代真实案例的 HHI 和△HHI：

（1）目前中国处于工业化阶段，工业企业之间的并购案仍将是未来一段时间内并购案的主体。在商务部反垄断局网站上，我们可以看到，自《反垄断法》实施以来，商务部审理的有影响力的案件多为工业企业并购案。比如，英博收购 AB 公司案、松下收购三洋案、辉瑞收购惠氏案、诺华收购爱尔康案和乌拉尔公司吸收合并谢尔维尼特公司案。此外，还有著名的可口可乐拟并购汇源案，以及目前正在审理的雀巢拟收购徐福记案等。

（2）理论上，计算 HHI 之前首先需要界定相关市场。事实上，界定准确的相关市场是一个世界难题（黄坤，2011），以目前的执法水平，执法机构很难快速、准确地界定相关市场。另外，安全港规则只是一种初选机制，其目的在于让执法机构集中有限的精力于最可能损害竞争的案件。因此，在初步筛选时没有必要费时费力地界定相关市场。

（3）国民经济四位码行业与大多数案件的相关市场比较接近。比如，在著名的可口可乐拟并购汇源案中，商务部将相关市场界定为果汁市场[②]，这与国民经济四位码行业（1533，果菜汁及果菜汁饮料制造）是完全吻合的。在乌拉尔公司吸收合并谢尔维尼特公司案中，“商务部认定氯化钾为相关商品市场，而氯化钾主要作为钾肥使用”[③]，与国民经济四位码行业（2623，钾肥制造业）基本吻合。

当然，由于无法获得农业和服务业的企业级数据，因此很难计算它们的 HHI。但根据其他国家的执法经验，这些行业一般与工业适用同样的安全港规则。

四、HHI 分布函数的非参数估计

在恰当的条件下，参数估计量具有一致性、有效性和渐近正态性等优良的性质。但是，如果模型设定错误，那么参数估计量可能是无效的，甚至是不一致的。正如 McFadden 所言，参数化方法在计量分析和经济理论的命题之间隔了一层不干净的面纱，强加了一些经济理论所没有的维度或函数约束，使得计量分析与经济理论有些脱节（Härdle and Linton，1994）。为了解决这个问题，非参数方法应运

①如果商务部内部有这方面的统计数据，可以沿着本文的研究思路自行制定中国的安全港规则。

②事实上，本案的相关市场为碳酸饮料市场和果汁市场。参见黄坤和张昕竹（2010）、黄坤（2011）。

③商务部：《中华人民共和国商务部[2011]第 33 号公告（关于附条件批准乌拉尔开放型股份公司吸收合并谢尔维尼特开放型股份公司反垄断审查决定的公告）》，http://fldj.mofcom.gov.cn/aarticle/zcfb/201106/20110607583288.html

而生,其基本思想是避免事先预设变量分布的函数形式(Racine,2008),从而避免设定错误带来的严重后果。非参数估计方法主要包括非参数密度估计方法和非参数回归方法。非参数密度估计方法主要有局部直方图法、核估计方法、k 近邻估计和可变窗宽核估计等。

由于我们事先并不知道 HHI 的分布形式,此时非参数方法是最佳选择。本文将采用目前应用最广泛的 Rosenblatt－Parzen 核估计方法来估计 HHI 和△HHI 的分布函数。

1. 密度函数的核估计方法

由于采用指标函数(Indictor Function) 作为权重函数,局部直方图法估计出的密度函数是非连续的。为了估计出平滑的密度函数,Rosenblatt (1956)和 Parzen(1962)最早提出用一个平滑的核函数代替指标函数。核函数通常满足纵轴对称性和积分为 1:

$$\int_{+\infty}^{+\infty}\phi k(\phi)d\phi=0,\int_{+\infty}^{+\infty}k(\phi)d\phi=1$$

密度函数的核估计量一般表示为:

$$f(x)=\frac{1}{nk}\sum_{i=1}^{n}k\left(\frac{x_i-x}{h}\right)=\frac{1}{nk}\sum_{i=1}^{n}k(\varphi_i)$$

其中,$\varphi_i=(x_i-x)/h$,h 为“窗宽”、“平滑参数”或“带宽”。

核估计方法的核心在于选择恰当的核函数和合理的窗宽。常见的核函数有 uniform(box)、normal、epanechnikov、triangle、biweight 和 triweight 等,其形式如表 2 所示:

表 2 常用的核函数

核名称	核函数形式	核名称	核函数形式
uniform(box)	$k(\varphi)=\frac{1}{2}\times 1(\mid\varphi\mid\leqslant 1)$	epanechnikov	$k(\varphi)=\frac{3}{4}(1-\varphi^2)\times 1(\mid\varphi\mid\leqslant 1)$
normal	$k(\varphi)=\frac{1}{\sqrt{2\pi}}\exp\left(-\frac{1}{2}\varphi^2\right)$	biweight	$k(\varphi)=\frac{15}{16}(1-\varphi^2)^2\times 1(\mid\varphi\mid\leqslant 1)$
triangle	$k(\varphi)=(1-\mid\varphi\mid)\times 1(\mid\varphi\mid\leqslant 1)$	triweight	$k(\varphi)=\frac{35}{32}(1-\varphi^2)^3\times 1(\mid\varphi\mid\leqslant 1)$

资料来源:Cameron and Trivedi(2005)和 Wand and Jones(1995)。

据 Racine(2008)统计,目前最优窗宽的选择方法主要有拇指法则、插值法(Plug－in Methods)、交叉有效性方法(Cross－validation Methods)和自助法(Bootstrap Methods)。一般来说,最优窗宽是指使积分均方误(Integrated Mean Square Error, IMSE)最小的窗宽:

$$IMSE=\int E[f(x)-f(x)]^2dx\approx\frac{1}{nh}\int k^2(\phi)d\phi\int f(x)dx+\left(\frac{h^2}{2}\int\phi^2k(\phi)d\phi\right)^2\int[f''(x)]^2dx \quad (2)$$

最小化上式,并对 h 求偏导,得到最优窗宽 h_{opt} 如下:

$$h_{opt}=\left[\frac{\int k^2(\phi)d\phi}{\left(\int\phi^2k(\phi)d\phi\right)^2\int[f''(x)]^2dx}\right]^{1/5}n^{-1/5} \quad (3)$$

从(3)式可以看出,最优窗宽是密度函数二阶导数的函数,而密度函数正是我们要估计的。拇指法则用已知分布(比如标准正态分布)的密度函数来近似代替 f(x)。插值法首先利用给定的初始窗宽,估计出 f(x)的二阶导数,然后将其代入上式,计算出最优窗宽。Rudemo(1982)和 Bowman(1984)提出的最小二乘交叉有效性方法利用样本值代替(2)式中相应的真值来计算最优窗宽。Stone(1974)和 Geisser(1975)提出的似然交叉有效性方法则通过最大化下面的对数似然函数来获得最优窗宽:

$$L=\sum_{i=1}^{n}\ln\left(\frac{1}{(n-1)h_j}\sum_{j=1,j\neq i}^{n}k\left(\frac{x_j-x}{h}\right)\right) \quad (4)$$

Faraway and Jhun (1990)提出的自助法首先利用任意给定的窗宽估计 f(x),并计算 IMSE,使 IMSE 最小的窗宽即最优窗宽。

实证研究表明,核函数对核估计量的影响较小,而窗宽对核估计量往往具有决定性的影响。

2. 数据

本文数据主要来源于中国工业企业数据库。该数据库统计了自 1998 年以来规模以上工业企业的基本信息和财务信息。2002 年中国发布了新的《国民经济行业分类》。与 1994 年版相比，新行业分类标准中工业部分大类由 40 个减至 39 个，中类由 197 个减至 191 个，小类（四位码行业）由 607 个大幅减至 525 个。中国工业企业数据库于 2003 年开始采用新标准来统计数据。为了使本文构建的安全港更具有现实意义，本文将考察范围聚焦于新标准下的四位码行业。

《国民经济行业分类》（2002）将工业分为 525 个四位码，其中有 89 个其他类。由于这些其他类都是兜底类别，内容庞杂，经济含义不明确，一般也不重要，所以学术界在做实证分析时一般将这些其他类去掉。为了检验结论的稳健性，本文同时考虑了包括和不包括其他类两种情形。两种情形下，HHI 的统计描述如表 3 所示。

从表 3 可以看出：①中国工业行业的市场集中度的整体分布比较稳定，基本上不随时间变化而变化，这为我们根据 HHI 的分布函数来制定安全港规则的思路提供了可靠的事实依据。虽然 2003—2004 年 HHI 的变化较大[①]，但是，2004—2007 年 HHI 的均值和标准差等统计量变动较小。比如，均值在 550 左右，标准差在 900 左右。②其他类四位码行业对整体的市场集中度影响较小。2003—2007 年，两种情形下 HHI 的基本统计量差异较小。但是，不包括其他类的 HHI 更加合理。比如，最大值和最小值与现实更加吻合。

表 3　HHI 的统计描述

年份	样本量	最小值	最大值	均值	标准差
2003	525(436)	9(9)	10000(10000)	718(674)	1170(1057)
2004	525(436)	0(11)	6157(6157)	543(516)	805(758)
2005	525(436)	11(11)	6286(6286)	563(536)	877(812)
2006	525(436)	11(11)	10000(7830)	558(527)	951(830)
2007	525(436)	10(10)	9050(9050)	535(513)	963(891)
2004—2007	2100(1744)	0(10)	10000(9050)	550(523)	901(824)

注：①括号外数字的统计口径为所有四位码行业，2003—2007 年有 525 个。括号内数字的统计口径为不包括其他类的四位码行业，2003—2007 年有 436 个。②在中国工业企业数据库中，2003 年的“核辐射加工”行业和 2006 年的“其他贵金属矿采选”行业中只有一家规模以上企业或者其他企业没有体现在中国工业企业数据库中。因此，这两年的 HHI 最大值为 10000。

资料来源：中国工业企业数据库。

为了更准确地制定安全港规则，下面将主要采用 2004—2007 年中国工业四位码行业（不包括其他类）的 HHI 来拟定中国的安全港规则。

3. HHI 的核估计量

本文采用 Matlab 软件中的 ksdensity 函数来估计 HHI 的密度函数和累积分布函数。在估计 HHI 的概率密度时，我们选择 ksdensity 函数默认的 normal 核，采用默认的插值法来选择最优窗宽，在 HHI 的最小值和最大值之间均匀选择 10000 个点来估计密度函数，结果如图 1 所示。

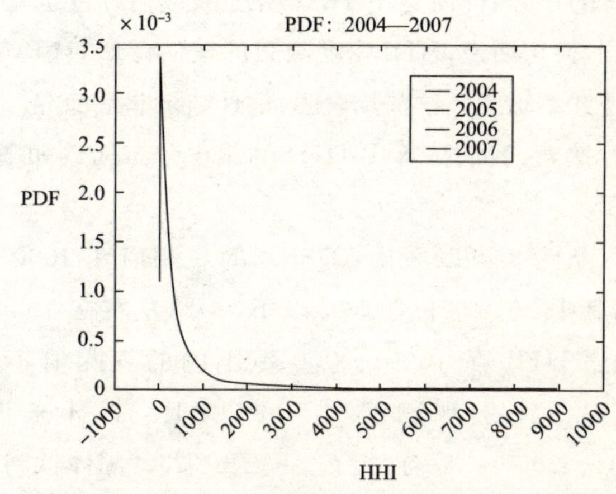

图 1　2004—2007 年 HHI 的密度函数

①在整理原始数据时，我们发现 2003 年的许多数据与《中国统计年鉴》等公开出版物有一定的出入，而其他年份的数据基本一致。因此，我们认为，这些差错可能是新旧行业分类标准更替时，数据库中某些数据的统计口径没有及时、准确更新造成的。

从图 1 可以看出：①HHI 的分布是尖峰、有偏的，且右侧拖尾较长，与常见的分布函数差异较大。如果事先假设 HHI 服从某一常见分布，采用参数化方法来估计其密度函数，那么我们很可能得到错误的结论。②2004—2007 年 HHI 的分布基本相同，再一次证实了中国工业四位码行业的市场集中度比较稳定的结论。

我们知道，在其他条件一定的情况下，非参数方法的精度会随着样本量的增加而提高。既然 2004—2007 年 HHI 的分布基本相同，那么为了提高估计精度，下面我们将这 4 年的 HHI 混为一个样本，并据此来估计 HHI 的分布函数。

为了检验估计结果的稳健性，我们首先选择了 normal、box、triangle 和 epanechnikov 四种常见的核函数，考察核函数对估计结果的影响；然后选择了 normal 核下最优窗宽的 1、0.9、0.8、和 0.7 倍，考察窗宽对估计结果的影响。结果如图 2 所示：

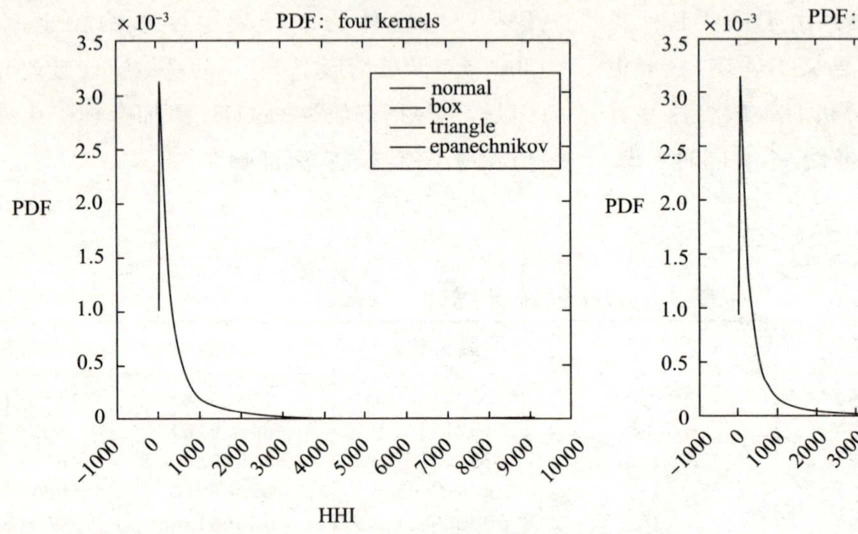

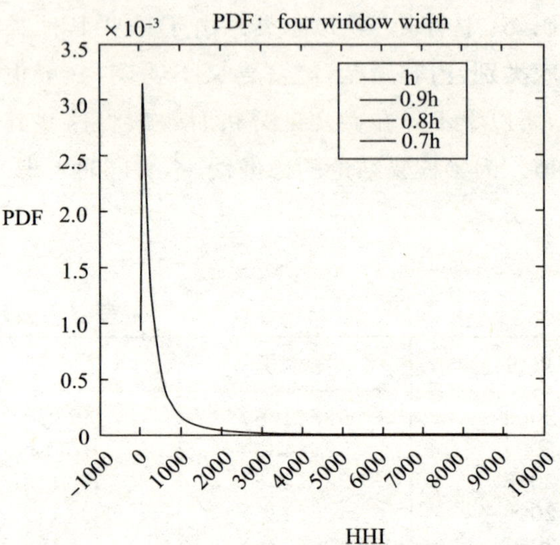

图 2　不同情景下的密度函数

从图 2 可以看出：①四种核函数下 HHI 密度函数的估计量基本上是重合的，也就是说，核函数对密度函数的估计结果影响甚微，这与已有的实证结果是相符的；②四种窗宽下 HHI 密度函数估计量也基本相同，换句话说，HHI 密度函数的核估计量对窗宽的选择并不敏感。这些均表明，估计结果非常稳健。

接着，我们估算出 HHI 的累积分布函数如图 3 所示：

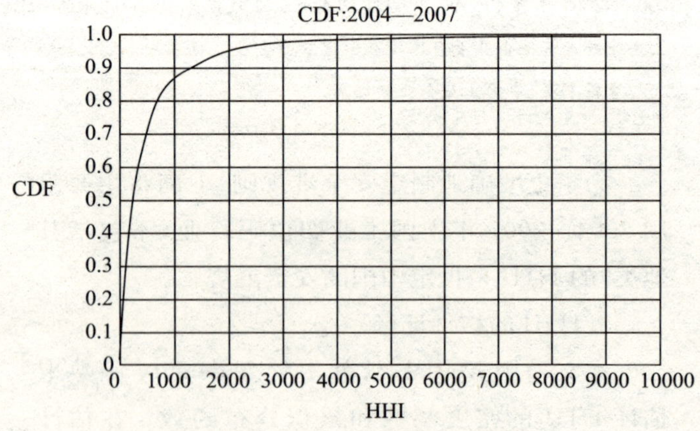

图 3　HHI 的累积分布函数

从图 3 可以看出：①85％的观测值在 1000 以下，其中 70％左右在 500 以下，20％左右在 100 以下；②HHI 在 1000—2000 范围内的观测值不足 10％；③个别观测值在 5000 以上。具体来说，2004—2007 年只有“宝石、玉石开采”、“固体饮料制造”、“核燃料加工”、“镍钴冶炼”、“电车制造”、“农林牧渔专用仪器仪表制造”和“核辐射加工”7 个行业的 14 个观测值大于 5000。

五、中国的安全港规则

从 2008 年 8 月 1 日至 2010 年 6 月底，商务部共立案受理 140 多件企业并购案，其中 90％的案件已经审结。在已经审结的案件中，95%的案件无条件通过审查，有5个案件附加了限制性条件，一个案件禁止，即可口可乐拟并购汇源案。如果执法机构没有执法错误，那么这些数据表明，中国95%的并购案件不会产生排除限制竞争的效果，99%的并购案件不会产生显著的反竞争效果。

据《Hart－Scott－Rodino Annual Report》(2008财年)统计，1999—2008年美国司法部和联邦贸易委员会共收到22943件并购案件，其中进入第二轮审查的案件平均只有2.6%。这意味着97%以上的并购案件不会产生反竞争效果。

从上述国内外的执法经验来看，95%以上的并购案件一般都不会产生排除、限制竞争的效果。换句话说，并购案件显著地损害竞争的概率(筛选率)通常不超过5%。筛选率和HHI的关系满足公式：P(X≥HHI)＝a，其中P(X)为HHI的累积分布函数，a为筛选率。根据本文估计出的HHI的累积分布函数，以及给定的筛选率整理得到表4：

表4　筛选率与相应的HHI

a	10%	9%	8%	7%	6%	5%	4%	3%	2%	1%
HHI	1287	1387	1504	1642	1808	2016	2291	2679	3318	4673

查上表，我们得知，当筛选率为5%时，HHI的门槛值为2016。也就是说，当并购后相关市场的HHI低于门槛值时，该并购案件不会产生反竞争效果的概率在0.95以上。为了防止漏网之鱼，我们将筛选率提高到10%，此时HHI的门槛值为1287。结合门槛值为整十整百的国际惯例，我们将市场分为三类：HHI＜1200，低度集中市场；1200≤HHI≤2000，中度集中市场；HHI＞2000，高度集中市场。

通常，在制定安全港规则时，不仅要考虑HHI的水平值，还要考虑HHI的变化量。通过如下方法，我们获得△HHI的门槛值(如表5和表6所示)：①挑选出2004—2007年每个四位码行业的前十家企业[①]，并计算其市场份额；②计算每个行业可能的△HHI[②]，每个行业每年最多有45个可能的△HHI；③将2004—2007年中度集中行业和高度集中行业可能的△HHI分别混为一个样本，样本量分别为4354和2786；④像估计HHI的分布函数一样，分别估计出中度集中行业和高度集中行业△HHI的累积分布函数[③]。筛选率和△HHI的关系满足公式：P(X≥△HHI)＝a，其中，P(X)为△HHI的累积分布函数，a为筛选率。

表5　中度集中市场的筛选率与相应的△HHI

a	30%	25%	20%	15%	10%	5%
△HHI	115	143	179	233	322	514

资料来源：根据本文估计出的△HHI的累积分布函数，以及给定的筛选率整理所得。

在中度集中市场，通常80%以上的并购案都不会损害竞争。查表5，我们得知，当筛选率[④]为20%，△HHI的门槛值为179。

①一般来说，前10家企业与其他企业之间的并购案不可能产生反竞争效果。如果某个行业的企业个数不足10，则以实际数为准。

②△HHI＝2si^sj，其中i，j＝1，2，…，10，且i≠j。

③鉴于中、高集中度市场△HHI的分布图与HHI相应的分布图较为类似，本文没有列出。像估计HHI时一样，我们选择不同的核函数和窗宽，验证了估计结果的稳健性。结果都比较稳健。

④此处的筛选率是一种条件概率，即在中度集中市场上并购案损害竞争的概率。

表 6　高度集中市场的筛选率与相应的△HHI

a	80%	70%	60%	50%	40%	30%	20%	10%
△HHI	6	10	16	26	45	87	174	411

资料来源:根据本文估计出的△HHI的累积分布函数,以及给定的筛选率整理所得。

在高度集中市场,一般60%以上的并购案都会在一定程度上损害竞争。据美国联邦贸易委员会的横向并购指南调查数据(1996—2007财年)统计,HHI在1800—2399区间内的并购案件中只有36%的案件最终无条件通过审查(Shapiro,2010)。查表6,我们得知,当筛选率[①]为60%时,△HHI的门槛值为16。

综合以上分析,并结合门槛值为整十整百的国际惯例,我们将制定中国的安全港规则如下:

① HHI＜1200;② 1200⩽HHI⩽2000,且△HHI＜180;③HHI＞2000,且△HHI＜20

当并购后相关市场的HHI满足上述条件之一时,该并购案件一般不会严重损害相关市场的竞争,通常不需要进一步审查。

当然,立法机构也可以随着执法资源和执法效率等条件的变化,选择更加合理的筛选率,从而制定出更加科学的安全港规则。

六、结语

并购审查中的安全港规则既可以节省执法资源,提高执法效率,也可以降低并购企业的成本,增加并购审查结果的可预见性。因此,世界各国的并购指南中一般都设置了安全港规则。但是,这些安全港规则都缺乏科学依据。换句话说,它们都没有给出选择门槛值的充分理由。

从2008年8月《反垄断法》颁布实施至今已经三年有余。作为重要配套法规的《并购指南》却迟迟没有发布,其中一个重要的原因很可能是无法制定出一个合理的安全港规则。安全港规则的缺失在一定程度上加大了商务部的工作量,在执法资源不变的前提下,这必定会降低并购审查的质量和效率,这也是目前经营者集中案件进入第二阶段过多的一个重要原因,这个问题已经引起业界的广泛关注。因此,制定一个合理的安全港规则迫在眉睫。

本文利用2004—2007年中国工业四位码行业的数据,采用非参数估计方法估计出HHI和△HHI的分布函数,结合并购案件损害竞争的概率,提出了具有科学依据的安全港规则。本文的估计结果对核函数和窗宽都比较稳健,与国际上主要国家的安全港规则基本相符,可为中国有关部门制定安全港规则提供重要的决策依据。

本文的贡献不仅仅在于提出了一个符合中国国情的、具体可操作的安全港规则,而在于提出了一种科学、合理,并具有普遍指导意义的制定安全港规则的新思路。其他国家或地区也可以遵循本文的研究思路,利用本国或本地区的相应数据,制定出它们的安全港规则。

值得注意的是,本文在计算市场份额时,分子为法人企业的营业额,而不是反垄断领域常用的集团企业的营业额,这在一定程度上会低估市场份额和相应的HHI。另一方面,分母为规模以上的工业企业的总营业额,这在一定程度上又会高估市场份额和相应的HHI。如果条件允许,有兴趣的读者可以采用集团企业的营业额和工业企业的总营业额,重新计算市场份额和相应的HHI,然后沿着本文的思路,重新制定中国的安全港规则。[②]

本文选取的HHI仅限于工业,没有包括其他国民经济行业。今后如果可以获得更多行业的企业级数据,那么沿着本文的思路可以制定出更加可靠

①此处的筛选率是一种条件概率,即在高度集中市场上并购案损害竞争的概率。

②我们可以预期,HHI的门槛值肯定会提高。事实上,没有必要这么做,理由是,安全港规则只是一个初步的筛选机制,在此阶段,没有必要费时费力地计算集团企业的市场份额,只要计算门槛值的HHI和并购案件相关市场的HHI的口径一致即可。

的安全港规则。

鉴于金融业和其他行业计算营业额的方法不同，如果有金融业的企业级数据，沿着本文的思路，理论上我们也可以针对金融业制定不同的安全港规则。但是，现实中没有必要这么做，因为HHI是相关市场上所有企业的市场份额的平方和，与统计口径无关。

当国民经济行业分类标准变化或其他原因导致HHI和△HHI的分布发生较大变化，或者并购案件损害竞争的概率有了较大变化时，有关机构可以沿着本文的思路及时更新安全港规则。

当然，如果可以获得大量真实案例中的HHI和并购案件损害竞争的概率，我们也可以通过建立回归模型等方法来设置安全港规则。

主要参考文献

〔1〕Australian Competition and Consumer Commission. Merger Guidelines[Z]. Canberra, 2008.

〔2〕Bowman, A. W. An Alternative Method of Cross－validation for the Smoothing of Density Estimates[J]. Biometrika, 1984, (71).

〔3〕Cameron, A. C., and P. K. Trivedi. Microeconometrics: Methods and Applications [M]. New York: Cambridge University Press, 2005.

〔4〕Commerce Commission. Mergers and Acquisitions Guidelines[Z]. Wellington, 2003.

〔5〕Competition Commission and the Office of Fair Trade. Merger Assessment Guidelines[Z]. London, 2010.

〔6〕European Commission. Guidelines on the Assessment of Horizontal Mergers under the Council Regulation on the Control of Concentrations between Undertakings[Z]. Brussels, 2004.

〔7〕Fair Trade Commission. Guidelines to Application of the Antimonopoly Act Concerning Review of Business Combination[Z]. Tokyo, 2007.

〔8〕Faraway, J. J., and M. Jhun. Bootstrap Choice of Bandwidth for Density Estimation [J]. Journal of the American Statistical Association, 1990, (85).

〔9〕German Der Deutschen Bundestag. Act against Restraints of Competition[Z]. Berlin, 2008.

〔10〕Geisser, S. A Predictive Sample Reuse Method with Application [J]. Journal of the American Statistical Association, 1975, (70).

〔11〕Härdle, W., and O. Linton. Applied Nonparametric Methods [A]. Engle, R. F., and D. L. McFadden. Handbook of Econometrics[C]. North Holland: Elsevier, 1994.

〔12〕Motta, M. Competition Policy: Theory and Practice[M]. Cambridge: Cambridge University Press, 2004.

〔13〕Ministry of Finance and Ministry of Justice. Horizontal Merger Guidelines [Z]. Brasília, 1999.

〔14〕Racine, J. S. Nonparametric Econometrics: A Primer [M]. Hanover: Now Publishers Inc., 2008.

〔15〕Rudemo, M. Empirical Choice of Histograms and Kernel Density Estimators [J]. Scandinavian Journal of Statistics, 1982, (9).

〔16〕Shapiro, C. The 2010 Horizontal Merger Guidelines from Hedgehog to Fox in Forty Years [J]. Antitrust Law Journal, 2010, (77).

〔17〕Stone, C. J. Cross－validatory Choice and Assessment of Statistical Predictions (with Discussion) [J]. Journal of the Royal Statistical Society, 1974, (36).

〔18〕Yang Q. G., and M. Pickford. Safe Harbors in Merger Guidelines: What Should They Be [J]. Australian Economic Review, 2011, 44(1).

〔19〕U. S. Department of Justice and Federal Trade Commission. Horizontal Merger Guidelines [Z]. Washington, DC, 1997.

〔20〕U. S. Department of Justice and Federal Trade Commission. Hart－Scott－Rodino Annual Report[R]. 2009.

〔21〕U. S. Department of Justice and Federal Trade Commission. Horizontal Merger Guidelines [Z]. Washington,DC,2010.

〔22〕Wand,M. P. ,and M. C. Jones. Kernel Smoothing [M]. London:Chapman & Hall,1995.

〔23〕董维刚,张昕竹. 中国企业并购申报制度设计[J]. 中国工业经济,2008,(8).

〔24〕黄坤. 企业并购中的相关市场界定:理论与实证[D]. 中国社会科学院研究生院,2011.

〔25〕黄坤,张昕竹. 可口可乐拟并购汇源案的竞争损害分析[J]. 中国工业经济,2010,(12).

〔26〕商务部. 关于附条件批准乌拉尔开放型股份公司吸收合并谢尔维尼特开放型股份公司反垄断审查决定的公告[EB/OL]. Aug. 10 2011,http://fldj.mofcom.gov.cn/aarticle/zcfb/201106/20110607583288.html

〔27〕余东华,乔岳,张伟. 横向并购反垄断规制中的安全港规则研究[J]. 产业经济研究,2010,(3).

〔28〕张昕竹,董维刚,冯永晟. 企业并购申报制度研究[R]. 国务院法制办公室,2008.

Safe Harbors in Merger Review:A Nonparametric Approach

HUANG Kun[1],ZHANG Xin—zhu[2,3]

(1. North China University of Technology,Beijing100144,China;

2. Jiangxi University of Finance and Economics,Nanchang 330013,China;

3. Research Center for Regulation and Competition CASS,Beijing100732,China)

Abstract:Safe harbors benefit both the competition agency,by allowing it to focus its limited resources on more serious cases, and the merger parties,by saving them the costs of complying with the agency in cases where the proposed acquisitions are unlikely to pose anti—competitive concerns. They also increase the predictability of the merger control process. Till now, most competition agencies worldwide have imposed safe harbors based mostly on experiences but not sound econometric methodology. The paper proposes a set of safe harbors for China using the 4 —digit China industry data and given probability of merger cases with anticompetitive effect, by estimating the cumulative distribution function of HHI and△HHI using the kernel smoothing method. As the merger control agency in China is drafting merger guidelines,we believe our results will provide valuable guidance to the agency. More importantly,our method can also be applied in other jurisdictions.

Key Words:safe harbors;merger review;nonparametric approach

第六部分

中国企业并购大事记

本部分所选取的并购大事为2011年内发生的对并购市场、所处行业有重大影响，或在并购方式等方面具有创新性的并购交易，以及颁布或实施后对企业并购有重大影响的法规和政策等。

1. 华润雪花收购奥克啤酒

2011年1月11日，华润雪花正式宣布全资收购河南奥克啤酒实业有限公司，包括奥克啤酒在郑州、洛阳、安阳的三家工厂，以及与啤酒相关业务的资产，收购价格约3亿元。这是全国性啤酒品牌首次大规模正式进入河南啤酒中心地带郑州地区。华润雪花的股东是华润创业有限公司和全球第二大啤酒酒集团SABMiller，目前华润雪花在中国经营近70家啤酒厂，旗下含雪花啤酒品牌及30多个区域品牌，占有中国啤酒市场的19.8%份额，近几年产销量均居国内同行第一。奥克啤酒成立以来一直坚持省域化发展战略，根植中原，做区域主导品牌。华润雪花收购奥克啤酒战略意义显著，旨在利用奥克在河南的地位、品牌等优势，更快更有效地使华润雪花入主河南，实现全国一盘棋的战略布局。

2. 东软收购望海康信

2011年1月11日，东软集团股份有限公司（600718. SH，下称“东软”）公告称，以不超过1.141亿元人民币的对价，从包括英特尔等企业投资者和公司管理层那里，收购望海康信73.14%股权，这是迄今为止国内医疗信息化行业最大的一次并购。望海康信在医疗ERP领域具有16年的开发经验，东软对其收购后，将获得更全面的医疗IT解决方案、技术团队和更庞大的客户群，在医疗信息行业占据一定的优势。医改之后，由于国家政策部署规划的进一步支持，医疗信息化成为很有发展潜力的市场，随着东软等业内巨头对中小型医疗信息化公司的并购，行业整体水平的发展将会进一步加速。

3. 上海医药收购中信医药

2011年1月12日，上海医药（601607. SH）宣布以23.28亿元收购中信医药65.24%股权已经完成，同时宣布上海医药北京总部成立。1月29日，上海医药宣布，董事会决议出资12.41亿元继续收购中信医药34.76%股权，从而完成对其100%的股权收购。此项交易总对价达35.69亿元，是中国医药分销市场改革以来交易金额最大的并购案。北京地区是中国最重要的卫生资源集聚中心，是我国仅次于上海的第二大医药市场，而中信医药主要业务集中在北京市场，市场占有率排名当地第三。上海医药公司规模位居全国第二，仅次于国药集团。本次收购将使上海医药得以建立以北京地区为中心的华北地区医药分销网络资源，真正实现以华东、华南、华北为重点区域的全国性医药分销网络格局。

4. AIG出售南山人寿

2011年1月12日，台湾南山人寿宣布润成投资控股获得美国国际集团（AIG）在台子公司南山人寿97.57%的股权，交易金额为21.6亿美元，此项收购创下中国台湾地区保险史上并购案的金额之最。截至2010年11月底，南山人寿总资产为新台币1.8万亿元，居中国台湾保险业界第二名，股东权益为业界第一，总保费收入名列业界前三，保单总数约810万，拥有400万名保户，在中国台湾市场占有率排名前五。润成投资是为竞标南山人寿而设立的，业务涵盖从超市（大润发）到纺织等多个行业的润泰（Ruentex）集团持股80%，上市公司宝成工业持有剩余的20%股权。中国台湾地区是世界上保险密度最高的地区之一，寿险市场也是亚洲竞争最激烈、利润最微薄的市场之一，此前已有多家保险公司退出台湾市场，AIG在美负债较多，出售南山人寿可做一定弥补。

5. 工行收购美国东亚银行

2011年1月23日，中国工商银行与美国东亚银行在香港联合宣布，工商银行将以1.4亿美元的价格收购东亚银行80%的股权，东亚银行持有剩余20%的股权。根据协议，东亚银行还拥有卖出期权，可在本交易完成后，按双方协议约定的条款和日期，将其剩余股份转让给工商银行。通过此次收购,工行可获得美国商业银行牌照,进一步拓展在美国的机构和业务网络,提升工行在美机构的经营实力,东亚银行也将藉此进一步优化资源配置,加强其在主要市场为客户提供的金融服务。此次收购是中资银行对美国商业银行的第一次控股权收购,既可为中资银行提升在美金融服务整体水平奠定基础,也将成为中美两国金融对等开放层次、广度和深度进一步提高的重要象征,对两国的经贸往来将产生重要的积极影响。

6.《外资并购境内企业安全审查制度》发布

2011年2月3日,国务院办公厅发布将于3月份实施的《关于建立外国投资者并购境内企业安全审查制度的通知》,决定建立外国投资者并购境内企业安全审查部际联席会议制度,具体承担并购安全审查工作。《通知》规定并购安全审查的范围为:"外国投资者并购境内军工及军工配套企业,重点、敏感军事设施周边企业,以及关系国防安全的其他单位;外资并购境内关系国家安全的重要农产品、重要能源和资源、重要基础设施、重要运输服务、关键技术、重大装备制造等企业,且实际控制权可能被外资取得。"2011年8月,《商务部实施外国投资者并购境内企业安全审查制度的规定》正式发布,并于2011年9月1日起实施。从外资投资目录、反垄断法到2011年安全审查制度的实施,我国的"国家经济安全"制度日趋完善。

7.万华实业并购宝思德

2011年2月9日,烟台万华(600309.SH)发布公告称,其控股股东国内MDI(异氰酸酯)巨头万华实业集团有限公司已经于1月31日与匈牙利化工公司宝思德(Borsod Chem)签署最终股权转让协议,以12.63亿欧元的交易总额正式收购宝思德96%的股权,这成为中国企业当时在中东欧地区最大的并购投资项目。宝思德公司是中东欧最大的MDI和TDI制造商,业务范围扩展至欧洲、中东及非洲地区。2008年国际金融危机之后,宝思德公司身处财务困境,债台高筑,截至2009年12月末负债总额14.73亿欧元,净资产仅1.72亿欧元,净利润—1.61亿欧元,这才为万华实业提供了机会。万华实业从2009年收购夹层债开始,经过两年多的努力,最终成为宝思德的实际控制人,收购后其产能将进入MDI行业全球前三位,对中国乃至全球聚氨酯工业将产生深刻影响。

8.中海油并购美国岩气资产

2011年2月17日,中国海洋石油总公司(下称"中海油")宣布与美国第二大天然气生产商切萨皮克能源公司完成页岩气项目交易,以总计12.67亿美元的代价敲开了美国油气市场的大门。中海油从切萨皮克能源公司获得了丹佛一朱尔斯堡盆地及粉河盆地页岩油气项目共33.3%的权益,交易价格为现金5.7亿美元,中海油还同意在未来替切萨皮克支付其所持有权益部分中66.7%的钻井费用,金额为6.97亿美元,本交易预计将于2014年年底前完成。六年前中海油曾试图收购美国能源公司优尼科集团,报价190亿美元,但遭到美国国会阻挠铩羽而归。中海油此次如愿进入美国油气市场,主要原因是放弃了控股诉求,只收购油气项目三分之一的股权。参股合作是国际能源企业普遍采取的并购模式,近年来中国能源巨头的海外并购也主要采取这样的战略,成功概率较高。

9.意马国际收购动漫火车

2011年2月18日,由"红筹之父"梁伯韬任主席的香港上市公司意马国际(00585.HK)发布并购公告,以3.3亿港元现金及13.8亿股新股,共计8.14亿港元的代价收购内地知名动画《喜羊羊与灰太狼》的版权管理及拥有人——动漫火车集团,这是迄今为止香港公司对内地动漫企业最大的一笔收购案。根据公告,这次收购的动漫火车主要业务为"喜羊羊"版权的消费品授权业务,未有直接参与电影以及电视内容制作业务,但意马国际日后或能透过"联合品牌管理协议",分享来自《喜羊羊》制作公司的部分收入,而内地动漫产业头牌喜羊羊的消费品授权业务将有望在香港上市。收购完成后,动漫火车行政总裁苏思伟将担任意马国际执行董事及行政总裁。

10. 国税总局明确定产重组免征增值税和营业税

2011 年 2 月 18 日，国家税务局发布《关于纳税人资产重组增值税问题的公告》，自 2011 年 3 月 1 日起执行。该公告规定："纳税人在资产重组过程中，通过合并、分立、出售、置换等方式，将全部或者部分实物资产以及与其相关联的债权、负债和劳动力一并转让给其他单位和个人，不属于增值税的征税范围，其中涉及的货物转让，不征收增值税"。2011 年 9 月 26 日，国家税务总局再次发布《关于纳税人资产重组有关营业税问题的公告》，自 2011 年 10 月 1 日起执行。该公告规定："纳税人在资产重组过程中，通过合并、分立、出售、置换等方式，将全部或者部分实物资产以及与其相关联的债权、债务和劳动力一并转让给其他单位和个人的行为，不属于营业税征收范围，其中涉及的不动产、土地使用权转让，不征收营业税。"企业重组经常涉及非货币性资产的交易，其导致的流转税主要为增值税和营业税，两者构成企业重组中的主要成本之一。特别是对于大型并购项目，流转税所涉成本甚巨，税务筹划往往成重组双方谈判焦点，直接免征则可大幅度降低并购成本，有利于企业重组的进一步发展。

11. 中石化完成收购美石油公司阿根廷资产

2011 年 2 月 23 日，中国石油化工集团公布该集团旗下的国际石油勘探开发公司已与美国西方石油公司就阿根廷公司收购项目成功交割，该收购协议于 2010 年 12 月 10 日签署，前者斥资 24.5 亿美元收购后者的阿根廷子公司 100%股份及其关联公司。通过本次交易，中国石油化工集团获得了被收购方持有的 23 个生产和勘探区块，该项目 2010 年累计生产原油 1500 多万桶，销售天然气 140 亿立方英尺，并且该项目主力油田的油气藏特征和开发模式与中石化在本土的油田非常接近。此项目的成功交割，使中石化进入阿根廷油气勘探开发市场，扩大了中石化国际化经营的业务范围，对进一步推动中阿两国间的经贸合作具有重要意义。

12. 中航工业通飞收购美国西锐公司

2011 年 3 月 1 日，中国航空工业集团下属通用飞机有限责任公司（下称"中航工业通飞"）总经理孟祥凯宣布，中航工业通飞已与美国西锐飞机工业公司股东签订协议，将以现金方式收购美国西锐公司 100%的股权，该交易的股权交割于 2011 年 4 月完成。这是中国航空企业首次成功并购欧美发达国家飞机整机制造企业。按交付量计算，西锐公司是仅次于美国赛斯纳飞机公司的全球第二大通用飞机制造企业，也是活塞类通用飞机全球最大的制造企业，拥有覆盖全球的产品营销网络和服务体系，产品销售到 58 个国家。此次并购之后，西锐公司将成为中航工业通飞的一部分，将快速提升中航工业通飞的研发、制造、市场销售水平，使其进入全球通用飞机的主流市场，同时从制造为主跨入到通用航空的整个产业链。

13. 华润电力收购山西大宁煤矿

2011 年 3 月 14 日，华润电力（0836. HK）公告称旗下全资子公司华润煤业控股于 3 月 11 日与泰国 Banpu Pcl BANP. BK 订立收购协议，以 6.69 亿美元（约 43.95 亿人民币）收购 AACI（HK）全部已发行在外股本，间接获得 AACI 所持有的山西亚美大宁 56%的股权。山西亚美大宁拥有大宁煤矿 100%股权、大宁铁路 44%股权、兰花大宁发电 49%股权及兰花大宁煤炭 44.6%股权。山西大宁煤矿的煤炭储量高于 2.16 亿吨，目前产能为 400 万吨/年，可扩充至 600 万吨/年，煤种为高发热量的无烟煤，但由于此前股东间的股权纠纷，未获得 2011 年的采矿许可证。该项收购有助于提升华润电力内部的产煤量及自给率，提高华润电力与独立第三方煤炭供应商的议价能力，并有助于抵销未来中国内地煤价上升的部分影响。

14. TCL 购法国汤姆逊遭 2 亿元索赔

2012 年 3 月 14 日，TCL 集团发布公告称，法国南特商业法庭 2011 年 3 月 10 日就 TTE Europe（下称"TTE"）重组诉讼案进行了初审，要求 TCL

集团、TCL 多媒体及其 4 家全资子公司向 TTE 之法定清盘人赔偿 2310 万欧元(约 2.11 亿元人民币)。对此,TCL 集团称会采取一切必要行动提起上诉争取驳回判决,同时也不排除与清算官谈判以达成双方均满意的和解方案。2004 年,TCL 集团收购法国汤姆逊彩电业务并成立了合资公司 TTE,该公司曾是 TCL 多媒体欧洲彩电业务的主要运营实体,但由于连年亏损,2006 年 TCL 重组欧洲业务,TTE 于 2007 年 4 月申请破产清算。此案充分暴露了法国投资环境的严重缺陷,对于国际化的中国企业而言,贸易全球化过程中必须要掌握应对在不同目标市场运用法律保护自己的能力。此案为其他中国企业开拓国际市场积累了经验教训。

15. 联发科换股并购雷凌

2011 年 3 月 16 日,无线芯片两大巨头台湾联发科与雷凌分别召开董事会,会后宣布联发科将以换股方式合并雷凌,换股比例为 1 股联发科普通股换取 3.15 股雷凌普通股,联发科为存续公司,雷凌将成为联发科旗下一个事业部门,合并生效日期为 10 月 1 日。联发科在无线局域网络领域主要研发生产手持式装置,雷凌在无线局域网络的产品主要应用于平板计算机、个人计算机、笔记本电脑,以及数字家庭等领域,双方合并后可充分发挥协同效应,公司规模有望稳居全球前十大 IC 设计厂地位。新联发科将提供更丰富的通讯芯片解决方案,应用涵盖个人计算机、互联网电视、蓝光播放器、游戏机、平板计算机与智能手机,协助全球制造商简化采购流程,缩短产品上市时间,快速取得市场的商机。

16. 联泰大都会人寿、中美大都会人寿合并

2011 年 3 月 29 日,中美大都会人寿保险有限公司(下称"中美大都会")和联泰大都会人寿保险有限公司(下称"联泰大都会")宣布,中国保险监督管理委员会已经正式批准两家公司的合并方案。中美大都会和联泰大都会同为美国大都会集团与上海联和投资有限公司的在华合资公司,双方股东在两个合资公司中的持股比例均为 50%。合并完成后,联泰大都会将吸收中美大都会的全部资产、债务和业务,并继承中美大都会对投保人的所有权利和义务,成为美国大都会集团和上海联和在中国唯一的人寿保险合资公司,并将公司名称变更为"中美联泰大都会人寿保险有限公司"。截至 2011 年 2 月,中美大都会和联泰大都会合并保费收入 4.28 亿元,位列外资寿险公司第七名,二者合并后期望在 2015 年前能跻身在华外资寿险前 3 名。这是中国首例人寿保险公司合并案,对外资寿险市场竞争格局有重大影响。

17. 山西最大跨国收购完成资产交割

2011 年 4 月 1 日,太原重型机械集团煤机有限公司出资 1.3 亿澳元(折合人民币 8.79 亿元)收购澳大利亚威利朗沃国际集团公司的项目顺利完成资产交割,这是迄今为止山西省最大的一起跨国收购案。威利朗沃国际集团公司是澳大利亚和中国地下煤气工业领域公认的世界顶级产品与服务提供商,主导产品有煤层千米定向钻机、井下柴油运输车、井下皮带运输机等,其中煤层千米定向钻机是中国市场唯一的国际供应商,其技术处于国际领先地位。此次跨国收购,将有利于太重煤机进一步获取国际先进技术,填补产品和技术上的空白,占有中国市场,并可获得进入澳大利亚市场的成熟渠道,将"太矿牌"采煤机推向国际市场。

18. 华东有色收购澳稀土公司

2011 年 4 月 12 日,中国有色金属华东地质勘查局正式完成了对澳大利亚上市企业全球金属与矿业公司(GBE)的收购,以 3.1 亿人民币(约 4785 万澳元)成功收购对方 51% 的股权,成为中国地勘行业第一家成功控股国外上市矿业公司的国有地勘单位。"铌"是生产高级钢材的重要原料,主要用于提高钢合金的硬度,中国从 2005 年起就已成为"铌"消费第一大国,但"铌"初级原料供应严重不足,对外依存度较大。此次收购将大大提升江苏省乃至中国资源中的稀有金属"铌"的占有量,从而为中国铌铁行业提供稳定的原料供应,有效降低原料价格上涨带来的成本提高,提升中国高端钢材的国

际竞争力。

19. 中粮收购澳大利亚糖企

2011年4月16日，中粮集团通过旗下澳大利亚子公司Top Glory向澳大利亚糖业公司Tully Sugar(下称“Tully”)发出非约束性收购要约，拟收购其100%股权，每股出价41澳元。5月23日和6月3日，中粮两次提高收购报价，最终定为每股44澳元。7月5日，中粮集团宣布已经持有Tully 61.25%的股权，其中包括竞购对手之一国际糖业公司邦吉出售给中粮的6.91%的股份。7月19日，由于另一竞购对手澳大利亚Mackay Sugar公司未能实现控股，将其持有的31.5%的股份又转让给中粮，中粮集团宣布已经持有Tully接近99%的股份。至此，历时3个月的澳糖收购案以中粮集团的完胜告终，共耗资1.36亿澳元。Tully糖业公司是一家由昆州当地蔗农持有的企业，拥有澳洲最优质的单一糖厂，此次收购可以使中粮扩大甘蔗的种植面积和食糖的加工能力。中粮收购澳糖的交易得到了澳大利亚当地政府、种植业者、制糖行业及其他利益相关方的支持。

20. 冠捷科技收购飞利浦电视机业务

2011年4月19日，长城电脑发布公告称，公司控股子公司冠捷科技于4月17日与飞利浦公司签订收购协议。根据协议，飞利浦公司将成立新的合营公司，并将飞利浦电视机业务注入该合营公司，之后由冠捷科技收购该合营公司70%的股权，飞利浦将保留合营公司余下的30%股份，同时合营公司还将获得飞利浦授权在部分国家地区独家生产销售飞利浦品牌产品。合营公司70%股权的收购价格，等于合营公司未来三年息税前平均盈利的4倍的70%，合约同时规定，在完成交易六年后，飞利浦可行使认沽权，把合营公司其余权益全部售予冠捷科技。近年来长城电脑开始谋求转型，冠捷科技正是其实现转型的主要平台。作为全球市场份额第一的显示器厂商，冠捷科技本次收购飞利浦电视机，其产业链将由液晶电视和液晶显示屏延伸至整机业务，并从收购后的合营公司中获取丰厚的利润。

21. 阿里巴巴重组支付宝

2011年5月11日，据雅虎提交给美国证券交易委员会(SEC)的文件显示，阿里巴巴集团已转移在线支付公司支付宝的所有权。消息披露之后，雅虎股价当日即暴跌7.28%。5月12日，阿里巴巴证实，通过两次股权转让，支付宝的全资控股股东由阿里巴巴集团全资子公司Alipay电子商务公司，变成了浙江阿里巴巴电子商务有限公司，两次交易对价总额约为3.3亿元人民币。浙江阿里巴巴是一家内资公司，成立于2000年10月，注册资本为7.1亿元人民币，由阿里巴巴集团主席马云和集团18位创始人之一的谢世煌控制，马云和谢世煌各占80%和20%的股份。雅虎随后发表申明，阿里巴巴集团此举未知会阿里巴巴董事会或股东，也没有得到批准。面对大股东的质疑，阿里巴巴管理层称，此举是为了遵守央行关于VIE(协议控制)的规定，以争取支付宝的第三方支付牌照。支付宝控制权之争引发了一场围绕协议控制和企业契约精神的广泛争论。

22. 启明星辰并购网御星云

2011年5月12日，启明星辰公告称将以定向增发加现金形式并购网御星云，并发布本次发行股份及现金购买资产暨重大资产重组预案：启明星辰将向网御星云原股东共支付9500万现金，并向其定向发行合计510万股股票(占启明星辰发行前总股本的5.16%)，发行评估价格为46.26元，整个资产收购价格不超过3.31亿元。并购双方作为国内信息安全行业两大领军企业，在各自领域中有着独特的优势。启明星辰以入侵检测技术为本，拥有较为完善的信息安全产品线，连续多年稳居国内入侵检测、漏洞扫描市场第一。网御星云以防火墙技术为基础，拥有众多各类安全网关核心技术，并在政府、军队等重点行业享有盛誉，在渠道市场中有着得天独厚的优势。此次并购是我国信息产业安全第一大并购案，将对我国信息安全行业的规模化发展和持续技术创新产生积极影响。

23. 中信等三机构收购澳洲金矿公司Gold One

2011年5月16日，在澳大利亚和南非上市的金属公司Gold One International Ltd.（下称“Gold One”）发布公告称，由中信集团旗下的白银有色金属公司牵头、联同中国国家开发银行旗下的中国与非洲发展基金（CADF），及Long March Capital Group组成的财团，以每股0.55澳元的代价，收购Gold One最多75%股权，涉资4.44亿澳元(约36亿港元)。目前Gold One在南非拥有金矿，并在莫桑比克和纳米比亚拥有矿产项目，财团将投入大量的资金和技术支持，协助Gold One实现在非洲扩大其资产组合的战略。中信集团的投资重点是拥有高品质的资源、低现金成本、以及丰富业务经验的公司，此项交易是其海外投资战略在非洲的一次实施。

24. 如家收购莫泰股权

2011年5月27日，如家酒店集团宣布以4.7亿美元的价格收购摩根斯坦利(下称“大摩”)持有的莫泰168国际控股公司100%的股权，其中3.05亿以现金支付，其余以新发815万股如家普通股形式支付。至此，持续了4个多月的莫泰竞购案尘埃落定。如家、汉庭、7天、锦江之星、雅高等国内外经济型酒店品牌都曾争相参与竞购莫泰，但终因大摩10亿美元的高额报价而纷纷退出。2011年3月底，莫泰并购案经历了两次流拍，大摩的报价也降至6亿美元，最终被如家达成心愿。此次收购完成后，如家门店数量将达1120家，市场占有率从17%提高至25%，进一步扩大了其领先优势。但是，在管理运营方面莫泰与如家差异较大，而且莫泰门店布局过于集中，重要门店布点和如家过于重合，如家面临着严峻的整合考验。

25. 联想收购德国消费电子公司Medion AG

2011年6月1日，联想集团宣布，将以每股13欧元的价格收购德国消费电子公司Medion AG 36.66%的股份，交易总价约2.31亿欧元，其中现金部分占80%，其余20%将通过发行股票支付。联想计划至少要收购后者75%以上的股份，投资总价值约6.3亿欧元。收购完成后，双方将在采购、全球供应链、软件开发、分销渠道，及产品和业务模式创新方面展开合作。此次收购将使联想的销售收入增加20亿美元，使其在德国的市场份额扩大一倍，成为欧洲第三大电脑厂商。收购Medion是联想为实现长期战略迈出的重要一步，无论对核心的PC业务，还是对重点发展的新业务，都将是有力的促进。

26. 北汽收购荷兰英纳法

2011年6月23日，北汽集团旗下的零部件公司北京海纳川汽车部件股份公司宣布，其以1.9亿欧元收购世界第二大天窗系统供应商英纳法集团100%股权的交易，已经得到国家发改委审批，预计7月底完成交割。这是继2010年收购萨博知识产权，以及2011年2月3100万欧元收购瑞典威格尔变速箱厂之后，北汽又一次出手海外并购。英纳法具有行业领先的研发和制造能力、国际化销售渠道，客户涵盖世界众多主流汽车公司和高端品牌。英纳法之所以选择中国企业，是看中了北汽及中国汽车零部件发展所面临的千载难逢的机会。而通过此次收购，海纳川将高端零部件的研发、制造、采购体系、全球网络，全套收归囊中，由一个本土公司迅速变身为国际化公司，解决了中国汽车零部件行业发展过程中遇到的瓶颈问题。

27. 大商全资收购呼伦贝尔友谊集团

2011年7月3日，大商与内蒙古呼伦贝尔友谊集团举行签约仪式，全资收购呼伦贝尔友谊集团。呼伦贝尔地处中俄蒙三国要地的战略优势，至此，大商已完成东起绥芬河、西至满洲里，横贯牡丹江、哈尔滨、大庆、齐齐哈尔的极具战略价值的商业大动脉。从1998年开始，就在先前一些商业企业扩张陆续败北的时候，大商集团面对市场的新机遇和新变化，果断出击，通过并购重组走上扩张发展之路。截至2011年11月23日，大商已在国内12个省区的60个城市安营扎寨，拥有170家大型店铺，实现全年销售1000亿元的目标，成为国内百货行业中第一个千亿元级的企业。大商集团通过兼并收购实现跨区域扩张所积累的经验对于国内民族商业的发展十分重要。

28. 联想并购NEC的PC业务

2011年7月4日，联想集团发布公告称，NEC联想日本集团正式成立，由联想在日本的PC业务和NEC PC业务组成，新集团将占据日本PC市场近25%的份额。按照此前达成的协议，联想集团持有合资公司51%股份，NEC持有49%股份。联想日本有限公司总裁Roderick Lappin将担任合资公司执行董事长，NEC个人电脑有限公司总裁兼代表董事Hideyo Takasu将担任合资公司总裁兼首席执行官，新集团将保留联想和NEC的品牌，双方产品仍将分别通过各自的渠道进行销售。借此合作，联想全球市场份额将超越宏碁，跃升第三位，并缩短与戴尔、宏碁市场占有率的差距。

29. 腾讯控股金山软件

2011年7月7日，腾讯(00700. HK)与金山软件(03888. HK)联合宣布达成战略性合作，腾讯将从金山软件的创始人和董事求伯君及张旋龙手中收购总共15.68%的股份，总代价8.92亿港币，收购后腾讯将成为金山软件的控股股东。同时，腾讯亦通过战略投资支持金山软件旗下金山互联网安全公司。通过此次交易，双方将建立长期战略关系，共同打造网络安全解决方案，并在应用软件和游戏领域展开更广泛、更深度的合作。金山互联网安全公司拥有14年的安全技术和运营经验的积累，拥有先进的反病毒技术与人才储备，而金山软件在游戏开发和运营等方面也具有丰富的经验，双方达成合作之后，或将进一步加强腾讯在网络安全和游戏领域的实力。

30. 雀巢收购徐福记、银鹭

2011年7月11日，雀巢集团宣布已与徐福记签署合作协议，拟出资21亿新加坡元(约17亿美元)收购徐福记60%的股份，根据协议，雀巢采用协议安排的方式，以每股4.35新加坡元收购徐福记43.52%的公众股，并从徐氏家族所持股权中收购16.48%的股份，最终雀巢集团和徐氏家族分别持有徐福记60%和40%的股权，收购后徐福记继续沿用原有的产品包装，当前的产品线不会变动。2011年12月6日，此项交易获得中国商务部批准，徐福记于12月23在新加坡交易所摘牌。雀巢和徐福记在行业中排名均在前五之列，收购后雀巢对中国糖果市场的控制力将明显增强。而且此前，备受争议的雀巢收购国内知名品牌银鹭集团60%股权的交易也于2011年8月26日获得商务部反垄断审批，这两类产品填补了雀巢在罐头和复合蛋白饮料市场领域的空白，对我国食品饮料业的竞争格局将产生重要影响。

31. 飞利浦全资收购奔腾电器

2011年7月11日，荷兰皇家飞利浦电子公司正式宣布，已经同意收购奔腾电器(上海)有限公司，收购资金约为25亿元，该收购预计于2011年第四季度完成。作为家电市场为数不多的利润较为丰富的领域，小家电市场在一轮品牌收购和整合之后，寡头的局面将渐趋形成，在飞利浦等外资企业和美的、海尔这样的国内集团型的综合家电企业的发力下，纯粹的小家电品牌生存空间将越来越小。此次收购是继法国SEB(赛博集团)收购中国炊具大王苏泊尔后，中国小家电领域又一次跨国并购，对于行业格局也将产生重要影响。飞利浦原本在精品小家电占据优势地位，但生活小家电却是其短板，此次收购奔腾有助于其在中国建立更加完善和庞大的小家电产业链。

32. 中海油收购OPTI股份等

2011年7月20日，中海油(00883. HK)发布公告称，将通过旗下全资附属公司CNOOC Luxembourg收购加拿大油砂生产商OPTI全部股份和第二留置权票据，交易价格为21亿美元(约135.9亿人民币)。交易完成之后，OPTI将成为公司的间接全资附属公司，而全部第二留置权票据将直接或间接转让或让与至公司的一家附属公司。11 月 28 日，中海油宣布完成该交易。OPTI 的主要资产包含位于加拿大阿尔伯塔省东北部阿萨帕斯卡尔地区 Long Lake 项目 35%的工作权益，并包括 Long Lake SAGD 项目及 Long Lake 改质厂。收购前 OPTI 已在加拿大申请了破产保护，总负债为 18 亿至 19 亿美元，现金流仅约 3 亿美元，收购 OPTI 不会对中海油当年的盈利有任何贡献。此次收购将使中海油的探明储量增加 5.3%、产量增加 1%，还可增强中海油在油砂开采方面的技术水平，有利于开拓国内的油砂市场。

33. 深发展收购平安银行

2011 年 7 月 28 日，深圳发展银行(000001.SZ)发布公告称，关于该行发行股份收购平安银行股份的交易已正式实施完成。根据本次交易内容，该行以每股 17.75 元的价格向中国平安保险(集团)股份有限公司(下称“中国平安”)非公开发行约 16.38 亿新股，换取中国平安所持平安银行的约 78.25 亿股股份以及现金约 26.9 亿元。本次交易完成后，深发展持有平安银行约 90.75%的股份，平安银行成为深发展的控股子公司；中国平安及其控股公司持有深发展股份共计约 26.84 亿股，占比约 52.38%，深发展成为中国平安旗下的控股子公司。2010 年中国平安控股深发展在中国金融业引起了巨大反响，此次深发展收购平安银行是中国平安实施并购后整合的重要步骤，也是我国银行业最大的一起并购案。

34. 西南证券吸收合并国都证券

2011 年 8 月 16 日，停牌半年的西南证券(600369.SH)公布重组预案，拟通过向国都证券股东增发股份的方式吸收合并国都证券。12 月 24 日，西南证券正式公布了吸收合并国都证券报告书。根据公告，西南证券将按 2.156∶1 比例合并国都证券，将新增约 12 亿股股份。吸收合并完成后，西南证券为存续公司，国都证券注销法人主体资格，其全部资产、负债、业务、人员将并入西南证券。合并完成后，“新西南证券”净资产将近 200 亿元，行业排名将攀升至第五至八位，营业部数量接近行业前 20 位水平，保荐代表人数也接近行业前十的水平。此外，通过全盘吸收国都证券的所有业务牌照，西南证券将补齐其目前所欠缺的 IB 业务牌照和期货公司，还可通过国都旗下香港公司的资源和平台优势，实现海外业务发展，合并后“新西南证券”综合实力有望快速进入行业第一梯队。此次合并是国内首例上市券商同业并购案，对证券行业的并购趋势又深远影响。

35. 光明收购玛纳森

2011 年 8 月 29 日，光明食品(集团)有限公司与澳大利亚玛纳森食品集团(下称“玛纳森”)签署战略合作协议，以 5.3 亿澳元收购玛纳森 75%的股权，玛纳森食品其余 25%股权将由其现有股东继续持有。此次收购是光明食品最大的一次并购，也打破了光明海外收购屡战屡败的僵局。光明食品是中国最大的食品公司之一，旗下拥有 4 家中国上市公司。玛纳森食品公司是澳大利亚一家高品质的食物供应商，旗下拥有或代理超过 70 个本地和国际知名食品零售品牌以及美食供应商品牌。此项收购有助于优质澳大利亚食品及品牌进入中国市场，同时，光明食品也可通过玛纳森食品的分销网络将光明的优质产品和品牌引入澳大利亚市场。

36. 正通汽车收购中汽南方

2011 年 8 月 30 日，汽车经销商正通汽车发布公告称，以 55 亿元人民币收购同业深圳市中汽南方全部已发行股份，收购价款部分由内部资源支付，其中包括来 2010 年 12 月上市集资款 21 亿元，及 2011 年 7 月新股配售所得约 16 亿元，其余金额拟以外部借款拨付。这是近年来国内汽车经销商领域金额最大的并购案。在 2011 年 5 月份汽车流通行业评选的 2010 年度全国经销商百强榜中，中汽南方名列第九，而正通仅排名 20。中汽南方主要代理捷豹、路虎、沃尔沃等品牌，虽然高端豪华品牌的售价较高，但销售量却较少，中汽南方早就有意出售集团的汽车销售业务。正通汽车自 2010 年上市以来，不断通过并购实现扩张，此前已完成 3 次并购交易。正通通过此次收购，将大幅扩大该集团经销豪华汽车的网络，有助于其成为中国主流豪华品牌汽车的核心经销商。

37. 中国铌业收购巴西矿冶部分股权

2011 年 9 月 1 日，由中信、宝钢、鞍钢、首钢和太钢联合成立的中国铌业投资控股有限公司（以下简称“中国铌业”）以 19.5 亿美元的价格收购了巴西矿冶公司（CBMM）15%的股权。铌主要用作钢合金元素，能够同时提高钢的强度和硬度，从而改善终端产品的效能，并使其更加环保，其主要应用领域包括：汽车制造、油气输送管道、大型桥梁、塔楼建筑及飞机引擎等。拥有 50 多年历史的巴西矿冶是全球最大的铌矿企业，拥有巴西最优质铌矿的开采权，是铌应用和相关技术的开发先驱，巴西矿冶铌供应量占全球 80%左右，其最大客户都位于亚洲。此次收购具有非常重要的战略价值，不仅将为 5 家中国钢铁企业提供原材料，还将有助于从整体上保障中国的铌资源储备，对中国获得铌资源上的话语权有一定的帮助。

38. 平安竞得上海家化集团全部股权

2011 年 9 月 7 日，上海家化公告其母公司家化集团的改制方案，上海市国资委以公开挂牌方式出让所持有的家化集团 100%国有股权，挂牌价格为 51.09 亿元。11 月 7 日，平安信托旗下深圳平安创新资本投资有限公司下属全资子公司上海平浦投资有限公司最终击败海航商业控股有限公司，以底价接盘，比海航的出价低近 6 亿元，这是因为平安对于上海家化未来的整体发展和预期有着更明确和清晰的定位。上海家化集团拥有多个日化行业全国性知名品牌，平安承诺未来 5 年时间里追加投资家化集团 70 亿元，帮助上海家化 2015 年销售收入突破 160 亿元。平安将在其擅长的金融方面，为家化集团提供保险支持、银行信贷、债券融资等便利。此外，平安还希望未来在客户资源、品牌渠道共享等方面可与上海家化实现共同增长，家化高端时尚产业与平安财富管理业务融为一体。

39. 中国中期并购珠江期货

2011 年 9 月 9 日，中国中期（000996.SZ）发布了其参股公司中国国际期货有限公司（下称“国际期货”）吸收合并珠江期货的公告。公告显示，由中国中期及其控股股东中期集团分别持有 22.46%、73.61%股权的国际期货，已与广东珠江期货的四家股东单位签订了“附条件生效”的《吸收合并协议》，将以 1.5 亿元现金，及合并后存续公司的 2500 万股权，每股作价 9.5 元，折合 2.375 亿元，共计 3.9875 亿元作为对价，收购珠江期货，收购后珠江期货将被注销。11 月 21 日，该并购交易获得中国证监会批准，这是迄今为止期货业内涉及并购金额最大的一宗合并案例。2011 年 11 月 24 日，中信证券全资子公司中证期货有限公司斥资 3.1175 亿元收购浙江新华期货经纪有限公司全部股权的交易，也获得了中国证监会批复核准。由于期货市场交易量萎缩、期货公司业绩不佳，根据证监会“一参一控”的规定，吸收合并将是券商系期货公司发展壮大的重要途径。

40. 财政部规范央企 2012 年预算编制、突出兼并重组

2011 年 9 月 13 日，国家财政部下发通知，对 2012 年中央国有资本经营预算编制进行规范，以加强预算管理。通知称，2012 年中央国有资本经营预算要着力推动国有经济布局的战略性调整和国有经济产业结构的优化，促进国有资本向关系国家安全和国民经济命脉的重要行业和关键领域集中，推动中央企业兼并重组。因此，预算编制重点包括用于中央企业兼并重组的支出，国有经济和产业结构调整支出，重大科技创新项目支出，重大节能减排项目支出，企业境外投资支出，重点行业企业安全生产保障能力建设的支出，新兴产业发展支出及企业改革补助支出等。

41. 上海汽车收购华域汽车

2011 年 9 月 15 日，上海汽车（600104.SH）和华域汽车（600741.SH）同时宣布，上海汽车将收购

其母公司上汽集团所持有的华域汽车60.10%的股份及其他资产，交易总价为291.2亿元。至此，上海汽车重组尘埃落定。根据重组方案，上海汽车向控股股东上汽集团及上海汽车工业有限公司以非公开发行的方式购买其持有的从事独立零部件业务、服务贸易业务、新能源汽车业务相关公司股权及其他资产。上海汽车重组的目的是发挥上海汽车整车开发与华域汽车零部件开发的协同效应，实现汽车产业链整体竞争优势，并进一步提升自主创新能力，加快自主品牌汽车和新能源汽车发展。此次重组后，上汽集团将实现整体上市，上汽集团资产全部置入上市公司，成为空壳公司，上汽将一举解决旗下资产的同业竞争问题，更有利于其国际化发展。

42. 中国化工集团收购马克西姆—阿甘公司

2011年10月17日，中国化工集团全资子公司中国化工农化总公司以24亿美元成功收购以色列非专利农药生产商马克西姆—阿甘公司(Makhteshim Agan Industries，下称“MAI”)的股权。该项目总投资24亿美元，其中14.4亿美元用于收购MAI 60%的股份，包括53%的全部公众持有股份和原控股股东库尔集团持有的7%股份，9.6亿美元用于向库尔集团提供7年期无追索权的一次性还本贷款，以库尔集团持有的MAI其余40%股份作为抵押。收购完成后，公司总部仍保留在以色列，原有的管理层全部留任。这是迄今为止中国在农用化学品领域最大的一宗海外并购案。MAI成立于1997年，是一家世界领先的农药生产和分销商，具有领先的技术、完善的市场营销网络、优秀的管理层与员工团队。通过此次收购，中国化工将成为全球第六大农药生产商，其在研发、生产、销售、全球化经营及管理能力等方面将得到显著提高。

43. 上海双鹿并购上菱

2011年10月24日，上海双鹿电器有限公司(下称“双鹿”)在上海宣布正式并购上菱。上菱品牌由上海电气集团无偿转让给松江区政府，然后由双鹿和松江区国资管理公司共同成立一家公司，双鹿出资近亿元，绝对控股，松江区国资管理公司以上菱品牌无形资产入股，系第二大股东。双鹿为中国最老的冰箱品牌，其前身是上海电冰箱厂，1992年上市，成为冰箱行业第一家上市公司，但后来开始衰退，2002年，“双鹿”商标使用权以每年30万元的价格被转让，由上海双鹿电器有限公司运营，此后双鹿一直定位于乡镇农村市场的开拓，成为中国乡镇农村冰箱市场第一品牌。而上菱是一个较高端的品牌，双鹿希望通过收购上菱逐渐往中高端发展。此次并购或为引领上海老品牌复活提供指引。

44. 百胜收购小肥羊

2011年11月8日，美国百胜餐饮集团公布，其通过全资附属公司间接收购小肥羊集团有限公司的计划已于11月7日获得中国商务部反垄断审批，收购价格为每股6.50港币。2009年3月，百胜通过旗下投资公司收购小肥羊13.92%股权，当年10月再次增持，持股比例增至27.3%。此次收购后，百胜集团将持有小肥羊已发行股本约93.2%，参与创办人则持有余下的6.8%。小肥羊是香港上市公司，其总部设在内蒙古包头，主要在中国经营火锅业务。美国百胜餐饮集团已经在世界上111个国家和地区开设分店，多年前就在中国餐饮业位列第一，旗下包含肯德基、必胜客等五大餐饮品牌，但是唯独没有中餐，小肥羊在中国民族餐饮品牌中始终排名第一，通过收购小肥羊可巩固自己在中国市场的地位。

45. 卡特彼勒收购年代煤机

2011年11月10日，全球最大的建筑和采矿设备制造商卡特彼勒(Caterpillar)宣布，将以不超过68.9亿港币收购在香港上市的年代煤矿机电(8043.HK)，从而获得其旗下全资子公司郑州四维机电设备制造有限公司。卡特彼勒的收购报价为每股0.88港币，较年代煤矿机电停牌前收盘价(0.66港币)溢价33.3%。郑州四维以液压支架制造著称，拥有60万平方米的制造基地，2009年其在中国液压支架市场的份额达到9%，仅次于郑煤机(25%)和平顶山煤机(10%)。卡特彼勒将采矿设备业务作为2015年目标的发展重点，2011年7月出资88亿美元完成了矿业设备制造商比塞洛斯（BUCY）的收购。此次收购年代煤机，卡特比勒可以重新进入中国井下煤机市场，特别是液压支架市场，而郑州四维机电也可依托卡特彼勒的全球研发、制造和销售平台，加快其在海外市场的拓展速度。

46. 中石化收购葡萄牙Galp能源公司资产

2011年11月11日，中国石化集团宣布，旗下全资子公司国际石油勘探开发公司与葡萄牙Galp能源公司签署股权认购协议，通过认购增发股份和债权的方式，以35.4亿美元的价格获得Galp巴西公司及对应的荷兰服务公司30%的股权，加上增资扩股和部分后续项目建设投资，此次总资金注入约51.8亿美元。中石化目前是亚洲最大的炼油商，原油加工能力有2.24亿吨，但由于受困于上游勘探“短板”，七成以上的原油依赖外部供应，Galp是葡萄牙最大的石油公司。通过此项收购，中石化将获得Galp巴西公司分布在巴西海上和陆上的7个盆地共25个许可证，33个区块中持有不同比例的权益，并担当其中陆上8个区块的作业者，对其“十二五”期间油气增长贡献巨大。这是年内中国石油企业最大规模的海外收购项目，同时也是中石化史上第二大规模的海外收购案。

47. 双汇发展165亿要约收购启动

2011年11月18日，双汇发展公告称，收购方罗特克斯已于日前收到证监会关于核准罗特克斯及其一致行动人公告双汇发展要约收购报告书的批复，将于11月21日至12月20日启动要约收购。本次要约收购系因双汇国际的股东进行境外股权变更，导致兴泰集团成为双汇发展的实际控制人，高盛集团和鼎晖投资不再通过罗特克斯对双汇发展实施共同控制而触发。根据《收购报告书》，收购人要约价为56元/股，要约收购的股份数量为2.94亿股，占双汇发展总股本的48.54%，本次要约收购所需最高资金总额为164.7亿元。本次要约收购已获得河南省商务厅的无异议批复，收购人发出要约不需商务部批准。2010年11月29日，双汇发展发布重大资产重组公告，拟通过资产置换、定向增发以及换股吸收合并等方式，将双汇集团相关肉类资产全部注入上市公司，至此，双汇发展重大资产重组获得重大突破。

48. 英国培生收购环球雅思

2011年11月21日，国内英语培训机构环球雅思宣布，该公司已经与英国培生集团达成最终合并协议，培生将以总额约2.94亿美元的价格收购环球雅思的所有流通股，交易完成后环球雅思将从纳斯达克退市，成为培生的全资子公司。环球雅思是中国最大的连锁外语培训机构之一，2010年10月8日在纳斯达克挂牌交易，上市后股价不断下跌，被收购前股价比发行价缩水近50%。英国培生集团是国际出版传媒巨头，为英国《金融时报》集团的母公司，在中国相继收购了上海乐宁教育、戴尔英语以及华尔街英语三大英语培训品牌。从长期来看，如果培生能将环球雅思与旗下其他培训品牌有效整合，对国内英语培训市场产生一定影响。

49. 《关于完善创业板退市制度的方案（征求意见稿）》发布

2011年11月28日，为进一步健全创业板市场优胜劣汰机制，提高创业板市场质量，促进创业板市场长远健康发展，在研究借鉴主板、中小企业板和海外成熟市场退市制度经验和教训的基础上，深交所发布《关于完善创业板退市制度的方案（征求意见稿）》，向社会公开征求意见，为期一个月。该《方案》从增加退市条件、完善恢复上市的审核标准、加快退市速度、设立“退市整理板”、改进退市风险提示方式等五个方面对创业板退市制度进行了完善，并明确提出，不支持暂停上市的公司通过“借壳”实现恢复上市。通过这些制度设计，深交所力求根治退市效率低、退市难的现象，尤其是解决上市公司通过各种手段调节利润造成的“停而不退”、壳资源炒作的问题，抑制疯狂投资的怪圈，倒逼公司的危机意识。

50. 香港合兴集团收购吉野家内地业务

2012年12月1日，香港合兴集团控股有限公司(下称“合兴集团”)宣布与Queen Board Limited(卖方)订立收购协议。根据协议，集团同意收购Summerfield Profits Limited之全部已发行股本及港币4200万贷款，总代价为港币34.75亿元，将由发行可换股证券支付。Summerfield Profits Limited经营业务包括吉野家在内地华北地区的销售网络及Dairy Queen快餐业务，北京吉野家快餐有限公司(包括天津、河北吉野家、沈阳吉野家、大连吉野家、内蒙古吉野家、哈尔滨吉野家)属于特许经营地区。收购完成后，合兴集团预期可即时从目标集团获得庞大收益及现金流贡献，使其在多元化发展业务中得到的提升，同时，增加非食用油业务的拓展策略将有利于集团的长期发展，以更好保持其在中国快速增长的餐饮行业的领先地位。

51. 海航收购通用海洋

2011年12月19日，海航集团宣布，海航集团以10.5亿美元收购世界第五大集装箱租赁公司——GE SeaCo(通用海洋)100%股权的交易已正式完成。这是在近期全球海运业持续低迷情况下的全球最大并购项目，也是海航集团迄今为止最大一笔海外收购。GE SeaCo由GE与SeaCo公司按照5∶5的比例合资成立，是全球第五大集装箱租赁公司，拥有并管理着超过130万TEU的标准集装箱，其集装箱出租率、回报率均处于行业领先地位。收购完成后，GE SeaCo将会成为海航集团现有物流及金融业务的核心之一，海航集团将借助GE SeaCo的平台，充分吸收和借鉴GE SeaCo的商业模式和专业运营管理经验，可以在较短时间内实现海航在全球物流和租赁业务网络的战略布局，完善旗下物流和租赁上下游产业链，进一步提升企业国际竞争力。

52. 中国三峡集团收购葡萄牙电力股份

2012年12月27日，三峡集团公司宣布，在葡萄牙政府出售国有公用事业资产的竞标中，成功中标葡萄牙电力公司21.35%的股权，成为这家跨国能源集团的第一大股东，交易价格为27亿欧元。这是欧债危机爆发以来，欧元区展开的首批国有资产私有化交易之一，首次参与国际市场并购的三峡集团最终战胜德国、日本、巴西、印度等国的5家跨国公司，成为在国际大型上市公司第一大股权竞争中获得成功的第一家中国国企。葡萄牙电力及其下属企业是分别在葡萄牙和巴西证券交易所挂牌的上市公司，业务覆盖欧美、巴西等10多个国家和地区，年收入约占葡萄牙全国GDP的9%，其风电业务量名列全球第四。三峡集团希望通过入主葡萄牙电力，进入诸多葡语国家和欧洲、北美清洁能源市场。

附 录

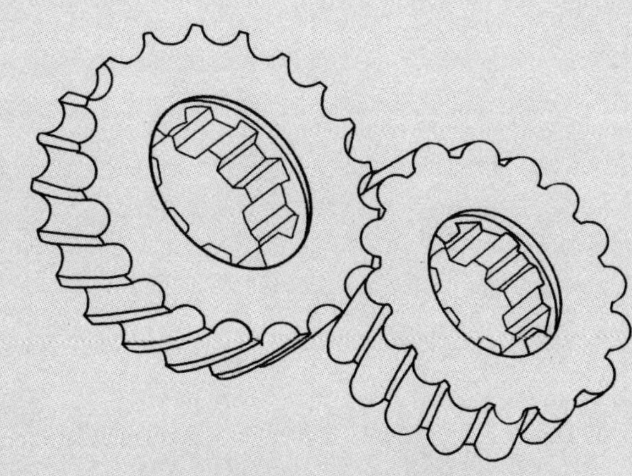

附录一:历年并购法规目录

类别	法规名称	颁布机关	文号	颁布时间
	中华人民共和国企业国有资产法	全国人民代表大会常务委员会	主席令11届第5号	2009年5月1日
	中华人民共和国反垄断法	全国人民代表大会常务委员会	主席令10届第68号	2007年8月30日
	中华人民共和国企业所得税法	全国人民代表大会常务委员会	主席令10届第63号	2007年6月29日
	中华人民共和国物权法	全国人民代表大会	主席令10届第62号	2007年3月16日
	中华人民共和国银行业监督管理法	全国人民代表大会常务委员会	主席令10届第58号	2003年12月27日颁布,2006年10月31日修订
	中华人民共和国企业破产法	全国人民代表大会常务委员会	主席令10届第54号	2006年8月27日
	中华人民共和国证券法	全国人民代表大会常务委员会	主席令10届第43号	1998年12月29日颁布,2005年10月27日修订
	中华人民共和国公司法	全国人民代表大会常务委员会	主席令10届第42号	1993年12月29日颁布,2005年10月27日修订
	中华人民共和国证券投资基金法	全国人民代表大会常务委员会	主席令10届第9号	2003年10月28日
	中华人民共和国中外合资经营企业法	全国人民代表大会	主席令9届第48号	1979年7月1日颁布,2001年3月15日修订
	中华人民共和国中外合作经营企业法	全国人民代表大会常务委员会	主席令9届第40号	1988年4月13日颁布,2000年10月31日修订
	中华人民共和国外资企业法	全国人民代表大会常务委员会	主席令9届第41号	1986年4月12日颁布,2000年10月31日修订
规范性文件				
上市公司收购和重大资产重组	关于修改《上市公司收购管理办法》第六十二条及第六十三条的决定	中国证券监督管理委员会	证监会令第77号	2012年2月14日
	中国证券监督管理委员会上市公司并购重组审核委员会工作规程	中国证券监督管理委员会	证监会公告[2011]40号	2011年12月28日
	关于修改上市公司重大资产重组与配套融资相关规定的决定	中国证券监督管理委员会	证监会令第73号	2011年8月1日
	关于填报《上市公司并购重组专业意见附表》的规定	中国证券监督管理委员会		2010年12月02日

续表

类别	法规名称	颁布机关	文号	颁布时间
	关于填报《上市公司并购重组财务顾问专业意见附表》的规定	中国证券监督管理委员会	公告[2010]31号	2010年11月18日
	关于规范国有股东与上市公司进行资产重组有关事项的通知	国有资产监督管理委员会	国资发产权[2009]124号	2009年6月24日
	中国银监会关于印发《商业银行并购贷款风险管理指引》的通知	中国银行业监督管理委员会	银监发〔2008〕84号	2008年12月6日
	关于破产重整上市公司重大资产重组股份发行定价的补充规定	中国证券监督管理委员会	证监会公告[2008]44号	2008年11月11日
	上市公司股东发行可交换公司债券试行规定	中国证券监督管理委员会	证监会公告[2008]41号	2008年10月17日
	关于上市公司以集中竞价交易方式回购股份的补充规定	中国证券监督管理委员会	证监会公告[2008]39号	2008年10月9日
	关于修改上市公司现金分红若干规定的决定	中国证券监督管理委员会	证监会令第57号	2008年10月9日
	关于修改〈上市公司收购管理办法〉第六十三条的决定	中国证券监督管理委员会	证监会第56号令	2008年8月27日
	上市公司解除限售存量股份转让指导意见	中国证券监督管理委员会	证监会公告[2008]15号	2008年4月20日
	关于规范上市公司重大资产重组若干问题的规定	中国证券监督管理委员会	公告[2008]14号	2008年4月16日
	公开发行证券的公司信息披露内容与格式准则——第26号上市公司重大资产重组申请文件	中国证券监督管理委员会	证监会公告[2008]13号	2008年4月16日
	上市公司重大资产重组管理办法	中国证券监督管理委员会	证监会第53号令	2008年4月16日
	上市公司并购重组财务顾问业务管理办法	中国证券监督管理委员会	证监会第54号令	2008年6月3日
	关于发布《证券公司设立子公司试行规定》的通知	中国证券监督管理委员会	证监机构字[2007]345号	2007年12月28日
	上市公司非公开发行股票实施细则	中国证券监督管理委员会	证监发行字〔2007〕302号	2007年9月17日
	关于在发行审核委员会中设立上市公司并购重组审核委员会的决定	中国证券监督管理委员会	证监发[2007]93号	2007年7月17日
	关于规范上市公司信息披露及相关各方行为的通知	中国证券监督管理委员会	证监公司字[2007]128号	2007年9月12日

续表

类别	法规名称	颁布机关	文号	颁布时间
	国有股东转让所持上市公司股份管理暂行办法	国务院国有资产监督管理委员会 中国证券监督管理委员会	国资委令第 19 号	2007 年 6 月 30 日
	中国证券监督管理委员会限制证券买卖实施办法	中国证券监督管理委员会	证监会令第 45 号	2007 年 5 月 18 日
	上市公司董事、监事和高级管理人员所持本公司股份及其变动管理规则	中国证券监督管理委员会	证监公司字[2007]56 号	2007 年 4 月 5 日
	上市公司信息披露管理办法	证券监督管理委员会	证监会令第 40 号	2007 年 1 月 30 日
	合格境外机构投资者境内证券投资管理办法	中国证券监督管理委员会 中国人民银行 国家外汇管理局	证监会令第 36 号	2006 年 8 月 24 日
	关于发布新修订的公开发行证券的公司信息披露内容与格式准则第 15 号至第 19 号的通知	中国证券监督管理委员会	证监公司字［2006］156 号	2006 年 8 月 4 日
	上市公司收购管理办法	中国证券监督管理委员会	证监会令第 35 号	2006 年 7 月 31 日
	首次公开发行股票并上市管理办法	中国证券监督管理委员会	中国证券监督管理委员会令第 32 号	2006 年 5 月 17 日
	上市公司证券发行管理办法	中国证券监督管理委员会	证监会令 2006 年第 30 号	2006 年 4 月 26 日
	上市公司股权分置改革管理办法	中国证券监督管理委员会	证监发[2005]86 号	2005 年 9 月 4 日
	关于发布《上市公司与投资者关系工作指引》的通知	中国证券监督管理委员会	证监公司字[2005]52 号	2005 年 7 月 11 日
	上市公司回购社会公众股份管理办法(试行)	中国证券监督管理委员会	证监发[2005]51 号	2005 年 6 月 16 日
	关于加强社会公众股股东权益保护的若干规定	中国证券监督管理委员会	证监发[2004]118 号	2004 年 12 月 7 日
	关于规范境内上市公司所属企业到境外上市有关问题的通知	中国证券监督管理委员会	证监发[2004]67 号	2004 年 7 月 21 日
	关于执行《亏损上市公司暂停上市和终止上市实施办法(修订)》的补充规定	中国证券监督管理委员会	证监公司字[2003]6 号	2003 年 3 月 18 日
	上市公司治理准则	中国证券监督管理委员会、国家经贸委	证监发〔2002〕1 号	2002 年 1 月 7 日
	亏损上市公司暂停上市和终止上市实施办法(修订)	中国证券监督管理委员会	证监发[2001]147 号	2001 年 11 月 30 日
	国务院关于股份有限公司境外募集股份及上市的特别规定	国务院	国务院令(第 160 号)	1994 年 9 月 4 日

续表

类别	法规名称	颁布机关	文号	颁布时间
外资并购	外商投资产业指导目录(2011年修订)	国家发展和改革委员会 商务部	发改委令 商务部令 2011年第12号	2011年12月24日
	商务部实施外国投资者并购境内企业安全审查制度的规定	商务部	商务部公告2011年第53号	2011年8月25日
	商务部关于外商投资管理工作有关问题的通知	商务部	商资函[2011]72号	2011年2月25日
	国务院办公厅关于建立外国投资者并购境内企业安全审查制度的通知	国务院	国办发〔2011〕6号	2011年2月3日
	国务院关于进一步做好利用外资工作的若干意见	国务院	国发[2010]9号	2010年4月6日
	外国企业或者个人在中国境内设立合伙企业管理办法	国务院	国务院令第567号	2009年11月25日
	合格境外机构投资者境内证券投资外汇管理规定	国家外汇管理局	国家外汇管理局公告〔2009〕第1号	2009年9月29日
	关于外国投资者并购境内企业的规定	商务部	商务部令2009年第6号	2009年6月22日
	商务部关于省级商务主管部门和国家级经济技术开发区审核管理部分服务业外商投资企业相关事项的通知	商务部	商资函[2009]6号	2009年5月4日
	关于外商投资创业投资企业、创业投资管理企业审批有关事项的通知	科学技术部	国科发财[2009]140号	2009年3月30日
	外商投资商业领域管理办法补充规定(四)	商务部	商务部令2009年第4号	2009年2月5日
	外资非正常撤离中国相关利益方跨国追究与诉讼工作指引	商务部办公厅 外交部办公厅 公安部办公厅 司法部办公厅	商资字〔2008〕323号	2008年11月19日
	商务部关于下放外商投资商业企业审批事项的通知	商务部	商资函〔2008〕51号	2008年9月12日
	商务部关于进一步简化和规范外商投资行政许可的通知	商务部	商资函〔2008〕21号	2008年8月26日
	商务部关于下放外商投资股份公司、企业变更、审批事项的通知	商务部	商资函[2008]50号	2008年8月5日

续表

类别	法规名称	颁布机关	文号	颁布时间
	商务部关于进一步简化和规范外商投资行政许可的通知	商务部	商资函〔2008〕21号	2008年8月26日
	外商投资广告企业管理规定	国家工商行政管理总局 商务部	工商总局令第35号	2008年8月22日
	外商投资商业领域管理办法补充规定(三)	商务部	商务部令2007年第18号	2007年11月5日
	外商投资建设工程服务企业管理规定	建设部 商务部	建设部商务部令第155号	2007年1月22日
	关于印发《外商投资建设工程设计企业管理规定实施细则》的通知	建设部 商务部	建市[2007]18号	2007年1月5日
	中华人民共和国外资银行管理条例实施细则	中国银行业监督管理委员会	银监会令2006年第6号	2006年11月24日
	中华人民共和国外资银行管理条例	国务院	国务院令第478号	2006年11月11日
	外商投资商业领域管理办法补充规定(二)	商务部	商务部令2006年第22号	2006年11月3日
	合格境外机构投资者境内证券投资管理办法	中国证券监督管理委员会 中国人民银行 国家外汇管理局	证监会令第36号	2006年8月24日
	关于规范房地产市场外资准入和管理的意见	建设部 商务部 国家发展和改革委员会等	建住房(2006)171号	2006年7月11日
	关于外商投资举办投资性公司的补充规定	商务部	商务部令2006年第3号	2006年5月26日
	关于外国战略投资者开立A股证券账户等有关问题的通知	中国证券登记结算有限责任公司		2006年2月14日
	《外商投资商业领域管理办法》的补充规定	商务部	商务部令2005年第30号	2006年1月9日
	外国投资者对上市公司战略投资管理办法	商务部、中国证券监督管理委员会、国家税务总局、国家工商行政管理总局、国家外汇管理局	令2005年第28号	2005年12月31日
	商务部、证监会关于上市公司股权分置改革涉及外资管理有关问题的通知	商务部 中国证券监督管理委员会	商资发[2005]565号	2005年10月26日
	国家外汇管理局关于境内居民通过境外特殊目的的公司融资及返程投资外汇管理有关问题的通知	国家外汇管理局	汇发〔2005〕75号	2005年10月21日
	商务部办公厅关于加强外商投资处置不良资产审批管理的通知	商务部办公厅	商资字[2005]37号	2005年4月29日

续表

类别	法规名称	颁布机关	文号	颁布时间
	商务部关于依法行政做好外商投资企业审批工作的通知	商务部	商资函〔2005〕3号	2005年1月21日
	关于外商投资举办投资性公司的规定	商务部	商务部令2004年第22号	2004年11月17日
	外商投资项目核准暂行管理办法	发展改革委员会	发改委令2004年第22号	2004年10月9日
	外商投资商业领域管理办法	商务部	商务部令2004年第8号	2004年4月16日
	《外商投资建设工程设计企业管理规定》的补充规定	建设部 商务部	令第122号	2003年12月19日
	国家外汇管理局关于完善外商直接投资外汇管理工作有关问题的通知	国家外汇管理局	汇发〔2003〕30号	2003年3月3日
	外商投资创业投资企业管理规定	对外贸易经济合作部、科学技术部、国家工商行政管理总局、国家税务总局和外汇管理局	令[2003]年第2号	2003年1月30日
	利用外资改组国有企业暂行规定	国家经贸委、财政部、国家工商总局、国家外汇管理局	令42号	2002年11月8日
	关于向外商转让上市公司国有股和法人股有关问题的通知	证券监督管理委员会、财政部、国家经济贸易委员会	证监发[2002]83号	2002年11月1日
	境外投资联合年检暂行办法	对外贸易经济合作部国家外汇管理局	令2002年第32号	2002年10月31日
	外商投资建设工程设计企业管理规定	建设部 对外贸易经济合作部	令第114号	2002年9月27日
	指导外商投资方向规定	国务院	国务院令 第346号	2002年2月11日
	关于外商投资企业合并与分立的规定	对外贸易经济合作部 国家工商行政管理总局	2001年第8号令	2001年11月22日
	中华人民共和国中外合资经营企业法实施条例	国务院	国务院令第311号	2001年4月12日
	中华人民共和国外资企业法实施细则	国务院	国务院令第301号	2001年4月12日
	外商投资企业投资者股权变更的若干规定	对外贸易经济合作部		1997年5月28日
	中华人民共和国中外合作经营企业法实施细则	对外贸易经济合作部	对外贸易经济合作部令(1995年第6号)	1995年9月4日
国有资产管理	关于建立中央企业债券发行监测管理系统有关事项的通知	国务院国有资产监督管理委员会办公厅	国资厅产权〔2011〕447号	2011年6月29日

续表

类别	法规名称	颁布机关	文号	颁布时间
	大陆企业赴台湾地区投资管理办法	国家发展和改革委员会、商务部、国务院台办	发改外资[2010]2661号	2010年11月9日
	关于加快推进煤矿企业兼并重组若干意见的通知	国务院办公厅转发发展改革委	国办发[2010]46号	2010年10月16日
	关于促进企业兼并重组的意见	国务院	国发[2010]27号	2010年8月28日
	关于开展中央企业对外并购事项专项检查的通知	国有资产监督管理委员会办公厅	国资厅发监督[2010]48号	2010年4月25日
	关于中央企业国有产权协议转让有关事项的通知	国有资产监督管理委员	国资发产权[2010]11号	2010年1月26日
	企业国有产权交易操作规则	国有资产监督管理委员	国资发产权[2009]120号	2009年6月15日
	金融企业国有资产转让管理办法	财政部	财政部令第54号	2009年3月17日
	企业国有产权无偿划转工作指引	国有资产监督管理委员	国资发产权[2009]25号	2009年2月16日
	企业主辅分离辅业改制资产处置核销操作指引	国有资产监督管理委员会	国资发产权[2009]7号	2009年1月20日
	关于规范国有控股上市公司实施股权激励制度有关问题的通知	国务院国有资产监督管理委员会 财政部	国资发分配〔2008〕171号	2008年10月21日
	关于规范国有企业职工持股、投资的意见	国务院国有资产监督管理委员会	国资发改革[2008]139号	2008年9月16日
	中央企业资产损失责任追究暂行办法	国务院国有资产监督管理委员会	国资委令第20号	2008年8月18日
	中央企业债券发行管理暂行办法	国务院国有资产监督管理委员会	国资发产权〔2008〕70号	2008年4月3日
	关于建立中央企业国有产权转让信息联合发布制度有关事项的通知	国有资产监督管理委员会	国资发产权〔2008〕32号	2008年2月3日
	关于印发《关于规范电力系统职工投资发电企业的意见》的通知	国务院国有资产监督管理委员会 财政部等	国资发改革[2008]28号	2008年1月28日
	国有股东转让所持上市公司股份管理暂行办法	国有资产监督管理委员会、证券监督管理委员会	国资委令第19号	2007年6月30日
	上市公司国有股东标识管理暂行规定	国有资产监督管理委员会、证券监督管理委员会	国资发产权[2007]108号	2007年6月30日
	国有单位受让上市公司股份管理暂行规定	国有资产监督管理委员会、证券监督管理委员会	国资发产权[2007]107号	2007年6月28日

续表

类别	法规名称	颁布机关	文号	颁布时间
	关于企业国有产权转让有关事项的通知	国有资产监督管理委员会、财政部	国资发产权[2006]306号	2006年12月31日
	关于推进国有资本调整和国有企业重组的指导意见	国务院办公厅	国办发[2006]97号	2006年12月5日
	关于印发《国有控股上市公司(境内)实施股权激励试行办法》的通知	国务院国有资产监督管理委员会 财政部	国资发分配〔2006〕175号	2006年9月30日
	关于印发《中央企业投资监督管理暂行办法实施细则》的通知	国务院国有资产监督管理委员会	国资发法规〔2006〕133号	2006年7月18日
	中央企业投资监督管理暂行办法	国有资产监督管理委员会	国资委令第16号	2006年6月28日
	关于印发《国有控股上市公司(境外)实施股权激励试行办法》的通知	国务院国有资产监督管理委员会 财政部	国资发分配[2006]8号	2006年1月27日
	关于进一步做好国有企业政策性关闭破产工作的意见	国务院办公厅	国办发[2006]3号	2006年1月16日
	国务院办公厅转发国资委关于进一步规范国有企业改制工作实施意见的通知	国务院办公厅	国办发[2005]60号	2005年12月29日
	关于进一步规范国有大中型企业主辅分离辅业改制的通知	国有资产监督管理委员会、劳动和社会保障部、国土资源部	国资发分配[2005]250号	2005年9月20日
	企业国有产权无偿划转管理暂行办法	国有资产监督管理委员会	国资发产权(2005)239号	2005年8月29日
	企业国有资产评估管理暂行办法	国有资产监督管理委员会	国资委令第12号	2005年8月25日
	企业国有产权向管理层转让暂行规定	国有资产监督管理委员会、财政部	国资发产权[2005]78号	2005年4月11日
	企业境外并购事项前期报告制度	商务部、国家外汇管理局	商合发[2005]131号	2005年3月31日
	中央企业发展战略和规划管理办法(试行)	国务院国有资产监督管理委员会	令第10号	2004年11月26日
	关于印发《企业国有资产产权登记业务办理规则》的通知	国有资产监督管理委员会	国资发产权[2004]315号	2004年10月30日

续表

类别	法规名称	颁布机关	文号	颁布时间
	关于企业国有产权转让有关问题的通知	国有资产监督管理委员会	国资发产权［2004］268号	2004年8月25日
	关于加强中央企业收购活动监管有关事项的通知	国有资产监督管理委员会	国资规划［2004］720号	2004年8月3日
	关于做好产权交易机构选择确定工作的指导意见	国有资产监督管理委员会	国资发产权［2004］252号	2004年7月14日
	关于做好贯彻落实《企业国有产权转让管理暂行办法》有关工作的通知	国有资产监督管理委员会	国资发产权［2004］195号	2004年3月8日
	关于中央企业加强产权管理工作的意见	国有资产监督管理委员会	国资发产权［2004］180号	2004年2月23日
	关于加强企业国有产权交易监管有关工作的通知	国有资产监督管理委员会	国资发产权［2004］176号	2004年2月6日
	关于上市公司国有股向外国投资者及外商投资企业转让申报程序有关问题的通知	商务部、国有资产监督管理委员会	商资字〔2004〕1号	2004年1月21日
	关于中央企业主辅分离辅业改制分流安置富余人员资产处置有关问题的通知	国有资产监督管理委员会	国资发产权［2004］9号	2004年1月19日
	企业国有产权转让管理暂行办法	国有资产监督管理委员会、财政部	国资委令第3号	2003年12月31日
	关于规范国有企业改制工作的意见	国务院办公厅转发国务院国有资产监督管理委员会	国办发〔2003〕96号	2003年11月30日
	国有企业清产核资办法	国有资产监督管理委员会	国资委令第1号	2003年9月9日
	关于进一步明确国有大中型企业主辅分离辅业改制有关问题的通知	国有资产监督管理委员会 财政部、劳动保障部、税务总局	国资分配［2003］21号	2003年7月4日
	企业国有资产监督管理暂行条例	国务院	国务院令第378号	2003年5月27日
	关于国有大中型企业主辅分离辅业改制分流安置富余人员的实施办法	国家经济贸易委员会、财政部、劳动和社会保障部、国土资源部、中国人民银行、国家税务总局、国家工商行政管理总局、中华全国总工会	国经贸企改［2002］859号	2002年11月18日

续表

类别	法规名称	颁布机关	文号	颁布时间
	关于国有股持股单位产权变动涉及上市公司国有股性质变化有关问题的通知	财政部	财企[2002]395 号	2002 年 10 月 30 日
	关于上市公司国有股被人民法院冻结拍卖有关问题的通知	财政部	财企[2001]656 号	2001 年 11 月 2 日
	关于上市公司国有股质押有关问题的通知	财政部	财企[2001]651 号	2001 年 10 月 25 日
	关于加强对上市公司非流通股协议转让活动规范管理的通知	证券监督管理委员会	证监发[2001]119 号	2001 年 9 月 30 日
	财政部关于股份有限公司国有股权管理工作有关问题的通知	财政部	财管字[2000]200 号	2000 年 7 月 1 日
	关于出售国有小型企业中若干问题意见的通知	财政部 国家经济贸易委员会 中国人民银行	国经贸中小企[1999]89 号	1999 年 2 月 11 日
	企业国有资产产权登记管理办法	国务院	令第 192 号	1996 年 1 月 15 日
垄断规制	关于评估经营者集中竞争影响的暂行规定	商务部	商务部公告 2011 年第 55 号	2011 年 8 月 29 日
	经营者集中申报办法	商务部	商务部令 2009 年第 11 号	2009 年 11 月 21 日
	金融业经营者集中申报营业额计算办法	商务部、中国人民银行、银行业监督管理委员会、证券监督管理委员会	2009 年 10 号	2009 年 7 月 15 日
	经营者集中审查办法	商务部	商务部令 2009 年第 12 号	2009 年 7 月 15 日
	关于相关市场界定的指南	国务院反垄断委员会		2009 年 5 月 24 日
	关于经营者集中申报标准的规定	国务院	国务院令 529 号	2007 年 8 月 3 日
会计财务与税收	关于企业事业单位改制重组契税政策的通知	财政部 国家税务总局	财税[2012]4 号	2012 年 1 月 12 日

续表

类别	法规名称	颁布机关	文号	颁布时间
	国家税务总局关于纳税人资产重组有关营业税问题的公告	国家税务总局	国家税务总局公告2011年第51号	2011年9月26日
	国家税务总局关于纳税人资产重组有关增值税问题的公告	国家税务总局	国家税务总局公告2011年第13号	2011年2月18日
	企业重组业务企业所得税管理办法	国家税务总局	公告2010年4号	2010年7月26日
	关于实施经营者集中资产或业务剥离的暂行规定	商务部	商务部公告第41号	2010年7月5日
	关于企业改制过程中以国家作价出资(入股)方式转移国有土地使用权有关契税问题的通知	财政部 国家税务总局	财税[2008]129号	2008年10月22日
	国家税务总局关于企业处置资产所得税处理问题的通知	国家税务总局	国税函〔2008〕828号	2008年10月9日
	工商行政管理机关股权出质登记办法	国家工商行政管理总局	工商总局令第32号	2008年9月1日
	国家税务总局关于全资子公司承受母公司资产有关契税政策的通知	国家税务总局	国税函〔2008〕514号	2008年5月26日
	中华人民共和国企业所得税法实施条例	国务院	国务院令第512号	2007年11月28日
	《企业会计准则第2号——长期股权投资》应用指南	财政部	财政部令[2006]第33号	2006年10月30日
	《企业会计准则第20号——企业合并》应用指南	财政部	财政部令[2006]第33号	2006年10月30日
	《企业会计准则第33号——合并财务报表》应用指南	财政部	财政部令[2006]第33号	2006年10月30日
	关于《公司法》施行后有关企业财务处理问题的通知	财政部	财企[2006]67号	2006年3月15日
	企业会计准则第2号——长期股权投资	财政部	财会[2006]3号	2006年2月15日
	企业会计准则第20号——企业合并	财政部	财会[2006]3号	2006年2月15日

续表

类别	法规名称	颁布机关	文号	颁布时间
	企业会计准则第33号——合并财务报表	财政部	财会[2006]3号	2006年2月15日
	国家税务总局关于外国投资者再投资退还企业所得税有关问题的通知	国家税务总局	国税函[2005]1093号	2005年11月17日
	关于企业股权转让有关所得税问题的补充通知	国家税务总局	国税函[2004]390号	2004年3月25日
	关于外国投资者并购境内企业股权有关税收问题的通知	国家税务总局	国税发[2003]60号	2003年5月28日
	企业债务重组业务所得税处理办法	国家税务总局	国家税务总局令第6号	2003年1月23日
	关于股权转让有关营业税问题的通知	财政部 国家税务总局	财税[2002]191号	2002年12月10日
	企业会计准则——债务重组、企业会计准则——非货币性交易	财政部	财会[2001]7号	2001年1月18日
	关于企业股权投资业务若干所得税问题的通知	国家税务总局	国税发[2000]118号	2000年6月21日
	关于企业合并分立业务有关所得税问题的通知	国家税务总局	国税发[2000]119号	2000年6月21日
	企业改组改制中若干所得税业务问题的暂行规定	国家税务总局	国税发[1998]097号	1998年6月24日
	关于企业资产评估增值有关所得税处理问题的补充通知	财政部 国家税务总局	财税字[1998]50号	1998年4月20日
	关于企业资产评估增值有关所得税处理问题的通知	财政部 国家税务总局	财税字[1997]77号	1997年6月24日
金融监管	关于高风险农村信用社并购重组的指导意见	中国银行业监督管理委员会	银监发(2010)71号	2010年9月1日
	商业银行并购贷款风险管理指引	中国银行业监督管理委员会	银监发[2008]84号	2008年12月6日
海外并购	中央企业境外国有产权管理暂行办法	国务院国有资产监督管理委员会	国资委令第27号	2011年6月14日
	大陆企业赴台湾地区投资管理办法	国家发展和改革委员会 商务部　国务院台办	发改外资[2010]2661号	2010年11月9日
	关于开展中央企业对外并购事项专项检查的通知	国务院国有资产监督管理委员会办公厅	国资厅发监督[2010]48号	2010年4月25日

续表

类别	法规名称	颁布机关	文号	颁布时间
	境内机构境外直接投资外汇管理规定	国家外汇管理局	汇发〔2009〕30号	2009年7月13日
	关于完善境外投资项目管理有关问题的通知	国家发展改革委	发改外资[2009]1479号	2009年6月8日
	境外投资管理办法	商务部	商务部令2009年第5号	2009年3月15日
	中华人民共和国外汇管理条例	国务院	令第532号	1996年1月29日颁布,2008年8月5日修订
	保险资金境外投资管理暂行办法	中国保险监督管理委员会 中国人民银行 国家外汇管理局	保监会令2007年第2号	2007年6月28日
	商务部、外交部、国家发展改革委关于公布《对外投资国别产业导向目录(三)》的通知	商务部 外交部 国家发展和改革委员会	商合发[2007]29号	2007年1月31日
	对外直接投资统计制度	商务部、国家统计局	商合发〔2006〕684号	2006年12月26日
	国家外汇管理局关于基金管理公司境外证券投资外汇管理有关问题的通知	国家外汇管理局	汇发[2006]46号	2006年8月30日
	中国企业境外商务投诉服务暂行办法	商务部	商务部令2006年第16号	2006年8月16日
	国家外汇管理局关于调整部分境外投资外汇管理政策的通知	国家外汇管理局	汇发[2006]27号	2006年6月6日
	对外经济技术合作专项资金管理办法	财政部 商务部	财企[2005]225号	2005年12月9日
	对外投资国别产业导向目录(二)	商务部 外交部	商合发[2005]151号	2005年5月12日
	企业境外并购事项前期报告制度	商务部、国家外汇管理局	商合发[2005]131号	2005年3月31日
	境外投资项目核准暂行管理办法	国家发展和改革委员会	令第21号	2004年10月9日
	商务部、外交部关于发布《对外投资国别产业导向目录》的通知	商务部、外交部		2004年7月8日
交易所规则	上市公司重大资产重组信息披露工作备忘录 第八号 重组内幕信息知情人名单登记	上海证券交易所		2009年9月22日

续表

类别	法规名称	颁布机关	文号	颁布时间
	创业板股票上市规则	深圳证券交易所		2009 年 6 月 5 日
	关于严格执行《上市公司收购管理办法》等有关规定的通知	深圳证券交易所		2008 年 12 月 2 日
	上市公司以集中竞价方式回购股份业务指引	深圳证券交易所		2008 年 10 月 11 日
	上市公司以集中竞价交易方式回购股份业务指引	上海证券交易所		2008 年 10 月 10 日
	上市公司重大资产重组信息披露工作备忘录 第七号 发出股东大会通知前持续信息披露规范要求	上海证券交易所		
	上市公司重大资产重组信息披露工作备忘录——第六号 资产评估相关信息披露	上海证券交易所		2008 年 9 月 18 日
	上市公司重大资产重组信息披露工作备忘录—第五号 上市公司重大资产重组预案信息披露审核关注要点	上海证券交易所		2008 年 9 月 18 日
	股票上市规则	深圳证券交易所		2008 年 9 月 4 日
	股票上市规则	上海证券交易所		2008 年 9 月 4 日
	上市公司重大资产重组信息披露工作备忘录 第五号 上市公司重大资产重组预案信息披露审核关注要点	上海证券交易所		2008 年 9 月 2 日
	上市公司重大资产重组信息披露工作备忘录——第四号 交易标的资产预估定价和交易定价差异说明	上海证券交易所		2008 年 9 月 2 日
	上市公司重大资产重组审核、受理流程	上海证券交易所		2008 年 9 月 2 日
	上市公司股东及其一致行动人增持股份行为指引	上海证券交易所	上证上字〔2008〕94 号	2008 年 8 月 28 日
	上市公司股东及其一致行动人增持股份行为指引	深圳证券交易所		2008 年 8 月 28 日
	上市公司重大资产重组信息披露工作备忘录——第三号 上市公司重大资产重组预案基本情况表	上海证券交易所		2008 年 5 月 29 日

续表

类别	法规名称	颁布机关	文号	颁布时间
	信息披露业务备忘录第13号——重大资产重组	深圳证券交易所		2008年5月22日
	上市公司重大资产重组申报工作指引	上海证券交易所		2008年5月20日
	上市公司重大资产重组信息披露工作备忘录——第二号 上市公司重大资产重组财务顾问业务指引(试行)	上海证券交易所		2008年5月20日
	上市公司重大资产重组信息披露工作备忘录——第一号 信息披露业务办理流程	上海证券交易所		2008年5月20日
	关于做好上市公司重大资产重组信息披露工作的通知	深圳证券交易所		2008年5月18日
	上市公司现金选择权业务指引	深圳证券交易所	深证上[2008]68号	2008年5月16日
	第26号——上市公司重大资产重组申请文件	深圳证券交易所	证监会公告[2008]13号	2008年4月16日
	上市公司流通股协议转让业务办理暂行规则	上海证券交易所、深圳证券交易所和中国证券登记结算有限责任公司		2006年8月14日
	第18号一被收购公司董事会报告书	深圳证券交易所	证监公司字[2006]156号	2006年8月4日
	上市公司要约收购业务指南	深圳证券交易所		2005年11月15日
	上市公司要约收购业务指引	深圳证券交易所	深证会〔2003〕39号	2003年7月18日
司法解释	关于印发《最高人民检察院公安部关于公安机关管辖的刑事案件立案追诉标准的规定(二)》的通知	最高人民检察院 公安部		2010年5月7日
	关于审理金融资产管理公司利用外资处置不良债权案件涉及对外担保合同效力问题的通知	最高人民法院	法发〔2010〕25号	2010年7月1日
	最高人民法院关于冻结、拍卖上市公司国有股和社会法人股若干问题的规定	最高人民法院	法释[2001]28号	2001年9月21日
	关于审理企业破产案件若干问题的规定	最高人民法院	法释[2002]23号	2002年7月30日